U0612869

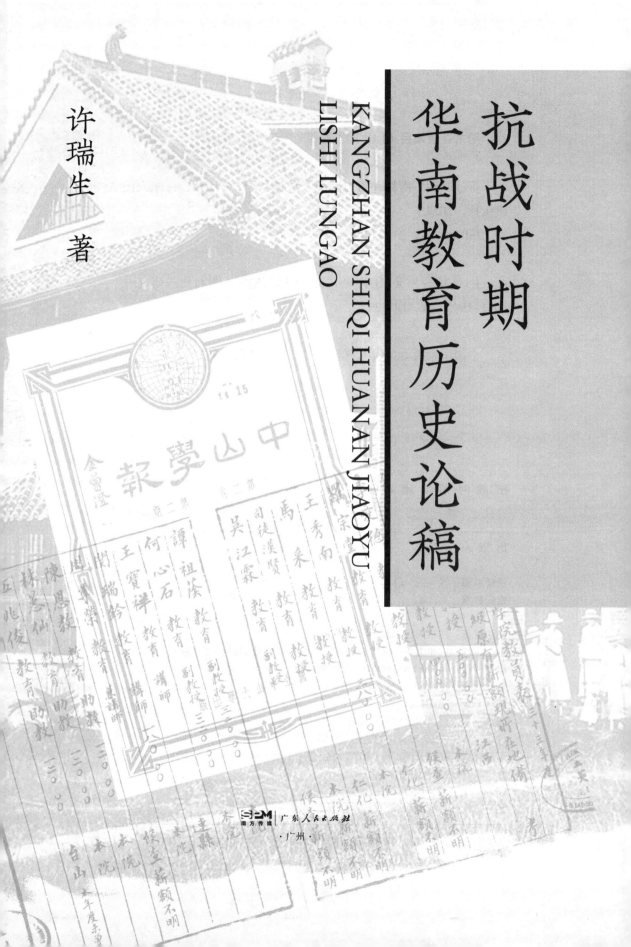

许瑞生 著

抗战时期
华南教育历史论稿

KANGZHAN SHIQI HUANAN JIAOYU
LISHI LUNGAO

SPM 南方传媒 | 广东人民出版社
·广州·

图书在版编目（CIP）数据

抗战时期华南教育历史论稿 / 许瑞生著. —广州：广东人民出版社，2024.1

ISBN 978-7-218-17032-9

Ⅰ.①抗… Ⅱ.①许… Ⅲ.①华南地区—教育史—研究—1931–1945 Ⅳ.①G529.6

中国国家版本馆CIP数据核字（2023）第202382号

KANGZHAN SHIQI HUANAN JIAOYU LISHI LUNGAO

抗 战 时 期 华 南 教 育 历 史 论 稿

许瑞生 著

出 版 人：肖风华

责任编辑：钱飞遥 陈泽洪
责任技编：吴彦斌

出版发行：广东人民出版社
地 址：广州市越秀区大沙头四马路10号（邮政编码：510199）
电 话：（020）85716809（总编室）
传 真：（020）83289585
网 址：http://www.gdpph.com
印 刷：广州市豪威彩色印务有限公司
开 本：787毫米×1092毫米 1/16
印 张：43.5 字 数：780千
版 次：2024年1月第1版
印 次：2024年1月第1次印刷
定 价：198.00元

如发现印装质量问题，影响阅读，请与出版社（020-87712513）联系调换。
售书热线：（020）87717307

前　言

　　此书源于著者在工作中为活化利用粤北抗战时期文化遗产，而对历史文献进行研究所形成的工作手记。

　　1938年，侵华日军兵临广州城，为避免沦为日军在中国推行奴化教育的工具，在广州的国立中山大学、私立岭南大学、私立广州大学以及省立仲恺农业职业学校、私立仲元中学、私立志锐中学等诸多高、中等学校先后撤离广州，分别迁往港澳、粤北、粤西、滇桂等地；1940年前后，迁往粤西、滇桂等地的学校又辗转搬移至粤北坪石等地；1941年，香港沦陷，彼时迁到香港办学的私立岭南大学也搬迁至粤北继续办学，私立东吴大学文理学院也迁徙至此。于是，粤北韶关便在较短的时间内汇集了诸如国立中山大学、私立岭南大学、省立文理学院等一流名校，以及诸如李达、王亚南、洪深、梅龚彬、许幸之、胡世华、卢鹤绂、张云、杜定友、杨成志、李笠、朱谦之、胡体乾、黄际遇、容肇祖、沈体兰、丁颖、蒋英、杨邦杰、蒲蛰龙、梁伯强、陆侃如、冼玉清、陈心陶、林树模、古桂芬、容启东、李沛文、盛叙功、陈守实、郭大力等一大批名师，成为彼时华南乃至南中国的科研教育中心，这个科研教育中心对抗战胜利后的华南地区乃至全中国的科学技术与文化教育事业的繁荣发展产生了深远的影响。

　　抗战期间华南教育历史是冒着炮火履行教育救国使命的教育实践过程，更是一段不能被忘却、理应镌心铭骨的伟大国家记忆。可以说，抗战时期华南教育历史蕴含的使命感彰显、保持了教育的力量，正是诸如此类精神和力量的存在，不断推进着中国自立自强。现实是历史的延续，开展对抗战期间华南教育历史的研究，是对这段烽火教育历史的尊重，也是对国民历史记忆的构建，这无疑具有重要意义：

其一，有助于厘清抗战期间诸多华南高、中等学校迁移至粤北韶关办学的基本脉络与重要史实，进而充实、完善抗战期间华南教育历史的主要内容与基本内涵，使得后人能够对抗战期间华南教育历史形成相对符合历史实际的认知与理解。

其二，有助于准确把握诸如中山大学、华南理工大学、华南师范大学、华南农业大学、培正中学等高、中等学校的历史传承与发展脉络，系统总结抗战时期华南教育先师在中华民族科教事业中所应有的历史地位与贡献。

其三，有助于粤港澳大湾区人文精神的塑造，强化粤港澳三地若干高、中等学校以及特定群体之间共同的教育记忆以及文化情感，推动粤港澳大湾区民众的文化交融与精神凝聚，促进粤港澳大湾区的建设与繁荣。

其四，有助于深入挖掘华南教育历史中的爱国基因，讲好教育抗战故事，为进一步传承不畏苦难、艰苦奋斗、为国读书、为国育才、教育报国强国的华南教育历史精神，以及为做好华南教育历史研学基地的保护、利用与活化工作，提供丰富的历史叙事与科研支撑。

历史之所以为历史，在于历史是人的历史。从这个角度来讲，记述、研究特定历史阶段的历史人物，也就是在记述、研究特定阶段的历史。抓住了特定历史时期、历史事件所关涉的历史人物，也就抓住了探析特定历史时期、历史事件的内涵之所在。钱穆曾特别强调，"中国历史有一个最伟大的地方，就是它能够把人作中心"，"中国史学，主要是一种人物史"，事实上，呈现在读者面前的这本著作，便大抵承袭了既往以"人"为主的中国历史书写传统。简言之，著者对抗战期间华南教育历史的探讨，很大程度上就是围绕着抗战期间华南教育历史的当事者及其继承者展开而完成的，这是该著作最为突出的特质之一。

　　相信读者从字里行间能深切地感受到著者对于抗战时期华南教育历史的钩沉与爬梳，有着罕见的、极为真挚的情感驱使和强烈的感情投射，耗费颇多的心血与精力，引用的历史档案为广东省档案馆、广州市档案馆、广东省立中山图书馆、南开大学档案馆、中国科学院档案馆等历经数十年风雨的珍藏。面对相去不远，却又尘封已久、几近湮没无闻的抗战期间华南教育历史，著者如同怀揣神圣使命的虔诚信徒一般，激动地、如获至宝地、如数家珍地将之分享给同好、呈现于世人。

目 录

二 "坪石先生"

三 "坪石学子"

四 古道新声

一　烽火弦歌

翻开80年前坪石中山大学工学院的教师名册

　　2019年的南粤古驿道活化利用工作计划的重点之一是在节点上强调历史空间故事性的突破，这需要大量的学者挖掘整理史料，并将它们铭记于驿道上，铭记于被毁于高速工业化、城市化的遗址旁。

　　抗日战争时期，中山大学的老师和同学从粤北西京古道旁的韶关坪石三星坪码头上岸，并在坪石度过了可歌可泣的1940—1945年近五年的时光，让"火种"保存至今。这既延续了中山大学的文脉，又让华南理工大学、华南农业大学、华南师范大学找到了昔年在硝烟中顽强生长的根脉。当年的老师和学生，基本已经作古。早逝的或者选择"静音"的先生们不乐于谈论丰功伟绩，而正是他们的坚韧、守护和对未来的梦想，成就了今天繁荣的广东，也成就了辉煌的港澳教育。在香港、澳门的培正中学、培道中学网站上，记载着从广州迁徙至坪石办学的历史，培正培道联合中学也诞生于坪石。在今天，选择"静音"的先生们，无法再开口讲出这段历史；早逝的先生，没有研究生弟子们为他们传颂，唯吾辈不忘初心！

　　韶关市乐昌市人民政府提供的资料《抗日战争时期部分大中专院校、中学在乐昌市办学情况资料汇编》记载丰富，摘录《乐昌县志》（乐昌县地方志编纂委员会，1994）："民国28年至33年（1939—1944年），中山大学、岭南大学陆续从云南、广州等地迁址坪石及湘南、粤北等地。全校学生开始为1736人，1944年增加至4161人。"

　　汇编资料引用中山大学文学院《文学院专刊》第四期（1943年）的记述：

"五、本校各院址的史迹：（一）农学院位于湖南栗源堡；（二）中大校本部位于坪石老街楚南会馆；（三）前法学院及新生部位于乳源县武阳司村（今属乐昌），后迁车田坝船厂；（四）工学院位于坪石三星坪村；（五）理学院位于坪石武江河对岸的塘口朱家；（六）师范学院位于罗家渡附近的管埠村；（七）研究院前址位于罗家渡附近的铜锣坪村；（八）文学院前址位于清洞，尔后又迁址坪石汽车站旁之铁岭，与文化学院相对（约10分钟路程），文化学院1942年冬于坪石成立，校长仍由中大文学院吴康教授兼任。"

在抗日战争时期，华南工学院的前身中山大学工学院建筑工程系在坪石度过了一段艰难岁月。师生们有的早逝，有的保持虚怀若谷的本色。2011年，施瑛老师在博士学位论文《华南建筑教育早期发展历史研究（1932—1966）》的写作研究中，对在坪石入学的金振声老师进行访谈，金老师提出应该意识到整理这段历史的紧迫性，结果不幸被言中。在建筑系中，能够把这段历史讲清楚的老教授如金振声等老先生相继去世，现在施老师对金老师的访谈成为难得的史料。

工学院坪石办学的前一时期是云南澄江时期，1938—1939年度主要的教师是

↪ 坪石中大校本部旧礼堂历史照片，马思聪曾在此举行音乐会。2008年坪石中学建科学楼阶梯教室时旧礼堂被拆除（图片引自韶关市乐昌市人民政府汇编的《抗日战争时期部分大中专院校、中学在乐昌市办学情况资料汇编》）

胡德元、黄玉瑜、胡兆辉、刘英智、黄维敬、黄
适、吕少怀、黄宝勋、丁纪凌。顺德人杜汝俭先
生于1939年毕业留校任教，他几乎是历经勤勤工学
院、中山大学、华南工学院的唯一经历者和实践
者。他于1940年离开中大，后于1949年回校任教至
改革开放后退休。他为研究生讲授专业英语使用的
仍是中大时期的英文教材。

　　这批先生中，黄玉瑜先生是最早离开人间以
身报国的。黄先生是美国麻省理工学院建筑系首位
中国留学生，他于1902年出生在开平，9岁在香港
读教会学校，1913年随格林女士远赴重洋抵达西雅

⊃ 杜汝俭先生

图，1923年进入麻省理工学院建筑系学习。回国是应南京工务局局长林逸民所
邀，参加了南京《首都计划》的编制，计划书中多幅插图均出自其手。他1930年
回到广州，居住于培正东路2号，设计了若干公共建筑。1938年进入中山大学建
筑工程系任教，后被选上参加云南的军事设施建设。1942年在云南保山进行中央

⊃ 杜汝俭先生和金振声先生带领研究生调研（许瑞生/摄）

飞机制造公司建造测绘选址时不幸被日军轰炸所伤，为国捐躯。

　　1940年8月，中山大学各学院由云南澄江回迁至粤北坪石，虞炳烈任建筑系主任，1941年1月接任胡德之教授系主任教职。虞炳烈先生（1895—1945）于1921年进入法国里昂中法大学学习；1923年至1929年6月在法国国立里昂建筑学院建筑系学习；1931年至1933年在法国巴黎大学任都市计划与市政研究员；1937年回国；1940年春进入中山大学建筑系任教，当时三星坪及新村的工学院有25座临时校舍；1941年9月迁往桂林；1945年3月1日去世。[1] 虞炳烈在法国生活工作

🔸 法国里昂中法大学旧址（许瑞生/摄）

🔸 法国里昂中法大学学校入口（许瑞生/摄）

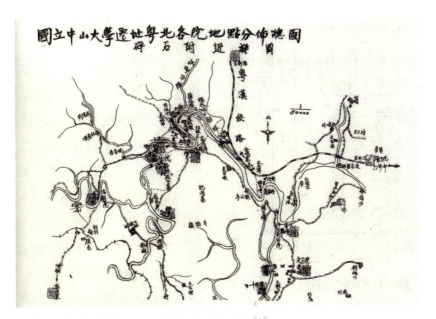
🔸 虞炳烈先生绘制的中山大学坪石校区分布图[2]

了13年，抗日烽火中来到坪石，担任建筑工程系主任之余，因地制宜，利用杉木板、杉树皮、竹竿、竹渣为建材，用最低成本的材料建造校舍，"用鱼鳞板之工程，用竹查（渣）之工程"，实令人肃然起敬。

虞炳烈先生绘制的中山大学坪石校区分布图非常有历史意义，细读并分析分布图，推测为1941年2月所制作，在西面有"41.2.18"组合的数字群，不起眼。另一佐证是当时文学院仍在清洞，6月才签订合约搬至铁岭。图中重点表现交通与各学院的地理关系，交通表现了铁路、韶坪公路、水系还有村道或者古道，靠西边点划线有可能是古道，因为有吉铺和茶亭造型的标志。本部在坪石街处，最近的工学院在本部西边，河流穿过；法学院在最西面，师范学院和文学院靠得较近，在管埠的师范学院和在清洞的文学院之间有小道连接；管埠经过梯子岭、猴公亭、灵石坝进入石坪，也是用点划线表示；医学院最远，附设门诊部。有关图纸应该是由虞炳烈之子虞黎鸿所保存的。

而时隔十年，建筑系两任系主任，勷勤工学院建筑系开创者林克明和抗日战争建筑工程系坪石阶段的领导者虞炳烈均是同期留法学生。1921—1946年一共有473名学生在里昂中法大学注册接受预科教育，再被推荐到里昂市的高等学校（此地也被称为圣依雷内堡，本是一个军事要塞）。他们两位均是按此路径完成学业。从1941年7月31日所造的工学院各系主任名册上可以找到"建工系教授兼主任虞炳烈"的记载。

番禺人金泽光教授于1932年从法国巴黎土木大学毕业，回国后进入勷勤工学院，随转中山大学建筑工程系，一直在

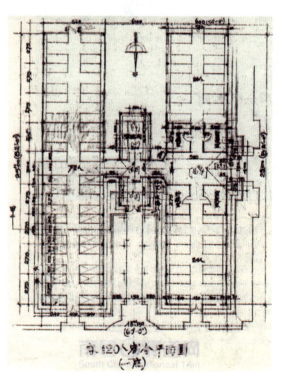

○ 虞炳烈先生设计的学生宿舍[3]

1941年的名册上。新中国成立后任广州设计院副总工程师。廉江人刘英智出生于1903年，1936年毕业于日本东京工业大学，进入勤勤工学院，随转中山大学建筑工程系，坚守至华南工学院建筑工程系。但后期少有人对这位长期主讲外国建筑史的前辈进行研究。直到2004年广东省立中山图书馆新建馆舍准备拆掉"北斋"——这栋建于1946年，为中山大学四合院式教师宿舍的历史建筑时，其设计师刘英智又重回公众视野。

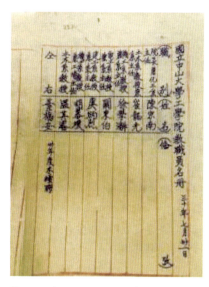

🔶 1941年7月编制的工学院各系主任名册，登记有"建工系教授兼系主任虞炳烈"（藏于广东省档案馆）

教师名册包括化工系、土木系、机工系、电子系和建工系老师，也包括非分系的老师，如英文、法文教授，以及职员如舍务员、绘图员和技术员。

在坪石年代，中大工学院共有1037人，其中教授、副教授、讲师36人，助教25人，技术人员9人。在这几张80年前蓝色字体誊写的泛黄的名册中，群星闪耀：工学院院长陈宗南是增城石滩镇人，于1909年赴美留学，1916年回国任教，是中山大学化工系主任兼教务长，是率队迁徙的主要领导者。1949年受聘任新加坡南洋大学理学院院长兼代校长，1960年返回香港，1962年去世。名册上机械工程系主任徐学灏，澄海人，1930年在美国获得机械设计专业和西洋画专业双硕士

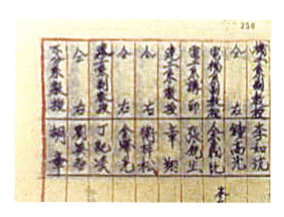

🔶 1941年7月31日登记的建工系教师，有章翔教授、卫梓松教授、金泽光教授、丁纪凌副教授、刘英智副教授的名册，从右向左计为第5栏、第6栏、第7栏、第8栏、第9栏（藏于广东省档案馆）

⊃ 1941年登记有建工系詹道光助教、吴翠莲助教名字的名册，从右向左计第3栏、第4栏。詹道光、吴翠莲为1940届毕业生，毕业后留校。后有1941届学生卫宝葵也毕业后马上留校。（藏于广东省档案馆）

学位，新中国成立后是华南工学院三位筹备委员会副主任之一。名册上化工系教授罗雄才也成为筹备委员会副主任，名册上土木系黎献勇讲师成为筹备委员会委员。

再回到建工系的老师名单上，卫梓松教授为台山人，1906—1909年就读于两广大学堂，1910年获举人奖叙，1916年于北京大学土木工学系毕业后留校，其间于1919年出版了由蔡元培为之作序的著作《实用测量法》，1936年任北京大学地质学讲师。1941年进入中山大学任教，当年冬接任系主任，1945年当坪石被日军围攻时，因病未随学校大部队撤退。[4]据邹爱瑜先生晚年回忆，日伪部队鉴于卫教授的学术地位，强迫他任维持会长，卫先生坚决不就，遂服用大量安眠药自杀殉国。邹爱瑜先生的丈夫卫宝葵就是卫梓松的亲人，惜当时本人没有记住是什么亲属关系。

此时，在坪石任教的还有一位重要人物是符罗飞（1897—1971），他于1908年开始在马来西

⊃ 有技术员、工场助理、院绘图员等职工的名册（藏于广东省档案馆）

亚、日本等地飘荡谋生，1922年在上海美术专科学校学习，1926年加入中国共产党，1929年到海外留学，曾就读于那不勒斯陶器工艺学校、罗马皇家美术大学研究院。1931年任意大利东方学院中文讲师，1938年归国投入抗日救亡运动。1942年进入中山大学建筑系任教，1949年为美术教研室主任，于1971年12月病逝。

坪石的火种，由这数位值得尊重的先生一路呵护至建筑红楼，教导出一代又一代的中国建筑师。在坪石岁月中为师者，或者是学生毕业留校，一直坚守到底，任教建筑系至退休的有刘英智、金振声（2014年去世）、邹爱瑜（1919—2016）、丁纪凌（1919—2001）等一批可敬的老先生。

登记于1941年7月31日的名册，工学院院长陈宗南签字（藏于广东省档案馆）

丁纪凌先生是东莞人，毕业于德国柏林大学美术学院，1935—1938年在德国柏林联合美术大学建筑雕刻系学习，1939年在云南加入中山大学建筑系，1940年6月至1943年7月随学校入驻坪石。根据华南理工大学提供的材料，他于1943—1947年失业，1947年受汕头市政厅委托建造孙中山巨型铜像，1957年3月加入九三学社。

恢复高考后华南工学院建筑学院重新招生，丁纪凌先生重回华工，坚守在教学的第一线，1978年后入学的几届本科生均有幸接受他的美术指导，硕士研究生的美术课均由他和马次航先生负责，研究生美术课他也教雕塑。由于是华工最早的九三学社社员，改革开放后任首届九三学社华南工学院基层委员会支社主委。先生生平最著名的代表作是1956年流花路广州体育馆旧馆两侧浮雕，但经历太多的折腾，"文化大革命"时他被问为什么做没有穿衣服的雕像，他很是难答。雕塑家潘鹤先生在自己的网站上写到在1945年左右认识了丁先生，改革开放后丁先生带研究生到潘鹤老师的工作室，潘鹤老师仍然保持着对丁先生的敬意。邹先生与丁纪凌是同路过来人，常善意地"批评"他，也讲他当年

"洋派"的故事。

邹爱瑜生于1919年12月，1938年入校，初为化工系学生，后转至建筑系。1938年，中山大学工学院整合广东省立勷勤大学工学院后，设立建筑工程系。邹老师从云南一路迁徙至坪石，1943年毕业留校后一直在教学岗位，直至退休。1982年邹老师加入九三学社，任九三学社华南理工大学基层委员会主委。2012年，93岁的邹老师出席了华南理工建筑学科80岁华诞相关活动。邹爱瑜在建筑系与李恩山老师关系很好，偶尔一起做设计，但作品不多，多帮"大师们"画图，基本是教了一辈子画法几何，最后的研究方向是商业建筑；1982年她不幸中风，后来常掰着手指算当年坪石同班的同学人数，她说这是预防老年痴呆症的好方法。邹老师很少接受媒体采访，2013年她在接受《中山大学校报》记者采访时回忆："当年广州陷落，我行将高中毕业，但不愿意为日本人服务，就取道香港搭船去云南，去读中山大学，我本来读的是化工系，读完一年后发现嗅觉不行。当时建筑学系主任乐意我转过去，说你转系过来直接上二年级，不用降级，也不用补课。就这样，当时我和机械系、土木系等一共三个同学一起转到建筑系。那时我们已经到了坪石，我记得当时还没有正规的教室，是在一个半山腰上课，老师必须拎着一个手炉放在教案旁……"[5]

金振声老师于1927年出生，1944年在坪石的中山大学入学，他记得邹爱瑜老师的丈夫卫宝葵老师教他们班的《设计初则》。金老师上了个把月课就因日军入侵而找不到学校，后因战事紧张而中断学业，1945年又再复读，1948年毕业后留校。[6]1981年至1984年任华南工学院建筑学系主任，成为恢复高考后建筑学系的首任系主任。当年他是进步青年，曾经被国民党抓去坐牢；在"文化大革命"时受冲击。改革开放后他的教学颇受广大学生欢迎；带研究生出外调研，他叮咛最多的是"带了粮票了吗？"

在坪石办学期间，无论是文化教育，还是道路建设，师生们都为地方做出贡献。坪石建

⤷ 邹爱瑜老师

设委员会需要中大土木专家参与坪石交通整理委员会，工学院派出刘士龙助教参与。

1940年10月学校图书馆杜定友馆长向学校建议：将各阅览室、图书馆进行调整，第一阅览室设立于坪石，"对公开为民众阅览之用"，第二阅览室设立于管埠（为师范学院所在地），第三阅览室设立于清洞（为文学院所在地）。有关建议得到许崇清代校长批准。1940年11月15日，在坪石三界庙前成立总务室正式办公。从时间上分析，学校把对民众的服务放在重要的位置。

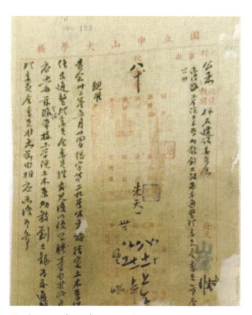

⬤ 中山大学工学院1943年8月派出刘士龙助教参与坪石交通整理委员会的函（藏于广东省档案馆）

中大文学院初时居住条件艰苦，校方通过与广东省银行沟通，租借到当时坪石铁岭站（原为粤汉铁路局所建，后为广东银行租用）房舍大小十栋，文学院教学条件才大为改善。学校与广东银行于1941年订立合约，押金为3个月租金，按月交租金，租期从1941年6月1日起共15个月，修理费用由学校自理。

1945年2月28日代校长金曾澄撤出坪石后往仁化，形容为仓促疏撤，经济顿感困难，紧急向薛岳将军、广东银行求援，保障燃眉之需，后借得50万应急。

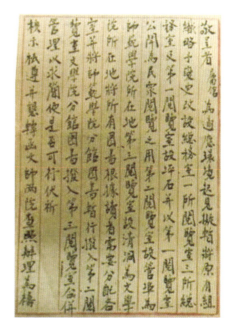

⬤ 1940年杜定友馆长呈许崇清代校长的函（藏于广东省档案馆）

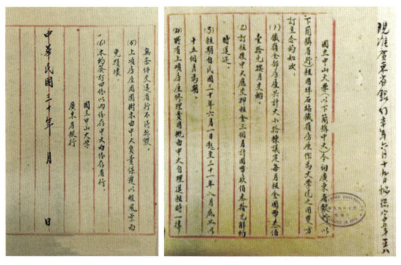

🔾 中大租用广东银行铁岭物业的租约（藏于广东省档案馆）

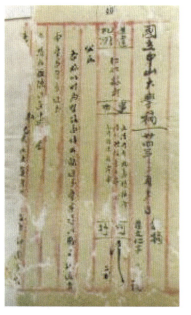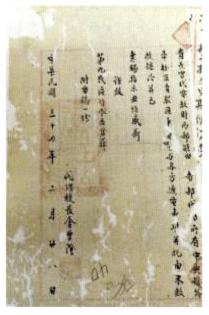

🔾 向广东银行求助的电文和向薛岳求助的电文（藏于广东省档案馆）

　　近日与伦伦兄谈起让这段历史活化的想法，得到共鸣。他告知，早逝的坪石先生们中有位重量级先生——黄际遇，他是中国教育界传奇人物，河南大学、山东大学等的创建与先生有关。黄教授为澄海人，在坪石教学师资奇缺的岁月，他任数学天文系主任，穿梭多系上课，惜1945年抗战胜利后在粤北北江乘船返穗时落水身亡。早逝的坪石文学院先生还有古典文学学者、文学史家詹安泰等，他们均对坪石岁月有大量的记述，然而知道的人太少了！

在思考粤港澳大湾区文化遗产游径时，了解到坪石是培正、培道中学花开多枝的地方，进一步了解到中山大学的历史、华南工学院建筑系的过去，坪石是广东乃至港澳教育的圣地，结合西京古道的活化，人们将永记这段艰苦岁月，继承前辈们在硝烟中认真治学的学术精神，感受时刻准备建设国家、为民众谋幸福的情怀。通过西京古道与坪石烽火教育救国游径的连接，游径信息牌的内容可充分利用当年师生的日记、图画，分学科组织；适当地整理遗址、遗迹，或者建一处虞炳烈当年设计的低成本通铺校舍，这里将成为广东各大学乃至香港、澳门学子研学的必到之处。昔年帮助师生们渡过难关的乡亲们便有了摆脱贫困的载体。

➲ 司法学院驻地码头、师范学院、法学院遗址的照片（由韶关市人民政府提供）

➲ 历史上培正、培道中学旧址现状（韶关市人民政府提供）

　　作为文化遗产的重要内容，教育对于粤港澳大湾区的合作发展来说有着特殊的历史意义和现代启示。在韶关坪石，在抗日的民族存亡之际，正是一众学者贤师舍生取义地坚守着教育"火种"，才有了后来新中国教育事业的日新月异。可以说，坪石见证了粤港澳大湾区教育合作的往昔，已然成为了粤港澳大湾区教育事业的"朝圣之地"。今天，当我们探索从南粤古驿道活化走入粤港澳大湾区文化遗产游径之时，在韶关坪石挖掘的这段教育变迁史给了我们诸多思考与启发。粤港澳大湾区文化遗产游径大有可为，我们冀望有更多的有志之士参与其中、共谋粤港澳大湾区的全面大发展。

注释：

［1］彭长歆、庄少庞：《华南建筑八十年》，华南理工大学出版社，2012，第56页。

［2］彭长歆、庄少庞：《华南建筑八十年》，华南理工大学出版社，2012，第53页。

［3］彭长歆、庄少庞：《华南建筑八十年》，华南理工大学出版社，2012，第54页。

［4］彭长歆、庄少庞：《华南建筑八十年》，华南理工大学出版社，2012，第58页。

［5］杨依影、彭楚裔：《烽火中的工业救国梦——略述国立中山大学工学院的创立与发展》，《中山大学报》，2015。

［6］施瑛：《华南建筑教育早期发展历程研究（1932—1966）》，博士学位论文，2014，附录4。

（感谢广东省档案馆、华南理工大学、中山大学和韶关市人民政府提供的帮助）

查不到照片的老师和找不到教室的学校

　　前文对卫梓松教授的介绍，苦于找不到相关照片，文字描写整合两三篇有关卫教授的简介：卫梓松，台山人，1906—1909年就读于两广大学堂，1910年获举人奖叙，1916年于北京大学土木工学系毕业后留校，1919年出版了由蔡元培为之作序的著作《实用测量法》，1936年为北京大学地质学讲师；1941年进入中山大学任教，当年冬接任为系主任；1945年当坪石被日军围攻时，因病未随学校大部队撤退被困，日军诱降不就，遂服用大量安眠药自杀殉国。

　　这些文字最初来自哪里呢？广东省立中山图书馆馆藏有中山大学农林植物研究所保存的1945年12月至1946年2月的校报。在1945年12月15日（星期六）油印的校报上有一则校闻，题目为《卫梓松教授追悼会今日与死难员生追悼会同时举行》，内容如下：本校工学院教授卫梓松，广东台山人，自幼考入广东高等学堂，以奖给优贡升入大学正科。民国建肇再入北京大学土木系，毕业后历仕京奉铁路工程师，农商部技正，国立清华大学、东北大学及本校教授。本年三月三日坪石沦陷时，因病未及走避，被敌所困，宁死不屈，为国殉难，闻者惜之。现本校定于今日上午九时在文明路旧址附小礼堂举行追悼抗战死难员生大会，及卫教授追悼会亦并同时举办。

　　上述文字中，对卫先生简介补充的重要信息是卫梓松先生曾参加京奉铁路的建设。查1922年4月16日的《国民政府公报》，登有京奉铁路报交通部的文稿，报告该铁路专门人才的办事成绩，成绩单上列有卫梓松先生名字，建议量才升职或者加薪。1922年另一公报刊载卫梓松等人获得四等嘉禾章的奖励。1927—1928年，卫先生在北洋大学任教，教的就是铁道工程，在2015年李秀明主编的《北洋大学校友口述录》中有该校校友回忆提及。东北大学校志对应卫先生简介中的记

🔸 1945年12月15日《国立中山大学校报》刊登的《卫梓松教授追悼会今日与死难员生追悼会同时举行》公告

载是"农商部及实业部的技正"。卫先生还曾担任北京协和医院建设主任工程师，由此可见卫先生毕业后有丰富的实践经验。

2002年出版的《中国人名异称大辞典》载有："卫梓松（1888—1945），字筱赤，广东台山人，国立北京大学毕业。曾任北平大学教授、东北大学教授、广东省政府技正。1945年坪石沦陷被俘，服毒自杀。著有《实用平面测量法》等。"从这段介绍得到的重要补充信息是卫教授曾经担任广东省政府技正，为国殉难时为57岁。

查民国广东省政府第八、第九届委员会会议记录中的第27项，主席提议：派卫梓松为秘书处技术室技正。请公决案。（决议）照案通过。

2004年出版的《黄汲清回忆录》中，黄汲清谈及1924年在北京大学学习的情况，对卫先生高度好评："平面测量由讲师卫梓松担任，讲得非常好，而且实习课程也非常实际，学生们真正学会了这门课。他还担任投影几何，也胜任愉快。"

卫先生于1918年任北京大学工学院本科任助教，1922年预科甲部任讲师。

1924年，卫先生在北大任教时的校长是蒋梦麟。1926年卫先生在北师大任讲师，在北师大女师教图画。通过冯友兰先生的年谱分析，1930年卫先生在清华大学地理学系任讲师。东北大学校志的简介中提到，卫先生到东北大学任教前担任过北洋大学、北平大学农学院、工学院教授，于1933年成为东北大学土木系教授。如此之多的学校任教经验，其授课得到学生好评，这是我们对卫先生的新认知。

澳门培道中学的网站介绍其校址曾于1941年迁往坪石，并于1941年至1944年与培正中学联合办学，建立桂林培联中学。香港培正中学的网站上介绍：1941年香港沦陷，我校被迫停办校舍，教职员生唯有转往澳门和国内。香港岭南大学的网站上"历史与发展"栏目中介绍：1941年岭大校长带领教职员工和学生历经艰苦的旅程来到韶关办学。

在坪石，当时许多校舍都是临时的，现在学生、老师们已找不到原来的"课室"，但地点依稀可辨。通过整理合理的文献，进行室外纪念性空间展示，可以让老师和学生找到前辈的身影，心中便有了"课堂"。虽找不到前辈老师的照片，但其事迹在脑海常现。

广东实验中学是具有光荣革命传统和风尚的学校，它的前身中山大学附属中学于1924年开办。为纪念伟大的革命先行者孙中山先生在1924年创办广东大学（后改名为中山大学），学校决定将该年定为建校元年。附中学生经常出现在广州学生运动的前列，成为运动的中坚力量。1931年"九·一八"事变后，附中学生组织抗日宣传队，走上街头，和愤怒的群众一道查焚永汉路的日货时，遭到警察当局镇压，打死民众10余人，伤近百人，被捕100余人，酿成震惊全国的"双十惨案"（又称"永汉路惨案"）。1935年在北平"一二·九"运动的影响下，广州学生开展声势浩大的抗日救亡爱国斗争，附中学生四次汇入示威洪流。1936年秋，中共广州地方组织恢复活动，附中共有学生30余人加入党的地下组织，成立了党的支部，并编辑出版了不定期刊物《游击队》。"中大附中青年抗日先锋队"成立于1937年12月26日，是广东省成立最早的抗先队基层组织。1942年秋，附中复办于坪石镇。1944年夏秋，日寇侵犯坪石，大学部的中共党员和进步同学200余人分批前往东江，参加抗日人民武装东江纵队。其中有附中学生12名，陆兴焰老师及褚兆北同学则在坪石撤退中遭日寇杀害。抗日战争胜利，附中回迁广州后，附中学生积极参加了1946年的"一·三〇"爱国民主示威游行；1947年的

"一·七"反对美军暴行的示威游行及 "五·三十一"反饥饿、反内战、反迫害示威游行中，附中同学一直出现在广州中学生队伍的最前列。在三年解放战争期间，附中共有进步学生30余人参军参战，地下学联成员发展至39人，约占学生人数的8%。据自1924年建校至1949年不完全的统计，附中师生共有16人为中国人民的革命事业光荣牺牲，他们的英名将永远记载在附中的校史上。中共广东地方组织中的一些著名政治活动家和青年运动领导人，都曾在附中度过他们的青年时代。历史上的附中校园，也见证过许多重大的历史事件。1925年8月，毛泽东曾到附中演讲《工农政策》；解放战争时期，附中还成为广州历次学生运动的集结所。热爱祖国，关心政治，钻研科学，追求真理，成为附中的传统。[1]

注释：

[1]摘录自广东实验中学官网"学校概况——光辉历程"http://www.gdsyzx.edu.cn/index/introduce.

（感谢广东省立中山图书馆帮助收集相关资料）

武水长流

"清楚地认识人类学的原理有助于理解我们这个时代的社会进程，如果我们准备听取教诲，人类学能够指导我们应当做什么和应当避免什么。"这段话来自美国弗朗兹·博厄斯所著《人类学与现代生活》一书，最早的中文版由杨成志先生翻译出版。了解坪石学校的过去，就是听取前辈的教诲。武水长流，名师辈出。

中国民族学家、人类学家杨成志（1901—1991），出生于汕尾海丰，1923—1927年就读于岭南大学。1927—1928年在中山大学任教，后赴巴黎留学，获民族学博士学位。返校后在20世纪三四十年代任中山大学教授及研究院秘书长、人类学系主任等职。《广东北江瑶人调查报告》《广东人民与文化》《人类科学论集》等就是他在抗日战争期间形成的学术成果。新中国成立后，杨成志任中央民族学院教授、文物室主任。

1940年秋，中山大学开始由云南澄江迁回粤北坪石。杨成志教授利用搬迁的机会，于1941年率领文科研究所的民族学研究生梁钊韬、王启澍及技助顾铁符等人再度深入粤北瑶山对"过山瑶"进行历时10天的调查研究，其范围涉及过山瑶胞的体质特征、历史、社会、经济、房屋、工具、衣饰、婚姻家庭、宗教信仰、传说、歌谣等各个方面。通过实地调查研究，梁钊韬先生写了《粤北乳源瑶民的宗教信仰》一文。[1]

语言学家、国家语言文字工作委员会主任陈原（1918—2018），出生于江门新会，其所著的《社会语言学》是中国第一部社会语言学专著。难以想象的是，陈原先生是1938年中山大学土木工程系的毕业生。同样令人想象不到的是，东莞人容肇祖毕业于中山大学西语系前身——广东高等师范学校的英文专业，却成为了民俗学家。1922年容先生考入北京大学哲学系，1927年返回广州，在中山大学任教，与钟敬之等人成立中山大学民俗学会，并于1930年在岭南大学任教，1932年重返中山大学，后于1934年北上在北京大学任教。在1940年，他到香港岭南大学任教，于1942年来到坪石，第三次进入中山大学任教。1944年，容先生一家避难到湖南莲塘村，他曾两次被日寇抓去做挑夫，两次都冒死逃脱，与他同被抓去的李乾亨教授等已惨死于九峰路旁。抗战胜利后，1945年秋，中山大学复员，容先生任历史系教授。[2] 新中国成立后，曾任中国社会科学院哲学研究所学术委员会委员、中国民俗学会副理事长，于1994年在北京逝世。

坪石烽火的日子是悲壮的，故事甚多。黄际遇先生得知郑海柱副教授夫人罗秀贞在日军追赶下负幼女纵身悬崖自尽，在粤北坪石遇难，年仅23岁，特撰文纪念之，文中述及"敌骑东驰，侍亲北徙。乐昌月好，却怆怀破境之得；武水流长，问何处折梅之使？""奈何雹碎春江，霜凋夏绿。林陨秋风，泪斑冬竹"[3]，我们可从中领略黄际遇先生的笔力。

黄本立院士，出生于香港，抗战时期就读于坪石。香港陷落时，大批香港学子冒着炮火，寻找坪石教育基地。黄本立在姑姑的支持下，一个人搭乘跑运输的卡车，由贺州八步到桂林，再转乘火车经衡阳到达粤北坪石的培正培道联合中学通过考试就读。当时的黄本立还不到15周岁，且不说一路上的长途跋涉，半路差点儿被卡车司机"甩掉"，到桂林时还遇到敌机轰炸，眼看着身边中弹的同胞死去，自己也险些丢了性命，饱受惊吓。到了坪石，经过当时在中山大学学习的亲戚及其他同学的辅导，黄本立直接考取了初中二年级，一年后他又直接考取了当时搬迁到曲江的华英中学高中一年级，"抢"回了两年被耽搁的时间。[4]

中山大学西迁频繁艰难却一直坚持办学，中山大学中文系金钦俊教授有史诗记事："1940年7月，日寇进逼越南，威胁滇境。8月中大再次在校长许崇清带领下迁回粤北山区坪石办学，在此四年多，此期除继续利用寺庙空舍外，新建了房舍88座，学习环境有所改善。……坪石呀是个山区的小镇，打马经过一圈就走完，中大对它是一个庞然大物，只能分拆在多个地方安顿，学院相距百里已成平常事，断炊也早已不算什么新闻。""但抗战急需大量人才呀，严峻的形势迫使中大人苦思，于是88座新建的房舍，神话般站立在坪石一带的乡野，鼓荡起潜心读书的春风。于是抗战急需的专业扩大招生，电机工程、土木工程、机械工程，列于优先位置，医科、法科、师范科，有了相应的增长，收容区和沦陷区学生更是一个英明的判断。就在几个月前，太平洋战争和香港陷落，大批香港学生陷入惊慌，托足无方的悲凉、彷徨无主的哀伤，如利剑插中他们的心胸，如今中大深情呼唤，令他们重投祖国母亲的怀抱……"长诗中还列出坪石任教众名家的名字：朱谦之、陈安仁、岑麒祥、杨成志、钟敬文等文史名家，丁颖、邓植仪、张云、杨遵仪、吴尚时、陈国达、蒋英、梁盾强等各科名师，新聘的中共一大代表哲学名师李达，经济学名师王亚南、梅龚彬，戏剧名师洪深、许幸之，专攻古植学的名家斯行健等。

近日，施瑛老师深入挖掘，寻找到1940年11月9日岭南大学农学院坪石新址举行开基礼的珍贵文献。新址是古桂芬先生选定的，可惜当时古桂芬先生已经去世，同年11月10日举行了追悼会。古桂芬于1935年首任岭南大学农学院院长，他出生于秘鲁，在澳门受中学教育，是澳门同盟会最年轻的成员。后来，他入岭大读书，又赴美国加州大学学习农业，后回秘鲁与哥哥经营祖业。1927年他被召回岭大，放弃秘鲁的丰裕家业，返国从事农业教育。珠海会同村有一片农地是他开辟的农业试验场，名为"中山县会同岭南实习农场"，选择此处，因其父是中山外神前村人。古先生的女儿是莫仕扬曾孙莫庆义的太太，这也是实习农场设于同会村的原因之一。今天，我们在会同村仅记住了祠堂，忘记了田野。抗战期间他为岭

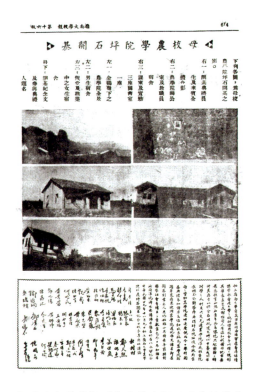

🔸 岭南大学校报刊载农学院坪石开基的消息，内刊载有校舍与参会人员合影的照片，下半部分为李校长所撰写的纪念文章，旁有许崇清等出席仪式的嘉宾签名

大农学院内迁，多次往返于韶关与香港之间。令人痛心的是，在大功告成之际，古先生工作劳累过度，于1940年9月16日在曲江病逝，年仅42岁。金鸡岭的红岩，应记住古先生的心血！武水长流，应是绵绵不断的思念。

李应林校长在开基礼上致辞，强调此次内迁是因为内地急需高等人才，学生也应体验战时的精神，农学院选址为长远着想，将来可扩充成为农场。此次先为农学院内迁，日后各院视环境情况将陆续内迁。许崇清校长也发表讲话，对岭大农学院带头内迁的做法给予赞许。会后合影留念，从刊出的照片看到该址在金鸡岭下，与火车站隔江相望。这里是华南农业大学重要的根脉所依。岭南大学农学院是从岭南大学农学部、农艺系发展过来的，古桂芬、李德铨、李沛文、邓植仪均是领军人物。1941年李沛文为院长，农艺园艺系主任为李德铨。现在的华南农业大学农学院就是一直延续这一根脉。

岭南大学前身是1888年创建的广州格致书院，抗战时迁往香港并借用香港大学校舍，1927年李应林为副校长，后为校长。香港于1967年复办岭南书院，现为岭南大学。1940年身为岭大物理系副教授的冯秉铨赴哈佛深造，同行者有6人，当期岭大校刊有报道。冯先生院系调整时为华南工学院教务长，后为副校长。

教育是薪火相传，华南建筑学派的叶荣贵先生、孙一民先生的弟子施瑛同

根据保留山旧片小结两种典型建筑式样
2019.7.23

🔸 根据老照片总结的坪石老街的两种典型建筑形式（许瑞生/绘）

坪石又诱书店. 52号
2019.7.23

⟳ 根据老照片推断的坪石老街"又新书店"（许瑞生/绘）

学出于对老师的老师的敬重，来挖掘坪石教育历史；更有邓其生先生的女弟子曹劲，与省文物考古所同事，在乐昌峡水利枢纽工程开工时，抢救性地航拍坪石老街古建筑和多栋建筑。借助这些资料，我们重返历史时空，活化利用有了历史原真性的依据，遂依据老照片总结坪石老街建筑模式和"又新书店"的历史场景。

注释：

[1] 徐杰舜：《梁钊韬与南岭走廊研究——纪念梁钊韬诞辰一百周年》，《广西民族大学学报（哲学社会科学版）》2016年第38卷第6期，第58-62页。

[2] 姜国柱：《容肇祖教授的思想历程与学术贡献》，《国际儒学研究　第4辑》，中国社会科学出版社，1998，第1页。

[3] 黄际遇：《黄际遇文选集》，中山大学出版社，2019，第126页。

[4] 林俊越、颜晓梅、杭纬：《贺黄本立院士九十华诞》，《光谱学与光谱分析》2015年第35卷第9期，第2371-2376页。

（感谢施瑛、曹劲同学和俊明馆长提供参考文献）

再说坪石

一、坪石新村中的工学院

1943年5月国立中山大学对现状进行总结，并形成文献资料。现藏于广东省立中山图书馆的这一文献特别珍贵，对现在的"华南教育历史研学基地"的建设提供了真实可靠的参考依据。

《中大现状》对工学院有详尽的描述：建工系现课室三座、绘图室、美术室、男生宿舍两座、缮堂厨房二座。至于女生方面，则租赁民房八间以供住宿，计机工、电工两系女生共住民房两间，土木、化工、建工三系女生共住民房六间。

工学院因学生多且当时宿舍不够，故临时建宿舍十一间及膳堂三座，以供使用。

建筑工程学系教师名单如下：

卫梓松为教授兼系主任，教授分别是金泽光（停薪留职）、刘英智、李学海、龙庆忠，副教授仅钱乃仁一人，讲师为黄培芬，助教为区国恒、卫宝葵、吴锦波和沈执东。

对比1942年的登记表，教师名单发生了变化，最重要的是龙庆忠回归。在一般的介绍中，龙庆忠先生

○ 1943年6月中山大学的总结中建筑工程系教师的名单，龙庆忠的名字出现在教授一栏的最后面（现藏于广东省立中山图书馆）

是于1946年才进入中山大学的，这里需要再细究。卫梓松、刘英智等均是坚守者。

三星坪的新村有比较好的民宅，因为较长时间有人居住，靠近江边，估计这里就是女生租借的宿舍。1941年建筑系毕业生14人，1942年建筑系毕业生13人。坪石开始有了建设人才产出，尽管不多，但对中国现代建筑的发展意义重大。1943届的彭佐治，毕业后赴湖南、台湾教书，后又赴美国、德国留学，最后的落脚点是美国德州理工学院。改革开放后，他回华南理工大学建筑系讲学，积极促进华南理工大学建筑系与世界接轨，并为1985届毕业的优秀研究生黄亦淇赴德州理工大学留学争取奖学金。

⟳ 三星坪新村5号，旧门牌还在（许瑞生/摄）

⟳ 新村的朱氏祠堂，也许是当年中山大学化工系、建筑工程系教室之一（许瑞生/摄）

⟳ 工学院使用过的历史建筑，现屋顶已塌（许瑞生/摄）

1943年中山大学建筑工程系课程如下：

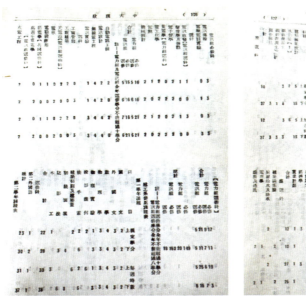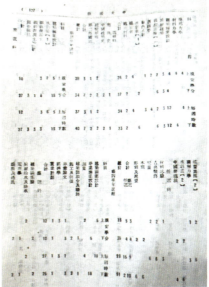

➲《中大现状》中的1943年中山大学建筑工程系课程

建工系修正课程表

第一学年课程表	
科　目	国文、外国文、数学、物理学、物理实验、投影几何、徒手画、建筑初则及建筑画、初级图、阴影法、木工
选修科	第二外国语
第二学年课程表	
科　目	应用力学、材料力学、建筑图案设计、房屋建筑、模型素描（一）、透视学、单色水彩、水彩画（一）、建筑史、建筑材料
选修科	美术史、中国建筑史、建筑原理、第二外国语
第三学年课程表	
科　目	模型素描、图解力学、水彩画（二）、中国营造法
应选科	模型素描、图解力学、水彩画（二）、中国营造法
任选科	材料试验、古典装饰、壁画、木刻、雕刻及泥塑
第四学年课程表	
科　目	建筑图案设计、学业图案设计、测量、建筑师法令及职务、施工及估价、毕业论文、经济学、实业计划
应选科	建筑图案论、房屋给水及排水、电照学、暖房及通风

二、坪石的画家

民俗学在坪石继续发扬光大，《国立中山大学民俗月刊》于1928年3月创刊，1943年在坪石出版第2卷第8期，此期的主要内容包括：

中国民间故事型式发端（英国谭勒研究的结果）	赵景深
民族学问题格	杨成志译
关于《潮州的青龙馆》	陈云祥
歌谣拾零	容肇庆
琼山县死丧的风俗	周赞刘
艺术三家言	钟敬文

与钟敬文往来较多的建筑工程系美术教授有符罗飞。坪石在美术方面也聚集了不少人才，符罗飞（1897—1971）于1929年留学意大利，1938年回国，马上就在香港举行个人画展。1940年至1941年他在广西，创作的作品为现实题材。1942年来到坪石中山大学建筑工程系任教，同钟敬文交往甚密。1944年秋随学校迁往兴宁。1943年的名单中没有符罗飞先生的名字，也许是他常到各地进行社会活动，时进时出的缘故。

● 符罗飞创作于1940年的粉彩画作品《农妇和牛》（现藏于广州艺术博物馆）

另一位画家大家就未必熟悉，在中山大学理学院的名单上发现了中国版画先驱之一——唐英伟先生的名字，他居住于坪石塘口村，即理学院所在地。

中山大学理学院所在地塘口村，是历史悠久而且保存良好的传统村落，村的门楼保存良好，当年这里的民宅多为教师所住。可以想象唐英伟先生在此码头进进出出一年，思考着抗战的版画构图的情景。

🔵 唐英伟创作于1935年的版画《休息》（现藏于华茂美术馆）　🔵 唐英伟创作于1934年的版画《逃亡》（现藏于华茂美术馆）　🔵 中山大学理学院所在地塘口村的码头

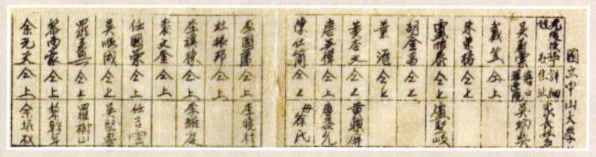

🔵 中山大学理学院教师名单，从右往左第6是叶汇、第7是黄杏文、第8是唐英伟（现藏于广东省档案馆）

三、开花结果

　　在中山大学理学院的教师名册中，可以看到许多名字，例如任国荣、黄杏文等人。任国荣于1944年成为中山大学理学院院长，参加过中山大学战地服务团，这是抗日时期中山大学师生群众救亡组织。1952—1955年，黄杏文任华南师院附中校长。中山大学附中在坪石办学的校长是张文昌、谭祖荫和段铮。这些都是在坪石开花结果的教育成果。

在院系调整时，这批坪石过来人中担任各院校系主任的不少，叶述武在1952—1958年任华师数学系主任、何大章任华师地理系主任、郑荫任华工物理系主任等，开花结果，桃李满天下。

在教师名单的左边第二位是黎尚豪，他是广东梅县人，为原中国科学院水生生物研究所副所长、研究员、博士生导师。黎尚豪在1939年毕业于中山大学理学院生物系，获理学学士学位；1939—1943年留该系任助教；1943—1944年在前中央研究院动植物研究所任助理员、助理研究员；1944—1949年在该院植物研究所任助理研究员；1949年5月—1950年1月在华东军管会植物研究所任助理研究员；1950—1980年先后在中国科学院水生生物研究所任助理研究员、副研究员、研究员、研究室主任；1980年后任水生所副所长、所学术委员会主任，淡水生态与生物技术国家重点实验室学术委员会主任；1980年11月，当选为中国科学院学部委员（院士）。

（感谢广东省立中山图书馆、广东省档案馆提供的帮助）

校庆时别忘了

在广东省，高校和中学的校庆多在11月和12月。华南师范大学在2018年11月10日庆祝85周年，华南师范大学附属中学在同年12月8日庆祝130周年；2016年，暨南大学于11月19日举办110周年庆祝活动，惠州学院在同年11月26日庆祝70周年，11月26日也是广东省海洋大学84周年校庆。"弦歌不辍"是各大学、中学校庆常引用的宣传词，该成语出自《庄子·秋水》，抗日战争时成为教育政策的追求目标。"不辍"是建立华南教育历史研学基地的初心，不要忘了抗日战争时期为广东教育"不辍"做出历史贡献的以乐昌坪石和连县东陂为代表的山水和民众。南粤古驿道与这些历史遗址均有联接。

如果从广州出发，4个小时的车程可以到达乐昌，建议中途选择在阳山停留一下，2个多小时的车程后感受阳山的秦汉古道，风光无限；再启程约1个小时到达连州，东陂镇就在西北面。如果想了解两处办学研学基地，可以选择乘坐高铁，直接到乐昌，坪石、梅花村、乐昌的古道已经修复成型，请朋友送一程或者选择乘坐长途客运，约2个小时，中间参观一下靠近湖南的连州星子镇，旁边有已经修复的古道，这里也是当年的办学点；再往前约40分钟，就可以到达东陂镇，村口旁边的古道已经修复。

一、不要忘记这里是"广东省立文理学院"的摇篮

大约两千年前连县出现在长沙国的地图上。1973年长沙马王堆三号汉墓出土的公元前168年的三幅彩色地图——地形图、驻军图和城邑图，绘制的范围包括湖南、广东及广西部分地区，潇水、南岭在其中，县和乡的位置标注于图

🔵 长沙马王堆出土的地图，藏于湖南省博物馆（许瑞生/摄）

中，是目前世界上发现最早且水平最高的地图。[1]连县属于长沙国，为"桂阳县治"。

1938年10月广州沦陷后，同年10月29日省政府迁至连县，广东省教育厅也随迁至连县，在厅长许崇清教授的领导下，迅速采取若干措施保持教育机构运转的连续性。1940年1月上任的黄书勤教授接任后继续及时对教育资源进行统筹，在1940年3月根据全省各地的经济、人口和交通情况，重新划分了10个中学区，分别是广州、惠州、潮州、梅州、南韶连、五邑两阳、肇罗、高雷、钦廉和琼崖。[2]坪石、连县成为抗日战争时期教育的重镇，连县尤其是东陂近10年的教学未断，广东省立文理学院及其附中在这里度过了最为辉煌的两年，其种子又成就了20世纪40年代末惠州师范学校的诞生，为广东教育做出了重大历史贡献。无论是物质上的供给，还是民房的租借，今天的学子不能忘记连县老百姓的默默奉献，废墟中我们仍然要寻找抗日救国的师生们的足迹，明白我们所谓的"百年名校"是从哪里来的。

南韶连校区在抗日战争时期对教育贡献最大，大部分学校迁校于此，尽管日军飞机不时到此扔炸弹，但相对其他地方，这里也要安全些。"核潜艇之父"黄旭华院士回忆抗日战争时期的少年时代求学经过时就述及粤北，1941年6月黄先生从梅州到兴宁，正碰上日军飞机对兴宁狂轰滥炸，准备入住的旅馆被炸没了，找到一辆装黄鱼的车往韶关跑，在韶关意外得知他的大哥在坪石，他不顾舟车劳顿，赶到坪石。[3]

仲恺农学院战时也迁至乐昌，有约200名学生，校长为陈颂硕，这是前期没有纳入华南教育历史研学基地研究的一个史实。该院于1940年9月迁至乐昌西乡桂花村，坚持3年9个月。

我们要铭记抗战中牺牲于坪石的卫梓松老师。据台山市提供资料，卫梓松的二弟卫梓柏有四个儿子，长子卫治权、次子卫治某、三子卫治材、四子卫治华。卫治权有四个儿子，建华、建国、建民、建雄。卫治某有长子超伟，就读于北大化学系；次子超干，于国立美术专门学校毕业；三子超敏，于协和大学医科大学毕业；四子超硕，于广州私立国民大学土木工程科修业；女儿名为畹湘，于金陵女子文理学院毕业。卫先生1912年至1913年在台山县立中学任教师，教英语和数学，没找到他的照片。

勤勤大学教育学院改为新成立的省立教育学院，于1939年秋由容县迁回乳源，易名为广东省立文理学院，并附设体育专修科，将省立体育专科学校并入。冬天，从乳源迁至东陂。在广州沦陷前夕已经有部分学生迁至连县星子镇。1942年春迁至曲江，1945年初又返回连县东陂，九载十迁，但连县永远是港湾。林砺儒院长执教文理学院时，聘请了教育学家、历史学家王越，以及教育哲学家张栗原；文学教育方面聘请了吴三立、许杰；历史学教学聘请了陈守实；地理学教学聘请了盛叙功，物理学教学聘请了黄友谋，化学教学聘请了王赞卿、王鹤清，心理学教学聘请了阮镜清，经济学教学聘请了郭大力，体育教学聘请了黄金鳌。诸多著名学者在学院任教，[4]学术研究和教学水平颇高，东陂学界名人云集。许崇清先生对培养教师特别是校长有严格要求："凡当学校校长的人必定要系专门家，曾经特殊的训练，而且学校校长的眼光更要超出学校之外，凡与学校教育有关系的种种研究、实务，固然不应忽略，而学校与实际社会的关系，也应该明白。"[5]这种理念影响到文理学院吸引聘用名师的决心。

在东陂文理学院任教期间，郭大力一边任教一边翻译《剩余价值学说史》。1943年翻译《剩余价值学说史》成稿。在文理学院任教期间，他在将柏林大学教授古斯达夫·梅尔著的《恩格斯传》译成中文的第一次译稿的基础上，再次翻译该书。可惜书稿在他返回家乡时不幸丢失。郭大力在东陂的省立文理学院讲授经济学，从1940年秋至1941年上半年，在此教学两学期。林砺儒辞职后，他也随之辞职返回家乡江西南康斜角村定居。1946年他再次与王亚南合作，到厦门大学任教。1950年进入中央马列学院工作。到广东省立文理学院应聘前，他于1940年5月将已经出版的《资本论》进行校订寄给出版社，1963—1964年第二次修订《资本论》译本，敬业精神尤为可敬。

2005年重新翻译出版的亚当·斯密的《国富论》，翻译者在导语中说："至今，中国人最熟悉、使用最多的译本是1930年郭大力和王亚南先生的译本，初版译名为《国富论》。"可见作为《资本论》的翻译者，郭大力先生有很大影响力。在中共中央党校官方网站所列的学校历史上的16位名师中，郭大力占一席。郭大力先生来到东陂，毫无疑问，这里与坪石武司村一样，成为中国《资本论》的第一讲坛。

"现代珍珠之父"著名生物学家熊大仁当年从上海复旦大学到广东，东陂是他的第一站，他选择了广东省立文理学院。1941年熊大仁就在东陂被聘为生物系教授，1945年又返校担任生物系主任。熊大仁是中国人工养殖珍珠领域开创性领军人物，也是湛江水产学院的奠基人。暨南大学复办领导者历史学家王越、许杰以及理化系主任黄友谋教授1939年至1951年均在文理学院教学，动物学家陈兼善教授1940年至1941年3月均在校任教。莫熙穆1938年毕业于勤勤大学生物系，一直任教于华南师范学院生物系，2009年华南师范大学庆祝莫熙穆先生从教65周年。

阮镜清教授是坚守的人，1945年8月15日出版的《社会教育年刊》第二、三期合刊刊载的文章包括黄希声的《教育学概论》、阮镜清的《现代社会教育基本倾向》和《环境在遗传中的作用》，1948年5月1日出版的第四、五期又刊载了阮先生的文章《战后国际教育的新任务》，阮先生是广东省立文理学院在东陂办学全程的见证人。1940年3月在东陂期间创办《文理月刊》是艰难环境下坚守的一种坚毅的行动。《文理月刊》面向全国发行，产生很大影响。该刊目的是"提供广东省中小学教师教学上之参考资料，促进抗战时期教育文化事业进展"。来自浙江天台的文学家许杰，曾在安徽大学、暨南大学任教，与鲁迅有来往，39岁时带着家属生活在粤北小镇，《跳蚤的故事》就是此时完成的。许杰担任《文理月刊》文学编辑。1939年夏，许杰受聘文理学院文学系，在东陂他在此刊物刊登了文章《教育工作者的任务》《逼近胜利的路上》。1941年，因林砺儒被排挤辞去院长职务，许杰、盛叙功、陈守实等在6月离开东陂。许杰在解放初期担任华东师范大学文学系主任。[6]广东省立文理学院继承这一优良学术传统，1946年创刊《文理学报》更上一层楼。现在这个在10年历史中除了广东省中山大学外最重要的学校的名字快被忘却了，许多学校在学校官方网站的学校历史栏目中提及一句，为了弦歌不辍之故也。

许崇清先生在1936年8月至1940年1月任广东省教育厅长，黄麟书接任于1940年1月至1945年9月，他们对抗日战争时期的广东省大中小学校教育管理保持沉着应对的定力，以中国抗日必胜的自信战胜难以想象的困难。许崇清要求中小学校对农民进行抗日宣传，成立"广东省教育厅社会教育工作团"开赴前线配合抗日宣传，开办民众夜校，强调无论是前方还是后方，都需要应用科学。黄麟书任教育厅长期间，为接收从战区退出的学生，在非战区的学校增加临时班级，在东陂的广东省立文理学院附中增加6班。[7]连县不仅有培养师范生的大学、高质量的附中，还有为战时的难童所建的收养院。1940年粤北有7所儿童教养院，连县占3所，分别在龙咀、元村和蝠山，每处收养难童1000名。

师范学校的重要性在20世纪20年代就被社会关注、重视。广州市立师范学校建于1921年，杜定友曾任校长。在复原过程中，经过合理甄别，确定勷勤大学教育学院附中的前身是广州市立师范学校。在敌伪时期重建的广州市立师范学校设立于西华路太保庙直街，抗日战争胜利后由广州市教育局接管继续办学，新中国成立后与协和中学合并为广州市普通师范学校。教育厅又及时进行教育资源合理调整，中学、师范和职业进行再分配，在东陂的粤秀中学迁址惠州改为惠州师范学校，抗战刚结束就开始这样的调整是科学而具有谋略的教育复员。此外，江村师范学院迁至番禺蚌湖改为勷勤师范学院。抗日战争胜利后，在广东省立勷勤师范学校1947年的教师名单中，担任重担的教师大部分出自广东省立文理学院，包括其前身的广东省立师范学院，如黎起大、张仲熙、车乘会等数位老师；或者是出自中山大学师范学院的教师，如潘源欲、詹谦让等。广雅中学、广州市立师范学校也是同一状况，东陂对教育工作者的培养，成就了抗战后教育的复苏。

林砺儒是广东教育学界的权威，虽然他1941年离开广东省立文理学院，但他的教育理念影响着一批教育工作者，"附属中学的意义是研究普通教育法，以图教育进步"，这一理念今天仍然有现实意义。林砺儒在新中国成立后曾任北京师范大学校长、教育部副部长。东陂留下他的足印，因为他的影响力，众多中国著名学者来到东陂任教，1948年广东省立文理学院共有在校学生643人，文科421人，理科222人，这是林砺儒先生打下的基础。东陂能否建立一座"砺儒图书馆"以纪念之？

1945年11月，任毕明上任广州市立师范学校校长，任校长毕业于广州市立师范学校。上海中国公学毕业教师中大部分来自广东省立文理学院（广东省立师范学院）的毕业生，平均年龄在31岁左右。

卢梦醒任广州市立师范学校教务主任和教员。卢梦醒毕业于广东省立教育学院，获教育学士学位，曾任私立志锐中学专任教员、国立第三华侨中学导师兼教员，担任学科地理和生理卫生教学。

朱寿鸿，同样毕业于广东省立教育学院，曾任私立香港知用中学导师兼教员，郁南县立第一初级中学、佛冈县立初级中学教导主任，在广州市市立师范学校任教导主任。

陈兆辉，广东省立文理学院数理化学毕业，曾任广东省立连川中学训导主任、私立曲江励群中学教导主任，任算数、理化学科教学。

傅崇鎏，毕业于广东省立教育学院，曾任郁南县政府教育科长，郁南县立第一高级中学校长，教学的科目是教育行政和地理。

1947年新增，梁天爵，毕业于广东省立文理学院，教学科目是算数；杨宗汉，毕业于广东省立文旅学院数理化学，曾任广东省立北江农工职业学校事务主任，担任物理、化学的教学；张大露，广东省立文理学院文学学士，曾任郁南县立第二中学教员，担任教学的科目是国文、历史。

广东省勤勤师范学校1947年在职的教师中，黄昶是中山大学师范学院毕业的，26岁就担任校长，同时教学科目为英文；张作伸是中山大学文学院毕业的，29岁担任教导主任；抗战后的学校师资，广东省立文理学院的老师也占了多数。

二、不要忘了东陂，因为中国红军第一位飞行员的故乡在这里

冯达飞，籍贯：广东连县；出生年份：1901年；所在部门及职务：新四军新

二支队副司令员；皖南事变中的下落：1941年2月8日在南陵养伤期间被俘，被关押于上饶集中营，1942年6月8日遇害；备注：1924年进入黄埔军校一期学习，后去苏联学习飞行和炮兵，1927年春回国参加广州起义。1932年，将缴获的一架飞机从漳州机场飞回瑞金苏区，成为第一个红军出身的飞行员。[8]

新四军叶挺军长1941年1月14日谈判时被扣押囚禁，1946年3月获释，1946年4月8日因飞机失事遇难。

⊃ 中共中央1946年3月7日写给叶挺的贺电

⊃ 叶挺故居纪念馆中铭刻的叶挺同志在狱中的诗，"为人进出的门紧锁着……"

1921年，邓发从广州到香港。广州起义失败后，邓发对他的表弟说："革命者不怕失败的，孙中山先生能够经过十次失败才得到最后的一次成功，为什么我们不能学他那样坚忍的性格呢？"[9]邓发从云浮到香港，继续在香港从事工人运动，1928年任香港市委书记，1930年在香港结婚，1930年9月离开，1946年4月8日因飞机失事遇难。

⊃ 叶挺出狱后与邓发和长女合影，拍摄于叶挺纪念馆

除了冯达飞，从孙李立和孙劲松编著的《皖南事变新四军人员搜录》可知，

在皖南事变中牺牲的广东籍烈士还有：

陈达仁（籍贯广东，1922年出生，教导总队文化教员，马来西亚华侨，1942年6月17日牺牲）；

陈峰（籍贯东莞，1918年出生，教导总队文化教员，华侨，越狱被捕后被折磨至死）；

陈国龙（籍贯普宁，1908年出生，军司令部参谋处通信科无线电通信大队机务主任，1942年于赤石暴动逃出，参加韩江抗日纵队，牺牲于1946年12月23日）；

陈惠（籍贯普宁，1919年出生，军政治部组织部青年科科长，泰国华侨）；

陈良堡（籍贯潮州，1918年出生，教导总队干部队政治教员，牺牲于集中营）；

陈梦如（籍贯龙川，1907年出生，新二支队政治部宣教科科长）；

陈秋生（籍贯新会，1919年出生，排长，牺牲于集中营）；

陈宣（籍贯澄海，1921年出生，军政治部组织部组织干事，泰国华侨）；

丁壮亮（籍贯大埔，1911年出生，连指导员）；

何永雄（籍贯番禺，1920年出生，教导总队4队学员，旅美华侨，1942年6月18日牺牲于集中营）；

李成峰（籍贯广东，1920年出生，教导总队3队学员，牺牲于集中营）；

李德全（籍贯南雄，1904年出生，连长）；

李进（籍贯梅县，1921年出生，越狱后参加东江纵队，马来西亚华侨，1942年12月25日在战斗中牺牲）；

李卓宣（籍贯龙川）；

梁锡牯（籍贯梅县，1903年出生，教导总队干部，黄埔军校一期）；

廖正文（籍贯南雄，1914年出生，军政治部组织部人事科科长，1942年4月23日牺牲于集中营）；

林德（籍贯澄海，三支队连指导员，泰国华侨，牺牲于集中营）；

瞿志仁（籍贯惠阳，1924年出生，教导总队文艺干事，1942年6月19日牺牲于集中营）；

徐瑞芳（女，籍贯东莞，1918年出生，军政治部宣教部文化组，1942年6月

19日牺牲于集中营）；

杨德环（籍贯广东，教导总队学员，印尼华侨）；

张福昌（籍贯大埔，1917年出生，连指导员）。

在牺牲者的名单中，归国华侨不少。1938年、1939年这两年，泰国、马来西亚、印度尼西亚的华侨青年通过香港八路军办事处的介绍，加入到新四军、八路军中参加抗战，计约600多人。当中，包括司机、护士、医生等技术人员，仅在军部和直属机关工作的归国华侨就有70多人。[10]

冯达飞纪念馆如果再拓宽领域，将皖南事变牺牲者名录刻碑简介之，包括广东籍的将领，包括叶挺军长、邓发先生，还有阳江籍著名音乐家、新四军军歌的作曲者何士德，新四军艺术家摇篮鲁迅艺术学院华中分院教导主任、海丰人丘东平烈士等。丘东平是海陆丰农民运动的儿童团长，年轻时喜欢文学，留学日本成为"左联"成员，1941年，他为掩护学生撤离而牺牲。将新四军中南粤儿女在抗日战争中的故事，特别是华侨青年参与抗日战争的故事一并在东陂展示，这将是具有鲜明特点的新四军纪念

冯达飞为乡亲书写的牌匾，拍摄于东陂冯达飞纪念馆

东陂冯达飞纪念馆内庭

新四军中菲律宾爱国华侨青年组成的军乐队，乐器为菲律宾华侨赠送（许瑞生拍于叶挺纪念馆）

园，与抗战时期华南教育历史研学基地东陂校区相得益彰，秦汉古道将是最具有研学意义的文化遗产。

1938年，中山大学工学院院长萧冠英在中山大学抗敌后援工作团成立大会演讲时讲道："个人的自由和安全，不但在集体行动中始能认识其精义，并且唯有在集体的奋斗中始能获得其个人的安全与自由。"今天重温历史场景，是我们在寻找民族大义面前舍小我的力量源泉。

注释：

［1］李兆良：《坤舆万国全图解密》，上海交通大学出版社，2017，第2页。

［2］广东省教育厅：《广东教育史》下卷，广东教育出版社，2017，第375页。

［3］王艳明：《黄旭华传》，中国科学技术出版社，2017，第36页。

［4］广东省教育厅：《广东教育史》下卷，广东教育出版社，2017，第318页。

［5］广东省教育厅：《广东教育史》下卷，广东教育出版社，2017，第313页。

［6］蒋荷贞：《许杰生平表（下）》，《杭州师范学报》1994年第2期。

［7］广东省教育厅：《广东教育史》下卷，广东教育出版社，2017，第422页。

［8］孙李立、孙劲松：《皖南事变新四军人员搜录》，解放军出版社，2015，第22页。

［9］中国中共党史人物研究会：《中共党史人物传》（第一卷），中国人民大学出版社，2017，第295页。

［10］中国人民抗日战争纪念馆：《港澳同胞与祖国抗日战争》，团结出版社，2015，第63页。

（感谢广东省教育厅、广州市档案馆提供有关资料）

培养大师的老师和岭南山水

　　许多谦卑的大师，当功成名就之时都会回忆起中学时代影响着他们的老师。而师范教学，是培养教育工作者的教育，其作用之深远，不言而喻。抗日战争时期在粤北受教育的师生，不少成为日后的大师、院士。艰苦环境的磨炼，粤北丰富的地质地貌、多样的生态，造就了这批栋梁之材。

　　在连县或者坪石，一旦有办学点的存在，一定会配套体育运动设施，再难也不能忽略学生的体质，这均是抗日战争时期中学、大学老师们的希望。

　　1922年，确定新学制，分为初等教育、中等教育、高等教育、师范教育和职业教育。[1]1929年，确定中小学课程暂行标准，初级和高级小学每周均设有体育课，每周5节课。

　　1929年公布的《大学组织法》《专科学校组织法》《专科学校规程》，1932年公布的《职业学校法》均将锻炼、强健体格放在重要的位置。《大学组织法》规定专科学校分工、农、商、医、艺术、音乐、体育等类，而广东的体育专科学校在此之前已经产生。

　　私立广东体育专科学校创立于1928年10月。广东省立体育专科学校创建于1930年，校长为许民辉，毕业于美国春田学院体育科，当时体育专科学校校址设立于东较场路。校长许民辉在1944年赴重庆，出任民国教育部体育委员会专任委员，在1948年以中国游泳队教练身份参加第14届伦敦奥运会。许民辉的情况和业绩在美国春田学院校方网站仍可以找到，他的名字有粤语和国语两种写法——"Hui Man Fai"和"Minhui Xu"，网站介绍他是发展中国足球和排球的先驱，入学的时间是1923年9月26日，生理学课程得到A且心理学是A+。当时，春田学院的实际校名是国际基督教青年会学院。

⊃ 许民辉先生在美国春田学院与同学的合影

⊃ 许民辉先生在1923年的学习成绩单（引自美国春田学院网站）

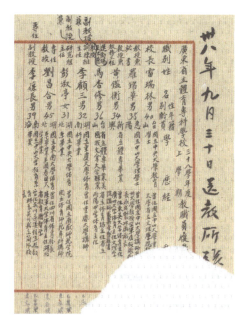

1949年9月，省立体育专科学校的名册

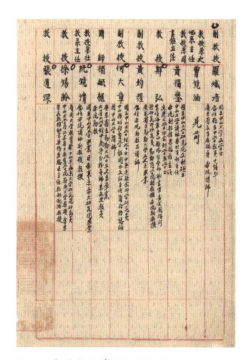

1945年的文理学院教师名册

1928年9月，民国广东省教育厅接收私立体育学校，学校有图、工、乐、体四科，二、三年级各1个班。广东省私立体育专科学校于1928年创立，并在1929年出版了《广东体育专科学校特刊》。陈策在《发刊词》中阐述建校的目的，是为青年健全体格、振兴体育，力求国家自强之策。广东省教育厅赞许其举，称其最大目的，则是在增益民族之整个能力，足以肩任今后之巨大建设。

1935年，广东省教育厅和省体育运动委员会联合创办专门培养体育人才的高等教育机构。校址设立于广州东较场，设有训练班和专科班两种学制。训练班招收对象为现任中等学校的体育教师，且未具有大专学历的，一年毕业；专科班招收高中毕业生入学，学制为二年。

1936年，广东省行政区内共有国立、省立、私立高等学校13所，省立体育专科学校占一席。

广东省立体育专科学校培养了许多具有体育专长的学生，他们毕业后在中学、师范等学校发挥作用。在广州市立师范学校等两所师范学校的体育教员中，苏公烈为番禺人，从学校毕业后赴江西省吉安中学任体育教员两年，后又赴甘肃省立武成中学任体育专任教员五年，再回广州时为1947年，29岁任广东省立勷勤师范学校专任体育教员。1946年，广州市立师范学校的两位体育老师何耀棠、谢应钟，时年均为35岁，均毕业于广东省立体育专门学校。在任此职之前，何耀棠任职于香港岭英中学、澳门复旦中学、私立越山中学，后又转任新会县立二中体育教员；谢应钟为番禺人，生在东莞，曾在建东中学任体育主任，在任广州市立师范学校体育教员时，属于兼任，他为普育小学校长又兼任知用中学教员。

回顾广东省立体育专科学校的历史，融入广东省立文理学院有6年的时间，在抗战时期的粤北，广东体育师范教育坚守阵地，为广东体育事业和教育事业做出重大贡献。1946年9月，各院校迁回广州，广东省立体育专科学校又独立办学，一直到解放。1949年9月，在广东省立体育专科学校的名册中，校长雷瑞林，为台山人，毕业于中央大学教育系，曾在广东省立文理学院任教授。在校任教的体育教授都受过良好的教育，刘昌今毕业于美国春田学院，黄鉴衡是本校毕业留校任教，曾任省立文理学院讲师。

在1948年的统计表中可以看到广东省立体育专科学校的独立统计，有学生112人。华南师范大学体育科学学院官网介绍称是1951年9月创建的，是国内成立体育系最早的院校之一。但没有将当时的广东省立体育专科学校纳入其历史，其实有不少教师是当时合校的学生。

连县华南教育历史研学基地展示的重点之一，可以选择"体育"主题。

接替林砺儒院长的是黄希声教授，为美国加州大学教育心理科硕士。广东省立文理学院设中文、史地、理化、生物、社教5系，专门设立体育专修科。阮镜清、何大章的名字在教授名册中。1940年，阮镜清先生在东陂时为文理学院副教授兼附小校长，他是华南师范大学心理学科的奠基人。何大章先生后来成为华南师范大学首位地理系主任，他们成为日后华南师范大学学术研究的中坚力量。

吴尚时教授于1939年对罗定盆地做过地质、地形研究。1945年秋，抗日战事延至粤北。何大章至罗定，1945年就职于广东省立文理学院。他只身徒步走遍全县，前后历时两个月，写成《罗定盆地地质构造》《罗定地形分区》《罗定地形侵蚀》三篇文章，均在吴尚时先生的指导下完成。[2]岭南山水，尤其是粤北抗战时期的高山深林，成为地理、地质、植物、农学等专业的校外实习基地。山水

◑ 东陂老街保护良好的石板路老街

◑ 东陂镇西塘村的古井

◑ 连南国立中山大学连县分教处所在地

◑ 连州的清晨

磨炼意志，更为地理学家提供校门口的研究基地。华南师范大学因何大章、曾昭璇的带领，在中国师范地理教育领域独树一帜。

华南抗战时期的教育成果，地理学占有重要一席，连县若善于利用这些科研成果，不失为人文与科学提供可读性展示内容的最佳题材之一。例如星子镇，吴尚时先生考察过，同样是重要的"丹霞地貌"核心区之一，也是红色岩系区域分区的五大区域之一。连县华南教育历史研学基地的重点之一，就是岭南山水，特别是连县山水对学者的影响。

地理学家吴尚时先生对连县、坪石、仁化的地形地貌考察和分析，著有论文《粤北红色岩系之地质与地形》，在1948年12月载于《地学集刊》第6卷，由武昌亚新地学社出版。

文中分析了红色岩系的分布，概述如下。

红色岩系多零碎保存于构造低陷地带，其分布形态大致作自东北至西南之带状，粤北各地皆有其踪迹，各成块状，彼此不相连接，计此系分布共有五处：

（1）连县星子红色岩系区域——其分布以星子为中心，轮廓大致成一长椭圆形，长轴SW-NE，长约10km，此处红岩未见于广东地质图中，殆未经调查者。

（2）坪石红色岩系区域——其分布以坪石为中心，向四周略作椭圆分布，长轴自SW-NE约30km，在范围内时见有古地层露头。

（3）仁化厚坑红色岩系区域——以厚坑为中心，向四周作椭圆分布，长轴方向SWW-NEE，长不及2km，此处未经地质调查，面积不广，不及8平方公里。

（4）丹霞红色岩系区域——此区域分布于仁化县南部，向南伸入曲江县，分布形状不规则，南北长约30km，东西较狭，面积约70平方公里，经冯景兰先生调查。

（5）南雄红色岩系区域——沿浈江河走廊分布，成一带状，自SW-NE长约100km，阔2～5km。

由于抗战时期在粤北办学的特殊条件，由于师生的毅力和勤奋，地理学研究反而获得了长足的发展。

在东陂任教的教授中，有两位让钱学森先生特别怀念，分别是王鹤清和林砺儒。钱先生于北京师大附中读书，王鹤清是他的化学老师。当时，林砺儒担任附中校长兼伦理学老师，钱学森晚年回忆中学时代对他最有影响的中学老师其中包括王鹤清和林砺儒老师。在广东省立文理学院1940年的教师名册中有王鹤清教授的名字，时年51岁，他毕业于北京高等师范学院。20世纪30年代，王鹤清编写了多种初级中学教材，包括《初级中学混合理化教材书》（1930）、《新标准高级中学实用化学》（1936）、《初中新算术（师范用、初中用）》（1932）、《初中算术均衡教科书》（1937）等。1932年，他到了勷勤大学开始任教，一直在文理学院教学。

林砺儒（1889—1977）是广东省茂名市信宜县人。1911年，他毕业于高州高郡中学堂，并考取公费留学生，进入日本东京高等师范学校，攻读师范教育。1918年3月，他学成归国，翌年担任北京高等师范学校教授，讲授教育学、教育史、心理学、伦理学。1922年至1930年，他在北京高等师范学校兼任附属中学主任。钱学森就是这段时间在附中读书，至晚年时，钱学森将林砺儒作为影响他人生的七位老师之一。林砺儒可谓大师的老师，从1932年返粤担任广州师范学校校长，至1941年5月从广东省立文理学院辞职，期间一直是师范教育从业者，从北京到连县，在中学、大学均从事教学工作，是培养教育的工作者。他对师范教育切身体悟，著作、文章多以教育学为主题。在连县华南教育历史研学基地，师范教育应该是其最重要的展示内容，表现"大师的老师"的教育理念。

在连县，黄继植曾任粤秀中学校长。黄继植的中学时代在南武中学度过，他毕业于北京大学，辗转多地，在1932—1937年间又回母校南武中学任校长。在东陂任校长期间，学校运动设施齐全。1946年1月，粤秀中学在钟国鑫校长的带领下做迁移到惠州的准备，2月12日开始迁移，此时，有教职员49人，学生358人。钟国鑫校长为惠阳水口人，在国立中山大学文学院毕业。粤秀中学迁至惠州西湖边的丰湖书院，这又是一个"大师的老师"的摇篮。

梁鼎芬曾任丰湖书院校长，留有"水湄山晖，平湖秀色；春华秋实，阆苑储英"之佳句，惠州师范校训为"阆苑储英，人竞向学"。

⊃ 1940年的文理学院教师名册

⊃ 1939年9月28日，林砺儒担任广东省立文理学院的任命书

　　在纪念抗日战争胜利74周年之际，功夫不负有心人，曹天忠教授寻找到卫梓松先生在北京任教时的照片，几乎同时，施瑛老师也找到卫先生的历史照片。八十年来华南工学院建筑系的学子，首次能够瞻仰自己神色刚毅的系主任，"三

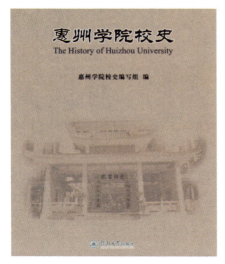

🔴《惠州学院校史》。该书对广东省立文理学院、学院附中、广东省立粤秀中学在抗战时期的粤北办学历史有较详尽记述。

🔴 华南师范大学官方网站展示的历史沿革图

🔴 建筑系主任卫梓松先生的照片（曹天忠老师提供）

🔴 北平大学工学院1930年周年纪念刊上卫梓松先生的照片（施瑛老师提供）

师"志愿者好嘢!

抗日战争时期的粤北,成为文化、教育新中心;抗战木刻、抗战戏剧成为凝聚民族力量共同抵抗外侵的文化利器;而广东省立文理学院、国立中山大学置于炮火而无惧色在战线最前沿办学,表现了中华民族国家危难之时仍瞻首于未来胜利后建设之自信。岭南山水养育了一批又一批坚信抗战必胜而学有所用之栋梁之材,北江南岭山河作证!

注释:

[1]王建军:《中国教育史》,广东高等教育出版社,2003,第367页。

[2]广东省地理学会:《华南地理文献选集》,科学普及出版社广州分社,1985,第82页。

（感谢广东省档案馆、曹天忠老师、施瑛老师提供的帮助）

不朽的"最后一课"

广东省"三师"专业志愿者们为建立古道上的"专题图书馆"，在全国各地收集在华南抗战时期坚守办学的老师当年的著作，包括当年在连县、乐昌教学孕育形成专著初稿、在抗战胜利后出版的图书。其中不少是战火中教师们的"最后一课"，它们今天仍然是不少学科的奠基之作，汇集起来成为文旅结合观光点，以文取胜更成为不朽的"最后一课"。自豪地说，中国抗日战争期间的高等教育办学点中，没有一处办学点能够如粤北华南教育办学点一样，留下如此之多的著作，影响中国的学术界和政治生活，并流芳至今。

习近平总书记在知青岁月中，勤奋读书。《习近平的七年知青岁月》一书中记述了同住窑洞的知青朋友雷榕生、雷平生的回忆：

> "近平每次去'干校'探亲或外出，总能带回来一些新书。有一次，他带回来厚厚一本郭大力和王亚南翻译的《资本论》，躺在炕上专注地阅读。过后，他对我议论起这部著作。他谈了很多关于《资本论》不同版本沿革的知识，并说《资本论》的翻译版本很重要，他特别推崇郭大力和王亚南这个译本。他介绍道，这两位翻译家同时也是社会学者，一生矢志不渝翻译和介绍马克思主义著作到中国来。近平讲到他们的执着和毅力，即无论做什么事，都矢志以恒，一以贯之，才有可能实现自己的夙愿。他对这两位学者非常推崇，不仅推崇他们的学术造诣，更推崇他们的高尚人格。"[1]

郭大力和王亚南是在1938年8月出版了《资本论》后，先后来到粤北教书的。在烽火中，他们走上讲坛传播马克思、恩格斯的《资本论》，一边教学，一边深化马克思、恩格斯著作的研究，一直坚守到战火燃烧到"教室"的门口才撤离，讲完"最后一课"。

一、王亚南在武阳司村的"最后一课"

当年在坪石武阳司村教学孕育形成的《中国经济原论》专著初稿，在抗战胜利后出版，这是战火中王亚南先生的"最后一课"，是中国经济学学科的奠基之作。王亚南先生在不同时期出版的序中均提及中山大学师生的帮助，当中特别讲到法学院院长胡体乾和经济系主任梅龚彬。《中国经济原论》诞生时写了三万字的绪论，1945年准备在桂林文化供应社出版，纸版做好了，但因桂林沦陷而搁浅，次年由福建经济科学出版社出版。王亚南在该书的序言中再三强调，这是在中大课堂被不断地询问的结果，是任教期间发表的几篇重要经济学文章的移植，部分序言摘录如下：

就个别给予我的帮助的朋友讲，中山大学法学院现任院长胡体乾先生，应当最先被数到的。他是一个极渊博的社会学者，我们在几年同事中，几乎每天有一次聚谈的机会；当我们彼此把讲述的问题交换意见的时候，他总能从正面或反面给予一些补充或提示。而对于资料的提供方面，他的助力尤多，有关中国经济研究的一些重要杂志，他都全部保存着；如《读书杂志》、如《中国经济》、如《食货》、如《中国农村》，等等，都是从他那辛苦积得而且在战时更辛苦搬移的个人书库中取得的。

其次应当提及的是，现任国立暨南大学教授郭大力先生。我们在战争的过程中，虽只有一两次短期的共处，我们分别的研究，虽大体达到了共同的结论。但不仅他的《我们的农村生产》那部精辟论著，是在我研究《原论》过程中出版，给予了我不少的启

见证王亚南先生在武阳司村勤奋著述和教学的法学院炮台遗址（曾宪川同学提供）

示，并且我的全部研究，直接间接所负于他的地方是很多的。这部书在出版前未得到他的全面校正，应是一个大的缺陷。

再次，现任中山大学经济系主任梅龚彬先生，曾对本论全稿作了一次详审的鉴定，并提出了一些补充的意见。值得在此表示谢忱。

至若在出版方面直接间接给予以莫大助力的，首先当感谢福建省研究院院长周昌芸先生。同院社会科学研究所代理所长章振乾先生，始终是我一切研究努力方面的助成者和鞭策者。而这部书得从速与读者见面，则多亏了余志宏、张来仪两位先生。他们不仅为我担负起了印刷上的校订责任，且是多方鼓励我把部书从速问世的策动者。

把"始生之物，其形必丑"的格言，用来形容这部书，是再妥当不过的，我现在以十二分的诚意，静候我们学术界的善意的和建设性的评判。[2]

🔸 法学院所在地的武水桥下

🔸 由王亚南著、生活书店出版的《中国经济原论》

二、朱谦之在铁岭的"最后一课"

1944年，坪石战时状态常发，朱谦之在8月曾避战火于梧州，在11月坚持返回坪石，并在12月8日开讲座，内容包括《现代史学思潮十讲》《文化类型学十讲》，距日军攻入坪石仅剩数星期，是英勇的"最后一课"。

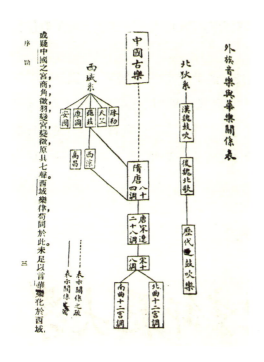

朱谦之在1934年出版的《外族音乐流传中国史》中对外族音乐传入融合的分析图

1927年在黄埔军校任政治教官，是朱谦之先生在粤教书诲人不倦之始。1932年，朱谦之在北平完成《历史哲学大纲》后，于8月应国立中山大学之聘，来到广州，任历史学系主任。同年12月，他自费筹办《现代史学》杂志，这是他第一次自掏腰包。朱谦之在1934年出版了《外族音乐流传中国史》，此书是由1924年4月在长沙两所大学的演讲集成的，一所是长沙第一师范学校，另一所学校是平民大学，收录的文章是具有先驱性的音乐文学史研究。[3] 朱先生的许多作品是演讲的再创作。

朱谦之先生在坪石完成的主要著作有《中国思想方法问题》《孔德的历史哲学》。1941年8月，他再任文学院院长，为鼓励学生积极参与学术研究，设立"谦之学术奖金"，这是朱先生第二次自掏腰包。1942年，他休假一年，但仍保留研究院历史学部主任的职位。1943年5月，他重返坪石铁岭，并于同年8月代理文科研究所主任。1944年3月，他代理文学院院长。1945年1月，他与师生一起逃亡；2月19日到达龙川；7月在梅县、汕头各地发表演讲或者发表文章，展望战后的文化；10月返穗后，再任文学院院长。朱谦之，1899年出生于福州；1972年7月22

2015年宗教文化出版社出版的朱谦之著作《日本佛教思想史料选编》

日，病逝于北京。1969年，他在病中仍然努力完成《中大二十年》，可见对任教学校的感情之深。

1935年7月，朱谦之与他任文学院院长时的学生何绛云成婚，共同经历了坪石武阳司村的"最后一课"备课的艰辛。72年后的2007年，99岁高龄的何绛云居士为准备出版的朱谦之先生写作的读书笔记、写作时参考的资料结集形成《日本佛教思想史料选编》一书进行校订，让朱谦之先生在21世纪的"最后一课"成为现实，令人感慨。

三、林砺儒在东陂的"最后一课"

林砺儒教授一生对师范教育孜孜不倦地追寻。1941年，他被迫离开东陂广东省立文理学院，将若干东陂"最后一课"整理编纂为经典之作《怎样做中学校长》。林砺儒先生在中华人民共和国成立后，再次从事师范教育工作，成为新中国成立后北京师范大学的首任校长。林砺儒教授还向毛泽东主席求大学题名，获得毛主席亲笔题名"北京师范大学"。在抗战结束后，林砺儒、胡体乾与王亚南重聚于厦门大学，在新中国成立后分别赴京，实为传奇。

⊃ 时为北京师范大学校长的林砺儒向毛泽东主席请求的"北京师范大学"题名

⊃ 林砺儒先生赴京参加第一届全国政协会议时与教育界代表的合影

林砺儒在离开连县东陂前的"最后一课"还有他创作的广东省立文理学院校歌歌词，歌词充满斗志：

广东省立文理学院校歌歌词

民族抗战的烈火，炼出了我们这支青年军。

走遍了险阻，历尽了艰辛，却淬砺了奋斗精神。

我们要探索真理之光，我们要广播文化食粮，

那怕魔高十丈，恶战千场。

同学们，挺起胸膛，放大眼光，

这是我们的校风，这是我们的大勇！

同学们，挺起胸膛，放大眼光，

这是我们的校风，这是我们的大勇！

1941年初夏

四、郭大力的"最后一课"

林砺儒先生任广东省立文理学院院长时，以开放的态度容纳各种政治观点，这为郭大力先生一边任教一边翻译马恩著作创造了宽松条件。马克思的《剩余价值学说史》成为郭大力先生在连县的"最后一课"，是激发郭大力先生终身从事马克思、恩格斯著作翻译的"最后一课"。

注释：

[1] 中央党校采访实录编辑室：《习近平的七年知青岁月》，中共中央党校出版社，2017。

[2] 王亚南：《中国经济原论》，商务印书馆，2014，第5页。

[3] 朱谦之：《外族音乐流传中国史、音乐的文学小史》，河南人民出版社，2016。

金鸡岭下的南腔北调

1940年，年轻人的活力充满着乐昌金鸡岭下安静的坪石小镇，这座原来只偶尔被火车鸣笛声扰动的宁静小镇，除了墟日的喧哗外似是世外桃源，原来唯一的西南官话的分支——坪石话现在基本被南腔北调声浪湮没。香港学生有学讲国语，大陆学生学讲粤语，除此之外更重要的是，根据专业，中国学生要学讲法语、日语、德语，乃至拉丁语。

一、多国语言课程和跨学院兼课

陈焕镛在1941年中山大学研究院填报的教员名册中，所授课程有拉丁语、高等植物学、书报讨论。由此推测陈焕镛应到过坪石，而且教学范围很广，教学方式现代化。笔者此前对陈焕镛在坪石任教之事存疑，请教吴永彬老师和施瑛老师，笔者认为他们的分析准确。陈焕镛是著名教授，随农林植物研究所迁往香港办公办学，从"组织关系"上保留他的名字，此外蒋英教授具有导师资格，1941年从香港回到栗源堡和坪石，农林植物研究所依靠香港和内地的导师组指导研究生，可以继续运作。从课程安排来看，陈焕镛先生可以开设拉丁语的课程，可见陈先生的学术功力之深。

医学院的教员名册上有一位意大利老师福基道，57岁，兼任讲师，授课拉丁语。

在医学院，留德的教授较多，学生的外语课除了西方医学需要的拉丁语，第二重要的外语是德语。英国学者李约瑟关于访问医学院的回忆也谈到这一特点。教授德语的有两位老师，副教授庸纶和讲师龙雨沙。

　　战时国立中山大学在坪石集中了许多留法的教授，由此判断中山大学图书馆馆藏法语图书应该有一定数量。倪馆长通过中山大学图书馆同人查明，中山大学图书馆1949年前法语图书藏量：图书5000余种、8796册，其中历史最久的书出版于1165年；期刊300余种、1758册，历史最久的刊物出版于1795年。这批历史久远的法语旧书籍研究就是一项大课题。推断这些法语书籍就是当时国立中山大学杜定友先生抢运回来的一部分图书，而且是留法老师带回来的一部分，不排除这里的部分图书是私立岭南大学的藏书。

　　留法教授不少既讲专业课，又讲外语课。法学院教授卢干东，1941年的教员登记表显示他所授课程为劳工法、罗马法、二年级法语、三年级法语。1945年教员名册上填写的到校时间是1934年12月，简历是"本大学法学士，留学法国巴黎大学，历任本校教授等职"。里昂中法大学的登记表写着卢干东的到校时间是1929年9月28日，离校时间是1934年11月16日。留法回国的谭藻芬老师在里昂中法大学的登记表上写着到校时间是1931年10月31日，离校时间是1936年11月27日，可以判断她与卢干东先生是在法国相遇而后来成为夫妻的。她在文学院教一年级法语、三年级法语，法语在当时是与英语同样重要的外语，登记表显示她是1939年9月到校的，应该是在澄江时期。在1945年的教职员名册中，留法的教授有张良修博士，还有吴逸之。吴逸之是法国巴黎大学法学士、英国伦敦大学政治学硕士、东吴大学教授，1945年8月到校。在1943年《东吴校闻》曲江版校本部及文理两院教职员表中，可以找到吴逸之教授的名字及信息——广东梅县人，时年36岁，政治学系教授，在中国毕业的大学是北平中国大学，经历写着是国立中山大学教授。在法学院1942年6月填写的名册上，吴先生在1942年3月被聘为副教授。[1]

　　1941年出版的《粤音韵汇》被香港中文大学设计为电子版，现在仍然是学粤语的经典之作。各种介绍作者黄锡凌的材料基本忽略了一点，即黄先生在国立中山大学任教的经历。有趣的是在1944年师范学院职员表中，"粤语语言学第一人"黄锡凌为副教授，教的课程是英语，1943年12月到校，所在地写着"在院"，黄先生在烽火逼近管埠时仍然坚守在岗。他原来是在岭大中文系授讲中国文学。根据1944年4月14日李应林校长签名的证明和国立中山大学教员名册，黄锡凌先生的经历可以补充为：

　　1933—1942年在私立岭南大学文学院任讲师；

1942—1943年在大村的岭南大学文学院任副教授；

1943年12月起在管埠的国立中山大学师范学院任副教授，专任英语课程。

戏剧家洪深在战时教的课程也是英语，1941年度文学院所填表格中反映出洪深的教学情况。洪深先生是文学院外文系主任，教授的课程为戏剧选读、西洋文学、美国文学。

武阳司村法学院藏龙卧虎，1941年法学院教师名册中有日语的专职教授丘琳，分别教授初级日语和高级日语两门课程。丘琳先生是丘逢甲次子，新中国成立后，是广东省民盟、台盟的创始人之一，第三届全国政协委员。

他任法学院教授，教授日语，在缺乏教材的情况下，他结合学生的实际，亲自编写马克思《资本论》中的一段作为教材例文，进行教学，受到学生欢迎。他在兼任学院办公室主任期间，法学院16年中换了七个院长，而每个院长对他都极信任，把学院的行政事务交给他负责，他都尽力去把学院工作做好。抗战期间，日寇入侵广州前夕，中山大学决定迁出广州。在人心惶惶、城危旦夕之时，法学院的搬迁工作由丘琳负责。他亲自督责主持法学院图书、档案等装箱搬运。法学院由粤迁云南微江，后由云南迁回粤北坪石，再由坪石迁粤东蕉岭。在这颠沛流离、辗转搬迁期间，他为抢救学院的图书、档案资料，不顾自己的行李丢失。日本投降后，1945年冬，法学院迁回广州。法学院的图书、档案资料，能保存一部分，是与丘琳尽力负责分不开的。[2]

法学院留学日本的教授颇多，这与20世纪初的留日学习的留学运动有关。著名的法学家、社会活动家吕复先生，1905年入早稻田大学预科，后转入明治大学法科，1908年加入同盟会，1912当选为第一届众议院议员。吕先生懂日、英、德三国语言，在武阳司村完成的著作有《中山学报》1942年第1卷第4期《中华民族形成之诸种原因》等，1943年出版著作《比较地方自治论》，在该书的自序落款写着"中华民国三十年孟秋之月北平吕复谨序粤北武之校舍"，并谈到这是在国立中山大学政治学系课程任课使用讲稿，在"燕京时之旧稿，而间有删增"[3]。1941年国立中山大学法学院教职员名册登记吕复先生的到职时间是1937年9月，时年61岁，为法学院最年长的教授，他所授的课程是中国法制史、中国政治思想史和中国政治史。1945年再版《比较地方自治论》时再序落款"中华民国三十又二年除夕于北平吕复再序于渝都歌乐山"。民国三十二年的除夕是

1944年1月24日，吕复先生在国立中山大学服务近7年，与在燕京大学任教时间基本持平。1950年7月至1952年11月，吕复先生任原察哈尔省副主席。

法学院留日的老师还有雷荣珂教授，1929年日本京都帝国大学法学部毕业；薛祀光教授是日本九州帝国大学毕业。日语的学习对研究法律和经济均有帮助。

石兆棠，1941年11月的教员登记表显示他从文学院到法学院兼职讲授"哲学概论""科学概论"。陈孝禅也是文学院兼法学院讲师，讲授的是"社会心理学"。杨成志也在法学院兼课"民族学"，表明法学院课程丰富，不同学院老师学科交叉兼课。在1942年1月填写的1941年度医学院职员名册中，黄巽先生兼任教授，授课课程为数学、物理。

兼课解决师资不足，由于学院分散，路程奔波可想而知。

二、为战时中国大陆乃至香港、澳门地区提供教育资源

借读生是战时学子继续学业重要的途径，国立中山大学1940年制订了有关规则：

借读生规则[4]
民国三十年六月三日公布

（一）各校学生志愿来大学借读除有特别规定者外应呈请教育部核准分发来校始得收容

（二）借读学生应于学年开始前到校报到依期注册入学逾期取消借读资格

（三）借读生注册入学应遵本大学注册规则呈缴证明文件编入适当学院系年级肄业

（四）借读生应遵守本大学一切规章并受本大学之一切考试其待遇除有特别规定外与本大学学生相同

（五）借读生应照本大学规定缴纳学费及其他费用

（六）借读生如因家在战区而经济来源断绝者得照教育部颁布贷金办法申请贷金（由本大学审查合格后专案代向教育部呈请由部核给）

（七）借读生经学期或学年考试及格者得由本校发给成绩证明书

（八）借读生在校借读毕业而原校尚存在者得由本校暂行发给临时毕业证明书并注明原校院系

（九）借读生在本校借读毕业而原校奉令暂行停办者得由本校发给毕业证书并注明原校院系

（十）借读生在本大学借读满一年成绩及格得依部颁战区各级学校学生转学以及借读办法暨本大学转学规则申请转为本大学正式生

（十一）借读生申请转学须分别呈缴下列证件（甲）转学证书（乙）原校成绩单（丙）高中毕业证书（丁）本大学借读成绩单

（十二）借读生申请转学应参加教育部统一考试或本大学入学考试及转学考试

（十三）借读生在本校第一年级起肄业者得免受本大学之转学考试

（十四）借读生在本校解读之各科成绩如有不及格应依章补考或补修候及格后始得申请转学

國立中山大學學生手冊

學生轉學規則

民國三十年四月二十日公佈

（一）公立及曾經立案之私立大學或獨立學院之學生經本大學之轉學考試得轉學于本大學

（二）凡志願轉學於本大學之學生須先經教育部統一招考錄取或本大學入學考試錄取

（三）凡志願轉學於本大學之學生於報名應本大學轉學考試時須呈驗原校轉學證書及所修各科目成績

（四）轉學考試在[illegible]舉行其考試[illegible]日臨時宣佈

（五）轉學生至高以插第三學年第一學期為限

（六）轉學生不得[illegible]原所肄業學系性質不同之學系

（七）凡經取錄之轉學生學籍[illegible]教育部核定之前[illegible]

（八）本大學之學生欲轉學他校者須先向其所屬學院請求依[illegible]轉請校長核准發給轉學證明書[illegible]

（九）本規則自公佈之日施行

借讀生規則

民國三十年六月三日公佈

（一）各校學生志願來本大學借讀除有特別規定者外應呈請教育部核准分發來校始得收容

（二）借讀學生應於學年開始前到校報到依照註冊入學逾期取銷借讀資格

（三）借讀生註冊入學應遵本大學註冊規則呈繳證明文件編入適當院系年級肄業

（四）借讀生應遵守本大學一切規章並受本大學之一切考試其待遇除有特別規定外與本大學學生相同

（五）借讀生應照本大學規定繳納學費及其他費用

（六）借讀生如因家在戰區經濟來源斷絕者得照教育部頒佈貸金辦法申請貸金（由本大學審查合格後專案代向教育部呈請由部核給）

（七）借讀生經學期或學年考試及格者得由本校發給成績證明書

（八）借讀生在校借讀畢業而原校尚存在者得由本校暫行發給臨時畢業證明書並註明原校院系

（九）借讀生在本校借讀畢業而原校奉令暫行停辦者得由本校發給畢業證書並註明原校院系

（十）借讀生在本大學借讀滿一年成績及格得依部頒戰區各級學校學生轉學及借讀辦法暨本大學轉學規則申請轉為本大學正式生

（十一）借讀生申請轉學須分別呈繳下列證件（甲）轉學證書（乙）原校成績單（丙）高中畢業證書（丁）本大學借讀成績單

（十二）借讀生申請轉學應參加教育部統一考試或本大學入學考試及轉學考試

（十三）借讀生在本校第一年級起肄業者得免受本大學之轉學考試

（十四）借讀生在本校借讀之各科成績如有不及格應依章補考或補修候及格後始得申請轉學

（十五）本大學[illegible]校長核准由校發給證明文件[illegible]在他校借讀者其成績概不予承認

（十六）本大學學生借讀他校以二年為限[illegible]

（十七）本規則自公佈之日施行

借讀申請書

茲[illegible]三十年度[illegible]在鈞校借讀謹呈

校長鈞

48 49

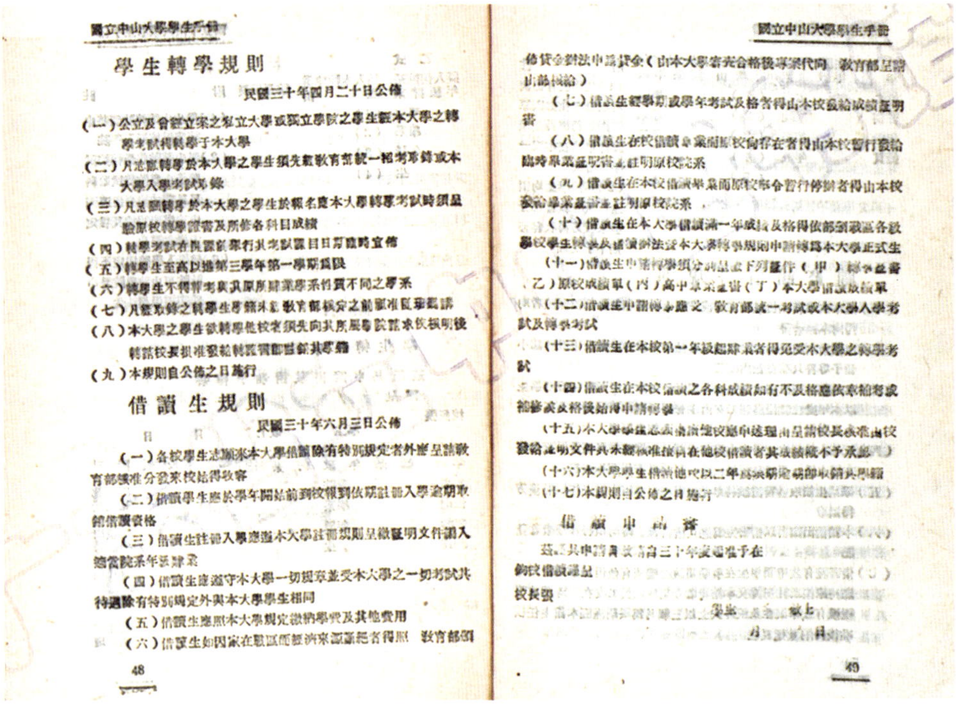

➲1941年公布的《国立中山大学学生手册》关于借读生规则

（十五）本大学学生应愿借读他校应申述理由呈请校长核准由校发给证明文件其未经核准者在他校借读者其成绩概不予承认

（十六）本大学学生借读他校以二年为期限，逾期即取消其学籍

（十七）本规则自公布之日施行

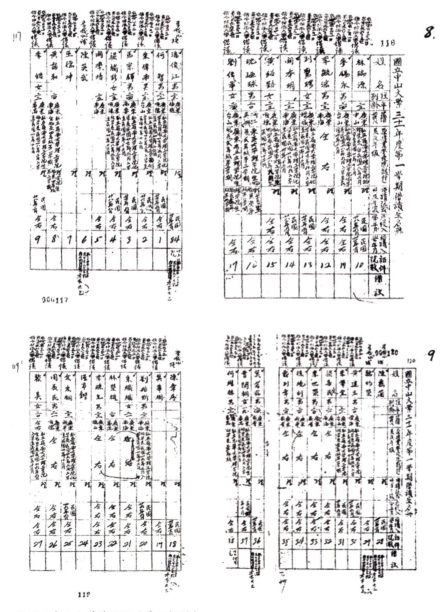

国立中山大学花名册（曹劲提供）

战时借读生有特殊性，体现了坪石教育机构存在于战时的全国性的作用和意义。大村的私立岭南大学为香港大学的借读生专门设立了国语班，同时设有"香港大学学生招待所"。因香港沦陷在大陆求学的香港、澳门学生近一半借读于粤北教育机构。

1941年第二学期，岭大学生开始借读于国立中山大学各学院，包括各年级各专业，如中文系三年级周少筱、二年级苏燕芬；历史学系的一年级学生杨淑芬、刘伯林；外文系的一年级王惠英、陆锦；法律学系四年级周祖逊、方冠蕃；经济学系一年级李华伦；政治学系二、三年级陆士诚等9人；生物学系陈瑞棠、黄金蚨；化学系二年级黄翠芬；土木工程学四年级和二年级陈乃鼎等10人；化学工程学一年级罗在元、吴潍；机械工程学一年级徐宗华；共35人。

在1942年第一学期的借读生中，有来自浙江大学理学院、国立西南联合大学理学院、西南联大师范学院、私立大夏大学理学院、香港大学私立震旦女子文理学院、私立圣约翰大学、北平师范文理学院、私立沪江大学理学院、东吴大学理学院、私立光华大学、私立大同大学的学生，从借读登记序号判断约有174或165人。

在1942年第一学期开始借读国立中山大学名单中，理学院有39人，第二学期有7人。岭大理学院1938—1940年入学各年级学生均有借读于坪石国立中山大学的情况，理学院借读生中5人原就读于外省的大学，其余均为岭大学生。

1942年第一学期，私立岭南大学理工学院各年级借读国立中山大学理学院的学生进入化学系借读的最多，包括：何智、朱伟南、马宗驿、梁榆珍、关学培、李锡永、李毓浤、刘鸾聘、巫德坤、陈英武、关本明。

陈英武，1922年出生，广东台山县人，原本是国立上海交通大学在读生，上海沦陷后转至国立中山大学，毕业后从事石化工作，1949年10月23日开始在中科院石油研究所从事研究。该所多次变更名称，原为中国科学院工业化学研究所，1954年改为中国科学院石油研究所，1961年改为中国科学院大连化学物理研究所。1954年陈英武先生任该所副研究员，1955年任该所学术委员会委员，1957年任该所学术委员会副秘书委员。获得1985年国家科技进步奖特等奖的周望岳，在回忆中提到他曾在陈英武先生指导下开展工作。

巫德坤进入的大学是私立泸江大学理学院，资料显示，1965—1972年香港

🔸 曾借读国立中山大学的巫德坤女士
（图片引自香港培道中学官网）

培道中学的校长为巫德坤。巫德坤在发表讲话时回忆说："记得我在广州东山培道念书时，大礼堂讲台上，一边挂着校训'爱诚贞毅'，一边挂着格言'先求神之国'。多年来，这几个字的启示，不断印入我脑海中，深受影响，使我一向把它作为做人处事的方针，也希望后辈同学都能体会学校的祈望，虽然不可能每一位同学都能在人类历史过程上，记上轰轰烈烈，成功伟迹的一页，但希望大家谨记母校的校训和格言，将来对社会付出重大贡献，才不负中学阶段的几年教育。"[5]

岭大理工学院的借读生还有黄霭和、李皓、黄佰勤均借读于理学院生物系。岭大借读于理学院物理学系的学生有林瑞源。

私立东吴大学理学院生物学系二年级第二期学生，沈迺球，浙江吴兴人，借读成为国立中山大学理学部生物系三年级第一学期学生。1942年第一学期借读理学院的省外大学学生还有西南联大理学院数学一年级学生黄特爱，江西临川人；国立浙江大学理学院生物学一年级学生吴东学，廉江人；私立光华大学理学院化学系一年级学生何维林。

沈迺球，1923年生于浙江省吴兴县南寻镇，1948年毕业于上海医学院医疗系，同年获苏州东吴大学理工学士学位。毕业后从事医疗和医学教育工作，先后任住院医师、讲师、主任医师、教授等职。他长期从事呼吸内科临床与教学工作，创建大连医学院一院、遵义医学院附院呼吸内科专业、肺功能室及血气分析室，并为学科带头人，也是呼吸专业著名专家，曾撰写有关学术论文，发表国家级论文50余篇，参加各级学术杂志及会议。由于在临床教学工作上有卓越成就，于1992年10月，被国务院批准授予有突出贡献专家，享受政府特殊津贴。

1942年第二学期借读于理学院化学系的还有私立圣约翰大学文理学院化学系二年级学生徐钦瑶，浙江鄞县人；私立震旦女子文理学院化学系二年级学生凌慧贤，番禺人；私立大夏大学理学院化学系二年级学生休非絮，普宁人；其余4人均为私立岭大理工学院学生。

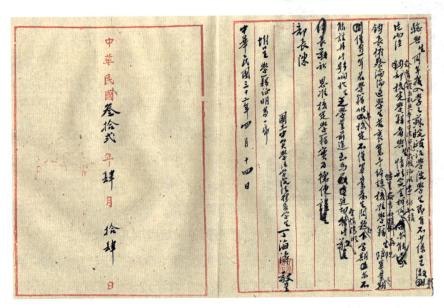

◑ 法学院法律系来自沦陷区学生致函，由于战时部分证件不齐请求体谅的函件（藏于广东省档案馆）

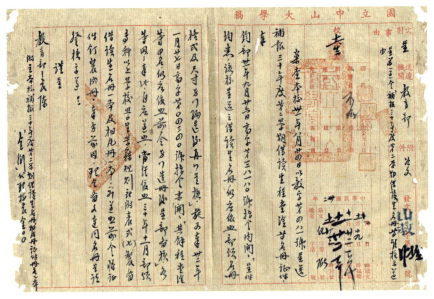

◑ 国立中山大学再致教育部关于借读生名册规范化填写处理后呈报的函

　　侨生是战时的特色群体，1942年金鸡岭下的私立岭南大学农学院，有侨生86名，登记表中有现在父母在何处一栏，所填以香港居多。一、二、三、四年级均有侨生就读，最大的27岁，最小19岁。

　　战时，校务增加了不少工作量，包括转学、休学、借读等手续办理，学生因为家乡沦陷无法取得证件等，均需要学校与教育部书信来往沟通。

　　守望相助，挤多一张课桌，将成就一个对社会有益的人才，不分东西南北。

注释：

［1］广东文物考古所：《抗战期间粤地教育历史纪事》，花城出版社，2020，第268页。

［2］屠鹤云主编、广州市政协学习和文史资料委员会编：《广州文史》（第五十六辑），广东人民出版社，1999。

［3］吕复：《吕复法学文集》，周威点校，法律出版社，2016，第368页。

［4］国立中山大学人事组：《国立中山大学学生手册》，1941，第48页。

［5］香港培道中学官网"历任校长"栏目。

（感谢辽宁省政府陈绿平副省长、中国科学技术大学校长包信和院士、辽宁省人民医院查证提供相关信息）

粤北私立大学的艰难岁月

1939年，林砺儒任广东省立文理学院院长。广东省立文理学院代教育部电函发全国主要高等院校，从中可以找到各校当时所在的地点——重庆：中央大学；四川嘉定：武汉大学；宜山：浙江大学；澄江：国立中山大学；香港：广州大学；香港：广东国民大学。电文从粤北乳源发出，可以从中得到四点重要信息：

巧印
重慶　中央大學　南鄭　西北聯合大學　昆明　西南聯合大學
四川嘉定　武漢大學　澂江　中山大學　[illegible]　同濟大學
宜山　浙江大學　上海　交通大學　成都　四川大學
長沙　湖南大學　[illegible]　西北大學　長汀　廈門大學
桂林　廣西大學　昆明　雲南大學　重慶　重慶大學
成都　金陵大學　四川北碚　復旦大學　貴陽　大夏大學
成都　光華大學　大理　華中大學　香港　廣東國民大學
香港　廣州大學　成都　華西協和大學　[illegible]　中正醫學院

廣東省立文理學院代電
總字第0012號
民國二十八年十月十八日
奉：鈞部 廣東省政府本年八月二十一日教字第0077號、九月十日教二高字第0121號及十月[illegible]日教字第0164號訓令，飭遷返粤北乳源辦理，並遵照教育部艷、微、梗各電，改教育學院原名為廣東省立文理學院，分設文史、理化、生物及社會教育四系，附設體育專修科各等因；復奉廣東省政府九月二十八日韶秘三銓字第8019號令內開：「派林礪儒代理廣東省立文理學院院長此令」等因；奉此，業經遵於[illegible]到校視事。除分行外，相應電請查照。廣東省立文理學院院長林礪儒

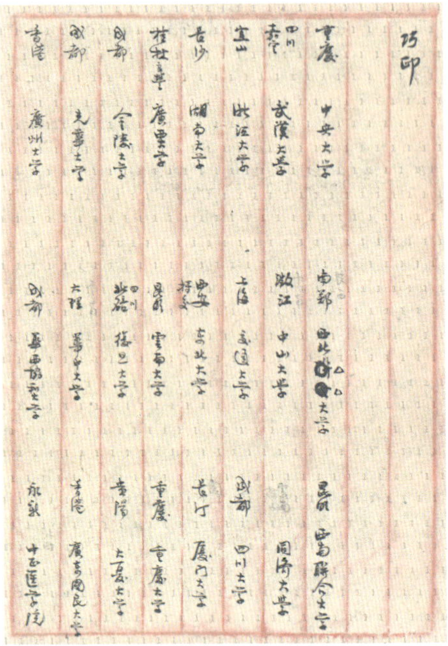

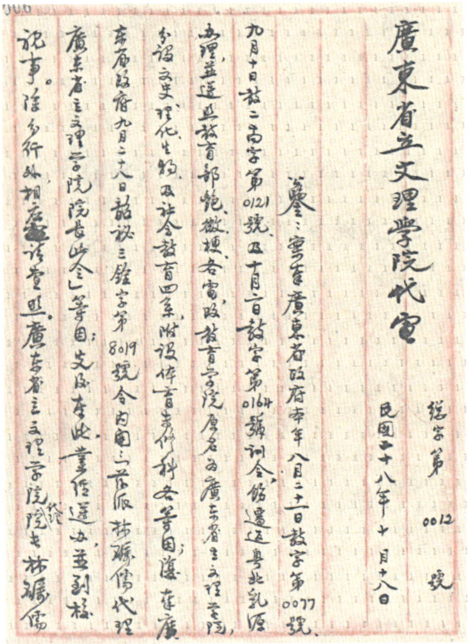

➲ 电告全国主要高校关于林砺儒先生任广东省立文理学院院长的电函稿。可以看到1939年10月各校的办学地点，文中也同时将广东省立体育专科学校并入设立专科的事宜一并告知。代电的主要内容——广东省立文理学院设立四科：文史、理化、生物和社会教育，附设体育专修科（藏于广东省档案馆）

一是，可以将广东省立文理学院作为最早在粤北立足的高等学校；二是，广东省立体育专科学校并入设立专科，在著者的分析中，省立体育专科学校应该是广州体育学院的前身；三是，有许多广东的学校因广州沦陷而迁至香港；四是，高校年集中在西南远离战火的大后方，粤北包括乳源以及后来的乐昌、曲江均是离战线最近的地方。除了国立中山大学进入粤北外，广东许多私立高等院校包括广东国民大学、私立广州大学、私立岭南大学等先后同聚粤北。

私立岭南大学农学院是最早进入韶关坪石的私立大学。1947年的岭南大学校报记录了当时古桂芬先生于1940年9月7日在坪石得病，仍"力疾从公"为私立岭南大学农学院在坪石的筹办操劳；9月16日，古桂芬在韶关河西医院去世，逝世时年仅43岁。古先生毕业于美国加利福尼亚州立大学，获得农学硕士学位，于1929年入私立岭南大学任教，1931年任农学院副院长兼中山农场场长，为岭南大学农学院的发展做出了重大贡献，1937年任岭大农学院院长。在广州沦陷时，迁往香港，又回迁内地，功不可没。数度回粤常要避开日军的监视，坐小船、走山路，进入粤北考察迁址地点。

私立岭南大学在粤北仍然有欧美籍教授在岭南大学继续教学，梁敬敦（Clinton Laird）与夫人施小姐（Mary Seles）就是其中的教师。施小姐出生于1876年，在美国宾夕法尼亚州立大学医学院毕业，1909年来华，比同样来自该校到岭南学堂任教、成为农学院院长的高鲁甫（George Weidman Groff）迟一年来华。1911年，她与梁敬敦结婚。建于1916年，现位于康乐园东北区318号的韦耶孝实屋（Weyerhaeuser Lodge）就是当年文理学院院长梁敬敦的居所。梁敬敦在1905年就来华任教，1941年回美休养后又重返战争中的粤北，与夫人在坪石教学，后得病到香港手术治疗，医疗休养期间，被日军抓进集中营，6个月后通过俘虏交换返美，旧病重发，1942年11月在美病逝。[1]

资料中有私立岭南大学教育系的中山籍女大学生陈守端写于1948年的一篇作文，内容摘录如下：

> 家由故乡——石岐迁至香港，这时考进崇南小学；当小学毕业后，初中阶段是在华英女子中学肄业，这是一所基督教的学校，教师良好，教授得当，是我所最敬爱的一所中学，可惜只读了一年，香港边沦陷于日寇，举家迁至东莞，在朋友的农场暂住，我尝了两年失学的滋味。后来，

随父兄至曲江继续学业于岭南大学附中高中一年级，其时父亲任职于岭南附中，但是好景不长，命途多舛，读了一年，曲江陷于敌手，随后学校经过了几许困难辛苦，抵达梅县。

一九四五年的秋天，胜利的日子降临

🔸 私立岭南大学教育系中山籍女大学生陈守端写于1948年的一篇作文（部分）

了。我们在普世欢腾的气氛中，迁回康乐母校，继续完成了高中阶段。

真是幸运得很，我竟考到了岭南大学。回想过去仿如一梦，前瞻将来茫茫然不知所适，在这雾霭沉迷中，我看见只有一条我应走的路——教育，我要拯救中国无数的文盲，我要继承父亲的事业、把教育发扬光大。

私立学校和公立学校的师资在粤北也是常流动的，特别可贵的是1943年、1944年战事吃紧，仍然有不少仁人志士投奔坪石教学。

姓名	系别	等级	原有薪额	现晰在地
吴宗涵	数学	教授		连县·薪额不明
熊一奇	数学	教授		江西·薪额不明，本年虽未曾到院
廊机發	数学	助教		仁化·薪额不明
黄麗秋	数学	助教	一〇〇〇	本院
余蘭芳	数学	助教	二〇〇〇	本院
黄友德	数学	讲师		候查·薪额不明，本年虽未曾到院
胡君實	理化	教授		连县·薪额不明
王孟鍾	理化	教授	四〇〇〇	仁化·薪额不明
廖華揚	理化	副教授		本院
尹廷寧	理化	讲师	一六〇〇	江西·薪额不明，本年虽未曾到院
胡有俊	理化	讲师		仁化·薪额不明
譚悅容	理化	讲师		本院
梁繼健	理化	讲师		候查·薪额不明
金淑儀	理化	讲师		仁化·薪额不明
羅鳴鳳	理化	助教		候查·薪额不明，本年虽未曾到院

🔸 1945年国立中山大学师范学院名册，第三排是数学系邝矶法教授的名字

　　岭南大学迁至韶关时，邝矾法被聘为岭南大学理工学院副教授，并随迁。查阅广州市档案馆藏私立岭南大学教师调查表可知，邝矾法教授于1952年参加华南工学院数学系组建。邝先生为台山人，出生于1902年，1927年毕业于美国加利福尼亚州立大学，1928年回国在国立中山大学教学至1935年，1935年进入岭南大学任教，1938年被岭大理工学院聘为讲师，1941年被岭南大学聘为理工学院副教授，1944年8月被聘为中山大学师范学院数学系教授，1945年后又回岭南大学任教授。抗日战争前，邝先生居住在东山培正新横街11号之一二楼。

　　在最危难的时候加入国立中山大学师范学院的老师郑曾同是安徽人，出生于1915年，1937年毕业于清华大学，1940年至1943年任厦门大学讲师，1943年来到坪石，任国立中山大学师范学院副教授，与邝先生同事。坪石沦陷后到国立交通大学任教，并于1947年在美国康奈尔大学获得硕士学位，1949年获得博士学位，1950年2月回国在私立岭南大学任教授，院校调整后在数理系任教，1963年当选全国人大代表。郑曾同是中国科学院数理学部委员，于1980年逝世。

　　私立广州大学在抗日战争中的迁徙也充满了艰难。校长陈炳权是台山人，

🔵 私立广州大学为本校财政困难请求补助费用维持校务的函（藏于广州市档案馆）

🔵 1951年私立广州大学的教职员工统计表（藏于广州市档案馆）

1924年获得美国哥伦比亚大学经济学硕士学位，自1927年始，一直陪伴着自己创建的私立广州大学一路风雨，走到粤北韶关。由广州先迁开平，再迁中山、台山、九龙，最后落脚韶关上窑村和乳源桂头镇，因建设费用高而办学经费短缺，向教育部求助。私立广州大学一直坚守，服务华侨包括香港学生是办学宗旨之一。抗日战争胜利后继续办学，1949年学校有教授30名，副教授12名，兼任教授31名，兼任副教授16名，共有教职员工154名。新中国成立后，陈炳权与私立广州大学教务长谭维汉从香港赶回广州，无私地交出校产，并公布账目。

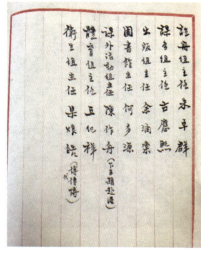

私立广州大学教师名册（藏于广东省档案馆）

私立广州大学教师名册是抗战胜利后的教师名单，教务长谭维汉在九龙、开平、台山、粤北办学时是文学院长，中文系主任马小进也是广州大学经历粤北办学磨难的教授，后留学美国哥伦比亚大学。体育组主任丘纪祥是中国体育运动的前辈，毕业于南武中学，参加远东运动会，1945年加入私立广州大学，院系调整时进华南农学院体育教研组任教，是广东省排球协会、广东省网球协会主席，于1980逝世。

查阅广州市档案馆文献，私立广州大学在粤北1942年的登记表上的教授情况如下：

校长陈炳权，广东台山人，47岁，美国哥伦比亚大学经济学硕士，曾任国立广东大学教授兼院长，财政部统计处处长，广州市公用局局长，交通部南京及汉口邮政储汇局经理，实业部统计长。

训导长黄毅芸，台山人，42岁，美国拍士域大学政治学士，美国哈佛大学政治学硕士，国立广东法科学校教授，广州大学政治学系主任和教授。日常课程为政治学、中国现代政治问题、各国政府与政治。

理工学院院长胡金昌，广东顺德人，36岁，国立广东高等师范数理化部毕业，美国加利福尼亚州立大学学士、硕士、数学哲学博士，国立中山大学长期教授。日常课程为函数论、近世代数、高等微积分、概率计算和近世几何。

文学院院长谭维汉，广东三水人，44岁，国立广东高等师范毕业，美国加利福尼亚州立大学教育博士，曾任广东省立金山中学校长，中央军校特别班教育系主任。主讲"战时群众心理"，日常课程为教育哲学、中等教学法、教育行政等。

商学院银行系主任黄兆栋，台山人，45岁，美国华盛顿大学硕士，曾任广东省金库长兼国税收支处长检定训育主任。日常课程为土地问题、货币银行学、经济学、工商管理和经济政策。

梁矩章，南海人，清华大学毕业，38岁，美国宾夕法尼亚大学经济学士、商业管理硕士、经济学博士，北平交通大学、辅仁大学、东北大学教授，香港大学南华学院教授，日常课程为统计学、西洋经济史和中国经济史。

银行系是私立广州大学商学院的特色，抗日战争后教师名册上银行学系主任为马维鸿。

在韶关，1942年11月，校长陈炳权上书教育部：

> 来校者众，尤以南洋港澳之侨生自应设法收容，所有课室、图书馆、办公处、宿舍等等建筑设备已达五十万余元。夏因经费不敷，张罗挪借方勉强开学。现届学期终了，财政困难万分，苟非筹款支持，势将全校停顿，谨将实际情形陈钧部立请，拨补助费三十万以资救济，不独全校员生所当感激而侨生之家长即身羁海外亦闻风感戴矣。又以事关救济侨生并

🡒 广州历史地图中私立广东国民大学的旧址

钧部转咨救济委员会及侨务委员会一并酌予补助，如何之处敬候。

私立广东国民大学在广州的旧址就是杨匏安任教的时敏中学旧址改建的。抗日战争时期，该校迁至韶关曲江，1944年迁至罗定，抗日战争胜利后回到广州继续办学，其中土木工程专业的学生众多，该校一直坚守教学至1951年。

🡒 私立广东国民大学土木工程系学生登记表（藏于广州市档案馆）

　　抗日战争爆发后，私立广东国民大学在校长吴鼎新带领下，九次搬迁。先是在香港、开平楼冈办学，1938年的文学院学生名册就有楼冈分校和香港第二大校部两册。后又迁往韶关，曲江失守后迁往罗定，1945年是分多路返穗，其中一路是由阳春返回。

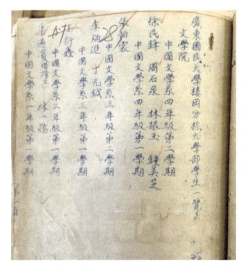
● 私立广东国民大学楼冈分部学生名册
（藏于广州市档案馆）

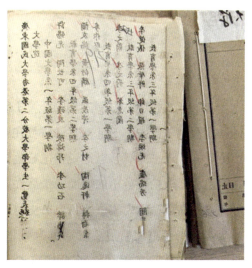
● 私立广东国民大学香港第二分校学生名单
（藏于广州市档案馆）

注释：

　　[1] 私立岭南大学：《岭南大学校报》1947年第56期。

（感谢广东省档案馆和广州市档案馆提供资料）

为了早日凯旋的最后辗转

　　2020年1月20日，新华社报道：习近平总书记来到位于云南师范大学校园内的国立西南联合大学旧址考察调研。在了解西南联大结茅立舍、弦歌不辍的光荣历史后，习近平深有感触地说，国难危机的时候，我们的教育精华辗转周折聚集在这里，形成精英荟萃的局面，最后在这里开花结果，又把种子播撒出去，所培养的人才在革命建设改革的各个历史时期都发挥了重要作用。

　　习近平总书记的重要讲话也为粤北抗战时期华南教育历史研学基地的营造指明了方向。2020年1月19日，广东省"三师"（规划师、建筑师、工程师）专业志愿者协会公布了粤北四市（韶关、梅州、清远、云浮）的调研成果和保护活化计划，硕果颇丰。其中，广东省城乡规划设计研究院对梅州的调研成果颇为丰富。梅州是抗日战争烽火中教学辗转的最后一站，是凯旋重返珠江畔白云山下的起点。

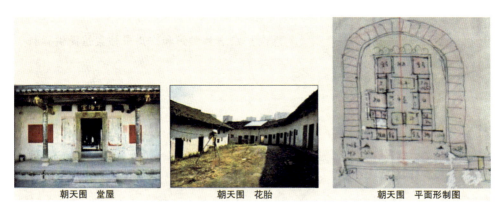

朝天围　堂屋　　　　　　朝天围　花胎　　　　　　朝天围　平面形制图

🔴 私立广州大学旧址，位于梅州市兴宁市兴城镇西河背朝天围饶屋（引自省城乡规划设计研究院成果）

中山大学工学院办学旧址上大厦朱屋　　　　　　中山大学工学院办学旧址上大厦朱屋入口建筑结构

🠒 国立中山大学工学院旧址、兴宁市委党校所在地、原兴宁高级工业学校，仅存宿舍，也称"朱屋"，现改为兴宁市养老院（引自省城乡规划设计研究院成果）

　　读完调研策划文案，为了成果补遗，笔者对人物和历史文献再做补充。梅州的华南教育历史研学基地最重要的人物是罗雄才，笔者是改革开放后进入华南工学院读书的前三届学生，最熟悉的是三位学院领导：张进、冯秉铨以及副院长罗雄才。60余年的教学，他一生的研究教育生涯就是中国化学工程史学科的缩影。1942年，罗雄才教授从韶关坪石三星坪工学院转赴自己的家乡兴宁，奉命创建广东省省立兴宁高级工业学校，但仍担任国立中山大学教授，他冒着炮火穿梭于两地之间，为曲江、乐昌、坪石沦陷后的国立中山大学工学院等学校迁移兴宁避难提早创造了条件。

🠒 1945年国立中山大学工学院职员名单。大部分职员是在1940年左右入校服务，一直随迁至兴宁（藏于广东省档案馆）　　🠒 1945年12月中山大学工学院院长罗雄才在造表的签名

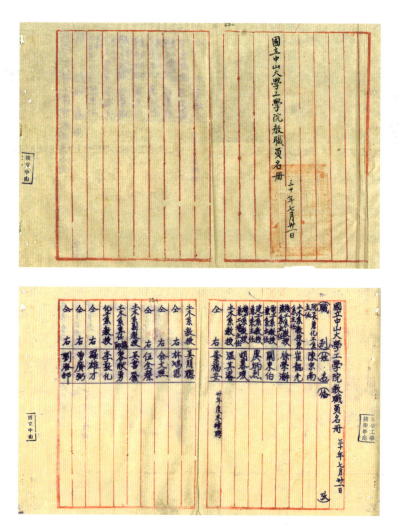

🔁 1941年7月中山大学工学院教职员造表名单中出现化工系教授罗雄才、李敦化和曾广弼
等名字，他们在1936年就合作翻译了日本内田俊一的著作《最新化学工业大全》

　　罗雄才先生是梅州兴宁龙田镇鸳塘村人，毕业于兴宁县立中学，1923年考入
日本东京帝国大学理学院化学系，1929年毕业进入日本理化学研究所从事研究。
1932年在广州石牌建立工学院时，他是24位筹委会成员之一，彼时他刚从日本留
学归来，年方29岁，从此之后罗先生开始了中国化学工业学科的建立和教育工作。
抗战时期，为适应抗战需要、培养工业技术人才，1942年夏罗雄才获批准被委
派前往兴宁办学。他步行40多天，从韶关坪石逃难至梅州兴宁，其艰难程度可想
而知。

罗雄才，1945年任复员委员会工程组主任和工学院院长，1946年被聘为国立中山大学总务长，1949年经香港后与王亚南一道北上北京，1952年任华南工学院筹备委员会副主任，并任副院长。1958年任华南化工学院院长，1962年为教育部指定的化工统编教材总主编。为了提高中大理科影响力，1963年又任中山大学副校长，建立了光学、生物学、高分子化学和电子显微镜四所高等实验室，处于国内领先的地位。罗先生主持成立两个学术委员会：社会科学学术委员会和自然科学学术委员会。1973年，罗雄才从康乐园重返石牌，继续执教于华工。他曾为梅州龙田中学、鸳塘小学等题字，1984年在穗对嘉应大学倡导建立起重要作用。华南工学院成立了全国高校第一所材料科学研究所——华南工学院材料科学与工程研究所，他于1978—1984年兼任所长。罗先生还曾任第五、六届广东省人大常委会副主任。

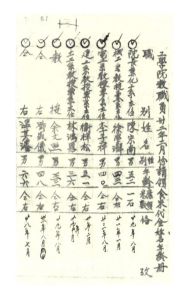

🡒 1943年二月领食米的教职员名单，罗雄才没有被列入，佐证此时他在兴宁开办兴宁工业学校（藏于广东省档案馆）

罗雄才先生于1995年病逝，在追悼会上，挽联为"于国于民无遗憾；立言立德有殊勋"。[1] 刘焕彬校长有详细的回忆。

我院张进、罗明燏同志当选为省人大常委

广东省第五届人民代表大会第二次会议于一九七九年十二月二十六日选举了省第五届人民代表大会常务委员会主任、副主任、委员。我院张进、罗明燏同志当选为委员。

我院罗雄才同志任省政协副主席、李敦化等六位同志为常委

政协省四届二次会议于一九七九年十二月二十七日胜利闭幕，会议选举了主席，增选十四名副主席、二十四名常委。我院罗雄才同志为副主席，李敦化、余仲奎、林克明、罗明燏、罗雄才、徐学灏为常务委员。

🡒 华南工学院1979年校报对当选省人大代表、省政协委员的教授的报道。改革开放后的1979年12月27日广东政协四届二次会议，罗雄才当选14名增选的广东省政协副主席之一，24名常委又有李敦化、徐学灏等，都为昔年抗日战争时期坚守于三星坪共患难的工学院同事。罗雄才先生后来担任民盟广东主委，对民盟民主党派贡献良多

在坪石教书的兴宁籍教授众多，除了大家熟悉的罗雄才、罗香林先生，还有在国立中山大学历史系任教的罗志甫教授等。1948年，罗志甫先生往厦门大学执教，后与王亚南一起赴京。罗志甫在1953年参与开创了北京师范大学历史学系世界史教研室，成为中国世界史学科的开创者之一。

罗志甫是兴宁宁新区寨子村人，1920年就读于北京大学哲学系，1922年赴法国勤工俭学，先取得里昂大学和土鲁斯大学硕士学位，后又进入巴黎大学研究院攻读博士学位。1929年回国。罗志甫的著作有《西洋史》《西洋美术史》《法学通论》，译著有《古希腊精神》《法国黄皮书》《古代奴隶史》，甚至还翻译了莫泊桑的长篇小说《兄与弟》。这又印证了我们前期的推断，不少"坪石先生"与法国里昂留学有关，他们在韶关坪石、曲江沦陷后的去向及新中国成立后任职高校，与厦门大学和北京师范大学关系最为密切。

1944年末至1945年夏，从韶关坪石、仙人庙辗转至梅州的路途是十分艰辛的，有的学生走了40天。撤至梅县、兴宁的学校还有私立岭南大学及附中。

暨南大学华侨医院首任院长伍汉邦1948年毕业于岭南大学医学院，他是最后离开医学院的学生之一，一路上为迁徙逃难的难民治病，他时为岭南大学医学院三年级的学生，已经有了一些医疗实践，他的回忆录写道：

1945年夏，疏散难民已经不多了。六月，马汝庄院长决定：岭南医学院告别"枫连线"转到兴宁复课去。不久岭南大学医学院的牌子又在兴宁竖立起来。当时兴宁没有受到扫荡，有些医学人才因避战乱而寄居兴宁。马汝庄院长想方设法物色教师，有两位原上海某学院的内科医生，和英军服务团内的一位曾在欧洲战场实践中获得丰富创伤外科经验的英国医生都被邀请来医学院讲课。马院长亲自主持外科教学。其它妇产科、内科、骨科

○ 伍汉邦先生工作照（暨南大学附属医院提供）

及创伤外科等，各位老师都认真地尽了最大努力地把课开起来。

严肃认真地复课两个月后，日本战败投降的喜讯终于传来。（枫湾至连平难民疏散线称为"枫连线"）[2]

马汝庄博士是欧洲留学归来的外科专家，在1944年兵荒马乱之中担当重任，成为维持岭南医学院艰难办学的院长。岭南医学院在兴宁的遗址有待继续寻找。

岭南大学最后辗转到达的地方是梅县青年会，通过文献初步判断是在梅县大康路，可能是当时的教会学校广益中学，根据文献的记录此处有一座能容纳200人的礼堂，也可能是1902年购地建设的，在20世纪80年代重建的梅江区基督教东门堂附近，需要考证。

岭大学生回忆录中述及，撤退至梅县的岭大学生集中于梅县青年会，会所的礼堂相当大，可容纳200人。集中此处的老师有李应林、陈汝锐、马敬全等。学生有郑就煦、何恩源、刘良彝、陆坤明、金文、陈捷姬、陈均璇、莫定中、连琯姈、周瑞文、余肇文、陈宝璧、达安辉、罗秉康、刘德政、邝耀陶、许克良、刘连胜、麦灿雅、李小觉、赵兆鸿、陈佑璇、何振曛、志瑞荣、邓巽保、邬振康、莫少宁、郭天祥等。

岭大附中学生借读梅州中学，当时达安辉、罗秉康、连培姈等是附中学生，均为"励社"的同学。

⟳ 梅江区基督教东门

达安辉后来任香港大学医学院教授、院长前后20多年，他筹创了香港医学专科学院并任首任院长，是香港医学界知名人士。

岭大"超社"是在仙人庙中学毕业，考上大学一年级，第二学期撤离。岭大"超社"同学刘良彝回忆："岭大在东江梅县没有开课，但走难学生时聚一起，

岭南大學學生自衛隊東行團 (一九四五年六月廿九日)

⤴ 岭大师生在梅县的合影

岭南大學歌詠團在梅縣

⤴ 岭南大学歌咏团在梅县的合影

嶺南大學學生東行圖（攝於梅縣圖書館前，1945年6月29日）

🔸 岭大师生在梅县的合影，其中有达安辉

地点多在梅县青年会，会所的礼堂相当大，可容纳二百人。""励社"同学徐广华回忆："从梅县应试完毕返回，入黑抵达寻邬，忽听到满城鞭炮声，报导日本投降。"1945年8月，岭大学校组织编排好小艇，各艇安排领队，从梅县乘船凯旋返回广州，扬帆南行。

粤北抗战时期华南教育历史研学基地的营造方向正在形成自身特色：

1. 以乡村山河遗产公园的展示形式为主，局部修复旧址为辅。战时的教学是分散在广阔的乡村空间的，保持特殊的乡居山水状态，历史时空自然再现于心中，而贫困的乡村需要新动能的注入。2017年广东省核定2277个省级贫困村，抗战时国立中山大学各学院所在地韶关坪石镇三星坪村、武阳司村、肖家湾村、罗家渡村等均在名单中，私立岭南大学所在地犁市镇大村也在名单之中，国立中山大学工学院辗转梅州，在兴宁所在地叶塘镇有6个贫困村，省立文理学院在清远连州所在地东塘村和东陂村均是贫穷村，研学基地的建立将有利于减贫扶贫。

2. 无论是老师或学生，均是特殊年代的学子，深入挖掘重点人物的文献和影像，但注意非个体而是群像，文献的原真性是一切工作的基础。

3. 这里既有一般的观赏性，又有思政教育价值，还是学科史、知识传播的重温场所，每一处都可以获得文史知识，了解植物学、农学的基本原理，知道天文学的观测环境，懂得艺术作品的创作背景，未来的学科史研究是可持续、不断深入的。

4. 粤北四市山连山、水接水，抗战时期广东省教育机构辗转坚守教育阵地的故事是时间与空间环环紧扣，构成粤北抗战的独特人文景观，各点简介、展览内容互相补充，形成横向贯通的整体。

5. 战时的广东籍教授不少，尤为突出的是在江门新会、东莞、梅州、潮州、江门台山等地出生的先师，如伍汉邦先生是台山人，对原出生地的旧居修缮，可以形成"研学点"，形成研学网络。

6. 碑记及纪念柱、纪念墙中尽量列出教师和学生的名单，对每一位师生的后代来说都是最好的纪念。每一个名字，诉说着背后的人生酸甜苦辣，也带动关联的后代和学生群体。

7. 习近平总书记指出：为国家、民族，是学习的动机。艰苦简陋的环境，恰恰是出人才的地方。粤北华南教育历史研学基地，利用旧祠堂、村民泥砖房的加固修缮成为展厅或者未来的民宿，南粤古驿道的重新整理，将研学置身特定历史时期的吃住行学环境，保护了岭南山村景观，改善农村人居环境，扩大了游学范围。

注释：

［1］李少凤：《罗雄才：雄才兴教育　报国谱华章》，《百年文脉：寻访梅州籍大学校长》，广东高等教育出版社，2015，第220页。

［2］伍汉邦：《抗战中的岭南医学院（1944—1945）》，《大村岁月：抗战时期岭南在粤北》，岭南大学，1998，第23-24页。

（感谢叶细权先生协助查找梅县青年会旧址）

战时粤北学子的"粮食"

"面包是会有的"，但"面包"需要用钱买，从物质角度上理解粮食可以是钱，那办学的钱从何而来？这是抗战时期的大学、中学等教育机构均需要面对的问题。流动的大学"一搬三穷"，这是国立中山大学总务处在1942年的报告中发出的哀叹。

一、财政的困顿

1938年8月7日，广东省立教育学院函告教授、家长，说省政府已经通过勷勤大学独立并任命林砺儒为省立教育学院院长的决议。函件的发文通知对象是教授和家长，内容主要是勷勤大学教育学院独立为广东省立教育学院，并任命林砺儒为院长，在广西梧州的办学照旧，同时还附上了省务会议通过"改组勷勤大学以资整顿而节省经费案"的抄件，抄件内容如下。

改组勷勤大学以资整顿而节省经费案

查勷勤大学经费初由本省省库与广州市库共同负责负担，依照该大学原编预算已几占省库教育文化费五分之一，自市府停付辅助费以后，省政府独力维持恒感困顿。抗战军兴益形艰窘，该大学勉强支撑到至仅存形式，涣散支离无庸讳饰。长此因循终非善策。兹拟将大学彻底改组，以期整顿，谨拟办法如左：

一、勷勤大学工学院各学系各年级学生一律着送中山大学工学院分别收容。该学院原有之建筑学系为中山大学所未设者，拟请中山大学暂予增设，乃由省库酌补津贴俾办至该学系学生全部毕业为止。

二、勷勤大学原有商学院拟改为独立学院定名为广东省立勷勤商学院以符纪念勷勤先生之本意，惟该学院现设学系略涉锁碎，拟着于下学期暂停招生以资整顿。

三、勷勤大学原教育学院为本省培养中学及师范学校教员之唯一场所，拟仍令续办改为独立学院定名为广东省立教育学院，为图充实内容，以期充分之发展。[1]

从此抄件可知工学院因被"收容"而幸存，建筑学系的学生全部毕业后会停止补贴，那将来的"面包"在哪？1938年8月，广东省教育厅厅长许崇清、国立中山大学校长邹鲁致函教育部，报告建筑工程学系二、三、四年级由本大学收容，提出广东省教育厅为中山大学工学院因接收勷勤大学工学院的财政补助从原勷勤大学经费省库原预算项中的1938年9月开始补助每月"国币"3000元，逐年递减至1940年每月1300元止。[2]同时请求该年度能够招建筑工程学系一年级学生一班便于衔接。

从两份档案可得到的结论：

1. 财政紧张，而民国广州市政府没有履行承诺，民国广东省政府独力难撑，导致勷勤大学无法再办下去，简单来讲是战时缺"米"；

2. 解散勷勤大学并非对古应芬有什么看法，商学院还是保留原有名字；

3. 1937年成立的国立中山大学工学院没有建筑学专业，当时筹办者均是土木学科的人，可以补缺；

4. 建筑学的重要性未知，多招一年级便能凑够一二三四年级，但以后是否办下去，尚是未知数；

5. 勷勤大学工学院"陪嫁"到国立中山大学的设备，日后要还给广东省；

6. 财政补贴为过渡方案，三年后就自动取消，每月补贴的钱仅能够聘请三至四名教授；

7. 1936年秋，勷勤大学石榴岗校区开始使用，1938年8月勷勤大学解体，工学院仅在这里教学一年多的时间。

坚守精神与面包粮食应同时具备，勷勤大学开设建筑学6年，而国立中山大学建筑学专业在战火中办学至1952年共有15年，要感谢韶关乐昌坪石新村的村民提供办学场地——如今是已经残败仅剩两面山墙的建工系办事处遗址。广州石榴岗遗址（办学一年多）、云南澄江古庙遗址（办学一年多）、韶关坪石新村遗址（办学四年），它们的存在是承前启后的，有它们方有如今华南理工大学建筑红楼之果。

在韶关坪石国立中山大学，发挥建筑学作用的，是工学院建工系主任虞炳烈先生，他设计校舍并监督建设。第二任系主任卫梓松教授又继续担任校舍建设办公室主任，完成各项建设。1942年2月美术课室需要特殊家具，学院向校部申请了经费。3月17号，家具制作完毕，3月25日建工系主任卫梓松教授向学院报告请求学校派人验收付款，工学院院长陈宗南教授向张云校长写了报告，付清价款417元。[3] 这钱花得还是值的，在这里培养出来的学生中，杨卓成（1914—2006）是最出色的学生之一，他一开始是借读生，虞炳烈先生为坪石规划设计的临时战时校园的图纸不少是由学生杨卓成协助画的。杨卓成毕业后就到河北开滦煤矿。1946年，在中国台湾台北市政府规划科任职，后来在1953年自己开了事务

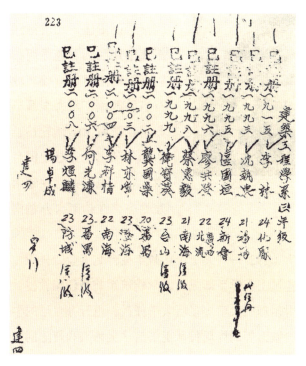

⏵ 建筑工程学系四年级已注册的名单，左边第一个名字就是杨卓成同学

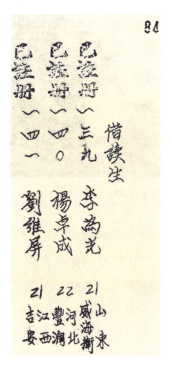

⏵ 已注册尚未成为正式生，以借读生身份读书的学生登记表，其中就有杨卓成

🔹著名建筑师杨卓成设计的台湾中正纪念堂

🔹韶关坪石新村建筑工程系办事处遗址的拱门

所，台湾的许多标志性建筑像中正纪念堂、圆山大饭店、士林官邸、台北清真寺等均是他的大作品。

杨卓成是在云南澄江进入中山大学借读，毕业于广东韶关坪石中山大学的建筑大师。我们尚不知道在国立中山大学广州石牌校区有哪些毕业生。

与杨卓成同班的同学卫宝葵出生于香港，毕业后留校教书一直到院系调整后仍留任，20世纪50年代中期回到香港经商。同班的区国垣也留校在坪石当助教。广西人李麟毕业后在防城中学任校长，1949年随国民党赴中国台湾，后代表国民党在越南办党务，在越南自办越南堤岸志诚高级中学并任校长。

1943年在此毕业的彭佐治先生（1921—1996）于1947年在台北工业专科职业学校任教，1950年在省立工学院建筑工程学系即成功大学建筑系前身任副教授，1952年赴美留学，毕业后在美国得州理工大学等多所大学任教，也开办自己的事务所，担任过联合国顾问和美国的城市规划局局长。王济昌、吴梅兴和贺陈词先生，毕业后对台湾的建筑教育贡献良多。台湾成功大学建筑学系追溯历史脉络始办于1944年，王济昌于1954—1961年担任系主任，贺陈词于1963—1966年担任系主任。

○ 许瑞生第一次踏足探访遗址时未清理的入口

贺陈词，1940年进入厦门大学外文系就读，1941年改至中山大学外文系，并于翌年转入建筑工程系，1946年毕业后曾在湖南克强学院建筑系担任助教。1948年到中国台湾，初任工程官，于1955年起在后来成为成功大学的省立工学院任营缮组主任并在建筑系授课，直至1979年退休。其间，他曾任系主任及研究所所长，并于1967年末至1970年初在英美两国游学进修。1969年从成功大学退休后再到东海大学建筑系担任专任教职直至1990年。其间，他于1983年曾应邀至香港珠海书院做客座教授一年。贺陈词除了教书执业之外，亦有著述及翻译等多种著作，前者以《中国建筑的承传问题》最受称道，后者则是法兰普顿的《近代建筑史》最广为人知。[4]

如果按照原来1938年的计划，到1941年可能就没有建筑学的招生了，省库断粮的时间到了。所幸1941年有新入学的建筑学专业的学生，他们是在坪石完成学业的一代，多位学生毕业后实践多年成为广东各大设计院的总工程师。如李奋强，成为广东省建筑设计院的总工程师。1982年的广东迎宾馆白云楼就是李奋强先生与郭怡昌、关富椿合作设

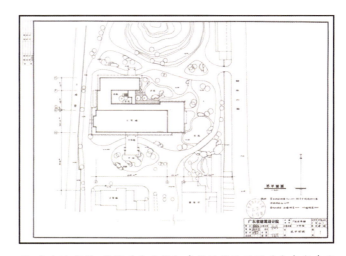

○ 广东迎宾馆3号楼（白云楼）建筑的总平面图（广东省建筑设计研究院提供）

计的。谢西家毕业回乡后，发挥所长，于1945年进入私人的营造公司设计了澄海中学，后任汕头城市建设局工程师，曾担任汕头市科学技术协会副主席。

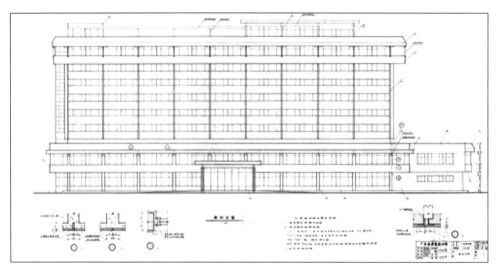

◑ 广东迎宾馆3号楼（白云楼）建筑的南向立面图（广东省建筑设计研究院提供）

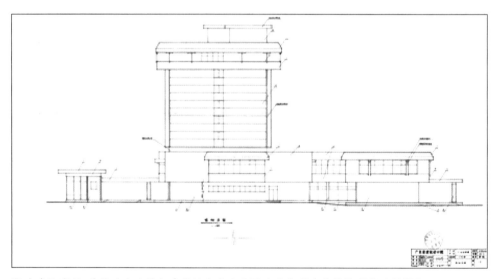

◑ 广东迎宾馆3号楼（白云楼）建筑的东向立面图（广东省建筑设计研究院提供）

这些建筑师均差一点因没有"米"而不存在！是韶关坪石的"粮食"给予他们成长的机会。

1941年6月25日，《中大向导》在坪石"学术新潮出版社"出版，书中记录了大学总务处的工作，从云南澄江迁至广东坪石，教育部经费核准为155.5万元，粤省府补助30万，但实际拨款仅为70万元。[5] 1940年有贷款的学生总数有1146人，日常零用贷款为每月3元，膳费贷款为每月16元，特别贷款为每月20元，但还是有不少考上的考生因家庭困难而无法上学。1941年的《中大向导》售价是1元8角，1942年岭南大学附中教师的平均月薪是163元，币值由此可以估算。1941年国立中山大学工学院年拨经费3万2千元，另拨设备费12万，土木工程系、电机工程系和机械工程系各增设一班，唯建筑工程系没有增设。

1942年12月19日在韶关浈江大村召开了岭南大学第一次校董会会议，参加者是金曾澄、郑寿芝、钱树芬、顾克、龚约翰、骆爱华、李应林、林树模、谢昭杰、司徒卫和刘君朴，孙科、李济深、甘乃光、金佛和香雅各无法到场但分别指定了代理人，教务长林树模报告现有文学院学生299人，东吴大学34人，农学院132人（有香港、澳门及海外侨生86人），医学院90人，协和神道学院11人，合计大学部533人，其中新生157人。附中学生229人。教授30人，副教授9人，讲师18人，助教8人，职员38人。谢昭杰重点报告的是财务，包括建校的费用、年度的预算、社会个人团体捐助的资金额，以及教师的待遇。前期包括坪石的农学院在内的建设和修缮、家具设备共90万，拟建筑费用再增20万，第二年度准备理工学院复课的预算为11万。

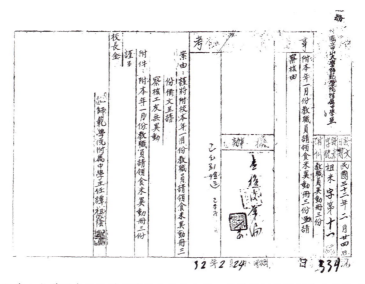

❶ 中山大学附中校长谭祖荫呈金校长本年一月份教职员请领食米的异动册

领米是当时最重要的事情之一，由于人员流动大，经常要报告实际情况是否有变化。谭祖荫时为中山大学师范学院副教授，但主要担任师范学院附中的主任，每月需要报表教职员工请领食米。谭祖荫老师毕业于北京师范大学，20世纪20年代是主张"无政府主义"的活动家，曾与陈独秀等人召开会议讨论工人运动的问题。事关人命，"面包"还是重要的，附中什么事都要管，需要有效管理才能够生存下去。

著名画家符罗飞到任中山大学的时间为1942年12月，因工学院漏报，需重新出具证明，从1月份起每月补领十市斗米。

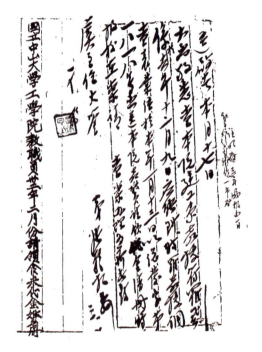

⤷ 1943年2月份工学院出具的著名艺术家符罗飞符合领米条件的函（现藏于广东省档案馆）

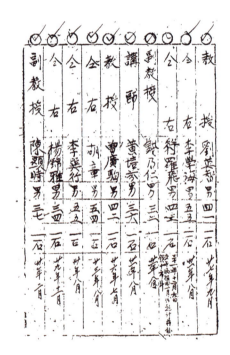

⤷ 符罗飞的名字在2月领米名册右起第三行上，在到任的时间栏专门说明

二、书籍和出版

在战时的大学除了教学，米、盐等粮食也是很重要的，同样重要的"粮食"还有书籍。国立中山大学的杜定友先生守住了一大批书籍，为学子们保存了"精神食粮"。后来也有个别专业的师生曾向私立岭南大学借书。1942年岭南大学

农学院的图书和仪器尚完整，尽管在韶关浈江大村校总部的图书馆图书尚不齐全，岭南大学还是在1942年花了五万元为文学院购买图书，文学院有中文图书1 975册，英文314册，大部分在运输途中。当岭南大学迁至香港时有中文图书约180 000册，外文图书约50 000册。

私立岭南大学在粤北留下来的有待抢救保护的清代刻本图书（照片由韶关学院提供）

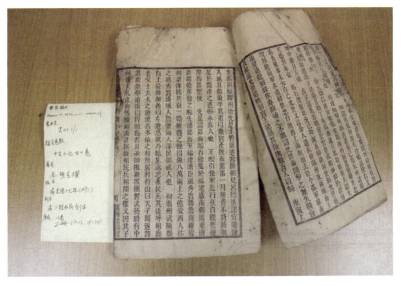

岭南大学清刻本藏书（照片由韶关学院提供）

　　韶关浈江大村岭南大学校区内建立的图书馆至1944年藏书约为10 000册，由王肖珠女士负责管理，她于1948年赴美留学，毕业后一直服务于美国图书馆界，于1995年去世。

　　"精神食粮"在大学中重要的一类是学报、学刊，《中山学报》《校友通讯》均在韶关坪石复刊或者创刊。师范学院所的《教育研究》、农所的英文期刊 *Sunyatsenia*（孙逸仙的粤语发音）在云南澄江一直保持出版，回到坪石后继续出版，这两份学术杂志在当时中国的学术界地位很高。《中山学报》是由文汇印刷厂印刷，《中大向导》在坪石的学术新潮出版社编辑，由曲江河西印刷合作社印刷，可以看到当时曲江的条件应该优于坪石。但在坪石学院集中，学报编辑部多在坪石。

　　《中山学报》第一卷上朱谦之发表了《文化社会学》，并分多期连载；杨成志先生在第一卷有论文《广东名胜古迹之性质分类及其文化象征》等。第二卷第1期是1943年8月付印，需要定金1500元。出版刊物离不开经费，在坪石，无论

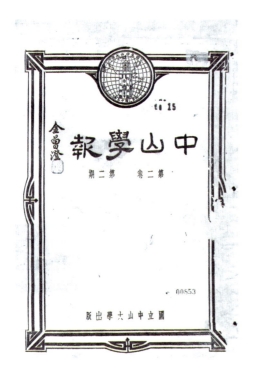

⟳ 第二卷第2期《中山学报》封面（藏于广东省档案馆）

是私立岭南大学还是国立中山大学，都曾通过音乐会等多种形式募集出版印刷经费。《中山学报》第二卷第2期中，吴尚时与曾昭璇合作发表了《丹霞南雄层位之新见解》，徐俊鸣发表《天然孔道与国防交通的建议》，黄仲文先生发表《我国畜牧事业科学化与粮食问题》，陈定谟、黄学勤、谢申、郑师许等多位名教授均有文章刊发。

　　第二卷第3期的主要论文有李四光的《与崔克信君论西康构造》、陈国达的《江西石炭纪梓山煤系前之不整合》、莫高柱的《粤北连县构造及其与湘南弧之关系》等。第3期是地质专号，其中陈国达先生有四篇论文

涉及古植物、粤北和江西的水文等不同领域。

文学院民俗研究非常活跃，《国立中山大学民俗月刊》1928年3月创刊，在坪石1943年出版的第2卷第8期，主要内容包括赵景深的《中国民间故事型式发端》（英国谭勒研究结果）、杨成志译的《民族学问题格》、陈云祥的《关于〈潮州的青龙馆〉》、容肇庆的《歌谣拾零》、周赞刘的《琼山县死丧的风俗》、敬文的《艺术三家言》等。

战时粤北的学术研究成果丰富而意义深远，为后来者提供了丰富的"精神食粮"，只有回到战时的经济状态下思考分析，方能够体会粤北学子坚毅而强大的精神力量。

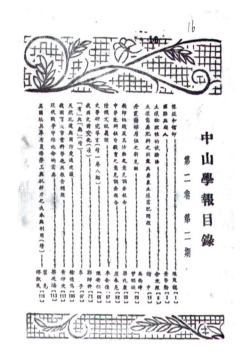

🔴《中山学报》第二卷第2期的目录

注释：

[1] 广东省档案馆藏档案，档号21-21-1-003-21-0020-03。

[2]《国立中山大学关于送缴勷勤大学工学院在学生及休学生名册等事的呈》，广东省档案馆藏档案，档号020-004-978-014-023。

[3] 广东省档案馆藏档案，档号020-004-0224-146件-498-501。

[4] 傅朝卿：《台湾近现代建筑专题讨论之战后台湾地域主义建筑》，成功大学建筑系93学年度第2学期（2005春）。

[5]《中大向导》，学术新潮出版社，1941，第8页。（藏于广东省立中山图书馆）

（感谢广东省档案馆的帮助）

因为经历苦难，成就百年名校

粤北华南教育历史显示了广东教育苦难、平凡而伟大的历史。2019年12月4日，笔者经再三比对，终于发现了私立岭南大学在浈江区大村的遗址。见证了1942—1945年岭南大学历史的数棵百年老樟树，依然屹立、根深叶茂。艺术教育和体育教育是教育事业中两颗璀璨的明珠，回顾广东艺术和体育教育的发展事业，追寻先辈们奋斗的足迹，从过往的点滴中感受先辈们筚路蓝缕、百折不挠的奋斗精神，对更好地推进艺术和体育教育的发展大有裨益。

一、敌机下的体育和艺术教育

在那些烽火连天的日子里，各位教师坚守信心，矢志不渝地培养人才，延续了华南教育之薪火，但少有人述及体育与艺术学术渊源与这段历史的关系。

抗日战争时期的粤北，成为文化、教育新中心，而抗战木刻、抗战戏剧成为凝聚民族力量、共同抵抗外侵的文化利器。

在连县、坪石、曲江等地，一旦有办学点的存在，一定会配套体育运动设施。经分析，迁徙到粤北的所有院校，都被发现配有篮球场、排球场，有单双杠配套。再难也不能忘掉学生的体质锻炼，这均是抗日战争时期，所有中学、大学老师们的希望。

粤北从事艺术教育的教师有国立中山大学师范学院的马思聪、许幸之等。许幸之应该是在新四军鲁艺华中分院任美术教授，分院解散后赴香港，再从香港被国立中山大学聘任在师范学院任教。

美术家还有刘仑，他是"左联"的木刻家。1942年，符罗飞这位在意大利留学9年的美术家，进入中山大学建工系任美术教授。在文学院、师范学院的洪深、马思聪、许幸之更是以戏剧、音乐为内容进行了话剧、文艺表演。为了迎接马思聪的到来，国立中山大学专门为师范学院买了一架钢琴。师生们在他的屋檐下听琴，马先生在油灯下仍然苦练。马思聪除了在师范学院表演外，也在坪石、培联等地举办演奏会。

符罗飞逃难到坪石时与马思聪同行。符罗飞是在1954年重新回到建工系任教的，此前，他曾任华南文学艺术学校筹备委员会主任，除了担任中山大学美术教研组主任之外，也在广东省立艺术专科学校任教。

曲江为战时广东政治文化中心。1940年春，抗战烽火中，广东省立艺术专科学校在韶关西北郊塘湾五里亭创办，也称广东省立战时艺术馆。该校设戏剧、美术、音乐三个部，教务主任是著名的美术家胡根天，他同时兼美术部主任，黄友棣任音乐部主任。[1]音乐、戏剧曾作公演，剧目有《抗日烽烟曲史诗》，以及话剧《谣传》《利他主义》。省立艺术专科学校在新中国成立前最后一任校长是丁衍庸，他是邓植仪（坪石时期任国立中山大学教务长）的堂侄。省立艺术专科学校于1945年秋从罗定迁回广州，后来与广州市立美术学院合并为"华南人民文艺学院"。广州美术学院的王益沦就是经历过这三次院校调整的老教授。潘鹤先生于1949年在华南人民文艺学院学习，1953年搬迁至武汉，但在1958年又回迁广州。广州美术学院延续了广州市立艺术专科学校和广东省立艺术专科学校这两大渊源。

丁纪凌在德国柏林大学留学学习雕塑，1938年，成为国立中山大学建工系的老师，他也是笔者大学时代的美术教师。

木刻画家唐英伟是在上海时与鲁迅先生有深交的一位艺术家。抗战时期，他在坪石发挥了左翼木刻运动的传统影响力。唐英伟的名字出现在理学院教师名册中。坪石曾举办了一次大型的全国性的木刻展览，发出怒吼，用木刻刀宣传抗日。唐英伟等人在曲江坪石创作了很多木刻作品，这些木刻的展示能够让公众记住民族的苦难。

在曲江成立的中华全国文艺界抗敌协会曲江分会，有会员200多人。关于木刻艺术，专门成立全国木刻抗敌协会广东分会，有会员30多人。当时，多份报纸均有木刻专版，并专门举行了"中国木刻十年纪念展览"。

唐英伟木刻作品

岭南大学的司徒卫老师

2019年1月16日，香港中央图书馆展出了岭南大学的老师司徒卫的50余幅作品，该展览的名称为"司徒卫的艺术世界：红灰精神"。香港岭南大学网站上的介绍是："司徒卫学长是杰出的教育家，曾于广州、上海、香港和越南等地方开办学校，他担负岭南大学师生移师去韶关延续岭南的教育使命，深受师生爱戴。"司徒卫的水彩画不仅具有艺术价值，更是校园记忆的最佳载体，康乐园的建筑和学生生活是主要题材。他的部分画作特别重要，记录了20世纪三四十年代在抗日战争期间岭南大学的校史。

在坪石时期，赵善性已经是国立中山大学的体育教授。体育史理论研究者一般都很清楚，赵善性是对中国运动做出重大贡献的一位杰出人物，他在排球领域有杰出的贡献。后来，赵善性推荐了马杏修成为中国排球队的首任教练。

赵善性在1926年就到了中山大学，后来一直到新中国成立以后，他一直都在中大任教，其中有一段时间也到华南工学院担任体育教授兼教研室主任。

⮳ 私立岭南大学混合篮球比赛（司徒卫/绘）

1944年，李约瑟在粤北访问了一周，在西南联大走了一圈后又来到了广东，参观国立中山大学、岭南大学等，包括在湖南栗源的中大农学院。从李约瑟拍摄的岭南大学学生在操场做操的照片中可以看到，操场因陋就简，有单杠、双杠和露天的沙场。在当时的历史背景下，开展体育教学不仅因为体育的魅力，更是因为体会到身体强壮是民族强大的基础。

⮳ 岭大附中足球队

曲江仙人庙的岭南大学学生在操场做操（李约瑟拍摄）

1944年李约瑟拍摄的岭南大学体育教学的历史照片

岭南大学学生篮球混合比赛的留影

岭大校长李应林在岭南大学时代参加球队合影，第二排中间者

追溯广州体育教育事业的历史，可以称之为"广东新式教育（体育教育）的发展史"。在广州荔湾有一座时敏桥，而历史上曾有一个时敏学堂，也可能被大家忘却了。关于时敏学堂的研究是从对杨匏安的研究开始重新进入公众视野的。时敏中学是杨匏安从澳门到广州谋生教学的第一所学校，当时他任教务长。时敏学堂是1898年的一个新式学堂，体育课是必修课，音乐课也是必修课。著名的音乐家萧友梅就毕业于时敏学堂。时敏学堂的校区后来被私立广东国民大学所使用至新中国成立后。杨匏安在时敏学堂任教的时候，就居住在杨家祠，并在杨家祠阁楼上写下了其对于马克思主义研究的成果。

体育成为教育课程是从游戏开始慢慢发展的，并经由武术、做操等普及。后来，教会学校成立，开始带动球类比赛的普及。

广东女子体育学校于1912年创设，是广东最早的女子体育专门学校。1928年春，陈剑生、陈本等鉴于各级学校体育师资缺乏，因此发起筹设体育学校培养中小学体育师资，并得到热心教育和体育的名流金曾澄等支持，租赁西关陈家祠（在今中山七路）成立私立广东体育专门学校。由于1935年广东省立体育专科学校的创办，该校改名为华南体育专门学校。私立的体育专科学校的师资都非常强，陈策任职校长，副校长区声白是一个无政府主义的理论家，梁质若、刘权达等人任讲师。梁质若在20世纪20年代参加远东运动会的排球项目，新中国成立后，因院系调整成为华农体育教研室的主任。在烽火中对体育的坚守就是对学生体质的一个保证，也体现了一个民族的强大，他们对此立下了汗马功劳，一直坚守到新中国成立。

广东省立体育专科学校，创立于1935年秋。当年广东省体育运动事业日臻发展，但缺乏体育专业人才，同时，邻省的学校亦多来广东省延聘体育教师。那时，广东仅有上述的一所私立体育专门学校，该校只招收初中及高中毕业程度的学生入学，在文化水平和体育基础理论知识及运动技能等方面，都不能满足实际需要，有必要办一所较完善的培养中等学校体育师资和体育行政人员的专科学校。因而，当时的广东省政府聘请了教育界人士陈良佐、许民辉、黄启明、张忠仁等担任筹委会委员，推选广东省教育厅体育督学——留美体育硕士许民辉担任校长。广东省体育专科学校校址设在广州市大东门东较场（即今中山三路省人民体育场），占地面积约百亩，内有田径场、足球场各一，篮球场三个，排球场四个；另在场东空地建课室、宿舍、浴室等。1936年，由广东省政府拨款增建礼堂兼健身房一座及课室、宿舍、膳堂、体育器械室等。从当年大专学校设施来说，有这样的体育运动场地和器材设备是不容易的。广州沦陷，广东省立体育专科学校先移师云浮，于1939年并入广东省立文理学院，改为体育科。在抗战时期，它成为广东中学体育教师的主要来源。

林仲伟先生回忆自己跟校长许民辉先逃亡到云浮后再分开的经历。林仲伟先生后来去香港中学任教，几经辗转，抗战胜利后回到广东省立文理学院教体育课。许民辉与广州体育学院也是有联系的，因为他的学生或同事曾是体育学院的教学主力，林仲伟、雷瑞林是他的学生，也是广州体院的老师。

广东省立体育专科学校与广州体院历史关系最直接的是雷瑞林教授。他青年时候是国民党空军的驾驶员，后来考入了中央大学的体育系，于1945年在广东省立文理学院教授公共体育的公共课，1946年在中大任教授，后来又回到广东省立体育专科学校任校长，他也是最后一任的校长。在任职期间，雷瑞林改建宿舍，扩充设备，暑期率体专男子球队远征香港，获得各界好评。1952年院系调整时，雷瑞林调任华南工学院体育教研室主任。1953年，雷瑞林调广东省体委任竞赛科科长，负责二沙岛运动队集训的筹备工作，为广东省参加历届全国各项运动比赛、获得优秀名次做出了贡献。1958年，雷瑞林任新组建的广州体育学院教务长。1958年广州体育学院筹备委员会办公室副主任黄鉴衡就毕业于省立体育专科学校，回到母校担任教务长，一直到1949年的时候。马杏修是省立体育专科学校的毕业生，他在教书后再赴美国留学，回国又再回到学校，就在广东省体育专科学校任教，是新中国成立前东较场最后一任场长。赵善性后来推荐他成为国家排球队的教练。

广东省立体育专科学校在1935年秋创办时，公开向全省招收学生共140名；1947年，专科班毕业30人，训练班毕业

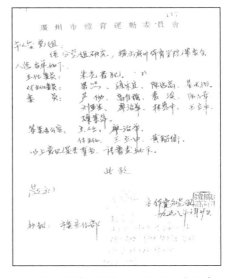

⊃ 广州体育学院筹委会办公室人员名单

25人，专科班在读40名，师范科在读50名，训练班在读50名。查广州市档案馆资料可知，1947年该校的毕业生是108名。广东省立体育专科学校的招生在某种意义来讲，是全国性的。有了广东省立体育专科学校以后，长期占据在广东省体育运动会领先地位的岭南大学被压制。

在广州体育学院筹委会办公室的人员名单上，看到了黄鉴衡老师、林惠中老师的名字。学校的成功和知名重点在于它的学术的力量，传统教学风格、知识传播力量是品牌的保证。可以查一下，1958年后广州体育学院教师的名单中有多少个是毕业于省立体育专科学校的，可以从这个角度把广州体院与省立体育专科学校的历史联系起来。

二、因为苦难，粤港澳民众守望相助

1938年，广州沦陷前，国立中山大学被迫迁校。第一次迁往云南澄江，在澄江待了一年以后，马上又迁到广东乐昌坪石。为什么迁到了乐昌坪石？因为这里有广东的百姓、广西的百姓、香港的青年、澳门的青年，他们还需要继续受教育。所以中山大学在许崇清校长的带领下迁到乐昌坪石。当时，云南物价飞涨，同时日军从越南方向逼近云南；广东的百姓的呼声非常高，希望他们迁回家乡，而且众国立中山大学的教授都支持许崇清的做法。私立岭南大学在广州沦陷时，迁往香港，得到香港大学的大力支持，当香港沦陷时，再度迁徙，选择在当时的曲江仙人庙坚持办学至1944年末。国立中山大学、私立岭南大学的迁移史创造了中国教育史的一个伟大奇迹，体现了粤港澳民众在民族危难时的守望相助。在中华人民共和国成长起来的两位院士，其中学生涯与这段历史联系紧密。

广州沦陷后，邓锡铭随父亲在香港生活，就读于培正中学。"香港沦陷后，邓盛仪回家乡邓屋小住几日，然后带着二子邓锡全、三子邓锡铭奔赴粤北山区。在哥哥邓植仪的帮助下，邓盛仪

邓锡铭年轻时的照片

在国立中山大学土木工程系任教，儿子在附中读书。"[2]邓锡铭后来成为中国激光专家，被评为中国科学院院士。

黄本立在1925年出生于香港，但是没有出生纸，事因祖父黄宏沛看不起受殖民统治的香港的规定，即到医院出生就有出生纸（成为"大英帝国子民"的身份证明），因此请了助产士到家里接生。[3]黄本立在香港读的是粤华附小，学校附近有一家药店，店主的儿子黄文锦当时读中学了，是黄本立的大朋友，后来考入在坪石的国立中山大学工学院。在黄本立被祖父带到广西身处矿区时，黄文锦写信告知培正和培道的联合中学将在坪石复办。1941年，黄本立孤身一人从广西长途跋涉乘火车抵达坪石，成为坪石培联中学的第一届学生。1945年，他进入岭南大学物理系，后来成为原子光谱专家，被评为中国科学院院士。

坪石是很多香港、澳门的学校继续成长的地方。现在，广州依然有培正小学、培正中学，在香港也有培正，而澳门、香港也都有培道。百年老校的校史都绕不开抗日战争时期的教育历史，必须来到坪石、曲江、连州或者粤北山区的其他村庄，寻找在抗日战争年代具有教育使命感前辈的守护，这是推动粤北华南教育历史基地活化保护的动力之一，这里印证着粤港澳苦难中的守望相助。香港沦陷的时候，上万名学子要经过十几天的坐船、走路，才能从香港到达乐昌坪石、曲江求学。这些学子保持了香港、澳门本身的学术延续不断。

三、又见康乐园

康乐园承载了丰厚的华南教育历史，中山大学与私立岭南大学共辉。

抗日战争时期，在曲江仙人庙建立的"山区中的岭大"，用木、草与竹搭建临时建筑，再按照康乐园的教学楼名字命名，如黑石屋、嘉里佩堂、科学楼和怀士堂等，山中又见康乐园。

司徒卫先生的回忆文章《从港战到复校（韶关仙人庙）》，非常真实地表现了曲江大村私立岭南大学办学的情形：

> 从友人处得悉校长到韶后遂即赴渝，为筹备复校故备尝艰苦，劫也，病也而终不扰其意志，用卒成功，兹在韶办理员生报到云，余因之振奋无已。钱校董谓余，盍致电校长告以平安抵家，且询有无助之处可

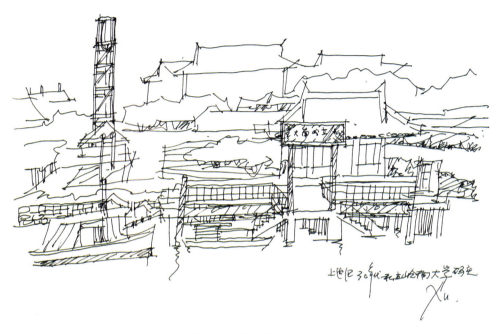

上世纪30年代私立岭南大学码头

🔸 根据历史照片绘制的私立岭南大学码头场景（许瑞生/绘）

乎，余用其言，数日复电至，则"来韶桂办学"也。遂启程，四月抄到曲江。余穿中国便装，布为余母数十年织存。面目黝黑，判若两人，友好乍见如不相识，兹可笑也。

学校驻韶办事处设青年会中，地址则向循道会借用者，斗室湫溢，案牍寡如，员生报到者磨肩擦肘，如沙丁鱼之在罐中。而校长与二三同工即于此数方尺间埋头工作。校长见余不及寒暄劈头告曰："兹有极饶趣味之工作，专候兄来，其为我开发大村校址如何？"应之曰："可！"夫大村距离前线几里？环境如何？人情、风土、蚊、蝇、疾厉又如何？尚茫然未得而知，乃遽承此重责。无他，盖余深信余友必不置余于歧路耳。盘桓四日偕杨子显同工行，所携简单行李数件并炊具少许。既登车，指行李谓杨曰："岭南之复兴在于是矣。"相顾作会心微笑，此时之乐无涯涘也。抵仙人庙站，无迓者，雇侠肩物引路，而侠以未知远近，索价几何，迟疑未敢应也。访站长，知该路工程师为本校同学，欣然指导，遂入校，校址乃长官部持赠，其先以为训练干部之所，中驻士兵十余，为特务营属，日常无事，灌园艺疏，以时运韶供其侣焉。一经问询即承引带，盖接上官电饬洒扫宅宇为本校用矣。止一茅棚，即今之格兰堂是。启门入，霉气郁郁令人不舒，余生火煮茗邀作长谈，藉解岑寂，是夜席地而睡于棚之一隅，今以之为总务处办公室矣，此时唯一家具只一木水桶，既以之覆盖食物，其底则吾人之食桌也。此种生活，惟少时环鲁滨生漂流记恍惚似之。居数日，与乡人稍习，借得椅桌二事以开始工作。余习美术，是间樟木参天，原田在望，山花红紫上下相错，自然环境，美妙绝伦。余乃绘一图案，中为校徽，两旁春花环绕，国徽上覆其岭，意若云："岭南于自由国土中复兴，如春花之灿烂矣。"图案今悬格兰堂门首。时未兴建，得日与大村耆绅游，于本校历史旨趣，与夫此次内迁经过，农学院在坪石办理情形，详为讲述，乡人以痼于闭关自守之念，新客难得欢迎，始至时学凡粮食蔬菜肉类，皆拒不见售，校去市集远，采购维艰矣，历一阅月而隔阂斯泯，则感情之为效宁不伟欤！同学李英君时适任曲江县长，特召其族长耆老晓喻一切，乡人闻县长之为本校学生，辄问余："汝为县长师乎？"曰："唯。方其八九龄时已从余学矣。"厥后礼渐恭。时谚有云：远亲不如近邻。余秉斯旨以应付乡人，以为临之以势不如动之以情，故进行不见柄凿。乡间电影教育所不到，余乃假青年会影机并片来校放映，大村、横岗、大旗岭乡人空群而来，皆诧为未观，濒行灯炬齐明，阡陌之间火龙飞舞，叹观止矣。后乡人谓余："先生忒耗费哉！"

复校伊始，百端待举，惟全校工作者仅得校长暨会计，文书等二三人，校长为策划复校，延揽教员，筹措经费已日不暇给，开发之务遂委余一人综其全责，当时有山大王之称，余乐而不辞也。粤谚有云：山高皇帝远。余在大村发号施令，有专擅之实而无禀命之劳，毋亦类是，且余嗜好美术，凡事师法自然，所作率杂乱而鲜规章，颇如无政府状态，此其所以为山大王者岂偶然哉？然而母校复兴，岭南中人孰能无责。今余得躬兴其事，宁不足引以夸耀者矣。

任建筑者周良君，为热心基督教徒，为人忠诚不苟，教会会堂学校校舍出其手建者至多，余幸有此良助，仔肩乃得不重。五月中旬建筑开始鸠工庀材诸凡就绪，而时局突告紧张，当局下令疏散物资人口，校长时在连县未回，同事则多拟撤往坪石，群龙无首，行止皆非。余则力主暂留以待校长回来从详商决。杨子显同工暨谢祺卢芳等，咸讳余言，且愿共同进退，患难之下乃见交情，余所最不能忘者也。约十日校长回，局面恰好转，遂决定兴工。第一座建筑物之怀士堂于以奠基，余之计划怀士堂图则也，忆游美时所参观学生夏令营以及其他场合，皆选浓荫之中以为优美，又观其地之礼拜堂尖塔高耸，备得崇高雄伟之致，于今不忘。大村樟木参天，富有诗意及艺术性，故怀士堂之结构，辄以配合其诗意艺术性为原则，其形则仿外国学院为蓝本，敷壁支柱尽其合度，务使外观惬意，内容又能适应各项集会之需求，虽不敢云孤诣经营，亦略费苦心于是矣。大村是名在粤语不甚雅驯，因冠以岭字名岭大村且以志岭南工作。

校址之分配以怀士堂之东为大学部建筑处，其西南则属于附中，附中以原有棚屋甚多，改建可用，大学部分则旧舍较少新建居多，各旧生抵韶报到后，多因居停不易，请求来校住宿，皆允协助开发之务，今日康庄广阔之道路球场，实为当时各生流汗之成绩，吁可念也！八月初建筑局部就绪，乃先设立附中夏令班，爰电美国基金会暨各校董"岭南工作开始"矣。自港陷迄今，为时不过半载强，其间行旅之濡滞，人事之牵缠，工作时间才五阅月，而已盘根错节绿叶成荫，如浪子无家空掌赤手，而期须间有产业事工，美国校董将惊奇赞叹耶？将怀疑不信耶？余不得而知也。学生之经济断绝者，得享受工读待遇，凡肯贡其余力胥可得此资助。夏令学生赖劳资所入以解决膳宿费用者，为数实多。想其登山下瞰，见庐舍俨然高下相望，追忆曩时斩棘披榛之情景，料当有无限欣慰激荡于中也。

与本校同病相怜者，有广州协和神学院、苏州东吴大学，皆一再播迁不遑宁处。协和始迁大理之喜洲，以环境不宜故还粤，本校亦以横岗宅宇使乐其居，东吴曾一度迁闽，是时又来粤境，本校亦以横岗余舍以相借用。更本同舟共济之义，两校学生皆准来校搭课，两校教授亦互任课程。兹第二学期开始，两校基础渐固，协和已陆续增建校舍，东吴则迁至本校西南另辟新宇矣。

夏令班结束后，大中学各随之筹备复课，同事之续至者渐多，悉延至回校，且各赠旅费以慰辛劳，又增住所以安顿教员眷属，一切皆尽使安适。内地人力物力皆较缺乏，故规模略逊在港之时，然兴复既已支离残破之家庭，并非易事，则现时局面，良足令人惬意，而引为自慰矣。开课而后，谢昭杰兄结束港中工作间关来韶，负总务之责。余仔肩得卸欣幸逾恒，诚以校务既入稳定时期，即需一有组织有系统之机构始能应付繁重之事务，余处事既乏条理，在数月山大王任内能无陨越已窃自庆，至于今后之发展，应为沉着坚毅之长才，陨则非其人也。

当余追忆初来之际寂寞荒凉，当天一灯如豆与各同工共话沧桑之时。乌能想象今日之春华秋实灿耀人前也哉！于此不禁慨然！校内学生活动极为蓬勃，宗教的每星期有主日崇拜每夕有晚祷会，又随时举办奋兴会、夕阳会以及宗教问题研究等。校内无礼拜堂，而在怀士堂中稍变形式位置，亦可供叙集之用。初无钢琴，无诗本，颂诗辄以白纸大字写出众览，吾人歌颂兴趣未见其低，今则既有钢琴又有油印诗歌以供应用矣。学术的每周皆有各种问题或时事演讲会、座谈会、讨论会，又有专题演讲比赛、征文竞赛等，研究之风至盛；学校则每两星期举行大学周一次，敦请名流来校讲学，每星期一纪念周则由教授轮流担任，学生对此兴趣亦浓。服务的则学生青年会曾开设乡童小学，学生约五十人，现更拟举办工人俱乐部，及乡村医药福利工作，四月间为此发动二万元征求运动成绩甚完满也。娱乐的有各班社之戏剧比赛、表演、音乐、运动等会，并以时邀请乡人参观，感情至洽。且会为献机运动赴韶演唱，博得好评，其他如学生主办之岭南周报，文学院主办旬刊，相继出版，兹又筹备恢复南风，附中学生亦为南中复刊筹募经费，超社为此挑战各班社学会球赛，热心可嘉。教职员之交际，每月有茶叙一次，辄七八十人长咸集，亦称盛会，本年二月底为欢迎钟师母暨林逸民校董，曾举行聚餐，济济一堂，尤使余不能无今昔之感者也。

在岭大村者大中学生凡五百二十余人，教职员数亦六十，然疫患甚少，疟疾间有发生，第不如一般想象之烈，语曰平安是福，于此乃觉吾侪之得邀天眷为独厚也。若干学生，平日跬步不离保传尊养优处，今则随校来此山陬，别家庭亲旧以完成其学业，此种坚忍卓绝之精神非可多得。课余之暇，三五成群遨游大自然中，土茸万物，遐举云霄，每念及祖国前途其在斯辈，兴奋之余，辄不觉潸然泪下矣。

复校以来，各方面经济之支援，人事之便利，无不表现岭南之为多数有心人所关怀，尤其本校同学更无时不惓惓在抱也。今有之岭南大学纵在建筑上未能追美畴昔，而精神上则余认为或有过之，年来强寇凭凌，一迁香港再迁曲江，元气已大斲丧，而仍能生存，且竖立不屈，卒以打开出路奠定新基，风雨不能侵蚀，撼击不能动摇，谓其强建胜前岂虚语哉！余以是而夸耀，而满足，余且觉能与一群英勇有为朝气蓬勃之员生共同工作，余将返老还童矣。

兹所引述，殆如初学画人略得平面印象而无透视功夫，故关于经济、课程设备，以及图书仪器、行政措施一切具体报道非余所耳熟能详，然余始终相信其必能循序渐进以臻于完美完善之境，此盖以现时一切备胜从前而占之也。余能承受委托襄助复校之一员，荣宠无己，且以为凡岭南人应有同感，使当时不能贾其余勇，怯馁趑趄，而为他人先下一著者，则其惭愧为何如乎？尝思过去数月之中，惨淡经营，有惊恐，试炼，有束缚，障碍，皆一本信心屏除疑虑以成此日之果实，余之经历有如倒啖甘蔗渐入佳境，从前一切苦难，在回忆中若谏果之回甘也。[4]

司徒卫先生留下了文字，还留下了珍贵的"岭大村"的画作。

2019年12月4日，韶关文旅体局和韶关学院的同人们经过田野调查考证，确定了抗战时期岭南大学和东吴大学的旧址，这对粤港澳、上海、苏州和台湾的教育历史具有重要的历史意义。可以考虑，适当修建一两间木屋，参考当年的样式，将历史故事铭记在空间上，寻找当年的校内路径，结合历史照片和司徒卫先生的画作，在原址展示形成视觉上的历史联想。

🔄 粤北时期的岭南大学（司徒卫/绘）

🔄 坪石岭南大学农学院（司徒卫/绘）

🔄 抗战时期岭南大学的首座宿舍（司徒卫/绘）

🔄 韶关浈江区大村原岭南大学旧址之一（许瑞生/摄）

⤷ 韶关浈江区大村原岭南大学旧址之二（许瑞生/摄）

⤷ 韶关浈江区大村原岭南大学旧址之三（许瑞生/摄）

⤷ 韶关浈江区大村原岭南大学旧址之四（许瑞生/摄）

⤷ 韶关浈江区大村原岭南大学旧址之五（许瑞生/摄）

⤷ 私立岭大战时礼堂（许瑞生/绘）

○ 根据历史照片画的抗战时期岭大办公室（许瑞生/绘）

○ 根据历史照片画的抗战时期岭大宿舍（许瑞生/绘）

🔁 根据历史照片画的"岭大村"木桥（许瑞生/绘）

在大村任教的、最具代表性的人物是岭南才女冼玉清。岭南才女冼玉清出生于澳门，在香港圣士提女校专攻英文，1917年考入广州岭南大学。香港沦陷后，她回澳门暂避。当在大村的岭南大学临时校舍建好复学后，应李应林之约，她义不容辞启程赴粤北，从湛江多地辗转抵达大村。这段时间留下多首爱国诗篇，经赤坎有诗曰："国愁千叠一身遥，肯被黄花笑折腰。地限华夷遗恨在，几回痴立寸金桥。"[5]1945年曲江沦陷，又有诗曰："枕席何曾片刻宁，怕闻宵鹤泪华亭。关门自此无关锁，风度楼头有血腥。"[6]

🔁 冼玉清像

⤴ 1927年同学日的女同学合照，第一排右二为冼玉清

　　步入康乐园，当笔者到桂先生家请教岭南大学的历史，给老先生展示仙人庙的旧照片时，他马上认出是大村岭大的照片，他见过这些照片。桂先生在1949年考入岭南大学经济系，是中山大学恢复岭南学院的倡导者之一。当将康乐园318号中山大学季风与环境研究中心的照片给桂先生过目时，他马上认出是岭大文理学院院长的住所。

　　在粤北的艰苦条件下，无论是坪石还是曲江，都有众多的学术精英人物齐集。朱谦之当时在坪石任文学院的院长。朱谦之是北京大学哲学系的研究生。毛泽东写的传记里头专门讲到，自己在北京大学图书馆做图书馆管理员时，跟一个北大的学生进行关于无政府主义问题的交流，这个北大学生就是朱谦之。朱先生在坪石坚守了近5年的教学，在粤北的教学是非常艰苦、艰难

⤴ 现康乐园318号，中山大学季风与环境研究中心

的，要在敌军飞机在天空上盘旋的情况下，冒着生命危险进行教学。可以说，这是中国伟大的教育史中的一个奇迹。中国教育史不仅要讲西南联大，也要讲粤北华南的教育。这是冒着炮火履行使命感的教育，更是一段伟大的国家记忆。

康乐园318号的历史照片，当年为文理学院院长梁敬敦的住所

在粤北的这批大师中，还有经济学家王亚南。王亚南是《资本论》的翻译者，他翻译完《资本论》以后，跟郭大力两个人在重庆待了一阵子，然后王亚南来到了坪石镇武阳司这座小村落，在国立中山大学法学院担任经济系主任和教授。王亚南登上了大学讲堂，教授的课程有西方经济学，开讲了《资本论》。从某种意义来讲，《资本论》的第一讲堂在广东坪石。存于广东省档案馆的国立中山大学文档里，王亚南本人填写的教师登记表中，有关著作写着的就是《资本论》译著。《资本论》《中国经济原论》对中国社会主义制度的政治、经济意义重大，是制度的理论基础。郭大力先生在1941年到了粤北连县东陂广东省立文理学院任职，同时开始翻译《剩余价值学说史》。陈安仁先生在粤北写成了《中国民族抗战史》；郑师许的《西沙群岛志》仍是国家领土统一的重要历史依据。1942年，在连县东陂广东省立文理学院任教的阮镜清发表了《原始画之心理》，当中写道：

　　本文原作于一九三七年"七·七"抗战爆发前后，全文包括的问题较多，除了这里论及的三项外，还有原始画的色彩、原始画的个性、原始儿童的画、原始画与精神病患者的画的比较、原始画与原始语等五项内容。可惜，这些论文已于一九三八年十月广州沦陷时，随着我们可爱的山河，与作者的全部书籍，两种拙作旧文稿《原始人心理之发展》《增进学习效率的客观条件》，通通落到了侵略者的手里。这里仅存的三项内容，稍加修削剪裁，虽然也能自成系统，单独发表，可算是不幸中之大幸。不过，其中的九幅插图和注释中所引的参考书目共四十三种，通通毁于战火，无法搜寻查考，这又是大幸中的大不幸了。

我魂萦梦牵的家乡沦陷已经三载，每披残卷，就不能不使我联想起那一大片锦绣山河。但是，地方丢了，只要众志成城，奋起抗击，总是可以收复的。胜利终有期，我对此坚信不疑，一切的损失，我们都应当殚精竭虑去弥补挽回。那么，谁又敢说这项研究永远没有下文呢？

阮镜清于广东连县东陂广东省立文理学院

一九四二年二月^[7]

在坪石受中学教育的邓锡铭，毕生从事激光焊接专业研究，今天的神舟系列飞船制造仍离不开他研发的激光技术。

注释:

［1］杨文麟：《抗战时期在粤北的穗港澳学校》，《韶关文史资料》1989年第13辑。

［2］詹文格、詹古丰：《激光先驱邓锡铭》，广东人民出版社，2015，第31页。

［3］杨聪风、王尊本：《绚丽多彩的光谱人生：黄本立传》，上海交通大学出版社，2017，第16页。

［4］杨慎之：《阮镜清心理学论文选》，湖南教育出版社，1986，第53页。

［5］冼玉清：《流离百咏》，广州文光馆，1949，第1页。

［6］冼玉清：《流离百咏》，广州文光馆，1949，第16页。

［7］李瑞明编：《岭南大学》，岭南大学筹募发展委员会，1997，第184页。

（注：文中所刊司徒卫先生的画作，摘自《司徒卫的艺术世界：红灰精神》）

管埠中师：被尘封的教育文化遗产

国立中山大学师范学院存在的时间是1938年秋至1951年10月。20世纪30年代末，中央大学、浙江大学、四川大学和中山大学等国立大学设有师范学院。在此之前，在国立中山大学文学院设教育学系，1927年至1935年间有教育学系毕业生共280名，同一时段全校毕业生为2746名，附中毕业生（含预科）共4833名。[1] 1938年，师范学院开办并已准备开课，但因同年10月广州沦陷，中大被迫西迁，直到1939年迁至云南澄江县才开课，原文学院的教育学系以及教育研究所由师范学院合并。1940年8月至1945年1月，师范学院在韶关坪石管埠村办学约五年，本文将此阶段的国立中山大学师范学院简称为管埠中师，与其他阶段区别开来。1945年，师范学院回到广州石牌后，于1947年进行改组，保留教育系和体育系，公民训育系则并入教育系，其他系并入对应的专业院系中。1951年全国院校调整，同年10月师范学院撤销，并入其他院校。管埠中师，从1940年9月至1945年1月，迎来了一批又一批在烽火中勇敢南行的名师，大大充实及增强了师资力量，这段时间也是学术成果最为丰富的时期之一。

在管埠教学期间，许幸之先生在1943年的写生作品《红叶山村》中，描绘了管埠附近的一小村落枫叶红了的景色。1940年就读国立中山大学师范学院教育学系的谢斐然回忆："翻过后山，有一个十来户人家的小山村，村旁有许多枫树，一到秋天枫树叶红了，很是壮观，穆木天教授把它叫做'红叶村'，很有一番诗意。我们还去那里办过夜校，搞过扫盲。"谢老在文中还充满感情地写到，自己没有见过广州石牌校园，也没有见过广州康乐园，记忆中的大学只是韶关五岭下的那学府陈迹。[2] 谢斐然先生毕业后长期在湖南芷江师范学院任教。

管埠中师尘封的教育文化遗产得到洗涤后，历史本色依然如新，为修正音乐史、美术史、戏剧史、教育学史、心理学史等相关学科史研究中长期存在的误区提供帮助。

中国大部分教育和学术机构在抗日战争时期西移，研究者的眼光很少停留并关注东南部前线的高等院校和研究机构；而因各种原因，东南方教育史研究者对用生命与鲜血换来的学术成就的研究总结似乎集体失语，仅停留在对"学潮"的描述。仅在管埠中师教学实践中，使用的"古韵学""教育心理学""课程学""智力测验"等方法和理论在今天大中小学校教育中仍然具有现实意义。对用鲜血换来的学术成就进行总结，应该是对民族存亡时期在爱国主义的大义感召下着眼中国未来的教学与研究的中国学者，迟来的颂歌。

先生们在管埠中师教学，居住于管埠简朴的民宅和木板宿舍，授业于烽火中乡野的"校园"，无怨无悔。在教学的同时，进行理论研究和传播，创作出留世至今的划时代艺术作品。以下从几份原始档案和当时的报刊入手，寻找管埠中师的学术历史轨迹，重新认识当年师范教育对中国教育历史的意义。

一、管埠影响中国教育史的五年

1940年国立中山大学返回广东韶关坪石管埠办学，其师范学院较为稳定，在管埠租用了民宅34处，用作办公室、图书馆、教职员住宅、医务室、工人宿舍等；租民田开辟为球场；建筑新校舍，共有15个课室、1个礼堂、1间图书馆。此年还特别购买钢琴一架，用于音乐教学。管埠村原有30多户农户，二三间小店铺，日常用品缺乏，所以师范学院建立了生产消费合作社，并设立实验小学。师范学院在运动方面非常活跃，教职员工与学生进行比赛，利用武江作为天然游泳池，有少量男女更衣室。图书馆几无虚席，时见学生执卷吟诵。新的临时板房校舍建于管埠村的东面山岗，学院图书馆仅20多平方米，理工科图书多，文科类的书少，每逢星期天师生们则到坪石街上的总图书馆借书。

在坪石，崔载阳先生担任研究院院长兼师范教育研究所主任，并于1938年任师范学院院长。与校长张云一样，崔载阳是1921年第一批赴里昂留学的学生，在中法大学学习后进入里昂大学并获得博士学位，博士论文《比较研究法涂尔干与满杜威教育哲学》现存于里昂市立图书馆。1935年崔先生发表了文章，其中关于"协进"的教育观点，可以视为他的教育理念。[3] 紧接着接任的是毛礼锐教授，他于1935年赴英国留学，1936年转赴美国密歇根大学，1937年获得教育学硕士学位。根据1941年3月制表的1940年师范学院教员名册，他于1941年2月到校，时年37岁，被聘为教授，可以说经历了管埠中师办学的全过程。毛先生在抗日战争大背景下回国从事教育工作，新中国成立后，毛礼锐先生任教于北京师范大学，是中国古代教育史的权威。

（一）海外留学生归国服务教育第一站

因师范学院教程需要，管埠中师时期重点聘请教育学的新生力量，聘请了史国雅、侯璠两位在美国研究课程学和心理学领域最新理论的博士。史国雅、侯璠均是在1941年完成论文答辩获得博士学位后马上回国的，他们烽火育人，共赴国难。史国雅于1936年7月参加东北留学生考试，这是专门为东北学生所设立的留学机会。至史国雅考试时，已是第三届，共有三名学生，其他两名分别赴英国学习金融和历史，史国雅赴美国斯坦福大学专修教育学，完成论文《课程标准研究》，获得硕士学位。他又考取了田纳西州纳什维尔市的皮巴地学院，于1941年5月完成论文《中国课程改革的行政建议》，获得哲学博士学位，其后马上回国来到管埠师范学院任教。1949年4月23日，北京师范大学教育系举行座谈会，研究教育系课程改革，史国雅教授代表燕京大学教育系参加，是最权威的课程学教授。经过6次座谈会后，形成了《大学教育系之办法与课程草案》，这就是1949年10月11日新中国颁布的教育系13门课程设计的基础。[4] 1984年史先生发表的《课程论的研究范围及其指导原则》一文，一直是目前中国课程学的学术研究必读的经典文章。可以说，抗日战争时期的管埠中师，随着史国雅先生的到来，成为了课程学的"试验田"。在留美时，他是带着学习美国课程学理论的目的而去的。史先生博士期间就读的是皮巴地学院（Peabody College），学院于1976年并入范德堡大学（Vanderbilt University），但皮巴地学院的历史比范德堡大学早，建立于1786年。20世纪30年代至50年代，皮巴地学院在课程学方面的研究非常领先，归并到范德堡大学的教育学院在美国师范教育的排名多年来仍然是第一。

课程学的发展与亚洲有关，学科奠基人博比特（Franklin Bobbitt，1876—

1956）毕业于美国印第安纳州立大学，毕业后在印第安纳州乡村学校教书。1903年至1907年受派遣来到亚洲菲律宾（当时的美国殖民地），在马尼拉师范学校任教，作为委员会成员之一，设计了菲律宾小学课程。当他照搬美国教材运用于菲律宾时，发现不适应菲律宾的现实社会，而后调整了思路，结合菲律宾文化和毕业后社会现实需求，终于设计出一套适应菲律宾社会的课程。1909年博比特在美国克拉克大学获得博士学位，从此在美国芝加哥大学任教至1941年退休，终身从事课程研究，其中最为重要的贡献是1918年出版了《课程学》（*The Curriculum*）一书，1922年对洛杉矶学校课程评估和调查，1924年出版了《如何设计课程》（*How to make a Curriculum*）重要著作。[5]

侯璠大学就读于北平师范大学教育系，后留校任教，1941年在美国学习心理学，在哥伦比亚大学和乔治亚大学分别获得博士学位后回国，也来到管埠任教。两年后赴贵阳师范学院任教。侯先生毕生从事心理学教学研究，到了管埠之后在《中师季刊》发表了《教育测试和统计》等专业文章，是当时最新的教育心理学方面的实践成果。侯璠的非文字测验是从美国学习回来的最新成果，他在管埠中师进行了第三期的测验探索，当时英国心理学家瑞文设计的瑞文推理测验才刚兴起。

（二）学术刊物前赴后继地创刊与办刊

在管埠时，师范学院创办《中师季刊》，主编是国文系主任施畸，编委为各系主任。施教授是河北通县人，为早期同盟会会员，孙中山先生逝世时，他是丧事筹备委员会的成员。施畸1913年毕业于北京京师大学堂，20世纪30年代曾在山东大学中文系任教，在中大任教结束后到了贵阳师范学院任教。新中国成立后任兰州大学教授、历史系主任。早期修辞学著作——1933年出版的《中国文体论》是中国具有划时代意义的著作，现在中国文学写作、文体学、修辞学课程基本有讨论到此著作历史性的总结。施先生在1925年出版《中国文词学研究》，在管埠教学期间著有《文学方法论》，均可以视作施教授文学方法分类研究的总结。施先生是庄子学说研究的权威，其他重要著作有《中国思想史》《先秦诸子源考》等。

2007年任继愈主编的《国际汉学》第十五辑刊登了德国著名汉学家、德国汉堡大学教授傅吾康《抗战期间（1937—1945）中国后方的学术研究》一文，文中述及："值得赞赏的是，尽管环境条件不利，还是完成发表了某些研究成果。"文中将《中师季刊》列入最重要的大学期刊之一，并引用了施畸教授、严学宭教授和黄现璠教授在《中师季刊》发表的学术文章。德国汉堡大学是德国汉学研究的重镇，是具有世界影响力的汉学研究大学。傅吾康先生在文章提到："全世界没有任何地方比中国教育和研究机构在1937—1945年的八年间因为战争而遭受的损失更为惨重……后方的条件同样也完全不利于任何形式的研究工作：物价不停上涨，官方连最低的薪水也发不出，根本无法保证从事创造性的研究工作所必需的最起码的平静生活和必需而稳定的经济收入。"就是在这种基本条件无法满足的情况下，1942年11月11日由国文系主任施畸教授担任主编的《中师季刊》创刊于管埠，浓缩体现了师范学院学术水平，季刊上发表的文章有黄现璠的《中国男女元服研究》、施畸教授的《庄子检疑》、严学宭的《分宜方言音述略》，这三篇就是傅吾康《抗战期间（1937—1945）中国后方的学术研究》一文所引用的文章。《中师季刊》上刊登的文章如侯璠的《非文字智力测验的编制》、张云谷和蔡显文的《大学英诗教材编注计划》、陆达节的《中国兵学现存书录》等，至今仍然具有很高的学术价值。

严学宭是中国最重要的音韵学家、古韵学的开拓者。在《中师季刊》第2期他又发表了《小徐本说文反切之音系》，他把文稿一直带在身边，从北平一路深入研究到了管埠，此文为简述。严学宭是江西分宜人，在此文的序中讲到此研究开始于1934年，是追随中国语言学家罗常培读研究生时研究的题目，严先生于1934年毕业于武汉大学中文系，后考入北京大学研究院文科研究所。新中国成立后，任中南民族学院副院长、华中师范大学中文系主任等职，是《汉语大词典》副主编。

《中师季刊》编委由各系主任组成：理化系主任胡君宝，为德国勃朗斯威克工业大学工学博士，他授课的课程是"定性分析和实验"和"国防化学"；史地系主任为鄂远猷教授，他在英国留学时专攻英国史，回国后进入1932年成立的国立编译馆任编审员，翻译欧洲和美国名著，审定各类教材，有《美国政治与政府》等著作，曾在武汉大学教西洋史；公民训育系主任是袁哲先生，1935年赴日本研究教育学，毕业于日本早稻田大学教育系，先在上海国立劳动大学社会科学系任教，后又被邀请到刚创建的湖南安化蓝田师范学院，1936年出版《教育学原论》，1937年著有《抗战与教育》等著作。

《中等教育》也是由管埠中师的中等教育辅导委员会主办的，在1942年11月发行，1944年11月停刊。1942年12月张云谷在师范学院完成参观报告《美国青年劳作营写作》，刊登于《中等教育》第2期。第3期刊登了张云谷《美国中等职业教育新尝试》、罗廷光的《我所见之英国公学》等文章，"中等教育重要法令和章则"栏目刊登了《修正师范教育毕业生服务规程》；1943年第9和第10期，方惇颐发表了《我国中等教育宗旨》一文。在物质和财力受限制情况下，坚持办刊是特别难得的学术坚守。1942年《中等教育》第2期编后记写道：印刷费一月贵似一月，本刊预算全年是固定的，只能缩减篇幅每辑六十页。

《教育研究》是师范学院维持时间较长的学术杂志，从成立教育研究所时就创办了，为每年8期。第85期、86期在印刷时，时局动荡，学院西迁至云南澄江后，11月再重新出版。在坪石办学期间，坚持出版至108期，共有22期是在坪石艰难的条件下出版的。1939年9月，教育研究所改名为师范研究所，所内设编译委员会，由高觉敷任主任，方惇颐、吴江霖、倪中方为委员，负责编译著作和主编《教育研究》月刊。[6]进入抗日战争年代，学术研究的方向随着国情发生变化，《教育研究》第79期发表了倪中方先生的文章《战时心理学》，严元章先生在1937年10月写的《抗战的策略与教育的要求》一文也发表于此期，文中提出战时的教育应该有别于平时的教育，"知识分子"要有领导国民抗战和自我牺牲的双重责任，教育的财和物要为抗战而消耗和生产，教育时间因抗战应该更为珍惜。回顾此前的师范教育学术文章，第69期发表"广东省各县教育现状"专号、第76期为"最近各国教育"专号。第70期《教育研究》发表了林砺儒的文章《中国师范教育问题》，第71期发表萧冠英的文章《关于参加第七届世界新教育会议之经过》、崔载阳的文章《教育上自由主义之根据》。1942年在管埠迎来了出版百期的历史时刻，师范学院教育学系教授方惇颐发表了《〈教育研究〉百年回顾与今后展望》，研究院的崔载阳教授发表《从教育学研究所到师范研究所》等纪念文章于1942年第100期《教育研究》上，此期为"百期纪念号"。在第106期和107期合刊上，朱智贤发表《一个教育定义的商榷》，吴瑰卿发表文章《我国中等教育课材历史研究》，马鸿述发表文章《改造我国中学课程的检讨方案》，第103—104期为"学制问题中心号"，师范学院和师范教育研究所的老师和研究生是主要撰写人，文章主题和内容以教育制度为中心，直面矛盾和师范教育问题。

除了教育学类的刊物，在管埠还尝试出版专业性刊物。1943年，中山大学师范学院国文学会创办《国文评论》刊物，可惜仅出版了一期，但从中可以看到国文系老师的支持。吴三立发表了三首旧体诗词，穆木天翻译的梅里米《玛提欧·法勒内芮》是容肇庚分析的文学作品。许幸之教授在这本仅出版一期的《国文评论》发表了一首现代诗《酿诗》：

> 我酝酿我的诗
>
> 像蜜蜂酝酿它的蜜
>
> 吹吸花的心
>
> 接吻花的唇
>
> 我要
>
> 我的诗
>
> 如同蜜蜂一般甜蜜
>
> 酿出甘美而馥郁的诗情
>
> 我制造我的诗
>
> 像春蚕制造它的丝
>
> 消化了桑乳
>
> 倾泻着青丝
>
> 我要
>
> 我的诗
>
> 仿佛蚕丝一般明洁
>
> 吐出光泽而柔滑的诗句
>
> ……　……

除了在坪石、曲江发表文章，在重庆、桂林的刊物上，管埠的老师也发表了许多文章，教育学系教授方惇颐在《教育通讯》第三卷第5期发表了《编制师范教育课程的几个基本问题》，方惇颐在文中比较了欧美各国的师范教育在"学力"和"专业训练"两方面差异，并分析中国教育的国情。方先生提出重要的观点是因师范教育学生入学门槛的提高，教材普通科目应该更专业化，对未来从事不同阶段教育应该有明确定位，分化训练；自由选修的范围应该缩小，重点在依据学生个人特长。[7]

段铮教授为教育学系的心理学教育家，是中国心理学会发起人之一，曾在四川省立教育学院任教，在管埠期间出版了《学习心理学》一书，并发表了《天才儿童与天才教育》等数篇儿童心理学的学术文章于《教育通讯》。师范学院学术活动活跃，段铮教授积极参加学术讲座，曾为全院主讲"中国和日本民族性之比较"学术讲座。

（三）教育与戏剧

《中师季刊》发表的《大学英诗编注计划》是张云谷和蔡文显合编的，是至今仍然有参考意义的英语诗歌教学范本，体现了英语系的师资力量强大。张云谷毕业于东吴大学英语系，20世纪20年代，在学生年代开始发表英文诗歌研究文章，翻译了西奥多·帕克（Theodore Parker，1810—1860）的诗作《永不磨灭之生命》（Immortal Life），是以张雅琨的名字发表的。张先生于1938年在美国密歇根大学获得硕士学位，对西方戏剧莎士比亚、萧伯纳等作品研究颇深，教学期间，在1943年于桂林举办了"张云谷环球写生画展"。

蔡文显先生也是对莎士比亚戏剧研究深厚的老师，两位老师在新中国成立后，在高校任教，翻译了多部西方戏剧名著。张先生在新中国成立后任教于华东师范大学英国文学教研室主任，1967年，蔡先生从中山大学进入广州外语学院培养学生，奉献于教育事业一辈子，也对西方戏剧研究不辍。

从英诗课程到中大剧团选择在"西南剧展"演出英语话剧《皮格马林》，管埠师范教育运用欧洲戏剧表演融入英语教育中，这是成功的案例。广东省剧协主席李门回忆广东省省立艺专、中大剧社等5支代表队参加"西南剧展"的文章

⤴ 蔡文显先生青年时期的照片（蔡文显先生家人提供）

写道："《油漆未干》的主题，赵如琳定为：贪婪，就是人性的永恒。""中大剧团演出多幕剧，导演吴华俊，现在死了。戏排得很好。但因为用英语，大家也不大了解。"[8]中大剧团演出《皮格马林》英语话剧据推测有三个原因：一是在桂林有帮助中国人民抗击日军侵华的盟军；二是《皮格马林》体现的是教育学概念，这一话剧使用吉尔伯特的剧本；三是其为最佳的英语教学案例，可了解欧洲文化之根——希腊文化。"西南剧展"是1944年重大的文化活动，中大剧团计划演出希腊戏剧，涉及希腊社会文化多领域，邀请了14位教授为演出顾问，他们是邓植仪、崔载阳、毛礼锐、朱谦之、胡子安、许幸之、马思聪、符罗飞、黄学勤、钟仁政、张云谷、吴康等。导演是1941年毕业于管埠中师教育学系的吴俊华先生，参加演出的同学和老师有钟日新、卓元樑、林瑞珍、邹杏、李栋兴、林文虎、黄宗尧、包尔梅等，钟日新兼导演助理。1943年，钟日新任文学院外文系的讲师，讲授文学概论、外国文、英诗选读等课程。

启明桂剧科班	广西　桂林			
广西桂剧实验学校	广西　桂林	26人		欧阳予倩
广东省立艺术专科学校剧团	广东　曲江	74人	2月13日、14日	赵如琳　赵越
中山大学话剧团	广东　坪石	20人	3月26日	陈劭南
广西大学青年剧社	广西　良丰	20余人	2月16日	蔡起敬
广西省立桂岭师范学校边疆歌舞团	广西　桂林			蔡前模
文协傀儡戏研究组	广西　桂林			温涛
周氏兄弟马戏团（艺飞技术团）	广西　桂林	32人		周云程　周云鹏
天影魔术团	广西　桂林			李天影

◑ 中山大学剧团参加"西南剧展"演出抵达时间和人数（引自广西戏剧研究所编《西南剧展》一书）

林　柯	万元善	江西省代表团话剧组	3月22—
(法)小仲马	梁英冲、朱克、陈有后	中国艺联剧团	3月25—(26日二
(俄)奥斯特洛夫斯基	瞿白音	新中国剧社（为剧展筹款义演）	3月25—(26日二
林启海、张企、蒙健青		桂岭师范边疆歌舞团	3月28—
夏　衍	赵　明	剧宣九队	3月29—
(英)穆姆作方于译	史亮（执行）	衡阳社会剧团	3月31—4月8—
(希腊)基尔伯特	吴华俊	中山大学剧社	4月8—
冼　群	麦大非	衡阳中国实验剧社	4月7—(9日二
阳翰笙	杨紫江	祁阳被服厂剧教队	4月9—(9日二
吴荻舟	温　涛	文协傀儡戏实验剧团	4月9日
徐宝元	徐宝元	江西省代表团平剧组	4月15
袁德煌	闵克强	江西省代表团平剧组	4月1
徐宝元	徐宝元	江西省代表团平剧组	4月1
曹　禺	许拟庄	七战区艺宣大队	4月15—

⟳ 中山大学剧团在"西南剧展"上的演出节目表

威廉·S.吉尔伯特（Willian Schwenck Gibert，1836—1911）与作曲家阿瑟·萨利文合作了14部喜剧闻名于世，因为在伦敦的萨伏依剧场演出，故称为"萨伏依歌剧"，剧中的台词是英语国家经典用语。萨伏依剧场既作为英文学校，又进行文艺表演。《皮格马林》此剧为"无韵诗"，后来也译为"皮格马林翁"，剧目全称应该是*Pygmalion and Galatea*，于1897年公演。

萧伯纳在20世纪20年代也将这希腊神话故事改编为戏剧，"皮格马林翁"后来引出来一

⟳ 英国剧作家吉尔伯特，戏剧作品：《皮格马林》

种教育学心理学的理论，美国心理学家罗森塔尔将这一理论称为"皮格马林翁效应"，也称为"罗森塔尔效应"，中文翻译也译为"皮格马利翁效应"，其意思是：对一个人传递积极的期待，就会让他进步得更快，发展更好；反之，对一个人传递消极的期望则会使他自暴自弃，放弃努力。

◐ 1874年初英国演出剧照　　　　　　◐ 美国百老汇的演出剧照

中大剧团艺术骨干主要来自中师剧团，他们是坪石最活跃的艺术团体。中师剧团由熊夏武负责，在1943年公演了话剧《一片爱国心》，由张云谷教授导演；1944年，中师剧团演出许幸之导演的《寄生虫》。每逢管埠中师重大活动，中师剧团的演出总是重头戏，在迎新晚会、1943年毕业生欢送晚会上，中师剧团演出了《半斤八两》《心防》等话剧。

二、管埠师范教育的系统化

管埠中师近五年师范教育实践，是中国教育史上难得的一笔财富。由于战争，管埠中师的老师们各奔东西，但在日后的岁月，依然可见这批"坪石先生"的身影，他们在中国教育界继续为师范教育贡献智慧。

（一）1941年和1944年管埠教师名册对比

在《学校组织大纲（草案）》规定中有要求新聘教师聘期为一年，续聘聘期为一年，之后的续聘聘期均为两年，这就是我们看到当年的任教者变化的原因。1941年教师手册、学生手册中有着教师在册名单，1943年出版的《中大现状》，可以成为2年后（1945年）人事变迁的对照依据，1944年师范学院教师名册又成为重要的文献依据。1941年的学生手册上师范学院各系教师主要名单如下：

> 公民训育系主任　何学骥
>
> 史地系主任　郑师许
>
> 数学系主任　叶述武
>
> 国文系主任　陆侃如
>
> 英语系主任　胡子安
>
> 理化系主任　卢文
>
> 附属中学主任　张文昌

教师手册、学生手册现存在广东省档案馆藏档案中，1941年3月27日填写的1940年度部分师范学院教师名册如下：

> 教授有杜定友（44岁），负责全校的图书馆，1926年到校；
>
> 陈铭新（39岁），课程为教育行政、职业教育和教育英文原著，1939年3月到校；
>
> 林宝权（38岁），课程为发展心理、青年心理、家事教育，1939年9月到校；
>
> 毛礼锐（37岁），1941年2月到校；
>
> 副教授为方惇颐（31岁），课程为比较教育、中等教育和教育概论，1933年7月到校；
>
> 兼任副教授有徐锡龄，课程为教学实习；
>
> 讲师和兼任讲师有何心石（32岁）、林锦成（34岁）、陈孝禅（31岁）、梁瓯第（28岁），博物学系助教张宏达（27岁）、张维康（28岁）。

其他系的系主任和教授有陆侃如、冯沅君、叶述武、穆木天、任国荣、吴其昌、刘朝阳等，他们均是各自学科领域的佼佼者，但他们选择的是师范教育。

在1943年出版的《中大现状》书中，师范学院各系师资名单如下：

教育系

主任：毛礼锐

教授：陈铭新、林宝权、史国雅、侯璠、杜定友、段铮

副教授：罗宗堂、谭祖荫、何心石、谢石麟、王秀南

兼任讲师：丁宝兰

助教：张汉英、钟佩琼、赵谷民、黄树全

国文系

主任：施畸

教授：吴三立、颜虚心、胡毓寰

副教授：严学窘、陈寂、徐迟

讲师：董百询、李保世

助教：李保洲、陈孟韫

公民训育系

主任：张良修

教授：袁哲、陆达节、李樊棠

副教授：陈粤人、吴江霖

助教：谢瑞容

史地系

主任：鄢远猷

教授：黄现璠

副教授：许逸超、陈照炳

兼任讲师：陈永汉、谢诗白

助教：林淑卿

英语系

主任：胡子安

教授：张雅琨、马小骥、钟仁正

副教授：黄冠群、蔡文显

讲师：谢振有、陈书

助教：梅可城

数学系

主任：樊怀义

副教授：范传坡、吴宗函

讲师：卢梦生

助教：莫魁、滕宁

理化系

主任：胡君宝

教授：廖华杨、王孟钟

讲师：谭宛容、全淑仪

博物系

主任：熊大仁

特约教授：胡笃敬

教授：彭凤潭

讲师：陈小泉、方瑞濂、梁润生

助教：王家儒、麦鹤云

不分系

教授：马思聪、许幸之

讲师：黄友棣、龙丽沙

兼任讲师：刘仑、梁瀚薇、梁权键

1944年的教师名册是1945年补填的，可以读到不少信息。在1944年，严学窘、彭凤潭已经到了江西，马思聪和王慕理夫妇到了成都，胡子安到了湖南，马采、陈邵南、刘求南和赵善性等数位先生先迁到了韶关仁化，熊大仁到了清远连县；留在管埠本部的是张良修、陆达节、陶愚川、彭尘舜、潘祖彝、胡毓寰、陈粤人、蒋震华、王名元、王秀南、谢诗白、黄锡凌、徐中玉等老师和职工。在下半年也就是1944年度学年的暑期后，战事吃紧，中大开始疏散，学院可能讨论过部分往仁化转移的方案，事务员和文书已经部分移至仁化，但大部分教职员工留在管埠。1945年1月，日军进入坪石，大部分师生才匆忙撤离，方式各异。王秀南夫妇、谭祖荫等闽籍师生结伴逃难在兴宁路上。

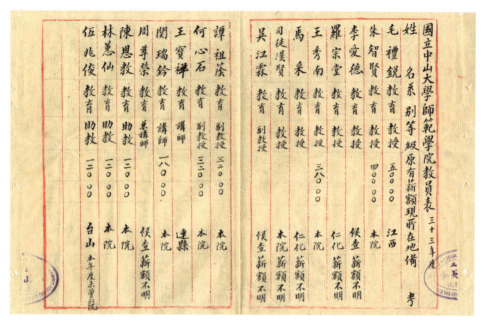

1944年度师范学院教员登记表一，院长毛礼锐的薪额最高，担任附中校长的司徒汉贤被聘为教授，马采教授已经到了韶关仁化（藏于广东省档案馆）

1944年度师范学院教员登记表二，此表为史地系和英语系老师，其中史地系助教杨云美为朱智贤先生的夫人，英语讲师吴瑰卿为徐中玉先生的夫人，大部分老师均留在管埠本院（藏于广东省档案馆）

🔸1944年度师范学院教员登记表三，此表为公训系老师，留在本院的和到了韶关仁化的老师各占一半（藏于广东省档案馆）

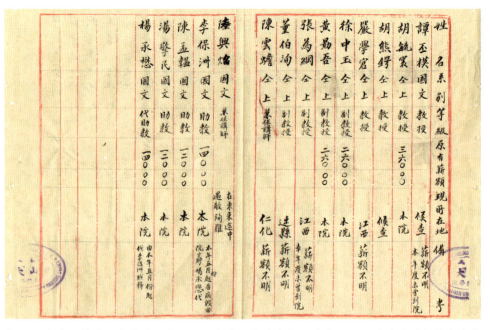

🔸1944年度师范学院教员登记表四，此表为国文系老师，徐中玉已经被聘为副教授留在本院，大部分老师留在本院（藏于广东省档案馆）

○ 1944年度师范学院教员登记表五，数学系人员迁移变化较大，理化系迁移相对一致，数学系主任吴宗涵到了清远连县，熊一奇到了江西，邝机发到了韶关仁化；理化系廖华扬教授、胡有俊讲师留在管埠本院，理化系主任胡君宝、王孟钟等大部分已经到了仁化（藏于广东省档案馆）

○ 1944年度师范学院教员登记表六，这张表主要是不分系老师和博物系老师。博物系开始撤离，熊大仁已经在清远连县，部分老师在韶关仁化。不分系老师体育助教伍建瑶、刘仑讲师均留在管埠本院，马思聪和王慕理已经到了成都，德语讲师龙丽沙、体育副教授赵善性均已经到了仁化（藏于广东省档案馆）

这份1944年度教员名册表背页写着"1945年7月22日填写",但表中多次提到6月份的事情,且在表上没有许幸之的名字。根据聘书,许先生7月到期,由此推测此表应该是在1944年7月或者8月登记填写的基础上,依当时的资料表格重抄。

陶愚川,浙江绍兴人,在日本和美国都留过学,在美国密歇根大学念的教育哲学和教育史,1938年回国,先在蓝田师范学院任教至1942年上半年,再赴成都西南师范学院,1943年10月到校,主讲中国教育史、西洋教育史等课程,1944年沦陷后四处奔波。其兄陶百川希望他留在香港,但他坚决回大陆,后在山东曲阜师范学院任教,一生坎坷,独身终老,但留下数量庞大的、包括《比较教育史》在内的10部共400余万字的著作,其中《中国教育史比较研究》三卷百万字。

朱智贤,1943年12月到校,时年36岁,毕业于日本东京帝国大学研究院,此前长期在福建集美师范学校任教。在师范学院讲授教育学、教育心理学、教学法等课程。1947年与梅龚彬同时被解聘,后任香港达德学院教务长。朱智贤1942年刚在桂林与杨云美女士结婚,第一任妻子于此前几年去世,有个五六岁的儿子,这样全家也来到管埠。杨云美先在教务处工作,后在史地系当助教。他们夫妇与马思聪夫妇住在同一排宿舍,共用厨房,使用此厨房的还包括张筑音女士,这里成为她们共同研究粤菜、湘菜和浙江菜的地方。在坪石沦陷时,他们全家坐在火车顶上,冒着严寒逃难,火车在韶关仁化停开,又步行在山岭之间到达湖南郴州热水镇挑夫家中等候,两个月后又步行八百里到河源龙川龙母圩与部分师生会合。[9]朱智贤在1951年任北京师范大学教育系主任,为中国现代心理学奠基人之一。

潘祖彝,笔名谷神,福建崇安人,入校之前在清远连县东陂广东省立文理学院任教,1943年8月到校,时年63岁,他在20世纪30年代已经使用潘谷神的名字出版了数本物理学专著。1945年与王秀南一起逃出坪石,王秀南大部分时间在福建,但他想回广东中山大学,不幸于1945年1月在广州病逝。

王名元,国立武汉大学毕业,1943年10月到师范学院任职。原为广东省立文理学院教授,是传记学的开拓者。

王秀南,1931年从中央大学毕业,曾任福建省立师范学校校长,应毛礼锐院长邀请,于1942年12月到达管埠。他的妻子谢诗白在史地系任讲师,后被聘为副教授。谢诗白是潮州人。夫妇一起进入中山大学师范学院。王秀南教授教学课程是中等教育、普通教学法、教育学科教材教法的研究三门课。1944年8月王秀南被聘为正教授，妻子谢诗白女士后来担任史地系主任，他们留守至1945年1月与潘祖彝先生一起逃难，路程31天。王秀南、谢诗白教授后在暨南大学和东南亚一带任教。王秀南先生著有《教学著述六十年》，其中对在管埠的教学经历有较详细的回忆。

黄锡凌，1931年私立岭南大学文学学士，1943年12月到管埠任职于师范学院，任副教授，时年37岁，原在私立岭南大学文学院任副教授，教授课程为英语。1941年《粤音韵汇：广州标准音之研究》一书出版，为其在私立岭南大学之作，该书1957年、1968年、2001年均有再版，香港现代词人黄霑自述其"公文包中，永远有一本。随时随地查阅……这本书实在嘉惠后学，我自己，便真的获益匪浅"。黄锡凌先生此后一直在香港大学任教。

同时在文学院和师范学院任教的哲学家马采在1942年12月将译作《告德意志国民》发表于《民族青年》期刊，此译作完成于日军进攻轰炸广州之时。马采于1938年在迁徙途中与哲学系助教陈云女士共结连理。在粤北教学时期发表了《席勒的美学教育论》《中国美学研究导论》《美的价值论》。[10]曾随哲学系集体赴京在北大任教，1960年返穗，此后一直在中山大学教书。他有留日12年的学习经历，是中国美学与哲学具有先驱性影响意义的人物。

从多份教员名册结合其他史料可以研判，管埠中师老师的去向影响到新中国成立后的许多院校，卢文、邓韵秋创建华南工学院数学系，恢复高考后他们教过77级学生，其中一名学生，即后来成为世界著名数学家、美国南加州理工学院终身教

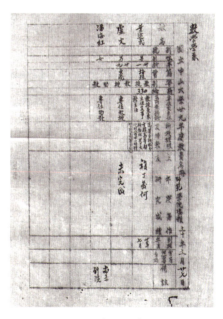

🔹 1940年度师范学院数学系教员名册，有叶述武和卢文教授名字，叶述武先生到校时间是1931年7月，此表是1941年3月填写

授的侯一钊回忆，是卢文教授引着他走进研究的大门。王孟钟为华南工学院化工有机系主任；陆侃如、冯沅君夫妇均担任过山东大学副校长；彭尘舜在武汉大学创建世界经济专业；谭丕模在北京师范大学文学系任教授；钟仁正任湖南大学外文系主任；胡笃教任教于湖南农业大学；于景让任台湾大学图书馆馆长，曾任生物系主任；黄现璠到了中南民族学院任教；严学窘在华中师范学院任教；许幸之在中央美术学院任教；马思聪成为中央音乐学院首任院长；徐中玉为华东师范大学教授……管埠中师的老师影响到湖南大学、山东大学、武汉大学、兰州大学、华中师范学院、华东师范学院、北京师范大学、中南民族学院、暨南大学、华南师范学院、曲阜师范学院、山西师范学院等，

➲ 许幸之先生和卓文心女士合影（引自许国庆编《许幸之画集》）

➲ 许幸之先生1943年在管埠创作的作品《红叶山村》。1940年就读于国立中山大学师范学院教育学系的谢斐然同学回忆："翻过后山，有一个十来户人家的小山村，村旁有许多枫树，一到秋天枫树叶红了，很是壮观，穆木天教授把它叫做'红叶村'，很有一番诗意。我们还去那里办过夜校，搞过扫盲。"

以及香港的达德学院和新加坡的南洋大学等多所院校，王秀南夫妇、林宝权女士成为东南亚华文教育的名家。

（二）师范教育研究生的培养

国立中山大学教育学研究所1926年秋开始筹备，于1928年2月成立，成为国内最早专门教育研究机构。庄泽宣于1922年从美国留学回国，1924年为国立中山大学所聘请，创办了教育学研究所。1935年，经民国时期教育部核定，该所改名为教育研究所，与语言历史研究所和农林植物研究所组成研究院。这一阶段全国仅有清华大学、北京大学和中山大学三所大学设立研究院。教育研究所设立教育学和教育心理学两部，课程有教育研究法、高等教育心理学、课程研究、教育行政问题、教育专史研究、教育哲学问题、中国教育问题研究；选修课有中学各科教学法、乡村教育研究、学科心理学问题、实验心理学等。[11]

教育研究所于1937年搬入石牌研究院新址，1939年改名为师范研究所。教育研究所第一届授予硕士学位的研究生有7人。张泉林是1937年进入研究院教育研究所的研究生，他1941年在坪石参加第五届考试获得硕士学位，他经历了教育研究所空间和名字转换的全过程。在《林砺儒——勇敢而慈祥的教育家》纪念文章中，张泉林先生写道："1941年，我在坪石中山大学教育研究所认识林老的，以后在桂林、香港、广州和北京，都有较长或者短暂的会面。"[12]

1942年医科研究所在坪石成立，金曾澄校长聘梁伯强为所长，11月公开招录病理学部的研究生。

在云南澄江时期，1940年文科研究所3名研究生的候选人是中国语言文学部黄达枢，指导老师芩麒祥；王庆菽，指导老师李笠；文科研究所历史学部区宗华，指导老师

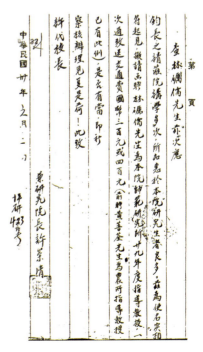

🔴 许崇清关于聘请林砺儒先生付薪的函

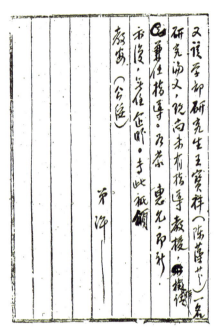

🔵 许崇清校长邀请林砺儒、黄希声任中山大学研究院师范教育所指导老师的函（藏于广东省档案馆）

陈安仁，他们均是1938年9月入校。除了导师，还有研究院指导教授吴康、朱谦之、陆侃如、冯沅君，再邀请到校外的陈序经、闻一多和陶孟和三人共11名教授组成学位考试委员会。

1941年师范研究所教育心理学部研究生为刘尧咨、教育学部研究生为马仕桥和关瑞铃，马仕桥、关瑞铃均是1941年在坪石教育学系毕业后考入研究院。1940年至1941年许崇清校长聘请黄希声讲授高等教育心理学、学科心理学，也聘请广东省立文理学院的林砺儒授课，课程为教育专史研究和教育研究法。黄希声、林砺儒指导的研究生是王宝祥和陈藻芬两位师范教育研究所学生。

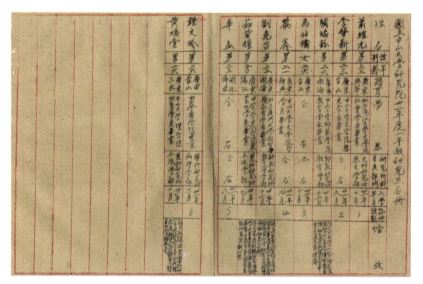

🔵 1941年中山大学研究院一年级研究生名册，上有师范研究所教育心理学部研究生刘尧咨、教育学部研究生马仕桥和关瑞铃

从文献可以看到研究生的论文选题质量，马鸿述的论文题目是《中学课程之改进》，邹鸿操的论文题目是《中国乡村青年训练问题》，严元章的题目是《中国教育行政制度的研究》等，这些研究在今天仍然有现实意义。

坪石研究院师范教育的硕士生在日后中国乃至东南亚地区的教育上发挥着作用。1941年张泉林的硕士论文题目是《我国干部训练之研究》，他留校在文学院任讲师。在1958年拟将初定开办华侨大学的学校改为复办暨南大学，主要策划者之一正是张泉林先生，当时他在广东省统战部工作，利用苏联队对广东队的足球比赛期间众多侨领到越秀山体育场观看比赛齐聚广州的机会征求意见。开始筹办暨南大学时，张泉林任办公室主任，他后半辈子在暨南大学教书，毕生为培养东南亚华侨子弟做出贡献。

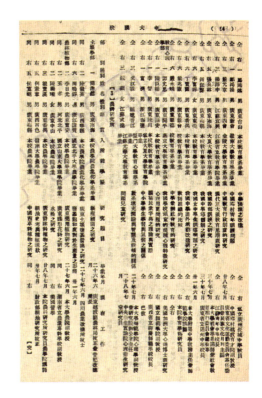

师范研究所研究生名单和研究论文题目，登于1943年《中大现状》一书（藏于广东省立中山图书馆）

师范教育硕士研究生严元章，四会人，严元章的硕士论文题目是《中国教育行政制度的研究》，1939年毕业，留校后分别在师范教育研究所、师范学院教育学系任研究员、副教授和教务主任等职务。1947年后赴南宁师范学院教育学系任教授兼教务主任。后来留学英国，毕业后在马来西亚任教，由于坚持华文教育被马来当局驱逐出境，1960年至1965年在新加坡南洋大学任文化学院院长，1965年在香港中文大学教育学院任教至退休，毕生从事教育工作。他在马来西亚三间独立中学从事行政工作8年，在南洋大学任教育系主任、文学院院长6年，为东南亚培养师资做出重大贡献。20世纪80年代应邀回广东四会中学任名誉校长。[13] 1993年三联出版社出版了严元章先生的《中国教育思想源流》一书。

坪石时期的中山大学研究院有师范研究所，梁瓯第（1914—1968）毕业于研究院师范研究所，研究生毕业论文题目是《中国书院教育之研究》，他在黔东考察时对边疆教育产生兴趣，一辈子从事边疆教育事业。1943年为贵阳师范学院副教授，1945年为校长，1946年又赴新疆任国立天山师范学校校长。后赴美于波士顿大学留学，新中国成立后被邀回国，长期在民族出版社工作。

国立中山大学师范研究所的这批研究生毕业后很快就在各中学担任重担，1942年钟铤声任连州中学校长、杨泽中任江苏青年中学校长。

师范研究所的研究生中还有著名学者吴江霖。吴江霖先生毕业后留校，在1945年赴美国雪城大学留学专攻心理学，1948年获得博士学位。新中国成立后归国，任中山大学教育系主任、图书馆馆长、副教务长等职，1984年设立中国第一个社会心理学专业硕士点。

（三）附属中学

国立中山大学附属中学解决包括坪石教师子女在内的广东中学生就学问题，也是教育理念实践的场所、师范教育的延伸实习基地。在中山大学改名后，附属中学经历预科的转变，1936年由教育厅主管，1937年又改为由大学主管。在国立中山大学迁移至石牌新校园后，在广州文明路的大学旧址全部为附属中学使用，大钟楼下为办事处及学生成绩陈列室，原大学的学生宿舍均为高中男生宿舍，初中男生宿舍在原法学院，高初中女生宿舍在番禺学宫。[14]除中学用书统一使用教材外，任课老师自己编写讲义，如盛叙功先生编写《中外地理学》，张瑞矩先生编写了《高中化学讲义》。化学家张瑞矩于1938年担任附中主任，他曾留学法国里昂工业化学专门学校，在坪石时任理学院化学系教授。1932—1937年的化学系主任是居励今教授，他留学法国里昂大学化学系并获得硕士学位，在国立中山大学同时教授军事课程。

尽管在坪石是战时办学，从研究院到本科教育一直到附小、附中，教育系统完整性实属难得。附属中学六年制一贯制和五年制一贯制两种学制均有设立，附属中学的主任均由师范学院教授担任，1941—1942年附属中学主任为张文昌教授。张文昌教授在1937年出版了《中等教育》一书，内容包括各国中等教育比较，中学生、中学教师、中学校长以及课程编排各方面均有涉及。1941年12月6

日填写的附属中学的老师名册如下：

　　黄锦军（教导主任、高中英文）、关兆鹏（事务主任、高中英文）、范曾浩（高中生物、初中植物）、林子如（高中国文）、桂馨（初中国文）、金瑞文（劳作、家事）、谭靖波（童军、体育）、陈良型（高中数学）、钟景文（初中数学）、李贤珊（初中英文、女生指导）、陈诗启（历史、音乐）、何学龄（地理、图画）。

在坪石时曾更换了多名附中主任，但每位校长或者主任，均是教育学家或者基础学科专家：段铮教授是教育心理学家，1941年被聘为贵州医学院人文系主任，1942年到了管埠中师教育学系任教，1943—1944年担任附中主任；司徒汉贤1936年毕业于私立岭南大学，获得文学学士，1944年担任附中主任，坪石沦陷时带领附中学生撤退到韶关仁化分教处，[15] 新中国成立后在华南师范学院任教时发表的学术论文《教学原则的心理学依据》常被引用。

体育运动在附属中学是大家共同热心的活动和课程，1934年在广州时附属中学还举行过女子足球班级比赛，在中国具有开创性意义。[16] 在管埠期间，师范学院开放日还曾邀请附属中学的学生参观，附属中学男女篮球队还与师范学院篮球队过招，尽管败北，但勇气可嘉。附中除了正常教学，还举行丰富的课外活动。演说竞赛是其中之一，包括高初中学生国语演说、英语背诵比赛，为公正起见，曾邀请培联中学陈恒颂老师、陈国治老师担任评判。这也证明了金鸡岭下两所中学互动是频繁的，关系友好。师范学院附中文艺活动在坪石也有口碑，演出过《一片爱国心》三幕话剧，也曾将《黄河大合唱》改编为歌剧。[17]

1944年1月，应师范学院老师的要求，师范学院开办了附属小学，张柳祥任主任。

三、从法兰西俭学岁月到武水烽火育人

在管埠的教师中，留学海外的经历随国家海外留学政策变化而形成三大主流。20世纪20年代前以留日为主流，部分留美；20年代后期至30年代的老师以留法为主流，其中原因之一是里昂中法大学有提供专门名额为中山大学师资深造；20世纪三四十年代以留学美国为主流，大多就读于教育学科最强的大学。

（一）留法双博士

师范学院诞生之初，陆侃如和冯沅君夫妇做出不少贡献。1932年，冯沅君与陆侃如同赴法国巴黎大学留学，1935年回国。他们于1938年辗转安庆、河内、广州。1938年陆侃如受聘于中山大学师范学院，任教务主任兼中文系主任。冯沅君在1939年初受聘于搬到四川乐山的武汉大学，是从广州直接到乐山的。此时，中山大学又迁到云南澄江，后武汉大学停课。1939年冯沅君暑期到了云南澄江与陆侃如教授相聚，任中山大学师范学院教授。1940年夏随迁至坪石管埠，陆侃如任师范学院教务长，曾经任代理院长，他们夫妇俩对师范学院的正常运转起到重要作用，陆侃如对师范教育的育人目标是"专家"和"通人"兼备，大力倡导学术研究。因粤北战事吃紧，1942年春他又进入四川任教于迁至四川的东北大学。[18] 在管埠就读的校友曾到陆、冯家里拜访，据回忆："不足30平方米的租用民宅的老房子，前后用白布隔开，后面为卧室，床是用装书用的木书箱搭成的，书桌也一样。最有创意的是门口钉着一张名片，双排写着巴黎大学文学博士、陆侃如、冯沅君。"在师范学院期间，冯沅君于1940年发表了《古优考》《金瓶梅词话中的文学史料》等古代戏剧论文，并留下了不少诗篇。

冯沅君在20世纪20年代已经开始出版小说集，赞美五四运动精神的小说《卷葹》是鲁迅先生帮助冯沅君编辑出版的，收录入鲁迅先生主编的《乌合丛书》，并邀请画家陶元庆设计封面。对于"卷葹"，鲁迅先生解释："卷葹是一种小草，拔了心也不死。"[19]《卷葹》同时收录了《隔离》《旅行》《慈母》和《隔绝之后》，并结集出版，冯沅君女士用了笔名"淦女士"，又在《语丝》杂志发表了三篇小说。[20] 但后来她放弃创作，专攻中国古典文学研究，在坪石管埠留下不少诗篇，如《醉落魄晓行，自坪石渡武水至塘口》：

> 江烟幂幂，山川城郭望中失。枝摇宿露衣襟湿，残月留辉，天际孤星白。
> 乱流艇子浮寒碧，路迂林密无人识。云开霞敛明初月。历历群峰，秀色难描得。[21]

这些词篇是粤北难得的文化遗产。

吴其昌在其自传中写道："1939年秋，中山大学来电聘我为国文系教授。我在该校讲授文字学、古代文法、要籍目录等课，把诗词课让给冯沅君讲授……中山大学1940年夏迁回广东坪石。"[22]

（二）里昂中法大学的留法学生

中法大学所在地为军营圣依雷内堡。1921—1946年在里昂的中法大学一共有473名学生注册并接受预科教育，再被推荐到里昂市的高等学校攻读学位。"坪石先生"中有多名当年的留法学生是按此路径完成学业。

林宝权是最早进入里昂中法大学的中国留学生，李大钊先生专门为她和苏梅写信嘱托在法朋友给予照顾："兹有女师学生林君宝权、苏君梅等赴法入里昂大学，到法时务乞为照拂一切。两君皆研究文学者，关于学问上有所质询，也请随时赐教为幸！"[23]林女士在法国巴黎大学获得教育学博士学位后回国，先在上海暨南大学任教，后进入中山大学师范学院任教。1939年在重庆期间，与她同一批赴法留学的丈夫画家邱代明在日军轰炸中身亡，1939年9月林女士带着丧夫之痛到云南澄江坚持教学，后随迁到管埠，1943年担任迁到坪石的广东省立执信中学校长，1941年该校也迁乐昌，林校长在1943—1949年一直服务于执信中学的教育。

🢂 虞炳烈先生绘制的中山大学坪石校区分布图[24]

　　坪石校舍规划的主持者是与林宝权同时在里昂留学的第一批留学生、工学院的虞炳烈先生，其绘制的中山大学坪石校区分布图真实地呈现了历史上办学点的分布。

　　此分布图非常有历史意义，细读并分析分布图，推测为1941年2月所制作，在西面有"41.2.18"组合的数字群，不起眼。另一佐证是当时文学院仍在清洞，6月才订合约搬至铁岭。图中重点表现了交通与各学院的地理关系，交通表现了铁路、韶坪公路、水系还有村道或者古道，靠西边点划线有可能是古道，因为有吉铺和茶亭造型的标志。本部在坪石街处，工学院为最近，在本部西边，河流穿过；法学院在最西面；师范学院和文学院靠得较近，在管埠的师范学院和在清洞的文学院之间，有小道连接。师范学院在管埠经过梯子岭、猴公亭、灵石坝进入坪石，也是用点划线表示。医学院最远，附设门诊部。有关图纸应该是其子虞黎鸿所保存的。

　　金额雀鹏是第一种由中国学者命名的鸟类，1932年由任国荣先生（1907—1987）研究发现并命名，他利用国内送来的标本，发现此鸟类新种，在《巴黎自然博物馆通报》上用法文发表相关论文。任先生是广东教育典型的代表人物，他是广东高等师范最后一届毕业生、广东大学第一届毕业生。他于1930年3月留学法国，1933年9月返中山大学任教，任中大师范学院博物系主任，后任理学院生物系主任时，将张宏达介绍给研究院院长崔载阳，帮助其成为研究院植物学部助教。1942年9月至10月，由植物

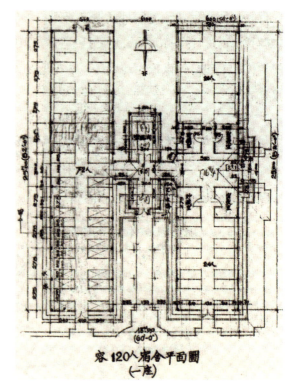

容120人宿舍平面图（一座）

🡢 虞炳烈先生设计的学生宿舍[25]

所与研究院农林植物部联合组队，再往莽山调查，调查队一部分由梁宝汉、张宏达、梁仕康、冯云组成，另一部分由李鹏飞、陈少卿、游万里、虞元章、黄荣华组成，获得标本1436号、共12000份。任教授在1944年坪石岁月曾任理学院院长，在1945年坪石沦陷时负责将各院系设备疏散至临武，又到梅州梅县复课，抗战胜利后重返广州。[26] 1950年他参与亚洲文商学院的改组，该院改组并易名为新亚书院。1960年他任该院生物学系主任。1963年新亚书院等三所书院联合组建了香港中文大学。2015年，香港中文大学新亚书院及生命科学学院举办了第一届"任国荣先生生命科学讲座"，纪念任国荣先生对香港中文大学的贡献。

1936年，叶述武由中山大学数学系送至法国里昂大学留学，用六个月的时间获得硕士学位需要的五张学历证书。获得硕士学位后，叶述武于1938年10月从法国归来，在中山大学理学院任教，后来进入新成立的师范学院任数学系主任兼事务主任，课程是高等分析微分方程和高等解析几何，同时兼职理学院高等分析课程。妻子邹仪新称他为"值得崇敬的学者"并有文章写道："回国后法国的导师都拉克为他找到工作，可以安心完成博士学位，他说'我放弃法国舒适生活，舍下博士论文而奔赴国难还是必要的'。"[27] 叶述武是华南师范学院数学系创始人，后调到中科院，对中国卫星"东方红一号"上天做出重大贡献。他心系广东教育，20世纪80年代，虽然人在北京中科院，他在1983—1989年仍有多篇高水平学术文章发表在《韶关师专学报》和后来改名的《韶关学院学报》。

除了张云、崔载阳、林宝权、虞炳烈、卢干东、吴尚时、古文捷、黄绮文、何衍璿、黄巽、孙宕越、谭藻芬、岑麒祥、叶述武、李慰慈，师范学院还有一批有留法学习经历的教授，如吴康、张良修、马思聪、樊怀义、卢文、邓韵秋、萧锡三、张瑞矩、朱志沂等一批不在里昂中法大学学生名单之列的老师。卢文于1933年至1938年在法国留学，抗日战争结束后，1948年再赴法国巴黎大学学习，新中国成立前夕回国。邓韵秋于1935年赴里昂大学学习，1939年获得硕士学位，1940年回国在国立中山大学师范学院任教。萧锡三在坪石时为理学院化学系主任，留学法国里昂大学获得化学工程硕士学位，后在巴黎大学巴士德研究院发酵研究部从事研究，是国立中山大学工学院最早的创办人之一。张瑞矩留学法国里昂工业化学专门学校，在坪石时任理学院化学系教授兼附属中学主任。朱志沂为理学院物理系教授，毕业于巴黎电器机械专门学校。

⟳ 里昂中法大学入口，是崔载阳、叶述武、陈宝权等留法时常进出的古堡入口

⟳ 里昂中法大学从内往外看，城门二楼是当时的中法大学图书馆，是中国留学生了解国
内形势及读报、看报的地方

⊙ 里昂中法大学图书馆，中国留学生了解国内局势的读报处

ZHANG Yun (CHANG Yuin ; TCHANG Yun)
(dossier d'archives A-63)
張雲
Monographie préliminaire des céphéides
Trévoux : Imprimerie Patissier, 1926
99 p. ; 25 cm
Thèse : Sciences
Cote : CH TH 035

LU Gandong (LOO Kon-tung)
(dossier d'archives A-264)
盧幹東
La Vie municipale et l'urbanisme en Chine
Lyon : Bosc Frères & Riou, 1934
174 p., 25 cm
Thèse : Droit
Cote : CH TH 051

⊙ 张云在法国留学时的博士论文保存于里昂
国立图书馆的记录

⊙ 卢干东在法国留学时博士论文的记录

LIN Baoquan (LIN Paotchin)
(dossier d'archives A-85)
林寶權
L'Instruction féminine en Chine (après la révolution de 1911)
Paris : Librairie Geuthner, 1926
188 p., 25 cm
Thèse : Lettres
Cote : CH TH 098

CUI Zaiyang (CHOY Jyan ; TSHWEY Tsai-yang)
(dossier d'archives A-53)
崔載陽
Étude comparative sur les doctrines pédagogiques de Durkheim et de Dewey
Lyon : Bosc Frères & Riou, 1926
243 p., 26 cm
Thèse : Lettres
Cote : CH TH 014

⊙ 林宝权在法国留学时博士论文的记录

⊙ 崔载阳在法国留学时博士论文的记录

四、管埠的艺术大师

马思聪和许幸之两位艺术大家到达管埠，从历史角度分析有三大重要前提，一是师范教育需要艺术师资。二是香港胜利大营救，东江纵队成功地在香港沦陷后将他们抢救出来。许幸之先生先在深圳宝安的游击区暂住，"旧历年大除夕日，茅盾夫妇、张友渔夫妇、胡风、许幸之、廖沫沙、周钢鸣等二十多人，在沙坑、茶园交通站蓝造等人专程护送下前往惠州"[28]，辗转来到韶关管埠。马思聪先生在游击队员的护送下，同家人和两位学生各在肩上背着一把小提琴，一路跋山涉水奔回家乡汕尾海丰，而后又赴广西，再到韶关管埠。三是金曾澄校长爱惜人才，在上任后第二个月就开始聘请许幸之、马思聪和符罗飞等艺术家。

（一）金曾澄校长的贡献

张云任代理校长时引进了卢鹤绂、胡世华、史雅国和侯璠四位掌握最先进的世界学术成果的归国博士到坪石国立中山大学任教，这是引进重要师资的贡献。接任的金曾澄校长聘请许幸之、马思聪到管埠师范学院任教，也是一次历史性的贡献。1942年，符罗飞由同乡陶林英、詹道光向金曾澄推荐，被聘为工学院建筑工程学系兼师范学院美术教授。[29]金曾澄先生在香港沦陷后已经在澳门与家人团聚，奉召再出山任国立中山大学代理校长，以诗言志："伏枥敢夸千里骥，闭门愿作一尘氓。匈奴未灭家何在，莽莽乾坤剩此身。"时年63岁的金校长离开澳门，1942年5月赴坪石山区担当重任，带领师生坚持办学。

金校长在1942年10月16日文学院新生入学训练动员会发表题为"大学教育之意义"的演讲，结合抗战时期大学教育的特殊性，鼓励同学"须具有极充满民族精神之灵魂"，表明道德、知识和身体是大学教育的目标。[30]

除了几位艺术家受聘，金曾澄还邀请李笠先生重回坪石任教，1943年底应吴尚时先生的请求，邀请美国地理学家、美国芝加哥大学博士、在上海沪江大学任教的葛德石教授访问坪石。1944年3月葛德石教授在理学院做了"地理学与地质学之新发展"和"中国在航空时代的地位"两场学术报告。[31]

战火烧近栗源堡（现湖南宜章栗源镇）时，金曾澄迅速组织师生撤离，1945年师生在梅州梅县安顿下来。抗战胜利后他又带领师生们重振旗鼓回到广州石牌校园复课。他在纪念黄际遇的追悼会上发表讲话，写了纪念黄先生的祭文，1945年12月才结束3年多的"代理校长"任期。

金曾澄在1953年，以74岁高龄从广州知用中学校长岗位退休，距他1912年担任广东高等师范学校校长超40年。[32]这位值得敬重的"坪石先生"一辈子从事教育特别是师范教育，始念是教育，职终于中学，他的经历及贡献似在中国教育史上欠些笔墨。他还曾担任广州文史馆馆员，于1957年任副馆长。其中学就读于位于广州多宝路现在的"时敏桥"、荔湾区教育局现址的时敏学堂中学。1917年杨匏安从澳门到广州在此校担任教务长并教过两年书。金先生于1901年留学日本广岛高等师范学校，在日本住了9年。回国后加入同盟会，1912年担任广东省高等师范学校校长。

金曾澄先生是广州高第街出生的"老广"，于1957年去世，没有文集，没有传记。与父亲一样有坪石经历、在坪石三星坪就读于土木工程学系的金宝树，2012年在温哥华编辑了数量有限的金曾澄先生诗集《澄宇斋诗存》线装本予以纪念。

（二）许幸之在管埠的日子

由小学同学、时为英语系主任张云谷教授推荐，许幸之受聘于师范学院，张云谷推荐许幸之到中大是第二次向他提供帮助，在上海时，他曾推荐许幸之到苏州任教，许幸之在多篇回忆文章中均写到此细节。许幸之先生于1942年8月1日到职，被中山大学师范学院聘为不分学系教授，时年36岁。签署聘书时金曾澄校长刚上任两个月，金校长上任时间是1942年6月30日，许先生聘期是1942年8月至1943年7月。一年后根据国立中山大学教授聘请的规定，大学与许幸之先生于1943年6月续聘，聘期为1943年8月至1944年7月，时中山大学校

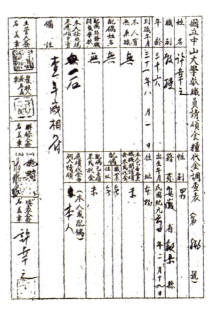

⊃ 广东省档案馆藏关于许幸之领取米金的登记表，其填写的入职时间是1942年8月1日，联系人是张雅琨（张云谷）和施畸，许先生时年36岁

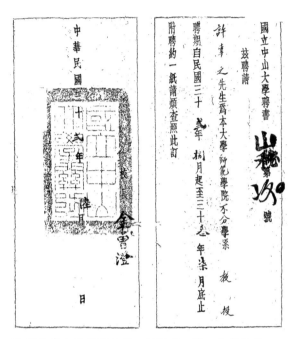

🔵 聘许幸之为教授的第二份聘书。第一份落款是1942年6月，金曾澄校长签名。此份聘书是续聘，时间是1943年8月至1944年7月

长仍为金曾澄先生。1942年11月7日，学校聘许幸之教授兼任国立中山大学剧社编导委员。

在去香港前，许幸之在鲁迅艺术学院华中分院当美术和戏剧的教授，全院分戏剧、文学、美术和音乐四个系，教务长就是海丰人、"左联"文学家丘东平，时间是1941年1月至1941年7月。1982年2月，许幸之回忆新四军之旅写道："我于是在新的指示与安排下返沪赴港，从事电影制片工作，直到太平洋战争爆发后，在香港地下党指挥下，和留港

文化人队伍一起撤离香港转到内地去。"[33]在1942年除夕，许幸之与茅盾夫妇等文化人在东江纵队的安排下，到达惠州，在惠州度过一个难忘的春节，等待着许先生的是粤北管埠的教学生活。从新四军到中山大学教授，仅是一年多时间。新四军的臂章是许幸之教授与鲁艺华中分院的美术老师共同设计的，1991年12月11日许先生去世，家人将臂章复制品放入他的骨灰盒。

许幸之先生在管埠的日记中写道："黄昏时，思聪来邀我往罗家渡的松林去散步。果然，那地方真是优美。我们在森林中静静地散步，在草径上低声地谈话，静听着松涛的声音，有万籁之音。我们便尽兴去谈话，从诗歌、小说、绘画、音乐，一直谈到戏剧和电影，更进一步地谈到著名作曲家和他们的伟大作品，一直到夕阳落下西岭，我们才踏着被松针铺满了的山坡归来，回到宿舍，已经是天黑了，家家户户已经点起了油灯。"[34]文中写到他在师范学院的教学内容是指导选科生的室内绘画和郊外写生，也为爱好戏剧的学生排演话剧，在坪石公演了《茶花女》。

　　许幸之在1944年所写的《坪石小简》中谈到在管埠与马思聪为友的庆幸，在1943年春季就写了三幕话剧《樱花夫人》、五六首长诗、几十首短诗，并收集资料准备写《西洋戏剧史》《古代美术史》，还打算编《中国现代中国诗歌史》。

　　1942年在《沙漠画报》第5期发表《话剧（四）：凡是一出戏，也必定会有各式各样的纷争……》，1942年在《文艺生活》第4期发表诗歌《在祖国的摇篮里：抒情四章：走向自由的祖国、守夜、哨兵、漓江桥上》，1943年在《艺丛》1943年第1期发表《论风格和气氛》，1943年在《中艺》创刊号发表《戏剧与电影》，1943年在《国文评论》第1期发表《酿诗》，1943年在《文艺杂志》第3期发表诗歌《火战》，1944年在《联合周报》的"笔会"栏目发表《坪石小简》，1944年在《收获》发表短篇小说《同归于尽》，分五期刊载。发表于《文艺生活》第三卷第6期的《雾夜》一诗落款是"1942年11月18日于管埠"。

　　许幸之所写的《坪石小简》落款时间是1944年3月30日，文中谈到马上要到桂林观光，一两个星期就回坪石。中山大学剧社在同年4月3—8日在桂林艺术馆礼堂演出《皮格马林》，剧团3月26日由师范学院的陈邵南教授带队抵桂林，共20人。4月30日韶关广东省文化界集会欢迎参加西南剧展归来的广东艺专、中大剧团七战区艺宣大队等。[35] 1943年11月25日师范学院举行戏剧座谈会，请许幸之、张云谷教授讲课，会后成立了师范学院剧团，简称"中师剧团"，常代表中大在社会演出。许幸之教授是此剧的顾问，也因为此剧与卓元樑女士相识相知并获得她的芳心。1944年7月《联合周报》登出喜讯"戏剧家许幸之近与其女弟子中山大学师范学院学生卓元樑举行婚礼。卓小姐曾主演中大演出之《皮格马林》等剧，由许先生之导演而相熟，故欧阳先生于喜筵上嘻谓'此乃戏剧之功'"。田汉先生赋诗《许幸之卓元樑新婚致贺》："艺事常和造化侔，伊人真个眼液流。温香软玉劳珍惜，真使侬心化石头。"喜筵在桂林蜀腴川菜馆举行。同年5月19日，广西省立艺术馆、新中国剧社就是在桂林蜀腴川菜馆招待参加剧展会的全体戏剧工作者的。欧阳予倩、柳亚子等发表讲话。[36] 在坪石，师范学院举行了音乐节，师院剧团演出过《大地回春》话剧。

（三）马思聪音乐的创作第一个黄金时代

　　马思聪与许幸之一样，在管埠宁静的生活中，迎来自己音乐创作的高峰。

1948年马思聪应上海数家文艺杂志
联合邀请，到沪举行音乐会。演出
前关于马思聪的报道不少，其中一
则通讯写道："他的夫人王慕理女
士写信给友人时，常怀念在坪石中
山大学的那段时间，她说：'环境
幽静，生活安定，他（指马思聪）
几个大作品，如第一交响乐、协奏
曲等，都在那时不吃力地完成，那
可说是他写作的黄金时代，自然，
他希望重温那些日子，我们也在努
力设法。'"

　　来管埠前，马思聪在香港与
徐迟交往颇深，他们最初是在重庆
认识的，关于在香港相处的日子，

➲ 1948年上海报纸对马思聪将在沪举行音乐会的
报道，王慕理谈到马思聪在坪石的教学和创作

徐迟在回忆录写道："来到香港之后，他已经有很多乐思，等待他来落笔写出它
们了。在天文台道，他写下了《剑舞》初稿，曾演奏给我听过。他正在构思着，
要写他的《第一交响乐》。他还有一个小提琴协奏曲要写，我们多次谈到这些作
品。"日军轰炸香港时，他们一起进入防空洞，徐迟写道："12月9日，天面不
亮，望舒和我一家子先到学士台，找到钱能欣，五人一起来到中环大防空洞前
面，巧得不再巧了，刚好就在洞口，我们碰到马思聪夫妇，他们是从九龙乘坐
'哇啦哇啦'过来的。九龙是无法防守，已经乱得可怕，我们一共七人，七人一
起进洞。""所有人中间，我看马思聪是心情最稳定的人了，他甚至拿出五线谱
来，在上面画着音符。我问他，'你在干什么'，他笑说，'我要开始谱写我的
《第一交响乐》了'，'这种时候'，我摇头了。'就是因为在这种时候啊！'
他问答我，便不说话，他自己只管画他的音符了。"[37]徐迟与在管埠教书的马
思聪在1943年的数封通信中，多次讨论《西藏音诗》的作品创作，马思聪在中央
音乐学院与学生对话谈到大作品时也提及广州、管埠。音乐史家需要重新研究马
思聪黄金时代的创作时间和地点。

　　1942年11月9日师范学院举行校庆音乐会，应该是马思聪先生在管埠中师的首次亮相。1943年国立中山大学校庆，在11月11日师范学院举行的庆祝晚会上，马思聪参与表演的第一个节目，是当晚最重要的开幕表演节目。[38] 1944年3月18日和19日马思聪音乐会举办，4月22日师范学院弦乐队演奏了马思聪先生的作品《西藏音诗》。平时，马思聪教授与王慕理的排练是在管埠大礼堂（也是膳堂）进行的，因为只有一架钢琴在那里。王慕理在师范学院也被聘为不分系的讲师。

　　1945年毛泽东到重庆与蒋介石举行会谈时，徐迟与马思聪在红岩村一起受毛泽东主席和周恩来同志接见，席间，毛泽东主席与马思聪讨论了音乐的普及和提高的问题，毛泽东鼓励马思聪可以像鲁迅一样成为写提高作品的作者。过了两天，徐迟将一本有关山月敦煌壁画的线描、叶浅予画戴爱莲的舞姿和马思聪描在五线谱上的他的《第一交响乐》主题和变奏的音乐符号的册页，请毛泽东题字，毛泽东写上"诗言志"并签名。[39]

　　哈尔滨师范大学音乐学院的周柱铨教授抗日战争时期在坪石培联中学读书，是王慕理的学生，在管埠见过马思聪先生，在2007年《人民音乐》第5期《有关马思聪在坪石——管埠的史料》一文中，他认为听了马思聪的《山林之歌》，总觉得"过山"那一乐章，多少与他来往坪石—管埠这一段过山旱路的体验有关。这是中国最早将马思聪的创作作品与特定的历史地理环境进行分析的论文之一。马思聪的学生杨宝智是四川音乐学院管弦系小提琴教授，1935年出生，他的父母与马思聪和王慕理世交，当年随父母在坪石的培联中学度过童年，他在回忆文章写道：

🔶 夏衍召集部分艺术家在北京全国文联筹备处开座谈会留影，与会成员大部分从香港北上，后排右一是马思聪、右二符罗飞、右四洪深，他们均有粤北烽火育人的共同记忆（照片拍摄于1949年5月）

"坪石有一个很著名的景点叫'金鸡岭'，当年太平天国败退时，洪宣娇在上面抗击清兵一年多。可能这个地方的秀丽风景引起了马思聪写小提琴协奏曲的创作欲。到了1956年第一届全国音乐周时，我们中央音乐学院演出的曲目中就有马思聪的《F大调小提琴协奏曲》，谱上印的创作年代是1943年。那时我在乐队（独奏者是盛中国），由于他巧妙的配器使我在排练第三乐章时处处联想起'金鸡岭'，也算是坪石情结吧。"[40]

许幸之与马思聪漫步的管埠音诗漫步小径，自然风光依然，如果在古道上把五四运动新文学、"左联"文化、香港文化人胜利大营救、文艺抗战等元素融合进去，这将是一条覆盖近代中国文化史全貌的"大道"。

五、坪石时期"左联"文化的传承

著名诗人穆木天（1939年入校）和彭慧（1941年入校）夫妇，两位"左联"时期的著名诗人和作家，均在师范学院任教。穆木天毕业于日本东京帝国大学，读的是法国文学专业，1926年毕业后回国到了广州，与中山大学学生麦道广结婚，1927年一同到北平，1928年麦道广生下了儿子路易。穆先生1931年从东北到了上海参加左翼作家联盟，是冯乃超先生介绍入会的。在"左联"出版的各种刊物上，穆先生发表了大量诗歌，成为左翼文学诗歌创作的代表性人物。在上海穆木天与麦道广离异，但带着孩子路易。1932年穆木天参加中国共产党，1933年与同为"左联"成员的共产党人彭慧结婚，当时穆木天在新党员训练班学习时，彭慧女士是培训班的老师。在1940年末，穆先生从桂林到了管埠师范学院继续教学，课程是名著选讲、习作。任教期间，穆木天翻译了雨果

● 1932年9月穆木天和彭慧在上海"左联"文学组织中国诗歌会成立时集体合影，前排最左边和最右边分别是穆木天和彭慧

的《哀悼》（1941年发表）、雨果的
《月亮》（1942年发表）、普希金的
《青铜骑士》、莱蒙托夫的《恶魔》
（1942年出版）；自己创作的诗前后
收入诗集《新的旅程》，也于1942年
出版；与洪深合译《生命的火焰》，
于1942年出版。彭慧1940年出版的
《寄慧》诗作是其尚未来到坪石，带
着两个孩子在桂林时所作的。彭慧是
湖南人，高中毕业后进入湖南省立第
一女子师范学校，当时的校长是徐特
立，后到北京成为北京师范大学的学
生，1926年加入中国共产党，组织派
往上海，又赴武汉，1927年在武汉被

● 1934年穆木天和彭慧与孩子在上海的合影

送到莫斯科孙中山大学学习，20世纪30年代回国到上海参加"左联"及其党团组
织。1947年8月26日彭慧在《记自己》中写道："1930年回国来。在回国后的最
初两年，我还是研究社会科学，后来，因为亲眼看见，亲耳听见许多令人不满
的社会现象，觉得应该把它写下来。"当时从苏联学习归国参加"左联"的共
有7人，彭慧是其中之一。"抗战八年中，和胜利两年来，由于生活逼迫，我大
部分时间去教学。而写作很少，很少的时间让我从事写作和翻译。"[41] 在管埠
她翻译了班台莱耶夫的《卡特林娜》，发表于《中学生》1942年第59期；与黄友
棣合作创作了《母亲之歌（战时新年曲）》，1942年发表于《诗歌与木刻》第8
期。[42] 1942年吴其昌先离开管埠到桂林师范学院，后邀请穆木天和彭慧到桂林
师范学院任教。彭慧在1943年10月17日自传中写道："粤北的坏气候，使得我
们两人这两年的全部时间，除了吃粉笔灰之外，就是吃药，因而去年暑期，我
们决心一同辞去中大教职。"[43] 由此可知穆木天夫妇离开管埠的真实原因是
对气候条件的不适应。

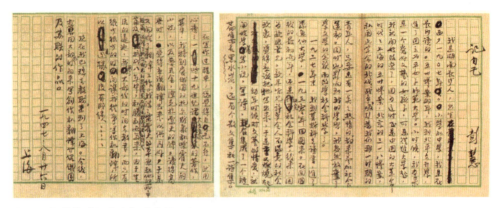

🡢 1947年彭慧《记自己》的手稿

🡢 彭慧女士前往苏联留学的莫斯科孙中山大学旧址现状

🡢 20世纪30年代历史照片——吴其昌（左）与朋友合影

1930年2月，以许幸之为首，左翼美术团体时代美术社在中华艺术大学成立，由许先生执笔起草的《时代美术社对全国青年美术家宣言》对外发表。同年7月，以此为基础，在上海成立了"中国左翼美术家联盟"，许幸之被推荐为首任主席。上海沦陷后的"孤岛文化"坚守者与领导者之一，是从韩江来到上海滩的戴平万，他1926年8月毕业于国立中山大学的前身广东省高等师范学校，1924年加入中国共产党。许幸之也是坚守者之一，1939年5月出版的由戴平万负责具体编辑的《新中国文艺丛刊》第三辑收录了许幸之的诗歌《堕胎》。[44]戴平万是"左联"12位发起人之一，许幸之是"左联"美术的领导者，他们在上海相逢。

许幸之先生和穆木天先生可能没有想到在中国的"左联"文化运动与自己任教的这所学府有如此深厚的渊源，"左联"七常委中的洪灵菲1926年毕业于此学府，与"左联"最后一任的党团书记是从中学到大学都是同班同学。广州"左联"重要人物杜埃，在1933年考入国立中山大学社会学系，1937年毕业后到了香港八路军驻香港办事处，在廖承志领导下进行抗日工作。留学日本回国的刘仑在1934年参与了鲁迅先生倡导的新兴木刻运动。1941年10月，师范学院刘仑

⟳ 刘仑的木刻藏书章

老师组织的"全国木刻画展"在师范学院附中举行，12月8日回到管埠学院本部展出，18日移到校部，后在西南地区巡回展览。展览共有木刻作品269件，参加的画家39人，外国的木刻有15件。[45]

管埠师范学院的艺术创作，从师资和文学、木刻和戏剧作品分析，具有20世纪30年代中国上海"左联"的思想与风格的传承，许幸之、洪深、钟敬之、刘仑、唐英伟，还有穆木天和彭慧夫妇均是活跃于30年代的"左联"艺术家，后来，他们重聚管埠。

🍃 图中最左边的是参加"左联"的钟敬之

🍃 穆木天、许幸之发表诗歌的"左联"诗刊《前奏》，创刊于1936年4月

🍃 许幸之发表文章的"左联"刊物《东方文艺》和《今代文艺》，创刊于1936年；穆木天发表诗歌的刊物《微音》，创刊于1931年

　　洪深在国立中山大学的执教生涯分广州时期和坪石时期，他在1936年9月至1937年被聘为广州中山大学英文系主任，教授的英文课程是戏剧学与舞台技术、中文系教授的课程是戏剧编写法，住东山庙前西街43号二楼。[46]

　　1930年，中国左翼作家联盟成立，洪深成为会员。1930年9月，洪深出任由"左联"和"社联"创办的现代学艺讲习所所长。1931年被迫避于天津。1932年重回上海复旦大学、暨南大学教书，并指导学生戏剧演出，1933年5月复旦大学剧社上演洪深作品《五奎桥》。1932年，建立于1933年的国立中山大学高中剧

位于上海多伦路的中华艺术大学当年的宿舍，于1920年建造，曾作为"左联"展览室

许幸之等"左联"文化人举行成立大会的旧址，是许幸之先生后来辨认出来的，时为许幸之任教的中华艺术大学课室

社改为中大抗日剧社，在1933年7月25日也演出《五奎桥》，是在中山纪念堂演出的。[47]

　　1937年8月在上海，洪深参与组织全国成立抗日宣传的"救亡演剧队"并任二队队长，投入抗日救亡洪流。1940年冬，洪深夫妇与女儿均患病，为给女儿治病，举家生活陷入困境。1941年2月5日，在贫困交加压力下，洪深夫妇在重庆服毒自杀，幸得郭沫若及时赶到，洪深夫妇经抢救脱离生命危险。中国具有传奇色彩的文学家、古典文学家周楞伽（1911—1992），在20世纪30年代的上海已经是活跃的文人，在晚年出版的回忆录收录的他当年的文章中写道："（洪深）为了增加收入起见，遂应迁到了广东曲江坪石的广州中山大学文学系之聘，月薪三百元，并预支了六个月薪水，打算在民国三十年三月去粤就职。在他未去粤以前，他本想多写文稿，偿还债务，但心情异常恶劣，往往举笔不能着一字。"[48]

　　师范学院学生刊物《生活思潮》第八期登了英语系学生李觉清写的通讯，记录了洪深到师范学院讲课的内容，也包括对洪深的样貌的描述："他的外表高大，头发不长不短，略觉憔悴的脸上架着一副蓝墨色的眼镜，但仍然掩不了那坚毅敏捷的眼光；穿着的是一套白底灰纹的文装，裤脚被黑色袜裹住，正是行远路的打扮。（这就苦了他，因为他的脚是稍为有点拐的；从清洞文学院到来总有八里路呢）"洪深先生为师范学院上的课程是戏剧选修，是定期讲学。

洪深教授在文学院英文系实行的是导师制，指导的学生有刘锡祥、潘承德、罗再生、陈子华、黄双元、王汝静、刘明瑞、严伯昇、严铖等。1936年下学期，中山大学在一年级开始推行导师制，十名学生为一组。

1941年8月15日，广东戏剧界举行欢迎洪深抵韶大会。1942年5月中，在坪石演出话剧、歌舞剧期间，中山大学张泉林、王启树、洪深、许幸之教授参加抗敌演剧七队学术讨论会。[49] 从抗宣一队和剧宣七队大事记中，可以得到结论，洪深先生热情地投入社会抗日话剧运动。另推测，1942年5月许幸之已经在坪石，两位上海"左联"时期风云人物在粤北相遇。洪深于1942年夏到四川江安国立艺专任教，抗日战争爆发后，南京国立戏剧专科学校迁到此处，这所以戏剧艺术专业教育为主的学校，为中央戏剧学院的前身之一，现在旧址为四川省省级文物保护单位。

写于1941年的混声四部合唱歌曲《杜鹃花》，词作者是潮汕人、文学院学生方芜军，芜军是笔名，原名为方健鹏。方芜军是文学院的学生，学生时代在文学院活跃，搞创作，1943年在坪石院内搞了《诗站》的丛刊和墙报，他与许幸之也有很深的交往。方芜军于1943年到广西柳州西江师范学校教书，1944年不幸在漓江游泳溺水逝世。陈残云与芜军交往较深，写有《忆芜军》一文。方芜军、曼野等在中山大学文学院就读的学生创建了《诗站》诗社并出版诗刊及壁报，许幸之在诗刊上发表了诗作，在中国诗坛有影响力的郭力、征军等均在诗刊发表诗作，该诗社是抗战时期具有影响力的诗社之一。从这些诗歌可以看到"左联"文化延续的基因。为《杜鹃花》谱曲的老师是教育系毕业生黄友棣，1936年开始写抗战歌曲，他于1940年7月至1941年1月期间在省艺专担任教师和音乐科主任，同时也在师范学院任讲师，三年后，即1942年，被聘为师范学院副教授。

六、在管埠就读的师范学院学生们

管埠的师范学院有8个系，丘培华先生回忆自己于1938年在澄江入学教育学系，1942年毕业，当年教育学系毕业生共10人，也就是说1942年第一届师范学院的毕业生产生于管埠。师范学院的教育模式是四年在校读书，一年到中学实习，第五年学校颁发毕业证书，所以在毕业时间表述上，历史资料或者个人回忆录多出现时间不一致的情况，严格讲应该是1943年首届师范学院毕业生毕业。

（一）听洪深先生授课的英语系学生

介绍洪深先生的文章是1943年的毕业生李觉清同学写的，发表在《生活时代》。从他2004年留下的通信地址判断，他应该是在香港新农学校任教。

坪石时期比较而言安定些，1940年入校学生多，开始有毕业生。英语系1943年毕业的学生有李觉清、刘凤贤、伍秋珍、陈鎏才、梁锦昭、雷淑兰；1944年毕业的学生有李宝缨、司徒芬。以上这些英语系学生，就是当年在管埠狭小的临时建造的课室聆听洪深先生宏博的"戏剧理论大餐"的幸运者。1945年毕业生最多，有任善勷、金玉英、李祖桃、陈宝莹、陈宝琦、郭法、苏玉英、倪培龄、丘仁先、王剑辉、吴叶青、杨天民、曾宪坤、郑辉、郑安都、钟景材、岑禹杰共17人。1946年毕业的有陈树略、何国基、胡翠云、黄秀芳、黎宗慕、罗正中。

1946年毕业的英语系学生黄秀芳，1941年从私立广州知用中学考入，1944年因战事休学一年，1945回到石牌复课，故1946年毕业。黎宗慕女士从香港圣心中学毕业，考入香港罗富国师范学院，香港沦陷时，在师范学院英语系借读一年级，1943年转为正式生。

（二）为了华南和港澳的学子

师范学院的学生来源主要是广东学生，其次是湖南、江西、广西和福建，再有就是香港、澳门。在研究管埠中师的时候，需要联系香港、澳门教育问题，需要联系同一历史时代存在的湖南蓝田国立师范学院、国立桂林师范学院、江西赣南国立中正大学和福建长汀国立厦门大学。无论是学生，还是师资的流动，均与广东周边省份互相联系成为有机系统，成为抗日战争华南"五岭教育"群像。

在香港尚未沦陷时，内地三十多所中学迁港，香港原有中学是二十多所，香港师资变得充足，香港的教师多来自内地，只有少部分是香港师范的毕业生，还有一部分是香港学校出身，就是英文老师，来源是港大或皇仁书院这类学校，这段时间反成为香港教育的黄金时代。香港教育界抗日热情高涨，最大的学生团体是香港学生赈济会，发动社会募捐寒衣，组织五个服务团赴祖国服务。

管埠中师有许多从香港逃出来的学生，当时就读于香港本地师范学院，尤其是罗富国师范学院的学生最多，在管埠就读于教育学系和英文系居多。卓文心同学也是罗富国师范学院的借读生，1942年10月20日在香港罗富国师范学院就读一年级的卓元樑（卓文心）申请在国立中山大学师范学院教育学系一年级借读，10月23日获批准，读了两学年。1948年王星拱校长签署出具批准转学证明书，离校或者毕业时间是从她转学时间推算出来的，五年制的学制，1942年是一年级，四年大学学习，一年实习后颁发毕业证，列入1946年离校毕业，实际卓女士是在东吴大学继续学习完成学业的。

香港师资学院1939年在香港成立，1941年更名为罗富国师范学院，为战前唯一的师范学院。1967年改名为罗富国教育学院，1994年与当时葛量洪教育学院、柏立基教育学院、香港工商师范学院及语文教育学院合并为香港教育学院。

还有广州迁徙到香港办学的学校，包括广州大学、广东国民大学等，粤港澳居民报考这些大学的，是香港沦陷后不得不回迁或者逃离的学生。1944年国立中山大学收录了67名香港学生，私立岭南大学收录了50名。

　　1946年教育学系毕业生最多，有蔡雁生、陈珍华（陈君明）、陈治法、陈祝初、董励（董丽庄）、冯伯涛、冯锡瑶、何松波、黄昶、黄凤漳、黄桂登、黄江月、黄俊民、黄丽芳、黄丽璋、黄绪谦、黄耀华、李定心、李回福、李家璋、李淑静、李素心、林永洲、刘碧、蔡汉勋、陈清梅、戴国材、傅舟发、甘洁贞、黄韦爵、黄应统、井海琴、李承煜、梁枢民、廖慈鸢、林高时、林品三、林生依、刘永基、刘蕙馨、龙邦伟、罗相邦、潘伯桓、潘源浩、丘颖杰、沈厚坚、萧世泰、萧树敏、熊芳、徐汝雄、颜长虹、杨殷山、叶玉栋、余心如、詹功润、詹谦让、钟枝瞻、钟锦屏、钟源德、钟泽昌、周慕霞、冬公浩、唐日新、唐雅丽、伍觉铿、许寄侬、杨焕光、曾雅怡、卓文心（卓元樑）、邬绍文、岑秀贞、苏庆廉、唐汉钧、唐泽铮。

　　（引自中山大学出版社：《中山大学校友录：1924年—1952年分册》，2004年）

从这届教育学系毕业生2004年留下来的通信地址可以判断，他们大部分从事教育工作，任教于台山二中、佛山三中、长沙十三中和七中、衡阳五中、惠州一中、广州师院、中山大学、华南师范大学等学校，从中分析，一辈子从事师范教育的毕业生不少。教育学系所修的课程有教育概论、哲学概论、中国文学史、国文研究、西洋文化史、中国文化史、教育心理学、中等教育学、普通生物学、经济学、外国文、音乐、教育统计等。这一届的教育学系毕业生中的李素心在学院中经常为马思聪钢琴伴奏。

除了教育学系，2004年中山大学校友名录登记了部分校友通信地址，对了解毕业生的去向有帮助。1946年博物学系毕业生苗漳州的通信地址是韶关师范学院，史地系毕业生杨兆源的通信地址是广东实验中学，张文照的通信地址为广东金山中学，数学系毕业生萧衍栾的通信地址是华南师范大学数学系，理化系谢德民的通信地址是华师学校南区。

来自香港或者澳门的校友不少，他们有的在大陆发展，有的回到香港或澳门。

1949年前的师范学院毕业生均有在管埠求学的经历，1952年的毕业生是最后一届。师范学院没有在康乐园办学，师范学院初创于云南澄江，全盛时期在管埠，落幕在石牌。1947年，师范学院在石牌校园进行改组，保留教育系和体育系，公民训育系并入教育系，其他系进入对应的专业院系中。在管埠的师范学院学生不少是在广州石牌拿到毕业证书的。体育系是回到石牌后才设立的，第一届师范学院体育系学生为1946年入学的学生罗彦群、第二届为1947年入学的蔡屏东，体育系在1948年招了最后一届就结束。华南师范学院的调整并入的是南方大学俄语言系、岭南大学教育系、海南师范学院、南昌大学师范部地理专科、广西大学教育系、湖南大学史地系地理专修班。[50]国立中山大学师范学院是在校内撤并的，存在时间是1938—1952年，实际招生应该是12年，管埠中师时期是辉煌的5年。

（三）管埠中师社会调查与实践

师范学院的职责之一是重点辅导广东的中等教育，派教授巡回粤北各地各校辅导，创设了初中教员进修班，组织学生成立社会服务团，对坪石开展民众教育，设立战时民众服务馆，开办民众识字班，进行坪石文盲调查。[51]

1940年12月7日至20日，任国荣教授率领生物学系和师范学院博物系共16名学生到广东北江考察，采集到的动物标本"颇为丰富"。[52]任国荣先生既是理学院生物学系教授，也是师范学院博物系主任。由专业名师任系主任是管埠中师的教育特点，学生接受的师范教育，除了教育学的教育，专业水平和素质也一样重要。师范学院成立了数学会、理化学会、国文学会、心理学会甚至平剧研究社，学术气氛浓厚。专题讨论会、野外调查和深入的社会服务实践，提高了师范教育的学生对中国现状的认识。

七、第二次世界大战期间中国与欧洲大学的比较

在反法西斯战争历史中记录战场的历史资料很多，也成为艺术作品创作的长久主题。反观第二次世界大战的大学教育，记述的文献不多。中国战场和欧洲战场比较，大学教育保持独立性，不为外敌所控制或者灭绝，中国知识界、教育家在世界反法西斯战场上是值得骄傲地撰写壮丽的历史篇章。

（一）波兰、英国和法国的大学在二战中的生存

1939年9月1日，希特勒的德国军队入侵波兰，同年10月，波兰最古老之一的波茨南大学被宣布永久关闭，部分教授被捕。1941年，在原校区德国日耳曼化的帝国大学开办。[53] 1939年10月，希特勒下令所有学校均要"强化日耳曼化"（Concerning Intensified Germanization），在一个月内就颁布此令足以证明德占区关闭大学是德国法西斯战略计划的一部分。教育是民族存在的基础，法西斯采取办法根除波兰一切与民族联系的社会、经济、文化和教育。1939年波兰德占区所有的大学一律关闭，全境仅剩下一所鲁宾天主教大学。[54] 法国索邦大学在二战期间也经历了重创，法国维希政权立法强制性驱赶或者逮捕犹太人的学生和老师，许多老师和学生被枪杀或者失踪。[55] 日耳曼化或者扶持傀儡政府，直接影响到法国的大学。欧洲国家二战时所处的战争状态不同，大学运转的情况各异。在英国，伦敦城市大学为避开德军飞机轰炸，搬至威尔士海边一小镇，伦敦大学学生被强制疏散，校园中的主要教学大楼被英国政府战时信息管制部征用。[56]

（二）世界教育史的壮举——中国"烽火中行走的大学"

在中国抗日战争中，沦陷区的大学大部分西迁，寻找安身之地，大学坚持办

学，在烽火中教书育人。当广州沦陷时，国立中山大学迅速西迁，一年后南回，与留在南粤本土的广东省立文理学院、广东国民大学、广州大学等高等院校和许多中学，留在战火前线。广东省的大学教育机构充满抗战必胜的信心，服务民众，坚守于沦陷区的边缘，成为中国"烽火中行走的大学"，数月内建成临时校园，有的学校八年经历10次迁移，这是世界反法西斯战争中国教育界的壮举。中国知识分子、教育家的民族精神，坚韧不拔的毅力，在战时呈现于世，惠及后人。1944年的师范学院教员名册上，国文系兼任讲师陆兴焰先生的表格中，现所在地一栏填写的是"在东来途中遇敌殉难"，[57] 粤北抗战的教育是用生命换来的。

（三）教师家庭的集体迁移

在中国大学战时的迁徙中，教师家属随行，许多幼小的孩子就成长在这种特殊的校园中。在师范学院的家属就有百余人，因为许多小孩到了入学年龄，周围没有小学，院方设立小学服务教授机构。

马思聪在管埠不仅创作了《第一交响曲》《F大调小提琴协奏曲》等中国音乐史上里程碑意义的作品，还与王慕理有了爱情的结晶——1943年8月14日，马瑞雪出生于坪石管埠。穆木天和彭慧的女儿穆立立1941年来到管埠时，约7岁，在她回忆纪念父亲的文章中仍然记得管埠的山山水水。穆立立学习俄语，1958年参加中国第一次赴苏联的计算机考察团，担任翻译，此后在中国社会科学院民族研究所世界民族研究室工作，在国际民族和我国的少数民族问题的研究上颇有成就。

袁哲和张筑音夫妇在山区坚守教育事业特别难得，两位是才子佳人，过的多是奔波的日子，且多孩子。在

◯ 张筑音在报纸上的长篇小说《落花时节》连载

与张筑音结婚前，袁哲教授有过一次婚姻，但夫人不幸病逝，留下13岁的女儿袁善如和7岁的儿子袁道先。袁哲与张筑音后来又有了两个儿子——袁道中和袁道之，袁道中出生于1941年10月11日，袁道之出生于1946年。1943年1月，袁哲一家离开管埠，同年3月在重庆，女儿高中毕业，帮助张筑音做家务，大儿子在读书，张筑音怀里还有一个快三岁的儿子。[58] 张筑音在回忆文章《马思聪夫妇在粤北坪石》中写了找孩子找到邻居马思聪家时的情景："马夫人含笑招呼着我，指着马思聪笑着说：'他最喜欢孩子，他说您家的这孩子，像一尊小小自由神……'我由衷地感谢：'多谢您夫妇关心和照顾……'马思聪也转过脸来，欠了欠身子，又继续用小汤匙喂着孩子。"马思聪怀里抱着的孩子应该就是袁道中。在管埠度过童年或者少年时光的是袁善如、袁道先和袁道中。袁善如，1927年生，1949年在复旦大学读书，后来参加抗美援朝志愿军，在解放军总政治部敌工部工作，退役后在新华通讯社国际部译审，是受中国翻译协会表彰的资深翻译家；袁道先1991年当选为中国科学院院士，是具有世界影响的岩溶专业权威；袁道中毕业于北京机械学院，数理系，任上海惠民中学副校长；小儿子袁道之是中国科学院研究生院的英语教授。

⟳ 1953年袁哲和张筑音与袁道中、袁道之的合影　　⟳ 袁哲先生的大女儿参加抗美援朝的留影

　　1943年11月11日，在管埠中师庆祝校庆的晚会上，管埠中师的教授的孩子们还与马思聪的学生同台演出，"开场即为马思聪教授小提琴独奏，继之为该学院教授子女合唱，十余位七八岁以下之小孩登台，小唇翻动，歌声嘹亮而合拍，举座笑倒"[59]。

八、管埠中师实践的意义

（一）战时教育特色明显，学生的民族精神得到培养

1935年教育研究所的重要事项之一，是实施备战教育计划，其在1935年冬编制了备战计划供学校施行参考，增加了备战课目和计划。在管埠中师的教师适应战时的需要，初步建立了"战时师范教育"实践和理论体系，中国最早的师范教育研究所薪火相传，为本校师范教育培养师资的同时，教育研究成果丰硕，《教育研究》《中师季刊》等学术期刊保持不断，发表了师生对战时中国教育界教育问题具有现实意义的建议，战后的教育制度改革仍然是主旋律。学术期刊及时译介海外师范教育、中等教育的文章，给教育界作参考。

在坪石的学生中，有的在毕业后或者学习中直接走向了战场。

（二）引入中国教育界最为优秀的师资，吸收欧美教育学最新成果，"洋为中用"

以留美和留法为主的教育学、工学、理学和法学的教师发挥了重要作用。1928年，文学院教育系和研究院教育研究所创办人留美博士庄泽宣教授，倡导的教育理念是中国化教育，他在1929年出版了《如何使新教育中国化》一书。庄泽宣教授1934年离开国立中山大学。崔载阳教授接任所长。这一系列教育理念仍然得到传承，形成先进的、中西合璧的师范教育理论框架，在学习美国先进的教育框架、法国教育理论运用中，中国化、民族化均作为最重要的原则。在教育心理学、课程学、比较教育和教育史研究领域取得突破。中国最早建立的教育研究所得到发扬光大，研究生培养教育没有中断，部分研究生毕业后进入师范学院任教成为发展的新动力。

（三）艺术教育高度重视，造就高水平的艺术人才

马思聪、许幸之的到任，提高了学院艺术教育水准，音乐教育、美术教育、戏剧教育教育水平大为提升。"通才"教育和"专才"教育有机结合，互为促进。在中国有影响力的国学大师的任教，促进了学生对的古典文学研究兴趣和文学写作水平。陆侃如和冯沅君的加盟，以及国文系、数学和理化系、不分系教

授名师的加入，对师范学院"学力"提升带来新动力，对师范学院长期以本校20世纪30年代初的教育研究所研究者或者老师为主流教育思想，是一种重要的更新。1946年被聘于私立岭南大学的庄泽宣教授对战后教育进行总结，认为师范学院包括教育研究所进步不大，庄先生未体会战时粤北的艰难和师范学院师资多元化的情形，还是怀念在1934年自己创办时的研究成果，他没有参与这五年的历程。[60]

马思聪在教学之余，创作了《第一进行曲》《F大调小提琴协奏曲》等中国音乐史有里程碑意义的作品。文学教师创作了大量作品和译作，冯沅君的《古优考》成为中国戏剧史的重要著作。中国20世纪30年代左翼文艺代表性人物的任教，潜移默化地传承了中国"左联"的精神，影响了师范学院的学生创作和审美观念。1940年1月13日国文系教授穆木天应文学院邀请做了专题讲座"新诗的创作问题"，[61]参与"左联"的教师也创作了具有抗战特殊意义的诗歌和戏剧作品，翻译或者出版了国外多位作家的作品。

（四）战中和战后的师范教育人才输送

1941年度下半年，广东省共有1047名师范学校的毕业生输送到全省各地学校，为社会服务，[62]其中，国立中山大学师范学院教育学系23名学生，其中有部分留校和读研究生。1946年和1947年，师范学院教育学系毕业生均为80名，未包括其他学系和其他类别的师范生。师范学院战时对教育事业的坚守，对广东教育在战后迅速恢复，特别是师范教育和中等教育影响显著。

师范学院毕业生许多成为高等院校师范学院的学术中坚，师范学院良好的艺术教育也培养了不少艺术人才。中师剧团的熊夏武为高州人，15岁考入师范学院，新中国成立后27岁时任高州副县长，但因家人在台湾而受牵连撤职。在湛江从事戏剧创作，著名的粤剧剧本《寸金桥》《冼夫人》均为熊先生的作品。改革开放后，他再任湛江文化局副局长，同时担任《湛江文艺》主编。曾嫩珠为教育学系1941年毕业生，是中师剧团戏剧导演吴俊华的同班同学，在澄江时是中山大学音乐教授郑志声的学生。毕业后从事音乐工作，是广州乐团独唱演员，1980年在广州音乐学院师范系担任副主任。

1991年，笔者有幸在北京师范大学中加语言中心学习并在冬天的操场溜冰，不幸的是不知道50年前曾在管埠教学的彭慧教授在1968年冬天死于北京师范大学操场边上一间堆放体育器材的漏风的棚子里；穆木天教授则死于1971年。两老临终时，身边并无任何亲属！[63]

曾生活在武水河畔的儿女，管埠曾经有1926年入党的中国共产党人彭慧在这里教书，也有你们朦朦胧胧的童年杜鹃花记忆。在今天和平年代，南粤大地留下了管埠中师的硕果落地生根，南粤人民没有忘记！

（完稿于2020年8月26日）

注释：

［1］张掖：《国立中山大学现状》，国立中山大学出版部，1937。

［2］谢斐然：《忆五岭》，载罗永明编《我们的中大》，中山大学出版社，2001，第91页。

［3］《校友通讯》第39期，国立中山大学出版组，1943。

［4］金林祥：《20世纪中国教育学科的发展和反思》，上海世纪出版集团，2000，第157页。

［5］https://education.stateuniversity.com/pahes/1794/bBobbitt-Franklin-1876-1956html

［6］何国华：《民国时期的教育》，广东人民出版社，1999，第262页。

［7］《教育通讯（桂林）》1940年第3卷第5期。

［8］李门：《纪念西南剧展，缅怀戏剧前驱》，《洁似寒梅——李门遗作选》，广东省戏剧家协会，2000。

［9］李震：《朱智贤：心理学星空不落的巨星》，华文出版社，2013，第70页。

［10］徐文俊：《马采文集》，中山大学出版社，2004，第2页。

［11］张掖：《国立中山大学现状》，国立中山大学出版部，1937，第323页。

［12］张泉林：《张泉林教育文集》，广东教育出版社，1997，第103页。

［13］邓日才：《严元章纪念文集》，马来西亚华校教师总会等编委会，2001。

［14］张掖：《国立中山大学现状》，国立中山大学出版部，1937，第344页。

［15］黄义祥：《中山大学史稿：1924—1949》，中山大学出版社，1999，第410页。

［16］何志林：《现代足球》，人民体育出版社，2000，第31页。

［17］《校友通讯》第30期，国立中山大学出版组，1943，第6页。

［18］《陆侃如和冯沅君》，山东画报出版社，第103页。

［19］郭同文：《不负祖先育后人——忆冯沅君教授》，《中国百位名人学者忆名师》，延边大学出版社，1990。

［20］袁世硕、严蓉仙：《冯沅君创作和译文集》，山东人民出版社，1983，第336页。

［21］袁世硕、严蓉仙：《冯沅君创作和译文集》，山东人民出版社，1983，第247页。

［22］吴其昌：《吴其昌自传》，《中国现代作家传略》第四辑，徐州师范学院《中国现代作家传略》编辑组，四川人民出版社，1980。

［23］吴汉全：《李大钊与中国行动学术》，河北教育出版社，2002，第578页。

［24］彭长歆、庄少庞：《华南建筑八十年》，华南理工大学出版社，2012。

［25］彭长歆、庄少庞：《华南建筑八十年》，华南理工大学出版社，2012。

［26］冯双：《中山大学生命科学学院编年史》，中山大学出版社，2011。

［27］邹爱仪：《值得崇敬的学者——北京天文学会名誉理事长叶述武先生》，《天文爱好者》1994年第6期。

［28］唐运泉：《特殊大使命——东江纵队抢救文化人纪实》，载徐忠志、张建强主编《永远的沙家浜精神》，作家出版社，2015。

［29］《符罗飞》，华南理工大学出版社，1999，第75页。

［30］《校友通讯》，国立中山大学出版组，1942。

［31］上海理工大学档案馆：《葛德石与沪江大学》，上海交通大学出版社，2015，第83页。

［32］段云章、倪俊明：《陈炯明集》，中山大学出版社，2007，第214页。

［33］许幸之：《新四军培训艺术人才的园地——关于鲁艺华中分院的回忆》，《新四军的医生摇篮》，江苏文艺出版社，1992，第243页。

［34］许幸之：《追忆与马思聪在林间的散步》，《传记文学》1991年第3期，第18页。

［35］广西戏剧研究室：《西南剧展》，漓江出版社，1984，第468页。

［36］广西戏剧研究室：《西南剧展》，漓江出版社，1984，第470页。

［37］徐迟：《我的文学生涯》，百花文艺出版社，2006，第291页。

［38］《校友通讯》第45期，国立中山大学出版组，1943。

［39］徐迟：《我的文学生涯》，百花文艺出版社，2006，第420页。

［40］杨宝智：《忆马思聪，兼论他的小提琴作品的分期及对在演奏这些作品中出现的一些问题的意见》，《四川音乐学院百名老教授论文作品选集》，四川人民出版社，2016，第631页。

［41］许礼平：《彭慧自传》，《现代中文学刊》2016年第4期。

［42］孙晓博：《穆木天、彭慧夫妇著译年表勘误和补遗》，《现代中国文化与文学》2020年第1期，第140页。

［43］吴泽霖、邹红：《彭慧先生百年诞辰纪念文集》，北京师范大学出版社，2009，第12页。

［44］饶芃子、黄仲文：《戴平万研究》，汕头大学出版社，2000，第97页。

［45］李桦：《抗日战争时期国统区的木刻运动史料》，《美术研究》1958年第3期。

［46］陈美英：《洪深年谱》，文化艺术出版社，1993，第75页。

［47］陈嘉：《抗日剧社和易扬》，广州师范学校，2001，第22页。

［48］周楞伽：《记洪深》，《伤逝与谈往》，黑龙江人民出版社，1999，第144页。

［49］《抗宣一队——剧宣七队大事记》，《南天艺华录》1989，第258页。

［50］梁国熙、赵育生：《华南师范大学校史（1933—1995）》，广东高等教育出版社，1996。

［51］黄义祥：《中山大学史稿：1924—1949》，中山大学出版社，1999，

第382页。

［52］冯双：《中山大学生命科学院（生物系）编年史》，中山大学出版社，2007，第89页。

［53］R.Wroczynski, Dziejeoswiaty Polskiej1795－1945，Warszawa1996.s.295－296.

［54］Adam Redzik, Polish Universities During the Second World War, Polish－Ukrainian University in Lubin.

［55］http：//www.sorbonne.fr/en/the-sorbonne/history-of-the-sorbonne/la-sorbonne-au-xxe-siecle-de-lancienne-universite-de-paris-aux-13-universities-parisiennes/.

［56］https：//london.ac.uk/about/-us/history-university-london/history-senate-house.

［57］广东省档案馆藏档案，档号020－003－115－029－038。

［58］贺静：《回眸一笑你倾城》，团结出版社，2016，第116页。

［59］《校友通讯》第45期，国立中山大学出版组，1943。

［60］庄泽宣：《中国教育的前顾与后瞻》，《广东教育》，1946。

［61］黄义祥：《中山大学史稿：1924—1949》，中山大学出版社，1999，第328页。

［62］国立中山大学师范学院：《中等教育》1941年第3辑。

［63］楚泽涵：《我所知道的穆木天》，《新文学史料》2019年第3期。（穆木天为作者楚泽涵先生的姨父）

（注：文中所参考广东省档案馆的档案，由广东省档案馆提供）

（特别感谢广东省档案馆、广州市档案馆的帮助，感谢倪俊明、曹劲、施瑛、匡高峰、许翔、吕德铭、陆露、田中、许幸之先生家人、蔡文显先生家人等协助提供资料和信息）

战时的师范教育

　　1939年6月广东省立文理学院呈报广东教育厅许崇清厅长关于修订本院组织大纲与学则的函件中，提出是否应该恢复旧名"师范学院"，函中分析1935年度全广东省教育统计，失学儿童尚有超227万人，如果要花十年普及小学教育，适应此需要，师范学校至少须培养小学师资10万人以上，全省十师范区从速增容学生3万名，师范学校师资至少须增2000名以上。本学院组织大纲将培养师范学校师资作为第一要务，事关全省的义务教育，建议本院改回旧名"师范学院"才名副其实。但最后还是没有实施改名。

　　在广东省立文理学院的文函中，对全省中等教育进行分析，谈到全省省立中学有15所，仅有9个班级者就有5所；全省县市立高初级中学112所，共593个班级，平均每校不及6个班级；全省私立高初级中学113所，共有774个班级，平均每校不足7个班级。按照现行中学规程，专任教员教学时数及各科每周时数的规定，则6个班级的高初级完全中学，不足聘历史或地理科的专任教员一人；9个班级的中学，尚不足聘博物科专任教员一人，其他科目专任教员情形也一样，需要专任教员能够上两门以上的科目。学院组织大纲的修订也将注重解决专任教员此类问题。[1]

　　推动师范教育是战时教育的重要特点，因抗日战争爆发，从1937年中等师范教育与1936年相比，学校数量和学生数量减少一半。教育界和社会民众对师范教育的发展十分渴求，民国教育部在1937年至1942年间陆续采取鼓励师范教育的措施，在抗日战争胜利后，师资荒的局面得到缓和。1938年8月，勤勤大学停办，广东省立教育学院成为血脉的延续，此后改为广东省立文理学院，抗日战争胜利后返广州石榴岗校区办学到1952年止。

一、以不屈的姿态留在家乡服务民众

以勤勤大学师范学院为代表的广东公立大学，以私立广州大学、私立国民大学和私立岭南大学为代表的私立大学基本没有离开本土，他们不断迁移，避开战火，目的就是让南粤青年学子保持读书的机会。国立中山大学1939年迁回广东，增加了学位，因此在外省借读的广东籍学生很少。

（一）从未离开两广大地的学院

国立中山大学师范学院汤擘民、李善昌两位学生借读广东省立文理学院的申请，反映了当时广东学子盼望东归的心情。1939年9月24日，汤挚民和李善昌随国立中山大学迁徙澄江，在读师范学院国文系一年级，获知广东省立文理学院继续在粤北东陂办学，遂致函林砺儒校长申请就读于文史系二年级，表达转学回广东的意愿："顷闻贵院迁回省境，改名文理学院，分设文史、理化等系，招收省籍有志青年入学，供给膳宿，以示护爱。生闻讯之余，欣然向往。缘生等于去年在广州统一招生办事处报考中山大学，获取入师范学院国文系。本年一月接校方通知迁滇上课。"在滇学习"水土不服，疾病相侵，家在陷区，望家园烽烟，尤自恨远离后方之懦怯。益增愧愤！"[2]10月11日广东省立文理学院批复他们的借读申请。1940年2月18日汤擘民记录粤北秤架山之旅形成文章发表了《秤架山迁院纪事之一》于《青年月刊》，生动地描写了在东陂的生活。李善昌在1942年在《中等教育》杂志上发表《漫谈中等训育问题》，1947年发表《汉赋研究》于《文化先锋》杂志，是具有相当高质量的赋学研究学术论文。汤擘民后来因国立中山大学回迁坪石，他返回管埠师范学院读书，与住在坪石的詹安泰老师相处甚密，毕业后在中山大学和暨南大学教书，整理了《詹安泰词学论稿》于1982年出版。1943年汤挚民曾留校在管埠国立中山大学师范学院任助教，他既有连县东陂学习经验，也有管埠读书的经历，先是学生，毕业后又是老师，是他尤为宝贵的经历。

1937年10月7日在石榴岗的勤勤大学教育学院决议迁院办法颁布，决定"10月11日教学图书、仪器等用运货汽车由石榴岗往省梧拖渡码头，10月12日上午启行，14日可到梧州。10月12日省梧拖轮'东安''西安''粤利''桂利'在爱群大厦旁码头开行，时间是上午9时；省梧轮船'广宽''西南'在白鹅潭码头开行。本院教职员务请10月25日以前抵梧，需要托运的行李在10月12日午后二时至五时，向本院办事处接洽。本月新旧生限于10月8日至10月10日前往石榴岗本院注册办事处报告，以便购买船票，未能同行者，10月20日到梧州报到"。[3]勤勤大学的师生开始了艰难的广西之旅。

　　1937年11月5日学院召开迁梧州后的第一次院务会议，地点在梧州平桂镇白花街一号。参加的教授有林砺儒、高觉敷、白玉衡、徐瑞麟、杨葆昌、郑师许、林绳庆、张维新、王赞卿、张西堂、陈兼善、王鹤清、吴三立、何爵三、钟鲁齐。列席者李本洪，会议记录甘毓津。会议报告事项第一项是教务报告，报告人数206人，注册人数224人，转工学院人数8人，休学人数14人，未注册学生87人。会议确定，教授讲师到院限期定11月5日为限期，学生注册截止时间是11月14日。讨论事项之一是整理宿舍办法：1. 规定自来水仅供厨房使用，其他洗衣及沐浴均用河水，由本院工人担用；2. 床铺统一在楼板上铺禾草；3. 厕所的使用。二是学生宿舍的火警、卫生清洁秩序每周由学生指定1～3名轮值负责。三是关于防空事项。四是设立宿舍生活委员会。五是设立经济管制委员会。六是由张维新先生计划实施体育活动计划。七是本学期不收容借读生。

　　勤勤大学教育学院1938年5月7日在梧州举行第一次考试委员会会议，勤勤大学将在3个月后停止使用这一名称，学院即将成为独立学院。参加会议的签到者有，林砺儒、白玉衡、王赞卿、朱谦之、李笠、郑师许、柳金田、李敦化、盛叙功、李进萨、董绍良、王济仁、董爽秋、张作人、吴三立、张西堂、杨葆昌、沈启巽、李鼎声、陈兼善、陈小泉诸教授。

⟳ 1938年1月29日举行1937年度教育学院课程修订委员会会议记录，出席教授的签名（藏于广东省档案馆）

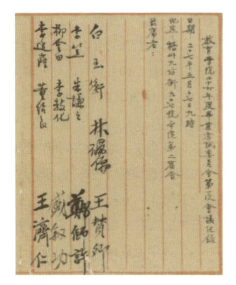

勖勤大学教育学院1938年5月7日在梧州举行第一次考试委员会会议出席教授的签名（藏于广东省档案馆）

签名的教授有张西堂先生，他是值得注意的刚受聘于1937年下学期的两位教授之一，勖勤大学教育学院受聘时间截止于1938年7月31日。张西堂先生，武昌人，1919年入山西大学国文系，历任武汉大学、河南大学、北平师范大学教授，《王船山学谱》《荀子真伪考》等著述均被中国学界认可具有较高的学术价值。他在勖勤大学教育学院讲授的课程是经学史、庄子诸子百家研究。1944年8月张西堂在陕西城固加入西北大学，受聘为国文系主任，从此终身从教西北大学，为中国一代经学名师。另一位任教勖勤大学教育学院的杨宽先生，讲授的课程是古器物学、中国历代史研究和历史研究法，聘期至1938年1月31日。他们均随学院迁徙到梧州。两位先生少为广东教育历史界述及。

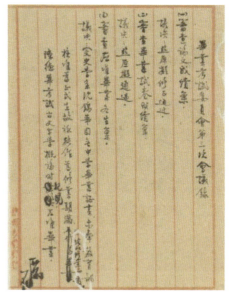

勖勤大学教育学院1938年召开的第三次考试委员会会议记录（藏于广东省档案馆）

1938年5月17日，学院召开1937年度毕业考试委员会第一次会议，举行地点是梧州九坊街79号，本院第二宿舍，出席者有朱谦之、柳金田、李敦化、董爽秋、张作人等国立中山大学教授，他们应该是考试委员会的校外委员，会议讨论论文的评审程序、学科考试的时间等毕业生考试事宜。1938年6月24日，林砺儒院长又主持第三次考试委员会会议，这是作为勷勤大学教育学院教学问题的最后一次会议。考试委员会的运作证明在战争年代的他乡，学院教学的严谨学术精神依然保持良好状态。1938年在梧州最后一次院务会议是谈话会，12月19日召开，时间为晚上七时，地点是梧州平桂镇，讨论内容为关于与广西大学商量在广西大学内挖防空洞以及警报拉响后学生如何分组保护自己的战时议题。

1938年1月29日在梧州复兴中学旧址博地系生物实验室召开院务会议，讨论增设公共选修课，让学生研究抗战时期的世界局势。科目可以包括国际政治、日本研究、各国革命史、殖民地及弱小民族的教育、国际政治经济地理、化学战争、兵器概论等，并议定加强军事训练。

1938年底，战事紧张，12月19日晚上7时召开教职员谈话会讨论防空问题，参加会议的教师有林砺儒、高觉敷、王赞卿、林仲达、张栗原、郑师许、杨葆昌、王济仁、王鹤清、白玉衡、张维新、楼桐茂、徐贤修、甘毓津、李国基。

1939年在融县东郭乡榴园一号举行离开广西前的最后一次教学会议[4]，讨论1939年度学生招考问题，参加教师有王鹤清、杨葆昌、陈炳相、王樾、张栗原、阮镜清、王赞卿、梁溥、李秀芬、吴三立、盛叙功、陈兼善、陈守实、刘棠瑞、白玉衡。会议议决，曲江、桂林两区同用一套试题，香港、梅县、茂名同用一套试题。[5]

1939年9月1日，广东省立文理学院从广西融县迁回粤北乳源，少数文献、

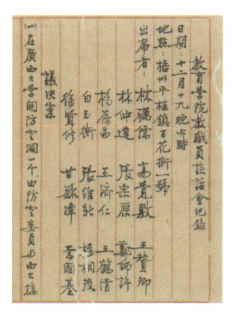

🔵 广东省立教育学院教职员1938年12月19日晚谈话会记录（藏于广东省档案馆）

仪器、标本8月底开始装箱启程车运乳源，大部分是9月1日离开融县，沿融江、柳江、浔江、漓江，经柳州、平乐而达桂林，然后湘桂粤汉两路联运至曲江，再舟运来乳源，全程共历79日，11月18日完全抵达。

二、与学院相伴的附属中学

国立中山大学、私立岭南大学、勷勤大学的附属中学，在广州沦陷前均是师资配备优良的中学，力求培养"优秀的升学分子"。国立中山大学附属中学源于广东高师附中，在1936年度下学期的学生总数是1356人，教员95人。广州沦陷后学生随家长离开广州，在澄江办学时，没有设立附属中学，返粤后在1941年9月筹备，11月开始上课，恢复附属中学的运行，强调目标有二："建设模范中学，以为本师范教育区之见证；研究中学教育，以为本师范教学院教学之印证"。在粤北迁徙过程中，多数大学办自己的中学，国立中山大学附属中学建在灵石坝村，与私立岭南大学农学院为邻。

中山大学附属中学1938年6月5日被炸，6月6日再受空袭，文学院一名学生和洗衣处一名工人被炸死，课室四座严重受损。6月14日附中主任张瑞矩向校长报告轰炸的受损情况，并告知6日宣布停课。[6]附属中学此后也开始了迁徙之旅。1941年9月，师范学院增设初级部、数学专修科和附属中学。

香港沦陷后私立岭南大学附中的校园设立在曲江大村的新校区内，学生在附中毕业后若符合条件可原地上大学，香港学生众多，故专设香港学生接待处。

抗日战争时期在粤北办学各大学所设立的附中，均是教授受聘为校长，教学质量优良，学生就近升入大学的不少。各大学的老师的孩子，也在战火中与父辈度过战争年代的中学时光。邓锡铭被称为"中国激光之父"，其父亲邓盛仪先生1942年8月在坪石的国立中山大学，受聘为工学院土木工程学系教授，邓锡铭随父亲来到坪石，就读于附属中学。各大学附属中学在培养学生的同时，也是培养自己孩子的重要配套资源。

谭道容的父亲是谭太冲先生，在铁岭国立中山大学文学院受聘为哲学系教授，在文学院与黄际遇、郑师许两教授均是1943年2月报教育部后再次获得核定的教授。谭道容出生于1926年5月21日，随父亲在坪石读高中，1944年考入管埠的国立中山大学师范学院英文系，入学时18岁。刚入学就遇到日军的进攻，坪石沦陷，师生走上流亡之路，抗日战争胜利后回到广州石牌完成学业。大学毕业后在佛山华英中学任教。与黄萼先生结婚，成为中国著名核潜艇之父黄旭华先生的大嫂。黄萼夫妻俩和黄旭华先生都有特殊的抗日战争时期在粤北坪石求学经历。谭道容在校期间曾被送到南方大学第二期，毕业后到了佛山一中，黄萼曾参加南方大学组建工作。谭道容婚后随丈夫黄萼调到长春一汽、十堰二汽工作，负责教育和科技情报翻译工作，退休时是副编译审。

🔸 国立中山大学师范学院学生学籍表，图为谭道容入大学的信息

　　在简历中的入学年月及经过写道："民国三十三年十月二十一、二十二日在坪石区参加本大学入学考试，经蒙于同年十一月取录，十二月十六日参加新生受训，十二月二十八日注册上课。"

　　粤北的各大学附属中学就读的名师儿女众多，国立中山大学附属中学的学生有邹仪新和叶述武教授的女儿邹巧新、金曾澄代校长的女儿金梅子、许崇清校长的儿子，东陂广东省立文理学院附中有崔载阳教授的女儿崔克玲，大村私立岭南大学附中有陈汝锐教务长的女儿……

当附属中学缺乏师资时，大学的教授就直接兼任，国立中山大学师范学院毕业生就近成为国立中山大学附属中学的教学主力。先后任附属中学主任的有张瑞矩教授、张文昌教授、段铮教授。1945年上半年乐昌沦陷，附中在时任主任（校长）的司徒汉贤先生带领下九死一生逃至仁化扶溪继续上课，同行的师范学院黄锡凌教授上国文课，理学院徐俊鸣教授上地理课。师范学院毕业生多位直接到附属中学上课。附属小学是1944年1月在师范学院教师的要求下开办的，证明师范学院教师的儿女到了入学年龄的不少。

在粤北，重要的师范教育机构是东陂的广东省立文理学院，该校8年内4次更换名字，从勷勤大学师范学院延续至广东省立文理学院。在1933年成立的广东省立勷勤大学，附属中学是其重要组成部分。1933年12月的统计中，附中有中学教员42人，其中女教师5人；在校学生306人，男生173人，女生133人；共16班。

勷勤大学师范学院高中部设立师范科，这是当时多数大学附属中学的特殊学科，目的是尽快培养中学师资，解决基础教育问题。1934年9月28日勷勤大学师范学院院务会议与高中师范科校务会议合并召开，此后高中师范科校务会议经常与院务会议同时召开，高中师范科的议题成为大学部重要的议题之一，个别时候也独立召开高中师范科会议，但也由院长亲自主持。勷勤大学师范学院1935年7月18日启用印章，改名为教育学院，传统继承，最后演变成为广东省立文理学院，附属中学也一直开设，小学也如此。著名心理学家阮镜清在抗战时期出任小学校长。勷勤教育学院改名为广东省立教育学院，附属中学继续设立师范科。

广州沦陷后，1937年10月附属中学与勷勤教育学院分离，迁往开平，先以开平百合墟"敦伦书院"为临时校舍，两年后重新与广东省立文理学院会合于粤北乳

⟶ 1933年12月30日勷勤大学师范学院的附属中学统计表（藏于广东省档案馆）

源，没有离开过广东省境。据1938年11月造表的教育学院教职员表，1938年附属中学的教师如下：

附属中学代主任是顺德人杨寿宜先生，他毕业于北京高师，曾任广东省立第一女子中学事务部主任，1938年度在教育学院任注册部主任兼代附中主任，时年39岁；实际带领附中在开平办学的是丁景堪先生，国立北平师范大学毕业，为具体负责的教务主任兼附中代主任；事务主任甘伟才，广东高师数理化科毕业；专任教员师范三年级甲班班主任关钟琦，28岁，开平人，国立中山大学教育学系毕业；专任教员兼师范科三年级乙班班主任钟自新，国立中山大学教育学系毕业；专任教员兼普通三年级班主任温心园；专任教员兼普通班二年级班主任方斗垣，南海人，广东高等师范毕业；专任教员兼师范科一年级班主任林举岱，文昌人，国立北平师范大学毕业，时27岁；专任教员普通班一年级班主任林道廉，广东高师毕业，文昌人；专任教员兼普通班一年级班主任黄云蔚，顺德人，广东高师毕业；初中教员有崔曾达、丁毅菴、梁汉生、黄承燊、陈珍、崔铭琪、陈志晃、莫熙穆、林斌、区植楷、区瑞元。除了崔曾达毕业于法国霞尼大学、丁毅菴毕业于广东高师、林斌和陈珍毕业于国立北平师范大学、区植楷毕业于广东高师及崔铭琪毕业于北京大学，其他教员均为勷勤大学师范学院不同时期的毕业生。

附属中学的师资保持高水平，多为师范学院或者教育学系毕业，他们多位是1933年创建勷勤大学师范学院成员，在学院有的担任教职，有的在其他中学、师范学校等中等教育机构积累实践经验。丁景堪、区植楷、方斗垣、甘伟才、丁毅菴、黄云蔚、林道廉、温心园等都是教育经验丰富的勷勤大学师范学院教师。温心园，

⏎ 1938年度受聘的广东省立教育学院附属中学教员名单，最左边一行为林举岱老师的信息（藏于广东省档案馆）

文昌人，1926年在北京大学哲学系毕业，后曾任广东省立一中及本校英文教员共
7年，1934年曾在勷勤大学师范学院季刊发表文章《苏俄底师资教育》，参加勷
勤大学师范学院创建。当附属中学迁徙回粤北后，温心园任粤北广东省立琼崖中
学校长。钟自新老师为中山大学教育学系毕业，曾调查江浙29所学校并形成调查
报告《江浙教育考察报告》出版。部分教员迁至东陂后，当广东省立文理学院
离开留办粤秀中学时，继续在粤秀中学教书的1938年名录上的老师是丁毅菴、崔
曾达。林举岱老师，文昌人，1934年毕业于北京师范大学中文系，受林砺儒的影
响，进入勷勤大学师范学院，并在不断改名的学校附属中学任教；新中国成立后
任上海圣约翰大学副教授，震旦女子文理学院教务长，华东师范大学历史系副主
任，是世界近代史专家。

🔸 1937年度下学期广东省立教育学院附属中学教员名单（藏于广东省档案馆）

　　1938年毕业的师范科毕业生是1935年9月入学的，分甲乙两班，乙班毕业生
有章国英、康惠英、黄妙娟、劳惠英、雷帼隽、刘绯云、刘谦铃、刘丽芳、谭淑
坤、关冕东、丁宝蕙、王素雯、老笑轩、李宝如、李爱群、刘佩嫦、范慧贞、区
洁水、陈壁坚、陈桂芳、陈念华、容玉贞、谢松坚、谢振熹、钟人强、钟炳棠、
郑寿年、邝耀枢、谭祥远、谭树煊、杨训聪。大部分学生来自珠江三角洲，也有
来自潮州、文昌的学生，年龄在18岁至22岁之间。

教授们的子女，出生于粤北抗战时期的不少，如国立中山大学法学院刘渠教授的儿子刘攸弘、师范学院马思聪教授和王慕理的女儿马瑞雪、法学院王亚南和李文泉的女儿王岱平、理学院卢鹤绂和吴润辉的儿子等。幼年随父辈来到粤北度过童年岁月的有朱智贤教授和杨云的女儿朱小梅、郭大力教授和余信芬的女儿郭宝璘、洪深和常青真的儿子洪锟、王亚南儿子王洛林。穆木天与彭慧的女儿穆立立、吴大琨和林珊的儿子林本珏、陈守实的女儿陈次青及儿子等，他们也许就读于附小，也许没有到上学年龄就离开。

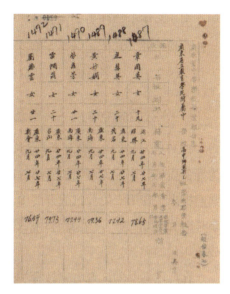

1938年毕业附中师范科名册（藏于广东省档案馆）

三、师范学院与师范教育

教育部1938年9月20日聘林砺儒先生为广东省立教育学院院长聘书（藏于广东省档案馆）

从1933年开始到1939年校名经历了勷勤大学师范学院、勷勤大学教育学院、广东省立教育学院至广东省立文理学院的变化，1935年7月18日勷勤大学教育学院印章启用，虽然校名变化但教职员基本稳定，培养学生的教学方向基本保持一致。1934年制订的广东省立勷勤大学师范学院《学院规程》规定了学院的任务，以培养优良师资，改进中等和初等教育为任务，其中包括培养师范学校师资。1938年制订的《广东省立教育学院学则》第一章第二条规定，本学院教育学系以培养教育学科师资及普通教育行政人员为主旨；文史学系以培养初级中学之国文、历史教师，及高级中学、师范学校之国文或历史教师为主旨，另外数理化学系和博物地理系主旨与文史系相同。除教育学系外，其他三学系在第三年开始，每系均分两组，任令学生选择一组充实其专科学识。改名后的广东省立文理学院基本按照此学则运转。

（一）公立独立学院——粤北的广东省立文理学院

1939年2月28日，教育学院四年级同学推举张本坚、虞泽甫和曾仲壁三同学为筹备委员，向院方申请成立第一届广东省立教育学院同学会。在申请书中，同学们提出"在第二阶段抗战开展中，吾侪之仔肩弥重，其需要互助互励精神，较诸早时为急切"。[7]在章程中，专门有一条是失业同学的互助的条文，体现了战争年代的无奈。

在广西融县的广东省立教育学院在桂专上调查表记录，1938年度统计在校学生共201人，教育学60人、文史学47人、数理化40人、博物地理54人。有桂籍学生20名，从林砺儒给林云陔校长信函档案得知，教育学院11月25日正式上课，抵梧教师已有20多位，学生163人，还有部分师生正在赶来途中。信函提到借用了广西大学一层教室开始教学；生活方面请求大学会计清算学生所交制服费用并尽快汇来，这里的学生均穿制服；校医需求、办公缴费等方面面临的问题；并请求大学对校工对薪金不要打折扣等。[8]梧州战事变化，又迁藤县，后从藤县又迁融县，从教育学院在融县期间预算申请报告档案可知，学院在东廓乡乡公所办公，租用祠宇三间、庙宇一间、民房二间为课室，实验室、办公室和宿舍采用木板间隔。

1939年8月，广东教育厅开始组织广东省立文理学院回迁粤境，1月学校刚从广西的藤县迁至融县。1939年10月18日，院长林砺儒先生电函各专科以上学校及西南各教育厅，告知原校已经迁

⊃ 1938年四年级同学拟准备成立同学会拟定的章程（藏于广东省档案馆）

回粤北乳源，并改名为广东省立文理学院，设立四系并设体育专科。

1939年8月21日批准备案改名为广东省立文理学院后，学院教员总计39人，专任36人兼任3人；教授共23名，兼任2名；专任讲师6名，兼任讲师3名；助教5名。学生191人，一年级91名，二年级30名，三年级26名，四年级44名。上学年度毕业生53名。文史学系系主任为陈守实，数理化学系主任为王赞卿，生物学系、博物地理学系主任为陈兼善，社会教育学系、教育学系主任为张栗原。体育专修科许民辉任主任，教员5人，学生13人。

1938年度上半年即1939年7月共有174名学生毕业，包括教育、文史、数理化及博物地理四学系各一班。

值得关注的是，著名学者李平心、童致稜两位教授均有在广东省立文理学院任职经历，编教材，研究分组，李平心分在公民史地组，童致稜分在算学自然组。

1939年12月，广东省立文理学院附属中学在大学本部从广西融县迁至乳源侯公渡利用地方政治人员培训所旧址后重聚。根据附属中学迁校陆运费的记录，推测出附中迁徙与大学部会合的路线：陆路由开平城至新兴洞口墟，由肇庆城至清远城，其他为水路；随校走的学生有17名。

原建筑破烂不堪，需要重新加建适应教学需要，利用关帝庙作为理化实验室，利用原宿舍作为图书馆，部分民房租用后改造为教学用房。附属中学设立在侯公渡的宋田村，搭建了课室、宿舍、图书馆和实验室。附属小学借用民房。因受粤北会战影响，1939年底学校再次迁至连县东陂。1939年10月至11月举行五次会议拟定各学科课程，12月5日报省政府。导师制推行一周年，导师指导学生生活、学业及社会服务。 成立学生军事管理组后，依照军事管理规定，按步实施。12月，院迁东陂，学生队步行，仍采用行军方式。

迁至东陂复课，院本部租用祠堂7间、民房1间，当办公室、图书馆、理化实验室、生物实验室、显微镜实验室、女生宿舍。新建临时课室8间、男生宿舍4座、体育专科课室及办公处各1座。附中租用祠堂、民房3间，再造3座临时教室。附小租用祠堂3间，重新布置运动场。

在抗日战争时期，连县东陂小镇周边的数个村落成为广东省立文理学院、附中、附小的乡村校园，1940年、1941年和1942年有数批学生在此毕业，1940年毕业的学生称为1939年度第五届毕业生，1940年及后两年也有不少学生在此乡间入学而改变人生命运。1944年夏学校再次迁回，1945年因日军逼近而不得不撤离。

1939年度下半年，校务各项计划中"编纂学术丛书"，已脱稿学术丛书如下：《教育原理新论》张栗原著，《中等教育》王越著，《现代教育社会学》林仲达著，《西洋地理学史》盛叙功著，《广东资源》陈兼善和白玉衡著，《地形学》白玉衡著，《定性分析》A·A·Noyes著、王鹤清译。

1942年7月毕业生是经历广西入学广东毕业的"两广大学生"，1938年入学的教育学系的学生经历多次迁徙在东陂毕业。杨启光，中山人，南海中学高中毕业，1938年9月入校就读教育学系一年级，1942年7月毕业。

1942年教育学系毕业生还有骆其明、谢福祯、陆民安、曾宪书、钟德玉、车乘会等。广东省立文理学院从名为勷勤大学师范学院开始就一直有借读生借读。翁光中，江西九江人，1939年到本校教育学系借读后转为正式生，1938年入读学校为国立师范学院教育学系一年级，为第一届25名教育学系新生之一，在1942年于东陂毕业。有部分学生因为各种原因不得不休学。戴汉坤，广西苍梧人，广西省立南宁高中师范科毕业，考入杭州之江大学

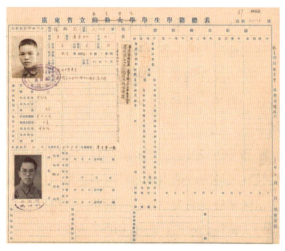
1942年7月教育学系毕业生杨启光学籍总表（藏于广东省档案馆）

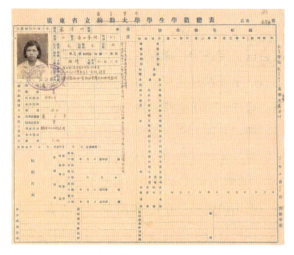
1939年借读生戴汉坤学籍总表（藏于广东省档案馆）

教育学系，"八·一三"事变后不得不返乡，1939年借读于广东省立文理学院，加入1938年入学的教育学系班级，但在第二学期没有回校。从戴汉坤的学籍表上可以获知，她的父母均为农民，其档案与1942年入校的学生档案在一起存放。

（二）特殊的地点与特殊的学习成果

在迁徙中，广东省立文理学院的教授们按照教育部的要求，通过研究实际问题为抗战和国家建设多做贡献。为增加学生学科学习兴趣，教授带领学生就所在地存在的问题进行实际问题研究，提出解决方案。1939年2月《实际问题研究报告表》中，王鹤清教授研究的问题是"初高中化学课程及课本之研究"，四年级学生6人参加；高觉敷教授和王樾教授指导研究的问题是"某厂某部工作效率问题"，三、四年级5名学生参加；张栗原、王樾、郑师许、吴三立教授指导研究的问题是"广西苗猺原始民族与文化研究"，助理研究学生10名；王济仁教授与王鹤清教授指导研究的问题是"中等学校理化教育仪器及图表制作"，助理研究学生6名，为三、四年级学生；盛叙功教授指导研究的问题是"小学乡土地理教育实验报告"，助理研究学生4人，为三、四年级学生。

教育方面同样有理论结合实际问题，从国立暨南大学聘请到广东省立文理学院的教授林仲达在教学中关注战争中的教育问题。广东省立文理学院实行"导师制"，在导师影响下，毕业指导老师是林仲达教授，毕业班同学论文围绕的是战时教育问题，教育学系1938年度毕业生易唯志的论文题目是《战时的农民教育》。林仲达教授指导的学生赖建生选择的题目是《战时成人教育之研究》。林仲达教授指导的还有数位学生，王惠卿同学选择的题目是《战时儿童保育之理论与实施》，崔雪心同学的题目是《战时幼稚教育之研究》。周德闻的指导老师是张栗原教

🔵 王鹤清教授主导的实际问题研究报告表（藏于广东省档案馆）

授，题目为《现阶段的中国教育哲学》。林润萱的指导老师是高觉敷，后改为阮镜清教授，题目是《格式心理学概观》。因为做毕业论文，学院仍在融县，陈兼善教授、梁溥教授指导的学生毕业论文题目联系到融县的地理和生物。文史学系关注地方实际的课题是"广西融县苗猺原始民族与文化之研究"。

1939年同期毕业的教育学系学生还有张本坚、张雄思、梁本盈、周铨盛、周德闻、黄宝琇、苏泰然、杨作远、黄毅、李家驹等17人。[9] 其他系的毕业生中，博物地理学系13人，文史学系13人，数理化系8人。

1939年1月，广东省立教育学院向教育部申请研究经费，提出了1939年度申请计划。博物地理学系猺山植物采集队在申请研

● 1938年度广东省立文理学院教育学系四年级毕业论文题目调查表（藏于广东省档案馆）

究补助费时写道："猺山植物前经中山大学采集，其在学问上之价值早为世界植物学者所公认，惜其标本在广州失陷时不能取去，其中有什九为未研究者。本学院迁至融县，毗邻猺境。现派遣教授率领助教及高年级学生前往。"在"实用地理讲座的经费申请"中写道："本系地学组原有地质学教授一员，人文地理教授两员，自然地理方面尚无专家担任，因国内专习此科者少……"博物地理系的师生在广西期间，为广西地质调查、猺山人类学研究、植物学研究奠定了历史性学术基础，文史学系的师生也结合猺山开展了民族、语言、婚姻、证据、工艺等方面研究，成为猺山人类学开山之作。

1939年5月，广东省立教育学院根据融县地方政府的要求，提交了广西教育厅所要求填报的《迁桂专上学校二十七年度概况调查表》，需要填写的调查表格五张，包括教员名单、课程安排等，有关档案文献反映1938年9月至1939年5月的情况，第四张表格报告了教员名单。原广东省立勷勤大学师范学院时期的教师在名单上，他们同甘共苦、有始有终，教育学系主任为高觉敷，文史学系主任吴三

立，博物地理系主任陈兼善，数理化系主任王赞卿，同系增加的教授有沈启巽教授、谢厚藩教授、杨葆昌教授、林绳庆副教授。其他系增加几位老师，其中文史系有李冷凡，博物地理系有罗清泽教授。章熙林先生在名单中，受聘专任讲师，1942年章熙林在坪石国立中山大学地质系任教，聘为副教授。

沈启巽教授早年毕业于东北大学理工学院，张学良给予公费留学。南迁流亡的东北大学老师还有谢厚藩，他和沈启巽均被广西大学理学院同学会编辑的《理科年刊》聘为顾问。谢厚藩教授原为东北大学教授，东北沦陷，1933年受聘为广西大学教授兼物理系主任。[10]广东省立勤勤大学教育学院迁至广西，谢厚藩教授受聘为数理化系教授，改为广东省立教育学院后继续被聘为教授，广西大学改为国立广西大学后，谢厚藩受聘为理学院院长，后又在国立南宁师范学院任教。

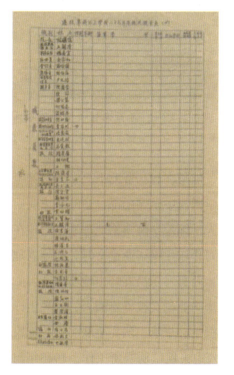

🔄 迁桂专上学校情况调查表，1938年度勤勤大学教育学院教员名单，谢厚藩、杨葆昌、沈启巽、林绳庆、章熙林先生在名单中，受聘为专任讲师（藏于广东省档案馆）

杨葆昌教授1941年任贵阳医学院教授兼化学科主任，1942年国立贵州大学成立时，被理学院聘为教授，新中国成立后，长期在北京师范大学任教。

博物地理系聘请的罗清泽教授，大学就读于北平农学院生物系，毕业后留学日本帝国大学，学习植物病理学，在勤勤大学教育学院受聘为博物地理系教授，后在福建省立农学院病虫害系任系主任，1946年赴台湾受聘于台中省农学院，创办病虫害系，为台湾的微生物学科研究及农业发展做出重大贡献。

杨葆昌教授指导毕业生黄英儒的毕业论文，题目是《融县茶油加氢试验》。林绳庆指导毕业生麦兆娴的毕业论文题目是《连续函数与不连续函数》，林教授同时指导三位学生，刘秀珠同学的题目是《初中算术之研究与推究》，吴汉明同学的题目是《线函数》。

广东省立文理学院辗转在粤北，博物地理系师生将焦点放在秤架山，组织了"秤架山考察队"，博物地理学系1941年的论文，围绕的主题不少是东陂附近的地质地貌与生物植物。

英年早逝的博物地理系学生陈康，是当年东陂广东省立文理学院学生中的佼佼者。1941年陈康同学完成的毕业论文题目是《广东连县东陂之地质》。李星学先生是与陈康同年进入经济部中央地质调查所的同事，新中国成立后长期从事古植物研究，是中国科学院南京地质古生物研究所研究员，1980年选为中科院地学部部务委员。1944年，李星学发表悼念文章《陈康先生传》于《地质论评》，文章中提及，陈康为番禺人，在家为长子，有弟三妹二，幼居香港，

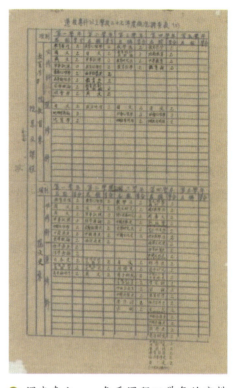

调查表之一，各系课程四学年的安排（藏于广东省档案馆）

当时父母和几个弟妹均在香港居住，家庭贫困，他是在叔叔资助下上学的。陈康1933年毕业于广州第三初级中学，考入勷勤大学附属中学高中部，1936年毕业后在勷勤大学附属小学任教，第二年再入读勷勤大学师范学院博物地理系，学校在东陂时已经改名为广东省立文理学院，在陈康写作四年级毕业论文时，指导老师是白玉衡教授。他毕业后进入两广地质调查所，著有《乐昌九峰山地质矿产》一文。教育部在核审论文时邀请杨钟健先生为陈康毕业论文校外审阅人，杨先生详阅后，特加赏识，乃商之于白玉衡教授，同李汲清、李承三两先生联名推荐陈康于经济部中央地质调查所。陈康1942年9月进入中央地质调查所工作，1943年与许德佑合作发表论文《贵州西南部之三叠纪》于1943年《地质论评》第一期地质专业杂志上，并提交中国地质学会第十九次大会。

陈康是一位热血爱国青年学生，1938年2月在南雄的上空，发生空战，他的堂哥陈其伟驾机与日军军机作战，热血洒在南雄的蓝天上。陈康一直有报考空

❶ 广东省立教育学院1938年度参加集训结业返校学生名单，陈康和陈泗桥均参加在名单上，同为博物地理系二年级（藏于广东省档案馆）

军以雪国仇家恨的愿望，他写过悼念堂兄的文章《哥哥的热血洒遍了南雄的上空》。[11] 1938年9月至1939年1月广东省立教育学院部分学生参加军事集训，1939年2月17日列出的部分广东省立教育学院1938年度参加集训结业返校学生名单，陈康和陈泗桥均在参加名单上，陈康时为23岁，名单上陈泗桥同学的籍贯是东莞，时年20岁，同为博物地理系二年级，参加受训结业学生共16名及广州大学借读生1名。

陈康学生年代首篇论文的灵感来自对东陂街道地面石板存在古生物的痕迹的观察，三年级处女作《连县东陂至连山大掌岭之沿途地质概况》是与陈泗桥小姐合著，课余与同班同学陈泗桥小姐一起考察，他们成为情侣，在交往7年左右准备在陈康先生地质考察归来后完婚。李星学先生悼念文章写道："先生尚未婚，与同乡陈女士交谊凤笃，情爱深挚，七八年如一日；原拟于先生公毕归后，举行婚礼，讵意造化作梗，一去不返，绵绵长恨，无有绝期矣。"

1944年4月，陈康在贵州参加中国地质学会第二十次年会并宣读了研究论文《贵州青岩化石群止检讨》。会后，在无脊椎动物古生物组主任许德佑先生带领下，技佐陈康先生、练习员马以思女士在贵州西部调查地质，4月24日遇匪为学牺牲，时年29岁。1944年中国地质学会设立"陈康纪念奖"，从1945年至1949年，五年间共有6人获得此奖项。[12] 遇难的三位地质学者的墓地设立于贵州花溪。李星学先生写道："一代才华，音徽如昨，梦境依稀；从此青山无恙，幸埋忠骨，花鸟有情，常护基地，翘首白雪松楸，徒增怆感而已，悲夫！"文章落款时间是1944年8月11日。

（三）文理学院的延续——华南师范与粤秀中学

广东省立文理学院离开东陂，1942年暑假后，教育学系毕业生、当时教育学系成绩第一名的易唯达先生，正在广东省儿童教养院任第二院教导主任，受命担任留在东陂的粤秀中学教务长；同届广东省立文理学院文学系毕业成绩第一名的黄庆云，毕业后留在附中任教，当附中改名为粤秀中学，留下继续任教。粤秀中学延续广东省立文理学院的优秀教育传统，接收了原广东省立文理学院和附中、附小的校舍。易唯达在上任后去信桂林向林砺儒老院长请教，林砺儒先生给予的指导意见是"真诚团结老师，相信同学"。[13]粤秀中学在此后继续办学，易唯达同班同学周铨盛毕业后协助阮镜清校长担任附小教务主任，随后到粤秀中学任教，多位广东省立文理学院的毕业生如易唯达同届的文史学系毕业生虞泽甫也受聘成为粤秀中学教师。1946年，粤秀中学迁至惠州，发展成为广东省立惠州师范学校，即今天的惠州学院。虞泽甫先生在新中国成立后被任命为广州市粤秀师范学校即广州师范学校校长，1961年在暨南大学中文系任副主任，后来又在暨南大学复办时任教于中文系，与秦牧、饶芃子等共事，任系副主任。留在粤秀中学教书的还有同届的数理化系学生麦兆娴，她与同班同学曾如阜后来成为夫妇。

1939年数理化系以成绩第一名毕业的曾如阜，高中毕业于广雅中学，后考入广东省立文理学院，毕业指导教授为赵咸云先生，毕业论文题目是有关"Jacobian（雅可比式）"的数学问题。1944年曾先生回校任讲师，终身从事师范教育，华南师范学院成立时，与叶述武先生创建数学系，一直到改革开放恢复高考，他依然孜孜不倦在教学第一线，1980年还出版了《代数三角解题技巧》一书，同年与华罗庚、丁石孙等5人代表中国参加在美国进行的第四届

● 1939年曾如阜毕业论文，题目为"Jacobian"（藏于广东省档案馆）

国际数学教育大会。同期文史学系毕业生蔡英华，是张栗原教授指导的学生，毕业论文题目是《哲学与史学》，1944年将张栗原遗著《教育生物学》整理出版。

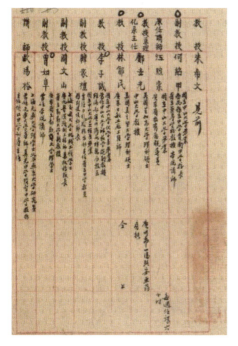

🔹 1945年度广东省立文理学院教职员名册，记录曾如阜受聘任副教授，1944年受聘本学院讲师（藏于广东省档案馆）

🔹 广东省立文理学院教职员名册，曾如阜时年33岁受聘为教授（藏于广东省档案馆）

　　莫熙穆先生是广东省立文理学院战时师范教育培养的优秀学生代表，颇具时代意义。莫熙穆是茂名人，1938年7月从广东省立勷勤大学教育学院博物地理系毕业，1936年在读二年级时就发表《曲江及粤汉铁路沿途地质考察杂记》于《勷大旬刊》，他的毕业论文题目是《蜘蛛形态之初步记载》，成绩优秀。1938年9月留校，正值学院改名为广东省立教育学院，莫熙穆离开在广西的大学本部进入迁徙到开平的广东省立教育学院附属中学，任教生物、地理两门课程，为初中专任教师，时年24岁，薪金98元。在1939年底，他从开平到了粤北与大学部汇合，经历了抗日战争从勷勤大学师范学院到广东省立文理学院艰苦辗转办学路程，此后在附中和学院继续任教，1946年在《文理学报》第2期发表《仑头柳橙与杨桃栽培法及病虫害之初步调查》，1947年《人物》杂志发表文章介绍莫熙穆先生为乡村教育家。华南师范学院成立后，莫先生仍然在学校从事师范教育，曾任生物系系主任。1958年至1960年在苏联科学院植物生理研究所和季米里西席农学院进修。数十年教学成就了学子三千有余，20世纪80年代末，莫先生的研究成果"种植物牧草治理水土流失"运用到"消灭荒山，绿化广东"的政府行动中，莫先生获得全国教育系统劳动模范称号。在1991年中组部知识分子工作办公室编写的《理想奉献奋进：共产党员专家赞》一书收录的《茵茵绿草情——记生物学家莫熙穆》文章详细介绍莫熙穆教授事迹。

⤴ 广东省立教育学院附属中学校1938年度下学期教员一览表，莫熙穆为初中部教师（藏于广东省档案馆）

　　广东省立文理学院第二次到东陂办学仅两个月就辗转迁至罗定，1944年秋又在兴宁设立广东省立文理学院与勷勤商学院联合分教处。抗日战争胜利后，广东省立文理学院1945年11月在广州先从光孝寺复课，1946年注册人数六系共658人，何爵三教授从筹备创立勷勤大学开始，历经14年，返广州后于1946年8月替代罗香林担任院长，修理石榴岗原勷勤大学校舍，9月迁回教育学院大楼上课。[14]1936年在广州石榴岗的勷勤大学教育学院教学楼建设完工，使用一年多

🔸 1947年3月报送教育部的1946年广东省立文理学院社会教育学系的"大学社会教育学教授调查表"（藏于广东省档案馆）

后师生离开此校舍10年，现在回来继续培养师资，保持广东省师范教育薪火相传。1946年的《大学社会教育学教授调查表》显示，返穗后，阮镜清教授担任社教系系主任，讲授教育心理学、社会心理学、普通心理学和儿童心理学；陈子明教授任教务长，讲授教育概论和比较社会教育；徐锡龄教授讲授社会教育概论、教材教法研究等；杨荣春副教授兼总务主任，讲授社会教育行政；陈粤人教授讲授教育哲学、中等教育等；陈一百教授兼训导主任，讲授教育统计学；马鸿述教授讲授课程研究，代代相传，最终成就了华南师范学院知名学府。

四、管埠最后一批师范学院新生

抗日战争时期粤北不仅聚集了一批专科以上学校，也聚集了一批广州、香港沦陷后迁校的知名中学，如培正中学和培道中学联合办学的培联中学、广东省立执信女子中学、广东省立琼崖中学、粤秀中学、师范学院附中等，除了部分高中办师范生班外，数所大学、学院设有师范学院或者教育学系，从中学至师范学院升学有了便利条件。1944年11月入校就读的新生，成为在坪石沦陷前最后一届考入国立中山大学师范学院的学生。

1940年11月，大数学家叶述武教授代表师范学院筹备委员会与当地绅耆约定，共租村民房子24间，全年租金为国币428元8角，11月28日总务长何春帆批准了申请。1945年1月管埠的师生撤离，在此共教学生活了50个月。以下为1944年度国立中山大学学籍表提供的部分信息。

香港罗富国师范学院是香港唯一一所官方师范学院，香港沦陷后，许多学生借读国立中山大学师范学院。石桂珍，高中毕业时20岁，就读于香港罗富国师范学院中文部一年级，借读于国立中山大学师范学院公训系，在自己填写的入学年月和经历一栏写着"于44年度经校方批准，入中山大学师范学院报告登记公民训育系。随接缴费注册上课。坪石沦陷，仓促间与校失去联系，辗转始抵仁化即在仁化区登记"。

1939年国立中山大学师范学院诞生在迁播过程中，培养的学生的作用延续至现代中国的中学教育。

广东省立执信女子中学也迁至乐昌，高中毕业后考入粤北的大学学生不少。李伟德在广东省立执信女子中学毕业后，先进入国立中山大学先修班读书，1944年11月考入国立中山大学师范学院教育学系一年级，时21岁。

何守诚，高中毕业于在坪石的广州培正培道联合中学，1944年10月考入本校，就读于师范学院国文系一年级，时20岁。1944年12月入学。1945年因疏散离校。广州复学时返校

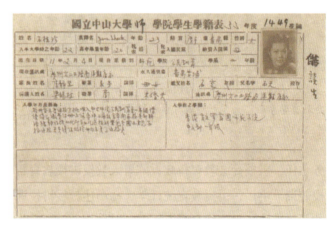

🔹 石桂珍同学入学学籍表，香港罗富国师范学院借读生（藏于广东省档案馆）

🔹 李伟德同学的学籍表，中学毕业于广东省立女子中学，1944年11月入学，就读教育学系一年级（藏于广东省档案馆）

继续学业。

　　坪石私立培联中学成为各大学优秀学子的摇篮，许多学生从坪石培联中学毕业后考入粤北的大学。梁淑贞是从坪石考区考入国立中山大学师范学院博物系一年级。

　　国立中山大学在坪石办学时，在附近省份设立考区，赣州考区就是其中之一，师范学院录取的学生不少来自江西。江西籍学生李先菱，中学就读于江西省立赣县中学，在赣州考区考取国立中山大学师范学院，1944年11月抵达坪石入学，参加新生训练，注册后不久，坪石沦陷。1945年抗日战争胜利后，返石牌中山大学校园复课。

　　在广东省档案馆有一份完整的1944年最后一批进入管埠师范学院新生学籍名册录（档号21-2-0158-0001），部分名单和毕业的中学摘录如下：何惠巧，广东省立广州女子师范学校高中科；徐彩婵，广东省立广州女子师范学校高中科；萧慧萍，国立中山大学附属中学；吴绿湄，广东省立执信女子中学普通科；翟肖英，广东省粤秀中学；谢尊歧，江西省南昌乡村师范学校；范怀敬，

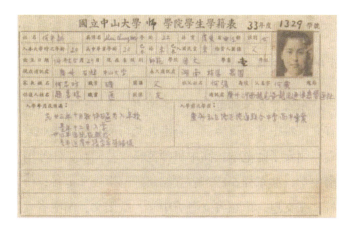

🔶 何守诚同学学籍表，何守诚于坪石私立培联中学高中毕业（藏于广东省档案馆）

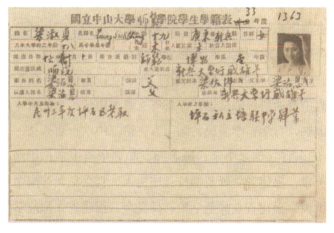

🔶 梁淑贞同学学籍表，于坪石培联中学毕业（藏于广东省档案馆）

私立广州培英中学；曹汝良，浙江省永康县初级中学；谈甫卿，江苏省立第五临时中学师范科；陈遐瓒，国立中山大学附属中学高中普通科，吴琦初，江苏省宜兴私立中学；唐淑芳，私立教忠中学师范科；黄念一，广东省立女子师范学校和私立广

🔸 李先菱同学入学学籍表，高中毕业于江西省立赣县中学（藏于广东省档案馆）

东国民大学税务班；温兆娥，广东省立女子师范学校；游逸生，广东省立广州女子师范学校；梁庆邦，广东省立广雅中学；莫婉德，香港九龙玛丽亚书院毕业并入先修班；陆桂怡，广东省立广州女子师范学校高中班师范科；蒋同政，江苏国立第十九中学；罗宏庆，华南中学；熊东祥，广东省立韶州师范学校师范科；伍毓梅，湖南省立第三师范学校；张文恩，广东省立粤秀中学；欧阳文，湖南省立第二高中师范；吴贤伯，广东省立琼崖中学；黄世元，广东省立南雄中学；周德昌，广东省立琼崖中学；何翊柔，湖南省立第三中学；张东海，自修；刘常文，江西私立赣省中学；李伟如，广东省立琼崖中学；黄玉云，兴宁中学；牛鸿，湖南省立第二师范学校；邱世有，广东省立粤秀中学；李同香，广东省立广州师范学校；何勋明，兴宁县立第一中学；梁瑞英，广东省立广州女子师范学校；麦玉珍，广东省立广州师范学校；李莎青，自修；周灼华，广东省立广雅中学；杨东桥，广东省立韶州师范学校高中普通科；陈从远，广东省立粤秀中学；邓德裕，湖南省立第三师范学校；赵淑娴，自学；李焕民，湖南省立第二中学；唐秀文，广东省立粤秀中学；何杰，广东省立琼崖中学；陈君纬，私立华英中学；丁经生，福建省立福州中学；陈英目，福建省立师范学校；庄树人，宜兴私立苏南中学；福建省立龙溪中学；柯维俊，福建省立师范学校；杨汉余，福建省立师范学校；刘临凡，湖南省私立衡湘中学；谢岳南，广东省立梅州中学；莫仲枝，私立广州知用中学；郑嘉衡，自修；熊翠英，连州中学毕业入国立中山大学先修班；

张星光，广东省立文理学院借读师范学院；许尚钦，由广东省立文理学院借读参加编级考试为三年级等。

从上述新生名册中，可以了解到若干现象，一是新生籍贯除广东外、还有近邻省份如江西、湖南、广西、福建等；二是新生包括借读生和先修班学生；三是设立师范科高中的中学为数不少；四是考生大多毕业于广东省立广州女子师范学校、中山大学附属中学、广东省立琼崖中学、私立培联中学、东陂的广东省立粤秀中学；五是部分新生考入是靠自学的。

广东省立琼崖中学在抗日战争时期迁徙到曲江办学，在师范学院新生中有不少新生来自这一中学。这所中学是海南最著名的中学，后来改名为加积中学。1944年国立中山大学师范学院学籍表中有一份林曼龄同学的学籍表，她是一位终身从事中学教育的好老师，高中毕业于广东省立琼崖中学。

1948年师范学院毕业生林曼龄，海丰梅陇人，1925年5月29日出生，入学时间是1944年管埠危难前，就读于博物学系。表中入学年月及经过填写："1944年9月4日在坪石报考本校师范学院取录，11月14日在管埠注册上课。"

🔵 1944年国立中山大学师范学院林曼龄同学学籍表（藏于广东省档案馆）

2002年9月10日教师节，《羊城晚报》刊载了一篇新闻报道《这份教师节礼物很可爱》，广州第二中学的校友，回到90岁的林曼龄老师身边，年龄最大的学生已经70岁，庆祝教师节，向林老师表达感激之情。同学们送上《林曼龄恩师九十寿纪念影集》，收藏了学生写给她的字画、诗歌、以前学生带她出游的照片。林老师1948年毕业后就在广州二中任教，72岁才离开讲坛，中学教龄长达46年。

五、"坪石先生"远播海外的华文师范教育

不要忘记在抗日战争烽火中保存广州执信中学火种的校长林宝权。离开省立执信女子中学后，1948年8月林宝权教授重新受聘于国立中山大学师范学院，1950年在香港珠海学院任教，1953受邀请赴马来西亚。著名马来西亚华人作家温梓川1966年9月在马来西亚《蕉风》杂志167期发表文章回忆广州和上海的求学生活，他曾在1926年秋在国立中山大学念文科预科，从旁听生转为正式生；1927年11月初写信给国立暨南大学校长郑洪年先生，得到郑先生亲笔复信允准表示欢迎，遂于12月9日到达上海在国立暨南大学中学部师范科就读。时林宝权是师范科主任，温梓川就读高中班师范科二年级下学期，温先生写道："师范主任是一位巴黎大学教育学女博士林宝权先生，她前几年还来到马来亚，在吉隆坡坤成女中当过一个时期校长。她只承认了我部分的学分，要我补读不少的学分，显然有点吃亏。好在念的是'师范'，膳宿学费全部豁免，节省不少钱，因此也乐得多念些无关大体的学分了。在学校，结识许多名师。"在国立暨南大学毕业后温梓川返回马来西亚，继续从事文学创作，成为海外具有代表性的华文作家。

林宝权校长在马来西亚从事教育，桃李满天下，给许多毕业于坤成中学的校友留下美好的回忆。马来西亚第一位女性校长黄丽绥博士回忆到："建房子要打基础，我在坤成6年的学习生涯就像是为房子打好基础一样。我记得求学时林宝权校长很关心学生，而后来我当上校长，也继承她关心学生的思想和态度。"[15] 黄丽绥书法好，当时林宝权校长专门带一本字帖送她给予鼓励，令黄丽绥特别感动，因为林校长既不是华文教师又不是班主任，因为了解学生

🔵 民国教育部全国美术展览会结束后邱代明先生的作品《少女》明信片，由上海大东书局印制发行，肖像中人物是林宝权（藻予）

的特点而给予关爱。毕业后林宝权校长又邀请黄女士回母校任教。黄丽绥后来获得化学博士学位，创办华文大学拉曼大学时，应邀成为创校的校长。

⊃ 民国教育部全国美术展览会结束后邱代明先生的作品《读报》明信片，由上海大东书局印制发行，从人物形象推断是林宝权女士的肖像。

在东南亚的华文师范教育和师资培养中，"坪石先生"功不可没。抗日战争时期在管埠的国立中山大学师范学院教授林宝权、王秀南、谢诗白、严元章、章熙林等诸位先贤，20世纪50年代成为东南亚华文教育界举足轻重的领军人物。严元章是国立中山大学研究院研究生，毕业后留校经历迁徙的全过程，后留学英国，获得教育学博士学位，1951年受邀请在马来西亚多所华文中学任校长，1960年赴新加坡南洋大学任文化学院院长。

章熙林，国立中山大学地质系第二届毕业生，1938年度受聘于勷勤大学师范学院博物地理系专任讲师，经历了勷勤大学师范学院转为广东省立教育学院的过程，

⊃ 20世纪20年代里昂中法大学的中国女学生集体合影，包括护送的人员马夫人及其家眷，林宝权在后排左起第四位

经历迁徙之苦难。章熙林于1936年与张作人合作出版《古生物》一书，在坪石于1942年受聘为理学院地质系副教授，他的夫人景女士任教于中山大学附中。章熙林著述甚丰，1947年著作《尼泊尔新志》出版，对东南亚的研究至今仍然有借鉴意义，1954年有专著《南洋的石油》。在新加坡南洋大学成立后被聘为历史地理学系主任，1958年作为"南洋大学教授团"成员，出席马来西亚吉隆坡雪莪兰官立华文高等师范学校同学会主办的为期十天的研讨会对华文教育予以支持，主讲《科学地理学的新观念》，严元章博士也出席研讨会，主讲《教育的法令学理与事实》。[16]20世纪50年代众多"坪石先生"在东南亚坚持维护华文教学的权利，为中华民族文化传承、华文学校独立地位奋斗终生。

当年的"附属中学"和"借读生"是战时大学的重要特点，感谢在炮火中保存学院档案的前辈，使我们能够还原历史。"附属中学"被今天的华南师范大学附属中学和广东省实验中学所传承，因为前辈的呵护，才有今天百年名校的火种继续发扬光大。

2020年3月10日完稿于北京铁道大厦

注释：

［1］广东省档案馆藏档案，档号21-1-0003-00015。

［2］广东省档案馆藏档案，档号21-2-0034-0048。

［3］广东省档案馆藏档案，档号21-2-0004-0009-0003。

［4］广东省档案馆藏档案，档号21-1-0009-0004-0002。

［5］广东省档案馆藏档案，档号21-1-0009-0004-0140。

［6］广东省档案馆：《广东省档案馆藏抗战档案选编》，中华书局，2020，第428页。

［7］广东省档案馆藏档案，档号21-1-003-0025。

［8］广东省档案馆藏档案，档号21-2-0004-0012。

［9］广东省档案馆藏档案，档号21-2-0179-0004。

［10］《广西大学周刊》1933年第5卷第1期。

［11］李星学：《陈康先生传》，《地质论评》，1944。

［12］中国地质学会地质学史委员会：《地质史论丛》（第二辑），地质出版社，1989，第103页。

［13］易唯达：《缅怀敬爱的院长林砺儒》，《林砺儒教育思想研究》，广东高等教育出版社，1990，第174页。

［14］广东省立文理学院出版组：《文理学院院刊》（第一期），1946。

［15］http://www.kcalumni.org.my.

［16］陆庭谕：《京华风雨、鹿鸣呦呦——华教征途从头越》，东方企业有限公司，2005，第33页。

国立暨南大学与粤地的历史缘由

——兼对广东省立勤勤大学的师资补遗

　　国立暨南大学在抗日战争动荡年代迁徙至建阳，在五岭山脉群山中，与国立中山大学、广东省立文理学院同行，暨南先师们在广东省立文理学院、国立中山大学、建阳的国立暨南大学、蓝田国立师范学院、桂林师范学院、厦门大学等留在五岭群山中的各高等教育机构间流动，"读书不忘爱国不忘爱校"，终于迎接到抗日战争胜利。在和平年代，粤地珠江养育过的暨南大学血缘根脉，沿着抗日战争粤北先师烽火育人的足迹，再次翻越南岭，于1958年落地生根于广州。

一、从都市到山区的暨南先师

　　国立暨南大学老师首次南移，发生在1932年"一·二八"事变之后，勤勤大学建立之时；1937年后，又一批曾在暨南大学任教的教授南下，进入广东各高校；但1938年广州沦陷，老师们开始随校辗转。国立暨南大学逃离战区的经历较为特殊，1927年6月11日，暨南大学正式称为国立暨南大学，设有商学院、文学院、理学院、教育学院和法律系，对应华侨在海外的需要。中学初中不分科，高中分普通、农、商、师范四科，设立实验小学为师范科实习场所。[1] 1932年上海"一·二八"事变爆发后师生第一次撤离校区，同年9月部分师生又回上海继续学业，1937年6月还举行体育馆动工仪式。1937年战事紧张，8月学校在租界租房开始设立办事处。1937年9月13日，上海真如地区再一次受日军炮火轰炸，校舍被毁。1937年11月宣布迁校江西，派先行师生60多人赴江西进行初步布置，南昌的万寿宫是初选校址及大学部所在地。但1938年1月民国教育部要求国立暨南大学不迁移而是留在租界。1941年夏，暨南大学校长何炳松派商学院院长周宪文等到福建建阳选定童游镇文庙为校址，1942年1月分批内迁。

（一）国立暨南大学在广州第一站——1932年的广州文明路22号

国立中山大学位于广州文明路，这里是广州重要的教育、文化中心。1932年，上海城市人口300多万，有高等学校33所，公立约占27%，私立约占73%，[2] 教育人才高度云集于上海。部分暨南先师从上海到广州，选择受聘的大学主要是两所，国立中山大学和勷勤大学。南下大致分两阶段，第一阶段曾有暨南大学任教经历的教授因仰慕孙中山先生而南下广州，第二阶段是上海"一·二八"事变爆发后。1938年广州沦陷，1932年后因上海真如地区沦陷于日军炮火而避难于广州的暨南先师，没有想到6年后再次进入辗转动荡的教学生活。当时的在校师生在战争爆发后逃离战区，几经辗转进入偏僻的粤北山区。

在1932年初上海"一·二八"事变时，上海的国立暨南大学校区沦为战场，大部分师生在国立暨南大学所在地真如的火车站搭上火车逃往苏州，中学部借用苏州工专校舍上课，大学部在上海赫德路、新闸路租房上课，部分暨南大学师生南下广州，借用广州市立师范学校和国立中山大学的课室上课。

在广州的教学延续，郑洪年校长南下后召开学生座谈会，与广州国立中山大学洽商，在中大借用文学院课室为大学继续教学使用，借用广州市立师范学校的小学部为中学教学所用。1932年4月7日，暨南大学在粤的大中学生在广东省教育会礼堂举行开学典礼，参加的学生有500多人。暨南大学驻粤临时办事处设立于文明路22号，并成立以陈中凡教授为主席、黎国昌等教授为委员的特别校务委员会。[3] 李石岑此时执教于国立中山大学哲学系[4]，1932年3月受聘，3月11日已经在广州文明路中山大学校园讲授"希腊哲学""尼采哲学"[5]，此时又受聘为留粤的暨南大学学生继续上课，7月李石岑因暨南大学重返上海真如辞职离校，在粤的国立暨南大学大部分师生9月回上海本部，李石岑教授负责文学院教育学系教育组的教学。

在国立暨南大学1932年复学开学前，在整理因战火严重受损的校园的同时，国立暨南大学教授们仍然投入社会教育中。在1932年7月3日至8月5日由上海教育会主办的夏令营讲学会，国立暨南大学校长郑洪年先生以上海教育会理事的名义担任主任，陶百川先生为副主任。李石岑先生担任讲师，讲的科别是"人生哲学"，洪深先生讲授的科别是"电影与戏剧"，陶百川先生讲授科别为"劳动问题与劳动法"。因为郑洪年校长为此次活动主任，除了哲学家李石岑教授外，国立暨南大学也有不少知名教授参加，包括外国文学教授顾仲彝、心理学教授张耀翔、文学教授曹聚仁等。李石岑1920年毕业于日本东京高等师范学院，回国后在商务印书馆当编辑，1928年再赴法国、德国留学，1930年底回国，曾在大夏大学、国立暨南大学、国立中山大学任教，著有《中国哲学十讲》《哲学概论》和《人生哲学》等著作。

李石岑教授于1934年10月29日因病逝世，年仅42岁。1934年《暨南校刊》（广州）出"追悼李石岑先生专号"，是由上海国立暨南大学印刷，在广州发行的特刊，多位学界名流、同学老师发文悼念。其中一篇作者为陈凤仪，在《李石岑先生》的纪念文章中写道："哲学家李石岑先生因病不治竟于28日溘然逝世，噩耗传来，我们的内心里隐伏着无限的感伤！自从'一·二八'之役，暨校南移，迫得随众棹归借中山大学，那时李先生应该校的聘，偶尔相逢于轮上，这时，我初次的认识他，舟中无事，相与畅谈，初由古人身世谈到当代的哲学，再由做人必先认识自我谈到发展自我的精神，在谈话间，他的态度极为坦白，而自然，这一次的同舟畅谈，我可算认识了他的思想，他的为人和怀抱我虽不敢自以为怎样确切地了解，然而总觉得他是时常有很好的印象给我。"[6]

当年的文明路22号现在已经更改门牌号次序，道路号码编排在快速城市化改造中变得不成系统。文明路是1920年市政公所拆城墙城基走向形成的，这路段的城墙在清末有两座城门，分别是文明门和南门，先有文明门后有文明路。查1934年出版的《广州指南》，文明路20号是广州合浦同学会，文明路17号为广州赤溪学会，文明路22号应该处于现在德政中路和越秀中路之间，推测为现在广东省立中山图书馆原国立中山大学对面有骑楼的历史建筑之一。

（二）创建后辗转

1924年2月4日在孙中山先生直接关心下，国立广东大学整合数校成立，1926年改为国立中山大学。暨南大学于1927年改为国立暨南大学。战争爆发后，国立高校相互照顾，理所当然。在真如沦为战区时，暨校南移，部分师生得到国立中山大学的帮助，粤籍教授留粤，粤地教育也得到多名原国立暨南大学教授加盟，特别是勷勤大学师范学院即后来的广东省立文理学院。

参与广东省立勷勤大学师范学院创办或者早期加入的曾为暨南先师的著名教授有黎国昌、高觉敷、陈兼善、王济仁、盛叙功等名家。原暨南大学生物学系著名生物学教授黎国昌先生从参加1933年9月12日第二次会议开始至1934年6月12日，参加师范学院院务会议共38次，留存于广东省档案馆的会议记录中有他的签名。[7]

1933年9月5日，勷勤大学师范学院召开第一次院务会议，1935年7月改名为勷勤大学教育学院。1935年9月17日，林砺儒院长召开使用勷勤大学教育学院名字以来的第一次会议。1936年改名后的教育学院四个系的系主任分别是吴三立教授、王赞卿教授、高觉敷教授和陈兼善教授。1936年10月9日，年度第二次院务会议首次在石榴岗新校舍举行，尚仲衣先生出席会议。[8]战火逼近广州，1937年10月7日勷勤大学教育学院颁布迁校至广西大学的计划。在1937年至1939年又经历数次改名的阶段，开始迁徙前改为教育学院，1937年11月5日教育学院第一次会议是在梧州平桂镇百花街1号召开，林砺儒、高觉敷、郑师许、陈兼善、白玉衡、王鹤清、王赞卿、何爵三、钟鲁斋、吴三立、徐瑞麟、张维新、杨葆昌、张西堂等参加第一次在广西的院务会议。林仲达、盛叙功、张栗原、梁溥、何绍甲等教授陆续赶到梧州。此后院务会议在多个地点召开，在云盖山云盖路44号、临时校舍均召开过会议，除在广西大学借用课室外，租借多处楼房为课室、宿舍，在梧州九坊街51号为院部办公处，九坊街97号为第二宿舍。1938年9月再次更名为独立的广东省立教育学院，正值梧州战情紧急，炮火中广西大学理工学院被炸。广东省立教育学院1938年10月底再迁广西融县东郭乡，距离梧州90千米，此时广东省立教育学院依然维持运作，11月7日继续恢复上课，借用复兴中学旧址等办学，还在复兴中学旧址设立博地系生物实验室。

在1937年战火烧至广州时，大学附属中学与大学本部分开迁至开平，1939年在丁景堪校长带领下从开平的百合墟出发，经过开平县城、肇庆、四会、清远、英德、曲江，最后抵达乳源侯公渡校本部，即原地方干部培训学校校舍原址，与大学部会合开始建设战时的校舍。

1939年下半年广东省立教育学院奉令改为广东省立文理学院，本院学生有

240多人，教职员工40多人，从乳源侯公渡迁至连县东陂复课，广东省立文理学院留存档案《1939年下半年行政工作计划对照报告》记述了东陂校区建设："院本部租用祠堂七间、民房一间，为办公处、图书馆、理化实验室、生物实验室、女生宿舍等用，另造木架棚房建筑有课室八间，男生宿舍四座，体育专科课室及办公处一宇三间。运动场所重新布置。计有田径场一，球场二，器械操场一，又须添置器械操用具。"在战争年代，饱受苦难的中国教育家们在另一条战线坚持抗日救亡，"移动的校园"带来生活的艰苦，但烽火育人保证每年都有学生毕业，创造人类教育史上一部伟大而悲壮的英雄史诗。

郑师许先生在东南大学毕业后，曾在上海执教过国立暨南大学、大夏大学和交通大学。1934年，郑师许教授在交通大学教书时，应约写了命题文章《上海的将来》。他在暨南大学任教是20世纪20年代末，与翟俊千副校长是东莞老乡。1936年12月27日第八次院务会议在广州石榴岗新校舍召开，会议记录档案中有郑师许先生签名，可以佐证郑先生开始参加教学活动。[9] 1936年3月1日上海博物馆开放，郑师许先生被上海市政府任命为上海博物馆艺术部主任。1937年6月29日与馆长胡肇椿曾一起写信请求文物专家重熙先生支持上海博物馆，恳求将海南岛黎族使用生活用具寄存本馆。1936年10月出版的博物馆介绍人员名单显示，郑师许先生仍然是博物馆艺术部主任。综上分析，郑师许先生是从1936年底就开始参与勷勤大学教育学院教学，推测受聘为广东省立教育学院教育学系专任教授是在1937年度至1938年度。接下来两年，郑师许在西迁的无锡国专任教，1940年受聘回粤北坪石管埠国立中山大学师范学院任教，成为"坪石先生"。

中国著名心理学家、教育家高觉敷教授，与暨南大学和勷勤大学师范学院均在20世纪20年代至30年代结缘。高觉敷1916年考入北京高等师范学校英文部，1918年作为优秀生被选送香港大学学习，1923年获得文学学士学位。1923年至1926年，在上海的真如，高觉敷先生在暨南学校师范科教授心理学和生物学，后受聘于国立四川大学。1933年，他来到广州，在广州市立师范学院的旧址，即双门底处的粤秀书院开始在粤5年的师范教育，被聘为教育学系系主任，经历了勷勤大学师范学院到广东省立文理学院办学的全过程。高觉敷先生在纪念林砺儒先生的文章《缅怀著名爱国学者林砺儒》中写道："我于1933年接到林老师的电讯，邀聘我到他所创办的广州勷勤大学师范学院任教心理学，那时，北京、南京、广州、武汉、成都、沈阳六所高等师范学校，除北京高师外，都改为普通大学。因此，勤师成立时，与北高师南北对峙，可称'双绝'。"[10]高觉敷在文章最后提及："1938年梧州岌岌可危，文理学院北迁融县。我一再接中山大学电，说我在广州时培养的教育研究所的硕士研究生钱苹修业早已期满，急待我去澄江为她结业。得到了林老师同意，与妻儿别离，单身前往。原定在钱苹毕业后回融，终因交通困难，未能践约，成为文理学院的'逃兵'，有负林老师的信任。在他百年诞辰时，恳切地表示我这一终身遗憾。"高觉敷曾在暨南学校师范科任教，1926年离开，到了上海商务印书馆编译所任主任编辑，编译了大量西方心理学名著，特别是弗洛伊德的著作。林宝权女士进入暨南大学是1927年，处于暨南学校师范科转变为国立暨南大学教育学院教育学系时期，接上高觉敷先生的接力棒。

1933年8月1日，勤勤大学师范学院开学，林砺儒是大学的教务长兼师范学院院长，1933年6月13日广州市政府发出委任状任命林砺儒为师范学院院长。勤勤大学是省市分担出资，对林砺儒先生的任命由广州市政府提请，广东省政府同意后颁布。[11]勤勤大学师范学院成立后颁布的《勤勤大学师范学院规程》规定师范学院内设立文史学系、数理化学系和博物地理学系，文史系分国文组和历史组，数理化学系分数理组和理化组，博地学系分地学组和生物组，各系学生第三学年开始分成两组。1933年11月明确师范学院由广州市教育局监督，此规程送广州市教育局察核备案。

1933年统计，勤勤大学师范学院教员47名。勤勤大学师范学院的高、初中学生约600名。勤勤大学设立附中，1933年12月的调查表显示，附中教员为47名，5名为女性，在校生642名。附中的师资与学院互通，中学的课程讲授具有非常高的专业水准，如地质学家徐康泰担任附中老师，1933年出版了《岩石学》专著，在勤勤大学师范学院被聘为副教授，新中国成立后是中南矿冶学院教授。心理学家阮镜清担任附小校长，一直保护学生经历战火回到广州复学，阮镜清先生在新中国成立后是华南师范学院心理学带路人和开拓者。

1935年广东全省统计失学儿童227万，为普及全省小学教育，必须加快培养师范师资，以此为第一要务，林砺儒上任后将此作为学院的主要目标。勤勤大学师范学院制订的《勤勤大学师范学院学则》第二条，明确学院培养中学和师范师资。工学院、商学院的学生有志于从事中等教育者，在第三学年须修教育学科课程。[12]1936年师范学院改为教育学院，林砺儒仍然为院长，1938年独立为广东省立教育学院，林砺儒仍然为院长，1939年改为省立文理学院，林砺儒继续担任院长。1939年6月广东省立文理学院制订了独立学院的新学则和组织大纲报时任广东省教育厅长许崇清，并报教育部。

勷勤大学师范学院最重要的学术期刊是《广东省立勷勤大学师范学院季刊》，发表的论文多为学院教授们的力作。为了保证学术水平，出版学术期刊之前，1934年2月27日成立了编辑委员会，委员有吴立三、高觉敷、黎国昌、李简君、何爵三、王鹤清、杨玉庚、崔铭琪、王济仁、沈练之和陈启镕。

陈兼善先生在季刊发表的《细胞学略史》是授课《组织学》的第一章讲义，从系统性、学术性可知道当时生物学系课程的质量。[13]陈兼善出生于1898年，浙江人，毕业于北平师范大学博物部，任教于国立中山大学生物学系时，曾到西沙群岛调查生物资源。1925年，陈兼善与后来在建阳任暨南大学校长的何炳松合作出版了《教育短评》，为《教育丛书》之一，由教育杂志社出版。1931年至1934年间，陈兼善在巴黎自然博物馆和大英博物馆进行深造研究，1934年9月回国，曾任教国立暨南大学、大夏大学和国立中山大学。在广东省立勷勤大学生物学系任教，受聘为博物地理系主任，经历了勷勤大学教育学院和广东省立文理学院变化过程，抗日战争期间随林砺儒院长辗转多地，在连县东陂任教。1940年9月，陈兼善所著的《古地理学》由商务印书馆出版。抗日战争胜利后赴台湾参与接管博物馆，出任台湾博物馆首任馆长、台湾大学教授、东海大学生物学系主任，是中国台湾动物学奠基人。晚年回大陆定居，得到方毅副总理接见。

陈守实用"陈守寔"的名字发表了《关于东西汉学家考证中国边疆史地的态度问题》，是具有"辣味"的批判性文章，直接点名傅斯年的《东北史纲》粗制滥造，缪凤林琐屑的批评自坏学术抗战的阵线，日本学者矢野仁一的歪曲论证，甘作日本军部走狗而轻视学术的尊严。[14]陈守实，江苏武进人，勷勤大学师范学院成立时已经到任，在连县东陂时是广东省立文理学院历史系教授。陈守实先生1925年入清华研究院专攻明史，以梁启超为导师，写成《明史稿考证》专著。毕业后在南开中学任教，1930年在上海大夏大学任教，1931年南下广州在国立中山大学任副教授，1933年在安徽大学继续执教，是《资本论》和《剩余价值学说史》最早的研究者之一，在广州通过何思敬先生接触马克思经典著作，在安徽大学精读《资本论》五遍，并运用于中国古代史研究。[15]1934年重返广州勷勤大学任教，从此至1942年经历了勷勤大学至广东省立文理学院全过程，1939年被聘任为文史系主任。

王济仁是浙江乐成镇人，1918年从温州师范学校毕业，赴日本东京工业大学机械科攻读工科，1923年毕业回国。曾任山西斌业机械专门科教授，上海兵工厂技师，后受聘在真如暨南大学和中国公学任教。1927年开始王济仁为暨南大学中学部数学老师，著有《平面立体几何画法》一书，于1928年出版。1932年任国立暨南大学中学部主任。1933年王济仁教授来到粤地任教，师范学院院长林砺儒为他写了加薪申请函，体现了对人才的关怀。在勷勤大学师范学院成立时到广州任教期间，王济仁著有《实用力学》一书。

1933年9月5日，勷勤大学师范学院举行第一次院务会议，国文系以宋韵冰为系主任，自然科以甘伟才为系主任，数学科以关元藻为系主任，英文科以温心园为系主任，社会科以陈启镕为系主任，教育科以刘檀贵为系主任，胡根天为艺术科主任，张维新为体育科主任。[16]同年9月12日的第二次院务会议，王鹤清、黎国昌等教授参加，会议确定9月20日为大学开学日。黎国昌教授当时已经离开国立暨南大学进入勷勤大学师范学院，是最早参与勷勤大学创办的暨南先师之一。最早参与创办的还有王鹤清教授。王鹤清先生毕业于北平师范大学后留校任讲师，是林砺儒在北平师范大学附属中学任校长时期的同事，担任教务长。当勷勤大学师范学院开办时，他又协助林砺儒院长，一直跟随并成为其最得力的支持者。王鹤清教授1932年出版教材《初中新算术》，1933年出版教材《新标准高中实用化学》。

1935年8月，学院在原来附属高中师范科的基础上成立教育学系。高觉敷成为首任系主任。

1938年10月，粤地战事紧张，学院开始迁往广西梧州，1938年11月迁往藤县，1939年1月迁往融县，1939年8月迁回广东乳源再转迁东陂。林砺儒在为张栗原著作《教育哲学》作的序中说与张栗原共事足四年，就是从勷勤大学教育学院一直到改名为广东省立文理学院。东陂的广东省立文理学院办学是从乳源县侯公渡转此，在1940年1月开学。

（三）暨南先师在粤北的教学

广东省立文理学院东陂时期任教老师中，部分为广东籍教授，最多的是浙江籍教授，其中曾有上海国立暨南大学教学经历的不少。广州国立中山大学、勷勤大学师范学院成立时，粤籍教师回归广东，曾在国立暨南大学任教的郑师许教授就是其中一位。同时上海"一·二八"事变后的局势仍然令人担忧，广州因此吸引了一批在上海任教的浙江籍老师来粤任教。抗日战争上海沦陷前后，从上海到此的浙江籍、江苏籍教授占的教席甚多，大师众多。通过查阅1933—1935年勷勤大学师范学院院务会议记录，可以确定几位暨南先师最迟进入勷勤大学师范学院的时间。陈兼善1934年11月有出席会议的签名，1935年4月盛叙功、王济仁等已经成为图书委员会委员，1935年6月26日的院务会议通过若干议决，已经有盛叙功的签名。

陈守实、盛叙功、陈竺同、许杰等均加盟勷勤大学，为创建勷勤大学师范学院的主要教授，他们与郭大力先生来往较多，多数在上海时期已经认识。1940年学年的秋季，郭大力在广东省立文理学院任教时，在陈守实先生为系主任的文史系开设"政治经济学""历史唯物论"等课程。陈守实先生1939年任系主任，他们合作主讲，设定有特色的课程。曾在国立中山大学、国立暨南大学任教的张栗原教授，在广东省立文理学院是教育系的系主任，他讲授"新哲学"课程传播马克思主义理论。[17]

盛叙功，浙江金华人，1923年毕业于国立北平师范大学史地部，1928年赴日本研修经济地理。在上海受聘为国立暨南大学史地系教授兼主任，在国立暨南大学任教五年。根据留存的档案，1933年9月进入广东省立文理学院；辗转粤北在东陂时已经43岁，任广东省立文理学院教授兼训导主任。当时已经出版《西洋地理学史》，在东陂和建阳的教学均得到同学高度赞许。新中国成立后，又回到北京师范大学任地理学教授。他还是西南师范大学经济地理学科创始人。

陈竺同出生于浙江永嘉县，1915年毕业于浙江省立师范学校，1919年进入南京支那内学院学习印度哲学。1927年加入中国共产党。后留学日本东京帝国大学研究院专门研究印度哲学。在上海时发表了多篇关于南洋、印度及海上贸易文章刊于《南洋研究》，如《南洋输入产品史考》《唐代元朝的南海舶政》《汉魏以来海外输入奇香考》，在《暨南学报》发表《元代中华民族海外发展思考》《汉魏以来异域色料输入考》，都集中在1936这一年。在广东省立文理学院为文史系教授，时年47岁，当时已经有著作《中国上古文学史》等，后著有《中国戏剧史》《中国哲学史》等。1943年转赴桂林师范学院，与林砺儒再次同事，著有《中国文化史略》专著。新中国成立后，在广西大学任教，1953年调入中山大学，惜1954年因病去世。

潘祖彝，留日于日本岩仓铁道专科毕业，在东陂时任广东省立文理学院教务长，在1943年7月受聘到管埠的国立中山大学师范学院任教授，是对中国易经有深入研究的名家，1945年病逝。

许杰，字士仁，浙江天台人，1939年8月抵广东省立文理学院任教。他曾在安徽大学、暨南大学任教，与鲁迅有来往，39岁时带着家属生活在粤北小镇，《跳蚤的故事》就是此时完成的。1939年夏，许杰受聘于文理学院文学系，在东陂他在《文理月刊》发表了《教育工作者的任务》《逼近胜利的路上》等文章。许杰、盛叙功、陈守实等在6月离开东陂，赴建阳的暨南大学任教。许杰刚解放时担任华东师范大学文学系主任。[18]

许杰曾在中山大学预科教国文，两年后受聘安徽大学任教授，三年后，又受聘上海暨南大学任教授。1937年抗日战争全面爆发后离开上海，先回天台家乡，主持大公中学校务，后到粤北广东省立文理学院当教授两年，其后又转回闽北，应邀在建阳协助周宪文筹办建阳的暨南大学任注册科主任，当了四年中文系教授，兼任中文系主任和教务长等职务。直到抗战胜利后重回上海，1949年被聘为复旦大学中文系教授，院系调整，任华东师范大学中文系主任。这是1979年8月许杰在《关于我自己》一文中的回忆。[19]

1937年尚仲衣辞职，国立暨南大学教授、图书馆馆长林仲达受聘代替尚仲衣的教职。林仲达，浙江瑞安人，入校时间为1937年2月1日，时40岁。林仲达为东南大学教育学士，曾在日本任商务印书馆教育杂志编辑，曾在安徽省立安徽大学、湖北省立教育学院任教授，在暨南大学任教授和图书馆馆长。1934年当国立暨南大学成立"海外文化事业部"时，林仲达任研究股股长。在1929年至1930年发表过多篇苏联教育的文章在《教育杂志》上，此后有多篇南洋研究文章发表。林仲达在勷勤大学任教讲授的课程是"社会教育学""英文名著"和"教育概论"。同时入校的还有聂西生教授，河北人，时34岁。聂西生在北平中法大学毕业后，赴法国留学，获得巴黎大学文学博士，曾任北京大学、东北大学教授，入校后讲授的课程是西洋通史、历史研究法、史部目录。勷勤大学教育学院又增添两位教师。

当林砺儒受聘于桂林师范学院任教务长时，林仲达后来也到桂林师范学院任教育学系主任。抗日战争胜利后，林仲达出现在台湾省立师范学院1947年的教职员名单上，为教育学系的教授，同系的还有高觉敷先生于国立中山大学在澄江时期的研究生钱苹，也已经被聘为教授。陈兼善先生为博物系的兼任教授。[20]

洪深1926年开始在上海任教于国立暨南大学和复旦大学，国立暨南大学文学院外国文学系是1932年9月调整改名的，洪深在此任教至1933年。1928年4月在上海与田汉为迎接欧阳予倩一行时，在宴席间建议"爱美的戏剧"改用为"话剧"为大家接受，此时洪深先生在暨南大学任教。1929年暨南大学学生组织"未名剧社"，洪深亲自指导。1932年国立暨南大学从广州等地重回真如，9月开学，洪深在文学院任外文系主任。

在坪石国立中山大学，洪深受聘为文学院外国文学系主任，讲授课程是戏剧选读、分期英国文学、欧洲名著选读、英散文选读及作文等。1941年7月洪深先生填写的简历表明其于1940年10月到校，时48岁，两女儿8岁洪铜和14岁的洪钢在贵州桐梓县第10保育院，一儿子洪镇24岁可以在桂林自立。在坪石，洪深先生住坪石陈家坪14号，最小的儿子洪锟7岁随父亲洪深和母亲常青真来到乐昌坪石。

1941年8月15日，广东戏剧界举行欢迎洪深抵韶大会；1942年5月中，在坪石演出话剧、歌舞剧期间，国立中山大学的张泉林、王启树、洪深、许幸之教授参加抗敌演剧七队学术讨论会。[21]从抗宣一队和剧宣七队大事记中，可以得到结论，洪深先生热情地投入社会抗日话剧运动；结论之二，1942年5月著名导演许幸之先生已经在坪石；结论之三，新中国成立后广州暨南大学创办者之一张泉林先生，曾在粤北与原暨南大学教授洪深先生相遇。

从留存的档案中发现，洪深先生受聘于国立中山大学文学院后，曾计划聘用焦承志（焦菊隐）到英国文学系任教授并向学校提出建议。1941年7月许崇清函复洪深，同意聘请焦成志任文学院英国文学教授。但焦承志没有成行。洪深先生

1942年5月有他去之意，张云代校长再三挽留[22]，1942年6月8日张云代校长为洪深先生及其家眷四人开具赴渝通行证明，随带行李包括铺卷五件、箱一件、皮包二件、书籍八包。国立中山大学出具的证明书写了"公毕返校"，但洪深先生没有回校。[23]

（四）从粤北到闽北：重返国立暨南大学战时校园

国立暨南大学在校长何炳松组织下，1942年迁至福建建阳，1946年才回上海。在粤北各大学任教的老师，多了一个可选择的去处，校方开始主动招揽师资。

许杰最早被邀请到建阳协助建阳暨南大学的开办，负责注册事务和中文系。离开东陂到建阳，许杰与陈守实先生、盛叙功先生三家一起分乘三艘民船从东陂沿江而行，经过三天三夜水上生活到达曲江，许杰乘长途汽车沿着破损严重的公路颠簸抵达建阳。[24]1942年许杰任建阳的暨南大学教授，参与筹建，1942年5月4日何炳松校长抵达建阳时，许杰已经在校。1944年9月任代教务长，盛叙功任总务长，1944年底学生闹"学潮"针对许杰和盛叙功，许杰只能离开，步行几十里山路到崇安，1945年初盛叙功全家也一起来。曾随许杰在东陂生活的儿子许完白不幸在崇安因病去世，当时盛叙功太太在场，盛叙功马上赶来帮助料理后事，小孩葬于崇安，墓碑为许杰所书"天台许完白之墓"。许杰因此大受打击，1947年短篇小说《梦的埋葬》便表达了对儿子的怀念。后来许杰赴江西铅山任《前线日报》编辑。

陈守实1942年下半年离开东陂返回浙江，在浙江金华停留了数月，与新四军有接触，数月后徒步到建阳暨南大学任教，开设明史研究、史学概论课。陈守实在艰苦情形下，选择了建阳的国立暨南大学。陈先生1944年8月回到苏南，在中学临时授课。抗日战争胜利后返上海，在之江大学兼职教授，1946年8月重返南方羊城，在石牌国立中山大学文学院任教授，开设历史哲学、史记研究课程。1948年7月学期结束后回上海，1949年2月后到复旦大学任教，为复旦大学中国古代史教研室主任，任教期间对中国古代土地占有关系史的研究具有里程碑式的学术水准。陈守实在复旦大学待了25年一直至1974年离世。为报答林砺儒在广东省立文理学院共同奋斗之情，陈守实曾在1950年到北师大上了一个半月的课。1984

年出版了陈守实的遗稿《中国古代土地关系史稿》，该书从第一章《秦以前的土地问题》推演至第六章《明清土地问题》。[25]

1938年在广东省立文理学院，陈守实教授指导文史学系四年级的学生吴玉柱选择的毕业论文题目是《匈奴上世考》、学生林自强的题目是《荀子的思想和教育哲学》、学生梁树辉的论文题目是《清代边政研究》、学生谢志锋的论文题目是《太平天国革命运动及其社会内容》、学生虞泽甫选择译著《列宁的生活》。[26]论文两万字，译著五万字，从学生毕业论文题目足可见教学质量的水平之高。

（五）闽北到粤北：吴大琨和李约瑟

李约瑟访问韶关时，访问考察了国立中山大学、私立岭南大学和私立东吴大学，在曲江东吴大学陪同他的是当时在仙人庙教书任副教授讲经济学的吴大琨（20世纪80年代香港特别行政区《基本法》起草委员会的委员之一）。

吴大琨的回忆录写道："教书一年后，喜闻东吴大学内迁至广东曲江（韶关）。校长沈体兰是知名爱国人士，他很同情我的处境，同意邀请我去东吴讲课，我们全家悄悄地搭乘邻居的运货卡车，匆匆离开了建阳，逃往广东曲江。""战乱后迁到曲江的东吴大学校舍设在近郊的仙人庙，周围树木苍翠，空气清新，环境比建阳好了许多。只是钰儿身体虚弱，啼哭声常吵扰左邻右舍，使我们不安。"[27]晚年吴先生的回忆中认为在曲江教学，因初尝大学教书而感到兴趣，那时他28岁，这与他后来终身在大学执教不无关系。在这里吴先生第一次与李约瑟相遇，当李约瑟参观东吴大学时，校长沈体兰指派吴大琨先生接待李约瑟，他与李约瑟进行讨论并一起到书店买书。吴大琨1945年从昆明飞重庆，一年多前"我们在广东私立东吴大学相识后，曾彼此结下过友谊。我试着给他打了电话，非常高兴，很快派车来把我接到有关大使馆""李约瑟博士送给我一本他不久前在英国伦敦出版的著作，书名是《时间——奔驰不息的河流》。这是一本他在1932年至1942年期间的论文和演说集，其中包括了他一些对科学史的宝贵的见解。他还在这本著作的扉页上用中文工工整整地写上了这样的毛笔字：'大琨仁兄指正   丹耀敬赠   李约瑟（印章）   中华民国三十四年五月四日重庆'。"[28]

吴大琨是因为战火逼近，从上饶集中营中迁移至建阳附近的徐村，后他被

《前线日报》的主编宦乡出面"保外就医"出来，1942年11月12日出狱。太太林珊此时也为他们家庭带来新生命，孩子取名吴本珏。吴大琨通过太太林珊所服务的茶叶研究所的所长吴觉老先生认识国立暨南大学教授戚叔含教授，在叔含先生推荐下进入暨南大学文学院教英文。

1944年春节后，吴大琨离开建阳赴曲江东吴大学。而李约瑟访问完广东后赴福建，在建阳的国立暨南大学与何炳松校长会面，了解国立暨南大学在建阳的办学和研究。

二、王亚南与国立暨南大学

暨南大学的建阳时期校友回忆录谈到印象深刻的课程时，大部分都会讲到王亚南先生，暨南大学校史馆也展示王亚南先生的照片，王亚南先生与暨南大学是什么关系？

（一）王亚南先生的姻缘和《资本论》翻译的暨南情结

王亚南先生与国立暨南大学有特殊关系，1932年在王亚南先生31岁时，时在上海的他由国立暨南大学哲学教授李石岑介绍认识了湖南醴陵姑娘李文泉。李石岑是湖南醴陵人，湖南优级师范学堂毕业，留学日本在东京高等师范学校毕业，曾在光华大学、国立暨南大学任教，是王亚南和郭大力的老师与朋友。王亚南与李文泉相识在李石岑先生家中，王亚南和郭大力与李石岑先生常相聚。根据郭大力自己的回忆，他开始《资本论》的翻译是受李石岑先生的影响。

王亚南与李文泉交往一段时间后，在1932年上海"一·二八"事变发生、李文泉避难于杭州的姐姐家时，二人结婚，结婚后返回上海在法租界租了一间小房子居住。他们的女儿王岱平在20世纪80年代为父亲写的传记《生命的辙印》书中戏称父母是"一段颇为'经济'的婚姻"。[29] 王亚南在1933年3月出版的《经济学绪论》序中写道："我译这部书，是在今年'一·二八沪战'开始前不久，我完成这部书，是在沪战结束后不久，全书大部分是在炮声隆隆的惨暗光景下译成的。"落款是"1932年9月于上海"，也就是说王亚南这部译作与他结婚是同一阶段，他确实是勤奋耕作的学者。当"一·二八"事变爆发后的一星期左右，

1932年2月7日王亚南同王礼锡、李石岑、梅龚彬等45人迅速成立了上海著作家抗日会，以表抗日救亡之情。

李文泉女士陪伴着王亚南、国立暨南大学学生余兰英女士陪伴着郭大力，她们陪伴两位《资本论》的传播者和苦耕者从繁华的都市来到粤北山区的战时临时校园，租住农屋，经历不少艰难岁月，她们是两位伟大的女性。

郭大力在上海翻译《资本论》和欧洲经济学名著，是在上海真如校区附近开始的。为了方便在国立暨南大学教育学系读书的妻子余兰英，郭大力在校区附近租房，在这里潜心翻译《资本论》。《资本论》首次出版时，郭大力1938年8月13日在上海写的"译者跋"中提到："第一卷原来的译稿，早在'一·二八'的炮火中消毁掉。当我们再开始几年前已经开始的工作时，我们是不得不从开始的地方再开始了。"1932年1月，日军的炮火迫使国立暨南大学师生流亡，又烧毁了郭大力、王亚南《资本论》翻译的第一次成果。

余兰英，字信芬，江苏兴化人，1910年出生，在郭大力任英文老师的大夏中学读书时与其相识。在上海国立暨南大学教育系读书时，与郭大力结婚。推算起来她应该是林宝权教授的学生。余信芬陪伴着郭大力一生的《资本论》翻译和传播的艰难人生旅程。当郭大力返乡赣县全身心投入《剩余价值学说史》翻译时，余信芬在横溪中学教初中三年级英文，维持家庭开支。[30] 他们带着两小孩郭奕琳、郭宝璘一同到东陂，并自己培养孩子。郭大力在东陂的广东省立文理学院授课受到学生的欢迎，许多校友回忆起来津津乐道。郭大力的女儿回忆父亲喜欢京剧和广东音乐，对广东音乐的喜爱与这段经历应该有联系。

（二）王亚南第一次在国立暨南大学任教

王亚南先生是在1933年国立暨南大学师生撤离后第一次重返上海时进入国立暨南大学任教的，时间不长，仅为数月，被暨南大学聘为1933年度特约讲师，以兼任教授待遇，秋季授课课程为帝国主义论和中国经济史。这时是郑洪年为校长，1934年1月郑洪年才离开校长岗位。1933年11月20日陈铭枢等发起反蒋抗日运动，在福州举行"中国全国人民临时代表大会"，王亚南赴福建参加这次运动。后来何炳松校长的证明也佐证了这一推断。1944年1月6日国立暨南大学校长何炳松先生出具了证明给国立中山大学，有关证明函藏于广东省档案馆。1933年政治经济学系改属教务处直管，不再招生，直到在读的学生毕业为止。

王亚南1933年12月9日参加"福建事变"成为文委会委员，12月15日接替胡秋原担任《人民日报》（"中华共和国人民革命政府"政府机关报，下同）社社长，总编辑彭芳草（1941年10月后彭先生在坪石法学院政治学系被聘为副教授，与王亚南再次成为同事）。闽变失败，1934年1月13日《人民日报》停刊。王亚南先避难于香港，后被港英当局拘捕后驱逐出境，回上海后不得不再出国。为了节省开支，李文泉没有随王亚南避难欧洲，而是到了日本，在日本明治女子大学会计科学习。

1935年王亚南从欧洲经过华沙、莫斯科陆路经过日本海到了东京与李文泉重聚。

（三）《中国经济原论》与对国立暨南大学先师的纪念

1946年出版的《中国经济原论》，是王亚南在1940年至1944年在粤北坪石运用《资本论》分析研究中国经济的教学与写作的成果，首次出版时，扉页写着"敬以此书纪念在中国文化运动中留下了光辉业绩，但不幸都在抗战过程中先后与世长辞了的几位朋友"：

王礼锡先生　钱亦石先生

熊得山先生　张栗原先生

四位先生与国立暨南大学有关联，他们基本上都是上海社会科学的左翼团体"中国社会科学家联盟"（简称"社联"）的成员甚至是发起人。郭大力、王亚南在上海时期最亲密的学术朋友多数是上海时期"社联"的成员，包括中国共产党人。这四位先师均在1940年前后在抗战前线考察访问或者在大学传授马克思主义理论课程。四名学者均因为操劳过度，在1938—1941年分别因病早逝，四位先生均有在国立暨南大学任教的经历。

钱亦石1932年进入国立暨南大学任教；熊得山1928年在上海与李达先生合作经营"昆仑书店"时，在国立暨南大学做兼职教授；张栗原1930年到国立中山大学任教前在国立暨南大学任教；王礼锡1929年下半年应国立暨南大学之聘到上海任教，时间不长。

王礼锡，常用笔名王搏今，1929年下半年他应国立暨南大学之聘从北京到上海任教，作《南行留别十绝》诗作。他早年是上海神州国光社的主编，《读书杂志》的主编，王亚南先生在这两个出版社的刊物上均发表文章。王礼锡与王亚南一起参加"闽变"，担任文委会秘书长，失败后出国，1939年返回中国积极参与抗战救亡，是中国抗战文艺杰出领导人。王礼锡与王亚南合译的《世界经济机构总体系》于1939年8月出版，同年8月26日王礼锡在洛阳因病逝世，年方38岁。王礼锡的夫人是女诗人陆晶清，知名度甚高，1948年从伦敦回国进入国立暨南大学任教。

熊得山著有《中国社会史研究》《社会主义之基础知识》等著作，是"社联"的发起人之一，1939年2月4日在广西大学任教时病逝，时年50岁。1940年《译报周刊》第一卷二十一期发表马克思主义理论哲学家胡曲园撰写的纪念熊得山的悼念文章《悼熊得山先生》，熊得山先生墓志有记载"俄国之十月革命发生，重游北京，主今日杂志笔政，参加革命运动，鼓吹反帝国主义。国民革命军进抵武汉，任武昌中山大学教授。十七年赴沪从事著译，兼讲学于暨南大学及政法学院。二十三年秋，任广西省立师范专科学校教授"。1928年他曾受聘于上海政法大学任教授、国立暨南大学任教授。[31]

钱亦石1924年加入中国共产党，是"社联"的发起人之一。1938年1月在前线带领战地服务团工作时，因病留医洛阳，又转上海医治无效，1939年1月29日去世。1935年5月，王亚南在东京居所"野马轩"完成了《德国之过去现在与未来》，1935年11月完成《中国社会经济史纲》的书稿，都得到钱亦石帮助。钱亦石在1932年进入国立暨南大学任教，后赴海外，1936年春回到上海，1937年6月国立暨南大学为期一年的"侨民师资训练班"结束，临别时卢沟桥事变爆发，在师生临别赠言中，钱亦石教授为该毕业班题词："在抗敌救亡的最后关头，个人利益应该附属于民族利益之下。"[32]

张栗原是王亚南和郭大力从上海辗转到粤北任教的共同学术朋友，当年张栗原教授指导教育学系学生周德闻的毕业论文题目是《现阶段的中国教育哲学》，这是他对学生最后的指导论文之一。1941年8月，张栗原在粤北东陂因肺病去世，长眠在五岭山脉怀抱中。

张栗原为湖北汉川人，毕业于武昌师范大学，赴日本留学，于东京帝国大学研究院文科毕业，受聘国立暨南大学任教授多年，1937年到广州受聘为勷勤大学教育学院教授。郭大力在东陂教学之余第二次重新翻译的《恩格斯传》译稿就是放在他家。张栗原1937年就开始在勷勤大学教育学院任教，经过学校名称变化和抗战多地迁徙全过程，与林砺儒共事足四年，与郭大力共事一年，1941年8月长眠于连县双喜山中。

林砺儒先生在1943年为《教育生物学》写了序，抗战胜利后回到广州石牌国立中山大学，与毛礼锐做同事，听毛礼锐教授谈到一位老师有张栗原教授《教育哲学》的油印稿，另蔡华英先生保存了张栗原先生在东陂时的重写稿（仅为部分重写）。林砺儒亲自组织了《教育哲学》的编辑，分油印稿为前编，重写稿为后编，保持张栗原遗作的全貌。1947年5月20日，林砺儒于广州再次为《教育哲学》出版写序，文中最后充满感情地写道："栗原和我共事足四年，直到他长眠。他治学的严谨，处事的温厚公正，给我以不会磨灭的印象。今天给他作序这遗稿，固然得一番快慰，而念及在连县城他坟前的青草，飘零的遗族，又不禁恻然。这遗稿不是封禅书，而得一大邦青年爱读，他虽长眠于连县冷清清的荒郊，也不算太寂寞吧！"

（四）王亚南第二次进入国立暨南大学授课

1944年3月，第4卷第1期的《广东省银行季刊》发表《中国经济恐慌形态总论》，在文中王亚南已经提到自己的"拙著《中国经济原论》和其他各文"。[33]

1944年10月中旬应建阳的国立暨南大学学生组织经济学会和史地学会邀请，王亚南再一次进入国立暨南大学校园，走进闽北战时山区的临时校园中的文庙大礼堂。学生组织的暨南大学经济学会早在1923年成立，长久不衰，经常组织著名学者到校开讲座丰富学术活动，此次王亚南先生在粤北完成了《中国经济原论》的书稿，此书尚未印刷，仅进入样稿阶段，他将四年来的研究成果作为讲义带进国立暨南大学战时校园。

何炳松校长举行欢迎会并致欢迎辞，王亚南致答词。10月28日起，王亚南讲"东西文化比较"，讲学持续约一个月。[34]王亚南也讲授中国社会经济改造问题研究，与12年前真如的国立暨南大学任教相比较，王亚南经历了粤北坪石经济学系教学的思考，发表了大量的研究文章，将马克思的《资本论》与中国经济形态结合，虽然是为期三周的短期讲座，但是此时他已经形成自己的理论系统，讲授的就是坪石"野马轩"的教学结晶《中国经济原论》。11月26日之前王亚南应该回到了永安，因为《关于中国经济学之研究对象与研究方法的问题》一文落款为"1944年11月26日于永安野马轩"。[35]

三、第一批粤籍留法学子与暨南

暨南学堂初创时，经营者为粤籍人士。迁移至上海，成为国立暨南大学，1927年之后有不少粤籍教师在大学中作用显著，特别是里昂中法大学开办后，赴法国留学的第一批留学生，三分之一来自广东，他们归国后，对刚转型为国立暨南大学的新学科建立发挥了重要作用。

（一）林宝权和邱代明

国立暨南大学教育学创始人之一的林宝权教授和暨南大学艺术家邱代明，一位是中国最早获得博士学位的女性之一，一位是为中国西洋画历史做出贡献的上海艺术家群重要画家。许多人没有将他们夫妇联系到暨南先师的行列中。

林宝权女士是新会人，出生于1903年，1917年考入广东省立女子师范学校预科，1919年考入北京女师就读国文系教育组，留法回国后在上海受聘为国立暨南大学教育学教授。林宝权是第一批留学法国的学生，学生时代是非常活跃的热血青年，在《北京女子高等师范文艺会刊》第2期发表了《学生自治在教育上的价值》一文，提出学生自治在教育的价值，是要分别"代治"形式和"个人自主"的偏性。[36]

林女士在法国巴黎大学获得教育学博士学位后同丈夫邱代明一起回国，1926年11月4日访沪考察江浙教育，11月21日出版的《上海时报》副刊《图画时报》以《林宝权女博士来沪》为标题刊登照片和文字介绍，对林宝权留法时的硕士、博士导师进行介绍，其中提到她从里昂中法大学学习后，1922年转入巴黎大学文科同时进入心理学院学习；1925年获得硕士学位，接着研究东方近代教育问题；1926年4月14日林宝权获得博士学位，她的论文题目为《中国革命后之女子教育》。林宝权在上海国立暨南大学开始了任教生涯，讲授教育学和心理学课程。

暨南大学1927年出版的《暨南周刊》第1期刊载了林宝权教授的《教育系课程指
导书（1927年度至1928年度）》，她应该是国立暨南大学教育学的开创者之一，
是改型的国立暨南大学最有代表性的女性学者。教育学的教师还有董任坚、廖
世承、陈稚美、谢循初、郭维屏、欧元怀和余楠秋，林宝权是唯一的女性。[37]
1929年中学进行改革，林宝权任中学师范科的主任。林宝权曾在《少年》杂志
1930年第10期、第11期发表法国故事《驼子铁匠》和《白雪和红玫瑰》。

　　林宝权和丈夫邱代明回粤后，1932年4月被广东省立第一女子中学聘任为校
长，在校期间向广东省政府申请经费建设校舍，呈广东省政府教育厅请求拨款建
校舍和运动场。该校址就在现在广东省人民政府的大院范围内。在学校期间，林
宝权校长建立一套现代的教育制度。1932年12月5日主持校务会议，研究学生操
行登记册、参加学艺竞赛和邀请校外评委等事项。在穗期间，她在执信女子中学
发表了主题为"师范生的使命"的演讲，对世界师范教育进行比较，回忆了自己
对朱执信先生的敬重，在法国期间在撰写博士论文时引用了执信中学学制改造的
范例，演讲知识点多而生动。

　　林宝权的文存甚少，在回国后应约发表的《孔德实证哲学原理》一文介绍
实证哲学的概念，来源于四年前在巴黎郊外译作第一篇的第一段，文末她写道：
"孔德实证哲学我回国前打算在二年内译成（因为许多地方尚非现在学力所能多
译），但是不幸我所根据的原著和另外的百几十页译稿和我们邮轮Jontam bleau
烧没在红海里（还有许多书籍及代明的画用具等等）。多时不曾工作，然而还译
的心总不曾消减，却是成功则不敢在何时了！姑先把这几个就正于读者诸君。"
此文可以解释林宝权和邱代明留下来的作品很少的原因。

　　1938年广州沦陷，林宝权和丈夫邱代明避难川东后迁于重庆。1939年在重庆
期间，丈夫邱代明在日军飞机轰炸中身亡。1939年9月林宝权女士带着丧夫之痛
离开重庆，到澄江中山大学师范学院教育学系任教，并一直随迁到粤北管埠。
在管埠国立中山大学师范学院，林宝权又再一次与国立暨南大学的老同事陆侃
如、冯沅君夫妇这两位留法教授共事，冯沅君1939年6月到校，林宝权9月到校，
相差3个月，陆侃如于1938年10月已经到校。1927年秋冯沅君经国立暨南大学国
文系主任陈中凡教授介绍，到暨南大学和中国公学大学部任教，陆侃如从清华
大学研究院毕业后，也随之来到暨南大学、复旦大学及中国公学大学部国文系任

教[38]。陆侃如、冯沅君夫妇均是国立暨南大学文学院的老师，冯沅君是当年北京女师的老师陈中凡教授的学生，时任暨南大学文学系主任，后任文学院院长，在陈先生推荐下进入国立暨南大学，陆侃如是兼职老师。三位昔日国立暨南大学名教授，为了共同抗战教书育人救亡，从上海离别后重聚粤北坪石管埠村，成为杰出的"坪石先生"。

林宝权女士在1943年7月担任迁到乐昌县城河南水的广东省立执信女子中学校长，是执信中学成为省立中学后的首任校长，接替1940年9月开始任校长的金曾澄先生。该校1927年男女分校，朱执信先生的夫人杨道仪任学校校长，1928年秋改名执信女子中学。广州沦陷前，1937年先迁南海碧村，1938年10月又迁澳门，1940年在澳门金曾澄任校长。1941年12月该校迁乐昌，1943年改为广东省立执信中学。在乐昌沦陷后，林宝权校长保护着年轻学生翻山越岭，避开日军，九死一生回到广州，保留了执信中学的火种，深得师生及家长爱戴。林校长在1943—1949年间一直服务于沙太路广东省立执信女子中学的教育园地。在坪石国立中山大学先修班毕业的姚管彤同学，升入管埠的国立中山大学师范学院教育学系，是当时管埠成立的"中师剧团"成员。1945年回到广州后，恢复女校，林宝权在执信中学任校长期间，担任姚管彤的具保人并签署具保书。[39] 姚管彤在石牌国立中山大学师范学院就读时继续参加"中师剧团"演出活动，是进步学生组织的活跃青年。作为具保人写了保证书，姚管彤一旦因革命活动被捕，林宝权需要负连带责任。

林宝权1949年在香港任香港珠海大学教授，1951年至1958年在马来西亚吉隆坡坤成女子中学任校长。在林宝权校长经营下，坤成女子中学学生人数达2000多人，3年募捐筹集款项建立新校舍，1955年12月初举行落成典礼，成为马来西亚华文教育最高女子学府。[40] 1958年，林宝权告假赴美，在美国旧金山中华学校任校长。1963年1月24日在旧金山，潘玉良举行个人画展时，林宝权与潘玉良共度除夕，1月20日临出发前她写信给潘玉良："十七晚的信想已收到，学校当局已通知廿三、廿四两天放假，我决定廿四（星期四）乘车来三凡市，大约下午四时抵步，如果那天您有约会太晚才回，请将门匙交房东余先生夫妇，告他们我三天后出埠（可写字相告）。别后几天不知过得如何？念极！希望一切顺利！"[41] 信中建议在上海馆子吃火锅，要潘玉良先把计划做好，她星期一需要回校。从中可见两人的关系密切，林宝权细心又遵守学校纪律。她们的友谊保持一生，潘玉良1977年去世，终年82岁；1985年林宝权女士去世，终年也是82岁。

林宝权女士为人低调，留存有关资料难以收集，以至几乎被忘却。在苏雪林和谢冰莹两位中国现代著名女作家笔下出现过林宝权女士的身影。谢冰莹《红豆戒指》一书中收录的《父亲的花园》写道："除了父亲了解花的信情而外，我知道第二个人，便是林宝权大姐了。在旧金山，我到过很多种花的朋友家里，她们的花，总不如林大姐的花开得美，我曾询问她养花的秘诀，她也说：'没有别的方法，我只是把全部的爱付给它。'"[42]这可以理解为林宝权女士在中华教育园地的耕耘的境界。在苏雪林女士1929年出版的带有自传性的小说《棘心》中，"密司宁"就是广东人林宝权女士，"密司陆"就是广东人罗振英，她们是第一批赴法留学17位女生中的同学。

林宝权教授的丈夫邱代明是四川达县人，早年在刘海粟创办的上海美专学习，在1921年成为第一批留法学生，赴法国攻读美术，在巴黎国立美术学校毕业。与林宝权相识相爱于法国，邱代明与林风眠一起交往甚密，潘良玉在法国是通过邱代明认识了林风眠，1924年邱代明成为林风眠发起的"霍普金斯"艺术运动成员（霍普金斯为阿波罗的另一种译法）。徐悲鸿夫妇与邱代明、林宝权夫妇和丁衍镛、陈抱一等在法国成为好友。邱代明回国后在上海美专任教，潘玉良也同校任教。林宝权在上海长时间在国立暨南大学任教，邱代明先生则在多所大学有任教经历。从1928年1月任西洋画教授，至1932年上海美专任教授名单中，一直有邱代明教授的名字，任教课程为西洋画，三个素描工作室邱代明占一席，另两个画室是张弦先生和倪贻德先生的。当邱代明暑假回家乡，庞薰琹先生就在画室代课。张弦、庞薰琹与邱代明均是从法国留学回国任教，倪贻德是留学日本。邱先生应该是当时上海美专的主力教员，上海美专中留学回国任教的教授中最早的一位。刚回国时，1926年至1927年，邱代明先生在广州市立美专担任教授，指导的学生有李仲生，他曾在上海新华艺术大学任教授。1929年3月3日"艺苑绘画研究所"创办，邱代明先生受聘为艺苑绘画研究所指导员，任教画学课程，专教西画。[43]艺苑绘画研究所对邱代明先生的简介是"法国巴黎国立美术学校毕业，国立暨南大学教授"。1930年邱代明先生在香港与中山人吴梅鹤、黄般若和罗落花（台山人）创办"中华美术学校"。邱代明比徐悲鸿、林风眠和潘玉良早一年回国，在上海、北平和杭州，这批留法艺术家积极参与各类美术展览和论坛，邱代明是重要成员之一，依陈抱一的回忆，邱代明和潘玉良的作品"带上一点印象派风味"。林风眠在杭州担任西湖博览会艺术馆主席，邱代明、潘玉良应邀商谈筹备事务。邱代明先生曾发表的作品有《寂寞》《自画像》等，参加中国美术史首次举办的教育部全国美术展览会，任筹备委员会指导组成员，杨杏佛为主任，指导组主任刘既飘也是留法学美术的艺术家。在展览会上展出《读报》《落寞》《少女》和《慈母》等油画作品，胡根天评论邱代明作品中《读报》最佳，邱代明的风格沉静处近纤弱，并有点感伤的情调。[44]

1932年"一·二八"事变后暨南大学沦为战区，部分师生迁至广州，林宝权夫妇回到广州。同年3月，邱代明重返上海美专上课，事变后上海美专复课广告中列有邱代明先生名字，8月15日美专召开第一次主任会议。[45]9月16日上海《申报》报道庞薰琹举行画展，邱代明出席，刘海粟、马思聪等在沪知名艺术家在场。

邱代明在广州美专培养的最出色学生是李仲生先生。李仲生1927年进入广州美专，一年级的素描课是美专校长司徒槐兼课的，二年级的素描课由邱代明任教。[46]李仲生后又转学到上海美专，也是邱代明当老师的学校。李仲生后来在台湾成为现代艺术的领军人物。他的出生地就在林宝权教授失去了邱代明先生后任教管埠国立中山大学师范学院附近的地方——韶关仁化石塘村。1945年林宝权校长带领省立执信女子中学躲避日军时就将学生藏在仁化的村子里。

从以上的活动推测邱代明先生返广州受聘于勷勤大学工学院建筑工程系任美术讲师，正好是勷勤大学刚成立时。实际上当时勷勤大学建工系主任林克明先生比邱先生还晚一年赴法国里昂中法大学开始留法学习生涯。与邱先生同一轮船赴法学建筑的虞炳烈先生，是中国美术家协会会员，回国后在上海时，他们应该重逢。当虞炳烈先生1940年于云南澄江受聘于中山大学建工系任教授兼系主任时，邱先生已经丧生在日军炮火下，他们永远再没有机会见面共事了。虞炳烈规划了粤北乐昌坪石国立中山大学特殊的战时校园，令人扼腕的是，他也在抗日战争后期病逝。

孙寒冰教授1932年曾在国立暨南大学任政治经济学系主任，后又任南洋文化事业部研究主任，离开暨南大学后任复旦大学教务长兼法学院院长。1941年，孙寒冰和六名学生在日军空袭重庆的轰炸中丧生，他们都度过了短暂而不平凡的一生。

在广东省立中山图书馆藏的1936年下学期《广东省立勷勤大学教职员名录》和1937年3月印行的《广东省立勷勤大学概览》中的工学院教职员名录里，邱代明先生填写的住址均是广州越秀北路215号。另一位聘任美术课程讲师的是陈锡钧，台山人，在艺术追寻道路上有些特别。陈锡钧先生1893年出生于台山，1907年离开中国赴加拿大蒙特利尔留学，1917年在波士顿博物馆美术学院学习研究[47]，1928年赴巴黎在法国著名雕塑家布尔德尔（Antoine Bourdelle，1861—1929）的工作室学习。刘开渠先生也是工作室的中国留学生之一。1929年陈先生又到意大利佛罗伦萨进入佛罗伦萨学院学习，留学回国后进入广州市立美术学校任教，时间是1933年8月至1934年1月。广东省立勷勤大学成立后，进入工学院建工系讲授美术课程至1937年。陈锡钧与邱代明先生共事时间较长，他是留洋学习美术的先驱，邱代明比陈先生早三年在法国，当陈先生抵法时邱代明已经回国。工学院教职员名录上陈锡钧的住址是广州东山瓦窑后街38号，教学经历填写的是"曾任市立美术学校教员"，学历栏填写的"美国美术学校、意国美术学校毕业"。华南工学院建工系是勷勤建工系的脉系延续，历史上的美术教师是留学法国、德国、意大利和美国归来的艺术家，对邱代明先生、陈锡钧比较陌生，对邱代明的研究更乏善可陈。陈锡钧是中国雕塑史上最具有代表性的艺术家之一，邱代明是中法大学开办后首批留法学习艺术的留学生，他们是引中国美术之先的风云人物，在中国艺术史上应该有他们的位置。

（二）翟俊千教授——国立暨南大学政治学创始人之一

国立暨南大学副校长翟俊千先生，为东莞人，是与林宝权同批赴法国留学的中法大学留学生。翟先生1895年出生，1907年考入东莞中学，后考入北京大学政治系，1919年任北京大学新闻研究会干事，1920年北京大学政治系毕业，积极参加五四运动，与后来在坪石任教于国立中山大学法学院的东莞籍学生何作霖，均是冲在前面的学生。1921年赴里昂中法大学留学，1927年毕业获得国际法学博士学位，博士论文题目是《中国国际地位历史与分析：中外条约的作用》。在蔡元培先生推荐下，翟俊千任暨南大学副校长，分担了郑洪年校长许多事务，时年

35岁。1927年暑假，翟俊千参与学校改组工作。1928年翟俊千在《暨南周刊》开学号发表了《政治学系课程指导书》，奠定了国立暨南大学政治学教育的基础。在指导书中他提出教师授课和学生自主研究相结合，教师自编教义，修满180分必修课并分配至四年间，必修科目包括政治学、中国政治史、西洋政治思想、欧美政治制度、国际政治、财政学、财政立法、宪法、比较宪法、经济学、经济学说与经济事实、劳工立法、中国民法研究、社会学、中国社会问题、国际关系要略、中国外交史、西洋外交史、行政法、市政学、民法总论、刑法和外国语，选修课包括心理学、社会经济学、社会调查方法、统计学、南洋华侨史、政党研究、欧美各国殖民地史、欧美近世政治史、比较自治制度、中外政治经济地理、国际私法和国际贸易与金融。课程设计不仅体现欧美政治学最新教学课程，又具有暨南大学作为华侨大学的特点。1930年创办中法大学的李石曾先生邀请翟先生赴北平大学任经济系主任。

1932年上海暨南大学校区被炸而部分师生迁粤，翟俊千回粤后获得广东省政府委任，于1932年4月30日到南粤汕头市任市长，1932年5月拟定《汕头市政府施政计划大纲》呈广东省政府。从1932年至1933年汕头市政府《市政公报》的内容和决议中，可以佐证翟市长为近代汕头市城市化起到重要的作用。在1932年《施政报告》中提出完善福平路、西堤大马路等原来停滞的工程，规范捐税、节约行政成本、整顿城市排水系统、促催骑楼地的补缴费用、规划市立医院，建造一批学校解决大量失学儿童问题等务实措施。[48]当年他设计的国立暨南大学政治学系的课程中，政治学必修课重要课程之一就是市政学，为欧美行政管理研究与教学的新内容。"市政"的概念有别于工程的市政，是城市管理制度的全部，包括市政厅的形式、与中央政府关系等，对于翟先生而言管理与建设城市正好是"专业对口"，得心应手理所当然。

翟俊千受沈鹏飞校长多次邀请，于1933年秋重回暨南大学任教务长兼国际政治与宪法教授，1936年受章士钊邀请到上海法政大学、中国法商学院等校任教授，教学生涯的最后一站是苏州第二中学历史老师，1961年退休，1990年在上海去世。

（三）生物学创始人黎国昌教授

黎国昌出生于1894年，东莞人，1921年成为首批赴法的中法大学留学生，乘法国邮轮博多斯号与林宝权、翟俊千等广东籍学生50多人同赴里昂，经历42天的海上旅程，在马赛上岸。黎国昌1924年获得理学博士学位，回国后在刚成立的广东大学先后任生物学系、动物学系和教务处主任。1927年到新改名的国立暨南大学任教，任生物学系主任，成为国立暨南大学生物学教育的创始人之一。1933年8月，在林砺儒的领导下，勷勤大学师范学院成立，黎国昌教授是最早参与创办的成员之一。抗日战争全面爆发后，黎国昌执教于吉安的青原山国立十三中学，该学校专门收留流亡的学生，为流亡的学子提供教育机会。1955年南洋大学创办时，曾为国立中山大学工学院院长的"坪石先生"陈宗南应邀任理学院院长，黎国昌被聘为南洋大学理学院教授。他们两位都担任过国立中山大学教务长，黎国昌教授在任时间是1927年5月至9月，陈宗南教授是1928年2月至1931年7月。[49]

四、变化的学科

国立暨南大学第一任校长郑洪年先生为大学转型奠定了多学科设置的基础，在办学过程中，中国社会政治环境多变，学科变化频繁。郑洪年先生出生于1876年，字觉韶，番禺人，就读于广雅书院，后入两江政法学校学习。1906年暨南学堂创办时，温秉国为总理。温秉国是第二批留美幼童，具有西方教育背景，曾多次带领留学生赴美，1911年5月曾为外交部秘书，被任命为外交调查会副会长参与外交改革。郑洪年曾任广州《中西报》、广州《博闻报》主笔，这两份报纸分别在维新派的活动和辛亥革命中发挥作用。郑洪年主办过《北平交通日报》《劳工日报》《学林杂志》，早年为同盟会会员[50]，长年追随孙中山先生，曾任财政行政官员和交通行政官员，商业银行行长。

沈鹏飞为番禺人，1934年1月原国立中山大学农学院院长沈鹏飞任教育部高教司长，两年后因暨南大学校长郑洪年出南洋考察，沈鹏飞救急出任国立暨南大学校长，从1934年1月至1935年7月。沈鹏飞是林业教授，1936年夏离开暨南大学到中山大学农学院，继续在高校从教，新中国成立后曾任中南林学院院长、华南农学院副院长。

（一）郑洪年先生与铁道管理系和外交领事专科

郑洪年1922年出任暨南大学校董，1927年7月又再次出任国立暨南学校第一任校长。任上将商科改为商学院，国立暨南大学转型后在1927年于商学院设立交通管理学系，后在商学院内改设铁道管理学系，1934年9月应教育部要求将铁道管理系分期结束。[51]1932年该系的系主任是樊守执教授。1933年樊守执先生发表了《铁路建设与新中国复兴》一文登于《铁路公报》第2期。樊守执1927年之前是交通部路政司办事，他在交通部与郑洪年共过事，有建设管理铁路丰富的实践经验。

郑校长曾为交通行政官员，对铁路发展极为重视。1928年全国交通会议，已为国立暨南大学校长的郑先生应邀参加，以交通专家、交通老前辈的身份在大会发表关于交通与生产关系的演讲，特别强调铁路在经济发展中的作用。依郑洪年先生的意见，中国交通需要采取"相对生产"战略，一半为交通本身谋利，一半帮助农工商业发达，二者并重；并认为"中国交通办理多年，不进步原因，第一要算人才问题，以中国人才支配中国交通，此点注意"。[52]有关讲话登于《暨南周刊》。

1927年成为国立大学后，暨南大学增设中国文学系、外国文学系、教育心理学系、法律学系、生物学系、历史社会学系。[53]

1930年郑洪年参加第二次全国教育会议，会中联同多位华侨教育专家提出"扶助华侨教育案"，参与提案的有庄泽宣、刘士木等。提案强调经过近几年调查，每年华侨汇款回国约一万万元；目前华侨所在地竞争激烈，华侨经济衰退也影响国内的经济；建议政府扶持华侨经济发展，免除华侨制造品进口税及通过税，外交部华侨教育出现问题积极介入，指定与华侨有关大学培养人才。会上建议特设侨务培训班或外交科，会议后国立暨南大学在郑校长支持下增设领事专科，主任是杨振先教授。杨振先为广东梅县人，在美国印第安纳州大学获得政治学博士学位，回国后受聘于国立暨南大学。他在国立暨南大学法学院《政治经济与法律》学刊发表了多篇关于外交问题的文章，如《领事的治外法权》《国际公法的编撰》等，1936年由商务印书馆出版《外交学原理》。1934年杨振先受聘为厦门大学法商学院院长。

（二）兼容并蓄与政治经济学系

1927年至1934年1月，是国立暨南大学师资最为鼎盛的时期，郑洪年校长在任上聘请了各种学派学者在暨南大学任教。1926年至1927年首批留欧美的归国学子陆续回国，马上受聘进入国立暨南大学，校内多种流派并存。1932年"一·二八"事变后，同年10月上海成立教育会，郑洪年为11位理事之一。

政治经济学系的设立尤为特别，"政治经济学"与经济学概念中的政治经济学是两回事，1930年增设法学院，增设外交领事专科，并将政治经济学系改隶法学院。1932年9月当回到真如复学时，政治经济学系划入文学院，系主任为孙寒冰，政治组为孙寒冰负责，经济组为区克定负责；1933年政治经济学系改属教务处直接管理，不再招生，直到现有学生毕业为止。自由主义知识分子罗隆基先生从美国留学回来曾聘任该系讲师，在校负责对民主理论的讲演。政治经济学系的教师还聘用对马克思主义理论有深入研究的钱亦石先生，钱亦石为秘密中国共产党党员，1930年到暨南大学任教；王亚南1933年度到校任教时应该是秋季。

黄凌霜是中国近代文化界风云人物，因郑洪年校长关系受聘于国立暨南大学，开创了国立暨南大学社会学系的历史，当时称为历史社会学系，继任者是许德珩先生。黄凌霜，原名黄文山，台山人，1901年出生于台山县洞口乡长兴里，曾在广州千顷书院就读，因父亲在香港经商，1911年转学到香港皇仁书院，后考入北京大学，1921年毕业于北京大学哲学系。他在五四运动中非常活跃，受蔡元培先生影响颇深，是《北京大学学生周刊》总编辑，使用笔名凌霜，从此"凌霜"为黄文山先生的号。1921年他代表广东机器工会参加莫斯科召开的"东方劳苦大众大会"，与李大钊过往甚密，参加过北京的共产党小组，但后来选择成为无政府主义者。[54] 黄凌霜1922年在美国哥伦比亚大学、克拉克大学就读，获得硕士学位，论文题目为《中国文化发展的调查》。1928年回国，短期任上海国立劳动大学教务长。在郑洪年校长邀请下，1928年担任国立暨南大学社会学系主任。在暨南大学任教期间，1929年发表《社会进化论和社会轮化论》和《史则研究发端》于《社会学刊》。1929年在国立暨南大学任教期间，与黄兴之女黄文华结婚。1930年秋离开上海，受原暨南大学社会学系同事孙本文邀请，在南京受聘为中央大学社会学系主任。"一·二八"事变后回广州参与刚成立的国立中山大学社会学系的教学，局势稳定后又回南京任教。

1935年1月，黄凌霜与上海、南京和北平的十名知名学者，发表《中国本位的文化建设宣言》。十名教授中有时任国立暨南大学校长何炳松，国立暨南大学教授陈高佣。1936年黄凌霜任国立中山大学社会学系教授，1941年5月在粤北办学的国立中山大学法学院任院长，1941年又出任立法委员，用在教学的时间少，王亚南先生常代黄凌霜处理院长职务工作，不久黄凌霜辞去院长职务。

郑洪年除了在吸引师资方面持开放态度外，对年轻学生后学及社会公益活动也非常关心。1929年，郑洪年出资为国立暨南大学学生"青年演说会"的佳作汇集成《青年演说集》。1933年2月，郑洪年出版了《郑洪年一年来国难中之教育言论》，是1932年3月至1933年1月对国立暨南大学师生的35篇演讲，其中著名的是《读书不忘爱国，爱国不忘爱校》。1932年，上海发起"一月一元教育运动"帮助减少文盲识字教育，郑洪年适逢第二个儿子举行婚礼，他将所有礼金全数交到活动组织机构，帮助社会教育运动。1938年，暨南学校学生符罗飞从意大利回国参加抗战，是由暨南学堂堂长郑洪年介绍符罗飞与蔡元培认识；当符罗飞在香港举行画展为抗战募捐时，郑洪年为符罗飞《抗战画集》题写了书名。冼玉清先生与郑洪年先生也认识多年，以"韶觉丈"称呼郑洪年先生，1941年冼玉清离开香港到了澳门后与陈中凡先生通信时，告知陈中凡先生"韶觉丈尚未离开香港"。

（三）南洋师资培养与文化教育事业

"招抚侨胞子弟回国求学"是暨南初衷，商科和师范科是最关系侨胞利益的两科，1927年暨大改革时成立教育学院和高中师范科，以期为南洋造就师资及教育机关人才。教育学院分教育学系和心理学系，其中心理学专门强调是"教育心理"。1936年秋奉部令办侨民教育师资训练班。1923年，学校迁上海时，因华侨补习生剧增而华侨补习留在南京，1924年在上海真如补习校完工后才搬上海。补习是暨南大学教学阶段代表性特征，全过程教育阶段是华侨大学与其他综合性大学最大的差异，教育师资培训与华侨学子补习乃华侨大学之本，于民族意义深远。

　　暨南大学的商学院一直坚持会计学教育品牌，惜培养侨居国的师范或者教育学院停办。回顾历史，如果在东南亚的师资中，华侨能够占据教席，对中华文化广播和继承大有裨益。林宝权教授到马来西亚华文学校任校长，这一以身作则的选择是主观因素还是客观因素难以下定论，但林宝权女士的教育情怀令人钦佩，不正是国立暨南大学教育学系建立培养侨地师资的目的之一吗？

　　南洋文化教育事业部设立是国立暨南大学重要的特色，《南洋研究》在国立暨南大学成立时创刊，是当时专设的"南洋文化事业部"的定期刊物，抗日战争全面爆发后在租界办学时改为季刊，"南洋文化事业部"更名为"海外文化事业部"，后再改为"南洋研究馆"，对南洋的研究没有中断，抗日战争胜利后又复刊。

　　受聘为国立暨南大学生物学系教授兼主任的黎国昌教授，1930年发表《荷属东印度农业概况》于《南洋研究》第4期，1931年《荷属东印度之农业》一文载于《南洋研究》第5期，1933年出版了《南洋实业科学教育考察记》。这些研究与1927年9月暨南大学校长郑洪年倡导成立南洋文化教育事业部指导南洋教育事业发展，派学者到南洋调查有关。林仲达在国立暨南大学任教期间有多篇南洋教育的文章刊出，包括发表于1935年《南洋研究》的《民族复兴声中南侨教育之新任务》，1936年《南洋研究》《菲律宾教育之发展》《暹罗教育概观》，《中华教育界》的《英法日三角斗争下的暹罗教育之动向》等。对南洋华侨的支持还包括建立上海职业指导所附设海外职业介绍部，1930年出版《南洋服务须知》为准备赴南洋服务民众提供指南。1927年9月暨南大学校长郑洪年倡导成立南洋文化教育事业部指导南洋教育事业发展，1927年聘请刘士木先生为该部主任。刘士木为广东兴宁人，1889年出生，14岁到广州就读黄埔陆军小学，后来到了南洋，曾在苏门答腊创办中华学校，是同盟会会员，中国南洋问题的倡导者、实践者。抗日战争全面爆发后回到槟城，1940年在新加坡创办"南洋学会"，1952年去世。[55]

五、"晴晖山馆"的岭南情

　　陈中凡先生（1888—1892）的书斋号为"晴晖山馆"。陈中凡原名钟凡，字斠玄，由杨杏佛先生介绍认识了郑洪年校长，1928年被聘为国立暨南大学第一任文学院院长。在南京的"晴晖山馆"见证了陈中凡对老师陈独秀师恩的报答，在成都时期的"晴晖山馆"，又见证"两陈"师生的岭南情。

当1941年许崇清代任校长带领国立中山大学在粤北坪石办学时，给陈中凡先生去信："斠玄先生我兄台鉴：久违雅教，遥维公绥吉，著述宏富，为颂。敝校前电致我兄，邀聘为研究院文科研究所指导教授，荷蒙惠允，不胜感激。兹者敝校本夏人事稍有变更，谨申聘我兄为教授兼文学院院长及研究院文科研究所主任，月薪四百四十元。此间硕士考试即将举行，各项事务急待开展，敬祈吾兄俯允，并即电复，以便汇寄旅费。如能乘机东来，尤所企望。临书不尽所言，敬盼佳音。并颂教绥！弟许崇清敬启六月廿六日。"[56]

1931年秋，陈中凡在上海国立暨南大学任文学院院长，他的《汉魏六朝文学》和《晴晖山馆散文集》在上海国立暨南大学出版，学术收获颇丰。贵为院长也要招兵买马行使院行政事务，此年2月8日接徐志摩谢聘暨南大学的书函："贵校一席，虽承雅意，至惧无以应命。好在南方贤才如林，本不须弟之滥竽自愧也。希便转言韶觉校长先生道歉。聘书容即检还。"[57]韶觉校长就是郑洪年校长，徐志摩本来应允到国立暨南大学文学院任教，但爽约了。

陈中凡先生10年后也遇到邀约的问题，他于1938年1月时避战火随金陵女子文理学院迁成都任教，平时与陈独秀、郑师许、杨寿昌、王星拱、吴康、詹安泰、苏雪林、冼玉清、冯沅君等不同时期的师友均有书札往还，问讯论学。1939年国立中山大学西迁澄江，最早来函邀请陈先生赴澄江任教的是吴康教授，后是许崇清教授，当得知其前前后后的信札来往没有成行，张云代校长再复函陈中凡先生。

陈独秀为陈中凡先生的老师，1941年春在江津养病。陈中凡赴中山大学任教之事，陈独秀极力赞同，并赋诗引学生岭南之情思，"江南目尽飞鸿远，隐约罗浮海外山。曾记盈盈春水阔，好花开满荔枝湾"，落款为"弟独秀于江津。3月23日"。

1924年底陈中凡应聘到广东大学任教，1926年返南京，任教于南京金陵大学。1928年春应聘国立暨南大学。1932年3月上海真如成为战区，陈中凡先生到广州筹办国立暨南大学办事处，并在国立中山大学兼课，七八月再返上海真如继续受聘文学院院长。1934年2月至7月赋闲在家，1934年8月第三次应聘赴广州国立中山大学任教，1935年1月，陈中凡获知老师陈独秀第四次被捕关押在江宁地方法院看守所，马上利用假期回南京家乡时到监狱看望老师。1936年7月陈中凡回南京任教于金陵文理学院，陈独秀出狱后暂住傅斯年先生家中，不久该处受炮火威胁，陈中凡将老师接到自己家晴晖山馆。1937年9月陈独秀离开了陈中凡的晴晖山馆，赴武汉后转四川江津。

陈独秀在1920年任广东省教育长时，对广州非常熟悉，1941年3月24日他回复陈中凡关于赴国立中山大学受聘的意见，书写诗书《春日忆广州》并题识道："兄曾至广州，此情此景，想有同感也。"而陈中凡接读后，和诗一首："瓜艇吟魂荡蜒鬈，苍梧极目万重山。梦余犹味鱼生粥，惆怅西江水一方。"当许崇清正处于学潮风波卸任，陈中凡未能赴粤北。陈独秀闻知后来函道："粤中大之行不成，未免可惜。然近敌方力图打通粤汉路，两粤恐亦未必安全也。"[58]1942年陈独秀离世，《春日忆广州》成为陈独秀对岭南最后的赞礼！

实际上处于粤北山区的国立中山大学、私立岭南大学与"两陈"先生的诗意相去甚远，冼玉清先生与陈中凡先生书札来往中，介绍了仙人庙的岭大简陋的生活条件，苦中作乐，也表志道："为母校命脉，为生徒学业，甘心荼苦，勉赴其难。然而容膝无宁居之室（卧室挂单在图书馆），养性鲜可读之书。"[59]从此信函中我们意外地发现冼玉清女士在曲江大村私立岭南大学校区中是住在山顶的图书馆内。

陈中凡一直关心抗日战争中岭南的教育，对早年的学生关心提携，詹安泰是陈中凡在国立中山大学任教时的学生，在陈中凡力推下，詹安泰从韩山师范直接到中山大学任教并辗转于云南和广东间，詹安泰对中国词学研究做出重大贡献。

当时詹安泰的儿子詹伯慧随父亲在坪石上中学，日后中山大学毕业后成为广州暨南大学的名师。同时在坪石上中学的邓锡铭，跟随在坪石新村土木工程系任教的父亲邓盛仪，在武水畔度过少年时代，1948年考入暨南大学，一辈子从事激光研究，成为"中国激光之父"。

六、"坪石先生"在新中国暨南大学重办的作用

抗日战争烽火下一批伟大的中国知识分子教书育人，教育救国，在粤北坪石、连县坚守办学和学习，保持华南教育根脉的生存，我们尊称他们为"坪石先

生"。新中国成立后至改革开放，他们受到的磨难是沉重的，但继续前行，教书育人为中华民族复兴而耕耘不息。

（一）"坪石先生"成为暨南大学复办重要的筹办者

坪石国立中山大学师范教育的硕士毕业生在新中国教育事业乃至东南亚地区的教育中都发挥了作用。暨南大学的复办与当年的"坪石先生"张泉林有关系，他在抗日战争时期的坪石国立中山大学研究院获得硕士学位，并在坪石开始执教生涯，担任国立中山大学研究院办公室主任兼讲师，是名副其实的"坪石先生"。

1958年拟将初定举办华侨大学的学校改为复办暨南大学，主要策划者之一是张泉林先生，当时他在广东省统战部工作，开始筹办时张泉林任办公室主任，后半辈子在暨南大学教书。

张泉林先生在抗日战争期间就读于国立中山大学研究院，认识了许多教育家。张泉林是1937年进入研究院教育研究所的研究生，1941年在坪石参加第五届考试获得硕士学位，硕士论文题目是《我国干部训练之研究》。心理学教授高觉敷无法返坪石，研究院需要另寻出路。1941年，师范研究所教育心理学部有研究生刘尧咨，教育学部有研究生马仕桥和关瑞钤，马仕桥、关瑞钤均是1941年在坪石教育学系毕业后考入研究院。1940年至1941年许崇清校长聘请黄希声讲授高等教育心理学、学科心理学，也聘请广东省立文理学院林砺儒授课，课程为教育专史研究和教育研究法。黄希声、林砺儒指导的研究生分别是王宝祥和陈藻芬。在纪念文章《林砺儒——勇敢而慈祥的教育家》中，张泉林先生写道："1941年，我在坪石中山大学教育研究所认识林老的，以后在桂林、香港、广州和北京，都有较长或者短暂的会面。"[60]

张泉林在澄江读研究生时期，1940年文科研究所三名研究生候选人是中国语言文学学部的黄达枢（指导老师岑麒祥）、王庆菽（指导老师李笠），文科研究所历史学部的区宗华（指导老师陈安仁），均是1938年9月入校。除了导师，本研究院的指导教授吴康、朱谦之、陆侃如、冯沅君，再邀请校外的陈序经、闻一多和陶孟和，共11名教授组成学位考试委员会。陈中凡的学生冯沅君此时已经抵达澄江受聘于国立中山大学师范学院，并致函在成都的恩师告知读他所撰《晴晖吟稿》之感想，落款为"受业淑兰澄江"。也是在这期间张泉林认识了陆侃如和冯沅君夫妇。

1956年广州华侨建议在广州成立华侨大学以适应侨生读大学的需要，有关建议得到广东省委的重视，1957年在广东省政协成立华侨大学筹备委员会。1958年春节，苏联足球队和广东足球队在越秀山体育场举行比赛，2月24日的比赛吸引香港、澳门知名人士到穗观看。华侨大学筹备委员会利用午饭至开赛前的时间，陶铸同志召开了一小时的会议，同意使用暨南大学为华侨大学的名字等事项，张泉林先生参加了会议，会后马上到华侨补校成立暨南大学筹备委员会办公室开展工作。

华侨补校地处石牌村东侧，东至员村支线，现状为菜地、低矮丘陵地，用地14.3万平方米，建筑面积3万多平方米。暨南大学复办时扩大至南面"新庄"，暨南大学规划时在黄埔大道新辟入口，校园教学区建筑集中在南面。

1958年，由张泉林同志带队，朱杰勤教授、熊大仁教授、李子诚、史湘济5人到上海和北京、天津学习其他院校办学经验，供本校参考。[61] 朱杰勤先生也是在抗日战争烽火中完成研究生学业获得硕士学位并从教，1936年毕业留校，广州沦陷，随国立中山大学迁至云南澄江，1952年回中山大学历史系任教授。广州暨南大学复办，他成为首任历史系主任。熊大仁教授留学日本，在抗日战争中曾同许杰先生同事，受聘于东陂广东省立文理学院；1942年又与林宝权教授同事，受聘于坪石管埠的国立中山大学师范学院教授兼博物系主任；1958年任暨南大学水产系的首任系主任。

（二）暨南大学校园规划设计的坪石印记

广州暨南大学是在原广州归国华侨补习学校的原址扩大范围开始建设的，最重要的建筑是学校办公厅。建筑师林松坚、司徒永康是当年办公厅建筑的设计者，1954年8月完成此项建筑设计施工图，1955年完工。广州市规划与资源局保存有原始图纸，为广东省建筑设计公司负责规划设计，行政主管人在图上标明为吴鸿信。现在这一历史建筑成为广州市历史建筑名录上的文化遗产，也成为暨南大学、广州华侨学生补习学校最重要的历史记忆。建筑首层为办公区，二层和三层为宿舍，砖混结构，外立面使用了许多装饰手法，浅浮雕的是富有南国特征的纹饰，三层建筑错落形成不同的体量，处于山腰处，保持山体的高差，在台阶下形成一片广阔的绿地，以椰树为行道树。

建筑师林松坚为广东人，1931年至1937年在广州培正小学就读，广州沦陷避难于香港。1942年，父亲因在越南经商破产而受刺激脑出血病逝。在香港，林松坚入读私立岭南大学附属中学，1942年底在广州广东大学建筑工程系就读一学期，1943年6月又北上曲江仙人庙岭南大学就读数月，1943年入读设立于坪石新村的国立中山大学建筑工程系，坪石沦陷后走难至兴宁与其他师生会合，抗日战争胜利后回石牌校区完成学业。1947年至1950年在香港从事建筑设计，1948年获得执业建筑师资格，开设永联昌营造厂至1950年。1951年林先生进入广东省建筑设计公司（现广东省建筑设计院前身）从事建筑设计。暨南大学办公厅项目是林先生与师弟——1952年刚毕业的司徒永康合作完成的，林先生是项目总负责人，时年28岁。林松坚先生的成长经历与华侨补校的意义都是个人和机构与民族兴亡息息相关的体现。

华侨补校的校长是时任华南分局统战部部长饶彰风，副校长为祝菊芬，办公室主任为傅克同志。校舍1954年初开始建设，1955年春大部分建筑完成，学生开始进入校舍学习。1956年在校学生将近6 000人，东南亚的侨生最多。[62] 1954年至1958年在该校就读的归国华侨学生12 859人。[63] 暨南大学使用华侨补校校舍后，华侨补校又在华侨招待所基础上扩建。

暨南大学校区建筑设计是1959年完成的，由广东省建筑设计院设计，也就是林松坚先生所服务的设计机构，五年间风格产生变化，事因暨南大学教学楼与中山医学院的教学医疗建筑设计差数年时间。中山医学院不少建筑为华南工学院教授夏昌世先生设计，在柯麟同志、张进同志关心下，他深化了遮阳适应亚热带气候的建筑理念，设计了多栋教学楼。暨南大学在接收了华侨补校后进入了建设高峰，1959年4月广东省建筑设计院的建筑师完成暨南大学主楼建筑设计，设计人员是总负责谢永根，结构设计是傅泽南，审核为黄汉基，制图为涂杰仁。此后建设的一批教学楼，继承了夏昌世教授的"遮阳理论"，采取了通风和隔热等建筑物理措施，混凝土遮阳板和花格窗成为其重要的建筑特征。时过境迁，现在暨南大学校园仅留下一栋这一风格的教学楼，就是暨南大学化学楼。2019年广州市人民政府将校区这栋唯一的具有历史价值的教学楼列入"广州市历史建筑"。

广州华侨医院先立项后挂暨南大学附属医院牌子，1978年筹办暨南大学医学院时就开始拟建附属医院，选址于校园东南角，北至称为"白山"的小山丘，南至黄埔大道。1982年4月教育部批准了有关计划。1982年12月20日，广州市房管局批准广州华侨医院用地14.29亩，西北面为水电供应室，北面在游泳池之间有两排建筑。最高点为22.64米，黄埔大道为9.95米，高差约13米。

1984年医院门诊室建成，每日门诊量设计为1600人次，四层建筑面积为7650平方米。医院占地面积为5.35公顷，规划设计构思是利用南北走廊将门诊、医疗、病房和总务供应串联起来，形成三个内院，利用院落空间改善采光和通风条件，病房可容纳650个床位。

香港华南工学院校友会和华南工学院承担华侨医院门诊部设计并提供资金支持华侨医院设计。华南工学院建筑设计院是华侨医院和华侨补校的设计机构，华侨医院建筑设计具体负责人为林克明、夏昌世、杜汝俭、郑鹏等。其中，杜汝俭是成长在抗日战争烽火中的建筑学系毕业生，经历建筑工程系名字更迭全过程，毕业后在事务所工作，后进入本校开始执教于乐昌坪石新村建筑学系。郑鹏1944年在坪石新村的国立中山大学建筑工程系就读，为华侨补校办公厅设计者林松坚的同学，又是一位年轻的"坪石先生"。坪石抗日战争烽火下培养的两位建筑师相隔25年后再次为暨南大学建设服务。

林克明是华南工学院前身勷勤大学工学院建工系创始人，夏昌世在抗战胜利后回到石牌到国立中山大学工学院建筑学系任系主任，勷勤大学工学院建工系延续改名为国立中山大学建筑学系。夏昌世培正中学毕业，随哥哥一同留学德国，毕业于德国卡尔斯鲁厄工业大学，再进入图宾根大学攻读博士，1932年获得博士学位，1945年11月任国立中山大学工学院建筑学院教授，1952年后任华南工学院教授，后定居德国，77岁时专门回国参加方案设计，亲自画图。附属医院建筑风格延续着他倡导的适应亚热带气候的建筑理念。参加设计的除郑鹏教授外，罗宝钿教授是先进入中山大学而转为华南工学院的学生，左肖思教授、赵伯仁教授、叶荣贵教授、贾爱琴教授是从中山大学建筑学系改为华南工学院建筑学系早期的毕业生之一，改革开放后他们获得施展才华的机会，代代相传，根脉深植。左肖思先生1994年在深圳成为中国第一位以自己名字命名建筑师事务所的总建筑师。

（三）在医学院继续从教的"坪石先生"

暨南大学医学院创建于1978年9月，1984年附属医院门诊部投入使用。首任院长是当年在粤北烽火下教育救国的"坪石先生"之一罗潜教授，担任院长时已经68岁。同为在韶关一起度过艰难日子的"坪石先生"杨简教授兼任病理学教授。国立中山大学医学院的罗潜教授，在乐昌坪石时任药物学研究所主任。罗潜教授退休后创建暨南大学医学院。

在改革开放后建立的暨南大学医学院仍然有当年粤北"坪石先生"的身影。罗潜，广东大埔人，中学在广州中德中学读书，1928年考入中山大学医学院，1933年获得国立中山大学医学院医学学士留校，1935年赴德国留学，1936年获得德国汉堡大学医学博士，在柏林大学医学院药理学研究所工作，1938年在抗日战争全面爆发时回国后服务于国立中山大学医学院被聘为副教授，1940年在坪石被聘为教授，一直坚守在粤北乐昌和坪石，烽火育人，讲授"药理学"和"处方学"两门课程，时年37岁。抗日战争胜利后回广州，任医学院院长兼附属医院主任。1978年9月，暨南大学医学院创办，首任院长为罗潜，首期招收119名临床医学新生，61名来自香港。1990年正月二十九日是罗潜先生80寿辰，师生为他举办庆祝活动，罗潜先生从事医学教育和研究58年。《中国药理学通报》1990年第6卷第1期专门发了信息《祝贺罗潜教授80寿辰》，文中述及："半个多世纪以来，罗潜教授为了我国药理学研究和医学教育事业的提高与发展呕心沥血，艰苦奋斗，做出了很大贡献。我们衷心祝愿罗潜教授健康长寿。"罗潜先生于1995年因病逝世。

暨南大学医学院先师之一邝公道先生，1916年出生于广州，1933年赴德国留学，在德国被迫留在一所创伤医院任主任医生，取得德国医生执照。第二次世界大战结束，启程回国，先后任国立中山大学医学院外科副教授、教授和外科教研室主任。抗美援朝时，邝先生担任中南医疗队队长赴战场前线。创建暨南大学医学院时，受罗潜先生邀请到暨南大学医学院和附属医院工作，已经62岁的邝公道先生，任暨南大学医学院外科教授，继续医学教育事业。2003年邝公道先生逝世。

朱师晦先生1908年出生于梅州丰顺，1926年在金山中学毕业后，考入国立中山大学医学院，1934年毕业留校，1938年至1939年在德国科隆大学医学院攻读热带病学，获得博士学位，1940年从云南入境回国任中央军医学校内科副教授、主任教官，1945年回母校国立中山大学医学院任内科教授。院系调整后，朱师晦先生在中山医学院创建并任传染病和流行病学教研室主任。1978年，朱先生与罗潜先生、邝公道先生一起创建了暨南大学医学院，任传染病学教研室主任兼附属医院副院长。1995年，朱先生不幸因病逝世，与罗潜先生同年与世长辞。

现在在广州石牌的暨南大学和华南师范大学仅是一路之隔分成两个大学校区，回顾20世纪30年代至50年代，两校都有共同的先师，今天方才成就"百年名校"之美誉，重新记住渐渐陌生甚至被忘却了的先师，路可以走得更远！不要忘记先师，因为正如冼玉清先生所言，他们"为母校命脉，为生徒学业，甘心荼苦，勉赴其难"，此乃今天在粤北建立华南教育历史研学基地的初心。

2021年1月23日初稿于暨南园守夜时，1月26日完稿。

🔾 郑洪年先生

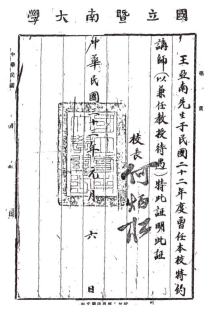

🔾 1933年王亚南被上海暨南大学聘为特约讲师，以兼任教授待遇。图为1944年1月6日暨南大学提供的证明（藏于广东省档案馆）

1946年1月出版的王亚南著作《中国经济原论》，扉页上写着王亚南敬重的与世长辞的四位先生名字

郑师许任上海博物馆艺术部主任的委任状

从合影和自画像中推断的邱代明先生

邱代明油画作品《肖像》，比较林宝权的照片，推测是以林宝权为模特的肖像，也可能是邱代明参加首届全国画展作品的"读报的人"

1930年潘玉良和林宝权在上海参加张继先生欢迎会后的合影

🔸 上海《图画时报》刊登的林宝权博士访沪的新闻及照片，右上角为林宝权女士照片

🔸 邱代明、林宝权、丁衍镛、陈抱一和徐悲鸿夫妇的合影

🔵 里昂中法大学入口，国立中山大学师范学院的张云、崔载阳、叶述武，国立暨南大学教授林宝权、瞿俊千等年轻留法学子时常进进出出的古堡入口（许瑞生/摄）

🔵 里昂中法大学从内往外看，城门二楼是当时的中法大学图书馆，是中国留学生了解国内形势读报看书的地方，也是在苏雪林的小说《棘心》出现多次的古堡入口和图书馆（许瑞生/摄）

○ 原国立暨南大学法学院院长、复旦大学教务长孙寒冰

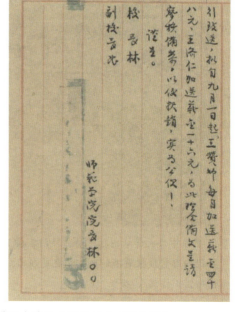

○ 1936年《广东省立勷勤大学工学院教职员名录》中有邱代明先生、陈锡钧先生名字的工学院教职员名录（藏于广东省立中山图书馆）

○ 时任师范学院院长林砺儒为王济仁教授加薪的申请函（藏于广东省档案馆）

⊃ 1950年陈锡钧全家合影，陈锡钧和夫人及三个
孩子

⊃ 陈锡钧的作品《男童》，1929年在佛罗
伦萨时期的作品，波士顿博物馆收藏

⊃ 陈锡钧1934年创作的雕像作品《孙中山》，引自《陈锡钧雕塑绘画作品集》

🔘 林宝权校长为姚管形出具的保证书（藏于广东省档案馆）

🔘 在学籍册上"中师剧团"成员、国立中山大学师范学院学生姚管形的照片，林宝权校长为她的具保人（藏于广东省档案馆）

🔘 1937年林仲达被聘为教育学院教授的聘书（藏于广东省档案馆）

🔸 原勤勤大学教育学院旧址，在此教学一年后就开始流亡之旅，1945年才返回（广东省文物考古研究所提供）

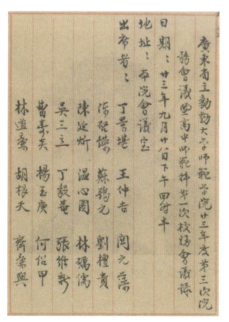

🔸 勤勤大学师范学院第三次会议记录档案，1934年9月28日，高觉敷、陈守实、王济仁等数位原暨南大学教授已经受聘于勤勤大学师范学院并参加会议

◗ 勤勤大学工学院旧址，邱代明先生、陈锡钧先生授课的教学楼（广东省文物考古研究所提供）

◗ 先后在国立暨南大学和广东省立文理学院任教授的许杰先生1935年的历史旧照，引自《绵长清溪水——许杰纪传》

◗ 一路陪同李约瑟的黄兴宗（李约瑟/摄）

在国立暨南大学任教的陆侃如先生、瞿俊千先生的历史旧照，引自《图说暨南》。原书照片下文字瞿俊千错写为"崔俊千"

张粟原先生与陈钟凡先生在国立暨南大学的历史旧照，引自《图说暨南》

⟳ 从连县东陂广东省立文理学院到建阳暨南大学的盛叙功教授参加毕业合影，中间者为何炳松校长

⟳ 李约瑟拍下的乐昌中山大学医学院建筑，杨简教授、罗潜教授就在这里教学和治疗病人

1945年的吴大琨先生　　1943年吴大琨先生与家人

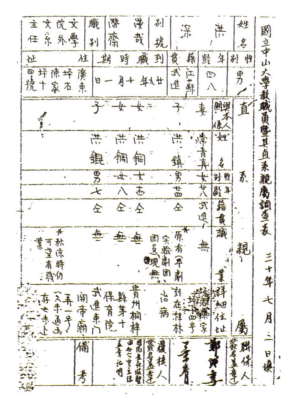

洪深1941年在坪石国立中山大学填写的简历（藏于广东省档案馆）

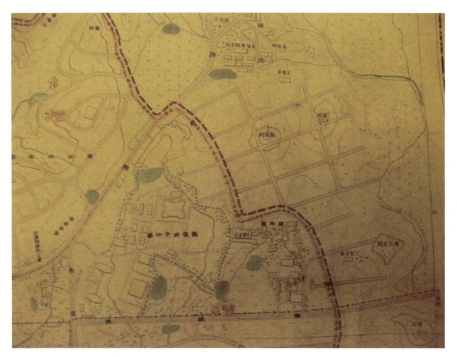

➲ 广州市执信女子中学在1935年至1937年广州历史地图的位置

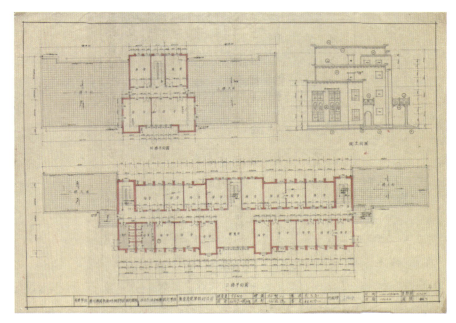

➲ 1954年林松坚设计的华侨补校办公厅图纸（藏于广州市规划与资源局）

⬦ 张泉林先生受聘国立中山大学研究院办公室的函件（藏于广东省档案馆）

⬦ 华侨补校办公厅旧址，后来成为暨南大学办公厅，许多50年代、60年代暨南大学毕业生选择在这里拍摄毕业照（许瑞生/绘）

⤴ 现在保留的办公厅旧址前历史久远的绿地，清晨鸟鸣最欢之处（许瑞生/绘）

⤴ 华侨补校历史建筑，现在为暨南大学教育学院（许瑞生/绘）

⊃ 现成为暨南大学幼儿园的华侨补校历史建筑（许瑞生/绘）

⊃ 现在成为教职员工宿舍的华侨补校历史建筑（许瑞生/绘）

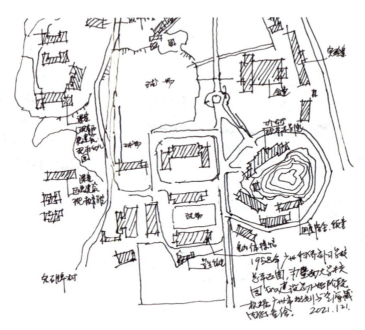

⤷ 在1958年形成的华侨补校总平面图，根据1958年实测图纸重绘

⤷ 广州市华侨医院第一轮设计方案

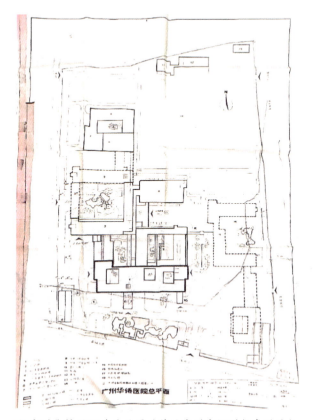

⤷ 广州华侨医院总平面图（藏于广州市规划与资源局）

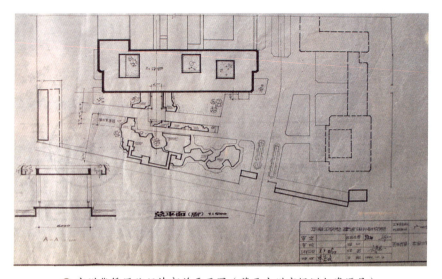

⤷ 广州华侨医院门诊部总平面图（藏于广州市规划与资源局）

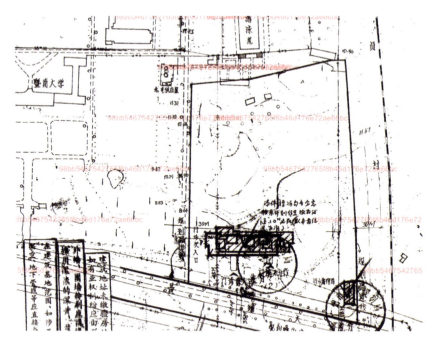

　华侨医院规划报建图（藏于广州市规划与资源局）

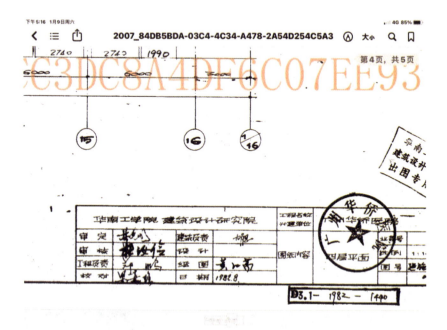

　广州华侨医院设计图纸出图栏签名，当年在坪石时期新村工学院建工系受聘
为讲师的杜汝俭先生、学生郑鹏先生分别为审核和工程负责

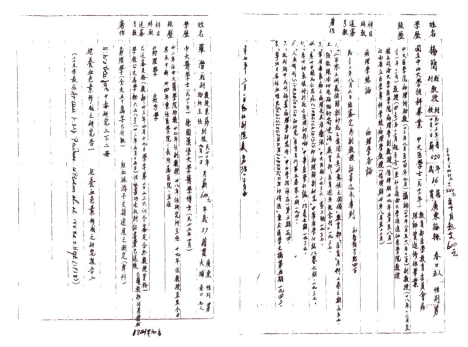

● 罗潜先生、杨简先生1945年的简历（藏于广东省档案馆）

注释：

［1］翟俊千：《暨南大学创办初期点滴回忆》，《上海文史资料存稿汇编》（教科文卫），上海古籍出版社，2001，第116页。

［2］上海新闻社：《1933年之上海教育》，1934，第23页。

［3］暨南大学校史编写组：《暨南校史》，暨南大学出版社，1986，第52页。

［4］周邦道：《近代教育先进传略·初集》，中国文化大学出版部，1981，第225页。

［5］广东省档案馆藏档案，档号020-003-148-003-145-006。

［6］1934年《暨南校刊》（广州）出专号《追悼李石岑专号》，作者陈凤仪。

［7］广东省档案馆藏档案，档号21-1-0005-0005-11-1。

［8］广东省档案馆藏档案，档号21-1-0008-0001-0141-01。

［9］广东省档案馆藏档案，档号21-1-0012-0002-21。

［10］高觉敷：《缅怀著名的爱国学者林砺儒》，《林砺儒教育思想研究》，广东高等教育出版社，1991，第162页。

［11］广东省档案馆藏档案，档号21-1-0001-0006-0002.01。

［12］广东省档案馆藏档案，档号21-1-0001-0005-0001.01。

［13］《勷勤大学师范学院季刊》1934年第2期，第17页。

［14］《勷勤大学师范学院季刊》1934年第2期，第25页。

［15］王春瑜：《求真守实，抉奥探幽——陈守实传》，《史魂：上海十大史学家》，上海辞书出版社，2002。

［16］广东省档案馆藏档案，档号21-1-0005-0005。

［17］王春瑜：《求真守实，抉奥探幽——陈守实传》，《史魂：上海十大史学家》，上海辞书出版社，2002。

［18］蒋荷贞：《许杰生平表（下）》，《杭州师范学报》1994年第2期。

［19］徐州师范学院《中国现代作家传略》编辑组：《中国现代作家传略》第三辑，四川人民出版社，1979，第69页。

［20］《台湾省立师范学院院刊》1947年第1期。

［21］《抗宣一队——剧宣七队大事记》，《南天艺华录》，《广东党史资料丛刊》编辑部，1989年，第258页。

［22］广东省档案馆馆藏，档号020-002-99-203。

［23］广东省档案馆馆藏，档号020-004-10688-146。

［24］许玄：《绵长清溪水——许杰纪传》，山西人民出版社，2000，第143页。

［25］王春瑜：《陈守实》，《中国史研究动态》1979年第10期。

［26］广东省档案馆藏档案，档号21-2-0179-0001。

［27］吴大琨：《白头惟有赤心存——风雨九十年琐忆》，中国人民大学出版社，2005，第74页。

［28］吴大琨：《白头惟有赤心存——风雨九十年琐忆》，中国人民大学出版社，2005，第90页。

［29］蒋夷牧、王岱平：《生命的辙印》，海峡文艺出版社，1986，第29页。

［30］严恩萱：《郭大力抗日战争时期二三事》，《赣南师范大学学报》1987年第1期。

［31］周川：《中国近现代高等教育人物辞典》，福建教育出版社，2018，第661页。

［32］《暨南校史》，暨南大学出版社，1996，第65页。

［33］夏明方、杨双利：《中国近代思想家文库·王亚南卷》，中国人民大学出版社，2015，第125页。

［34］房鑫亮：《何炳松年谱》，《何炳松论文集》，商务印书馆，1990，第574页。

［35］夏明方、杨双利：《中国近代思想家文库·王亚南卷》，中国人民大学出版社，2015，第159页。

［36］林宝权：《学生自治在教育上的价值》，《北京女子高等师范文艺会刊》1919年第2期，第34页。

［37］翟俊千：《暨南大学创办初期点滴忆》，《上海文史资料存稿汇编》（教科文卫），上海古籍出版社，2001。

［38］赵金钟：《院士世家——冯友兰·冯景兰》，河南科技出版社，2015。

［39］广东省档案馆藏档案，档号21-2-0159-0002-0004.01。

［40］古鸿廷：《教育与认同：马来西亚华文中学教育之研究（1945—2000）》，厦门大学出版社，2003，第27页。

［41］董松：《潘玉良艺术年谱》，安徽美术出版社，2013，第266页。

［42］谢冰莹：《红豆戒指》，内蒙古人民出版社，1998，第216页。

［43］翟俊千：《暨南大学创办初期点滴回忆》，《上海文史资料存稿汇编》（教科文卫），上海古籍出版社，2001。

［44］胡根天：《看了第一次全国美展西画出品的印象》，《20世纪中国美术批评文选》，河北美术出版社，2017。

［45］吕作用：《硝烟中的事业——"一·二八"事变与上海美专停课之谜》，《中国美术研究》2016第4期，第114-118页。

［46］许坤成：《当代美术史》，联亚出版社，1982，第61页。

［47］琥柯：《陈锡钧雕塑绘画作品集》，西泠印社出版社，2011。

［48］《汕头市市政公报》1932年第193期。

［49］张掖：《国立中山大学现状》，国立中山大学出版部，1937。

［50］李元信：《环球中国名人传略：上海工商各界之部》，环球出版社，1944，第26页。

［51］《国立暨南大学毕业纪念册》（1948年），《暨南校史资料选辑》第1辑，暨南大学出版社，1983。

［52］《暨南周刊》1928年第10期。

［53］《1929年暨南大学年鉴》，《暨南校史资料选辑》第1辑，暨南大学出版社，1983。

［54］赵立彬：《黄文山卷》，中国人民大学出版社，2013，第2页。

［55］罗晃潮：《刘士木与华侨事业和南洋研究》，《暨南学报》1983年第3期。

［56］姚柯夫：《陈中凡年谱》，书目文献出版社，1989，第48页。

［57］韩石山：《徐志摩书信篇》，天津人民出版社，2006，第181页。

［58］吴新雷：《陈独秀与陈中凡》，载全国第七届陈独秀学术研讨会筹备处编印《纪念陈独秀先生逝世60周年论文集》，2002。

［59］姚柯夫：《陈中凡年谱》，书目文献出版社，1989，第51页。

［60］张泉林：《张泉林教育文集》，广东教育出版社，1997，第103页。

［61］《暨南校史》，暨南大学出版社，1996，第122页。

［62］徐元昭：《回望历史，再奔前程》，《甲子心迹：暨南大学华文学院广州华侨学生补习学校建院/校60周年》。

［63］司徒杰：《广州与华侨文化》，广州文化出版社，1989，第116页。

（感谢暨南大学宋校长、孙副书记及提供图纸的暨南大学同事，广州市规划与资源管理局郭昊羽局长与同事协助提供图纸和文明路22号旧址的寻找；广东省建筑设计院有限公司曾宪川及同事、华工施瑛老师协助提供林松坚先生等的信息和资料；广东省立中山图书馆倪俊明馆长、广东省档案馆的同事协助提供勷勤大学档案和邱代明先生资料）

二 "坪石先生"

坪石艰难岁月中走过来的大师们

1940年，中山大学师生员工从澄江启程往坪石，途经归化、昆明、曲靖、平仪、盘县、安顺、贵阳、黄果树、贵定、独山、六寨、南丹、河池、宜州、柳州、桂林、衡阳，10月13日抵达曲江，16日进入坪石镇。

从坪石走出来的学者徐中玉于2019年6月25日去世，徐先生被称为中国的"大学语文之父"。他1939—1941年在中山大学研究生院读研究生，抄写了上万张卡片，论文30余万字；1941—1946年任中山大学讲师、副教授。换言之，坪石岁月的艰辛，徐中玉先生全程体验，在坪石读书时还曾赶到广州中山图书馆战时藏书处连县东陂的广东省立文理学院。有关档案记载："查该生等研究专题所需，多须求自我国古籍，本院此类藏书特少，一时未能供给其需要，而该生等又以毕业期遇，未能久待，故前月特请求赴连县东陂省立文理学院图书馆搜集论文材料（前广州中山图书馆书籍现寄存该校，其中古籍甚为丰富），经已照准。现该生等事毕返校，以路费无着，未能启行，似应酌予补助，使其早日成行返院。为此特请核夺示复，以便转知是荷。"[1]

从坪石走出来的，还有世界著名核物理学家，被誉为"中国核能之父"的卢鹤绂。1941年9月，卢鹤绂留美毕业后返国救亡。11月2日到达坪石中山大学本部，在塘口村一个小地主家住下来。理学院院长康辛元感慨地对卢鹤绂夫妇说："你们从天堂坠入地狱。"[2]在灯芯草点的油灯下，1942年卢鹤绂教授写下了《重原子核内之潜能及其利用》一文，第一次向国人介绍并预言了原子能的巨大潜力。在坪石生下第一个孩子后，卢先生家务与著述两不误，艰辛程度可想而知。

从坪石艰苦岁月中，走出了地理学大师、开平人吴尚时。他早年就读于本校英文系，应为戴平万、洪灵菲的师弟，比二位低三个年级。后赴法国留学，毕业后回校任教，紧守坪石，写下多篇至今对中国地理界影响深远的论文，正是1941年在坪石确立"珠江三角洲"地理学说，提出"广花平原"的地理概念，撰写《广东省之地形》。中国著名地理学家曾昭璇1943年在坪石地理系任教。1944年吴尚时先生与曾昭璇先生合著《雷州半岛》，与何大章合著《广东省之气候》。1947年与曾昭璇合著的《珠江三角洲》发表，同年9月不幸病逝。曾昭璇先生20世纪80年代有专文纪念吴尚时教授，司徒尚纪教授著有《吴尚时》一书。"丹霞地貌"的命名、七星岗古海岸遗址的发现，均与吴先生有关。

● 历史上的坪石医学院（许瑞生/绘）

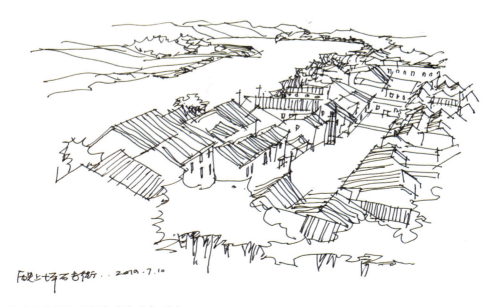

● 历史上的坪石老街（许瑞生/绘）

在坪石艰难岁月中，走出了一位后来活跃于粤港台三地的音乐家黄友棣，他创作的激励师生"烽火不忘读书声"的歌曲《杜鹃花》，意境来自1941年坪石铁岭。1944年黄先生在坪石借书《格罗夫氏音乐与音乐家辞典》，两次想还书，惜未如愿。2010年黄先生去世，2013年在孙中山诞辰150周年之际，高雄中山大学代表团访问中大，为黄友棣先生还了愿。

坪石的艰难岁月还培养了杨卓成建筑师，他1941年在坪石毕业于建工系，与卫宝葵老师同班，该班级共14人。台北的重要地标性建筑，不少来自这位喝过武江水的学者。如台北圆山大饭店、士林官邸、中央百世大楼、中正纪念馆等，因为中华民族的情怀，这些建筑充满着浓厚的中国传统建筑元素和意韵。2006年杨先生去世。

以上这些仅仅是坪石众多学子中的少数人，在坪石的岭大农学院、培正培道联合中学培养的数千学子中，也出现了众多中国建设的栋梁之材。坪石，文化火种保存延续的"圣地"，中华民族复兴建设栋梁之材成长的源头，至今仍然被无数学子及后代牵挂。2014年，98岁的华南理工大学校友冯颂明先生捐款200万元，设立机械创新基金，其缘由就在于1941年冯先生毕业于坪石机械工程系、坪石机械工业救国之心长存。

卢鹤绂先生于1943年离开坪石，前往广西大学，但他在坪石的两年意义非凡。卢先生自美返乡报国有语："摘冠卸袍归故里，新声出自旧庙堂。"他借用曹植诗"闲居非吾志，甘心赴国忧"表达志向。这就是坪石先生们的情怀。这里还留下中国农学家、华南农大奠基人之一李沛文，中国图书馆学奠基人之一杜定友，中国化学工程先驱之一康辛元等一批中国现代教育史代表性人物。坪石应成为华南教育历史研学基地，让后来者踏上武水的众古码头，回顾"坪石先生"的身影！

附录一：中山大学物理学院官网等对卢鹤绂先生的记述

1941年，卢鹤绂从美国明尼苏达大学毕业。1941年11月2日，卢鹤绂辗转来到了当时设在广东北部重镇坪石的国立中山大学校本部，任理学院教授一职。当时在中大的生活非常艰苦。1942年暑假，卢鹤绂的夫人产期将近，而坪石镇无妇科医院，夫妇俩不得不乘小舟去火车站。乘火车到湖南某县城后，因车站离县城医院很远，只好雇人力车。在人力车上，卢鹤绂夫人出现了产前阵痛。卢鹤绂不得不下车在车后助推。刚推到湘雅医院产房，夫人即生下长子永强。夫人出院回塘口村后，卢鹤绂开始操劳家务。每天，他背着孩子劈柴、做菜，而地上则是鸡屎、牛粪满地，污浊不堪。一日三餐忙完后，卢鹤绂又专心致志地在灯芯草点的油灯下备课。[3]

⯈ 卢鹤绂先生获得博士学位时的照片

⯈ 工学院（华南理工大学前身）院长陈宗南

⯈ 位于三星坪的工学院（华南理工大学前身）本部教学的祠堂

⯈ 工学院（华南理工大学前身）陈宗南院长居住于村民家中房子，备课写作的桌子还保留着

🡲 理学院上课的祠堂，塘口村朱氏宗祠

🡲 塘家村理学院老师住的村民房子

🡲 塘口村理学院的码头

🡲 文学院铁岭旧址，校园歌曲《杜鹃花》诞生的地方

附录二：饶宗颐先生对黄际遇先生的记述

　　黄际遇先生，字任初，号畴盦，广东省澄海县人。先生自幼颖异，书过眼终生不忘。精力充溢，体貌俊伟似齐鲁人。其学长于数理解析，蜚声国际，尝发明一定积分定理，著有《Gudermann 函数之研究》《潮州八声误读表》《班书字说》及《畴盦数学论文集》。门子弟遍南北。平居效李莼客排日为记，举凡科学、文学理论、畴算演证，与所作骈散文章，及与人来往书札、联语、棋谱，靡不笔之于篇。小楷端书间，杂以英、德、日诸国文字，月得一册。其在青岛所记者，曰《万年山中日记》，曰《不其山馆日记》。广州所记者，曰《因树山馆日记》。在临武所记者，曰《山林之牢日记》。积数十年。其民二十年以前所记，惜于飞鲸轮古雷山遇难时全漂之海，今所存共五十四册，蔡子民先生谓：

"任初日记，苟付梨枣，非延多种专门学者，难与校对。"其精深博大，于兹可见。[4]

附录三：哈尔滨师范大学艺术学院教授周柱铨先生对马思聪先生的记述

马思聪先生于1942—1944年常来广东北部坪石—管埠（已近粤湘边界）教学。1937年秋，马思聪应广州国立中山大学文学院之聘为音乐教授。1938年10月广州沦陷，马思聪转赴香港，实际教学只有一学年。1939年3月1日，中大迁至云南南部澄江复学。1939年秋，中山大学成立师范学院，再聘马思聪前往任教。1940年，中大迁往粤北坪石附近管埠、乐昌县城等地，马思聪没随迁。同年2月，马先生在重庆演出并任励志社乐队指挥。1942年9月，马思聪重返中大师院。马思聪这时期演奏活动频繁，常来往于韶关（曲江）—坪石—管埠一带演出。马先生的演奏受到热烈欢迎，可惜学校的钢琴五音不全，难为了马先生和他

⟳ 马思聪先生组图（图片来源于网络）

的太太王慕理（钢琴伴奏）。[5]

注释：

［1］陈平原：《烽烟不绝读书声——中山大学档案中的徐中玉》，《现代中文学刊》2014年第2期，第90页。

［2］www.sohu.com/a/163957917_674902.

［3］摘自《卢鹤绂传》、《卢鹤绂侧影》、纪录片《大师》，中山大学物理学院官网等。

［4］黄小安gdphoto的博客：《祖父黄际遇与他的日记（一）》，http：//blog.sina.com.cn/s/blog_4feaf1570100xigx.html。

［5］周柱铨：《有关马思聪在坪石——管埠的史料》，《人民音乐》2007年第5期。

国家危难时的召唤和坚守

1939年5月中山大学共有8个学院（含研究院）、33个学系，1946年取消研究院。如果设立33面纪念墙记事，仍然难以述及，仅铭记一斑。

国立中山大学生物系、植物所与研究院农林植物部结合地方的田野调查，是抗战时期教育的重要特点。

金额雀鹛是第一种由中国学者自己命名的鸟类，是1932年任国荣先生（1907—1987年）研究发现并命名的。他利用国内送来的标本，发现此鸟类新种，在《巴黎自然博物馆通报》上用法文发表相关论文，Yen Kwokyung是他的名字粤语拼写。任先生是广东教育典型的代表人物，他是广东高等师范学校最后一届毕业生及广东大学第一届毕业生。他于1930年3月留学法国，1933年9月返中山大学任教，任中大师范学院博物系主任，后任理学院生物系主任时，将张宏达介绍给研究院院长崔载阳，帮助其成为研究院植物学部助教。1942年9月至10月，由植物所与研究院农林植物部联合组队，再往莽山调查。调查队一队由梁宝汉、张宏达、梁仕康、冯云组成，另一队由李鹏飞、陈少卿、游万里、虞元章、黄荣华组成。共得标本1436号、12 000份。任教授于1944年在坪石任理学院院长，在1945年坪石沦陷时负责将各院系设备疏散至临武，又到梅县复课，抗战胜利后重返广州。[1]1950年，他参与亚洲文商学院的改组，该院后改组并易名为新亚书院。1960年他任该院生物学系主任。1963年新亚书院等三所书院联合组建了香港中文大学。2015年，香港中文大学新亚书院及生命科学学院举办了第一届"任国荣先生生命科学讲座"，纪念任国荣先生对香港中文大学的贡献。在中山大学生物系主任名单上，1927—1931年为辛树帜教授，1940—1944年为张作人教授，1944—1946年是任国荣教授。

任国荣的学术生涯，得益于他的恩师生物系辛树帜教授的支持。辛树帜教授曾留学英国、德国，于1928年回国在中山大学生物系任教，1932年离开。任国荣就是在此时在辛教授支持下赴法留学。辛先生于1932年任国民政府编审处处长，1933年成为编译馆馆长兼中央大学教授。1932年，他参与筹建陕西武功的农业学校，武功是中国古农业的重要发源地。1929—1931年，西北大旱，农民流离失所，辛先生对加强农业基础建设体会颇深。1936年，他来到西北，先后成为西北农林专科学校校长、西北农学院院长、兰州大学校长。兰州大学的校训"自强不息，独树一帜"印证了辛教授在建立兰州大学的贡献，也是毛泽东30年后重逢辛树帜——这位湖南第一师范学校同事时最大的褒奖，"辛辛苦苦，独树一帜"。

➲ 2015年香港中文大学举办"任国荣先生生命科学讲座"的海报，主讲者徐立之先生毕业于该校，1979年在美国获得博士学位，2002年曾出任香港大学校长

➲ 兰州大学图书馆内兰州大学的校训

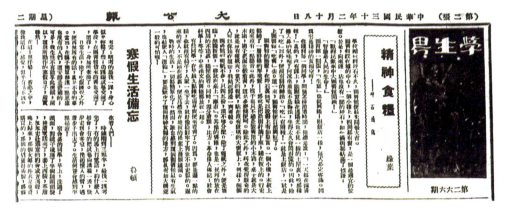

🔵 1941年《大公报》关于坪石图书馆的通讯（施瑛老师提供）

中山大学生物系另一位留法后返国坚守教育阵地的老师是张作人，他比任国荣先生早两年即1927—1928年在巴黎自然博物馆进行鸟类学研究，于1932年回国后选择在广州中山大学生物系任教，抗战胜利后继续担任系主任。他们都在国家危急存亡之际回国报效国家教育事业。在坪石的曾在海外留学却在国家危难时期回国的老师不少，其中留法的老师颇多，坪石图书馆藏书以中英法书籍为主。留法回国的建工系主任虞炳烈教授的夫人路毓华女士在1942年工学院教师名册中，记录为"法文特约讲师"。1940年5月6日在昆明护国路照相馆，虞先生留下了一张全家福，写有"英勇抗战二年十月以来唯一的家庭照相"的题字，其时他的孩子虞黎鸿6岁。照片中，路女士戴着一副圆形的眼镜，穿着中国传统的女式服装，黎鸿天真地笑着，虞先生露出刚毅的神情。

🔵 建工系主任虞炳烈教授的夫人路毓华女士在1942年工学院教师名册中，记录为"法文特约讲师"

坚守于坪石艰难岁月，坚守教育事业，这是坪石先生们的高贵品质。"中年粤北讲台开，战地春风桃李栽。坪石岭前歌剧闹，桂林洞里警钟哀。诲人不倦吾滋愧，抗敌图存志不灰。封豕长蛇终殄灭，夜深犹盼捷书来。"这首诗是坪石先生们作为坚守者的写照。该诗的作者朱谦之也是一位坚守岭南教育的学者，他曾留日学习，于1931年回国，从1932年到广州至新中国成立，担任过中山大学历史系主任、哲学系主任、文学院院长、研究院文科研究所主任、历史学部主任等职务，1952年因院校调整进入北京大学。

岭南大学在坪石的历史印记感人，李沛文先生坚守四年，受其影响，岭南大学许多教授来到坪石坚持教学。澳门出生的冼玉清于1938年9月任国文系教授，广州沦陷后，回澳门避难。1939年11月随岭南大学播迁香港。1942年1月在港的岭南大学开始疏散，冼玉清回澳门。应时任校长的李应林召唤，9月27日通过湛江—广西一个月的奔波，追上了迁入粤北曲江仙人庙坚持上课的岭大队伍。1944年6月曲江告急，冼玉清迁到坪石农学院，留下《坪石诗草》作品，7月又转连县、仁化、英德，1945年9月从英德连江口南回到广州。20世纪60年代，冼玉清病逝于广州肿瘤医院。追悼会上主祭人许崇清先生感叹："痛失哲人！"

华南教育抗战历史时期在坪石的史料仍然需要挖掘，坚守到底未等到捷报而殉国的卫梓松教授，他于20世纪30年代进入广东省立勷勤大学一直坚守到中山大学工学院坪石时期。卫先生教学过的北京大学、东北大学均无法提供任何材料，幸好卫夫人的函件还保存着。与卫梓松先生结婚40年的曾子砺于1945年4月给校方的函中记载了卫先生最为详尽的从教历史：先生13岁从殖民地威多利埠回广东，在1913年8月从广东赴北京大学读书前，曾在广东省立女小师范、台山县立中学任教员。在北京大学毕业后留校，在北京曾在北京大学、清华大学、北洋大学和国立北平师范大学等多所大学任教。1936年首次离开北京，往西安的东北大学任教授，1937年暑假时回广东，被陆嗣曾校长聘为广东省立勷勤大学教授兼土木科主任，也兼国立中山大学讲师。1938年沦陷后寓居香港、佛山，1940年11月往韶关被聘为民国广东省赈济委员会委员和广东省政府技正。1941年2月校长张云聘任后，他开始任担任中山大学工学院建筑工程系教授及主任至殉国。殉国后的第二天即1945年3月21日葬于坪石附近山岗。坪石工学院本部在三星坪，三星坪安排为机、电两系，对岸的新村为土、建、化三系，先生是在何方？

坚守者许崇清是在连县三江镇获得日军投降的消息，与他在一起的还有张作人教授。在抗战时期，不仅在坪石，而且在曲江、韶关校区、连县和仁化等地分布着坚守的教育阵营，许多广州、港澳中学也迁入粤北。在曲江，澳门出生的仲元中学校长梁镜尧，于1945年1月24日，护校战死至最后一刻，与儿子梁铁血洒曲江校园，小儿子梁元博被刺终身致残。冼玉清教授于1947年撰文纪念之。梁元博仍然是坚守者，他自学成才成为海洋学家，被称为"轮椅上的科学家"。所幸！仲元中学的年轻学子没有忘却那段历史，2018年公演了音乐剧《那年那月的仲元人》以纪念先师。

附录：

精神食粮
——坪石通讯
绿　叶

学校刚搬到坪石不久，图书馆便最先开张大吉。

图书馆设在墟的中心，一个小楼上，四周都有窗，是一个最适宜的位置。于是，向来连店也没有一间的坪石，如今满街都贴满了标语：

"欢迎民众来中大图书馆阅读！"

"知识是人民的生命！"

图书馆一开张，"生意"也就兴隆；跟饭店一样，每天必定客满。因为它是精神的食粮室呀！

你碰到每一个同学，问他怎样消遣时间，他总是说："一天都在图书馆！"真的，没有课上，谁愿意躲在连阳光也不见一线的土屋里，嗅那种难入鼻的气味呢？何况坐着也不是办法，坐得太久会闷得慌。因此，除了"吃"之外，便没有别的办法。"吃"有两种！一就是上饭店，一就是上图书馆"吃书"去。这一来，图书馆便自然兴旺了。

图书馆的布置，在坪石里面可以说得上有如皇宫。一个小楼，木板上都铺了一层鲜绿的厚地毡——那就是把松树针摘下来，铺在板上的。行走起来没有一点声音。此外，凳子也只不过是装书用的小木箱，桌子就是大木箱，箱子里面也装着书，这是多么简单呵。除此之外，叫你觉得新奇的，就是没有报纸夹。当天的报纸，贴在没有玻璃的大窗框上，这样，两个人可以你站在这边，我站在那边一齐看报。

图书馆的报纸不多，只四五份，还不够分配。除了报纸之外，便是杂志，无论新旧，一律放在桌上"应市"。其他的书籍，也是一长列的放在四周的木箱里，随便你看。同时，还分着类，比方：革命伟人传记，社会科学，等等，中英法文的书籍都放在一起。

有些同学一在早晨九点钟吃过早饭便来看书了。因为，要是迟一点的话，你就没有椅子，人家一坐下去，就好像给钉牢了再也不想走似的。迟来的客人，不是站在那里，便是昂然坐在地板的松叶上几个钟头。

战时的生活，一切都简单化了。然而，谁也感到这个图书馆最有生气，也最使人"温饱"，要是缺少了这个精神食粮的地方，那真是有如大饥荒一般的可怕哩！

注释：

［1］冯双：《中山大学生命科学学院（生物学系）编年史：1924—2011》，中山大学出版社，2011。

经历坪石岁月的老院士们

　　"老院士"总让人感觉有什么不一样，特别是"学部委员"的一代。在第一批中国科学院学部委员和中国科学院院士的名单中，至少有十位在韶关坪石教学和学习过。坪石是卢鹤绂选择回国教学的第一个地方，他曾在塘口村理学院教学和居住；叶叔华在坪石度过了高一和高二的中学时光；杨简是在坪石老街上的研究院兼医科研究所病理学部的兼职教授；蒲蛰龙、赵善欢、丁颖等均在研究院任农科所兼职教授。黄本立在培联中学念书，黄翠芬于1943年在理学院毕业，张作梅在1941年从三星坪工学院机械工程系毕业。中国病理学的奠基人梁伯强在坪石担任医学院院长兼医科研究院主任并于1955年就获得中国科学院学部委员的荣誉，丁颖教授也是1955年的学部委员。中国科学院在20世纪50年代是决策机构，1983年后改为咨询机构，在90年代建立院士制度后学部委员一并成为院士。

　　学部委员陈国达、陈焕镛、杨遵仪虽然没有在坪石任教，但应该在坪石区域考察过。杨遵仪先生回国第一站选择广州，被聘为两广地质调查所的所长。陈国达也是在中山大学教书后进入两广地质调查所。陈焕镛先生是中山大学植物所的创办者，现在南岭上的"广东松"就是他命名的。

　　这批"坪石先生"，多在坪石办学的近五年中担任研究院学部主任或者兼职教授。坪石国立中山大学研究院的实践和理论探讨，是华南教育历史研学基地中最具有时代特征的高等教育历史。中山大学研究院办学在云南是第四届，至坪石开始是第五届。从第四届保存下来的文档来看，文科研究所考试校内外委员的选择和任用是十分严谨的，研究生硕士学位毕业论文题目是《昆明非汉语研究》《唐代小说中所表现的妇女问题》《中国总税务司史研究》，学生分别是黄达枢、王庆菽和区宗华。

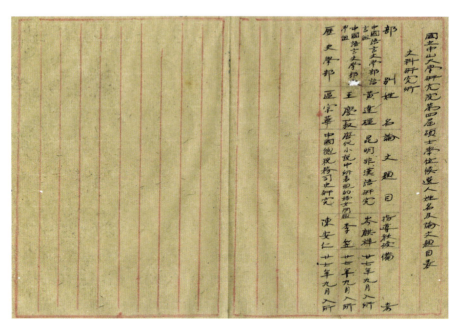

国立中山大学研究院第四届硕士学位候选人姓名及论文题目表，论文包括《唐代小说中所表现的妇女问题》等（藏于广东省档案馆）

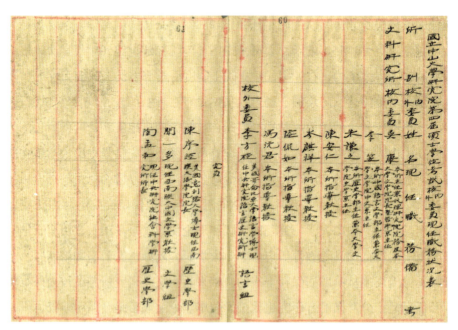

硕士学位考试校内外委员现任职务状况表，闻一多、陈序经和陶孟和是校外委员会委员（藏于广东省档案馆）

1941年4月7日中山大学校长兼研究院院长许崇清行文教育部，报告年度授予学位考试研究生名单及统计表，因为教育部有规定需要提前三个月申请。由此也可以判断当时的坪石教学工作进入正轨，研究院研究生毕业考试即将进行。

研究院文科研究所1941年的研究生毕业生有7人，徐中玉、梁钊韬是这届研究生中的佼佼者，毕业后留校充实师资力量，1942年一年级的研究生共有10人，需要更多的师资。

研究院是学术核心及重点机构，一般由校长亲自担任院长，后来情况发生改变，研究院院长不一定是校长，可以由其他学院院长兼任。研究院院长崔载阳在

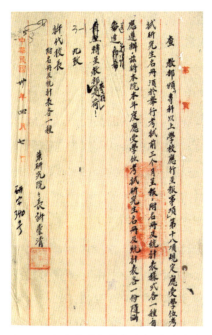

🔸 1941年许崇清向教育部报告的文稿（藏于广东省档案馆）

1942年的《教育研究》发表了文章《从教育学研究所到师范研究所》讨论研究院的意义。在1944年的登记表表格中，崔载阳是师范学院院长兼研究院院长，另外梁伯强是医科研究所主任、蒋英是农科所农林植物部主任、丁颖教授为研究院兼职教授，这说明老院士们在那个年代已处于高等教育的最高层次，是培养研究生重要的师资力量。

20世纪50年代中国科学院学部委员包括了哲学社会科学学部的学部委员，共有233名学部委员，其中哲学社会科学学部占26%。"坪石先生"王亚南在50年代被聘为学部委员，王亚南在坪石国立中山大学法学院教的是经济系课程，每周上的课

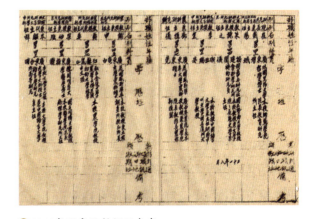

🔸 1944年研究院教师职务表

程是经济思想史、中国经济史、经济学和高级经济学，其中经济思想史是每周上2小时，其他课程均是每周3小时。1944年的教职员登记表上写明他是于1940年8月到校，比梅龚彬早一年，在表格上填写的年龄是43岁，上年度的著作及研究成果是《经济科学论丛》和《中国经济原论》。其中《中国经济原论》分为9篇，包括导论、中国半封建半殖民经济的形成与发展、中国社会的商品与商品价值形态、中国社会的货币的形态、中国社会的资本形态、中国社会的利息形态与利润形态、中国社会的工资形态、中国社会的地租形态和中国社会的经济恐慌的诸表现。在坪石武水畔的油灯下，王亚南先生提出了具有中国国情的"中国经济学"的框架，其中有对马克思《资本论》的借鉴，对中国经济学做出了重大贡献。

王亚南先生在表格上的"经历"一栏写着：国立暨南大学教授、上海滨海中学校长、中央训练团教育委员及指导员、政治部设计委员。王亚南与梅龚彬教授同岁，梅先生任主任兼教授，王先生任教授，两人均有在暨南大学担任教授的经历，更关键的是政治观点的一致。王亚南来到坪石执教的前一年，与郭大力多年合作翻译的马克思《资本论》，终克服千难万苦于1938年8—9月由读书生活出版社出版。此翻译巨著的工作由郭大力开始，王亚南后来加入。作为一名刚刚翻译完此巨著的经济学家，王先生转身成为教授登上大学讲台，坪石是第一站，也成为《资本论》的第一讲坛。1933年，王亚南对德国和英国有实地的考察，表中"学历"一栏中写着"德国政治大学研究"，其对马克思主义的理解权威性可想而知。巧合的是，1940年秋，郭大力受邀到粤北连县广东省立文理学院教书。

1940—1945年，在坪石办学期间，法学院在武阳司，离坪石老街较远，但现在仍然保留部分历史遗迹，仿佛能看到王先生登上码头拾级而上的身影。

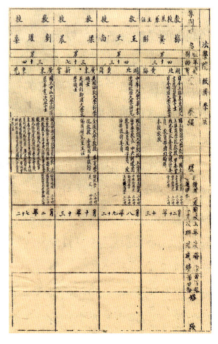

➲ 1944年法学院教职员登记表中梅龚彬和王亚南的登记

🔸 武阳司历史建筑（图片引自韶关市乐昌市人民政府汇编的《抗日战争时期部分大中专院校、中学在乐昌市办学情况资料汇编》）

🔸 武阳司法学院驻地码头（图片引自韶关市乐昌市人民政府汇编的《抗日战争时期部分大中专院校、中学在乐昌市办学情况资料汇编》）

在1980年公布的400名学部委员名单中，可以看到杨简先生的名字。1942年，杨简先生成为坪石医学院教授，随即担任研究院医学部的兼职务教学工作。出生于梅县的杨简在中山大学附中、中山大学医学院完成学业，抗战时期在坪石坚持教学。杨简后来赴美国留学，在1949年回国，继续为国家医学发展培养人才。

🔸 1944年研究院教师名单，上面有杨简先生的记录（藏于广东省档案馆）

　　在1980年400人学部委员名单中曾在坪石学习或教学的教授至少占有8席，其中包括张作梅。张先生为兴宁人，少年丧父，于1931年到香港舅父家居住读书，从香港英文书院中学毕业，在1937年考入中山大学，1941年毕业于迁至三星坪的工学院机械工程系。该届机械工程毕业生约60人，建筑工程系的14人包括杨卓成、卫宝葵也是这一届毕业的，他们分别选择走进社会和留校。张作梅选择走进社会，于1944年留学英国，1948年获得谢菲尔德大学博士学位后留校，1951年应邀回国筹建中国科学院金属研究所，后担任中国科学院机械研究所副所长，1998年病逝于长春。

　　在中华人民共和国成立前后的这一特殊时期，这批老院士们不少还在国外，像黄翠芬、黄本立、张作梅和蒲蛰龙等"坪石先生"，也许经历了坪石战争年代的磨炼和对中国国情的理解，他们冲破种种围堵和诱惑，回到祖国培养人才或者开辟科学新天地。黄翠芬，是台山人，于培道女中毕业，1940年被岭南大学化学系录取，但因香港失守，她几经周折后到达坪石，借读于塘口村的理学院，1944年毕业，同班共有12名同学。黄翠芬后赴美国康奈尔大学学习，于1950年回国后参加新中国的建设，在1954年进入军事医学研究院，成为中国生物工程的奠基人之一，1996年当选为中国工程院院士，2011年8月去世。在生物学领域中，还有一位与坪石教育历史关系密切的泰斗人物——张作人，他于1932年至1949年任中山大学生物系主任，在研究院师范研究所兼任教授。1927—1932年，他留学欧洲并获得比利时布鲁塞尔大学动物研究所科学博士学位和法国斯特拉斯堡大学生物研究所自然科学博士学位。回国后应邀到中山大学执教。他是1978年全国科学大会科技成果奖获得者。

　　目前健在的叶叔华院士，她应该是学部委员一代的代表。与坪石岁月有关联的这位老院士，依然记得在乐昌念高一和高二的经历，但地名有些模糊，记为"罗昌"（或者是粤语的缘故）。还有出生于香港的黄本立，1940年，15岁的他来到坪石培联中学就读，1945年他考入广州岭南大学物理系。现在厦门大学的化学系人才辈出，与黄先生20世纪80年代回到南方从教应该有关，黄先生于1993年当选为中国科学院院士，是90年代老院士的代表。

　　1939年4月，中山大学在昆明复课，1940年决定返粤。1940年8月，中山大学各学院由云南澄江回迁，在云南时间是一年。1940年11月，中山大学在坪石复课，建筑工程系主任卫梓松教授为国捐躯是在1945年3月，所以中山大学在坪石办学时间是近五年。抗战时期的教育历史常述及的是澄江，但坪石印记似乎即将被淡忘。幸好，中山大学党委书记陈春声讲到，中山大学不仅有光辉的学术史，更有光荣的革命史，有着与生俱来的红色基因。目前，众多"三师志愿者"正在行动。

历史未曾被忘却。

（感谢广东省档案馆的帮助，有关名单参照人民网中国两院院士资料库和中山大学校友总会网站）

坪石先师寻踪

一、坪石先师对中国乃至东南亚教育发展的贡献

陈宗南先生在坪石三星坪工学院本部旁的旧居得到了业主的支持（如同80年前他们的父辈对坪石师生的支持），得以改造为"陈宗南展览室"。华南理工大学的研学团，发扬工学院重行动的传统，打扫清理房间，细心布展，非坐而论道而是从自己力所能及的事情开始，这是令粤北坪石先师们欣慰之举。1952年，在华南工学院成立时的学术和行政领导人中，罗雄才、徐学澥、刘敦化、刘鸿、康辛元、王孟钟等先师，于8年前就在这里进进出出，留下深深的印迹。

陈宗南先生教育事业的寻踪，印证了坪石的价值。坪石教育坚守的五年，对日后的广东教育，以及香港、澳门、台湾教育乃至中国及东南亚的教育发展，影响深远。坪石历史的回望与前瞻，关系着中国教育与东南亚的华文教育。

在坪石任教、后来又影响东南亚华文教育的另一位坪石先师是严元章。他于1939年在国立中山大学研究院获硕士学位，硕士论文题目是《中国教育行政制度的研究》。他曾留校任教在坪石度过数年。事有巧合，原国立中山大学工学院院长陈宗南先生于1955年赴新加坡任新加坡南洋大学教务长兼理学院院长，于1960年离开新加坡，而严元章同年奔赴南洋大学任文学院院长、教育系主任和学生福利委员会主席。1960年1月11日，陈六使召开南大执委第一次会议，宣布聘严元章任文学院院长，1955年的行政委员会恰好结束使命。[1]"坪石先生"为海外第一所华文大学再次做出贡献。严元章在新加坡教育界和马来西亚教育界服务15年，除南洋大学外，也曾在槟城韩江中学、麻坡中化中学、苔株华仁中学任教，之后又来到香港中文大学任教。1952年，他开始任教于槟城韩江中学，1962年被

马来西亚政府禁止入境，1978年定居香港[2]，于1996年7月逝世。他是华文教育重要的推动者，也是更新传统陈旧教育理念的革命者，著有《教育论》和《中国教育思想源流》。他对南大改制纳入英国大学体系提出抗议并发表《我对南大改制的看法》。

在坪石近五年教学期间，不少名师被邀聘至内地的大学，成为中坚力量。陆侃如留学法国巴黎大学获得文学博士，在中山大学师范学院任教后，于1942年迁至四川的东北大学的文学院院长，于1951年任山东大学副校长；余群宗留学日本，是土地法学专家，在坪石教学一段时间后，到四川大学任教务长和代校长，新中国成立后在西南政法学院任教，于1984年逝世。

1945年后的老师，除了突围后重返石牌校区的主力，各奔东西至福建、湖南、江西等地各大学。如彭风潭在1944年任中大博物系教授，于1948年任江西医学院训导主任，其多篇学术论文是关于庐山的资源调查；1962年，任职于江西中医学院生物教研室，他的考察报告《江西蛇类调查》是至今江西生物多样性研究常引用的参考文献。胡笃敬（1913—2019）是植物生物学家，在坪石时任中山大学师范学院博物系教授，后来往湖南农业大学任教授。

抗日战争胜利后，台湾的大学与学术机构需要接收专才。在1944年名单中，于景让赫然在册，他于1945年任台湾大学图书馆馆长、生物系主任，学术活动坚持到20世纪60年代。同时，在坪石读书的一批中大建工系学生，如彭佐治、杨卓成等，对台湾的建筑学教育发展具有里程碑式的作用。

1949年前后，曾在坪石任教的老师，不少到了北京师范大学、厦门大学任教，这应该与林砺儒校长和王亚南校长有一定关系。

陶大镛与袁镇岳这两位在坪石武阳

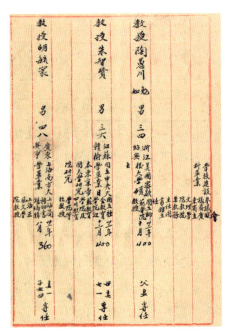
1944年中大师范学院名册（藏于广东省档案馆）

司村法学院与王亚南共事的年轻教师，继承了学术传统，又成《资本论》研究方面的权威。

陶大镛（1918—2010），上海人，是著名的经济学家、教育家、社会活动家。1940年毕业于南京大学前身中央大学经济系；1954年任北京师范大学教授；后任民盟中央副主席、中国《资本论》研究会副会长等。在1942年法学院的登记名册上可以看到，当年他才28岁，与经济学名师梅龚彬等人在武阳司村传播华南教育之星火。

袁镇岳（1916—1986），广东东莞茶山上元人。1942年，27岁的他从中山大学经济系毕业，获法学学士学位。1946年到厦门大学，后历任厦门大学经济学院顾问、厦大经济研究所所长、经济系主任等。他长期从事《资本论》和政治经济学的教学与研究，对我国当代经济史、统计学、经济数学、经济计量学等均有较深造诣。此外，他还是中国《资本论》研究会理事，与王亚南合著有《资本论图解》。

在1944年中山大学师范学院的名册中，36岁的朱智贤先生于1943年任师范学院教授，新中国成立前到香港达德学院任职，1951年赴北京师范大学任教，成为中国心理学的奠基人之一。名册上同为教授的陶愚川，新中国成立后到了曲阜师范学院任教；还有教授胡毓寰，广东兴宁人，文学教授，于1943—1955年长期服务于中山大学，新中国成立后聘为二级教授。

胡体乾教授在王亚南的召唤下，直接到福建厦门大学任首届计统系主任。经济系教授章振乾，毕业于中山大学，留学日本东京帝国大学，1944年底坪石沦陷后，他跟随王亚南教授先进入福建省研究院社会科学研究所，后到厦门大学，成为教务长。

刘佛年，在1944年师范学院的名册上有名字但备注"今年未到位"，他是中国教育家，曾任华东师范大学校长。名册上有文学史家谭丕模（1899—1958）的名字，但写着"待查"。谭先生毕业于北京师范大学，抗日战争胜利后往桂林，后到湖南大学，1953年任北京师范大学文学研究室主任，致力于中国文学史的研究。他于1937年入党，1943年在坪石任教，1944年离开前往桂林。1958年，谭丕模作为中国文化代表团一员访问沙特阿拉伯、阿富汗，因飞机失事遇难。

何作霖到法学院的时间是1941年8月，教国际公法、国际私法和宪法。

二、研究院的影响和意义

战争年代在坪石特别难得的是研究院的研究不断，组织架构还得以进一步理顺，建立了"医科研究院"，迅速补充了师资。除了传统的研究方向，有三种研究是值得关注的：一是战争时期的文化科学应用研究；二是结合粤北的地方民俗与地理条件的研究；三是苏联问题的研究，如"苏俄小学课程"。

研究院的前身是各类研究机构，1926年成立"语言研究所""教育学研究所"。1932年语言历史研究所易名为"历史研究所"。1933年印发了《国立中山大学教育学研究所概要》。1935年将以上研究所改组为研究院，并经教育部核准。1942年成立医科研究所，地点是在战火中的坪石。

1940年7月，国立中山大学在坪石举行了第五届研究生考试。徐中玉的论文题目是《南宋词话研究》，他毕业于1941年7月，也就是搬到坪石后。1942年在文学院任专任讲师，1944年32岁的徐中玉就被聘为师范学院副教授，他是研究院培养的文学硕士，留校从助教、讲师、副教授一路走过来，最后在华东师范大学成为中坚力量。1942年，区宗华、陈澡芬、黄福銮均是文学院专任讲师，他们也成为坪石时期的主要教学力量。

1942年8月，27岁的梁钊韬刚获得硕士学位，在法学院社会学系任专任讲师，讲授民族学、人类学、边疆行政，人类学是他在师范学院兼授的课。关瑞铃、吴瑰卿均为研究院培养的研究生，在1944年任讲师。

1937年6月，于文科研究所毕业的研究生共两名，一男一女，其中一名毕业生李丛云的论文题目是《广州方言》；另一名毕业生是黄素琇，论文题目为《清代广东文学概述》。师范教育学部梁瓯第是第一名毕业的研究生，毕业论文的题目是《中国书院教育之研究》，他后来成为中国著名的民族学家、教育学家。简浩然是农科研究所

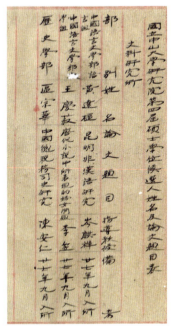

🔵 第四届硕士学位候选人姓名及论文题目表（藏于广东省档案馆）

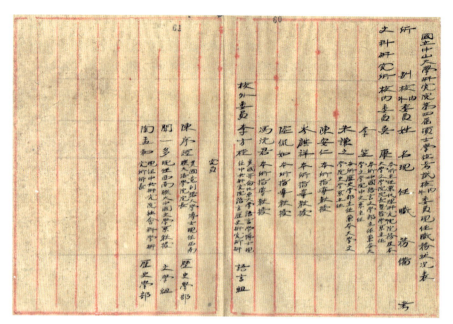

🔸 第四届硕士学位考试校内外委员现任职务状况表

第一位毕业生，同样是1937年毕业，论文题目是《根瘤细菌之研究》。

1938年有三名毕业生入研究院的文科研究所，这时中大已经搬至云南澄江。考试委员会委员和选题与地方有关，文科研究所在1938年9月举行第四届研究生考试，论文有黄达枢的《昆明非汉语研究》和王庆菽的《唐代小说中所表现的妇女问题》，区宗华的论文是《中国税务司史研究》，导师分别是岑麒祥、李笠和陈安仁。除了大学校内的教授担任考试委员会委员，中大还邀请校外知名教授担任考试委员会委员，有闻一多、陈序经、陶孟和及李方桂四名。

1941年上学期学生名册中有18人，其中4名女生，考生来源地有广东、广西、浙江、贵州、福建、江苏等，入学时间从1939年12月至1941年8月，为第五届研究生。

1942年修订《组织规则》规定：

"本院各部研究生修业年限至少二年，必要时延长一年。"

"助教兼研究生修业年限至少三年，必要时延长一年。"

"本院研究生修业期满经本院硕士学位考试委员会考试，成绩及格呈教育部核定。由本大学依照部颁学位授予法授予硕士学位。"[3]

朱谦之先生讲授专门史、文化哲学问题、史料整理法；陈焕镛先生除了讲高等植物分类学之外，还讲授拉丁文；蒋英先生所授课程为植物名词学、植物分类学则。

搬至坪石，研究院重点对乳源瑶族进行调查。1942年在海丰发现新石器时代陶片、石器四千余件，由研究院师生进行考古挖掘，还进行了"各国战争学校动员调查""世界战时的学校动员""全国战时教育方案之研讨及实际抗战教育之举办""战时广东儿童教养事业之研究""我国战时儿童人格适应之研究"等研究。

农林方面有促进地方农业增产的相关研究，如《土壤中有效磷酸简捷求法及其对广东土壤之结果》《桐油史以及种植现状》等。

医科方面研究有《日本住血吸虫在粤北的传染》《华南人鼻咽粘膜之慢性变化》等。同时，研究院为粤湘赣各省医院义务代验病理组织物。

文科研究所着重民俗、少数民族与地方文献整理，研究成果有《楚辞中的神话与传说》《福建三神考》《台山歌谣集》《宁波谜语》《粤北乳源瑶族人调查报告》等。

三、特殊时期的家国情怀

除了指导研究生研究，坪石时期的老师研究题目也充分体现了对社会的关切。文学院陈安仁先生撰写了《抗战与建国》《中华民族抗战史》，文学院洪深撰写《四年来之抗战戏剧》，文学院杨成志先生在1941年的研究成果是《人类学及现代生活》《现代人种问题总检讨》《我国西南边族同化问题》《边政研究导论》《人类学发达史》。

医学院梁伯强与杨简先生发表了《军用毒气病之病理及治疗》一书。李雨生先生于1942年有《航空军人营养问题研究》。

农学院谢申先生在1941年的著作及研究成绩是《滇缅公路昆明至保山段土壤概况》。农学院李日光的研究成果是《广东药用植物场计划书》，邓圣坚的研究成果是《湖南省衡山县甘桔果树调查报告》。

工学院化工系李敦化教授发表了《战时基本化学学工业动向及其原材料补给

问题》。建工系刘英智研究防空建筑、机械系教授王雉雒发表论文《兵器的趋势》刊载于《防空兵器周刊》，专门讲授《兵器学》。机械系吴明聪撰写了《战时铁路养护》论文。

罗相林先生做了关于"坪石米市"的调查，廖建祥发表了《战后中国农业经济建设的途径》，孙继中教授草拟《实用军阵疥疮迅速肃清实施计划》。

课程方面，法学院经济系副教授陈宣理所授课程有战时经济，胡君宝教授讲授国防化学。胡教授为广东开平人，时年35岁，是留德的工学博士。

师范学院博物系教授蒋震华的著作《太平洋战略新形势》，于1944年由正光书局出版。

从坪石先师海外留学的踪迹中可以看到先师忧国忧民之情怀，也可以了解后来学科发展的根系。王孟钟教授，于1942年到坪石。他留学美国普渡大学获得化工硕士学位，获美国加托赖斯化学工程师学会奖章，担任过东方炼油厂、广东企业公司粤明化工厂、粤新炼糖厂等工厂的厂长，进入坪石国立中山大学理化系之后就毕生从事教学，担任华南工学院教务长、重化工系主任，是中国橡胶工业的奠基人之一。

刘鸿教授，出现在1940年工学院教师名册，他是美国哥伦比亚大学博士，抗日战争僵持阶段回国报效国家，后来在华南工学院首创塑料橡皮工学，是中国高分子成型加工业开拓者。胡世华先生留学奥地利，战时直接从欧洲回国抵达天文数学系教书，后来成为中国的"图灵"。卢鹤绂先生也是在战火中从美国来到坪石从事教育研究工作，用知识报国。

从名册上可以整理出许多教授的留学背景，细读会得出许多规律性的研究成果。部分教授海外留学情况如下：

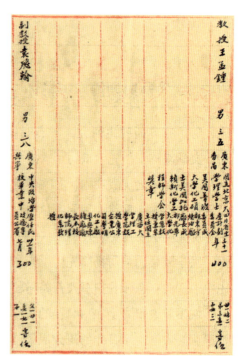

⟳ 1944年国立中山大学师范学院教师名册中有王孟钟先生的记录（藏于广东省档案馆）

王孟钟，美国普渡大学化工硕士。

陶愚川，美国密歇根大学硕士。

朱智贤，日本东京帝国大学研究院研究生。

张良珍，法国第戎大学德学院。

潘祖彝，日本岩仓铁道学校。

胡而按，日本东京帝国大学研究员。

杨成志，法国巴黎人类学院"人类科学"毕业高等文凭，巴黎大学民族学博士。

薛庵光，日本九州帝国大学法学士。

汪洪清，日本东京明治大学经济学士。

胡体乾，美国芝加哥大学。

王亚南，德国政治大学。

韩屏周，日本东京高等工业学校。

刘永南，日本早稻田大学。

黄友棣，英国伦敦圣三一音乐学院。

梅龚彬，日本东京明治大学法学士。

蒋英，美国纽约大学林学士。

岑麒祥，法国巴黎大学文科硕士。

崔载阳，法国里昂大学哲学博士。

邓植仪，美国威斯康星大学农科硕士。

谢申，美国威斯康星大学农科硕士。

梁伯强，德国慕尼黑大学医学博士。

黄延毓，美国哈佛大学文学硕士、哲学博士。

刘仑，日本大学艺术科。

丘琳，日本东京文理科大学。

朱亦松，美国西北大学社会学硕士。

邝国珍，美国芝加哥大学。

汪厥明，日本东京帝国大学农学部硕士、德国谷物加工研究所、英国剑桥大学农学院。

赵哲如，美国华盛顿大学机械工程学士、航空工程学士。

全曾澄，日本广岛高等师范学校。

李雨生，德国柏林大学医学博士。

陈显时，美国伊利诺伊大学经济硕士。

雷菜珂，日本京都帝国大学法学部。

刘德淦，日本大阪帝国大学工学部工学学士。

胡君宝，德国博朗斯威克工业大学工学博士。

叶述武，法国里昂大学理科硕士。

邹仪新，日本东京天文台。

徐学澥，东京工业大学机械系，美国斯坦福大学、普渡大学、密歇根大学，获机械设计及西洋画双硕士学位。

康辛元，美国密歇根州立大学研究生院，获化学工程博士。

罗潜，德国汉堡大学医学院，医学博士。

杨简，美国宾夕法尼亚大学医学院病理学部研究员。

侯过，日本东京帝国大学。

虞炳烈，法国里昂建筑专门学校。

符罗飞，意大利那不勒斯皇家美术学院。

胡世华，奥地利维也纳大学。

马思聪，法国巴黎音乐学院。

罗雄才，日本东京帝国大学理学部。

薛祖光，日本九州帝国大学法学学士。

曾昭琼，日本东北帝国大学。

卢干东，法国里昂大学法学博士。

刘燕谷，日本东京帝国大学法学部。

张云，法国里昂大学天文学博士。

郭一岑，德国图宾根大学心理学博士。

罗廷光，美国哥伦比亚大学教育学硕士。

陈一百，美国康奈尔大学心理统计学硕士。

陈振铎，日本东京帝国大学、美国威斯康大学硕士。

黄菩荃，德国哈里大学农学博士。

邓盛仪，美国密歇根大学土木工程硕士。

钱乃仁，美国密歇根大学建筑系。

陈宗南，美国麻省理工学院硕士。

四、籍贯和根脉纽带

从粤北看珠江三角洲，通过教师名册的籍贯可以寻找到众先师的根脉所系，形成跨越时空的无形纽带。名册上东莞籍的教授不少，但需要寻找到具体的村落，如虎门白沙人文史学家郑师许、观澜镇樟溪村人陈安仁、莞城人容肇祖、大汾人法学家何作霖、桥头镇邓屋的土木工程专家邓盛仪等。邓盛仪的儿子邓锡铭当时随父亲到了坪石就读于中山大学附属初中，新中国成立后成为激光专家、院士。

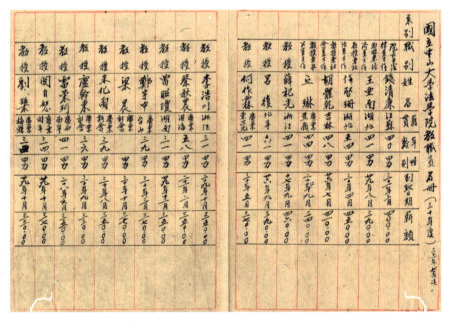

🡒1941年法学院教职员名册上有何作霖的名字，到职时间是1941年（藏于广东省档案馆）

1942年文学院的教职员名册上有陈安仁的名字（藏于广东省档案馆）

东莞邓植仪、邓盛仪的祖屋

郑师许的出生地，位于虎门白沙的围屋

这样，在粤北可以形成一条跨越云浮、清远、韶关和梅州的抗日战争坚持办学的华南教育历史研学基地的链条。在珠江三角洲范围内，在坪石任教的新会籍、台山籍、南海番禺籍的老师还不少，在这些教授的出生地，可以设立若干华南教育历史研学

何作霖家乡何氏大祠堂

点，无形的情感纽带将粤北和珠江三角洲空间联系起来，文旅结合的研学网络自然而然就形成了，将带来人员的互动。

注释：

［1］胡兴荣：《记忆南洋大学》，广西师范大学出版社，2006，第52页。

［2］http://www.chsbp.edu.my/?P=182.

［3］张掖：《国立中山大学现状》，国立中山大学出版部，1937，第38页。

（感谢广东省档案馆提供的文献，感谢东莞市委、市政府的协助，感谢施瑛老师、曹天忠老师提供的资料）

先知坪石方晓石牌

认识国立中山大学的"坪石先生"不少，但他们只知坪石未知石牌，因战争年代之故，他们没有到过国立中山大学在石牌的校园，仅认识中山大学战时在坪石的校园。

一、先知坪石方晓石牌

1. 读信想到的

广东省档案馆馆藏有一封郭大力先生写于1941年的信札，与郭大力先生在粤北遇劫的经历有关。从郭大力先生在粤北遇劫后给同事的信函中可以得到一些信息。1941年7月9日，郭大力先生写信给谷神、叙功、寿宜、仲杰、栗原、竺同、士仁先生，感谢谷神、叙功、寿宜等先生打了电话慰问。当时有古道联系连县和乐昌，郭大力因病雇用了轿夫，是因其中一人途中说病了，换人而出事的。

郭大力写到，他抵达星子镇后生病，但不是很重，7月8日到了坪石住友人处，二三日后很快就可动身回舍（应该就是东陂镇）。

7月8日所写的信函回忆记录了7月5日遇劫所失财物：黑色厚呢大衣、蓝色女呢大衣、黑色哔叽西装、灰色哔叽西装、蓝色哔叽旗袍、女孩红花棉衣、男孩棉大衣、蓝斜纹布学生装一套，女布旗袍三件或者四件，现款百余元，金戒指二只，铁锅一只。从行李中的衣服可以推断，当时连县和坪石都很冷，郭太太比较喜欢蓝色，郭大力的衣服颜色是当时学者常见的黑色和灰色，随行有男女小孩。

7月15日广东省立文理学院致函连县警区第三区，要求促办郭大力先生报的案。函中写到郭大力教授7月9日由东陂墟启程赴坪石，这是学校给警区的函，时间可能有误。

2. 关于名、字和号

王亚南别号渔邨，郭大力信中没有说到他，只能推测"坪石住友人处"就是指王亚南处，推测郭大力的信是从坪石寄到连县东陂。当时在粤北，他们应该有书信和电话来往。

信中"栗原"就是张栗原，他在广东省立文理学院任教，《恩格斯传》在东陂的译稿就是放在他家。他不幸在连县病故，是只知坪石未知石牌中山大学的"坪石先生"之一。

"叙功"就是盛叙功，时任广东省立文理学院教授兼训导主任。当时已经出版《西洋地理学史》，新中国成立后是西南大学历史地理学科创始人。

"竺同"就是陈竺同，时年47岁，在当时已经有著作《中国上古文学史》等，后著有《中国戏剧史》《中国哲学史》等。

"谷神"者为潘祖彝，留日并于日本岩仓铁道学校专科毕业，时任广东省立文理学院教务长，1943年7月受聘到管埠的国立中山大学师范学院任教授，是对《易经》有深入研究的名家。在研究坪石历史教职员工名册时，分清名、字和号颇为重要。

3. 关于第一次走路到石牌的王亚南先生

郭大力1957年在中共中央党校加入中国共产党，王亚南也是1957年在厦门大学加入中国共产党。当时无论是中山大学还是广东省立文理学院均实行聘用制，王亚南离开学校更多的是因为林砺儒的离开，也是因想换一下环境而离开。纪念文章写到，王亚南1946年暑假回到中山大学补课，到广州后暂住爱群大厦对面的平价小旅馆，当向别人询问中山大学在哪，方知在石牌，他拎着行李从荔湾徒步至石牌，这是他在1940年任中山大学教授之后，第一次到了中山大学石牌校园。未到过石牌先知坪石的教授，王亚南也是其中一位。中大的名师介绍中，王亚南是翻译研究马克思主义理论的研究者，李约瑟的回忆录写到王亚南住处有马克思著作，研究者和党员是不同的身份。

王亚南的同事和学生中还有许多需要研究的对象，包括：

陶大镛，曾在《经济科学》发表文章，《资本论》研究会原副会长，民盟中央副主席，北京师范大学经济学院名誉院长。

胡耐安，45岁时已经有著作和文章，包括《中国民族志》《说徭》《粤北之山排住民》，曾在台湾政治大学政学系任教，1977年去世。

刘求南，1942—1944年任中山大学政治系主任，1951—1955年在台湾台东大学任校长。

雷荣珂，1939年6月加入法学院被聘为教授，曾任政治系主任，后回到广西，曾担任南宁市副市长。雷先生对历史做出重大贡献，他是致公党党章的起草人。在小小的武阳司村，就集中了民革、致公党、民盟众多的重要创始人，此乃统一战线的萌芽之地。

陈其人，毕业于坪石中山大学附中，是与王亚南教授非常亲近的学生，他1943年入学经济系，1947年毕业。他曾到台湾、上海教书，后来考上复旦大学研究生，在复旦大学度过50多年。陈其人先生是复旦大学著名学者，是一位值得纪念和尊重的马克思主义理论家，一生致力于《资本论》研究。他入学在坪石受教于王亚南先生，毕业于石牌校园；在武阳司村虞炳烈老师设计的教学楼听王亚南先生的课，在石牌的法学院教学楼再次得到王先生的教诲。在学期间，他勤工俭学，与同学在石牌开了一家"中山大学石牌书报供应社"，经济系的学生理所当然担任经理。陈先生在回忆录中谈到是在"自家书店"买的《资本论》，应该是指在石牌的"书报供应社"。

华南工学院马克思主义理论研究室主任冯海燕教授，是当年在坪石完成学业的学生，1940年12月在坪石入校，成为法学院社会系学生，料必听过王亚南先生的讲座，1944年秋留校，但因坪石沦陷，回家乡梅北中学任教一年有余，1945年12月中山大学复课才来到石牌，第一次见到法学院的教学楼。此后，冯海燕一辈子就在石牌教书。改革开放恢复高考，冯海燕于1978年开始招收研究生。

二、小村大师

回国后，卢鹤绂最重要的著作是《重原子核内之潜能及其利用》。在1944年2月发表于重庆中国科学社出版的《科学》27卷2期的原始印件文章结尾写着"民国三十一年作者识于国立中山大学物理学系"，小村大作。卢先生的回忆也没有忘记塘口村，除了称赞村里颇有古风外，专门写了"1942年4月我撰写了《重原子核内之潜能及其利用》这一长篇总结性论文"，还写着是出版于《科学》27卷2期9至23页。许多大学都以卢鹤绂为荣从而将此文归于自己的学校，认真些就知道那盏桐油灯是塘口村的油灯，之后卢先生在不同时间地点的油灯下埋头钻研物理学。

《科学》27卷2期第23页，卢鹤绂在发表文章最后的落款写着"民国三十一年四月识于国立中山大学物理学系"（施瑛提供）

　　卢鹤绂回国在坪石任教是张云校长的功劳，卢先生回忆说："事实上，先我回国的化学系同学潘友斋已将我的成就介绍给国立中山大学，其校长张云签发的教授聘书在我还未完成博士论文时即已寄到，我乃决定回国。"卢鹤绂在自己写的《往事回忆》中，没有忘记伯乐，而张云先生已经少有人提起。

　　近日施瑛老师收集到的胡世华、卢鹤绂的资料，以及中科院席南华教授协助提供的文献均证明这一点，他们当时均是从海外到香港再乘飞机到南雄机场，两人偕同夫人一共四人不约而同在香港相逢，同赴坪石这座乡村大校园。彼时胡世华的父亲已经去世，维也纳学派方兴未艾，留学维也纳大学并成为该学派重要成员的洪谦先生已经回国，他对胡世华的来信里面所蕴含的学术价值特别是关系到逻辑学家、数学家和哲学家塔斯基（Alfred Tarski，1901—1983）在1941年4月写的推荐意见。同为维也纳大学，也是明斯特大学的同学王宪钧先生已经在1938年回国，在明斯特大学学药学的张其楷于1940年回国参与教育抗战救亡。胡世华是回国时代精英的一员，他还培养

胡世华先生照片（中科院软件所协助提供）

了梁之舜这一位概率统计学家。

　　王玉章先生为江苏无锡人，1908年开始私塾读书生涯，1923年南京高师毕业，1927年已经成为复旦大学南北曲课的教授。宋元戏曲研究的大师王玉章先生，是在昆明认识中山大学，而从昆明来到坪石铁岭村任教的，他于1928年在中山大学出版部印制出版了《玉抱肚杂剧》，"演太平天国事"，当时中山大学还在文明路。

⤷ 王玉章先生的照片（南开大学协助提供）

国立中山大學文學院教職員名冊（三十年度）

職別	姓名	籍貫	年齡	性別	到職日期 年月日	薪俸	備註
教授兼系主任院長	朱謙之	福建	四一	男	三十年八月四日	四百八十元	
主任兼教授	岑麒祥	廣東 合浦	三九	男	三十二年二月四日	四百元	
教授兼系主任	陳定謨	江蘇 崑山	五四	男	三十一年一月四日	四百元	
教授兼系主任	黃學勤	廣東	五五	男	三十一年二月四日	四百元	
教授	李笠	浙江 瑞安	四八	男	三十二年八月四日	四百元	
教授	陳安仁	廣東 東莞	五二	男	二十五年十月四日	四百元	
教授	鄭師許	廣東 東莞	四五	男	三十一年十月四日	四百二十元	
教授	馬呆	廣東 海豐	三七	男	三十二年十月四日	三百四十元	
教授	詹安泰	廣東 饒平	四一	男	二十八年五月四日	四百二十元	
教授	譚太冲	白山 五〇		男	二十九年八月四日	三百九十元	
教授	李白華	廣東 四二		男	二十五年三月四日	三百九十元	
教授	陳國治	浙江 浦江 三三		男	三十年六月四日	三百五十元	
教授	張世祿	閒侯 四一		男	三十年八月四日	三百七十元	
教授	羅鴻詔	廣東 興寧 四五		男	三十年十月四日	三百七十元	
教授	羅志甫	廣東 五一		男	三十年十二月四日	三百七十元	
教授	馮建紈	廣東 南海 五一		男	三十年十月四日	三百七十元	
教授	王玉章	江蘇 無錫 四四		男	二十九年八月四日	五百元	
教授	羅文柏	廣東		男			

⤷ 1942年坪石战时国立中山大学文学院教职员名册，左起第二列为王玉章先生的登记信息（藏于广东省档案馆）

　　1939年8月至1940年12月，王玉章在昆明云南大学中文系任教授；1941年10

月到国立中山大学文学院教戏曲史；1943年6月在中央大学中文系任教；1947年8月至1949年在前边疆学院任文科教授；1950年任教于南京大学附中；1950年至1952年在中央戏剧学院任研究员；1953年到西北艺术学院任教授。南开大学语文系原有教师14人，部分教师因身体状况欠佳未能开课，故南开大学1953年4月去函教育部请求向文化部协调点名请调王先生到校任教，1953年5月王玉章教授进入南开大学语文系任教。长期以来研究者多认为王玉章教授是经院系调整从中山大学进入南开大学，这是因为没有认真研究坪石的校史。王玉章只到了坪石而不是石牌。1941年，王先生在坪石就创作了《歼倭三剧》《演抗战游击队事》。

三、坪石先生的夫人

卢先生在回忆录中对赶车到医院、夫人吴润辉生孩子的场景进行了描写，小船、火车、人力车全用上了，胡世华、夏好仁鼎力相助的行动，回忆描写令人动容。吴润辉女士、夏好仁女士陪伴着先生来到条件落后的村落，落差之大可想而知，但她们依然毫无怨言支持先生的教学和研究工作，在武水河边与村姑一起洗衣服，住在蚊虫常扰之村宅。

夏好仁女士从事俄语、英语翻译和教学工作，在北京主要是在中科院计算技术研究所工作，深得同事尊敬，于1986年退休。

2011年1月11日，中国侨联领导专程看望夏好仁女士，感谢她对侨务做出的贡献，出生于1918年11月的夏女士那时已经93岁了。

战时拖家带口，迁徙日子的艰难，每位"坪石先生"的背后都有一位同甘共苦的夫人支撑着大大小小的家务，

⟳ 1975年中科院计算技术研究所训练班的合影，第一排中间长者为夏好仁女士

而有的夫人自己就是"坪石先生",如邹仪新、王慕理、谭藻芬、路毓华等。中新网2000年9月8日报道马思聪夫人王慕理逝世,报道中写到,王慕理该年4月在读到国内出版的《二十世纪大事随笔》一书时感动地说"台前琴声,台后儿女哭声",这就是坪石战时校园的真实写照。

四、"坪石先生"的老师

卢鹤绂自述中写道:"我被选中去试制一台尽可能高强度的质谱仪,尼尔及朗包两青年教授成为我的导师。"尼尔是怎么样的一位青年教授?1927年中学毕业的尼尔,梦想是能够制造一座装置飞到火星,他16岁被美国明尼苏达大学录取,在明尼苏达完成全过程的电子工程硕士、博士学位。尼尔1936年获得博士学位,所以对1939年获得硕士学位、1941年获得博士学位的卢鹤绂而言确实是年轻的导师。明尼苏达大学是参与"曼哈顿计划"的大学之一,应美国籍意大利裔的"原子能之父"恩里克·费米(1901—1954)的请求,尼尔的任务就是要制造一台巨型的质谱仪,卢鹤绂也参与其中。尼尔于1980年退休,在他56年的职业生涯中,仅有5年离开过明尼苏达大学。

➲ 美国明尼苏达大学网站名人堂尼尔教授的介绍

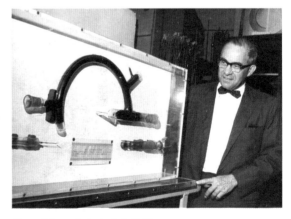

➲ 20世纪60年代的尼尔教授

五、坪石老师的交流和去向

在战时的粤北，教师的流动是正常的，因为学校不断地迁徙。关于黄锡凌教授的历史资料很少，但庆幸在中山大学师范学院名册中查到，1943年12月，时年37岁的黄锡凌从岭大文学院到国立中山大学师范学院任副教授，大村和管埠都响起过黄先生上课的声音。

战时在粤北还有一批聚集在韶关的名家，可以算编外的"坪石先生"，如中国雕塑界的先驱梅州人李金发，在法国巴黎成为与罗丹地位相当的雕塑家让·朴舍的学生，20世纪20年代短时间进入国立中山

◐ 越秀山的伍廷芳座像，李金发创作留世不多的作品之一（匡高峰/摄）

大学，1940年也来到粤北，在韶关举行了许多文化抗日活动。作为最早留法学雕塑的艺术家，也是受到法国象征主义诗歌影响的诗人，李金发创作了许多抗战诗歌。在国家博物馆馆藏作品中收藏着李金发"黄少强像"原件。李金发创作留世不多的作品之一，越秀山的伍廷芳座像，现在依然可以看到。（感谢中科院席南华老师、南开大学许京军老师的帮助）

◐ 法国巴黎让·朴舍的工作室，摆放的作品多为让·朴舍之作，这是李金发学艺的地方

战时、战后与1952年的院系调整是划分坪石先生流向的时间节点。

王玉章先生最后到了南开大学任教至离开人世，在南开大学他又与在坪石共事的李笠教授相遇，李笠教授是1936年到了中山大学任教。在坪石共事时王玉章44岁，李笠48岁。1952年李笠因院系调整进入南开大学。

法学院坪石时期的教授受院系调整影响最大。分别在1940年、1937年来到坪石任教的曾昭琼教授和卢干东教授坚守到坪石时期，以及1939年，谭藻芬开始执教于战时流动的文学院，后于1952进入武汉大学从而保证了法律专业日后的强大。卢干东是中国重要的比较法学家，著作有《罗马法纲要》《劳工法论》《政治学史纲》和《国家与法通史纲要》等。1944年在坪石的法学院毕

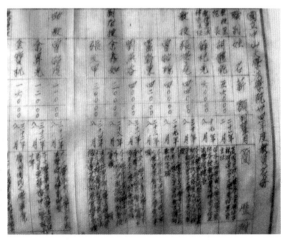

➲ 1945年国立中山大学法学院教员名册，曾昭度在册任助教，后来到武汉大学法学院任教的薛杞光、曾昭琼和卢干东教授均在名册上（藏于广东省档案馆）

业的潮州人曾昭度，也跟随老师卢干东来到武汉大学，日后成为中国环境诉讼的法律权威。

"坪石先生"卢干东于1992年逝世，留下遗言"将我的骨灰撒向珠江河畔"，对家乡的眷念由武水记住。

"坪石先生"形如花开多枝分布全国，有的直接来到坪石受聘、未知石牌校区的模样，有的回来了又离开，但共同的是战火中的学术追求不断、育人不倦。康乐园在20世纪二三十年代的时候，周边是农田、菜地，今天热闹非凡，处处美食街。不要忘却烽火下的田野校园，更需要缅怀为今天中国科学和文化进步打下学术基础，先知坪石才晓石牌的坪石前辈。

留法百年：从里昂的城堡到坪石的祠堂

百年前一批中国学子漂洋过海来到法兰西，开始了他们海外求学之旅。中法大学的筹备是从1920年开始的，1921年10月在法国里昂的一座城堡内，里昂中法大学正式开学。当这批学子陆续学成回国不久，正逢日本侵华战争爆发。留法学子与其他海外留学归国的、在中国成长起来的同人一道，在战火中为事关民族存亡的教育事业做出了杰出的贡献。

留学法国、注册在案的473名中国学生，四分之一攻读博士学位，毕业论文通过后回国。[1]当时的法国战事部提供了一座空置的、建于19世纪的城堡，称为圣依雷内堡，划定一定的领地供大学使用。1921年8月3日中法大学委员会成立，负责管理里昂中法大学的运作。第一批来自北京、上海和广东等地区的中国留学生通过考试选拔，乘船于1921年9月在马赛靠岸，10月3日开始注册报到。

粤籍留法学子中最早归来的是获得天文学博士学位的张云教授，他于1926年6月启程回国。国立中山大学在1927年2月把数学系改为数学天文系，1929年在所在科系建成中国大学中的首座天文台。抗日战争期间，国立中山大学迁徙于坪石，在塘口村附近设立天文台，英国学者李约瑟于1944年访问粤北一周，专门考察了这座天文台和拜访了天文

⮕ 法国里昂中法大学旧址圣依雷内堡入口

🔜 里昂市内的里昂大学大楼

台主任邹仪新女士。国立中山大学数学天文系这一系列的成果，均与张云的留法天文学学术生涯有关。2019年7月起，南粤一批感恩先师的学子，在地方政府配合下，深入研究活化抗日战争时期粤北华南教育历史。幸运的是，2019年在各方的努力下，抗日战争期间所建的天文台遗址被挖掘出来。

在韶关坪石抗日战争时期，张云曾任校长，力邀多位海外学者、教授回国授课，"中国核能之父"卢鹤绂就是其中一位，他在美国明尼苏达大学读博士还没毕业时就接到了张云校长的聘书。

张云先生在主导国立中山大学数学天文系期间，为中国培养了一批高质量的天文学人才。叶述武在大学毕业后留校任教，1938年获得留法学习的机会，回国后继续任教，培养的学生有曾任上海天文台台长的叶叔华院士。张云先生的另一位学生邹仪新，与叶述武先生同学并结为夫妻，叶述武也是张云先生的学生。邹仪新在国立中山大学毕业留校任教，后赴日本学习，返国后在天文数学系继续任教，并任坪石天文台主任，在20世纪80年代当选为中科院北京天文台研究员。

抗战时期在粤北坚守教育岗位的教师队伍中，曾注册就读于里昂中法大学的教授们有张云、崔载阳、虞炳烈、吴

🔜 2000年坪石老街的历史照片。1940—1945年，周末时师生们熙熙攘攘在此街上购物、会客、逛书店。2000年坪石老街的大部分历史建筑因水库建设而被拆除（广东省文物考古研究所提供）

🔹 张云主导的在战时（1942年）坪石落成的中国高校唯一一座天文台遗址于2019年被重新发现

尚时、岑麒祥、叶述武、古文婕、卢干东、谭藻芬、黄巽、李慰慈、何衍璿、姚碧澄、康清桂、孙宕越等，还有几位是否在坪石任教尚需考证。留学法国并任教于坪石的罗志甫先生、曾纪经先生是否在里昂中法大学学习需再查证。在坪石任教的文史学家盛成、音乐家马思聪、生物学家张作人、人类学家杨成志也曾留法学习，但没在里昂中法大学学生名单之列。这批教授既施教学之力，部分又兼任大学和学院行政领导。

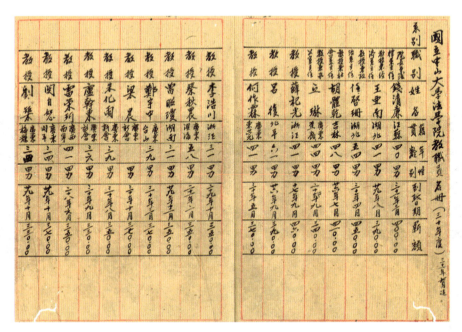

🔹 国立中山大学法学院1941年度教职员名册，左数第四列是被聘为教授的卢干东，到坪石学校时间是1941年，时年36岁，比《资本论》翻译者王亚南（表右二）迟一年到达坪石（藏于广东省档案馆）

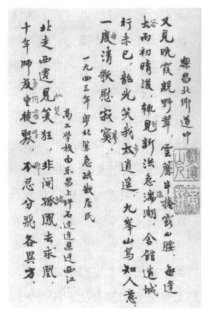

一九四三年粤北紧急疏散居民

樂昌北鄉道中
山尺

又見晚霞親野草，雲籬牛捲露山腰，每逢
太雨初晴後，輒題新洪急怒潮，含館遠城
行未巳，韶光笑我太迫遙，九峯山為知人意，

一廬清歌慰寂寥。

高工學校由乐昌上坪石迁连景迁西江

北走西還見笑狂，非闗孤鳳专求凰，

十年师友重遇聚，不忍分飛各異方。

🔴 黄巽先生1943年在粤北书写的励志
诗词手稿，他也是第一批在里昂中法
大学注册学习的中国留学生，1926年7
月30日离校。黄巽先生在抗日战争时
任广东省高等工业学校校长，炮火中
学校迁移广东乐昌北乡，紧挨坪石

张云、崔载阳、虞炳烈均是第一批
的留法学生，现里昂市立图书馆馆藏有
张云、崔载阳的博士论文。留法学生的
导师多为法国顶尖的教授，虞炳烈先生
的导师是托尼·加尼埃（Tony Garnier，
1869—1948），而晚一年、于1922年进入
里昂中法大学的林克明先生，同样为加尼
埃的门生。托尼·加尼埃出生于里昂，是
与勒·柯比西埃同时代的著名法国建筑
师，他不仅是一位活跃的执业建筑师，也
涉猎城市规划领域。在里昂中法大学开班
前的1914年，他与市长共同组织了一次里
昂国际城市博览会，主题是城市规划与公
共卫生。他于1883年至1886年在里昂学习
美术，1886年至1889年在里昂学习建筑，
接着9年在巴黎国立高等美术学院学习，
1899年因为设计国家银行而获得"罗马大

🔴 叶述武先生得到平反后与两位同事留下的纪念照片，中间者为叶先生。1938年5月17日他到
里昂中法大学注册在法留学，回国后于坪石任教，20世纪50年代为中国卫星发射轨道进行研究
计算，做出了重大贡献

⊃ 里昂中法大学校园遗址中的雕像，由广州市政府于2014年赠送，左三为1922年在里昂中法大学注册的林克明先生

奖"。"罗马大奖"是法国为鼓励艺术专业的学生而专门设立的奖学金。他有机会在罗马美第奇府邸居住研学4年。"理想工业城市的规划理论与设计"是他最具影响力的理论。1922年林克明追随加尼埃学习，1926年回国服务于汕头市政厅、广州市政厅，在1932年成为勤勤工学院首任建筑系主任。这一建筑系一直延续成为国立中山大学工学院建筑工程系，1952年成为华南工学院建筑学系并运转至今。

虞炳烈1933年7月28日返回中国并到中央大学任教，此前，他在法国已经从事建筑设计工作，获执业资格，并在多次竞赛中获奖，取得颇为辉煌的业绩。抗日战争爆发时，他在越南河内获知国立中山大学迁徙到粤北，遂受聘为国立中山大学建筑学院系主任。虞先生的设计才华体现在坪石国立中山大学临时校园的规划和设计上，1940年他提早介入坪石的临时校区的规划和个体设计，充分利用地

⊃ 出生于法国里昂的著名建筑师、规划师托尼·加尼埃的雕像，虞炳烈先生、林克明先生两位华南建筑教育家均是他的学生。现在里昂有一座由他设计并以他的名字命名的音乐厅

方材料营造实用、低造价的校舍。虞先生不幸于1945年病逝。他培养的学生，有不少成为中国建筑界的骨干。当时协助他完成坪石校园规划设计的学生杨卓成，是中国台湾最著名的建筑师之一，台湾的中正纪念堂、士林官邸均出自杨卓成之手。从虞、林两位华南教育家求学的经历来看，现在的华南理工大学建筑学院与加尼埃的设计思想有内在的脉络关系。

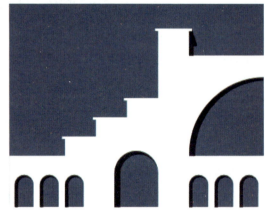

⊃ 托尼·加尼埃博物馆网站的展览广告，加尼埃的建筑作品丰富，也包括各类规划，如里昂工业区的规划、巴黎世博会的里昂馆、1920年完工的里昂热尔兰足球场，均是他的手笔。里昂热尔兰足球场在1998年法国世界杯时仍为主赛场

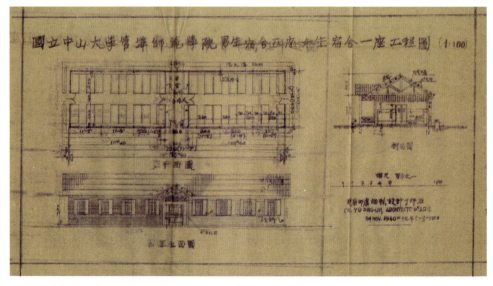

⊃ 虞炳烈先生抗战时规划国立中山大学师范学院管埠宿舍的设计图纸

● 虞炳烈先生在坪石任教期间出入的三星坪村祠堂，为战时工学院院部

吴尚时先生在里昂中法大学报到注册的时间是1929年9月2日，回国的时间是1934年7月13日。[2]与吴先生同行的有他的太太汪女士（番禺人），她在法国染病后回国不幸去世。[3]1934年吴尚时先生回国，后于1935年与李慰慈女士成婚。吴尚时先生进入国立中山大学地理系执教，1937年就考察发现广州古海岸遗址，为其回国后一大学术贡献。李慰慈女士是1929年10月12日注册、与吴先生同批赴法的，离开的时间是1933年8月11日，比吴先生早一年回国。她在法期间学习美术，回国后曾出版《实用色彩学》，后在广州外语学院任法语教授。1984年在吴尚时诞辰80周年时，广东地理学界举行纪念活动，吴尚时先生第一、第二、第三代学生齐聚华南师范学院地理系，出版了专集，他的学生曾昭璇、夫人李慰慈等

● 从里昂最高点富维耶山顶鸟瞰里昂城市全景，山顶于1872—1896年建造了一座壮丽的富维耶圣母圣殿。相信当年在里昂学习的中国留学生会常到山顶欣赏里昂的城市风貌

发表了纪念文章。

　　吴尚时先生在里昂中法大学逗留的时间很短，他在中国是在国立中山大学西语系学习英语，在里昂中法大学注册后住当地法国朋友家中并练习法语，不久就进入里昂中法大学学习地理学，老师是安德烈·阿利克斯（Andre

🔵 吴尚时先生留学的格朗劳布大学的现状，学校所在的城市建立于古罗马时期，现校名改为格朗劳布阿尔卑斯山大学

Allix，1889—1969，早期中国地理界译为霭里士），吴尚时就读时导师应为45岁左右。吴尚时于1929年获得博士学位，1932年他又赴格勒诺布尔，师从著名的法国地理学家布朗夏布（Raoal Blanchard，1877—1965，早期中国地理界译为白朗霞）。安德烈·阿利克斯是布朗夏布的学生，依此判断吴尚时是由他推荐给布朗夏布的。布朗夏布先生任教的格朗劳布大学设立"高山地理研究所"，从1907年一直运转到2017年才被撤并，该研究所就在一座建于16世纪的古堡中，2010年因设施陈旧而换到新校区。

　　布朗夏布教授是一位登山家，早期研究重点在低地国家，毕业研究论文主题就是"佛兰芒地区地理"，1906年到格朗劳布大学任教。布朗夏布教授将阿尔卑斯山列为重点，20世纪40年代对加拿大地理研究成果丰硕，在30年代赴加拿大魁北克进行野外调查，共50次赴魁北克，并在1947年于蒙特利尔大学中设立研究院，被称为"魁北克地理之父"。

　　布朗夏布教授师从维达尔·白兰士（Vidal de la Blache，1845—1918），维达尔·白兰士是法国地理学家、法国近代地理学奠基人。1866年毕业于巴黎高等师范学校；曾先后担任南锡大学（1872—1877）、巴黎高等师范学校（1877—1898）和巴黎大学（1898—1918）教授；主要从事区域地理与人文地理的研究，主要研究自然与人文的空间关系。[4]虽然A.von.洪堡（A.von Humboldt，1769—1859）、C.李特尔（C.Ritter，1779—1859）与A.赫特纳（A.Hettner，1859—

1941）等德国地理学者在较早期打下的基础上，提出了地理学的区域概念，但在提倡区域知识并视其为地理学核心方面，却是法国地理学者白兰士做了很多工作。白兰士把每一个地方的"区域"的独特景观与生活方式视为或关注为"人类与其自然环境在各个（通常是长时段的）历史时期中相互作用的结果"。他的区域地理学概念，极大地巩固了20世纪上半叶实践于西方世界的地理学。[5] 他还长期任教，培养了许多地理学人才，形成具有特色的法国地理学派。布朗夏布就是他得意门生之一。

吴尚时先生跟随名师得其真传，回国后在坪石教学期间，带领助教和学生曾昭璇、何大章、罗开富等穿越在茫茫南岭的山脉中，也可谓为登山家，途中还曾偶遇老虎。此种勤于野外调查的学风，应是师从布朗夏布的研学精神。吴先生理论与实践均达到相当高的水平，其对"红色岩系"理论研究奠定"丹霞地貌"地理研究基础，对"珠江三角洲""乐昌峡"等的考察成果颇具世界水准。他曾与曾纪经先生在坪石翻译美国地理学家G. B.葛德石的《中国之地理基础》，可惜并未出版。当吴尚时还是地理系的二年级学生时，他就要求加修法语，有的教材是他自己由法文原著翻译成中文的。在国内时，他还将在里昂的野外调查成果《法国里昂金山黄土之变硬》公开发表。1945年吴尚时离开中山大学，到私立岭南大学历史系任教，继续地理学研究。1946年，他与曾昭璇合作研究珠江三角洲。曾先生为吴老师1937年的学生，在坪石已任助教并考取中大研究院硕士研究生，1946年获硕士学位，后在广东省立文理学院、华南师范大学任教，是吴尚时

↪ 留学生在古堡中的图书馆（引自里昂市立图书馆网站）

先生的传承人。1947年《珠江三角洲》在《岭南学报》第8卷第二期发表，惜吴尚时已逝，未能阅读到学术杂志上自己的成果。《岭南学报》第9卷第一期继续发表吴尚时在抗日战争时期于坪石的研究成果《粤北坪石红色盆地》，后又刊出《华南弧》等文章。在较短的学术生涯中，吴先生发表62篇

论文，出版4本书和7种译作。可惜吴先生英年早逝，于1947年9月12日因病逝世。

比吴先生晚一年、于1930年留法的地理教授孙宕越，结合国情和专业特点，出版了《我国战场军事地理研究方法》，1939年与徐俊鸣合著《国防地理学》。孙教授在里昂中法大学

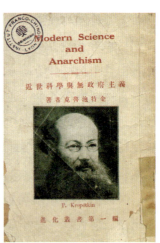

⊙ 中法大学留下来的书籍（由里昂第三大学所有并委托里昂市立图书馆馆藏）

注册的时间是1930年9月28日，1934年7月13日离开，与吴尚时离开的时间一样。吴、孙两位教授为国立中山大学地理学的学术定位和研究路线，奠定了不可忽视的雄厚基础，岭南地理学研究由此独树一帜。

留学生在里昂中法大学学习结束时，一般会留下书籍赠予校方。而当时的里昂中法大学图书馆，还专门订购中国书籍和杂志，可查的共有425种中文期刊，超过10000册书籍，现由里昂市立图书馆专设中文部馆藏。在这些图书、杂志中，有岭南大学、中山大学的学报，不少杂志为广州出版的杂志，如《妇女杂志》《华侨战士》《南风》等，以及一批抗战杂志，如《抗日战讯》等。

分析473名学生名单，广东籍的有160多位。在1921年第一批入学的学生中，广东籍的

⊙ 当年里昂中法大学图书馆为留学生购买的书籍（现藏于里昂市立图书馆中文部）

约有70人。有的广东籍学生并非出生于广东，而是其父母为广东籍。第一位报名的为广东籍的黄式坤，其丈夫袁振英，同为1921年赴法留学的学生。袁振英于1920年在上海帮助陈独秀组建共产党组织，并参加上海共产党早期组织。黄式坤家有十兄弟姐妹，五人海外留学，黄式坤排第三，其哥黄谦益曾参与广州海珠桥的设计。粤籍留法学生返国后，不仅有留粤的，也有奔向西南大后方的，如广东人王士魁赴云南大学，1948年任教务长。最后离开法国的也是广东人邓子若，1950年归国，在世界和平协会任翻译，1956年随中国艺术团访问拉丁美洲，返程中飞机在瑞士与西德边界失事，不幸身亡。

从坪石的古祠，追溯至欧洲的古堡，百年留法的日子值得纪念。里昂是丝绸之路的西方终点，历史悠久。里昂被选择为中法大学所在地是有历史和当时的特定背景的，时任里昂市长尊重中国文化，且里昂的商业和文化发达，建城历史悠久，可追溯至古罗马时代。世界考古工作者对古罗马帝国遗址的考古，范围不局限于意大利本土，而是遍及英国、法国、德国、西班牙和欧洲其他地方，还有利比亚、埃及、以色列、黎巴嫩、约旦、叙利亚和中东其他国家或地区，这是古罗马帝国版图之大、防线之长所决定的。防御体系成为了欧洲城市区域体系发展的动力引擎，罗马帝国在奥古斯都（Augustus）统治下推行君主制，但希腊文化的两个优秀品质仍得到传承，即公民政治责任和市政自治。"罗马皇帝维护市政自治的延续，不断建立新城市，这点很像希腊化的先驱。城市仍然是文化、经济的活动中心。他们把文明传播到广大的区域，促进繁荣，并通过改变当地的语言把其变成了希腊人和罗马人，同时也把他们变成习惯于市政自治的公民。"[6]里昂建立于公元前43年，是恺撒大帝征服高卢地区后建立的城市，在公元前27年高卢地区划分为三个行省。在

➲ 克劳狄青铜板，制作于公元1世纪中期（藏于1975年开放的里昂高卢罗马博物馆）

里昂高卢罗马博物馆馆藏中，克劳狄青铜板特别珍贵，是克劳狄公元48年在元老院的演说词铜板，发现于16世纪，记载着作为殖民地的里昂争取与罗马公民同样权利的诉求。

里昂中法大学计划得以实现，两位法国政治人物至关重要。一是莫里

● 建于17世纪的法国里昂市政厅

斯·穆泰（Marius Moutet，1876—1968），他是法国殖民地管理专家，法国最年长的国会议员。另一位政治人物是时任里昂市长的爱德华·赫里欧（Edouard Herriot，1872—1957），他1905—1940年任市长，除了二战期间反对维希政府被流放期间未有担任里昂市长外，1945—1957年一直任里昂市长至逝世。期间他也出任法国总理，中法大学在法国能够从1921年运转到1946年，与他在位时政治地位稳定有关系。

赫里欧办公的地方市政厅应该是中法大学留学生常来办事的地方。市政厅的建筑风格有浓厚的时代印记，反映了城市政府乃至国家的意识形态上的追求。里昂市政厅建于1645—1651年，建筑师为西蒙（Simon Maulm，1625—1668）。在1792年法国大革命时期，建筑的主立面上的路易十四骑马浮雕肖像被取下来，后来才被重新安装上。

当中国留学生来到时，里昂经济和城市建设已经相当发达。城市中心有两大广场——"沃土广场"和"喜剧广场"，也就是市政厅所在的位置，还有1831年建成的里昂歌剧院。19世纪末里昂有约20万丝绸制造业的产业工人所产丝绸，主要出口北美、英国，部分输入印度、中国。1914年里昂建立了贝利埃汽车制造厂，1975年当邓小平同志访问里昂时，参观了这一与中国关系密切的汽车制造厂。留法学生在里昂生活学习的日子里，最重大的城市建设是1926年建成的体育场。

里昂的城徽是蓝色的部首横带加上金色的三朵百合花，下半部分采用红色

盾面与白色狮子作为寓意物，1320年百合花出现在部首横带上象征着皇权的保护，是法国国王对城市地位的认可。原来为狮子持剑，20世纪初市政厅决定去掉兵器，这是"一语双关"的城徽，狮子与里昂的发音正好相同。

百年前，中国留法学生除与里昂关系密切，还与另一座法国城市蒙达尔纪渊源颇深。法国中央—卢瓦尔山谷大区的城市蒙达尔纪距离巴黎110公里。

蒙达尔纪市是20世纪20年代中国留学生赴法勤工俭学最多的城市之一。李

以狮子为寓意物的里昂（Lyon）城市纹章

石曾、蔡培炎等留学先驱最早来到这里，周恩来、邓小平等在法国勤工俭学的生活就是在这座城市度过的。现在蒙达尔纪市还设有一块路牌以纪念中法留学先驱李石曾，路牌正是以他的名字命名。

2014年4月，习近平总书记访问了里昂中法大学遗址，充分肯定法国里昂中法大学的历史作用。广东韶关坪石的华南教育历史研学基地正在活化中，在这

里昂中法大学城堡入口的里昂城市纹章，狮子持剑

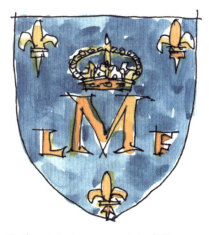

蒙达尔纪（Montargis）的城徽

里，留法归国的先师们在天文学、建筑学、地理学等领域为中国学科建设做出卓越贡献，粤北在烽火中成为各类现代科学的启蒙之地。广东省广州市与里昂市是友好城市，抗日战争胜利75周年之际，回顾留法百年历史，将扩大我们研究的视野，维护中国人民和法国人民传统友谊长青，告慰先师。

2020年4月20日

注释：

〔1〕https://www.bm-lyon.fr/.

〔2〕司徒尚纪：《吴尚时》，广东人民出版社，1995，第13页。

〔3〕http://www.bm-lyon.fr/nos-blogs/le-fonds-chinois/docm...tut-france-chinois-de-lyon/.（以下的各留法学生注册和离校、回国时间均引自该表）

〔4〕https://zh.m.wikipedia.org/wiki/维达尔·白兰士.

〔5〕〔英〕阿兰·R.H.贝克：《地理学与历史学——跨越楚河汉界》，阙维民译，商务印书馆，2008。

〔6〕〔德〕阿尔布雷希特·迪勒：《城市与帝国》，《构想帝国：古代中国与古罗马比较研究》，复旦大学出版社，2013，第19页。

（感谢中国驻法国大使馆里昂领事馆的帮助）

心　祭

　　80多年前的粤北学子在烽火中仍然坚持研究、出版刊物，培养综合能力。笔者读了《民族青年》《经济科学》（创刊号1942年）两本出版于1940—1945年韶关坪石时期的旧杂志，也从中了解到还有《文科研究所集刊》《中山学报》等多种杂志。细读几篇诞生于坪石武水边的文章，"坪石先生"在昏暗的油灯下勤奋笔耕的身影浮现眼前。先师逝矣，文采依然，颇有感触。

　　在《民族青年》《经济科学》这两本期刊中，还刊登了另一期刊《中山学报》的内容预告，因此也可看到《中山学报》的基本内容。《中山学报》每期按学科分类，第一卷第八期内容围绕着的是史地学科，朱谦之、郑师许、容肇祖、陈安仁先生均有文章，特别是蒋英先生在此期发表文章《中国紫金牛科植物研究纪略》。《中山学报》第五期由国立中山大学医学院编辑，在该期中，所载梁伯强先生的文章为《如何在非常时期中研究病理学》，杨简先生的文章是《在抗战中如何布置病理学研究所》，均是特定时期的具有实用价值的医学专业文章。在《中山学报》第七期中，刊载了陈宗南（工学院院长）发表的文章——《论中国战时工业教育》，这应该是工学院的特辑，此外还刊载了

⟳《民族青年》期刊封面

吴明聪的《战时铁路桥梁轨道之修护》、刘鸿的《合成树脂与受港物工业之概观》等文章，其他文章多涉及战时的工程建设，作者包括张万久、余文熙、俞浩然、林鸿恩、伍金声、孔繁祺等。

1942年12月15日出版的《民族青年》第一卷第六、第七期刊登了《服务经验特辑》，邀请了中山大学工学院院长陈宗南先生、中山大学文学院院长陈安仁先生以及中山大学法学院政治系主任刘求南先生、中山大学文学院教授詹安泰先生撰文。值得注意的是，陈宗南先生的文章是《怎样成为一个完善的工程师》，詹安泰先生的文章是《谈"人格问题"》。

詹安泰先生在《谈"人格问题"》文中写道：

> 凡是人，谁都有其做人的道理。然而真能懂得做人的道理而堂堂地做个人的，却千万人中不得一二。
>
> 阅历较浅的人——尤其是血气方刚的青年，总以为除了生活问题，做人是很容易的；等到入世较久，经验较多了，"做人难"的问题，就会逐渐展开在你的眼前，盘旋在你的脑际；同时，从前你以为是在"堂堂地做个人"的人，他的缺点也就会逐渐地发觉出来了；往后，便会感到他的"做人难"的严重性，并不亚于你自己。
>
> 一而十，十而百，百而千，日积月累，识人愈多，"做人难"的问题，也随之而深刻化，而普遍化起来。于是乃毫不犹豫地确信这真能懂

➲ 詹安泰文章《谈"人格问题"》

➲ 陈宗南文章《怎样成为一个完善的工程师》

得做人的道理而堂堂地做个人的千万人中不得一二的说法，并无宣传或扯谎的意味。

下为陈宗南文章《怎样成为一个完善的工程师》的摘录：

现在因为国家需要许多专门人才协助参加建设工作，他们服务的机会比较多，换一句话说，就是出路好，谋职容易，于是很多青年们，都跑进专门学校研究科学，尤其是学习工程科的，特别人数多。这是一种良好现象，无疑的，大家都感觉到，将来中国必定改为"以工立国"，一跃而为一个工业化的现代国家，工业化国家必定需要各种工业建设，工业建设需用许多专门人才和工程师，所以大量造就工程专门人才，是目前最急切的工作了，但是养成一个有用的完善的工程师，决非一蹴可就，必有特殊的条件和品性，要适符这种条件，才有资格去学习，经过相当学术的钻研之后，才有成就，并不是因一时兴趣所驱使，或者奉承父兄意旨，跑入工科学校读书，可以成功的。有一些青年，觉得工科出路好，所以读工科。或者人云亦云，觉得大家都趋向应用科学的部门，自己也跑进工科的摇篮里。不少如此的迷途羔羊，在学校里胡混了四年，跑出校门，一无所得，结果在社会上，到处碰壁，一无所成。归结原因，一半是他们自己"择学"的初旨不正，一半是根本不具备当工程师的资格和条件，所以终归失败。本人觉得这种风气有矫正的必要。现把笔者个人以往服务经验提供出来，给一般有志做工程师的青年参考。

造就一个工程师的过程，需要分两个阶段，第一是在学时期，第二是学业后服务时期。在学校读书的时候，工科学生应具以下这四种条件：

1. 体格健全——工程师的工作相当艰巨，所以需要有一个健全的体魄，才可以负荷起巨大职务。往往见学工科的学生，因为平日不注意运动，只顾埋头读书，弄到身体羸弱，卒业后，虽有好机会，结果无法胜任，只有失之交臂。所以志欲做工程师的青年学生，第一个先决条件，必须体格健全。

2. 数理基础良好——学工科的人，必须数理科根基好，差不多是大家都公认的，因为工程学科颇艰深，应用数学和物理学的地方最多。

3. 思想缜密——学工科的人，必须具备一副思想精细而完整的头脑，做事才有条不紊，有研究、分析、探求的习惯，不然的话，虚浮鲁莽、疏忽大意，将来做事，当不免于错误百出。

4. 创造本能——凡学工程的人，应当富有创造本能，且要将本能加以特别训练和栽培，才可以成为一个创造家。讲到创造，并非一件容易的事。我们对于任何一种机械，必先去研究其运行的状态与运行的原理，才能得到彻底的了解，然后能自己来改善或创造，往往在试验创造的时候，得到意外的结果。历来科学发明大家，都是由于运用这种创造本能而得到成功。

陈宗南先生又提出进入社会的工科学生成为工程师后需要遵循的原则：高尚人格；迅速确实；不避艰阻；继续研究。

1943年元日，《民族青年》第二卷第一期依时出版。王亚南先生的《今年经济的展望》作为首篇，他寄语1943年是"经济改造年"。刊物中除了经济、社会等学术论文外，还多了几篇随笔，写的是历史场景与情感，如吴汉晖的诗作《武水晚眺》：

> 绕水枫林绿映红，轻舟急潮去如风。
>
> 残阳返照光虽艳，惟惜西沉入暮中。

吴汉晖还有诗作写到武阳司，在其诗篇《过武阳司新生部故址》中写道：

> 武阳司在乳源武平乡，为入栗源堡之要道，去年中山大学曾设新生部于此，今改为国立侨二师学校，由坪入武，路径山岗颇多，中有长岗岭，高三百余级，行者苦之。

> 路出武阳入栗源，他乡作客逐风尘；
>
> 山岗起伏途程险，雨露迷濛步履辛。
>
> 景物不殊人事换，楼墙无恙额门新；
>
> 邻耆纵说沧桑异，都为邦家育后民。

此期刊中还有四年级学生何冠来同学的随笔《除夕》，落款为"1941年2月于中大"，从其中可以读出他对白云山的眷念，对在日占区的同胞的担忧。何冠来是已漂泊三年的学生，他在《游金鸡岭》一文中写道："考试完相约金鸡岭登山，渡船泊在对岸，我们喊一声，船夫答道等一下就撑过来，因为他正在吃早饭。过了对岸，再走三四十分钟的山径，便到了坪石车站。"历史场景便清晰地展示了出来，坪石车站、金鸡岭、渡船、武江等地理关系略略几笔便交代清楚。

王亚南先生的勤奋程度从两本杂志便可知，推测1942年至1943年他发表的文章就有6篇之多。除了《民族青年》第二卷第一期《今年经济的展望》外，王亚南在《经济科学》自创刊号至第六期共发表五篇文章，题目如下：

《经济科学》期刊封面

第一期（创刊号）《经济科学论》

第二期《中国经济学研究问题的提出》

第三、四期《当前的经济问题与经济计划》1942年9月（定稿）

第五期《中国经济史研究的现阶段》1943年4月（出版）

第六期《关于经济科学分科研究指导》1943年12月（定稿），1944年3月（出版）

《经济科学》由法学院经济学系主编，为月刊。在1943年2月出版的第三、四期合刊上，首篇是王亚南先生的文章《当前的经济问题与经济计划》。读来令人深思，对今日经济学人和各类学科研究者仍有现实意义。

《经济科学》第五期于1943年4月出版，还是王亚南先生的文章置于首篇，题目为《中国经济史研究的现阶段》，开篇直截了当："科学的经济史的研究，到现在，还没有一百年的历史。""我们这里所论及的经济学，是特指资本主义经济运动法则，理解了资本主义经济的来踪和去迹，然后始能引导我们去探究前资本主义社会的，乃至'后资本主义社会'的经济发展规则。"后资本主义社会一语用了双引号。该文章落款上的时间是1943年7月7日，地点则是于坪石野马轩。此期发表的经济学文章，参考索引有多部郭大力、王亚南的译作。王义成文章《经济理论研究引论》的参考索引中有《国富论》（亚当·斯密著，郭大力、王亚南合译）、《经济学及赋税之原理》（里嘉图著，郭大力、王亚南合译）。袁亦山在此期发表《民生主义经济研究发凡》，参考索引中有《国富论》和《资本论》（马克思著，郭大力、王亚南合译），并介绍道："一般人往往以此书为社会主义经济理论，其实它也是以资本主义的生产、资本主义社会的经济为研究主题，著者在分析资本的生产过程、流通过程及分配过程中，发现资本主义经济的运动法则、本质、规律性，及其必然崩溃的走向，对于资本主义的矛盾、冲突，剖析甚详，使我们能清楚资本主义真相。"陈望道发表的《工商经济研究提要》的参考书目中也列有《资本论》，并简略介绍了三卷。

在《经济科学》第六期，王亚南先生发表文章《关于经济科学分科研究指导》，落款处写着"1943年12月1日　坪石野马轩"。王亚南先生认为，经济学系研究的学科，早有分别形成各种独立研究部门的必要，建议分八组：一，经济理论组；二，经济技术组；三，经济政策组；四，经济史地组；五，战时经济组；六，金融货币组；七，财政贸易组；八，经济名著翻译组。

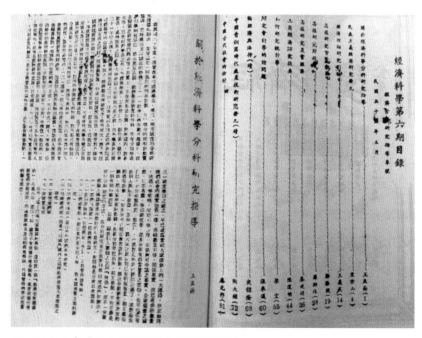

⟳ 王亚南文章《关于经济科学分科研究指导》

下为《关于经济科学分科的研究指导》摘录。

在民国三十年度，我曾在本校经济学系，提出一个尝试性的分组研究指导的办法，并曾议定一个施行的简单计划。部分的按照计划实施过。当时提出那种办法的动机是：（一）社会经济事象，经济科学的包容性，经济学系研究的学科，早有分别形成各类独立研究部门的必要。事实上，不管先进各国，就在国内，许多大学已于经济学系之外，另设商学系、工商管理系、银行系、银行会计系，或计政系之类。本大学亦有商学系之设，自商学系于民国二十一年停止后，经济学系所包罗，与东西各国之经济学院或经济学所包罗者相当。加之经济学系所研究者，按照原文，应先有经济理论方而之研讨，但抗战军兴，加强设施以后，尽管对于确定经济建设诸原则，而表面上税政、计政，地政诸设施引起之实务技术人员之需要，大有使经济学系变为供给技术人员之训练机构。此类缺陷，为了在相当限度内，减少研究者注意不易集中，对所学无法深入的弊病，系已有科别，分成各组，各就个性及兴趣所近，于课外进修中，深入的研究，是非常必要的。（二）近来一般大学的研究风气，似乎都不曾表现出集体研究的精神来，因为个人的作风特别显露，连对个人所进修的集体的学习方式，亦不肯或不愿或不便参与，仿佛学校的共同研究生活，只限定在大家似的。即使偶然有学会一类研究组织，往往因为不易合研究兴趣，具体的研究业务。分组研究的办法，至少是希望能对大家有所帮助的。（三）研究书籍之缺乏，早已成为当前大家进修上的一大障碍，但正如同我们社会的现实物质一样，供给数量不够，固是事实，但已有供给数量，流通不够顺畅，供给不够合理，亦是无可争议之事实。公家备之图书，且不具论，每个研究者，多少保有相当数量之书籍，也可能保有自己不十分必需的书（或许是由于已经阅读过了，或许是由于个人兴趣不在这一方面）。大家能就个别已有的保有量，相互通有于无，一定多少可以补救无书读的困难。通过分组研究所决定的办法，把大家所有的书籍，各组分别登记出来，相互借阅，不能不说是一个有效的打算。自然，关于个人书籍之公开"流通"，原不一定要采用分组研究的方式，但分组研究至少是便利那种流通的好办法。

依据上述诸要求而推行的分组研究，在开始是分成以次诸组：

（一）经济理论组（一般经济理论）

（二）经济技术组（包括统计、会计、工商管理诸学科）

（三）经济政策组（即注意民生主义、土地、资本诸国策方面的研究）

（四）经济史地组（包括中外经济史地研究）

（五）战时经济组（侧重于国外国内之战时经济措施及其理论之研究）

（六）货币金融组

（七）财政贸易组

此外，为了提高大家翻译的兴趣，还特设一个"经济名著翻译组"，共为八组。这类分法，虽然不曾依据什么分类学，或者依据什么严密的分组原则，而是按照学系方面的现有学科，作为暂时的尝试性质的区分而已。

王亚南先生在教学研究中，注重创造性地教学，联系国情，特别注重实用性，"经济史地组"是特别的组。王亚南先生认为经济史在欧洲发展仅有100年的历史，值得总结。"战时经济组"更是结合抗战需要。

值得注意的是，此刊中还有陶大镛先生的文章《中国青铜器时代生产技术研究发凡》，定稿时间写着"1943年4月校正于坪石"。

《经济科学》第三、四期的首篇是王亚南先生的文章《当前的经济问题与经济计划》，文中写道："关于当前的经济问题，国内经济学界或一般财政经济学者，似有一个共同认识，就是包括着各种重要经济设施的经济计划本身，还不够周密详尽，同时，执行经济计划的人事行政方面，还大有整顿余地，这是非常允当的，我不想涉及人事问题，单就大家特别关心的经济计划而论，其间实在很有需要分释的地方。"王亚南先生接着指出，经济计划不仅是技术问题，还是"社会性质的问题"，"计划去迁就社会"是他提出的重要观点，同时他批评了经济学界不良的学风，充满英美的或在较狭范围内是德、苏的经济意识的气氛，大学经济学系毕业的经济研究者，他们或许能指出苏联"三个五年计划"、德国"两个四年计划"，乃至美国"复兴计划"的内容，或许能背诵出现代各种经济形态的基本概念，但一问到那些经济基本概念，与中国社会的商品价值、地租、利润和工资等有何本质区别，那些经济计划如果推行到中国社会有何阻碍，他不能置答。"原本是当作研究中国经济之手段的现代经济学的研究，便在无形之中成了目的。为学问而学问的气概，促使经济学界超然于中国经济的现实。"[1]最后在结论部分，王亚南先生再一次强调"经济问题特别关系土地问题"。王亚南先生的鲜明观点，不仅切中80多年前中国经济学界的研究方法要害，同时对今日学风之种种不良现象，依然是明亮的镜子。此文落款为"1942年9月14日于重庆旅居中"，应是王亚南在重庆短时间旅居的写成。

王亚南文章《当前的经济问题与经济计划》

下为摘录:

一、经济计划·经济学界·经济学

战争的支撑力,是建立在较为健全的经济基础之上。

关于战时的经济问题,曾千百次被提出来讨论,也曾千百次依据讨论的结果,提出了解决方案,而且有许多方案,确已见诸实行。但时至今日,客观的经济现实,都似更增大了要求我们对它再检讨再计划的压力;仿佛经济上的紧张,格外容易显出经济学界的忙乱。举凡世界各先进国家解决战时经济问题的办法,由较综括的统制经济和计划经济,到较具体的各种新税制、银行管理、专卖、国营企业商业公司化、农贷、土地金融、工贷、实物征收征购,以及储金公债劝募等等,都被连续设计出来,并已局部的或全面的付诸实施。这许许多多的经济新政的实施,以言其效果,是中国以不够现代化的国家,居然由此支持了五年以上的现代战争;设检讨其缺陷,则今日经济问题之日形紧张与繁杂,就是如实的说明了。

对于当前的经济问题,国内经济学界或一般财政经济学者,似有一个共同认识,就是包括着各种重要经济设施的经济计划本身,还不够周密详实,同时,执行经济计划的人事行政方面,还大有整饬余地。这是非当尤当的,任谁都不能否认设计和人事对于经济问题解决的重要性。但在这里,我不想涉及人事问题,单就大家异常关心的经济计划而论,其间实在很有需要分释的地方。

今日谈经济计划的学者,很容易犯一个笼统的毛病,以为经济计划完全是一个技术性质的问题,而不知道,特别在中国这种社会,那同时还是一个社会性质的问题。惟其如此,他们就像不可避免的,使社会太迁就计划,而不大注意使计划去迁就社会。所以在结局,他们虽然注意材料的归集,但却很似给了我们这样一种印象:先制定了或先打算输入某种经济计划或经济体制,然后再把归集来的材料,拿去作为支撑。他们动辄把计划不易有效推行,诿责于技术条件的不够。不已充分说明了这点么?

其实,适合现实经济要求的计划,根本就是把中国社会经济基础上的落后技术条件，加入了考虑的。换言之，需要高度技术条件，需要超越中国社会技术水准的经济计划或完美的经济体制，在本质上，在事实的逻辑上，就不是或不能为中国经济实现所要求。因此，在当前的各种经济设施下，诉说技术条件的不够，我有同感，但我不能以同一口吻来发生共鸣。因为一个产业落后国家的经济计划，是不能把一个产业已经发达的国家的经济计划，作为样本的。

讲到这里，我想顺便谈几句不全是题外的话。作为中国经济计划之发案者或立言者的中国经济学界，根本就充满了英美的，或者在较狭的范围内，充满了德苏的经济意识的气氛。一个从大学经济系毕业出来的经济研究者，可能背诵出现代各种经济形态的基本概念，可能指数出苏联三个"五年计划"、德国两个"四年计划"，乃至美国"复兴计划"的内容，且也漠然能分辨统制经济与计划经济的区别，但一问到那些经济基本概念，与中国社会的商品价值、地租、利润等等，有何本质的不同；那些经济计划如推行到中国社会，有何根本的阻碍，他不能置答了。结局，原本是当作研究中国经济之手段的现代经济学的研究，便在无形中成了目的。为"学问而学问"的气概，像使整个经济学界超然于中国经济的现实；一旦这些超然的学者对现实立言起来，第一，就会感到中国社会技术条件，不够他们所要求的水准。其次，且会因为他们过于为技术问题所困惑，以致不得不致疑于经济法则本身。

这是当前楔入在经济问题与经济计划之间，使它们不易妥为调和起来的一件基本事实。

二、中国经济问题的把握

当前的财政经济问题，分别指数出来，自然是非常之多的，但可就以次这两个方面加以归纳。

（一）在财政方面，就是如何使国之所入，足够国之所出，即国家之预算如何平衡的问题。

（二）在一般经济方面，就是如何使全国民之所入，足够全国民之所出，即国民经济上的再生产，如何使其保持，如何使其能依需要增加而逐渐扩大的问题。

这两个问题，事实上还可进一步予以归纳。即前一问题的解决，必须要以后一问题的解决作为基础，因为"国之所入"根本就是"全国民之所出"；"国之所出"增大了，须"全国民之所入"相应增大起来，始有办法。这是经济学上的常识问题。但我们经济学者在财政经济问题的处理上似乎有意无意的忽视了这个基本常识。这原因，也许是由于物资的分配与周转，把他们的全部注意力吸收住了。自然哪，战时紧迫需要所造成的许多阻滞流通的不合理现象，很有理由使他们相信：全国民之所入，原是可以供应全国民之所出的，但流通领域内的击断，囤积居奇，以及各地方的互为限制，把原来够供应的物资，弄得不够了；而在某些部门，原已不够供应的物资，就更加显得缺乏了。他们把这看作了物价问题的症结，所以，物价问题斗争的许许多多的办法，都是从流通过程着眼和下手。在抗战发生后的前两三年间，流通不够圆滑的看法，生产不够支应的事实。时至今日，虽然从流通上解决物价问题及其他一般经济问题的见地，还有着支配的作用和影响，但客观的经济现实要求，已使那种见地大有修正。

在抗战过程中，一般人的浪费是显著缩小了，但一部分人的浪费，战争的破坏，特别是军需上的浩大支出，并非一般国民的消费缩小可以抵偿，至少，战时关于物资的需要，是不会减少的，有些部门还是有增加的。而在另一方面的生产领域，就工业上说，许多小型的制造业，独立手工业，乃至较大规模的工厂，是在政府直接间接的保育下，建立起来了，但由于大后方遭受敌机的轰炸，敌人屡进屡退的扩大战区的蹂躏，以及物价飞涨和统制程序的侵扰，致令我们只能在统计数字上，看到生财和生产品价值的增大，而在工业生产品本身，一般的讲，恐还不能表示增加的倾向；农业上的情形，比工业上更予人以非常黯淡的展望：它不能像工业那样集中的容易受到政府的保育，敌寇的蹂躏和统制程序的干涉，"例如省际乃至县际间限制产物流通等"，农业的受害程度，殆有甚于工业；此外，物价飞涨在一般认为润泽了农村，但其实受到涨价实惠的，是农产物的不劳而获者，而非农产物的直接生产者，后者甚且因此受了恶劣的影响：地租与土地费用的增大支出，把他们更新农具、雇佣劳工的可能性日形减缩了。将农工业双方的生产状况综合起来考察，使我们不得不致力于我们的再生产规模，不但无所增益，甚至还在减退。全国民之所入，根本就无法供应全国民之所出，还不仅是中国财政问题的症结，且是中国全体国民经济问题的症结。

三、由问题到计划

财政经济问题上的这种症结或病理，已经被诊断出来了。朝野的注意，渐从流通过程移向了生产过程。但至今日为止，所有奖励农工业生产的措施，还不够扭转社会再生产规模，日渐趋于缩小的趋势，这原因，显然不是由于政府的热忱不够，而是由于政府的财力不够；也不是由于政府的财力不够，而是由于政府运用或利用社会人力物力的方式和程序，还有需要商讨和改进的地方，这也许是最近经济计划问题，特别被提到的论坛，被加进政府议事日程的重要原因之一。

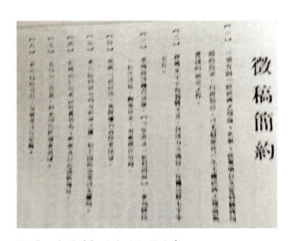

➲《经济科学》登出的征稿启事

➲ 经济调查处坪石日用品调查表内容

任何一个形态的政府，都没有把社会生产的全者，加担在自己身上的可能。它的贤明办法，就是照应着当前社会的人力物力的实况，规划一个运用的程序，使它们在消极方面，不致于浪费，在积极方面，能尽量发挥其最大可能的作用，这是经济计划必须遵守的原则。

期刊中，还可以找到有用的信息，征稿简约中，强调"不拘语体文言，但请求通俗"，编者为"国立中山大学法学院经济学系"，销售者为"坪石汇文供应社"，估计坪石老街中有一家门店名为"汇文供应社"，印刷者为"文汇印刷厂"，落款注有"坪石，武阳司"字样。王亚南先生多篇文章落款写着"坪石野马轩"，资料佐证王亚南先生写成文章多是在武阳司埋头苦耕的。

前面提到《经济科学》第三、四期合刊中，《商业资本论》是紫蘅先生所作，文章落款写着"1941年12月25日，记于车田坝"，附记落款处写着"蘅于1942年校庆日"。其中有一篇专文《五月来坪石主要日用品零售价格调查》，为经济学系"经济调查处"进行细致调查的成果。

谨通过拜读80多年前"坪石先生"的若干篇文章，特别是王亚南先生在武阳司野马轩之作，心祭！

注释：

［1］国立中山大学：《经济科学》1943年第三、四期合刊，第1页。

访问詹伯慧教授

引言：抗战时期华南众多院校纷纷内迁至韶关坪石，"坪石"因此承载了众多师生在艰难岁月中的求学之路、救国之路。广东省委省政府下发文件指示省文旅厅、省自然资源厅借助南粤古驿道活化利用行动，通过修复串联一系列遗迹遗址，复原那时点点滴滴的珍贵记忆。2019年8月21日下午，阿瑞和省文旅厅曾颖如副厅长、华南理工大学建筑学院施瑛副教授特别拜访了暨南大学文学院詹伯慧教授。

詹伯慧，笔名柏苇，广东省饶平县人，生于1931年7月10日，今年88岁高龄，是当代语言学家、教授、博士生导师。詹教授抗战期间在坪石读小学，是真正的"坪石儿女"，1949年考入国立中山大学文学院语言学系。1983年10月到暨南大学任教，曾任暨南大学文学院院长、广东省文史研究馆副馆长；2006年从暨南大学中文系退休，现任暨南大学汉语方言研究中心名誉主任。詹伯慧从事语言学教学、研究工作逾三十年，在国内外出版多种语言学专著，发表论文五十多篇，内容涉及语言学理论、现代汉语、汉语方言、文字改革、普通话教学、辞书编纂等许多方面。他能说闽、粤、客家等不同类型的方言，又调查过多种方言，20世纪50年代还曾作为中国科学院少数民族语言调查队成员到海南岛调查过黎语，语言的感性知识和

⊃ 詹安泰

调查实践的经验都比较丰富。

詹伯慧教授的父亲詹安泰，字祝南，号无庵，是我国著名的古典文学专家，尤精于诗词的创作和研究。他的诗词作品及词学论著在海内外有相当的影响。詹安泰先生三十余年间历任中山大学教授、

许瑞生（左）与詹伯慧教授（右）亲切交谈

系主任、古典文学教研室主任，撰写了大量关于古典文学的著述，开设过许多包括诗选、词选、曲选以及古代文学史等方面的课程，并为研究生专题讲授过《词学研究》《宋词研究》《诗经》《楚辞》等。广东国立中山大学在1938年日军攻占广州前被迫迁校，一迁云南澄江，二迁粤北坪石，三迁广东仁化、梅县、连县等地。至抗战胜利，詹安泰完整走完这离乡背井的七年。这七年，可以说是受命于危难之际。

阿瑞给詹伯慧教授看坪石老街新旧照片："您还记得在坪石读小学的学校名字吗？"

詹伯慧教授："汉德小学在坪石老街上、广同会馆里，前面是小学，后面是国立中山大学研究生院，一放学就和老爸与他的研究生一起去江边走走。坪石是养育我的地方，我读的是小学五、六年级，直到小学毕业。"

阿瑞："您还记得对面有几家书店吗？"

詹伯慧教授："那时好小的，不是很记得了。我今年88岁了，8月6日才从医院返回，住了2个月医院。"

阿瑞："您当时家是住铁岭吗？房间有多大？"

詹伯慧教授："不住铁岭，在广同会馆往前面走，到渡头街，即江边那条街，我住江边，有一条很深的楼梯走上去就是马路，不用爬山岗。斜坡下来有4个宿舍，我们在其中一个屋子住了3年。前面客厅、后面厨房，中间睡觉的地

方，都没有现在客厅大（8～10平方米），没有隔层，不是楼房，是平房。广同会馆和铁岭（文学院）都在这条街上，分别是街头和街尾的位置。文学院在铁岭，当时中大的牌坊门楼上有几个字的，是爸爸写的。"

阿瑞指着照片："这里是中大文学院，是个西式门楼，现在只剩门楼了，前面都没有了，后面已经没有了，现在是马路。广同会馆在2006年被大水浸破坏，2008年修缮恢复。广同会馆只剩下门楼了。我们不太清楚当时的情况，看怎样修复？怎样宣传？现在我们很想将这里重新利用起来，保护遗址，教育下一代。让现在的学生重温抗战时期师生们读书救国的爱国主义精神。詹教授，您觉得我们这样做是否有意义呢？"

詹伯慧教授："好有意义的，请你们保护好这些文物。"

⤷ 广同会馆，位于坪石老街下街，国立中山大学研究院旧址

⤷ 坪石老街旧址

阿瑞："詹安泰先生喜欢钓鱼吗？会游泳吗？我们都深受他的《四十一初度时客坪石》的鼓舞，他在什么情况下写了这首诗？您是否记得他撰写《词学研究》时的生活情节？是在煤油灯下吗？我猜最有名的研究就是在坪石煤油灯下写的，没有电灯的。"

壬午十一月廿三日
四十一初度时客坪石

四十一年如电扫，发虽未白齿多落。

健顽腰脚供转徙，零星记忆余崩剥。

读书穷愁算何愚，买牛耕种力渐薄。

我本鄙人家山乡，左右回溪面横塘。

秋风时飘连林叶，白鹇每起抟沙冈。

笑呼逐逐邻童子，捕雀上树鱼入水。

斋中瓷缸养红鲤，鸟笼百十排廊尾。

我祖潇洒好画图，欲收天地归吾庐。

我父性行独仁爱，晚虽精医出于儒。

贱子小时亦了了，壮不如人忽将老。

三步回头五步坐，懒残拟借杜公貌。

自濯肺腑明冰轮，敢视富贵如浮云。

一灯死守羞曩哲，廿年依恋惟山根。

道南道东谁复顾，兰陵老师等尘土。

譬彼男儿爱后妇，宁问织缣与织素。

羊枣昌歜嗜各殊，冻雨颠风神能主。

久暮玉螭吐清液，悄向铜仙乞坠露。

勤书细字界乌丝，往往煮茶藤一枝。

忍此心魂长寂寞，奚必金石流歌辞。

得意翻怜世病蠹，活活骈头束春笋。

瘦骨嶙峋贫逾奋，尽集秋虫号坏肾。

天跳地踔波飞扬，犀象奔踏蛇蛟藏。

窜避偶然立风露，河清待赋嗟哉长。

苟全性命岂易易，夜梦归见爷娘喜。

知复倚同都几祀，别家此日真可畏。

况以羼躯犯瘴疠，逢辰狂气未许存。

要看痴肥自今始。

詹伯慧教授："这是父亲41岁生日时做的诗，他不会游泳。家在江边，看到当时很多人在江里游泳，很多人在码头石板上捶打洗衣裳。房子是租的，当年写作和住宿条件很艰苦的。"

阿瑞问："住哪条街？怎样回家？记得先到您家，还是先到文学院？走路还是坐船？"

詹伯慧教授："先到家，家在街的三分之二处，文学院在街的三分之一处。这条街很短的，从广同会馆走路回家，大概15分钟。"

阿瑞向詹伯慧先生展示文学院位置，询问詹泰安先生居住房子的概况。汤擎民写的《仰念詹安泰先生》一文提到："1940年暑假，中山大学迁回粤北乐昌县的坪石镇，秋末冬初，我回中山大学复学。坪石镇是武水北岸边的一条长街，勉强安置下大学的行政机构，各学院则分散设在附近农村中。长街东头小山岗铁岭上，原有铁路局的一些房子，文学院就设在这里。先生于铁岭下租得临江数椽泥屋，甚为湫隘。十来平方公尺的地方，用泥砖隔成前厅后房，便是一家生活和工作的地方了。前厅的全部陈设是一张小书桌，两张靠背竹椅和一副功夫茶具。客厅，同时也是工作室。"

阿瑞："回家是否经过三界庙？培联在白沙河，有印象吗？"

詹伯慧教授（看着阿瑞给的照片）："知道那间学校，每间学校都分散开来，医学院在乐昌，看病都去乐昌，可以坐火车去。文化机构、培联都在坪石，跨过一脚就是湖南，农学院在湖南宜章。火车进入广东第一站就是坪石。当时韶关好热闹的，政府迁到这里来，做生意的商人也来，全省的人都来这里。水道通到韶关那条巷，老街起了很多高楼。以前老街拆了不少，希望有机会再走一次。当年我当人大代表的时候就提出过保护提案。"

阿瑞："这些地方，您是很有感情的。我们现在做的就是保护老街的面貌，整理历史资料，以前的照片和现在的照片可以对比下。国立中山大学工学院都在三星坪。您在坪石还有没有小学同学？"

詹伯慧教授："没有联系了，找不到了。"

阿瑞："记不记得同班同学都是哪里人？中大子弟？还是当地老百姓的孩子？"

詹伯慧教授："广同会馆大多数都是外地来的，特点是讲广州话，同学都讲广州话。"

阿瑞："您的粤语是哪里学的？"

詹伯慧教授："我的母语是潮汕话、客家话和广州话。我在潮州出生，母亲是枫溪人，父亲是饶平客家人，讲客家话。讲粤语对我后来研究语言学很有帮助。这三种语言随意说的，普通话是学的，跟爸讲客家话，和妈妈讲潮汕话，她不会讲客家话，和后来学生和小孩讲广州话。只有普通话是后来学习的。日军占领坪石后，我返回饶平，初中在乡下三饶中学读的。到高中时返回广州读中大附中，就是今天的省实验中学。"

最后，阿瑞祝福詹伯慧教授："住院过了这一关，一切都安好！身体健康！"

（注：部分图片由南粤古驿道网补充）

三 "坪石学子"

等到杜鹃花再开时

韶关坪石已开始种下杜鹃花，明年3月铁岭杜鹃花再开时，武水山坡也许将出现漫山遍野的花海，报答1940—1945年坚守于斯、不放弃梦想、冒着生命危险为中华崛起而读书的师生们。到那时，坪石小镇与梅花村已经修缮好的古驿道，将成为广东的师生们乐于常往之地。这将推动当地旅游业的发展，让粤北山区的百姓能够摆脱贫困，也是对80多年前种菜、耕田养育广东学子的坪石百姓们迟到的报答。当年到此的师生生存下来，使得科学文明的火种传递至今。

吴尚时先生于20世纪三四十年代踏足粤北古道，走遍粤北。在《乐昌峡》一文中有记载："峡南边有一重要通道，由坪石循峡区山脉之西麓南下，经梅花街大桥而至乳源城，长凡80公里，由此转用水运。"[1]他的夫人李慰慈女士回忆到："到了坪石，在当时极端困难的条件下，他一边进行讲课，一边带学生、助教作大量考察，湘、粤一带的山山水水，留下了他们的足迹。有一次，竟迎面而遇见猛虎，他们躲进了庙里，《粤北红色岩系》等论文就是这时期考察的结果。"[2]这是南粤古驿道上的绝佳好故事。1941年中山大学地理系绘制的半年内完成的调查路线图，每星期一两次，长则每月一次补充更新。梅花村、大坪村在图中均有标记。对梅花村地区的分析，吴先生专门有论文《广东梅花街幅读图方法举例》讲述。

坪石老街需要利用历史建筑设立一座纪念性的专业图书馆，中国图书馆学奠基人之一杜定友先生在此度过最艰难"守家产"的日子。杜定友先生于1945年8月18日乘最后一班火车离开坪石前往乐昌。中山大学图书馆藏书楼在1934年为全国大学图书馆之冠，拥有21万册中外图书、90万册杂志，在迁徙中共使用了299个木箱装运，但留存在原校址内的还有13万册。抗战胜利后，杜定友先生四处奔

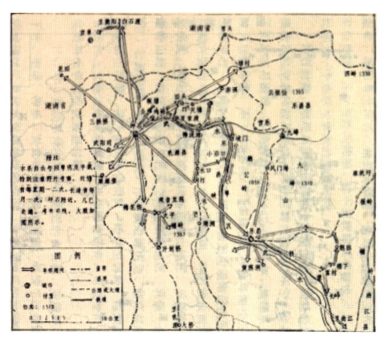

1941年中山大学地理系绘制的半年内完成的调查路线图［引自司徒尚纪著《吴尚时》（广东人民出版社1995年版）］

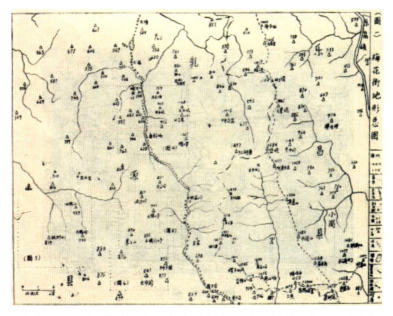

中山大学地理系绘制的梅花街地形总图［引自司徒尚纪著《吴尚时》（广东人民出版社1995年版）］

波，抢救回来3万多册，但仍有19.3万册损失。[3] 杜定友馆长痛心疾首地写道："1945年1月17日，坪石告急，仓惶万状。走乐昌，敌继至。奔石塘，旋失陷。退厚里，距敌仅五里，再退仁化，蛰居赤石径，凡八闰

与坪石研究和教学有关的黄际遇和詹安泰的作品集

月，衣食不继，艰辛备尝。三十年来，积稿盈尺，化为灰烬。人生计划，粉碎无遗。每一念及，痛不欲生。"[4] 他回忆："1939年2月抵澄江，不及二年，于1940年9月，又奉命迁回粤北坪石。乡居没有大房子，图书馆分设13个单位，主任室就设在家里，我变为'无兵司令'，但全校之图书及馆员，由总馆统一调配，此时馆务最上轨道。"[5]

坪石老街国立中山大学研究院旧址现状（参照历史照片广同会馆的尺度，许瑞生/绘）

今天，如果将在抗战时期于坪石开展研究和教学的书籍，比如黄际遇和詹安泰等人作品集收集起来，不失为一独特的图书馆。坪石老街国立中山大学研究院旧址还在，当时第一图书馆就在老街上为民众服务，沿线利用及展示方式的突破，形成老街的肌理，这里是最重要的怀念之地。

在当时全国仅有三家大学建立研究院，中大就是其中之一，罗玉中先生就在研究院读书，教学在哪里，田野考察就在哪里。在战争年代为地方政府提供科学基本勘探资料的，除了吴尚时先生外，还有一位要特别提及的大师——中国近代土壤学先驱、著名农业教育家邓值仪，他1935年创建中山大学研究院土壤部，他的著作《土壤学》标志着中国土壤学科体系的建立。中山大学农学院迁徙到坪石，邓值仪作为中大农学院院长，对粤北地区的土壤进行深入研究。1952年，他成为华南农学院的领军人物继续土壤研究，1957年因工作过劳而脑出血去世。坪石，也是华南农学院火种传播之地。

如今，理学院旧址可以成为当时大课室的有代表性的展示空间。当时理学院人才辈出，在天文数学系任教的赵却民教授进进出出于此，黄际遇先生也常入此地上课，卢鹤绂先生有"旧庙新声"之感慨。

🔶 理学院旧址现状（许瑞生/绘）

理学院地理系特别引人注目，坪石时期的中山大学是培养中国地理学家的摇篮，是红岩系学说的诞生地，是"珠江三角洲"地理概念确立之所。在坪石中山大学地理系求学而成大家者众多，除吴尚时弟子曾昭璇之外，还有以下众多影响中国地理界的名家：

何大章，于1938年从中大地理系毕业，留校任教，气候学家，曾任华南师范学院地理系主任、广州地理研究所研究员。

陈小澄，于1938年从中大地理系毕业，留校任教，曾任华南师范学院地理系、广州师范学院教授。

罗开富，于1931年考入中大，1939年随吴尚时先生在云南澄江调研，1946年在美国克拉克大学获博士学位，曾任广州地理研究所所长。

林嘉秀，于1938年毕业，留校任教，曾任广雅中学等多所中学地理老师。

罗来兴，于1938年入学，1942年毕业，是中国科学院地理研究所地貌学家。

张保升，于1941年从中大地理系毕业，为西北大学教授、地貌学家。

钟功甫，于1941年从中大地理系毕业，为广州地理所研究员、农业区划和生态农业地学家，1958年开始研究"桑基鱼塘"。

钟衍威，于1941年从中大地理系毕业，留校任教，为中大地理系副主任、人文地理学者。

徐俊鸣，于1935年毕业，留校任教，为历史地理学家。

梅甸初，于1941年毕业，为华南师范大学教授。[6]

曾经在坪石学习和工作生活，后来成为院士的中大师生需要慢慢寻找统计，但至少我们知道卢鹤绂、丁颖，还有一位女院士——曾于培道女中和中大理学院学习的黄翠芬，苦难磨炼了年少时期的他（她），他们的学术品质形成于斯。

1921年，黄翠芬出生于广东台山，于1934—1937年为培道女中学生，1940年被岭南大学化学系录取，因广州沦陷，学校搬至香港，但香港又失守，她逃出香港，途经澳门，最终跋涉至粤北坪石，借读于中山大学理学院，后赴美国学习，获硕士学位。1954年，她在海上漂泊56天后返回祖国，回国后长期从事研究工作，曾两次获得国家科技进步一等奖。2005年11月29日回母校（现在广州七中）时，特用方言做报告。[7] 她是中国分子遗传学家、中国基因工程创始人，于1996年当选为中国工程院院士，2011年去世。

坪石培正培道联合中学（后简称培联），始于1941年，止于1944年。培联9月开学，初一至高三共8个班、300余学生。1944年6月匆匆考试后疏散。尽管彼时日军进逼，仍于9月复课。1945年1月17日停课疏散。1940年邝乐生校长亲赴坪石考察校址，在坪石任职于培联中学。温耀斌于1935年就任培道女中校长，他与邝乐生校长在1940年同行韶关选址。

邝乐生出生于从化，从小就读于培正，毕业后留校任体育主任、教务长等职，一直到校长，许崇清先生任教育厅长时，特别给予了他奖许。1943年邝先生去世。

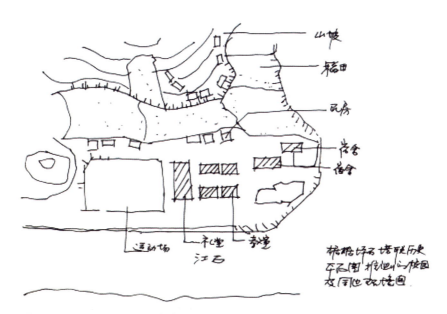

🔸 根据历史地图推测的培联中学平面图（许瑞生/绘）

🔸 参照历史照片绘制的培联中学大礼堂（许瑞生/绘）

培道女中出现了一群特别学生——女飞行员。1921年毕业的张瑞芬，1932年在美国成为第一位获得华人飞行执照的女子，她于1937年曾在盐湖帮助培养中国飞行员。后有来者：1946年，陈天思进入培道女中就读，在1951年"抗美援朝、保家卫国"的热潮中报名参军，成为新中国第一代女飞行员。

与坪石有关系的培道学生还有陈为雄，于1938年入培道，1943年毕业后在韶关乐昌考入中山大学医学院，为中国放射学专家。梁碧儿，于1936年就读培道

🔸 钟敬文参与教学的文学院旧址现状（许瑞生/绘）

高中一年级，1941年入乐昌中大医学院，为基层模范医生。1953年，培道改为公校，改名广州第二女子中学。1956年改为三十中，1958年改为广州师范学校。

这里是众多人文学者度过青春年华的地方，而铁岭可辨的仅存一栋西式的历史建筑，当初在这栋楼进进出出的是影响中国人文学科的诸多大师。被称为"民俗学之父"钟敬文教授在其7年的中大生涯中，4年是在坪石度过的。1927年秋，他到广州中山大学中文系任助教，同年11月与顾颉刚、容肇祖、董作宾等发起成立中山大学民俗学会，并先后参加《民间文艺》《民俗》周刊和民俗丛书的编辑工作。1941年初，钟敬文结束战地之行，来到中大文学院任职，于1942年写成《历史的公正》一文。钟先生在粤北时期创作的战地报告文学、黄际遇先生的若干著作、詹安泰在这里笔耕的若干词学著作、朱谦之教授的论文，至今仍值得我们一读。

杜先生回忆当年在坪石的日子，也有开心的时候。1944年4月4日，同事们在坪石为杜定友先生服务中大十周年举行集会纪念，并赠诗结集《棠棣集》。同年11月11日校庆，图书馆同事演出三幕话剧《如此后方》，足见当时尽管战局紧张，校庆活动仍很活跃。当时选择11月11日为校庆是因这天为孙中山先生的诞

🔸 国立中山大学工学院本部旧址（许瑞生／绘）

辰。实际上，孙中山先生的诞辰是11月12日，1951年许崇清校长致函宋庆龄，得到同意后改为以11月12日为中山大学校庆日。今年（2019年）11月12日是中山大学95周年校庆，12月2日是培正、培道校庆130周年，自然是热闹的日子。这样日子，更不要忘却坚守在坪石教学的先生们，如在天文数学系任教的赵却民教授，著名历史学家、哲学家朱谦之教授等，他们是冒着生命危险在炮声中上课。

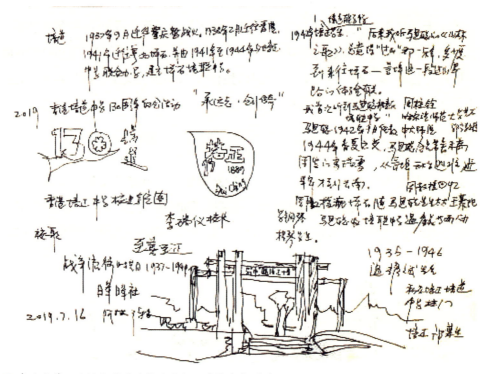

🔸 粤北办学旧址活化利用的构思图之一（许瑞生/绘）

坪石还是多名著名教授孩子的出生地，我们知道的有卢鹤绂大儿子和马思聪二女儿。方言学家詹伯慧是随父亲詹安泰到此入小学，学会了粤语，为日后成为中国方言学科领军人物打下基础。史迹还有待挖掘，粤北故事精彩励志，因为这里经历了磨难与解惑，才有开满鲜花的今天和明天。

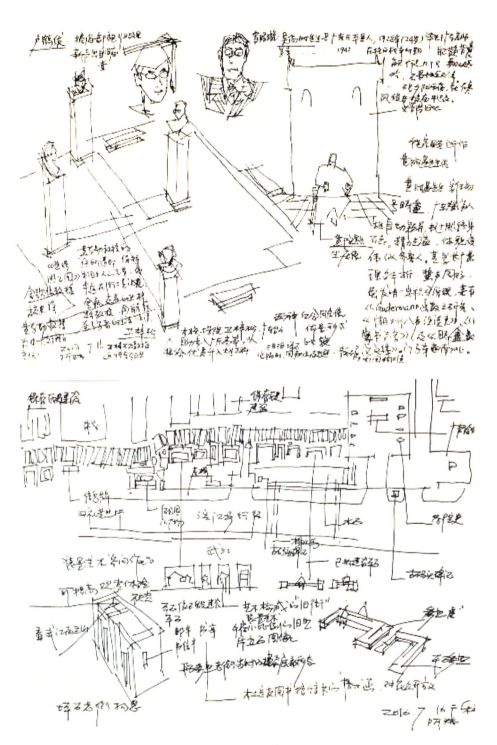

粤北办学旧址活化利用的构思图之二（许瑞生/绘）

注释：

［1］广东省地理学会：《华南地理文献选集》，科学普及出版社，1985，第87页。原载于1936年中大地理系《地理集刊》。

［2］广东省地理学会：《华南地理文献选集》，科学普及出版社，1985，第3-8页。

［3］黎洁华：《抗日战争中山大学图书馆遭劫记》，《广东党史》2006年第6期。

［4］杜定友：《我与中大》，《广东图书馆学刊》1986年第1期，第46页。

［5］杜定友：《我与中大》，《广东图书馆学刊》1986年第1期，第44页。

［6］司徒尚纪：《吴尚时》，广东人民出版社，1995。

［7］广州培道校友会：《培道和她的女儿们——献给母校建校120周年》，2008。

泥屋、天文台和学生名单

　　詹安泰先生在韶关坪石教书时住在坪石铁岭临武水的数椽（"椽"字可释作"间"，即"数间"）泥屋。十来平方米的地方，用泥砖隔成前厅后房，前厅的全部陈列是一张小书桌、两张靠背竹椅和一副功夫茶具；客厅就是工作室，《词学研究》就是在泥屋、小书桌和植物油点的灯下深夜写就的。抗战时期，汤挚民老师在中山大学师范学院读书，从管埠到坪石镇上，常到詹教授的"工作室"做客，回忆了当时的情景。在小泥屋里，詹先生依然豪迈，写下"待拂竿丝向沧海，相看一笑三千年"。[1]这是多么宽阔的时空！1967年，詹先生病逝，年仅65岁。现在坪石正在大规模地拆泥砖房，且慢！历史的伤痛还没有恢复，千万不要蛮干，弄清楚后才行动，坪石老街被拆除的悲剧不能再重演。

➲ 抗战时期在坪石的中山大学师生使用的泥屋旧址（华南理工大学建筑学79级学生、旅居德国的建筑师俞军先生供图）

🔁 坪石老街残存的几间旧房子（俞军先生供图）

🔁 坪石铁岭的中山大学文学院本部旧址（俞军先生供图）

　　1902年出生的詹安泰先生，在坪石的时候留下了41岁时的感言诗。比他小13岁坪石同事徐中玉先生，享年105岁（1915—2019）。1939年，徐先生年24岁进入中山大学研究院，离开坪石时，应该是30岁。1942年，徐先生一家拍摄的全家福其乐融融，此时正好是在坪石时期，徐先生年仅27岁，风华正茂。在1941届文科研究所的学生名单上，有罗时宪、张泉林、黄福銮、李保世、徐中玉、钟钲声、梁钊韬。梁钊韬之名在学术界引用论文时有所提及，而徐中玉因《大学语

文》与学术评论受大众关注，其他五位则少有人知晓，坪石纪念墙上应该有这批
学者的名字，他们是中国培养研究生最早的种子。

1940年应授学位考试研究生统计表表明，总计有12名研究生。文科研究所
居多，有6名，其中中国语言文学部和历史学部各3名；师范研究所的教育学部2
名，教育心理学部无学生；农科研究所的农林植物部和土壤学部各2名。1941年6
月25日，许崇清校长兼研究院院长向第五届硕士学位考试校内外委员发出聘函，
考试时间为两天（7月11日和12日），地点在坪石本校研究院，也就是广同会
馆。1939年录取的研究院研究生有黄福銮、梁钊韬、卢锡恒、徐中玉、罗时宪、
李保世、周鸣铮。侯宽昭、何宪章是1938年考入的，李嘉猷是1940年录取的，而
张泉林、钟钲声两位是1937年录取的。这批研究生中，最为大家熟悉的是日后成
为"大学语文之父"的徐中玉，成为中国人类学、民族学奠基人之一的梁钊韬。
周鸣铮成为著名农业分析化学家，何宪章成为农机专家，罗时宪后来皈依佛门，
在香港有多部佛学著作。

在坪石时期，中大还设置体育卫生组，赵善性任主任，有8位体育指导员。

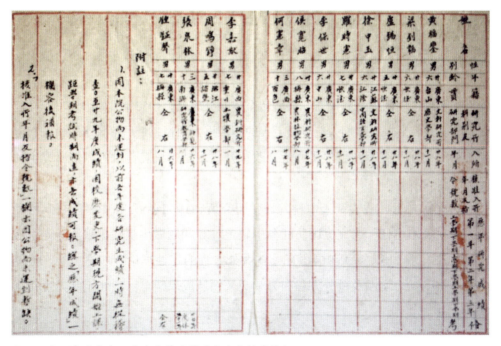

1941年研究院各部研究生名单（藏于广东省档案馆）

⟳ 1942年徐中玉三口之家合影（陈群教授供图）

研究院在坪石的房子是租借广同会馆的，其内用板分隔，光线不佳，靠江边容易浸水。研究院里的书柜里的书还是满的，大家都珍惜这份读书机会。研究院旁边有书店，学生图省钱就站在书店看书。每星期，研究院有一次学术演讲。崔载阳、邓植仪均担任过研究院负责人。研究院设立有四部，分别是文科部、教育部、植物部、医学部，总研究生人数约20人，每期招5～10人。研究院考试仅二次，分别在入学和硕士学位获取之前。

学生名单是一本本厚重的历史，天文数学系是特殊的专业，是学生名册最薄、人数最少的系吧，但细读名册却发现其中重量级人物不少，1931届的学生名单是：叶述武、陈飞、黄覃、李远光、梁苏民、刘政举、庞显扬、宋其芳、谭明昭。叶述武于1925年考入广东大学，年仅14岁，1931年毕业于天文数学系，毕业留校任助教，后留法，1939年回国赴云南澄江任教，后又赴坪石理学院。坪石沦陷时，他保护了理学院的图书和仪器，最后转至连县分教处。1952年，他组建华南师范大学数学系，后来又参加人造卫星上天的国家重大项目，最后落脚于中科院，分别工作于力学研究所和数学研究所，改革开放后是中科院首批可以带研究生的导师。

1960年10月叶述武调入中科院数学研究所，1962年8月任中科院数学所理论力学研究室主任，为完成国防任务中轨道计算问题做出重要贡献。叶先生通晓英、法、俄、德、意等9国语言，在微分方程的定性理论、理论力学、天体力学、火箭动力学以及微分方程和力学交叉领域成果颇丰。1996年叶先生在京病逝。

叶述武先生的太太邹仪新1932年毕业于天文数学系，后赴日本留学，回国后坚持在抗战烽火中任教，并任学校天文台台长。到达坪石后，在理学院所在的塘口村，想方设法在短时间内建成天文台。[2]
1949届天文数学系的毕业生名单：陈瑞年、
程极泰、甘树荣、黄桂青、黄建树、万赖、
许振南、叶叔华、张魁彦、张明轩、钟盛
德、陈忠爱、邓尚真、关汝福、郭丽珠、林
彰明、梅慧勤、萧震夷、叶炽富、张咸熙、
邹伟伦。这批1945年考入天文数学系的学
生，成为叶述武的学生，他们推动了中国天
文事业的发展。其中佼佼者是在广州出生的
叶叔华女士，她中学学习阶段是在香港、广
州、粤北辗转度过的，于1945年考入天文数
学系，毕业后赴上海工作，1958年建立中国
世界时综合系统，1980年当选为院士，1981
年成为上海天文台台长。

⟳ 叶述武先生在中科院时期的照片
（席南华先生供图）

　　粗计在抗战时期的坪石，除了培养大批
日后对中国建设与科学研究做出杰出贡献的
学子外，"坪石先生"在学术上仍然有诸多
贡献，由于著者学识所限，难以全面概括：

　　1. 地理学家吴尚时突破行政界线，在
1941年使用地理学概念为广东省政府编写
《广东年鉴》提供广东地理区划，分为珠江
三角洲、北江流域、西江流域、东江流域、
韩江流域、六邑和两阳、南路、海南岛和远
海各群岛。[3]

⟳ 叶叔华毕业照

　　2. 通过实地调查研究，梁钊韬先生的《粤北乳源瑶民的宗教信仰》《中国
古代巫术——宗教的起源和发展》等著作形成了人类学、民族学的研究方法。
1941年，杨志成教授率领文科研究所的民族学研究生梁钊韬、王启澍及技助顾铁
符等人再度深入粤北瑶山对"过山瑶"进行历时10天的调查研究。其范围涉及过
山瑶胞的体质特征、历史、社会、经济、房屋、工具、衣饰、婚姻家庭、宗教信

仰、传说、歌谣各个方面。

3. 陈国达、吴尚时和曾昭璇等教授的研究成果形成了"红色岩系",也就是"丹霞地貌"的系统学说。1943年钟衍威发表《武水流域的上游聚落地理》,这是人文地理学聚落研究的开山之作。

4. 卢鹤绂引入国际最先进的核物理和理论物理,探讨了原子能的潜能和应用前景。从美国明尼苏达大学物理和天文学学院回国到中山大学任教前,他完成了博士论文《新型高强度质谱仪在分离硼同位素上的应用》。

5. 生物学系、农学院在南岭采集的标本数量达到历史高峰,开创了植物区系学的理论框架,采集南岭植物标本上万号。

6. 黄际遇、詹安泰的古文研究成果颇丰。詹安泰的《词学研究》十二论,建立了具有内在逻辑的词学体系。

7. 成立"两广地质调查所"对粤湘边界区域的矿产进行勘查,为战时物资供给和实业发展提供科学考察成果。

8. 为农业大规模推广优良稻种和土壤改良提供技术协助。丁颖教授的《广东稻之种性问题》论文具有时代意义。

9. 天文学方面延续了天文台观察的连续性,张云、邹仪新等摄取日食采像、研究日食光度及天空亮度等天文学课题。

10. 杨成志、钟敬文等继续20世纪20年代开创的民俗学研究,深入结合地方区域特点,创办了《民俗》季刊。

11. 朱谦之教授创办的《现代史学》月刊在坪石时期继续发扬光大,学术著作《中国人性论史》完成于坪石。[4]

除了以上不全面的小结外,通过教师名册等历史文献,我们仍然可以看到群星闪烁。文学院人才济济,系主任除了朱谦之,还有岑麒祥。他是中国语言学家,1935年开始任文学院教授,在坪石时39岁,风华正茂;1946年与王力共同创办全国唯一的语言学系,出任首届系主任。在法学院教师名单中,法学院的教授梅龚彬,时为41岁,1941年2月任职,他是中共情报史的杰出人物,被称为"抗战三杰"中的"隐杰",他也参加了上海左翼的文化活动,秘密工作直接受周恩来领导。在农学院的名册中,可以查到33岁蒲蛰龙先生的名字,时任副教授,日后学术研究成绩丰硕,成为中国科学院院士。

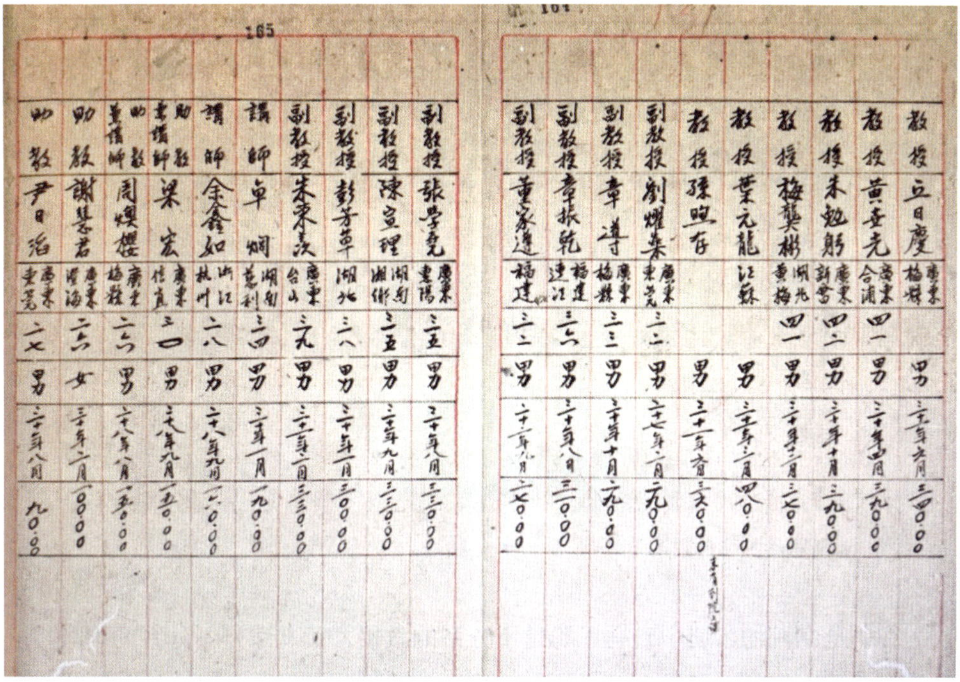

（以下为手写竖排名册影印件，自右至左阅读）

上方名册（第184、185页）

職別	姓名	籍貫	年齡	性別	到職日期	薪
教授	立日慶	廣東揭陽	—	男	二十六年六月	三〇〇.〇〇
教授	黃垚光	合浦	四一	男	二十六年四月	三〇〇.〇〇
教授	朱勉齋	廣東新會	四二	男	二十六年四月	三〇〇.〇〇
教授	梅龔彬	黃梅	—	男	二十六年三月	三〇〇.〇〇
教授	葉元龍	江蘇	四一	男	二十六年三月	三〇〇.〇〇
教授	孫興存	廣東東莞	三六	男	二十六年三月	三〇〇.〇〇
教授	劉燿焜	東莞	三二	男	二十六年二月	三〇〇.〇〇
副教授	韋導	梅縣	三三	男	二十六年十月	二六〇.〇〇
副教授	劉耀先	陳家村	三二	男	二十六年二月	二六〇.〇〇
副教授	董家遵	福建	三二	男	二十六年八月	二〇〇.〇〇
副教授	張學堯	惠陽	三五	男	二十六年九月	二〇〇.〇〇
副教授	陳宣理	湖北	三五	男	二十六年九月	二〇〇.〇〇
副教授	彭李莽	湖南	三八	男	二十六年二月	二〇〇.〇〇
副教授	朱耒茨	廣東	三六	男	二十六年三月	二三〇.〇〇
講師	卓烱	台山	三四	男	二十六年九月	一五〇.〇〇
講師	余鑫如	浙江杭州	三〇	男	二十六年六月	一三〇.〇〇
專任講師	梁宏	廣東信宜	三一	男	二十六年六月	一三〇.〇〇
助教	周煥櫻	廣東	二六	男	二十六年六月	九〇.〇〇
兼任助教	謝基若	廣東	二六	女	二十六年二月	九〇.〇〇
助教	尹日絽	東莞	二七	男	二十六年八月	九〇.〇〇

下方名册（第146、147页）

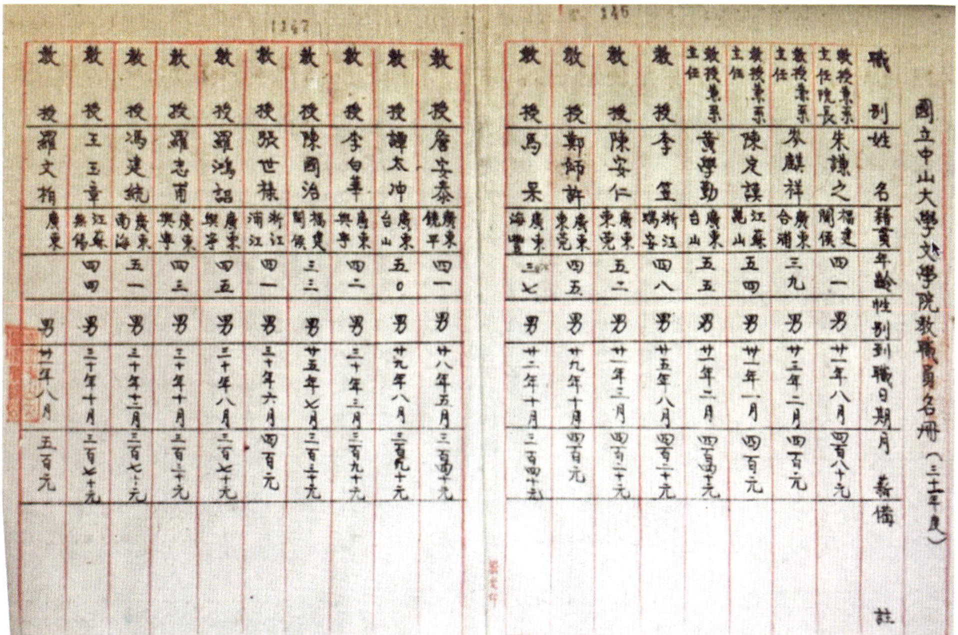

國立中山大學文學院教職員名冊（三十年度）

職別 姓名	籍貫	年齡	性別	到職日期 月	薪	備註
教授兼系主任 朱謙之	福建	四一	男	廿一年八月	四百八十元	
教授兼系主任 陳定謨	合浦	三九	男	廿三年二月	四百八十元	
主任院長 答麒祥	崑山	五四	男	廿一年一月	四百二十元	
教授兼系主任 黃學勤	山	五五	男	廿五年二月	四百二十元	
教授 陳安仁	廣東	四八	男	廿五年八月	四百二十元	
教授 鄭師許	廣東	四五	男	十九年三月	四百二十元	
教授 馬昂	廣東	三七	男	廿二年十月	三百四十元	
教授 李笠	浙江	四一	男	廿八年五月	三百五十元	
教授 詹安泰	廣東	四一	男	廿八年五月	三百五十元	
教授 譚太沖	臺山	五〇	男	十九年八月	三百三十元	
教授 李白華	興寧	四二	男	三十年三月	三百九十元	
教授 陳國治	閩侯	三三	男	廿五年三月	三百九十元	
教授 羅鴻詔	浦江	四一	男	三十年六月	三百二十元	
教授 羅志甫	興寧	四三	男	三十年十月	三百二十元	
教授 張世祿	浙江	四一	男	三十年十月	三百二十元	
教授 馮建統	南海	五一	男	三十年十二月	三百二十元	
教授 王玉章	江蘇	四四	男	三十年十月	三百七十元	
教授 羅文掄	廣東	四四	男	廿二年八月	三百元	

○ 坪石时期中大文学院教师名册

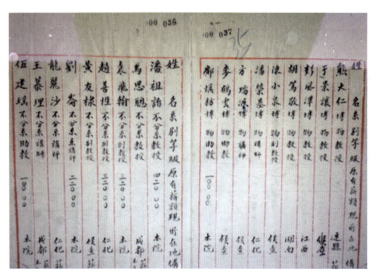

🔸 师范学院教师名册

　　在师范学院的名册中，马思聪是不分系的教授，黄友棣是不分系的副教授。马思聪、黄友棣等音乐家，他们在坪石期间创作了数十首抗战歌曲。马思聪先生在这时期演奏活动频繁，常来往于韶关（曲江）—坪石—管埠一带演出；黄友棣先生的一曲《杜鹃花》更是传遍后方和前线。他们的创作或演出对于当时活跃坪石的气氛以及提振师生的学习和抗战热情，均做出很大的贡献。

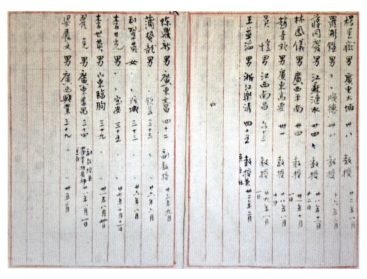

🔸 农学院教师名册

　　经查阅，找到当年建工系主任卫梓松教授为改善建工系教学条件而向学院、学校申请的、特别制作的家具，特别是绘图板支架等特殊教学用具。

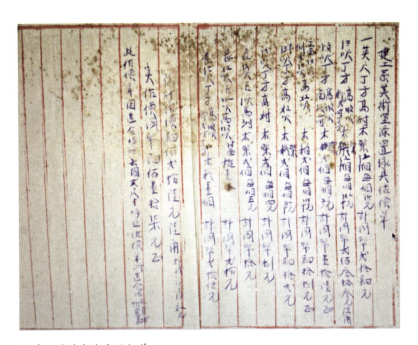

↻ 建工系美术室家具订单

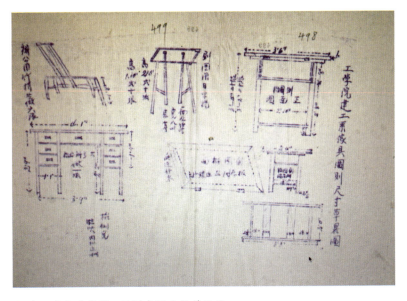

↻ 建工系家具草图，绘图桌适应教学需要

"坪石先生"影响众多高校和研究机构，得到前华东师范大学校长陈群教授、中国科学院数学与系统科学研究院席南华院士、江苏住房城乡建设厅周岚博士的帮助，联系到叶叔华院士核实其中学时代的史料，叶教授告知她高一高二是在乐昌第三华侨中学读书[5]，日军来了，高三又转到连县的培英中学。感谢各位提供的资料遂能成文。

注释：

[1]《詹安泰纪念文集》编辑组：《詹安泰纪念文集》，广东人民出版社，1987，第64页。

[2]雅璐：《抗日烽火中的中山大学》，中山大学出版社，2017，第209页。

[3]广东省地理学会：《华南地理文献选集》，科学普及出版社，1985，第36页。

[4]朱谦之：《朱谦之文选》，中山大学出版社，2004，第162页。

[5]经查证，1942年10月，广东省乐昌县成立第三华侨中学，华侨学生一律享受公费生待遇。培英中学在1944年6月迁往双喜山复课，1945年11月回广州白鹤洞，与叶先生的中学读书时间吻合。

（注：有关学生名单引自中山大学校友总会网站）

老师，您好！

　　正值教师节，研读广东省立文理学院，也是华南师范大学前身的历史资料，进一步研究另一源头中山大学研究院师范研究所的历史文献，分析学生毕业后的人生道路，深受教育。

　　1940年第五届毕业生在连县毕业。数理化系学生林植英，1935年7月入校，1940年修满学分毕业。在第一学年，林植英必修课有普通心理学、初等教育法、高等数学、高等代数、普通物理、普通物理学实验、普通化学、普通化学实验、定性分析、国文、英文、体育。在最后1940学年，他的必修课程包括理论物理、近代代数、理化教育法、数学教育法和体育。选修课林植英选了无机化合物和方程式论、近代物理学和社会学。毕业时，林植英先生28岁。毕业后返乡信宜，在迁至信宜的广雅中学任教，后来担任信宜中学、西江中学校长。后又进入高等教育学校，在华南工学院湛江分院、雷州师专教学。林先生毕生从事教育，深得学生敬重，终身从教，1983年晕倒在讲台上，1989年

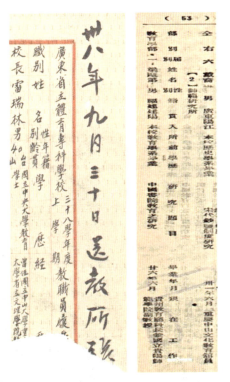

⟳ 1949年省立体育专科学校教师名册和中山大学研究院师范研究所在院和毕业学生名单（藏于广东省档案馆和广东省立中山图书馆）

病逝。

在翻阅省立体育专科学校和省立文理学院的档案时，了解到雷瑞林（1910—1975）是广东省立体育专科学校最后一任校长，在广东省立文理学院和广东省立体育专科学校合校时，担任广东省立文理学院体育教授。广东省立体育专科学校解散时，他在中山大学体育系任教，1952年是华南工学院体育教研室主任，1958年又是广州体育学院副院长。毕业于中山大学体育系后，雷瑞林先生一直在不同体育院校任教，唯一一次离开学校是1953年筹建二沙岛集训队工作，担任了省体委竞赛科科长。

梁瓯第（1914—1968）毕业于坪石时期的中山大学研究院师范研究所，在黔东考察时对边疆教育产生兴趣，一辈子从事边疆教育事业。2009年《中山大学学报》发表了周兴樑和周耿的文章《国立中山大学教育研究所探析》，已经关注了研究所的首创意义。分析研究所的毕业生，可以看到他们为中国师范教育做出的贡献，在中国教育史占有的重要地位。

国立中山大学师范研究所的这批研究生毕业后很快就承担重担，1942年，钟钲声任连州中学校长，杨泽中任江苏青年中学校长。

➲ 钱学森先生母校北师大附中的老校门。据钱学森先生晚年回忆，对他人生影响最大的七位中学老师中，林砺儒、王鹤清老师均为广东教育家，并曾在韶关坪石工作生活

　　师范研究所研究生中的著名学者还包括严元章、吴江霖等，从事教育事业，并终身坚守。严元章毕业后留校任教，从1939年一直到1947年，武水有他的足迹，后来他留学英国，毕业后在马来西亚任教；1960年至1965年任新加坡南洋大学文化学院院长，1965年任职于香港中文大学教育学院至退休。

　　吴江霖先生毕业后留校，在1945年赴美留学，新中国成立后归国，任中山大学教育系主任、图书馆馆长、副教务长等职，1984年设立中国第一个社会心理学专业硕士点，仍然是毕生从教的"坪石先生"！

　　今天在坪石，华南师大的陈俊生老师的小提琴声响起，华南农大的吴永彬老师将林业事业娓娓道来，韶关学院的老师们专程赶来参加活动，这是对在这里教学过的师生最好的纪念。在教师节，对陈老师、吴老师和韶关学院的老师们道一声：老师，您好！

不要遗漏那些默默耕耘的学人

2019年7月8日在南粤古驿道网站刊出的《翻开80年前坪石中山大学工学院的教师名册》一文，开始着手收集资料是2019年6月，至今，已经过去了一年。当朝霞露出来时，从坪石先师丰厚的学海中已经获得心得，并形成心灵感受的文字，顿感到和平旭日的可贵。南粤古驿道活化利用5年的耕作，寻找的是国家记忆的故事，现为得到这片联系着国家命运和国家教育史丰沃的田野而满足。365天所写的东西，难以诠释坪石学人丰富的精神世界和学术精神。

坪石学人对国家科学和政治的双贡献

众多坪石学人中，董家遵先生是重要代表人物之一，在2004年出版的《董家遵文集》中[1]，收录了1995年出版的董家遵的著作《中国古代婚姻史研究》，同时收录了国立中山大学历史系教授章文钦和董先生的儿子董匡、董比写于1993年的《董家遵小传》，其中，关于从坪石撤往梅州的那一段催人泪下：

> 在抗日战争那颠沛流离的岁月，先生两个女儿因生活困难艰苦、环境恶劣而病夭于坪石，在极度悲痛中，他继续著述不辍。1944年，中山大学从坪石迁

⊃ 1942年董家遵先生被聘为教授时的照片

往梅县、蕉岭等地，先生携家同往。在逃难途中，他手提两只箱子，箱中装满书籍和资料，夫人牵抱着儿女，在崎岖的山路间辗转跋涉，每天步行几十里。常常走到半夜，才见农户，敲门投宿。农户听到婴孩的哭声，知道不是坏人，才开门出来。全家将就着吃过晚饭，已更深夜静，先生仍在这逃难途中落脚的农家的狭窄的泥屋里，伴着如豆的孤灯，伏在饭桌上读书写作。第二天继续赶路，还沿途做社会调查，搜集民间风俗方面的资料。

中科院长春光学精密机械与物理研究所，简称长春光机所。在长春光机所建立过程中，不少坪石学人知识报国，在这里工作，后来成为两院院士。长春光机所的创办人之一是1941年毕业于坪石三星坪国立中山大学工学院机械工程学系的广东兴宁学人张作梅院士，他从香港英文书院中学毕业，新中国刚成立时在英国谢菲尔德大学留学做研究，于1951年回国参加新中国建设，参与筹建中科院金属研究所。在长春光机所建立初期，做出贡献的广东学人还有：抗日战争时，随在三星坪工学院土木工程学系任教的父亲邓盛仪到坪石并就读于中大附属中学，毕业于坪石的东莞人邓锡铭院士；1947年就读于广东省文理学院的广州人刘颂豪院士；1951年毕业的刘颂豪先生回忆学生时代时念念不忘的"坪石先生"——在清远东陂时任广东省文理学院物理系主任的黄右谋教授；1950年就读国立中山大学工学院化学工程系，1953年毕业于华南工学院，出生于广东台山的姜中宏院士等。他们均是从建所初期工作至1964年，为中国的科技事业做出了重大贡献。今天，我国众多科学技术包括航天技术大多是他们默默耕耘出来的研究成果。他们在1964年离开长春是为了创建更多的研究机构，其中最重要的是中科院上海光学精密机械研究所，他们再一次成为这所研究机构的奠基人。这是因为在抗日战争烽火中，坪石学人教育火种不断，他们本人或者是就是"坪石先生"，或者是战火刚熄

🔹 张作梅院士留学英国时的历史照片

灭，随学校迁回广州复课的师生。

广东省话剧团在2020年6月14—15日公演讲述中国科学家黄旭华先生事迹的话剧《深海》，不要忘记黄老的引路人、他的大哥——坪石学人黄誉。2020年6月8日，原肇庆林业局书记黄绍赞应约提供了黄誉先生的资料。黄誉，1919年出生于汕头，后随父母定居汕尾。抗日战争爆发，汕尾沿海中学停办，1938年大年初四（2月3日），黄誉带着14岁的三弟黄旭华步行了四天山路，从汕尾到了从汕头避难搬至揭西五经铺的汕头聿怀中学就读，后来转学至广西桂林中学。1941年秋，黄誉考入国立中山大学工学院电机专业（查文献应该为电气工程学系），一年后战事吃紧，转读在重庆的上海交通大学，后又转读西南联大。"黄誉对弟妹们说，在坪石，读书生活环境艰苦，但革命进步思想氛围浓厚，学校给了他很多人生志向的良好熏陶和深刻教育，对他后来在多所大学读书时积极参与爱国学生运动，最后走上、走好人生路并引导六个弟妹参加革命工作产生深刻的影响。"1953年后，黄誉先生前后参加了长春一汽、湖北二汽的建设，为新中国汽车制造业腾飞做出了重大贡献。1994年6月，黄誉去世。

坪石联系着国家命运，从坪石走入中南海的学人有10位，在第一届全国人民代表大会上，具有投票选举资格的共有1197位代表，其中"坪石先生"约占百分之一。参加1954年9月第一届全国人民代表大会的"坪石先生"有天津团代表马思聪，安徽团代表李达，河南团代表林砺儒，湖北团代表梅龚彬，贵州团代表洪深，福建团代表王亚南，广州团代表梁伯强、许崇清，广西团代表雷荣珂，广东团代表丁颖。9月20日，他们参与投票通过了第一部《中华人民共和国宪法》。

同年也有多位离开坪石近10年的先生重逢，欢聚于北京。1954年12月召开了政协第二届全国委员会，属中国国民党革命委员会界别的

照片为1946年黄誉到上海与就读于上海交通大学的弟弟黄旭华的合影（黄绍赞先生提供）

梅龚彬参会，他是极少数同时担任政协委员和人大代表的社会活动家。在无党派民主人士界别中有洪深，中华全国民主妇女联合会界别中有邹仪新，社会科学团体界别中有李达、郭大力，教育界别中有沈体兰，特别邀请人士界别中有吕复。

阅读广东民盟官方网站中的历届省委主委介绍栏目，广东省民盟主委从第四届到第八届分别是许崇清（1958—1960，1960—1963，1963—1980）和罗雄才（1980—1984，1984—1988），他们都是抗日烽火下坚持教育的重要教育家，应该重视这段历史。阅读中央民革和广东民革官方网站，梅龚彬是四届秘书长，也是1948年民革《响应中国共产党五一口号的通电》的起草者。1948年1月1日，他代表中国共产党协助组建中国国民党革命委员会，从1948年任第一届代秘书长至第二、第三、第四届皆担任民革中央委员会秘书长，但愿有心人再读《梅龚彬回忆录》。同时别忘了老委员吕复，吕复先生是同盟会会员，是在坪石武阳司法学院有着最老资格的社会活动家、教育家，百度词条介绍他是第一届全国政协委员，应该更正为第二届全国政协委员，其于1955年6月5日去世，同年有7位政协委员去世，故全国政协增补了7位政协委员。

中国致公党广东省委员会网站在致公党简介中写道："1946年致公党在广州成立广州支部，1950年5月华南总支部在广州成立，管辖广东、广西、香港的组织。"雷荣珂就是1946年加入致公党的，并在1947年致公党"三大"选举中当选为中常委和宣传部长。雷荣珂在坪石担任法律教授时，他的哥哥雷经天在陕甘宁边区任最高法院院长。1942年12月15日出版的《民族青年》第一卷第六、七期刊登了《服务经验特辑》，雷荣珂先生在这一期发表的文章是《我的一点经验》。1932年雷荣珂的著作《法学通论》成为黄埔军校政治学的教材，其在权利的类别中已经讨论了"人格权"这一类私权[2]，如今《民法典》正式从法律上定义了人格权，一晃眼已是90年过去了。

请为坪石学人添一笔

阅读了各相关高校和民主党派的官方网站，感觉到坪石学人不应该被忘却。

在华南理工大学建筑学院官方网站中，电力学院的学院历史沿革写着"1934

年根植中山大学电机系"，有误，其从建系到坪石均称为"电气工程学系"，在坪石的系主任是关东伯。

中山大学法学院官方网站学院简介的办学介绍中："原国立广东大学法学院改称国立中山大学法学院。1952年全国高等学校院系大调整，中山大学法学院取消。"难见其1940至1944年法学院群星璀璨的历史岁月的记录。

中山大学物理学院网站历届主任介绍独缺坪石时期的方嗣櫆（读"棉"，曹劲提供）。在北京师范大学物理系网站的介绍中，方先生是在1954—1958年为系主任，这位坪石学人，似乎不应该被遗漏。

中科院长春光学精密机械与物理研究所官网上对张作梅等人的介绍仅在院士专栏中有这几位院士的照片和一行字，并没有翔实的文字介绍。

在民革中央的官方网站，似乎应该为梅龚彬补一笔；在致公党的网站，这位最早的创始人之一，参加中国政治协商会议筹备会议的致公党5人代表，又参加共和国国旗选定的19人小组的坪石学人，感觉应该有所介绍。

所幸，2020年6月13—14日在韶关举行"文化和自然遗产日"非遗宣传展示广东主会场暨"全域旅游在行动·广东人游广东"健康出行季系列活动、2020年南粤古驿道"Hello 5G杯"定向大赛（第一站·韶关乐昌）等文体旅活动，"坪石先生"再一次被后辈提及。

（初稿草拟于乐昌金鸡岭下，完稿于古大存故乡五华）

注释：

［1］董家遵：《董家遵文集》，中山大学出版社，2004，第503页。

［2］广东省立中山图书馆、广州市社会科学院、中山大学图书馆编：《黄埔军校史料汇编》第二辑第四四册，广东教育出版社，2012，第197页。

当年，多么年轻的脸庞

2005年《光明日报》刊出一则新闻：著名民族学家、人类学家、民俗学家，中国社会科学院民族学与人类学研究所研究员，中国社会科学院研究生院教授、研究生导师，享受国务院特殊津贴专家罗致平先生，因病于2005年6月12日在广州逝世，享年94岁。

1951年，中国科学院语言研究所设立专门研究少数民族语言文字的第四组，此为中国社会科学院民族学与人类学建立之始，罗致平先生在1978年民族研究所组成学术委员会时任学术委员。1943年5月出版的《经济科学》（王亚南在坪石国立中山大学经济系主办的杂志）第五期，刊载了罗致平撰写的《经济发展阶段之分析与

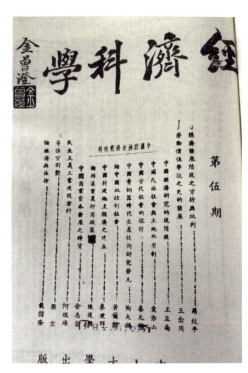

➲ 同期刊载戴锝隆同学和罗致平老师文章的《经济科学》第五期目录

批判》一文。罗致平先生1911年4月12日出生于英属北婆罗洲（今马来西亚），12岁回国求学，广州白鹤洞协和神学院是他就读的第一所大学，他发表此文时年32岁。罗致平先生逝世一年后，先生的女儿撰文《父亲的微笑》以纪念之。

与罗致平先生同期刊载的文章包括经济系学生戴锝隆同学的文章《论经济与

法律》，师生在《经济科学》双月刊发表学术文章是王亚南先生主持下的学术活动特点之一，武阳司成为少年指点江山的制高点。

江西籍学生戴镇隆从厦门大学转学到中山大学，1942年转正式生，1944年法学院法律系毕业，在湖南大学任法律系主任，在这里与同门学长余志宏擦肩而过，他们都与两位武阳司的老师相关，就是王亚南和李达。在校时余志宏发表文章《中国商业资本发展之特质》，同期发表文章的还有涂西畴同学，他们后来在湖南重逢。

余志宏1916年生于湖南醴陵，1937年进入国立中山大学经济系，还没有毕业就走出校门参加抗日游击队，后又入校复学，再师从王亚南，毕业后回湖南。1947年，在周里（新中国成立后任湖南省委书记）的直接领导下开展统战工作，成为湖南省政府主席的秘书；1948年担任湖南省工委策反小组组长，成功策反程潜，实现湖南和平解放。新中国成立后任军代表接管湖南大学，1956年协助李达重新创建武汉大学哲学系，1962年为哲学系主任。

⊃ 1940年法学院法律系学生戴镇隆照片

⊃ 戴镇隆同学的文章《论经济与法律》

➜ 余志宏照片

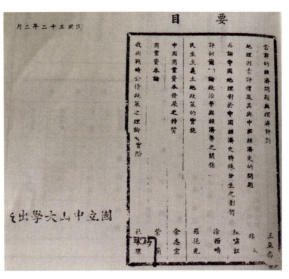

➜ 1943年有王亚南、余志宏、涂西畴文章的《经济科学》目录

在《经济科学》期刊上发表文章还有廖建祥。他1942年毕业于中山大学经济系后留校，1965年进入广东省哲学社会科学研究所任党组副书记、副所长，1979年任党组书记、所长，1980年广东省社会科学院成立任党组书记，同年参加许涤新带领的代表团访问美国经济学界。

陈其人，1943年11月27日入学成为王亚南先生的学生，时年19岁。陈其人先在家自修参加考试，在坪石被录取并经新生集训合格后入学中山大学法学院经济学系，开始武阳司的校园生活，从此成为政治经济学者。时光如梭，陈其人先生1947年毕业，1952年在复旦大学任教，在复旦大学

➜ 廖建祥发表于《经济科学》的文章《怎样研究农业经济》，廖先生晚年仍致力于广东农业经济研究

➲ 陈其人入学登记的照片
（藏于广州市档案馆）

➲ 1943年坪石法学院经济系注册的新生名单（藏于广州市档案馆）

成为国际政治系教授、马克思主义政治经济学者，2017年94岁去世。

国立中山大学附中学生、东莞人尹可权，在中山大学附中毕业，考入法学院经济学系，时年22岁。

与陈其人同时入学的张荣添，中学毕业于澳门培正中学，中学毕业后考上复旦大学，上海沦陷后，借读经济学系二年级。

➲ 尹可权入学照　　➲ 1943年张荣添入学照　　➲ 吴震乾入学照

吴震乾在广雅中学毕业后，就读于暨南大学，西迁时留家休学两年，1942年转学国立中山大学法学院四年级。

香港年轻学子因为战时，不少也进入了坪石，颜静仪中学毕业于圣玛利亚英文书院，入学香港官立罗富国师范学院，1943年转学考试及格，成为国立中山大学师范学院英语系三年级学生。

⟴ 香港学生黎宗慕、颜静仪入学照

同伴还有香港圣心中学毕业的黎宗慕，在香港官立罗富国师范学院就读，1942年转学进入管埠的师范学院英语系一年级。

忆当年，他们脸庞是如此年轻!

（感谢广州市档案馆协助提供资料文献）

战时的借读生

　　1932年至1940年是中国抗日战争中教育机构运转最为动荡的年代，学生求学艰难，选择就读的大学未必如愿。大学时期转学、借读数所大学的学子，成为战时特殊的学生群体。各大学纷纷出台临时借读生办法适应借读学生的管理。

　　东北沦陷，广州战火未起，东北学生开始借读于北京、上海、广州、天津等的学校。"华北事变"后，平津大校开始撤离，长达12年战时流动的、炮火与警报声陪伴的特殊大学生活开始，出现大批流动的借读生、随听生。1936年11月18日广东省政府发出防空密令，1937年制定防空细则，广东省行政区域多次出现日军飞机，1937年9月17日国立中山大学发出严格实行灯火管制的布告，全省教育机构处于战争威胁中，仍然不断有借读生加入迁徙的学生队伍中。香港沦陷，多所在香港办学的内地学校又重回内地，迁徙于山野间，借读其他院校的学生数量剧增。粤北山区，五岭群山成为中国各高等院校学生的临时"避风港"。发源于最繁华都市的大学从城市走向最偏僻的山村。

　　颠沛流离的大学教学中，教师拖家带口，孩子的教育成了问题。附属中学原来是为师范教育实验新教育方法，为师范科学生提供实习的阵地而设立的，战时成为稳定师资的必要配套设施。

　　在粤北，西京古道、宜乐古道成为上学的安全步行径，战争年代的学子不知不觉地走在了千年"科举之道"上，古道成为乡村校园中村与村课室、饭堂和宿舍之间日常上下学联系的道路。抗日战争时期，古道被重新使用成为躲避战火的步径，古水驿成为中国多所大学、中学等院校千里搬迁的交通通道，现代交通和古代交通兼用，师生们才能够到达安全地带开展教学。当武汉垂危时，华中大学决议搬迁，共用了41天水陆兼程山川跋涉抵达桂林，接着桂林被日军轰炸，华中大学再历时4个月，迁2200公里抵大理借祠堂继续上课。借读生为了更好的学习机会，远离故乡，踏上求学遥遥之路。

一、战时借读生

借读生是抗日战争时期特殊的大学生，家园沦丧，校区在侵略者炮火中成为废墟，失学大学生流浪四方，无论你我，只要从沦陷区出来，各大学都收留不同学科、不同年级的学生，他们成为特殊的借读生群体。学习也是抗战的一种方式，中华民族不屈不挠的风骨在年轻学子身上传承下来。

（一）"九一八"事变后的东北借读生

"九一八"事变后，东北学生开始流亡借读的大学生活，1931年度下学期借读生明显增加。东北的大学生成为中国第一批因战争失学流亡开始借读的大学生。南下千里之外的广州借读是从东北学生开始的。

国立中山大学接收的借读生卫侃中来自东北，卫侃中同学当时借读于国立中山大学法学院政治学系一年级。1931年卫侃中在广州神州国光出版社出版的《十日》刊物上发表了《一个东北冯大学生的自述》，文章非常详细地介绍了校长冯庸在东北危难时对冯大学生发表的演讲。冯庸大学1927年由东北航空司令冯庸捐私产150万创办，学校实行军事管理训练。1931年9月21日日本关东军抓捕了校长冯庸，其后教育部令平津公私立大学收容冯庸大学学生借读。1932年冯庸大学在北京复校，1933年并入东北大学。卫侃中原就读该校政治学系，在广州神州国光社出版的《十日》发表回忆冯庸大学的文章，记述校园生活，记录冯庸先生的演讲和学校被日军包围时师生应对情形。"普通的大学，恐怕与冯大不甚相同吧，冯大一切的组织，完全模仿军营式，校长好像是个'司令'，教职员好像是个军官，我们学生便是士兵了，我们无论一举一动，都受军纪军律的支配，每日二十四小时，都受着军令的支配，团体化，纪律化，最易见者是在吃饭，吃饭号一吹时，全体在操场齐集列队而入饭堂，分别就座，值日官银笛一吹，即行开始用餐——馒头、白糖、稀饭，大概十分钟，银笛又响了，'停止'一声，一切的餐具，按照原来位置放好，跟着便顺次排队而出。"[1]

（二）借读成伴与结伴借读

1931年度上学期，何绛云、陈洁华和梁崇礼为国立中山大学中国文学系一年级借读生，李佐泉借读于史学系四年级，黄子康借读于法学院经济学系一年级。[2] 1931年朱谦之受聘于国立暨南大学，因为应约在前，许崇清校长聘请他为中山大学社会学系教授未能成行，1932年秋朱谦之受聘国立中山大学史学系主任，因此才有了朱谦之和何绛云终身为伴。1934年，还是学生的何绛云在《现代史学》发表《中国妇女文化发展》，该文章是在前期《广州民国日报》发表的三篇文章基础上整理出来的，从中国文化由北而南的历史现象，展望南方妇女文化运动的由北而中而南的未来。何锋云毕业后，1935年他们结婚，共同经历了战火的烽火育人岁月。

1931年度上学期的借读生冯来仪，时年22岁，开平人，北平师范大学史学系三年级，借读于国立中山大学文学院史学系四年级。岑家梧，海南澄迈人，1931年就读于国立中山大学社会学系，1934年赴日本留学，1937年度转学申请被认可。毕业后在中山大学任教。在中山大学迁徙澄江的特殊时刻，冯来仪与岑家梧相遇成为夫妻。1937年度国立中山大学借读生名册是1938年5月18日呈送教育部，获准新生573名，包括岑家梧在内的22名学生获准借读生转学资格。岑家梧留学日本时写作的《图腾艺术史》，1937年由长沙商务印书馆出版，1985年在中南民族学院任教的冯来仪教授对原书校阅后再版。1932年"一·二八"事变后，在上海国立暨南大学、大夏大学等校就读的东南地区学生开始到广州借读，在1940年底国立中山大学迁至坪石后，在坪石借读的广东籍的国立暨南大学学生大量增加。

在1936年前后到广东高等学校借读的学生增多，借读生比较集中选择在国立中山大学和勤勤大学，学生来自北京的燕京大学、北平大学、辅仁大学等，上海的复旦大学、大夏大学、国立暨南大学、交通大学、沪江大学、光华大学，私立上海法政学院，南京的金陵大学，安徽大学、之江文理学院、浙江大学、厦门大学、湘雅医学院等，年级不一。在西南联大成立后，又有许多学生随国立中山大学东移而借读于粤北坪石。香港沦陷，搬迁至香港的广东学校包括私立岭南大学、私立广东国民大学、私立广州大学，许多学生借读于国立中山大学。中国大学生在抗日战争时期两年内转学借读三所大学，这种情形司空见惯。

　　"七七事变"前后，中国共有108所大学与独立学院，共有1892所中学，战事开始不到一年，就有54所校院被破坏或者占领，以至于完全没有恢复的希望了。[3]两年来国土沦陷学生失学，师生多数向大西南方向撤离，四川大学1938年6月先后收到借读生488名。学生结构发生变化，1938年在四川大学1318名学生中，四川籍的仅912人。[4]1938年武汉受围，武汉大学1月开始在西南物色校址，4月搬至乐山，学生699人，其中接受部派借读生83人。[5]1938年9月，在长沙的湘雅医学院一至四年级学生260人，开始迁往贵阳，10月24日举行开学典礼。1938年12月长沙失守，留长沙的高年级学生和护校迁往沅陵，1939年9月湘雅护士学校开始招生。[6]安徽大学在建立11年后，从安庆迁大别山，再西迁武汉，计划在沙市继续办学但没有成功，被迫停办。大夏大学与复旦大学联校，迁贵州，后又迁赤水。战时首都重庆的中央大学、南开中学、重庆大学和省立师范学院为邻形成教育中心。1937年9月，平津一带的大学师生开始撤离，12月苏杭失守形成第二阶段迁移。第三阶段迁移是1938年春，西安、长沙的大学取道香港、越南海防抵达昆明。第四阶段迁移是从赣州、长沙失守开始，在广东广州的大学和中学开始流离他地。1938年度，学生结构发生改变，国立中山大学应届毕业生462名，其中借读生43名。

　　1938年度下学期国立中山大学的借读生名单，编制的原则是四年级生离校不列入，已受编级试而证件齐全者不列入，已经转正式生呈报教育部的不列入，1938年度未到澄江者不列入。换个说法，在册借读生是随国立中山大学迁徙到澄江的学生，不包含四年级的学生。

　　私立岭南大学、国立厦门大学、国立暨南大学、私立武昌中华大学、私立广东国民大学、私立广州大学等是在坪石的借读生集中的学校。

　　1940年国立中山大学编制呈报教育部的借读生名单中，有三位厦门大学学生，其中两位日后在学术领域成绩斐然。胡瑞梁是1939年度厦门大学新生，时年23岁，江西新喻人，进入国立中山大学文学院国文学系一年级。同为厦门大学1939年度新生的贺陈词，时年22岁，衡阳人，1939年度厦门大学新生，借读于文学院外国文学系一年级。同时来自厦门大学的还有陈士镜，时年22岁，湖南长沙人，借读于文学院外国文学系一年级。他们没有到原校入校，而是在1941年1月直接到坪石中山大学校区借读入学。

　　借读文学院的学生共22人，其中6名学生来自国立暨南大学教育学系、外文系和史学系，严绒、李德礼、徐顺荪、郑振英、伍德奥和熊奥生，借读于三年级、四年级相关专业；5名借读生是来自西南联大的新生，他们是李显鉴、黄美雁、何雪芳、林莲仙、赵若虹，为广东和江西的学生，他们考入西南联大，但没有前行到校，而是在1940年1月直接在坪石借读国立中山大学文学院。

　　根据《1939年度各学院借读生报告表（1939年度下学期）》，原来武昌中华大学理学院的借读生中，吴克英（大埔人），教育学系一年级，借读于国立中山大学法学院经济学系一年级；梁挺好（开平人）、梁福寰（鹤山人），武昌中华大学物理系一年级，借读中山大学物理系一年级；冯震，武昌中华大学化学系一年级，借读于中山大学化学系一年级；谭柏林、陈炳桂均为开平人，武昌中华大学生物学系一年级，借读于中山大学生物学系一年级。

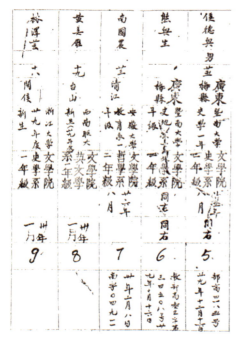

⟳ 国立中山大学借读生名册之一，南国农借读文学院哲学系，1937年考入安徽大学

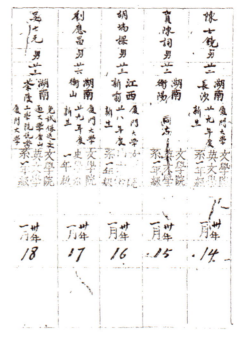

⟳ 借读名册之二，贺陈词1941年1月到校就读文学院英文学系一年级，胡瑞梁就读文学院一年级，但胡瑞梁是1939年考入厦门大学，贺陈词是1940年考入厦门大学

● 1940年度国立中山大学第一学期借读生改正式生名册，土木工程专业是借读生较集中的专业，大部分学生入校时间是1939年10月，其中有中法大学、西北联大学生，为江苏籍和四川籍的学生（藏于广东省档案馆）

（三）再次东移南下的西南联大学生

1937年8月25日，日军进入北平，北京大学、清华大学、南开大学合组新校定名"长沙临时学校"，10月25日开学。1937年底南京陷落，长沙临时学校再次迁至昆明，1938年4月2日更名为"国立西南联大"。1940年底国立中山大学回粤，西南联大的学生，特别是广东籍学生借读国立中山大学的人数增加。国立西南联大1946年5月4日举行结业典礼，7月31日宣布结束，北京大学、清华大学、南开大学迁回原址。广东的大部分大学已经在1945年回广州复校并开学半年有余。

在云南澄江一年多时间中，国立中山大学又增加了借读生，西南联大的部分学生也借读于中山大学，1939年秋又跟随国立中山大学东移南下。1938年度的借读生名册显示，澄江国立中山大学工学院建工系新增4名借读生，1939年4月入校借读二年级，他们是何光沛、李为光、杨卓成和刘维屏，分别来自西南联大，刚开始仍然称为联合大学工学院、南开大学化学系，杭州之江文理学院和国民大学土木系。国立中山大学从澄江迁徙回粤北，大部分借读生继续跟随迁徙。抵达坪石的国立中山大学于1940年度上下学期分两次向教育部报送了借读生转为正式生名单。在1940年度第二学期补报借读生转为正式生的名册中，杨卓成，26岁，河北丰润人，原就读学校填写的是"国立西南联大工学院机械系二年级"，原校1938年2月入学，1939年3月借读入学工学院建筑工程系；刘维屏，江西吉安人，24岁，西南联大土木系二年级，也是1938年2月入学，1939年3月借读工学院建筑工程系；李为光，22岁，山东威海卫人，1938年入学西南联大土木系，1939年3月借读于国立中山大学工学院建筑工程系。广东的大学部分学生也借读于中山大学，林祖诒，24岁，广东新会人，1938年9月就读于国民大学土木系一年级，在广西大学土木系借读下学期，1939年10月借读中山大学工学院建筑工程系。建工系1939年10月又增加两名借读生，陈启明，江苏嘉定人，25岁，1938年进入国立艺专一年级就读，借读建工系二年级；杨若余，广东中山人，21岁，中央大学化学系一年级，借读建工系二年级。

在管埠的国立中山大学师范学院，1940年度3名借读生转为正式生，均为广东籍学生，1940年10月后来到坪石入校，李宝樱原就读于西南联大师范学院理化系一年级，李巧珍就读于国立师范学院公民训育系一年级，黄成邦就读于广东国民大学教育学系三年级。

1940年度第一学期师范学院又增加7名借读生，也有西南联大等校的学生，分别来自大夏大学教育学院、西南联大师范学院、国立师范学院、四川女子师范学院和浙江大学师范学院，3名湖南籍、1名广西籍和3名广东籍。外省籍的借读生集中来自福建、广西、湖南和江西等与广东相邻的省份。

二、提供借读的粤北教育文化中心

粤北文化教育历史地位在中国教育史、中国科学史和人文研究史方面是显赫的，粤北与广西桂林、湖南蓝田、福建长汀和建阳，形成了抗日战争时期五岭山脉的教育科学研究"群峰"。从抗日战争年代的报道到抗日战争历史编写，它似乎被淹没了。

（一）被边缘化的教育文化中心

宋如海先生在《抗战中的学生》一书中述及："现在全国的大学校，在内地的分布在昆明、成都、重庆、贵阳这四个中心区域，此外如四川的嘉定、峨眉，云南的澄江、大理，福建的长汀，贵州的遵义，陕西的延安等小城镇里，也有一所或一所以上的大学校。有的大学几个联合在一起组织所谓联合大学。"[7]他分析与写作时，可能国立中山大学尚在澄江，但1942年该书出版时，粤北烽火育人的黄金岁月时光正流淌着。粤北具有中国最高水平的国立大学和研究院，也有公立独立学院，两所私立大学和数量可观的专科学校和知名中学，对

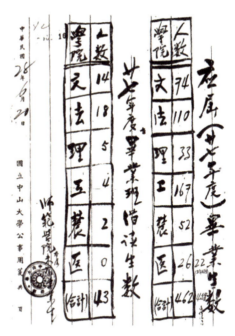

国立中山大学各学院1938年度毕业班借读生数和应届毕业生数的统计表（藏于广东省档案馆）

中国东南部和香港、澳门在战时延续青年人文化教育作用显赫。教师没有被艰苦的生活环境吓倒，在教学之余产生了一批影响中国学术界、文化界的著作、学术论文和艺术作品。可惜日后全面的教育历史考证缺位，所幸在80年后，最顽强艰苦的坪石教育文化中心，在一批懂得师恩和学术精神传承的顽强的广东省"三师"志愿者努力下，这段历史重新被世人所认知。

李映轩，云南景东人，1939年9月在乐昌国立中山大学医学院入校，借读医学院五年级，她是1935年考入上海同德医学院读至二年级，三年级借读于贵阳医学院，四年级借读于同济大学医学院，国立中山大学医学院已经是李映轩同学在医学院求学数年辗转借读的第四所大学。1940年度第一学期，她在中山大学由借读生改转为正式生。坪石国立中山大学将1940年度第一学期借读生转正式生名册和证件报送教育部，1942年6月教育部令达校方，罗列各借读生转正式生需要补充材料者名单，李映轩在名单中，需要补充贵阳医学院三年级和本校四年级成绩

单。1943年1月6日国立中山大学还有未完善手续的借读生呈交材料后再报教育部备案。同期转正式生的医学院学生12名，其中河南省籍的学生4名，他们是王而信、金庸、赵丕文和赵世杰，均是河南省立医学院四年级学生，1939年10月借读于国立中山大学医学院。根据国立中山大学各学院1938年度毕业班借读生数和应届毕业生数的统计表，在1938年这一战争特殊时期，广州尚未沦陷时，在各学院的借读生占相当高的比例。文学院毕业生74人，借读生14人；法学院毕业生110人，借读生18人；工、农和医三学院借读生最少，同期毕业班借读生共为43人。

在坪石办学相对稳定，借读生转正式生的人数迅速增加。1940年度入学并改为正式生的借读生中，法学院共有72名，其中6名在迁回坪石时已经入学，其他借读生均是1939年10月后入校。国立中山大学迁回粤北，作用显著，使广东、江西、湖南、福建、广西以及香港、澳门失学青年获得借读机会，甚至山东、河北等千里之外的青年人冒着炮火南来求一书桌，这里成为华南地区战时最靠近沦陷区的教育文化中心。1939年11月中日粤北会战，余汉谋指挥作战，就发生距坪石数十公里的英德一带。1940年3月15日中大报送教育部1939年度上学期新生、转学生、借读生、试读生、特别生和旁听生名册，教育部复函要求新生补交高中毕业证书的学生231人，借读生、转读生也有多名要求重新核对填写内容、报成绩单、更正名字、提交正式高中毕业证书。1932年3月国立中山大学议定，1931年度下学期接收借读生时，符合两种情况之一的可以接收，一是1931年度下学期前经总教务会议议决准借读者，二是已有原校来公文借读者和虽然没有原校公文但各学院已经批准的借读者。1940年后，教育部要求接收的借读学生必须是原校区处于战区学生，由此推断，抗日战争全面爆发，失学青年大量增加，申请借读生的数量迅速增长，大学的接收能力吃不消。

国立中山大学迁回粤北后，借读生数量急剧增加，既有各大学粤籍学生，也有其他省籍的学生。1940年度上学期国立中山大学农学院借读生10名，有云南大学生物学系、国立师范学院、中正大学农学院、西北大学等一年级学生。魏奉盘原来为国立暨南大学文学系一年级，1940度上学期借读于国立中山大学农学院，日后成为甘蔗专家。汤礼治，江苏江浦人，1940年度国立师范学院一年级，1941年1月转入国立中山大学农学院农学系一年级，后在河北农科院任研究员，投身农业科技60载。

（二）两次重要时间节点借读生名单——1938年度和1940年度

国立中山大学首迁云南澄江，再迁粤北坪石，选择这两个时间节点列出国立中山大学的借读生具有代表性意义，分别代表了澄江时期的借读生情况和坪石时期的借读学生状况。国立中山大学为青年学生提供借读机会影响面最广，涵盖了中国大部分公立和私立大学和独立学院，学科借读人数从一定程度体现青年学生在战时选择专业的倾向，也体现学校本身的学术水平形成的吸引力。

1. 1938年下学期国立中山大学各学院借读生名单

1937年7月出版的《升学指南》表明，这一年度的各大学和中等教育招生处于正常的状态，1937年下半年至1938年战局剧变，1938年度国立中山大学的借读生明显增加，他们的特点很鲜明。广州沦陷，私立广东国民大学、私立广州大学迁香港，部分学生没有随迁，借读于国立中山大学各学院，勷勤大学分离为独立学院，勷勤商学院借读生增加。部分西迁的大学生中，在云南也进入国立中山大学借读，文学院、法学院是借读人数最多的学院。有关借读生如下。

文学院

李瑞仪	北平燕京大学	借读文学院中文系
郑振英	上海大夏大学	借读文学院中文系
李竟成	正风文学院	借读文学院中文系
杨士雄	广东教育学院	借读文学院中文系
李津源	北平中国大学	借读文学院哲学系
关萃雯	北平大学女子文理学院	借读文学院哲学系
王德琇	北平大学和武汉大学	借读文学院哲学系
陈 典	安徽大学	借读文学院哲学系
杨信荣	沪江大学	借读文学院社会系
麦志强	复旦大学	借读文学院社会系
曾 汉	上海光华大学	借读文学院社会系
区荆山	金陵大学	借读文学院中文系
管本篙	武昌中华大学	借读文学院中文系
黄光第	安徽大学	借读文学院中文系

刘静荣　济南齐鲁大学　借读文学院史学系

郑松焕　复旦大学　借读文学院英文系

郑振葵　复旦大学　借读文学院社会系

邓龄哲　私立国民大学　借读文学院中文系

周　硕　私立国民大学　借读文学院中文系

梁鹤年　私立广州大学　借读文学院中文系

黎雅钏　私立国民大学　借读文学院中文系

王惠荷　杭州之江大学文理学院　借读文学院英文系

杜定湘　私立广州大学　借读文学院英文系

刘月端　山东大学　借读文学院英文系

屈孝骅　安徽大学　借读文学院社会系

陈文涛　北平中国学院　借读文学院教育系

法学院

莫国元　大夏大学　借读法学院法律系

胡式我　朝阳学院　借读法学院法律系

李天裕　北平大学　借读法学院法律系

王有熏　上海法政学院　借读法学院法律系

余衍强　私立国民大学　借读法学院法律系

张凤岐　东吴大学　借读法学院法律系

李　恭　上海法政学院　借读法学院法律系

梁联支　持志大学　借读法学院法律系

罗铭香　广西大学　借读法学院法律系

刘亦平　湖南大学　借读法学院法律系

何民宪　大夏大学　借读法学院政治学系

潘其楠　之江大学　借读法学院政治学系

黄兆明　持志大学　借读法学院政治学系

方廷恩　之江大学文理学院　借读法学院政治学系

刘　琰　北平中国学院　借读法学院政治学系

金佩钧　复旦大学　借读法学院政治学系

杨轶群　光华大学　借读法学院政治学系

刘光汉　私立广州大学　借读法学院政治学系

谭文骥　私立广州大学　借读法学院政治学系

张谋道　广东国民大学　借读法学院政治学系

杨舜陶　大夏大学　借读法学院经济学系

梁国华　复旦大学　借读法学院经济学系

黄廷芳　复旦大学　借读法学院经济学系

余焕灯　大夏大学　借读法学院经济学系

郑文基　东吴大学　借读法学院经济学系

陈吴杰　东吴大学　借读法学院经济学系

凌从新　沪江大学　借读法学院经济学系

周祥光　勷勤商学院　借读法学院经济学系

郭志锐　勷勤商学院　借读法学院经济学系

陈昌明　中国国民党中央政治学院　借读法学院经济学系

邹贵芳　广东国民大学　借读法学院政治经济学系

陈廷彦　光华大学　借读法学院政治经济学系

余泮洽　大夏大学　借读法学院经济学系

罗国奂　山东齐鲁大学　借读法学院经济学系

吴可均　朝阳大学　借读法学院经济学系

黎国雄　大夏大学　借读法学院经济学系

李柱石　大夏大学　借读法学院经济学系

邵志德　广东国民大学　借读法学院经济学系

谭淑琼　广东国民大学　借读法学院经济学系

杨英云　私立岭南大学　借读法学院经济学系

余慧瑶　广东国民大学　借读法学院经济学系

容　壁　广东国民大学　借读法学院经济学系

张仲芝　中央大学　借读法学院经济学系

梁雄华　私立岭南大学　借读法学院经济学系

任渲上　大同大学　借读法学院经济学院

赵碧光　私立广州大学　借读法学院经济学院

梅月嫦　私立广州大学　借读法学院经济学院

陈美伦　私立广州大学　借读法学院经济学院

邓景澄　私立岭南大学　借读法学院经济学院

罗剑虹　勷勤大学商学院　借读法学院经济学院

姚杰元　勷勤大学商学院　借读法学院经济学院

理学院

程　苏　安徽大学　借读理学院物理系

曾　文　北平中国大学　借读理学院化学系

黄壮侯　沪江大学　借读理学院物理系

马宝珍　沪江大学　借读理学院物理系

黄逸热　沪江大学　借读理学院物理系

梁任高　私立广州大学　借读理学院物理系

孙乐君　暨南大学　借读理学院化学系

李原源　安徽大学　借读理学院化学系

梁有忠　复旦大学　借读理学院化学系

顾吉度　安徽大学　借读理学院化学系

李曼仪　厦门大学　借读理学院生物系

杨崑生　广东省立教育学院　借读理学院生物系

戴汉秋　大夏大学　借读理学院地理系

何尉如　广东省立教育学院　借读理学院地理系

侯林泉　暨南大学　借读理学院化学系

徐寿彪　浙江大学　借读理学院化学系

王有章　齐鲁大学　借读理学院化学系

朱伟南　私立岭南大学　借读理学院理学院化学系

梁转女　广东省立教育学院　借读理学院生物学系

方　仪　河南大学　借读理学院生物学系

张保昇　山东大学　借读理学院地理学系

金泽忠　厦门大学　借读理学院地理学系

金行芷　燕京大学　借读理学院物理系

许维英　广州光华医学院　借读理学院化学系

工学院

李铭阁　河北省立工业学院　借读工学院机械工程系

陈翰香　之江大学　借读工学院土木工程学系

林颖夫　私立岭南大学　借读工学院土木工程学系

谢　晔　广东国民大学　借读工学院土木工程学系

王正官　广东国民大学　借读工学院土木工程学系

林国培　广东国民大学　借读工学院土木工程学系

陈伦敦　广东国民大学　借读工学院土木工程学系

陈瑞强　广东国民大学　借读工学院土木工程学系

余务农　广东国民大学　借读工学院化学工程系

张福生　勤勤大学　借读工学院化学工程学系

范曾礼　北平大学　借读工学院电子工程学系

钱薇庸　交通部吴淞商船专科学校　借读工学院机械工程系

胡立贤　交通部吴淞商船专科学校　借读工学院机械工程系

容世荣　勤勤大学　借读工学院机械工程系

伦永浩　交通部吴淞商船专科学校　借读工学院机械工程系

刘汉芬　交通部吴淞商船专科学校　借读工学院机械工程系

李常培　山东大学　借读工学院机械工程系

何光沛　广东国民大学　借读工学院建筑工程系

李为光　联合大学　借读工学院建筑工程系

杨卓成　南开大学　借读工学院建筑工程系

刘维屏　之江文理学院　借读工学院建筑工程系

陆景舜　岭南大学附中毕业　借读工学院土木工程学系

余迪民　之江文理学院　借读工学院土木工程学系

张浦先　之江大学　借读工学院土木工程学系

何国藻　河南大学　借读工学院土木工程学系

吴华雄　广东国民大学　借读工学院土木工程学系

　　司徒钟　天津工商大学　借读工学院土木工程学系

　　马润源　天津工商大学　借读工学院土木工程学系

　　姚　勋　浙江大学　借读工学院土木工程学系

　　陈心湛　中法工学院　借读工学院土木工程学系

　　梁锦文　广西大学　借读工学院土木工程学系

农学院

　　容敏端　南通学院　借读农学院农学系

　　张培英　金陵大学　借读农学院农学系

　　徐特天　湖南群治农商专科学校　借读农学院农学系

　　王世亿　南通学院　借读农学院农学系

　　姚凤笙　安徽大学　借读农学院农学系

　　张申如　沪江大学　借读农学院农学系

　　郭琼芳　广西大学　借读农学院农学系

　　冼榕添　广西大学　借读农学院农学系

　　汪秉全　安徽大学　借读农学院林学系

　　杜肇乾　河北农学院　借读农学院农学系

　　刘热中　岭南大学　借读农学院林学系

　　方育智　西北农学院　借读农学院农学系

　　陈尚权　西北大学　借读农学院农学系

　　朱典尧　岭南大学　借读农学院农学系

　　许锡贺　岭南大学　借读农学院农学系

　　周瑞清　西北农学院　借读农学院农学系

　　王理方　上海光华大学　借读农学院农学系

　　罗景文　广西大学　借读农学院农学系

医学院

　　袁可人　同济大学　借读医学院

　　孙文发　上海东南医学院　借读医学院

　　沈伯平　上海东南医学院　借读医学院

　　朱奕奏　上海东南医学院　借读医学院

李淦祥　上海东南医学院　借读医学院

徐声灏　北平大学　借读医学院

曹德凤　上海同德医学院　借读医学院

高　华　上海同德医学院　借读医学院

张德淦　江西省立医学专科学校　借读医学院

潘啸声　广州光华医学院　借读医学院

师范学院

方志一　大夏大学　借读师范学院教育学系

陈开智　暨南大学　借读师范学院教育学系

李鸽飞　大夏大学　借读师范学院教育学系

潘家德　中国学院　借读师范学院教育学系

桂　馨　安徽大学　借读师范学院教育学系

黄应仑　辅仁大学　借读师范学院教育学系

袁幼篁　北平师范大学　借读师范学院教育学系

陶仲英　河南大学　借读师范学院教育学系

张问潮　厦门大学　借读师范学院教育学系

梁植枢　广东国民大学　借读师范学院教育学系

林炳寅　广东教育学院　借读师范学院教育学系

陈琼楣　厦门大学　借读师范学院教育学系

张天柱　浙江大学　借读师范学院教育学系

李少梅　浙江大学　借读师范学院英文系

陈贵瑶　私立广州大学　借读师范学院教育学系

2. 1940年度国立中山大学借读生名单

1940年度大部分大学已经西迁或者进入山区，尽管广东籍考生考入各种名声颇大的名校，但因战争交通不便且坪石已经形成教育中心，被上海的大学录取但选择进入国立中山大学借读的学生数量增多，原校为国立暨南大学、国立厦门大学、广西大学的学生占比高。多数学生借读于在广东省与湖南省界边的国立中山大学。东南地区的大学学生，读农学院的占比增加。1941年1月至2月在坪石国立中山大学，借读生最多的是法学院，共有42名借读生；工学院的借读生数量次之，主要借读于机械工程系和土木工程系，其中土木工程系8名，机械工程系24名。从1940年度各学院的借读生名单中可以看到这一现象。

文学院

　　李德礼　国立暨南大学　借读文学院史学系

　　严　绒　国立暨南大学　借读文学院英文系

　　徐顺荪　国立暨南大学　借读文学院史学系

　　郑钟声　国立暨南大学　借读法学院史学系

　　侯得奥　国立暨南大学　借读文学院史学系

　　南国农　国立暨南大学　借读文学院哲学系

　　黄美雁　西南联大　借读文学院英文系

　　林泽芸　浙江大学　借读文学院史学系

　　谢崇祥　国立师范女子大学　借读文学院史学系

　　李瑞莹　西南联大　借读文学院史学系

　　欧阳敬　西南联大　借读文学院史学系

　　吴显銮　西南联大　借读文学院中文系

　　陈士镜　厦门大学　借读文学院英文系

　　贺成词　厦门大学　借读文学院英文系

　　胡瑞梁　厦门大学　借读文学院英文系

　　刘应昌　厦门大学　借读文学院史学系

　　吴士元　交通大学　借读文学院英文系

　　何雪芳　西南联大　借读文学院中文系

　　陈友三　广西大学　借读文学院史学系

　　赵若虹　西南联大　借读文学院英文系

　　林莲仙　西南联大　借读文学院史学系

法学院

　　林虹起　上海法政学院　借读法学院法律学系

　　张天德　之江文理学院　借读法学院政治学系

　　魏兴森　交通大学　借读法学院政治学系

钟国麟　广东国民大学　借读法学院政治学系

张品芷　持志学院　借读法学院政治学系

杜一庠　河南大学　借读法学院政治学系

熊寿煊　广东国民大学　借读法学院政治学系

李杏林　云南大学　借读法学院经济学系

胡德英　复旦大学　借读法学院社会学系

冯学之　广东国民大学　借读法学院社会学系

苏惠娟　东北大学　借读法学院经济学系

罗业燊　广东国民大学　借读法学院经济学系

谭荣汉　广东国民大学　借读法学院经济学系

吴　勇　云南大学　借读法学院经济学系

梁国标　光华大学　借读法学院经济学系

罗文焕　光华大学　借读法学院经济学系

葛秋月　震旦女子文理学院　借读法学院经济学系

陈佩东　日本法政大学　借读法学院经济学系

康　恺　日本大学　借读法学院社会学系

万永济　云南大学　借读法学院社会学系

李冠芳　云南大学　借读法学院社会学系

李冠一　云南大学　借读法学院社会学系

海　宴　厦门大学　借读法学院社会学系

高荣昌　广东省立文理学院　借读法学院社会学系

关加祥　勷勤商学院　借读法学院社会学系

张炯寰　勷勤商学院　借读法学院社会学系

刘兴潇　厦门大学　借读法学院社会学系

刘琳森　厦门大学　借读法学院社会学系

卢建亮　厦门大学　借读法学院社会学系

陈宏道　勷勤商学院　借读法学院社会学系

陈宏道　勷勤商学院　借读法学院社会学系

李寰英　勷勤商学院　借读法学院社会学系

曾昭叙　云南大学　借读法学院社会学系

叶炳坚　云南大学　借读法学院社会学系

何家骥　厦门大学　借读法学院社会学系

刘宝泽　勷勤商学院　借读法学院社会学系

理学院

苏焕明　北平中国学院　借读理学院生物学系

徐　亚　日本北海道帝国大学　借读理学院化学系

李尚宝　日本北海道帝国大学　借读理学院地质系

方肇凯　厦门大学　借读理学院一年级

方爱琼　西南联大　借读理学院一年级

李启模　武汉大学　借读理学院一年级

谢文岭　厦门大学　借读理学院一年级

彭旭麟　浙江大学　借读理学院一年级

工学院

吴望佐　之江文理学院　借读工学院土木工程学系

谢鸿光　广东国民大学　借读工学院土木工程学系

尹孔殷　交通大学　借读工学院土木工程学系

陆卓仟　交通大学　借读工学院土木工程学系

周国念　交通大学　借读工学院土木工程学系

李鸿源　交通大学　借读工学院土木工程学系

高文湘　中央大学　借读工学院土木工程学系

何上举　浙江大学　借读工学院化学工程系

黄大津　浙江大学　借读工学院化学工程系

马继承　沪江大学　借读工学院化学工程系

蔡文智　南通学院　借读工学院化学工程系

黎炽林　西南联大　借读工学院电机工程系

陈启岷　中央大学　借读工学院机械工程系

吴庆万　西南联大　借读工学院机械工程系

卢　法　西南联大　借读工学院机械工程系

梁耀宗　云南大学　借读工学院机械工程系

罗德泉　西南联大　借读工学院机械工程系

刘雁锷　西南联大　借读工学院机械工程系

李伟光　中央大学　借读工学院机械工程系

范兆熙　中正大学　借读工学院机械工程系

何耀枢　西南联大　借读工学院机械工程系

徐学楷　西南联大　借读工学院机械工程系

马鮀生　厦门大学　借读工学院机械工程系

农学院

汪经方　广西大学　借读农学院农学系

谢裕光　广西大学　借读农学院农学系

李贤文　广西大学　借读农学院农学系

莫美琅　广西大学　借读农学院农学系

余和志　广西大学　借读农学院农学系

孙剑锋　广西大学　借读农学院农学系

金能旺　广西大学　借读农学院农学系

汤礼治　国立师范学院　借读农学院农学系

卜克善　国立师范学院　借读农学院农学系

叶伟安　四川大学　借读农学院农学系

贺承光　西北大学　借读农学院农学系

唐植杰　军需学校　借读农学院农学系

廖焰国　广西大学　借读农学院农学系

魏本乐　暨南大学　借读农学院农学系

麦宪曾　四川大学　借读农学院农学系

钟汝椒　云南大学　借读农学院农学系

梅籍春　中国学院　借读农学院农学系

华　恕　广西大学　借读农学院农学系

余倚霞　广西大学　借读农学院农学系

陈自光　广西大学　借读农学院农学系

李植彝　广西大学　借读农学院农学系

张国林　广西大学　借读农学院农学系

窦学新　广西大学　借读农学院农学系

汪介祺　日本东京明治大学　借读农学院农学系

医学院

丁宝蕙　西大师范学院　借读医学院

陈　璜　中正医学院　借读医学院

黄惜澜　中正医学院　借读医学院

朱佩贤　借读医学院

李坚白　借读医学院

梁德容　日本大学　借读医学院

廖佩玉　湘雅医学院　借读医学院

李景贤　中正大学　借读医学院

师范学院

何蕙青　大夏大学　借读师范学院教育学系

陈晋荷　西南联大　借读师范学院一年级

罗　衡　四川女子师范学院　借读师范学院一年级

李可芹　西南联大　借读师范学院一年级

姜绥乃　浙江师范学院　借读师范学院一年级

资　蓉　四川女子师范学院　借读师范学院一年级

梁昌佳　国立师范学院　借读师范学院一年级

（以上名册藏于广东省档案馆，写作时做简化摘要供参考）

抗日战争牵连在日本留学的中国学生，在粤北的高校为留日学生返回校园提供了借读机会。1932年及之后数年在日本留学的中国留学生纷纷回国，为继续学业在包括广东等地的非沦陷区高校借读。在日本留学的中国学生因战争中断学业回国者众，在1940年的借读生名单中，徐亚、李尚宝两位江西籍学生，1935年7月赴日留学，分别在日本北海道帝国大学理学院化学系和地质系三年级学习，回国来到坪石塘口村分别借读于国立中山大学理学院化学系和地质系三年级。梁德容，广东南海人，曾就读于日本大学文科社会系，1941年1月借读于中山大学医学院一年级。

（三）逐步完善的借读生规范化管理

综合在1942年5月教育部出版的《全国专科以上学校要览》一书和1942年陈立夫作序的《抗战中的学生》两书等历史文献可知，1940年前后，大学方面，国立大学有国立西南联大、国立西北联大、国立中央大学、国立武汉大学、国立西北大学、国立复旦大学、国立东北大学、国立交通大学、国立暨南大学、国立浙江大学、国立四川大学、国立湖南大学、国立中山大学、国立同济大学、国立厦门大学、国立云南大学等；省立大学有河南省立河南大学、浙江省立英士大学等；私立大学有私立金陵大学、私立大夏大学、私立岭南大学、私立齐鲁大学、私立武昌中华大学、私立东吴大学、私立沪江大学、私立光华大学、燕京大学、私立华西协和大学等。独立学院方面，国立独立学院有国立师范学院、国立西北工学院、国立西北农学院、国立上海商学院、国立贵阳医学院、国立江苏医学院、国立西北医学院、国立湘雅医学院、国立中正医学院、国立西北师范学院、国立西北工学院等；省立独立学院有四川省立教育学院、广东省立文理学院、江苏省立教育学院等；私立独立学院有私立南通学院、私立朝阳学院、私立福建学院、私立之江文理学院、私立北平民国学院、私立同德医学院、私立东南医学院。专科学校方面，国立专科学校有国立音乐专科学校、国立药学专科学校、国立西北技艺专科学校、国立西康技艺专科学校、国立重庆商船专科学校、国立牙医专科学校；省立专科学校有江西省立工业专科学校、山东省立医学专科学校、陕西省立医学专科学校、江西省立医学专科学校等。在坪石国立中山大学借读的学生来源，几乎涵盖了全部国立大学、私立大学、国立独立学院、私立独立学院。

1939年10月，广东省立文理学院院长电函各专科以上学校告知学校迁至粤北乳源，可以发出的电函得知当时各大学所在的位置。中央大学在重庆，金陵大学在成都，光华大学在成都，广州大学在香港，浙江大学在宜山，武汉大学在嘉定，西北联合大学在南郑，西南联大在昆明，厦门大学在长汀，复旦大学在北碚，中正医学院在永新，广东国民大学在香港，华中大学在大理，华西协和大学在成都，大夏大学在贵阳，金陵女子文理学院在成都，国立师范学院在湖南，江苏省立教育学院在桂林，岭南大学在香港。

浙江大学1927年成立，抗日战争爆发，师生们离开校园先从富春江上航150公里抵达建德，1937年又踏上760公里旅程抵江西吉安，1938年战事逼近，再迁1200公里抵达广西宜山。[8]华中大学是13所教会大学之一，从武汉迁桂林再迁大理；大夏大学是最早迁出上海的大学之一，在重庆曾与复旦大学联校，后迁往贵阳南郊，迁徙过程中增设附属中学。

各大学原分布完全打乱，有的大学生在原居住地选择迁徙到当地的大学借读。针对日益增加的借读生，各校出台了相应的规定，国立中山大学1941年6月3日公布了《借读生规则》，第一条规定各校学生志愿来校借读需要教育部核准报教育部分发来校始得收容；第六条关于家在战区的学生经济困难申请贷金，按照教育部颁布的办法，学校审查后，由学校专案报教育部核给；第八条规定借读生毕业时，原校仍然存在，本校发给临时毕业证书并注明原校和学系；第十条规定借读生转为正式生必须借读满一年，成绩合格者方可申请，申请时需要提交转学证明书、借读时期在本校成绩单、正式高中毕业证书和原校成绩单和证明。此外，本校学生借读外校者保留学籍的期限是两年。

1940年5月7日，国立中山大学文学院向校方提交借读生转为正式生的考试成绩单和证件，吴康先生时为文学院院长，在3月27日、28日分别举行初试和编级试，4月30日提交基本科目考试委员会审查，报告议决结果。报送1939年度上学期文学院借读生转正式生名单中包括林若紫、连珍、王泰、杜定湘、黎雅钏、邓龄哲、李本定、刘静荣、李迺深、黄群芳等。

各大学的借读条件基本一致，借读一年才能够申请转为正式生，具体细节有所差异。如国立交通大学1940年颁布《借读生、试读生、转学生和旁听生规则》，规定借读生需要在本校借读满一年而且成绩在丙等以上才能申请转为正式生；规定"其他国立大学同院同系学生因交通不便持有借读证者得呈请本校借读"。国立中山大学没有把转学条件限制在"国立大学"范围，实际上包括私立大学学生，在1940年4月20日颁布的《转学规则》中第一条规定，"公立及曾经立案的私立大学和独立学院学生，经本校的转学考试得转学本校"。借读生背景非常多样，从某种意义上讲，创造了包容的学习环境，更有利于青年人成长，而且服务更广的民众。

三、坪石优秀借读生

借读生李瑞仪（1916—1986），台山人，在1938年为中山大学文学院三年级学生，她是从入读的北京燕京大学读完一年级后，1937年开始借读于国立中山大学文学院中文系二年级，时22岁，1940年从国立中山大学毕业，1942年到澳门，参与创办澳门培正中学。1946年澳门培正中学正式注册，李瑞仪出任校长40年。

国立中山大学向教育部报送1938年下学期文学院借读生名录，学生中既有在国立中山大学尚在广州时入校借读的，也有在迁徙至云南时入校借读的

1937年借读的女同学段吉亨，20岁，湖南衡阳人，为无锡国专文学院的学生；番禺人沈竹筠、新会人邓振英，均是大夏大学转学到国立中山大学文学院二年级借读；暨南大学林叶语、辅仁大学何瑞麒，借读于中山大学文学院文史系二年级。

在1937年度下学期借读生的名册中，顺德人梁钊韬，22岁，文学院史学系三年级，从厦门大学文科历史系二年级转国立中山大学文学院史学系借读三年级。国立暨南大学文科史学系张宪慈、司徒尧均为广东开平人，24岁，就读于文学院史学系四年级成为同学。

1937年度名册反映了在广州沦陷前的国立中山大学借读情况，1938年度名册反映的是广州、云南两地的借读生回迁粤境的情况。

1937年度上学期借读生名册之一，冯来仪借读文学院史学系四年级，梁钊韬借读文学院史学系三年级

1939年在云南澄江登记国立中山大学借读生名册中的1938年度建筑工程系和机械工程系借读生名册（藏于广东省档案馆）

1940年工学院借读生转正式生名册之一，藏于广东省档案馆。杨卓成填写来自的学校是西南联大工学院，1938年2月在澄江国立中山大学建筑工程系借读借读生在大学面临的危机和压力更大，他们在各学校要参加初试和编级考试，证件也由于战乱毁于炮火或者因交通不达、住家处在沦陷区等预想不到的困难而缺失。借读生转为正式生，需要通过考试，必须向教育部备案，许多人因高中毕业证书等资料缺失而耽误多时。

战火中的借读生群体在毕业后成为各学科学界杰出代表，成为中华民族栋梁之才者众多。借读生贺陈词从外国文学系再转建筑工程系，后来成为台湾成功大学建筑系主任；杨卓成20世纪50年代成为台湾最具有影响力的建筑师；胡瑞梁从外国文学系转经济学系，为王亚南门生，成为中国社会科学院著名的经济学专家；梁钊韬继续完成研究生学业，成为杨成志先生最重要的合作者，是中国人类学著名专家。南国农，江西清江人，在安徽大学教育学系读一年级，1937年就到中大借读，1941年借读文学院哲学系二年级。南国农毕业后赴美国哥伦比亚大学进修比较教育和视听教育，获得硕士学位，后来在1953年回国支援西北地区发展教育事业，在中国西北师范大学任教，为中国教育界做出了重大贡献，是全国教育科学研究终身成就奖获得者，被称为"中国电教之父"。山东大学生物学系一年级学生李保晷，山东曹县人，1938年6月借读于广州时期的国立中山大学地理学系，1940年度随迁回粤抵达坪石后转为正式生，后来成为中国地貌学的学术权威。

王而信是抗美援朝的功臣，1940年从借读生转为正式的国立中山大学医学院学生。王而信毕业后返河南任郑州市公教医院院长，在抗美援朝时，担任中南行政区手术大队大队长和河南手术队队长，进入朝鲜战场战况最为激烈的三八线附近基地医院，在朝一年多救死扶伤，获得二等军功两次，获朝鲜民族主义共和国军功章两枚，三级国旗勋章1枚。[9][10]

抗日战争教育历史，往往追溯的是著名教授，教育的成果体现在学生身上，包括日后成长的轨迹，更深刻的影响体现在当年的学生身上，本文从广东省档案馆数十份留存的学生学籍档案中梳理一些历史规律性的战时大学特点，将研究重点放在学生群体，特别是战时的借读生。

初稿于2021年2月28日，完稿于2021年3月8日北京。

注释：

［1］《十日》，广州神州国光社，1931—1932年，第43-50期。

［2］广东省档案馆藏档案，档号020-002-592-193。

［3］宋如海：《抗战中的学生》，大中出版社，1942，第23页。

［4］党跃武：《四川大学史话》，四川大学出版社，2017，第194页。

［5］谢红星：《武汉大学校史新编》（1893—2013），武汉大学出版社，2013，第80页。

［6］赵厚勰：《雅礼与中国雅礼会在华教育事业研究（1906—1951）》，山东教育出版社，2008，第312页。

［7］宋如海：《抗战中的学生》，大中出版社，1942，第24页。

［8］宋如海：《抗战中的学生》，大中出版社，1942，第188页。

［9］王宝善：《郑州工人运动史》，河南人民出版社，1995，第192页。

［10］王而信：《我在抗美援朝手术队》，《郑州文史资料》1992年总第12辑。

与叶叔华院士关于天文台的对话

　　阿瑞：您好，叶院士，您是大家都敬重的科学家。国庆休假还有一天，先祝您节日好！近日我到了坪石，事因昨天发现了张云院长、邹仪新教授在韶关坪石塘口村所设的天文台遗址，天文台的建筑基座刚刚被发现还在，所以我专门过来，是想与韶关当地讨论如何保护这一处遗址。下一步，初步打算复原张

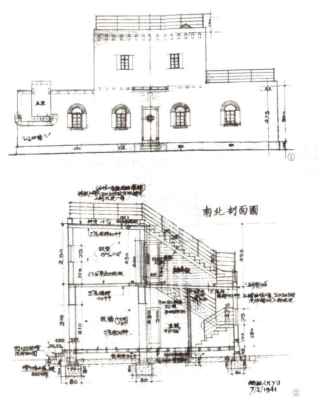

🔴 1941年2月7日，虞炳烈主任设计天文台的图纸，拱形窗户是特殊的建筑特征。当他离开坪石后，卫梓松教授继续负责建设任务

云校长、邹仪新女士建立的天文台，并保留部分遗址，缅怀抗日战争时期天文台坚守的岁月。特别向您报告这一事情，想听一听您对天文台遗址和天文学的看法。

叶叔华：太好了，天文台是在当时的广州石牌校区吗？

阿瑞：不是，是在韶关乐昌坪石塘口村一座被称为"天文台山"的山顶上，原来这里被近一米高的野草盖住了，是坪石的干部和村民细心寻找后发现的。在1981年的林地证

⊃ 坪石干部和村民首先发现的遗址，据判断是砖砌的深坑，与历史照片对比后可以判断为仪器机座。村民周大哥在挖土时，从土壤的不同判断这不是完整的矩形，大家认同他的看法。再分析剑桥大学网站上的旧照片，才发现后一节是条状的

上，这里被标记为"天文台山"，但多年来没有人想过为什么有此名。

叶叔华：那里有天文台吗？我有点模糊，但这是非常有意义的事情，中山大学天文学历史悠久。

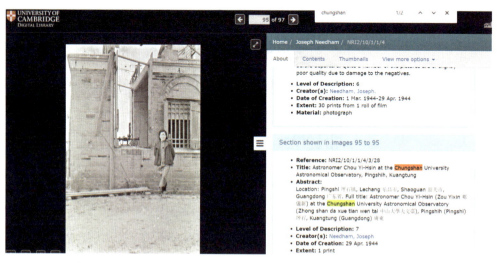

⊃ 从剑桥大学校方网站李约瑟研究中心的旧照片中，可以看到天文台中间是采光部位，与上图对比可以判断出建筑的形式，为坑位的功能判断提供依据

🔶 从天文台山平台鸟瞰武江景色

阿瑞：是的，抗战时期，国立中山大学迁址，在韶关乐昌坪石办学。我查阅了一些历史资料，您和您的老师前辈们当时做了很多事情，为国家建设做出了很大的贡献。当时在坪石，张云校长先担任天文台主任，接着邹先生拿起接力棒成为天文台主任。邹仪新教授是您的老师吧？

叶叔华：是的，邹仪新老师一年级就开始教我，她很能干，又很活跃，是中国最早的女天文学家。

阿瑞：您在世界天文学领域贡献良多，广东人为有您这样的科学家而骄傲。

叶叔华：只是在天文学取得一点成绩，我担任世界天文学会副主席，是担任这一职务的第一个中国人。

🔶 1941年《教师手册》各负责人名单中，张云为天文台主任

中　大　現　狀　（19）

三、各學院

文學院　院長　吳康
　哲學系　主任　李證剛
　歷史學系　主任　岑仲勉
　外國語言文學系　主任　黃麗明
　中國語言文學系　主任　陳安仁
　辦公室　主任　張作人

理學院　院長　何杰
　辦公室　主任　何杰
　數學天文學系　主任　宋茂瀾
　物理學系　主任　黃席棠
　化學系　主任　鄔依新
　生物學系　主任　張作人
　地質學系　主任　吳尚時
　地理學系　主任　郭依新
　天文台　主任　鄒儀新
　兩廣地質調查所　所長　何杰

法學院
　辦公室　主任　汪洪恩
　法律學系　主任　丘琳
　政治學系　主任　趙承光

1943年《中大现状》理学院教师名单中，邹仪新为天文台主任

上海天文台名誉台长、上海天文台研究院叶叔华院士在上海天文台参加庆祝中华人民共和国成立70周年活动并发表讲话（引自上海天文台网站）

　　阿瑞：了不起！我觉得从文化旅游和爱国主义教育角度来看，讲述抗战时期的烽火学堂的故事对年轻人来说很有教育意义。我看了相关资料，得知您当时是从香港很是艰难地来到乐昌读书的，是吗？

　　叶叔华：是的，其实就是"走难"。我记忆中天气有点冷，当时日本已经占领香港了。我记得是从香港走路到惠州，后来是坐船，我也忘了是怎么转的，到了韶关等了几个月才上学，反正当时在韶关也比较冷。

　　阿瑞：当时您在香港读了几年书？

　　叶叔华：当时是在香港读了两个月高中，从香港到乐昌，用了十几天的时间，在乐昌就读于华侨第三中学，当时称为"侨三中"。内地还有"侨一中""侨二中"，当时的政府是希望收留海外的华侨子弟，让他们来读书。后来日本兵来乐昌了，我就移到了连县读到高三。当时中大来连县招生，我就考入中大数学天文系了。

阿瑞：您于1945年考入国立中山大学数学天文系，那时候已经回到广州石牌校区了是吗？您还记得有什么老师吗？如邹仪新教授的先生叶述武老师。

叶叔华：是的，是回到广州上大学，记得有许多老师还教我们，邹老师教我天文，叶述武老师是教数学。叶先生留学法国，是梅县人。

阿瑞：他是华南师范学院首任数学系主任，后来的经历也比较坎坷。我查找了叶述武的历史资料，他参与了东方红卫星的轨道计算是吗？

叶叔华：是的，是他参与设计的，他是非常有学问的人。

阿瑞：还想请教您，天文学与航天的关系是什么？

叶叔华：航天器的飞行轨道是通过天文台来计算确定的，航天器要在正确的轨道飞行，轨道不对就会直接撞到月球，有可能失败。另外，航天器在探索宇宙的时候也可以观察获取到地面没办法得到的天文信息，两者相辅相成。

阿瑞：今天也很高兴能听到您这么洪亮的声音，我也看了央视拍摄的关于您的纪录片，想了解您对于下一步中国天文事业的构想。

叶叔华：实际上，现在有一个很大的天文建设及最新的发展，人类史上最大的天文装置——平方公里阵列（SKA）射电望远镜预计于2020年启动建设，中国是作为七个创始成员国之一，我感到很自豪。目前，它已发展到了一定阶段，跨国度在全世界范围内收集了更多的数据来分析天文学，上海天文台将成为东亚的数据中心。

阿瑞：我找到了邹先生于1944年在韶关坪石塘口村天文

⤵1944年邹仪新教授在天文台抄写数据（李约瑟/摄）

台处抄写观察数据的照片，拍摄照片的人是英国的科技史专家李约瑟，当时李约瑟来到了乐昌，我把照片寄给您。打扰您这么长时间了，国庆节快乐。

叶叔华：好的。中山大学现在还有天文系吧？

阿瑞：好像没有？

叶叔华：有的，好像刚设立不久，关于抗战时期中山大学数学天文系、天文台的历史，你也可以拜访黄建树老先生，他是我同班同学。

阿瑞：一定找时间请教前辈，我去了解一下中山大学天文学专业，再次感谢您！

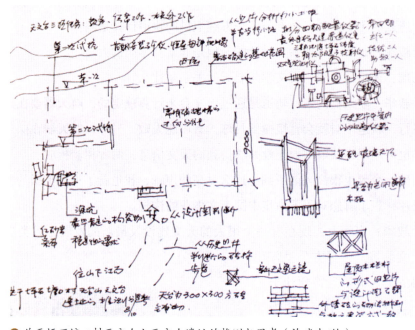

➲ 关于坪石塘口村天文台山天文台遗址的推测与思考（许瑞生/绘）

四　古道新声

"野马轩"奔腾的思绪

　　王亚南先生给自己在坪石镇武阳司村的住所封了一个名号，称为"野马轩"，到了厦门大学任教，依然称自己的居所为"野马轩"，更显示出他对在中国抗日战争最前线的中山大学的坪石情感。生活的清苦和教学条件的简陋，都没有阻挡王亚南文思泉涌。王亚南写的《致中山大学经济系同学的一封公开信》，是1946年11月5日他在厦门大学任教时，想念在中山大学的日子而寄给《每日论坛》的编辑后公开的，在寄给编辑的信的落款处是厦门大学海畔"野马轩"。王

　➲ 武阳司村历史建筑，当年王亚南讲学和生活的村庄（许瑞生/绘）

亚南在坪石度过了他学术生涯重要的4年多，依公开信提及他在中山大学任教的时间前后快7年，离开中大是因为对厦门大学有承诺，且在一处久待对文化社会传播不利。王教授在《中国经济原论》的序言中提到了中山大学的同学、同事对他的帮助，是个很有情感的人。他对最前线的大学的情感，来自特殊的战争区位环境，他认为："战争是骇人深省的有力因素，战时的许多社会现象，会帮助我们认识那些隐伏在表象后面的有关社会本质的东西。但假使我留在其他地方，或者留在其他大学，恐怕会是另一结果吧！"[1]此番真切的话语，道出了粤北众多学子的勇气，面临炮火的逼近，坪石先生们将战争的洗礼化作学术研究的动力，体现了中华民族抗击外敌守护家园的决心和意志。

1941年在坪石镇的武阳司村，一批早期马克思主义理论传播学者聚在一起。1941年黄文山任国立中山大学法学院院长。他出生于台山，是黄兴先生的女婿，也是《新青年》的主要撰稿人之一，笔名为凌霜、兼生，在北京大学读书时加入北京的共产主义小组，但在11月就退出。[2]1942年3月去往重庆。李达，1920年在上海参加共产主义小组，在1922年因与张国焘的观点有矛盾而退出小组，1941年也来到法学院任教。

郭大力教授与王亚南教授保持了终生的学术友谊，1944年日军袭击坪石时，中山大学分散疏散，王亚南教授没有随其他队伍撤退，而是来到郭大力先生的家乡赣南南康县与从连县东陂文理学院回乡的郭大力重聚。在日军入侵赣南时，王亚南又转移至福建临时省会永安。尽管时局动荡，但王教授没有浪费时间，创办了经济科学出版社，经营了《社会科学》和《福建省研究院研究汇报》两份杂志，1945年6月《社会科学论纲》出版。王亚南在1946年寄出的《致中山大学经济系同学的一封公开信》中写道："就连中途离开而在去年度印行的《社会科学论纲》，其中命题，也还是在中大教读当中，为大家所分别提起，因而引起我进一步研究的结果。"

1945年秋王亚南离开永安，受聘为厦门大学法学院院长和经济系主任，依然对旧同事念念不忘，邀请了林砺儒、郭大力等到厦门大学任教。1949年5月王亚南在中共中央地下党组织下，由香港到达北京，任教清华大学，此时王先生48岁。

⟳ 王亚南在坪石任教法学院场地历史遗迹分析（施瑛提供）

　　1950年郭大力进入中央马列学院任教，校址是中共中央党校北园编号为90号的教学楼，建于1943年，原为土木学校，抗日战争结束后，改为清华大学农学院。1949年，中央马列学院从香山碧云寺搬至此处，后改为中央高级党校。1951年中央同意在现中共中央党校南院旧址的北面征地建新校舍。20世纪50年代戴念慈主持编制了北院新校舍的规划，以万寿山上的景福阁为中轴线的起点，院落式布置。1955年制订了中央马列学院北院建设计划，可容纳学员3000人，建筑面积15万平方米。1956年动工，大部分用地为大有庄、辛庄等的农业用地。

　　1955年12月22日郭

⟳ 中央马列学院旧址（许瑞生/绘）

大力在中共中央党校上辅导课，应该是在北院原中央马列学院主楼讲的课，题目是"《资本论》学习辅导"，精彩通俗。"我们准备学习《资本论》的时候，很自然地会产生这样的问题：我们能把《资本论》学好吗？我的回答是：一定能够。道理很简单，因为《资本论》是工人阶级的'圣经'，它所讲的道理，就是工人阶级争取解放的道理。所以每个从工人阶级出身的，或站在工人阶级立场的人，都不能说自己看不懂《资本论》。"在辅导课中，郭大力全面公正地谈到了马克思、恩格斯、考茨基三人对《资本论》的贡献，他在连县的东陂文理学院教书之余，刻苦翻译《剩余价值学说史》和《恩格斯传》，他认为《剩余价值学说史》应该是《资本论》第四卷。[3]郭大力教授对《剩余价值学说史》倾注了深深的情感，1940年秋在连县东陂任教时，一边教学一边翻译此书，1943年11月在家乡完成一百多万字的译稿，译稿在1948年出版。

王亚南在公开信中对中山大学学子寄予厚望，临别赠言是希望发挥自学的精神，自学不要忽视共学的重要性，自学与自由研究联系起来，从自学中找到最有效的研究方法。"至若从事理论研究者，容易犯那种与现实脱节的毛病，那是一般人所知道的。我个人，研究经济理论，我就随时警惕着，怕我自己的研究带有讲坛式的书院式的倾向。"[4]今天，我们仍然是在实践王亚南教授的研究态度，研究是为了坪石办学遗址的活化利用，留住记忆。坪石的书香开始升起，三星坪工学院本部的旧祠堂第一批藏书已有过万册，定友图书馆正利用旧建筑改建中。

图书馆、书屋是旅游点之一，未知坪石能否做到，但"野马轩"至少是高等学校思政课最生动的空间。在公开信中，王亚南先生引用了孙中山先生的话"对世界文化，迎头赶上去；把中华民族，从根救上来"，这就是在抗日战争时期以国立中山大学、广东省立文理学院为代表的学校学子敢于在最前线的动力。王亚南先生对同学们最后的寄语是"愿大家向着学习的光明前途迈进！"这在今天仍然是大家的目标。

注释：

[1]夏明方、杨双利：《中国近代思想家文库·王亚南卷》，中国人民大学出版社，2015，第484页。

［2］赵立彬：《中国近代思想家文库·黄文山卷》，中国人民大学出版社，2015，第503页。

［3］中共中央党校教务部：《中共中央党校"老讲稿"选编》，中共中央党校出版社，2017，第203页。

［4］夏明方、杨双利：《中国近代思想家文库·王亚南卷》，中国人民大学出版社，2015，第487页。

古道明灯：从岐澳古道的杨匏安到秦汉古道的郭大力

借助对珠海岐澳古道的活化利用行动，2018年12月，从杨匏安的出生地、岐澳古道旁的杨家祠出发，在各方努力下，杨匏安革命生涯最重要的场所——位于广州市越秀区越华路的杨匏安旧居成功"复活"，成为华南明灯永不熄灭的殿堂。2019年7月，从对韶关乐宜古道的活化利用的继续深入，再一路向北，让清远连州的秦汉古道再现苍劲之景色。再寻觅藏在文献记录中的1939年至1942年广东省立文理学院在连县秦汉古道旁的东陂镇办学的历史场景，而又逐步明晰。抗日战争时期"学术抗战"的情景仿佛在眼前，秦汉古道又见林砺儒、郭大力等大师的身影。1939年底，林砺儒任广东省立文理学院（华南师范大学前身）院长，聘请国内众多著名学者任教，其时广东省立文理学院在东陂镇租借村民的祠堂办学，包括"双桂坊""黄尚书祠"等坐落在西塘村、塘头坪村等历史建筑，传出名师上课的高亢声音。郭大力先生就是名师中的一位，他于1939年应林砺儒之聘来到东陂，边教书边翻译马、恩著作。为还原历史场景，现全文摘抄郭大力在编译《恩格斯传》时所写的序：

这是一个思想家的传记。在写这本传记时，我所根据的，是柏林大学社会民主党史教授古斯达夫·梅尔（Gustav Mayer）所著的*Friedrich Engels: A Biography*。原著是一九三六年在伦敦出版的。

我在一九三八年第一次见到这个原本，因为友人郑易里在上海书店里买到了这唯一的一册，并愿意赠送给我。他赠我时，问我有没有意思和时间把它译成中文。

次年我在故乡第一次把它译成了中文，但不幸，译稿寄上海，意外遭了损失。再过一年，我到了广东。我决心把它再译一遍。但后来我决定回故乡时，友人张栗原看见这一包译稿，劝我不要携在身边。这第二次的译稿，才留在栗原家中。不料我同他别后一个月，他就作了古人了。那包译稿就和他的遗族一同遇了艰苦的命运。

这一个草稿，算来已经是第三次了。我不惜再三重新动笔，是因为这位思想家的生活，太使人敬爱了。他的勇敢，他的热情，他的谦虚，实在使人神往。同一工作的反复所以不致令人厌倦，主要就是为了这点。

可是，我这一回不能再是直译了。原著者在原本的序言上，有这样的话："二年前，我曾由海牙的马丁尼诺夫书店，用德文出版了一个《恩格斯传》，书分二册。在这个传记里，朋友俩的未曾发的遗稿，第一次有了刊行的可能。这个新传记，是我特别为英语的世界写的，所以我特别注意了恩格斯大半生住在英国的事实。"从这几句话看去，这所谓《新传记》，原不过是一个更大的传记的缩编本改编本。现在，我与其第三次翻译这个缩编本改编本，自不如等待将来，有机会再翻译那个更完全的传记了。

还有，直译的书是比较不易读的书。在一个不懂外国语的人看来，直译的书还往往成为难解的。经典的著作，固不许译者自由，但像这里的著作，我是觉得，如果文字能够平易一点，那一定可以便利读者。就这一方面说，我原假定，我的读者有一部分是不识外国文字的。

最后，我必须声明，我除了决意要删去那些足以使文字显得累赘晦涩的文字，还发觉了，原著后半，尤其是关于第一次大战前夜的情形的叙述，完全是采取当时德国社会民主党的立场。我觉得，不酌量删改，是容易引起错误的。

这样，这个草稿就已经不是单纯的译稿了。

郭大力

一九四二年十二月

此序写于1942年12月，即郭大力先生离开广东省立文理学院返乡之时。文中"我到了广东"指的就是到广东省连县东陂镇广东省立文理学院任教，文中

提及的友人张栗原当时也受林砺儒院长之聘在省
立文理学院任教。文中还提到"新传记""缩编
本""改编本"是相对古斯达夫·梅尔写的《恩
格斯传》完整的传记而言。广东省"三师"专业
志愿者捐赠给华南教育历史坪石研学基地图书
馆的书籍中，就有一本完整版的《恩格斯传》。

　　1918年，在广州市中心一座祠堂的阁楼里昏
暗的灯光下，杨匏安正在为报纸撰稿，马克思主义
理论的传播从这间平凡的小屋穿过迷雾照亮四方。
20年后，在广东，此时日军的飞机不时在轰炸，不
是在大城市，而是广东北部与湖南交界的小村落、
有两千年历史的古道旁，依然有一位学者郭大力，
还是在那简朴的乡村民宅里，依然是在油灯下，更
加深入地翻译马克思、恩格斯的著作。除了《恩格
斯传》，在东陂镇他还翻译了马克思的《剩余价值
学说史》，他认为是在前阵子翻译的《资本论》三
卷后的"第四卷"。1978年出版的郭大力先生翻译
的马克思著作《剩余价值学说史》，始于1940年的
连县东陂，1949年第一次出版，在郭大力先生逝世
后两年再版，意义深远，是对郭大力先生最好的怀
念。特将1978年由人民出版社出版的《剩余价值学
说史》（第3卷）出版后记照录如下：

　　　　郭大力同志从1940年开始，在国民党
　　统治区极端困难的条件下，翻译了这部
　　《剩余价值学说史》，1949年上海解放初
　　期，曾由生活·读书·新知三联书店印
　　行。建国以后，在1951年和1957年先后重印
　　过两次。

　　　　郭大力同志原来是采用1923年柏林出

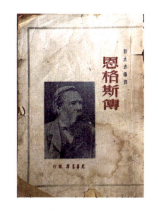

○ 1948年1月读书出版社出
版的郭大力编译的《恩格
斯传》

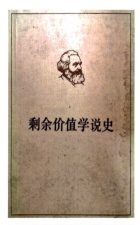

○ 不同时期出版的郭大力翻
译的《剩余价值学说史》

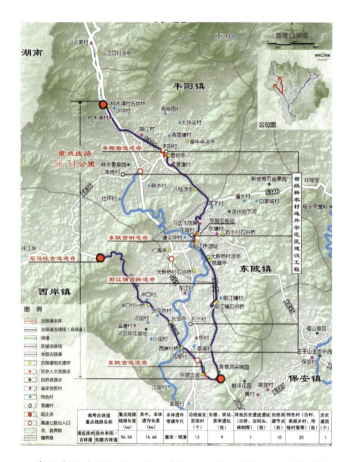

⮕ 粤北东陂镇附近古驿道示意图（广东省城乡规划设计研究院编制）

版的考茨基编辑的版本作为翻译的底本。1954—1961年间，苏联马列主义研究院重新编辑并用俄文出版了马克思的这部著作，随后又作为《马克思恩格斯全集》俄文第二版第二十六卷（分三册）出版。1966年春，郭大力同志虽已身患重病，在校完《资本论》第三卷译文以后，接着又根据上述新版本的德文本和英译本，进行本书的校译工作。"文化大革命"期

间，他在他的夫人余信芬同志的尽力帮助下，用惊人的毅力，克服常人难以想象的困难，终于坚持校译完了全书。不幸的是，在校译本第一卷出版后不久，郭大力同志心脏病突发，医治无效，于1976年4月9日逝世。他没有能够看到第二卷和第三卷的出版。

郭大力同志从1928年开始，就从事马克思《资本论》等经典著作的翻译工作，数十年如一日，直到最后一息。为在我国传播马克思主义作出了贡献。他这种工作精神是永远值得我们学习的。

本书中的章节标题大部分是由俄文版编者所拟定的。编者加的标题的文字，用方括号〔〕标出。马克思手稿中使用的方括号改用了尖括

号〈 〉或花括号{ }。马克思手稿的稿本标号和页码，用符号Ⅱ、1标出，符号中的罗马数字表示稿本编号，阿拉伯数字表示页码。

人民出版社编辑部

1978年6月

文中提及1940年，即郭大力先生于广东省立文理学院任教时。"科学社会主义的伟大建立者腓特烈·恩格斯，终生没有怀疑过他的理论，终生没有怀疑过他的理论成果，他的一生是奉献于他的理论的。"郭大力先生翻译《恩格斯传》时，这是最后的结束语，也是对恩格斯科学的评价，借用此段句子，赞美郭大力先生也不为过。今天，古道明灯依然明亮。

注释：

［1］《恩格斯传》，郭大力编译，读书出版社，1948。

［2］马克思：《剩余价值学说史》，郭大力译，人民出版社，1978。

不能忘却的马克思主义理论家聚首的粤北山区小村庄

　　2019年4月30日，杨匏安广州旧居开放，一位在广州共产党发展历史中留下不可磨灭足印的英烈，重新回到更广大的公众视野中，为此而付出辛勤劳动的有一批"三师"专业志愿者。今天，我们仍然记得越华路的杨家祠吗？不能忘却！不能忘却的还有在粤北深林中传播马克思主义的理论家，让《资本论》在中国山区的小村庄有了大讲坛，冒着生命危险授课的教授们：王亚南、李达、梅龚彬和郭大力。没有忘却，今天在坪石，广东省建筑设计研究院30多名专业志愿者，正在以专业的行动，与乐昌、坪石的干部群众，共同努力整理武阳司村历史遗址，用实际行动纪念烈士，纪念为争取民族独立和人民幸福而奋斗的前辈。在2019年的国庆节，广东迎来唤起烽火读书坚守抗战必胜的华南教育历史研学基地的开放，是广东省"三师"专业志愿者行动者贡献智慧、乐昌市委市政府不懈努力的硕果。

➲ 广州杨匏安旧居杨家祠中杨匏安的塑像（许瑞生摄于2019年9月30日国家烈士纪念日）

一、《梅龚彬回忆录》中"坪石教书生涯"

坪石这几位教授在抗日战争的烽火中的岁月，令人肃然起敬。《梅龚彬回忆录》中《坪石教书生涯（1942.1—1945.10）》是重要的一节，让我们重温一下梅龚彬教授在坪石的授课回忆：

> 1941年底，我在桂林接到王亚南从坪石寄来的信，得知中山大学决定聘用我，立即向李济深辞别，赶赴坪石报到。当时，王亚南是中山大学教授，还担任经济系主任。按常规，大学是在暑假前发出聘书的，我却在寒假前接到聘约，除了老朋友王亚南大力帮忙外，蒋光鼐为我写给中山大学校长许崇清的推荐信，肯定发挥了作用。

> 按聘约，我从1942年1月起在中山大学法学院经济系任教授，承担经济政策和西洋经济史两门课程的讲授。我抓紧寒假时间突击编写讲义，新学期一开始就登上了讲台。

> 在教书之余，萦系在心的是我的组织关系问题。廖承志被捕后，我日夜盼望着新的联系人前来和我接头，可是，一直未见党组织派人来粤北找我。我想，组织上暂时不派人来，就是要我在中山大学扎下根，长期坚守岗位。在校教好书，广交朋友，就是我的任务。当时校内国民党、三青团的活动很猖獗，我团结那些倾向进步、学识渊博的教授，在抗战时期粤北僻壤极为困难的条件下搞好教学，这样就能以正压邪，使不学无术的反动教授相形见绌。进步教授在学生中有威望、受欢迎，反动分子无法排挤我们。

> 在坪石，除了努力教好书外，[1] 我还经常举办讲座和召开座谈会，分析和议论时局，解答大学生对中国和世界反法西斯战争时局最关心的问题，帮助他们消除恐惧心理，鼓励他们抓紧时间刻苦学习。

> 我在坪石落脚之后，就写信告诉远在上海的妻子龚冰若。不料，她接到信后，立即带着我的老岳母以及4个孩子千里迢迢来到粤北山区小镇。我们全家在1942年"五一"节团聚了。家人的到来使我喜忧交加。高兴的是颠沛半生之后总算能和家人共享天伦之乐了；担忧的是我的微薄收入难以维持一家七口的日常开销。我理解妻子的苦心。她不愿在上海受日寇的奴役，更不愿让孩子受日本帝国主义的奴化教育。坪石的生

活再艰苦，她也要穿越敌人的封锁线跋山涉水来到我的身边。妻子很体谅我，帮助我挑起家庭生活的重担，让我集中精力做好学校里的各项工作。为贴补家用，她变卖了从上海带来的衣物，并不顾山道崎岖，到几十里外的湖南省宜章县一所中学去教英语。我的老岳母操持全部家务。由于她老人家精打细算，量入为出，使全家日子过得挺舒坦。

中山大学的学生大都来自沦陷区，对他们理应倍加关怀和爱护。我家的经济虽然不宽裕，可餐桌总是向学生开放的。学生们常来我家研讨学术问题和议论国际国内时局，往往一谈就是几个小时，到了开饭时间总有两三位留下来用餐。老岳母是个热心肠的人，见到青年们享用她亲手烹制的粗茶淡饭时，脸上总是露出慈祥的笑容。她也在为革命做贡献，虽然老人家自己并不知道。川流不息的学生使我的茅舍充满了生气。

1944年，王亚南应厦门大学之聘而离开坪石去江西赣州，我接替他的经济系主任职务。当时，日本帝国主义为打通大陆交通线而疯狂进攻粤汉线，中山大学面临疏散问题，我这位新上任的系主任，第一件工作就是安定经济系师生的情绪并组织有条不紊的疏散。

1944年秋，进攻粤汉铁路线的日寇已逼近坪石。为打消人们的恐惧感，我在一次法学院召开的座谈会上作中心发言。我分析了华南抗战的形势，指出日本帝国主义侵略军尽管气势汹汹，却存在着兵力不足的根本困难。我说，日寇的兵力只能用于进攻交通线，而我们反倒有了回旋余地。这篇发言稿被高素文拿去，发表在赣州的《正气日报》上。

年底，坪石沦陷前，中山大学师生分东西两路疏散。东路去兴宁、梅县；西路去连县。我和法律系主任薛祀光教授选择了西路。因为我们的家属几个月前疏散去临武，而广东省的连县和湖南省的临武县是毗邻的。至此，我结束了坪石的教书生涯。

1944年下半年，我曾去过韶关一次，是张克明来信邀我去谈心的。张克明原在东江工作。曾因抗日活动而被国民党顽固派逮捕。我得知张克明被捕的消息后，即托蒋光鼐设法营救。张克明获释后，离开东江来到韶关，在广东省教育厅工作。他在反动分子黄麟书（教育厅长）手下工作，处境困难，心情很不舒畅。张克明的感受，我是完全能够理解的，因为我在重庆时也尝过这种味道。我鼓励他顶住，目前应为坚守岗位而忍耐，遇到机会就赶快离开。

　　1945年春节我是在临武家中度过的。春节过后，我和薛祀光等从临武步行一百多里山路赶到连县。当时，日寇的威胁尚未解除，山路时有土匪骚扰，幸好途中未遇意外，没有耽误授课。到达连县后，中山大学教务长邓植仪指定我担任法学院连县分院主任。连县的办学条件比坪石还差。但条件再差也不能糊弄学生。在我们的精心安排下，复课后，不仅补上了因疏散而造成的缺课，而且基本上保证了本学期的正常教学进度。

　　9月，抗战胜利，举国欢庆。我的妻子盼望着我回家看看，我却留在连县招生。10月，我和薛祀光被学校派往广州石牌，[2] 参与接收原属中山大学法学院的校舍，并负责安排修缮。

　　年底，我的家属也来到了广州。由于我没有尽到对家庭应尽的责任，在妻子面前深感内疚，感谢她对革命工作的支持和生活上对我的谅解和照顾。

➲《梅龚彬回忆录》，团结出版社，1994年出版

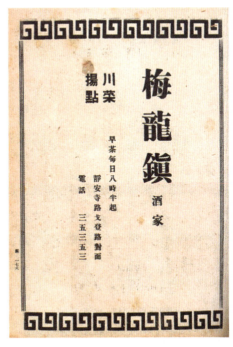

➲ 龚若冰赴坪石前在上海与影星吴湄开设的"梅龙镇酒家"的广告，该酒家是抗日救亡文化界人士的秘密聚集地

梅龚彬先生在中大生活了五年半，他回忆到，中大是自己连续工作时间最长的、怀有极其深厚感情的单位。梅龚彬先生离开中大后前往澳门，后于1949年10月1日登上天安门城楼见证开国大典，他写道：

9月21日，具有伟大历史意义的中国人民政治协商会议第一届全体会议隆重开幕。我作为首届政协代表，亲聆伟大领袖毛泽东主席庄严宣告"占人类总数四分之一的中国人从此站立起来了"的洪亮声音，顿时心潮澎湃，热泪盈眶。回顾从五四运动到新中国即将诞生的30年新民主主义革命经历，我和全体与会代表一样，对伟大祖国的光辉前程充满信心。中国人民政治协商会议第一届全体会议结束后，我被任命为政协全国委员会副秘书长，协助秘书长徐冰处理政协的机关事务。

9月30日夜晚，想到翌日在天安门城楼上参加毛泽东主席主持的开国大典，想到五星红旗将在天安门广场冉冉升起，兴奋得彻夜不能成眠，望着北京饭店窗外的星空，我等着曙光降临。

二、李达的《社会学大纲》

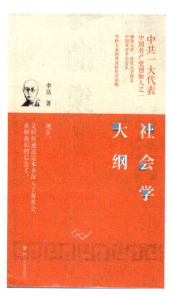

➲《社会学大纲》，李达著
（四川人民出版社，2017）

再看一看李达抵达坪石之前的论著，就可以理解李达在武阳司村的授课内容。李达在1939年出版的《社会学大纲》第四版序中写道：

中国社会已经踏进了伟大的飞跃的时代，我无数同胞都正在壮烈的牺牲着，英勇的斗争着，用自己的血和肉，推动着这个大飞跃的实现，创造着这个大时代的历史。这真是有史以来空前的大奇迹！可是，战士们为要有效的进行斗争的工作，完成民族解放的大业，就必须用科学的宇宙观和历史观，把精神武装起来，用科学的方法去认识新生的社会现象，去解决实践中所遭遇的新问题，借以指导我们的实践。这一部《社会学大纲》是确能帮助我们建立科学的宇宙观和历史观，并锻炼知识的和行动的方法的。因此，我特把这书推荐于战士们之前。

李　达
民国二十八年四月

三、郭大力为王亚南译著《欧洲经济史》写的序

王亚南执教中大之前，与郭大力合译的《资本论》刚出版不久，1935年他出版了译著《欧洲经济史》，郭大力为他写序，两位的学术友谊是深厚的。郭大力在1934年为王亚南写的《序》照录如下：

亚南译乃特《欧洲经济史》，历时一年余，至第二篇第十一章，将出国，嘱我将未译的四章续完。我把它译完了，乃为之序。

《书洪范》八政，"一曰食，二曰货。"《汉书传叙》亦云："厥初生民，食货为先。"这样看，经济的问题，并不是自古以来就为人所轻视的。徒以历来士大夫奉传统的儒家思想，讳言利，经济的历史，才几乎没有人过问。

鸦片战争终于把中国旧思想的堡垒摧毁了，国人始渐觉有讲求富国策的必要。经济上种种新的设施，先后模仿着成立了。斯密的伟大著作，亦很典雅的译成了汉文。但当时的人，都把这些当做"危败之后"的救亡策，学的研究是谈不上的。斯密虽处处告诉人有研究经济史的必要，但这种研究迄未能发达。

在我国，经济史研究的发达，严格说，是唯物史观思想流入以后的事。按照唯物史观的说明，适合于物质生产力一定发展阶段的生产关系的总和，是法律政治与思想那种种上层建筑的真基础；前者的变化，会使后者或速或徐的发生变化；所以，社会的意识形态，须由物质生活的矛盾，由社会生产力与生产关系之现实的冲突来解释。这种思想，以最大的冲动力，要取一切旧有的思想而代之。在这种思想的冲动下，经济史的研究能为人所深深注意，乃是当然的。

人类社会历史的进行，有一定的法则与顺序，这已经成为一个没有

疑问的真理。因为历史是循多方面进行的杂多的事实之系统的记载与说明，所以历史研究者应具有一种确定的历史哲学，亦是人所共知的。只知搜集事实而不能探明历史上各种事实的关系的人，严格说，不能说是真正的历史家。

但我不是说，这种搜集者，对于历史的研究，是没有贡献的。他们的功绩，和历史哲学家的功绩是一样的。我不过说，他们若能具有一种历史哲学来贯通那零碎的历史事实，他们所能有的成功，必较大于他们现今所有的。

不仅如此。我还觉得，一个没有公式的内容，从许多方面看，都比一个没有内容的公式更有价值。自唯物史观的经济进化的公式输进以来，研究者们太注意公式了。他们把经济现象看得太单纯了，把经济的发展看得太机械了。似乎经济史研究的工作，就止于套现成的公式，而表面上与公式不相容的事实是无须过问的。这是一个何等重大的误谬。不幸，这个重大的误谬，便发现于我们以求真为职志的人中间。中国经济史的研究尚不能有可观的成绩，固由于研究时间的短促，但套公式的习惯不除，研究的成绩决不会有可观的一日。我们应注意公式，尤应注意表面上与公式不能相容的事实。合于真理的公式，必能合于事实。注意表面上不与公式相容的事实，不是背叛公式，其结果乃是加强公式的力量。

总之，无论作为思想的根据抑当做未来行动的方针，经济史的研究都是重要的。任何一种学问的目的，皆在于使表面上无关系的事实关联起来，使表面上不联贯的事实联贯起来。经济史的研究的目的，亦是这样。一种确定的历史哲学，进言之，一种有概括性的历史进化观，当作贯通历史事实使它们发生关系的手段，是

◯《欧洲经济史》，[美]乃特（Knight）等著，王亚南译，上海社会科学院出版社2016年翻印

必要的。但我们直接所求于历史，不是这种手段，而是历史的本身。我们若以历史为预料未来的手段，历史哲学便不过是手段的手段。

像著者序中所自白，这部《欧洲经济史》的目的，不在于介绍任何一种根本新的哲学。著者虽承认历史的联续性，知道工具是进步最重要的动力，大体说来，不能说是没有历史哲学，但本书最重要的特色，还是对于数千年以至今日欧洲经济生活上的事实，有扼要而精密的叙述。

"他山之石，可以攻玉。"这部《欧洲经济史》，对于以不同方法研究中国经济史的学者，或不止有仅小的帮助罢！

郭大力

一九三四年十二月

"知史爱国"，借用1964年国庆节，时任全国政协副主席陈叔通，赋赠时任全国政协副秘书长的梅龚彬夫妇的诗告慰曾经的坪石教授：

昌明运会同欢跃，淡泊生涯自宠珍。

难得妇贤兼校职，外家有母侍昏晨。

注释：

［1］据梅龚彬的学生回忆，梅龚彬经常在课堂上讲马克思主义政治经济学原理和社会发展史，很受欢迎。

［2］中山大学的校址原在石牌。1952年院系调整时，中大迁出，石牌校址划归华南工学院（今华南理工大学）和华南农学院（今华南农业大学）。

烽火古道的学术成果

1940年出版的《新经济》半月刊第4卷第3期刊载了历史学家梁方仲先生撰写的《对于驿运的几点贡献》，文中指出："运输统制局召集全国驿运会议已于七月十五日在行都闭幕了。据八月九日报载，会议的结果，中央方面将由交通部设立全国驿运管理处，统筹主持各省驿运管理处也限于次月一日以前一律成立。"梁先生又阐明驿运的意义："在敌人加紧对我的封锁的今天，从事修复这个原有的制度，使之适合于抗战的需要，以补救他种交通的困难，这不但有巨大的历史的意义，而也是急不容缓的一桩要政。"随后提出组织问题、发价问题、给养问题、设站问题、限制牲口集中问题、牲畜繁殖之提倡限制运输货物种类、添置辅助驿运的改良交通工具八方面行之有效的措施。[1]这是历史学家研以致用，在民族存亡时贡献智慧的学术论文。梁方仲先生祖居广州下九路，1949年回乡受聘于私立岭南大学经济系教授兼系主任。

在粤北的烽火古道旁集结了一批忧国忧民的学者，在抗日战争中不忘学术耕耘，留下了一批影响至今的沉甸甸的硕果，也为中国交通史谱写了充满爱国主义精神的可贵的新篇章。

一、《资本论》中文版出版的前前后后

抗日战争时，位于粤北古道旁、乡间里的大学，是中国传播《资本论》最早的课堂，这皆因郭大力、王亚南两人的出现。

（一）从《资本论》翻译到三联书店出版

马克思著、恩格斯编的《资本论》中文译者郭大力于1938年出版译作的译者

跋中写道："就第一卷说，序跋以及由第一篇至第四篇是我译的；第五篇至第一卷终，是亚南译的。就第二卷说，序和第一篇，是亚南译的，第二篇第三篇是我译的。但到第三卷，因为亚南担任更重要的工作的缘故，他只能译极少的部分了（第六篇第三十七章至四十章）。其余的部分就都归到我肩上来了。我为使译名统一，笔调近于一致起见，曾对全稿负起责任。"

第一卷共七篇，王亚南先生翻译的第五篇是《绝对剩余价值和相对剩余价值的生产》，第六篇是《工资》，第七篇是《资本积累的过程》；第二卷共三篇，王亚南先生翻译的第一篇是《资本形态变化及其循环》；第三卷共七篇，王亚南先生翻译的第六篇第三十七章是《导论》，第三十八章是《级差地租》，第三十九章是《级差地租的第一种形式》，第四十章是《级差地租的第二种形式》。第三卷最后的部分，是1938年4月郭大力赶到上海在读书出版社的两间房的社部里，与留守在上海的出版社的负责人郑易里一起赶出来的。

支持、推动《资本论》出版的重要人物是读书出版社的负责人艾思奇、黄洛峰和郑易里，三位均是云南老乡。艾思奇先生是1935年加入中国共产党，黄洛峰是1927年加入中国共产党，郑易里是1928年加入中国共产党。虽然1938年时艾思奇在延安，黄洛峰在重庆，但出版《资本论》之事三人早已经商定。郑易里为《资本论》中文版的出版贡献良多，出钱出力，帮助校对工作。郭大力先生在译者跋中最后写道："最后，我们应当感谢的，是郑易里先生，他不仅是这个译本出版的促成者和实行者，且曾细密为这个译本担任校正的工作。"《译报周刊》以笔名"史贵"刊发评论文章《在战斗中发展的〈资本论〉》，并在周刊同一面的"书报介绍"中刊有郑易里和艾思奇翻译的苏联哲学家米定等著的《新哲学大纲》，该书是介绍辩证法唯物论的著作。郑易里还有译作《资本论的文学构造》，为苏联作家聂奇金纳从文学角度研究《资本论》的专著。由此可知，郑易里在当经营者、管理者的同时也是翻译者。郑易里做出的历史贡献还包括编辑《英华大词典》，他在近80岁时创造了"郑码"输入法。

除了读书出版社，新知书店是留守上海的为数不多的进步出版机构。梅益先生在1938年按照组织的安排，找到王益，创办了进步刊物《时代丛刊》。1948年读书出版社、生活书店和新知书店合三为一，就是现在的"三联"书店。

1942年，由从国立中山大学毕业的曾生同志领导的东江纵队，成功从香港营救了大批进步文化人士，包括夏衍、恽逸群、邹韬奋、艾寒松等。这时候，被营救的从事出版的文化界人士与正在粤北韶关坪石教书的、曾被邀稿的作者近在咫尺。部分文化界人士还经过韶关，但残酷的战争使得他们只能在东江纵队的护送下逃往桂林、重庆等地，但也有个别留在粤北从教的，如许幸之先生。

（二）推介进步理论译作的《译报周刊》和"左联"文化人

《资本论》于1938年8月31日出版第一卷，9月15日出版第二卷，9月30日出版第三卷，当时该书印刷3000套，其中2000套拟运往后方。[2]《译报周刊》署名"史贵"的评论文章《在战斗中发展的〈资本论〉》写于同年10月20日，离最后一卷出版仅有20天，这应该是梅益先生主编的《译报周刊》及时配合的。《译报周刊》在当时的"孤岛"上海与读书出版社、新知书店等进步出版社联系紧密，栏目"书报介绍"成为推介马克思译作等进步书籍的载体。冒着"杀头"风险、留在上海联络各方的重要人物就是梅益，《译报》创刊时他与夏衍、恽逸群一起工作。1936年冬，他想与周扬到延安，周扬说等他的来信；1937年胡乔木同志通知梅益和林淡秋，说组织要求他们继续留在上海。1937年，在上海风雨飘摇的日子里，梅益加入了中国共产党。上海沦陷后，他与夏衍开始着手《译报》的创立，并于1937年12月9日出刊，后来转变并派生出《每日译报》《译报周刊》。

梅益先生的回忆录《八十年来家国》中写道："和新知书店的王益保持党的联系，和生活出版社的艾寒松保持党的联系，和当时群众团体内部刊物《团结》的编者潘蓉田、何封保持党的联系，并通过他们认识了钱纳水和胡曲园、李平心等。和林淡秋、戴平万、扬帆共同主编大型报告文学集《上海一日》。"[3]《上海一日》该书100万字，为纪念抗战一周年，于1938年12月出版。戴平万是于1938年加入《每日译报》的编辑，负责本埠消息版。[4]《在战斗中发展的〈资本论〉》一文写得极为生动深刻，回忆了《资本论》在中国翻译的全过程，引用了郭大力先生的翻译前期的准备情况介绍，指出对中国的现实意义，对于考茨基与《剩余价值学说史》的关系也进一步介绍。此在上海沦陷区写成的应该为中国第一篇评论全套《资本论》中文版的评介文章。

考茨基出生于布拉格，1874年在维也纳大学学习历史和哲学，1885年在伦敦结识了恩格斯并成为好友，是马克思的《剩余价值学说史》（也称为《资本论》

第四卷）的编者，1938年病逝于阿姆斯特丹。

也许郭大力先生和王亚南先生没有想到他们会先后来到梅益先生的故乡——广东任教，不知王亚南先生是否想到中山大学就是在上海"孤岛"时期共产党领导的文委主要领导人之一、"左联"12名发起人之一、《每日译报》的编辑、潮州人戴平万的母校。支持读书出版社出版《资本论》最重要的决策人之一的艾思奇当年在香港读书的母校岭南大学也在附近的韶关仙人庙。

（三）战时粤北继续马克思主义政治经济学研究和传播的学术中心

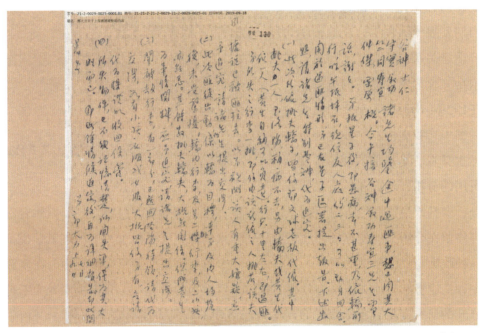

🔸1941年7月9日郭大力在韶关坪石写给清远连县东陂广东省立文理学院同事的信[5]

1940年，郭、王两位《资本论》翻译家来到粤北教书，郭大力开始埋头苦干翻译马克思《资本论》的第四部分《剩余价值学说史》和《恩格斯传》，王亚南在韶关乐昌坪石武阳司建立了马克思主义政治经济学的研究传播阵地。

王亚南先生在1940年8月到校前，于中央训导团政治部任设计委员（政治部服务于抗日战争时期国共合作，由周恩来领导），著有《中国经济原论》《经济科学论丛》，以上是1944年王亚南在中山大学法学院经济系的登记名册上填写的上年度的内容。

王亚南在坪石武阳司中山大学法学院经济学系任主任，创办了《经济科学》，提供了马克思主义政治经济学研究传播的平台。发表文章的作者，不仅有教师，也有高年级的学生。当时在读大三的涂西畴，于1940年考入中山大学经济学系，1943年在《经济科学》第三、四期发表《评柯尔“论政治学与经济学之关系”》一文，写道：“柯尔是一位运用马克思的方法的人，在1929年出版的《马克思之真谛》一书中自我表白，‘我之成为马克思主义者，是从他的理论中找到他所用的分析社会的正确方法，拿来分析今日政治的和经济的问题，较之其他方法所得的要明白些。’”但作者没有停留在介绍，他发挥批评性思考问题学术精神，反驳柯尔关于马克思学说是一种政治与经济学说的观点，又写道：“卡尔与恩格斯虽然在生活中，在实践中，把经济和政治观作不可分裂的整体。但学术的研究上，并未视二者为不可分开的研究对象，也未否定政治学与经济学不能成为独立的学科。”[6]柯尔（C.D.H.Gole，1889—1959年）是英国的政治学家、经济学家，毕业于牛津大学，1944年任牛津大学社会学教授。

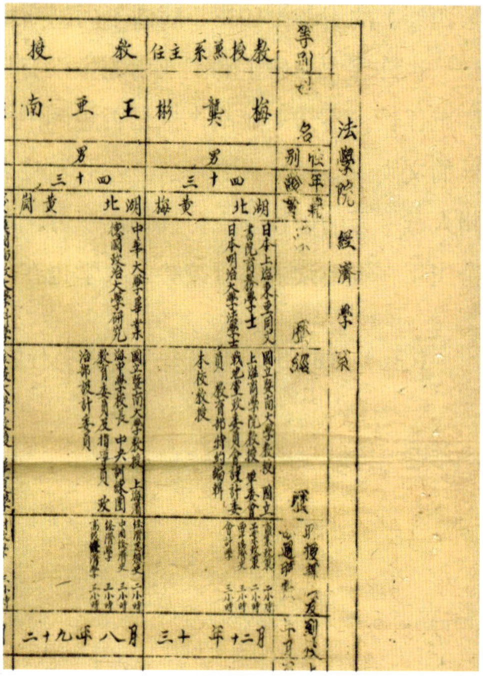

1944年王亚南在中山大学法学院经济系的登记名册上填写的内容

在《经济科学》发表文章的还有一位在读学生戴錞隆，论文题目是《论经济与法律》。在1942年的《经济科学》杂志上，石兆棠发表了《古典经济学的经济自由思考》，卓炯发表了《社会价值论思考》。涂西畴毕业后留校，曾任湖南大学教务长，石兆棠在新中国成立后曾任广西大学副校长，卓炯曾任广东省社会科学院副院长，戴錞隆在新中国成立后任湖南大学法律系主任，他们在科研和教学岗位上继续《资本论》的传播。

1941年国立中山大学人事处编的《国立中山大学学生手册》，对王亚南先生的介绍颇具有历史价值：

> 新经济学家王亚南，是湖北黄冈人。他留学日本和德国，专攻经济学。回国以后，他同他的朋友郭大力合力翻译古典经济学，从亚丹·斯密

1941年《学生手册》上对王亚南先生的介绍（藏于广东省立中山图书馆）

> 士、李嘉图，到卡尔的经济学著作都先后介绍贡献于中国学术界了。他还翻译了一部《欧洲经济史》（世界书局），另以笔名编译了一本《中国社会经济史稿》（生活书店），还有其他译著，恕不一一列举了。

这里有几点值得注意，一是"卡尔"指的是卡尔·马克思，在大学的名师介绍中，王亚南翻译《资本论》是吸引学生的重要学术背景；二是专门提及进步书店"生活书店"，王亚南先生出版的译著和著作，与上海两家重要的进步书店"读书生活出版社"和"生活书店"有关。关于第一点，许崇清先生特别看重，1934年许崇清先生发表的文章《姜琦著〈教育哲学〉正谬》、1939年12月发表的《〈学术中国化〉与唯物辩证法》、1940年为《教育新时代》期刊写的创刊词，均运用了大量的马克思、恩格斯的辩证唯物主义和政治经济学的观点。[7]在坪石的学术气氛是民主和开放的，王亚南先生在1946年回到广州石牌为经济学系的学生补课后，发表的公开信也谈到这一点。王亚南先生与朱谦之先生经常讨论问题，王亚南先生写道："至若就其研究态度讲，我们在几年同事当中，每次见面必争论，每次争论达到面红耳热的程度，结局，他总会给你满意的说'你所讲的很对'，但这样讲的时候，言外决不忘记也给自己满意的表示：'我所讲的也很对。'这就是说，绝对尊重他人的意见，同时也绝对坚持自己的意见。朱先生的

这种做学问的态度，被友人称为是'为生活而学问的态度'。"[8]王亚南先生的描述传神，表现了"坪石先生"之间的友谊和学术原则。

二、烽火古道的学术成果

总结粤北烽火中的学术成就，容易以偏概全，但我们可以逐步收集完善，这是前人未做过的总结。前期对吴尚时、胡世华、卢鹤绂、虞炳烈、刘鸿等理工科学者进行了初步罗列；在人文和经济学方面，中山大学在2004年出版了《杰出人文学者文库》，以这一文库为基础，结合《冼玉清文集》《邓植仪文选》《梁家勉农史文集》等个人专集和《经济科学》《中山学报》《岭南学报》《民俗》《农声》等期刊，对1940年至1945年在粤北烽火古道旁产生的人文学科、经济学科、农业学科等学术成果先做总结。以下仅引数位学人学术著作为例。

人类学、民族学和历史学家杨成志在坪石两年间写成《人类科学论集》和《广东人民和文化》两部专著，于1940年发表《现代人种问题的研究》；于1941年发表《文化播迁的差别方式》；于1942年发表《民俗学之内容和分类》《民族学和民族主义》《人类科学的展望》《文科研究所十六年回顾和前瞻》；于1943年发表《粤北乳源徭人调查》《粤北乳源徭人的人口问题》《粤北乳源徭语小记》；合著《大凉山夷民考察团计划纲要》《人类科学论集》《广东名胜古迹之性质分类及其文化象征》《人类学史发展》《人类学史的发展鸟瞰》《广东人民和文化》，并于1944年在美国发表《语言科学在中国》《中国书法艺术》。[9]

在教育和心理学方面，当时出现许多颇有分量的学术著作和论文，同样学以致用，围绕民族精神和地域性问题展开论述。

广东省立文理学院教授阮镜清于1942年发表《原始画之心理》《学习心理学》；于1943年发表《民俗心理学的基本问题及其研究法》《小学课程的心理研究》《社会教育师范学校中的心理学问题》；于1944年发表《性格类型学概观》专著。[10]

许崇清先生在身兼公务校务等繁重事务中，仍然有哲学思考文章发表，早在1934年发表的《姜琦著〈教育哲学〉正谬》，已经大量地引用马克思、恩格斯的唯物辩证法，于1939年12月发表了《"学术中国化"与唯物辩证法》一文，于

1940年为刊物《教育新时代》写创刊词，也谈到了马克思的自由王国和大同世界的关系；在1940年发表的《民族自由与文化建设》，对帝国殖民主义进行了批判；1941年发表《民族自由和文化建设》《所谓社会底层教育作用》，思考人类底层社会的实践活动；1942年为《学园》创作发表了《学园告诉年轻朋友们》，同年还发表了《教育即生长论批判》《社会改造思想机制》。离开粤北中大坪石校园后，他主持出版了《学园》《新建设》《新教育阵线》等刊物。

林砺儒尽管担任院长行政职务，也不忘学术研究，他于1941年发表了《民族建国与国民教育》，1942年发表了《怎样做中学校长》《精神剃须论》，1943年发表《中国民族解放运动与国民教育》《筹措国民学校基金问题》《八·二七路线》，1945年发表了《儿童教育与人性改造》《养士》等。[11]

邓植仪先生也是行政工作负担繁重，但也不忘科研，他于1942年结合地方需要发表了《粤汉铁路北段与土壤》，在1940年澄江时期主持恢复《农声》，并写了序。[12]

梁家勉先生许多论文一直在不断修改中，没有发表，幸在《梁家勉农史文集》中可以读到。1940年，梁家勉的《诗经之生物学发凡》是在连县中学校刊中发表的。1944年，他写的《别树一帜之中国文字学者——杜定友先生》是手稿留存。[13]

三、筚路蓝缕的学术薪火相传

私立岭南大学在粤北韶关大村办学期间，陈心陶先生也在此居住，夫人郑慧贞从香港到广州生下第三个女儿后，乘难民船到曲江再转至大村。2004年出版的《陈心陶百年》纪念文集中，陈心陶先生的夫人在纪念陈先生百年诞辰的回忆文章，选择的主题是与仙人庙大村有关的"艰难岁月"，回忆了抗日战争香港沦陷时，陈心陶先生乔装难民只身离港，郑慧贞自己回广州生第三个孩子。等小女儿出生后不久，母女四人乘"难民船"从水路经曲江转大村。新生的女儿名静希，在途中不幸得病，与陈先生未见面就病逝于航程中。在曲江大村团聚两个月，当时陈先生从江西回来在大村度过春节。战事吃紧，陈心陶又带着家人和学生黄启铎赴赣州，在江西幸得一子名恩轩。[14]

1928年，在广州私立岭南大学生物系任教的陈心陶获得奖学金留学美国。他仅用一年时间就获得明尼苏达大学寄生虫学理学硕士学位，接着在哈佛大学攻读比较病理学获得博士学位。1931年7月回国继续科研和教育工作。第九届全国人大常委会副委员长吴阶平评价陈心陶先生："一生致力于寄生虫学研究。他研究发现许多寄生虫新种，而且对我国多种寄生虫病有着广泛和深入的研究，写有论文150多篇，其中在国际、国内发表130多篇。早在上世纪30年代，陈心陶所做的华南地区蠕虫区系调查及并殖吸虫、异形吸虫的实验生态研究，填补了我国寄生虫研究上的空白，为华南地区的寄生虫相和人畜共患疾病的研究打下了坚实的基础。"

1940年，陈心陶所著的我国最早有关并殖吸虫的权威著作《怡乐村并殖吸虫一种结论》，突破了当时国际上认为肺吸虫仅有威氏并殖吸虫一种的结论，引起国际寄生虫学界的重视，促使后来陆续发现许多新种。他在该书提出的形态学和实验生态学的特征，至今仍是公认的重要分类依据。

在抗日战争期间，他培养了进修学生黄启铎、吴青蔡、叶英。黄启铎在1942年从岭南大学医学院毕业，成为陈心陶先生的得力助手，后又赴美国、英国进修，曾任香港大学微生物学系主任、副校长，香港岭南学院院长。20世纪60年代的学生胡孝素，为华西医科大学教授，获国家科技进步奖三等奖。20世纪50年代的学生柯小麟，为中山医学院教授、广东省寄生虫学会理事长，获国家自然科学三等奖。20世纪50年代陈心陶先生招收的博士研究生李桂云，为中山医学院教授，获国家自然科学三等奖。

陈心陶在1940—1945年期间用英文发表了数篇高质量学术论文：

1. Morphological and developmental Studies of Paragonimus Iloktsuenensis with some remarks on other species of the genus（1940）

2. Note on Haplorchis from Hongkong（1941）

3. The Metacercaria and Adult of Centrocestus formosanus（Nishigori，1924），with Notes on the Natural Infection of Rats and Cats with C. armatus（Tanabe，1922）（1942）

4. Spelotrema pseudogonotyla n. sp.（Trematoda：Microphallidae）from Hongkong.（1943）

5. Some parasitic diseases in Hongkong with emphasis on those caused by Helminthes（1944）

6. Harplorchid trematodes from Canton and Hongkong（1945）

在粤北韶关坪石的国立中山大学研究院以及后来在广州石牌研究院的研究生，大部分硕士毕业生论文质量达到相当高的学术水准，可以说影响至今。他们又成为学术薪火相传的主力军。

1990年12月14日，杨成志先生在中央民族学院接受采访时讲到："我培养的学生有戴裔煊、朱杰勤、江应樑、王兴瑞、梁昭韬、王启澍（这几位现在都不在世了）、曾昭璇（现在华南师范大学）、吕燕华（女，加拿大）、刘孝瑜（现在中南民族学院）、张寿祺和容观夐（现在中山大学），还有的名字记不起来了。他们后来都成为人类学、民俗学、历史学各方面的专家教授。"[15]杨先生提到的朱杰勤曾为暨南大学历史系主任，江应樑曾为云南大学西南边疆民族历史研究所所长。

⊃ 杨成志先生倡导，梁钊韬先生建立、复办的广州康乐园中山大学人类学系教学楼。位于粤北韶关坪石的研究院有人类学部，1948年3月8日杨先生提出国立中山大学设立人类学系的建议，在人类学部基础上开办人类学系，杨先生任系主任，梁先生为助手

在粤北韶关坪石朱谦之老师、杨成志老师指导下，戴裔煊取得硕士学位，于1942年毕业。他完成的40多万字的学位论文《宋代钞盐制度研究》，是中国古代经济研究史领域的开拓性专著，多次再版。1946年，戴裔煊再入中山大学历史系任教，期间曾在广东省立商法学院任教授，并在广州康乐园专心研究澳门史，学生无数。

述及的容观夐先生，1922年出生于中山三乡，在广州培正小学完成小学教育。抗日战争爆发后，在澳门培正中学度过中学时间。1942年秋，他考入位于粤北韶关坪石的国立中山大学法学院社会学系，在武阳司村有大学的经历。1947年考入文科研究所人类学部读研究生，师从杨成志先生。1948—1950年就读于美国的得克萨斯州立大学文化人类学研究所。回国后先后在广东省立法商学院、中南民族学院、中山大学任教。

杨成志先生逝世近20年后，瑶族史人类学研究的引路人容观夐先生也离世了。2018年7月14日博主"人类学之滇"发文：

"我在马丁堂一直读到博士毕业，几年间浸染在人类学'窝子'里，了解到容先生筚路蓝缕的学术历程的一些细节，再面见当时精神矍铄的容老先生，在鞠躬问候之外，更增加了敬畏和'好奇'的内心独白。后来我来到云南大学工作，体味着云南与广东、云南大学与中山大学在学术史上千丝万缕的联系，再回顾容先生的故事与学问，不由惊叹于知识传承之神奇。

"老人走了，可老人趟出的路，我们还该走下去，尽管有磕绊、有彷徨，但坚持走下去，才是对老人最好的追念。"

这是一位于2003年入校的学子写的，道出师生共同的心声。

注释：

［1］刘志伟编《梁方仲文集》，中山大学出版社，2004，第461页。

［2］http://www.shtong.gov.cn/node2/n189571/n258802/n258811/index.html

［3］杨兆麟主编《八十年来家国：梅益纪念文集》，社会科学文献出版社，2005，第26页。

［4］黄景忠、陈贤武编《都市之夜：戴平万作品及研究》，花城出版社，2019，第271页。

［5］广东省档案馆藏档案，档号21-2-21-2-0029-21-2-0029-0025-01。

［6］涂西畴：《评柯尔"论政治学与经济学之关系"》，《经济科学》1943年第3-4期，第20页。

［7］许锡挥编《许崇清文集》，中山大学出版社，2004，第147页、第208页、第214页。

［8］黎红雷编《朱谦之文集》，中山大学出版社，2004，第13页。

［9］刘昭瑞编《杨成志文集》，中山大学出版社，2004，第279页。

［10］杨慎之编《阮镜清心理学论文选》，湖南教育出版社，1986，第105页。

［11］中央教育科学研究所编《林砺儒教育文选》，北京师范大学出版社，1984。

［12］吴建新编选《邓植仪文选》，广东高等教育出版社，2006。

［13］倪根金主编《梁家勉农史文集》，中国农业出版社，2002，第577页。

［14］郑慧贞：《艰难岁月》《陈心陶科学论文题录》，载陈思轩主编《陈心陶百年》，中山大学出版社，2004。

［15］刘昭瑞编《杨成志文集》，中山大学出版社，2004，第272页。

在天安门城楼见证开国大典的"坪石先生"

　　1949年9月21日至30日，中国人民政治协商会议第一届全体会议在北平召开，会议代表全国各族人民意志，代行全国人民代表大会职权。回首与武江抗日战争时期坚守烽火育人的先师，其中有多位经历武江烽火岁月洗礼，来到天安门城楼参加开国大典，见证五星红旗升起的神圣时刻，他们是参加中国人民政治协商会议第一届全体会议的代表，有的在1949年9月30日被选举成为首届180名全国政协委员之一。

　　抗日战争时期在连县任广东省立文理学院院长的林砺儒先生，同时为坪石国立中山大学研究院指导研究生，他是中华全国教育工作者代表大会筹备委员会界别的代表，1949年9月30日当选为委员，与他同时担任委员的教育界人士还有成仿吾和叶圣陶。

　　曾任国立中山大学经济系主任、法学院代理院长的梅龚彬教授，1925年加入共产党，参加过南昌起义、海陆丰农民运动，一直是秘密共产

⊃ 1949年10月1日天安门升起国旗（引自全国政协官方网站）

党员。于1941年3月到香港参加廖承志领导的爱国抗日宣传运动，1941年底进入坪石武阳司村的国立中山大学任经济系教授，1942年他与廖承志在韶关有一次联系。离开石牌的国立中山大学后，梅龚彬在澳门、香港继续完成组织工作，以中国国民党革命委员会代表身份出席中国人民政治协商会议。1948年12月，梅龚彬陪同李济深从香港乘苏联货轮北上，1949年1月7日到达大连，周恩来同志为李济深的北上做了细致的安排，参观了沈阳，在2月抵达北京。1951年10月28日政协第一届全国委员会常委会第三十一次会议通过，再补选阿沛·阿旺晋美、梁漱溟等18名知名人士，梅龚彬先生是人选之一，被补选为首届政协委员，此后梅先生一直担任全国政协副秘书长和政务院财经委员会委员。

与梅龚彬从香港随轮船同行的还有曾与其在坪石国立中山大学共事的洪深先生，1946年至1948年洪深先生在香港主编《大公报》的副刊《戏剧与电影》，他也从香港北上成为开国大典的见证人，他参加的是专门设立的"无党派民主人士"界别，[1]参加这一界别的有郭沫若、马寅初等，还有尚未恢复党籍的李达被选为委员，在第二届全国委员会时，李达才转入社会科学团体界别。开国大典时12位无党派民主人士界别中就有两位在抗日战争期间共饮武江水、烽火教学的国立中山大学教授。

在1942年至1944年有坪石任教经历的马思聪是中华全国文学艺术界联合会的代表，在1949年6月召开的新政治协商会议筹备会议中，担任国歌词、谱评选委员会专家和顾问。1949年9月25日在中南海丰泽园毛泽东、周恩来召开的协商国徽、国旗和国歌等问题会议上，与会者18人中，就有马思聪，还有也在坪石担任过教授的洪深，[2]他们均是粤北坪石抗日战争时期重要的文化艺术象征性人物。在北京，洪深先生担任了文化部对外联络局副局长，也在北京师范大学任教，1954年召开第二届全国政治协商会议时被选为无党派民主人士界别的委员。惜1955年洪深先生过早离世。洪深先生中西共治，新旧兼融，1920年在哈佛大学毕业后进入美国百老汇职业剧团，曾在美国创作英文独幕剧《牛郎织女》，1928年回国后引入欧美戏剧和电影理念，1923至1948年创作了34部电影剧本，55部话剧剧本。[3]

在抗日战争时期，仙人庙大村东吴大学与岭南大学为伴，时任东吴大学代理校长的沈体兰先生，在1949年2月与部分民主人士乘"华中轮"海船到达解放区，与马寅初、柳亚子、陈叔通等人同行赴京参加全国政协会议并参加开国大典，他是上海各界人民团体的代表，当选为全国政协副秘书长。沈体兰先生中学、大学均是在东吴大学度过，1928年至1929年在牛津大学教育研究所读研究生，回国后开始与共产党接触，离开仙人庙后赴重庆，在共产党人龚澎介绍下见到了周恩来，1946年回上海继续教师生涯，组织了上海大学教授联谊会。

抗日战争时期在仙人庙大村的东吴大学任副教授的吴大琨先生回忆："1949年10月1日，我被邀请参加了天安门的国庆观礼，当晚还出席了在北京饭店举行的国宴。在国宴上，我所在的那一桌的主人是邓小平。"[4]吴大琨曾在西雅图华盛顿大学担任教学和研究工作，回国后以海外华侨身份列席了第一届全国政治

◑ 参加中国人民政治协商会议第一次全体会议的部分民主人士在"华中轮"上合影，三排左起第二位是沈体兰先生（引自全国政协官方网站）

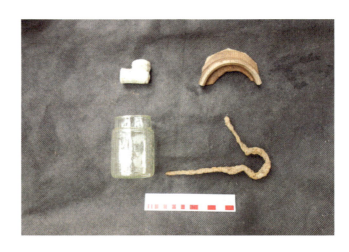

◑ 在大山村考古发掘到的抗日战争时期师生使用的生活用品（广东省考古研究所提供）

○ 1946年10月11日吴大琨先生出国留学前，主编《经济周报》的同人合影留念（引自吴大琨《白头惟有赤心存——风雨九十年琐忆》一书）

○ 韩江堤岸上红棉公园展示的杜国庠、陈波儿、梅益等"左联"文化人出生地在韩江流域的分布图，由韩江流域管理局和汕头设计院设计（许瑞生/摄）

协商会议，参加政协会议时，周恩来特别将吴大琨介绍给毛泽东主席认识。1944年，仙人庙的东吴大学因可能被日军攻击而紧急疏散后，吴大琨到了桂林，在共产党人的协助下参与美军的情报收集。因吴大琨协助美军对日作战有功，1946年西雅图华盛顿大学授予其"自由勋章"，这是美军授予平民的最高荣誉勋章。吴大琨先生在回忆录中，重提这是东江抗日游击队的贡献，当时东江纵队派出多名队员化装为苦力混进民工队伍，进入机场，准确地描绘了机场飞机库的位置，使美国空军准确轰炸日军军事目标取得胜利。1953年吴大琨教授回国，受聘于山东大学，1956年后一直在中国人民大学任教，1988年成立国际经济系，任名誉主任。

此外，在韩江走向大千世界的"左联"文学家、艺术家中，出现在北平中国人民政治协商会议第一届全体会议代表的名单中的，有左翼运动的重要人物——哲学家、教育家杜国庠。杜国庠是澄海人，是待解放区民主人士的代表，1949年9月30日被选为委员，他是从香港辗转进入北平的。左翼电影人陈波儿，潮州庵埠人，成为中华全国民主妇女联合会代表，她是在1946年进入东北建立东北电影制片厂，任党总支书记和艺术指导，应该是从东北到达北京。文学家、翻译家、《钢铁是怎样炼成的》首译者梅益，潮州人，1947年进入延安，任新华社副总编辑，他应该是随中国人民解放军进入北京，为中华全国民主青年联合总会的代表。左翼电影人蔡楚生，潮阳人，是中华全国文学艺术界联合会的代表。

1954年12月4日，在政协第一届全国委员会常委会第62次会议中，又有经历粤北抗日战争烽火从教的先生被选为委员，他们是国立中山大学天文台主任邹仪新先生，《资本论》翻译者、连县时期广东省立文理学院教授郭大力先生。

今天，我们不能忘记"静音"的坪石先生，不能忘却90多年前的"左联"文化人。庆幸韶关学院、韩山师范学院师生已经加入了南粤古驿道保护与活化利用的队伍中，后继有人！

注释：

［1］中央统战部研究室：《统一战线的100个由来》，华文出版社，2010，第148页。

［2］彭光涵：《不朽的历史记录——国徽、国旗、国歌诞生纪实》，中国人民政治协商会议全国委员会官方网站。

［3］朱剑虹：《剧坛先驱洪深及其常州故居》，《中国文物报》2015年6月2日第4版。

［4］吴大琨：《白头惟有赤心存——风雨九十年琐忆》，中国人民大学出版社，2005，第114页。

参考文章：

刘翼：《爱国民主人士沈体兰》

梅向明：《父亲梅龚彬的革命生涯》

徐志福：《中国现代剧坛的"黑旋风"——小记著名电影家、戏剧家洪深》

任明耀：《怀念两个人：洪深和王芸生》

石雪峰：《隐蔽战线上的卓越战士梅龚彬》

陈承融：《一心爱国一生行——缅怀杰出的教育家、社会活动家沈体兰先生》

（感谢倪俊明、张弓和匡高峰诸位协助提供资料）

从"先生"到"同志"

——关于郭大力和王亚南在南岭传播《资本论》的历程研究

习近平同志对《资本论》的翻译者郭大力、王亚南高度评价，中共中央党校的校史室中，郭大力以及中共中央党校"一代名师"是最为重要的内容之一，新中国成立后郭大力一直没有离开中共中央党校，见证着这座中国共产党最高学府校园26年的变化，解读校园环境，可以理解郭大力先生讲授《资本论》的时代背景。

郭大力上大学讲坛讲授《资本论》始于粤北，对粤北抗战时期郭大力先生、王亚南先生的烽火育人和传播马克思主义的史料进行挖掘，可以更好地理解《资本论》在中国的传播轨迹。

目前广东省正在创建南岭国家森林公园，南岭广义而言是五岭，在抗日战争时期及新中国成立前，王亚南先生和郭大力先生的活动轨迹正好均是在五岭山脉之间，在东陂、坪石、建阳、永安和赣县南康，两位先师于南粤古驿道上留下了传播真理的足迹。五岭山脉的古驿道还有新中国成立后支撑中国高等院校、呵护教育火种延续的众多教育家的印记，以及抗日战争时期在华南地区随父辈一路颠沛流离于五岭群山中各战时乡间简陋校舍的小孩的稚嫩小脚印。无论是王亚南领导的闽西农村调查，还是毛泽东的寻乌调查，都是处于这一地理大环境背景之下，将这段影响中国革命理论发展的历史融入南岭国家森林公园中，可以找到中国的"魂"。如果从生物学角度讲，南岭的生物多样性源于南岭是冰川时期古生物最后的避难所，从中国教育发展史角度讲，南岭是中华民族教育基因战时的"栖息地"。

一、从粤北抗战时的"先生"到北京的"同志"

中共中央党校的前身为中央马克思列宁学院，1948年7月24日中共中央作出《关于开办马列学院的决定》，1948年9月15日中共中央发出《中共中央关于党校教学材料的规定》，苏联学者李昂节叶夫著的《政治经济学》是教材之一，"政治经济学"独立设立专门课程。在延安时期的中共中央党校，"政治经济学"已经成为一门独立课程，任课的是王思华和王学文，均是从事《资本论》研究的著名经济学家。1955年8月1日中央马列学院正式改名为中共中央直属高级党校。

1952年1月14日，中共中央马列学院给毛主席并中央汇报马列学院工作报告中，列明设立三个研究室。"因此去年开始准备建立三个研究室——马列主义研究室，以杨献珍同志为主任，艾思奇同志为副主任；政治经济学研究室，以王学文同志为主任，郭大力先生为副主任；中国语文研究室，以周文同志为主任，何其芳同志为副主任，但最后这个研究室还没有正式成立。"[1] 报告中教员们被称为"同志"，只有郭大力被称为"先生"，因为郭大力尚未加入中国共产党，中央马列学院在现在的中共中央党校北院教学。

1957年，郭大力先生在中共中央党校光荣地加入了中国共产党，可以称为郭大力同志了。

也是1957年，中共中央马列学院新校园的规划和设计完成，开始动工建设，这就是现在中共中央党校的校园主体部分。同年，校园的规划和设计总负责戴念慈先生在《建筑学报》第1期发表了《一个社会科学学院的规划和设计》，详细介绍了自己对中共中央党校（中央马列学院）的设计构思。

1942年戴念慈在抗日战争的烽火中毕业于迁至重庆的中央大学建筑系，"坪石先生"国立中山大学建工系主任虞炳烈曾任中央大学建筑系主任，虽然没有教过1938年入学的戴念慈，但戴念慈就读的建筑系的教程编排，有这位留法多年建筑教育家的贡献。中央大学内迁，1937年虞炳烈离系赴昆明后加入了在澄江的国立中山大学，又随学校迁回粤北坪石，此时虞炳烈先生正负责规划设计建设一座特殊的校园——战时坪石国立中山大学临时校舍，实践他从事建筑学生涯初时没有料到的"抗战建筑"。1945年虞炳烈正在为闽赣师范学院设计战时校舍时，不幸染病，3月去世，没有亲眼看到期待多年的中华民族抗日战争胜利的日子。在虞炳烈先生设计的战时礼堂，《资本论》的翻译者王亚南讲授传播《资本论》，此时郭大力先生从粤北东陂回到家乡正在集中精力夜以继日翻译马克思的巨著《剩余价值学说史》。和平年代，在戴念慈设计的中国共产党最高学府中，《资本论》的翻译者在大礼堂继续《资本论》的传播。

1942年毕业后，戴念慈留校任助教，同时在一所私人建筑设计事务所任合伙人。抗日战争胜利后，他随兴业建筑师事务所迁到上海。新中国成立后由梁思成推荐，戴念慈参加新中国建立后中央机关的一系列修建和设计工作，1950年1月担任中共中央直属机关修建办事处设计室主任，成为中央政府的建筑师。在新中国若干新建筑中，开始探索红色文化与传统建筑结合的设计命题，同时在特殊年代，还需要探求如何将苏式的风格适当融合到中国传统建筑和现代建筑的风格中。1949年冬，戴念慈先生从上海调到北京进入中共中央直属机关修建办事处。1951年，戴念慈加入了中国共产党，也是从"先生"到"同志"，加深对中国共产党和马克思主义理论的理解，并运用到校园的规划设计实践中。戴先生从早期对美国建筑师赖特的迷恋，增加了对民族形式和苏联建筑风格的学习。1949年戴念慈先生写了一篇关于民用建筑设计和建筑方针的文章，提出"适用、经济、美观"三要素；时任中共中央办公厅主任的杨尚昆，阅读文章后批复，提出"适用、经济，在可能条件下注意美观"的建设方针。当时是针对中共中央直属机关修建办事处的建设方针，1955年建工部召开全国性大会正式明确其为全国性的建设方针。[2]

在《习近平的七年知青岁月》一书中，记述了同住窑洞的知青朋友雷榕生、雷平生对习近平总书记知青年代读书生活的回忆：

近平每次去"干校"探亲或外出，总能带回来一些新书。有一次，他带回来厚厚一本郭大力和王亚南翻译的《资本论》，躺在炕上专注地阅读。过后，他对我议论起这部著作。他谈了很多关于《资本论》不同版本沿革的知识，并说《资本论》的翻译版本很重要，他特别推崇郭大力和王亚南这个译本。他介绍道，这两位翻译家同时也是社会学者，一生矢志不渝翻译和介绍马克思主义著作到中国来。近平讲到他们的执着和毅力，即无论做什么事，都矢志以恒，一以贯之，才有可能实现自己的凤愿。他对这两位学者非常推崇，不仅推崇他们的学术造诣，更推崇他们的高尚人格。[3]

习近平同志在厦门工作时提到："王亚南先生不止是翻译《资本论》，还以马克思主义为指导，对旧中国经济形态进行了深刻剖析，发表过一系列很有影响的著作，包括《中国经济原论》《中国地主经济封建制度论纲》《中国官僚政治研究》等，我也都读过。"习近平同志在厦门大学参加了以"《资本论》和马克思主义政治经济学现实指导意义"为题的小范围座谈会，结合《资本论》和马克思主义政治经济学对特区改革开放的指导意义提出意见。[4]

1948年8月著名经济学家王学文在华北财政学院任院长时，开始编写《政治经济学教程绪论》。为加强中央马列学院政治经济学师资，首先在1949年6月将王学文调至中共中央马列学院任政治经济学教研室主任，王学文到任后极力推荐王亚南、郭大力到校任教。现在有条件选贤，当然首选是全套《资本论》中文译者郭大力和王亚南。[5]1950年5月10日政务院第三十次政务会议通过王亚南任厦门大学校长议程，[6]因此只有郭大力于1950年6月调入中央马列学院当政治经济学教研室副主任，与王学文合作教学，中央马列学院成为新中国《资本论》传播的重要阵地。[7]

推荐郭大力的经济学家王学文是"左联""社联"成员。王学文同志为江苏徐州人，在日本留学时随日本学者河上肇学习马克思主义政治经济学，他放弃已经写成的博士论文回国，参加"左联"并参与组建中国社会科学家联盟，为中共党团成员，曾赴延安担任延安时期的中央马列学院副院长。1939年在中央马列学院讲《资本论》使用的是何锡麟译、王学文校的《〈资本论〉提纲》和1930年3月昆仑出版社出版的陈启修译的《资本论》第一卷第一篇。1948年为了加强政治经济学教学，王学文又一次调入中央马列学院，1953年在中央马列学院研究处副处长任上调到中宣部任职，政治经济学的教学组织由郭大力负责。1955年，王学文同志和郭大力均被聘为学部委员。

而王亚南也从另一角度解释郭大力为何没有随他回厦大，因为"北京各大学均开政治经济学课程，任教的多是一些社会上知名学者，不仅理论上而且在革命实践中都是有贡献的，但由于他们对古典经济学和现代资产阶级的经济学理论不太熟悉，像一些著名学校里的正统派的经济学教授们，心里并不是真正佩服他们，有些经济系的高年级学生也故意提这方面的问题，他们只对我（王亚南）和大力同志态度较好。因为谈到亚当·斯密等人的著作，我们也不一定比他们知道得少"，所以郭大力留北京。[8]

王亚南1923年春考入湖北私立武昌中华大学预科，秋季考入该校本科经济学系一年级，1924年转入教育学系二年级，1926年春三年级修业期满。该校1926年秋停办，该班并转入国立武昌中山大学毕业，私立武昌中华大学校长陈时1944年给出的证明书清楚表述了王亚南的大学教育过程。抗战时私立武昌中华大学迁徙重庆，抗战胜利后迁回武昌，新中国成立后，陈时无私将他们父子苦心经营40年的大学交给国家。王亚南毕业后曾在武昌私立成城中学教书，参加过北伐战争，当了10个月的政治教官。1928年与郭大力在杭州相遇共约翻译《资本论》后，他们决定从前期理论准备开始，翻译了多部西方经济学著作。王亚南出国留学日本期间，二人仍保持着紧密联系，在日本收集马克思研究著作及马克思原著。1931年10月回上海，借宿于郭大力之家，继续共同合作翻译。1934年王亚南再避难于德国和英国，1935年回国后继续与郭大力合作翻译《资本论》。

郭大力1905年出生于江西省南康县斜角村，斜角村分为"岭上"和"田心里"两个屋场，郭家住在"田心里"。郭大力按照辈分起的名字是郭秀勋（音"晴"），由京和力组成，意为强有力，长大后他自己将秀字去掉，取意"大力"，一直沿用。郭大力考入厦门大学，后到上海继续学业，1927年毕业于上海大夏大学。大夏大学创立于1924年7月，由于厦门大学学潮，部分师生离开厦大赴上海，创办新大学，开始到处租借房子上课，后买地建校，现在华东师范大学所在地就是原校址。

在翻译《资本论》前，他们俩做了充分的理论准备。日本学者高畠素之著的《地租思想史》是研究了马克思《资本论》之后，对《资本论》中关于地租理论产生兴趣而写的一本受《资本论》思想影响的著作。1931年6月王亚南翻译出版了《地租思想史》，郭大力为校对并写了《校后记》。2月5日的《校后记》写道："亚南这个译本，虽不免有几处过于直译，但大体是小心谨慎，颇可推荐的。对于本书，批评家若不吝于批评，那我敢代表亚南表示十分欢迎。"[9]

1933年3月王亚南先生出版了英国学者克赖士著的《经济学绪论》译著，

也离不开郭大力先生支持。1932年9月在译者序中王亚南先生写道："我译这部书，是在今年'一二八沪战'开始不久，我完成这部书，是在沪战结束后不久，全书大部分是在炮声隆隆的惨黯光景下译成的；那时，爱国男儿在前方杀敌效死，血性学者也在后方奔走呼喊，我虽然冷冷伏居斗室，从事不急之务，但时则狂喜，时则盛怒，时则深忧的不定心理，已使我的工作不能照常进行，就是勉强成就的译文，也难免留下许多漏隙。为了这个缘故，我把译文全部，送交我的朋友郭大力君，请其对照原文，详校一遍。他是乐于并且习惯了校订我的文字的。对于这部书，他尤花费了不少的精力与时间。我只好在这里空空的表达我感激他的盛意。"[10]

1933年王亚南参与到"血性学者"的行列。1933年11月20日陈铭枢等发起反蒋抗日运动，在福州举行"中国全国人民临时代表大会"，后来在坪石武阳司村国立中山大学法学院任教的王亚南、梅龚彬和彭芳草均参加这次运动，他们可能始料不及有武水的重逢。12月15日，"福建事变"时创刊的《人民日报》改由王亚南任社长，彭芳草任总编辑，王亚南分别在12月29日、12月30日和1934年1月4日发表三篇社论，《伟大的革命战斗开幕》《革命战斗开幕之后》和《国际和平空气笼罩下的中国战斗》，反对蒋介石消极抗战，号召民众扩大对日本帝国主义战斗。可惜仅刊行51号，王亚南接手的是从24号至51号停刊。

王亚南先生在20世纪30年代出版的著作常用的名字是王渔村和王渔邨。1934年《中国农村》创刊，特约王亚南撰稿，他使用的名字是王渔村。1936年出版的《经济政策》和1937年5月出版的《中国经济读本》中的文章署名王渔村。这两年间他在《新中华》杂志上发表文章多篇，包括《东京政变发生后的国际局势》《由广田内阁崩溃到林内阁成立》《日本马场财政论》《日本对华外交转换论》《日本新内阁的透视》等多篇国际问题的文章，均使用王渔村笔名。1937年在《民族呼声》发表《当前的两个紧迫问题》，使用王渔邨一名。《新中华》半月刊1933年1月创刊于上海，1937年8月休刊，1943年1月在重庆复刊，抗战胜利后迁回上海。

郭大力先生1933年3月完成依利教授等所著的《经济学大纲》的翻译，9月出版。该著作初版于1893年，合作者于1930年出版第五版，郭大力是根据最新的第五版原著翻译。他在1933年3月译者序中写道："我译书，一向不主张逐字呆译。此书，因为是初学的读本，所以更有这样的倾向。我希望，这不免错误的倾向，不致于妨碍译文的信实。"同时郭大力感谢了沈志明、张素民两位先生的帮助，张素民先生是校对者。[11] 理解了才不会呆译，这一风格贯穿郭大力和王亚南的翻译学术生涯。在此译作之前，郭大力与王亚南合作翻译了《国富论》和《经济学及赋税之原理》两部经典著作，1931年由中华书局和上海神州国光社出版，也已经翻译出版了《人口论》，郭大力此时才27岁。

郭大力尊重王亚南，在《资本论》第三卷出版的译者跋中郭大力写道："这决不是表示我应享有较优的权利，因为没有亚南的合作，这部书完成决不能这样迅速，甚至在我们应再开始的时候，也许根本就不会开始。一个人对一件事的贡献，决不能单纯由量来估计。"

1935年王亚南出版了译著《欧洲经济史》，部分是王亚南赴德国避难时郭大力帮他收尾翻译完成的，郭大力为此书写了序。两位的学术友谊深厚且保持终生，讨论王亚南离不开郭大力，研究郭大力需要了解王亚南，因为他们有共同的纽带《资本论》，并以传播和翻译此影响世人的巨著为己任。

《资本论》的出版与中央马列学院一代名师艾思奇有关。艾思奇有位亲戚是郭大力邻居，知道郭大力、王亚南翻译《资本论》，告诉了艾思奇，在"社联"领导人夏征农介绍下，1937年初艾思奇、黄洛峰和郑易里与郭大力见面并签下了出版《资本论》的合同，郭大力和王亚南选择了具有"左联"色彩的读书生活出版社。1938年9月30日《资本论》第三卷出版，此时读书生活出版社总部迁往重庆，地址是重庆武库街一百号，在武汉的分店地址是汉口交通路三十一号，在广州为教育路铭贤坊三号，留守在上海编审、校对《资本论》的出版社地址是静安寺路斜桥弄七十一号。

1938年8月13日在上海，郭大力先生写的译者跋提到："我们当时虽没有想到出版的问题，但在开始二年之后，我们就得到了读书出版社愿为这个译本负刊行责任的好意了。"在特别感谢郑易里担任校对等重要贡献后，郭大力又写道："黄洛峰，艾思奇，汉夫诸先生也有很大的帮助。"汉夫全名为章汉夫，原名谢雅泰，江苏武进人，1931年从莫斯科回国，曾任广东省宣传部长、代书记，1937年任上海文艺界抗日救亡协会秘书，11月到了武汉，开始在《新华日报》任编辑，1938年迁址重庆后，任《新华日报》编辑部主任、总编辑，新中国成立后任外交部副部长。章汉夫用英文校对过《资本论》译稿。

"七七事变"后，郭大力将第一卷书稿交给出版社后，带着全家回家乡翻译第二卷和第三卷。1938年4月17日郭大力从家乡出发，经香港历经两周的旅途劳顿，再返上海，[12]最后冲刺三个月终于大功告成。此后郭大力又返回家乡，途中在大余县境内遇匪是多次被提及的故事，夫人余信芬说"是他为《资本论》的出版而劳碌奔波的一个小插曲"。1938年秋郭大力受聘为江西省立赣州中学高中部英文教员，住校门口右侧一间租赁来的低矮破旧的平房中。[13]此后王亚南和郭大力的研究教学著述，是重要的历史阶段，记述不多且错漏不少。如所引用的上文，是一篇非常有价值的关于郭大力抗日战争时马克思主义理论翻译的史实研究原创性学术论文，但文中郭大力离开广东东陂的时间写为教一学期上半年回到家乡，实际广东省档案馆的档案显示，1941年7月9日郭大力从连县到了坪石，数天后要返回东陂，这时是暑期。郭大力是1940年秋季到校，在文理学院任教应该是完整的一学年，连县的东陂镇多被写成东波。马克思主义理论著作《剩余价值学说史》中译本孕育诞生于抗日战争时的广东连县东陂镇和江西南康斜角村，这两处翻译写作地，对中国执政党中国共产党遵循的马克思主义理论在中国实践具有重大的历史意义。

郭大力先生、王亚南先生经历以五岭下粤北乡间祠堂为教室的抗日战争烽火传播《资本论》的年代，他们同途而来。尚未加入中国共产党的《资本论》合作翻译者王亚南先生，1940年先到了粤北偏僻的山区国立中山大学法学院经济学系任教，他没有对战时重庆、桂林较为安全和文化生活较丰富的城市生活环境留恋，6月份在根本未了解广东乐昌坪石是什么样的生活环境状态下，就与国立中山大学签订了聘书，而且希望郭大力先生也到粤北山区，他们是逆向而行，这里离抗日战争时期的广东沦陷区很近。

王亚南完成《中国经济原论》著作的坪石，长期没有学者进行深入研究，而王亚南在执教厦门大学对年轻学生的教导中，多次以此地的师生教学为例。国立中山大学与孙中山先生有深厚的渊源，中国许多学者是因敬仰孙中山先生而来，对石牌校园是没有什么印象，未知石牌先晓坪石。在广东的坪石，王亚南结合"高级经济学"和"西方经济学史"两门课程，将最新翻译的马克思主义政治经济学理论融入授课中，从1940年至1944年7月，经济学系所在地武阳司村和车田坝村成为传播马克思经济学理论的新阵地。1945年抗战胜利后，王亚南、章振乾建议，由1941年经济学系毕业生佘志宏主持，原中山大学法学院经济学系助教张来仪协助，募集资金，将1940年至1944年王亚南先生讲授《高级经济学》课程相关讲义联成系统的各章，汇编成《中国经济原论》由经济科学出版社印刷发行。

1946年1月，由在福建福州的经济科学出版社出版《中国经济原论》，第一篇为《中国经济研究总论》。该书原第一篇导记题目是"中国现代经济的全般发展情形，及中外学者对于中国经济本身认识的演变"的长篇结论，因战争原因遗失，出版时此书总论是重写的绪论。当年在坪石武阳司村、车田坝村教学孕育形成的《中国经济原论》专著初稿，在抗战胜利后出版，是战火中王亚南先生在坪石的"最后一课"，是中国经济学学科奠基之作。

1946年出版的《中国经济原论》扉页上写着"敬以此书纪念在中国文化运动中留下了光辉业绩，但不幸都在抗战过程中先后与世长辞了的几位朋友"：

王礼锡先生　钱亦石先生

熊得山先生　张栗原先生

王礼锡是中国著名诗人、社会科学家、翻译家、人民外交家，抗战文艺的杰出领导者、国际反侵略的伟大战士。1939年8月26日在洛阳，王礼锡先生率领作家战地访问团在洛阳前线，劳累过度不幸染疾，医治无效而与世长辞。王礼锡任《读书杂志》主编时，请王亚南、汪洪法负责经济方面，文艺方面由张意生负责。创刊号刊有王礼锡、杨东莼、张意生、王亚南、周谷城等名家的文章。1932年2月，王礼锡、王亚南共同参与"中国著作家抗日会"的筹备和组织。

钱亦石是中国社会科学家联盟（"社联"）的发起人，著名的翻译家、教育家，1924年加入中国共产党。抗战时期，他带领30多名作家、音乐家、戏剧家组成战地服务队奔赴抗战阵地，带病在江苏省奉贤县南桥乡村工作，在沦陷前一小时才撤离，1938年1月29日在上海因病逝世。王亚南在《中国社会经济史纲》的《编者例言》中写道："本书得与读者诸君见面，第一当感谢森谷先生，而挚友钱亦石先生的指示与鼓励，亦极心感，但书中有错漏错误的地方，则不敢连累两先生代我负责。"落款是"1935年11月日本东京野马轩"。

熊得山一生著译丰富，著有《中国社会史研究》《社会主义之基础知识》等。熊得山是一位杰出的社会学家、教育家，也是"社联"的发起人之一，历经辛亥革命、五四运动等中国几次重大的社会运动。1939年2月4日在广西大学任教期间因病逝世，时年50岁。1940年梅益负责的中国共产党掌握的《译报周刊》第1卷第21期，发表《悼熊得山先生》长文。

张栗原1941年在东陂病逝，此时王亚南在坪石，痛惜之情可以理解。

王亚南虚怀若谷，在不同时期出版的序中均提及中山大学师生的帮助，特别提及法学院院长胡体乾和经济系主任梅龚彬，在《中国经济原论》的序言中他再三强调该著作是在中大课堂被不断地询问的结果，是任教期间发表的几篇重要经济学文章的移植。

王亚南是很有情感的人。他对最前线的大学的情感，来自特殊的战争区位环境，他认为："战争是骇人深省的有力因素，战时的许多社会现象，会帮助我们认识那些隐伏在表象后面的有关社会本质的东西。但假使我留在其他地方，或者留在其他大学，恐怕会是另一结果吧！"[14]《中国经济原论》开始诞生时写了3万字的绪论，1945年准备在桂林文化供应社出版，纸版做好了，但因桂林沦陷而搁浅，后来在第二年由福建的经济科学出版社出版。[15]

郭大力先生走入大学课堂讲授马克思主义政治经济学，始于抗日战争时期迁至粤北山区的东陂镇广东省立文理学院（华南师范大学前身），马克思主义理论家陶大镛先生第一次走上讲坛是在坪石。郭大力先生《剩余价值学说史》翻译工作也是从春天的家乡继续于秋天战时的粤北乡间校园。在这里郭大力先生第一次在大学授课，之前曾在上海的上海中学、大夏中学、赣州的江西省立赣县中学、赣州第三中学担任英文教学。有文章记述郭大力为解决经济问题在上海暨南大学代课，但代何课程和时间长短没有答案。妻子余兰英，字信芬，江苏兴化人，1910年出生，在上海暨南大学教育系读书时，与郭大力相识而结婚，从此陪伴着郭大力一生的《资本论》翻译和传播的艰难人生旅程。当郭大力返乡全身心投入《剩余价值学说史》翻译工作时，余兰英在赣县横溪中学教初中三年级英文，维持家庭开支。[16]他们带着两个孩子郭奕琳、郭宝璘一同到东陂，并自己培养孩子。郭大力在东陂的广东省立文理学院授课受到学生的欢迎，许多校友回忆起来津津乐道。郭大力喜欢京剧和广东音乐，他对广东音乐的喜爱与这段经历应该有联系。

　　当时张栗原在东陂的广东省立文理学院社会教育学系任主任，郭大力在东陂教学之余第二份《恩格斯传》的译稿就是放在他家，后来张栗原先生不幸在连县因肺病去世，郭大力在东陂翻译的《恩格斯传》第二次重译稿又失去了。郭大力教授所讲授课程为"经济学"和"经济学说史"，1939年入学的罗克汀是他们培养的学生，后来成为中山大学哲学系教授，是中国著名的马克思主义哲学家。

　　张栗原最重要的著述是在东陂讲课的讲稿遗稿《教育哲学》，由他的学生帮助整理后出版，在1947年完成书稿整理后，林砺儒先生特别写了序，介绍张栗原著作的由来。另一部重要著作《教育生物学》完成于1943年，同样也是根据遗稿整理，林砺儒先生在1943年元旦写了序："栗原先生病殁于连县，丧事毕，广东文理学院友人们着手替他整理遗稿。其中属于教育的大别有教育生物学、教育社会学、教育哲学和教育原理四种，而完成的只得教育生物学罢了。全稿约八万多字，共分八章，每章都写完了。可是原稿是散页，零碎得很，其中也有些注释还得补充。于是大家同意把这件整理工作委托文理学院毕业校友蔡英华君。蔡君是栗原生平得意门生之一，毕业后服务于附属中学及学院图书馆，朝夕追随栗原请益又两三年，由他负责这部遗稿的整理工作很适宜的。"1942年7月蔡英华带着重新誊写的书稿到了桂林，送林砺儒先生审定后写了序并由桂林文化供应社出版。[17] 张栗原的著作，可以视为教育生物学最新的教育学和生物学交叉学科奠基著作。在1949年出版的《教育哲学》同样是在东陂1940年春主讲教育哲学讲稿的基础上由蔡先生整理出版，书稿中引用了马克思的《资本论》和辩证唯物主义理论，对苏联教育也有介绍，可见郭大力在文理学院教书时与张栗原之间价值观一致而共鸣成为挚友。

　　1933年8月创办勷勤大学时，林砺儒是教务长兼师范学院院长，设立了文史学系、数理化学系和博地系。1936年改为教育学院，林砺儒仍然为院长；1938年独立为广东省立教育学院，他仍然为院长；1939年改为广东省立文理学院，继续担任院长。张栗原是1937年在广州被聘为勷勤大学教育学院教授，同年10月因各种战事紧张，开始迁往广西梧州，1938年11月迁往藤县，1939年1月迁往融县，1939年8月迁回广东乳源再转迁东陂。林砺儒在为张栗原著作《教育哲学》

作序中说与张栗原共事足四年，就是从勷勤大学教育学院一直到改名为广东省立文理学院。东陂的广东省立文理学院办学是从乳源县侯公渡转此，在1940年1月开学。

林砺儒从1933年任院长开始，先后聘任的教授、副教授有吴三立、何爵三、李沧萍、陈守实、冼玉清、姚宝猷、李鼎声、张西堂、杨尧、李冷凡、许杰、陈竺同、郭大力、王鹤清、王赞卿、王济仁、谢汝镇、林绳庆、杨葆昌、谢厚藩、沈启巽、潘祖武、刘炽章、盛叙功、陈兼善、陈炳相、白玉衡、童致棱、楼桐茂、梁溥、刘尔题、陈筱泉、章熙林、裘玉纯、董治良、熊大仁、蒋径三、高觉敷、钟鲁斋、尚仲衣、沈亦珍、林仲达、阮镜清、张栗原、王越、陈亮（子明）、徐锡龄、唐惜芬、潘谷神、朱树柚、甘毓津、李秀芬、易赞邦、许民辉、黄金鳌、钟志强等。这批教授、副教授均是当时国内知名度较高的学者。[18]

勷勤大学师范学院最重要的学术期刊是《广东省立勷勤大学师范学院季刊》，发表的论文多为学院教授们的力作。陈守实的《关于东西汉学家考证中国边疆史地的态度问题》，何爵三的《中国文字与中国修辞》，高觉敷的《类型心理学与差异心理学》均具有很高的学术水准。王鹤清的《中等学校数学教学法的检讨》，陈兼善的《记中国产之总鳃鱼类》，既有师范学院专业的理论研究，又有专门鱼类学的学科总结。勷勤大学师范学院季刊常刊登传播进步思想的译著甚至介绍苏联经验，发表了蒋径三1933年11月25日写于广州的《苏联新兴哲学之展望》。林砺儒院长在从事行政管理工作外，一直没有停止学术研究，曾发表《戴起教育的眼镜读庄子》，颇有新意。[19]迁徙到东陂，恢复学刊，改为《文理月刊》，陈守实负责史地，许杰负责文学。钱学森晚年谈到对他人生最有影响的十位人物，广东省立文理学院占两位，他们是林砺儒和王鹤清，均是早年曾在北京师范大学附中任课的老师。

抗日战争时期，不论条件多么艰苦，老师们用自己的知识和教学行动着眼未来，从另一条战线抗日，除了数位未能看到抗战胜利的曙光就与世长辞的名师，这批教授在新中国成立后多为中国师范教育的中坚力量。

当郭大力到达广东省立文理学院任教时，与他同事的教授和副教授还有盛叙功，40岁，教地理；刘棠瑞，32岁，教生物，与郭大力同为江西人；黄友谋，31

岁，教物理；王鹤清，50岁，教化学；赵咸云，35岁，教数学；陈竺同，47岁，教文史；何爵三，37岁，教文史；陈亮，41岁，教教育；徐锡龄，38岁，教社会教育；林仲达，45岁，教社会教育；黄金鳌，36岁，教体育；王赞卿，50岁，教化学；梁溥，32岁，教地理；阮镜清，35岁，教心理学兼任附小校长；张宗潢，36岁，教物理；甘毓津，31岁，教英文；吴三立，39岁，教文学；许杰，40岁，教文学；陈守实，48岁，教文史。数量最多的是广东籍教授，浙江籍教授次之，广州国立中山大学成立时，吸引了一批浙江籍老师来粤任教。抗日战争上海沦陷前后，从上海到此的浙江籍、江苏籍教授占的教席甚多，大师众多。除了张栗原外，郭大力与陈守实、盛叙功、陈竺同、许杰等交往密切。

1941年8月左右郭大力回到家乡江西南康老家斜角村，继续潜心翻译《剩余价值学说史》，1943年完成。在东陂完成一学年的教学，"由于该学院驻地广东连县东陂，地方闭塞，交通不便，生活条件也很差"，同时郭大力在油灯下继续专心致志翻译《剩余价值学说史》。离开东陂返乡后夫人余信芬在邻近乡镇女子师范学校任教，日常夫妻有计划地教儿子郭奕琳读书，没有送他去学校，1943年儿子考入当地私立幼幼中学初中部。[20]

抗日战争时期郭大力一直关注战时经济，忧国忧民。郭大力在《时代中国》第3期发表《掌握物资的理论》，提出限价政策的二支点，一是稳定货币值，二是掌握物资；指出土地蕴藏着矿产，掌握物资首先要掌握的是土地；对战时经济提出自己的建议："在这种困难当前，我们可以把社会的生产分成两类。第一类是生产全社会所需的各种消费资料。第二类是为社会的全部生产，生产必要用人力去生产的生产手段的。要避免损害小生产者的利益让不法商人发国难财。"郭大力在1943年《新工商》第2期发表《战时商人的权利及其界限》，讨论战时物价浮动与商人的关系，囤积、政府收入和课税是此文讨论的主题："课税的负担，很少能在结局上加在那有纳税能力的人肩上。实际上转化在商品，然后转嫁到消费者身上。商人利用军务需要，囤积并借机漏税，战时商人没有尽应尽的责任是关键。"

新中国成立后郭大力到了北京，进入中国共产党最高学府——中共中央党校传播《资本论》至1976年离开人间，始终如一。

在中央马列学院教学的同时，郭大力全面修订《资本论》译稿，1953年该版本由人民出版社出版。1954年郭先生患严重的高血压病，他长期身体不好，1956年为学员上必修课，第一堂课讲《资本论》刚过半小时就晕倒。[21]1958年，郭先生得了脑血栓后遗症，身体有所恢复后继续修订完善《资本论》译稿，1963年至1968年又再版新修订版。王亚南和郭大力商定，放弃稿费。

现在中共中央党校展览馆改为校史馆，在"一代名师"展板下展示郭大力《剩余价值学说史》翻译手稿、郭大力在1938年原书上校译的1953年出版的《资本论》发排稿，还有郭大力先生任学部委员的聘书，是1955年郭沫若任中国科学院院长时签发的，王亚南先生也是在这时被选为学部委员。

岁月变化无穷，政治人事沉浮变迁潮起潮落，郭大力先生26年间一直坚守岗位，始终是中共中央党校的学术中坚，始终如一从事《资本论》的传播，没有仕途沉浮的烦恼，永远的学部委员，精益求精的学术精神贯穿他的学术人生。

郭大力在中共中央党校一直传播《资本论》和不断完善翻译马克思著作，坚守到最后一刻倒在书桌前。1975年12月《剩余价值学说史》校译本第一卷出版，郭大力为第二、三卷润色，1976年4月9日早上工作，中午心脏病发作而不幸病逝。按照遗嘱将一万元作为最后党费交给党。实际上他在1958年、1974年以党费的名义分别上交组织5万元和6万元，支持国家建设。[22]王亚南先生将稿费存折交由厦门大学学校财务部门保管，用于补助困难教工、学生，捐款给校办托儿所。[23]

1978年《剩余价值学说史》第二卷和第三卷由郭先生的女儿、中共中央党校任教的郭宝璘老师誊写出版。郭宝璘抗日战争时期随父母来到广东的连县和坪石，在连县到坪石途中，在乳源县洛阳镇部分行李被抢劫，这是3年内郭大力的第二次遇劫。当时是小女孩的郭宝璘应该在场，她也是经历中国苦难命运的一代。在中共中央党校校史馆，郭宝璘捐出的郭大力生前在1938年《资本论》原书页面上校改的1953年《资本论》发排稿、《剩余价值学说史》翻译手稿，陈列在"一代名师"展板下方陈列柜最显眼的位置。

1955年12月23日郭大力为普通班授课的讲稿《〈资本论〉学习辅导》，1949年9月16日王学文的讲稿《学习政治经济学的方法》，现在是《中共中央党校"老讲稿"选编》一书中最重要的讲稿之一。郭大力在讲稿中说："因为《资本论》是工人阶级的圣经，它所讲的道理，就是工人阶级争取解放的道理。"[24]

郭大力1955年至1956年为轮训高级干部研究班讲授的《资本论》课程讲稿《关于马克思的〈资本论〉》，更成为经典之作，描述了《资本论》的轮廓，又解答了三卷各篇中的难点，成为专著出版。

寻找郭大力先生上课堂讲授《资本论》的足迹，需要回到从郭大力先生和王亚南先生翻译完《资本论》后有依据完整系统传播的第一课堂，粤北抗日战争时期华南地区的大学逃避战火的乡村校园，回到乡村祠堂的临时课室中。在艰苦的粤北山区乡间教学环境下，郭大力先生与夫人余兰英带着两小孩，在五岭下租住农屋内琢磨《剩余价值学说史》译文的正确表达；王亚南先生租住的农屋书斋号称为"野马轩"，他在桐油灯下完成了三部重要的中国经济学著作的书稿，就是习近平总书记提及的《中国经济原论》和《中国官僚政治研究》，还有第一本论文集《经济科学论丛》（原名为《社会科学论纲》，初版后改名为《社会科学新论》）一书的命题构思也产生于这里。

《经济科学论丛》，1943年江西赣县中华正气出版社出版，收录有《经济科学论》《政治经济学上的人》《政治经济学上的自然》《政治经济学及其应用》《政治经济学上的法则》《哲学与经济学》《政治经济学对于现代战争的说明》《政治经济学之历史发展的迹象》《政治经济学在中国》《中国经济学界的奥地利派经济学》共10篇论文，为多篇论文汇编，有的在不同刊物发表过。《经济科学论丛》序言是6月份写成的，序言落款是"1943年6月23日于坪石野马轩"，印刷时有错印为"1934年"，王亚南写道："这里所集印的十篇经济理论的论文，其中，《经济科学论》《政治经济学上的人》曾刊于国立中山大学出版的《经济科学》；《政治经济学上的法则》曾刊于桂林《文化杂志》，及《政治经济学在中国》曾刊载于第七战区编委会出版的《新建设》，而《政治经济学之历史发展迹象》，原题为《现代经济思想演变的迹象》，曾刊于国立中山大学出版的《中山学报》，只有《政治经济学上的自然》尚不曾发表，而最后一篇《中国经济学界的奥地利（原文译为奥大利，民国时期的译法）派经济学》则已在中山文化教育馆出版的《中山文化季刊》排印中。"[25]

王亚南在序中讲到在写第一篇题目时已经谋划10篇的布局，强调经济学中"人"和"自然"是最难的两大主题，其中不少文章是对中国经济学不良倾向的批判。《政治经济学上的自然》内容包括自然与社会、对于自然认识之经济学史的发展、由劳动价值论上的自然因素问题到土地地租上的自然因素问题、自然性质问题是经济学的试金石、经济学教我们缩减通过"自然发展阶段"的痛苦。

广东乐昌坪石武水河畔是王亚南著述最丰、思想火花最为闪亮的地方，在1946年《致中山大学经济学系同学的一封公开信》中，他谈到1940年之后，才开始用自己的语句，自己的写作方法，建立起自己的理论体系，把它伸展延拓到了一切社会科学领域，1940年是时间，地点就是韶关乐昌坪石"野马轩"。王亚南先生的教学和居住地具有重要的历史价值。80年后的2020年，出自对先师的敬仰，由三位毕业于华南理工大学建筑学专业的"三师专业志愿者"组织文献查找，广东省文物考古研究所和乐昌华南研学专班通过现场踏勘和历史档案分析，已经确定了坪石"野马轩"王亚南与夫人李文泉等家人当年居住的农屋遗址，处于"观音堂"左侧，但已经为新屋重建替代了。现在除了古井保护下来之外，仍然生机勃发的有两棵古树，经广东省林业局专家的测定，靠近王亚南住处的是"朴树"，榆科朴属，胸围3.07米，基部周长3.47米，根据调查，判断树龄155年左右。另一株是蔷薇科石楠属石楠，胸围2.01米，基部周长2.32米，根据调查，判断树龄135年左右。1940年当王亚南先生全家到来时，已经75年的朴树风华正茂，55年的石楠树意气风发，在树荫下，王亚南课余为到访的经济学系学生解惑，古树见证了坪石"野马轩"深夜未灭的灯光，王亚南先生疾书笔耕的身影投射在青砖墙上，思潮奔腾武江。

王亚南是31岁时在上海由老师李石岑介绍认识了湖南醴陵姑娘李文泉。李石岑是湖南醴陵人，是李文泉的老乡，又是王亚南和郭大力的老师，1920年毕业于东京高等师范学院，回国后在商务印书馆当编辑，1928年再赴法国、德国留学，1930年底回国，曾在大夏大学、国立中山大学任教。在"一·二八"事变时，上海的暨南大学校区沦为战场，与广州国立中山大学洽商，在中大设立临时办事处，收留部分暨南大学师生南下借读，李石岑因此执教中大。[26] 1931年6月王亚南在《读书杂志》发表《世界名著讲座》《正统派经济学名著》《封建制度论》和《略论经济学之基础并答辛茹君》，1932年4月在上海《神州国光社》发表《中国史的论战》，1933年在《新中华》发表《军缩会议与军备竞争》《旧华盛顿会议与新华盛顿会议》《1936年之大破局》等7篇文章，[27] 应该是在上海时他与郭大力经常同李石岑先生交流有关。

王亚南与李文泉交往一段时间后，1932年上海"一·二八"事变爆发，李文泉避难于杭州的姐姐家，王亚南到杭州看望李文泉时两人在杭州结婚。结婚后返回上海法租界租了一间小房子居住。他们的女儿王岱平在20世纪80年代为父亲写的传记《生命的辙印》书中戏称父母是"一段颇为'经济'的婚姻"。[28]李文泉女士、余兰英女士分别陪伴着王亚南、郭大力两位《资本论》的传播者和苦耕者，经历不少艰难岁月，她们是两位伟大的女性。

1933年度王亚南被上海暨南大学聘为特约讲师，以兼任教授待遇（1944年1月6日暨南大学提供的证明，藏于广东省档案馆），秋季授课课程为"帝国主义论"和"中国经济史"。11月参加"福建事变"后王亚南先避难于香港，后被港英当局拘捕后驱逐出境，回上海后不得不再出国。为了节省开支，李文泉没有随王亚南避难欧洲，而是到了日本，在日本明治女子大学会计科学习。

1935年王亚南从欧洲经过华沙、莫斯科陆路，再经过日本海到了东京与李文泉重聚，5月在东京居所"野马轩"完成了《德国之过去现在与未来》，11月完成《中国社会经济史纲》的书稿。1936年春，王亚南夫妇回到上海。王亚南的儿子王洛林于1938年6月3日出生于武昌，"洛林"实际是王亚南曾经使用过的笔名，这也是王岱平在《生命的辙印》书中所记述的。1940年王洛林随父母到坪石，在坪石的"野马轩"从2岁生活到6岁左右离开。推测女儿王岱平应该出生于坪石，在章振乾先生后来的回忆文章中，在1944年约7月左右王亚南离开坪石避难于福建永安时是一家四口，但未经证实。王洛林1956年考入北京大学经济学系，1960年毕业，分配到甘肃师范大学任教；王岱平1963年考入复旦大学中文系，1967年毕业等待分配，1968年与爱人蒋夷牧分配到晋西北黄土高原岚县任小学老师，蒋夷牧出生于1942年。[29]

经寻找各类书籍和资料考证，王亚南先生在1933年中华书局印行的《现代外交与国际关系》一书中，序中落款为"1933年1月3日于湖南长沙野马轩"，序中感谢周宪文先生的指导（张羽提供线索）。周宪文1907年出生，浙江台州人，就读上海同文书院，1928年赴日本京都帝国大学学习经济学，1934年回国后任暨南大学经济系主任。1941年周宪文筹建战时的建阳暨南大学并任商学院院长。

1933年1月3日，王亚南在长沙完成《现代外交与国际关系》书稿，落款"长沙野马轩"，是否与新婚妻子李文泉回醴陵老家有关系，待考。在1935年王亚南以王渔村名字出版的《德国之过去现在与将来》序言中，署有"志于日本东京野马轩"（引自厦门日报1983年9月30日，施瑛老师提供线索并协助查阅史料考证）。1935年11月完成的《中国经济社会史论》落款是"东京野马轩"。暂居日本时王亚南多以王渔村的名字发表文章，到了坪石、永安和厦门初期，一直使用此书斋号。"坪石野马轩"是中国经济学概念和理论的诞生地，是马克思《资本论》中国化传播的原点之一。

王亚南与李文泉婚后共同生活居住时间最长是在厦门大学，坪石住处是他们婚后使用书斋号"野马轩"最久的固定住处。坪石是王亚南先生以"坪石先生"身份备课和写作的马克思主义中国化的地方，正是在这里他开始不断探索研究教学。1957年5月25日王亚南在厦门加入了中国共产党，以"同志"的身份传授《资本论》的真理。5月25日的《人民日报》专门对此进行报道，文章标题是"《资本论》译者王亚南入党"[30]。

王亚南使用"王渔村"名字与王搏今合译英国柯尔的《世界经济机构总体系》，1939年8月由上海中华书局出版。王搏今就是王礼锡，译者序是王礼锡1938年秋在伦敦避难时写的，1939年底王礼锡回国参加抗日救亡运动。[31]王亚南以"王渔邨"的名字发表的文章最重要的是《中国农业问题讲话》，完稿于1936年11月22日，刊登于1936年《中国农村》第12期。他在文中置中国农业问题

➲ 郭大力《剩余价值学说史》手稿、1953年出版的《资本论》发排稿、学部委员的聘书（现存中共中央党校校史馆，由郭大力女儿郭宝璘教授捐赠）

➲ 中央马列学院领导与苏联专家在南院主楼前合影（第一排右二为郭大力先生，拍摄于中共中央党校校史馆）

于中国半封建半殖民地特有的社会经济制度和性质下考察，研究中国农业的特殊性；对中国存在大量土地的丢荒、农村生活资料的闲置、生产力落后与进入城市农民的失业进行全貌分析，得到的结论是中国农业问题的解决，与中国经济问题的解决，决不能分开；铲除与帝国主义狼狈为奸的封建势力，是解决中国经济问题的关键，如何施行打倒帝国主义和封建主义的步骤的研究，才是解决农村问题的开端。[32]

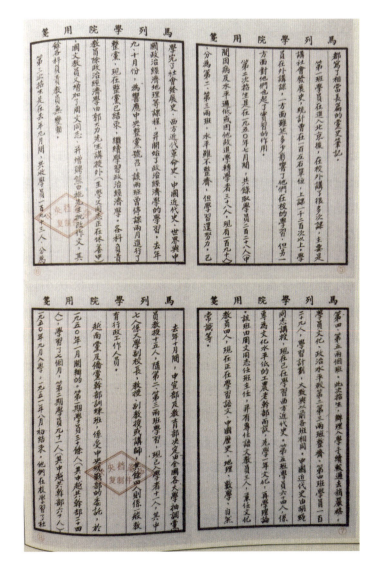

中央马列学院给毛主席和党中央报告中提到"郭大力先生"[引自中共中央党校编印：《中共中央党校校史文献史料选编·上卷（1933—1976）》]

二、"左联"和"社联"盟员重逢万寿山下

中共中央党校校史馆"一代名师"陈列是按学科排序的：杨献珍、艾思奇、孙定国、郭大力、王学文、黄松龄、范若愚、张如心、李践为、许邦仪、胡绳、吕振羽、周文、何其芳、王名衡、何家槐，共16人。学科分类为哲学、政治经济学、党史和语文，这是为适应新中国成立、提高干部理论水平而设立的。1955年学部委员中哲学社会科学部有61人，前后曾在中央马列学院任教的"一代名师"中有王学文、艾思奇、何其芳、张如心、胡绳、郭大力、黄松龄、杨献珍8人当选。

大部分"一代名师"在1930年至1936年之间参加了中国共产党领导的左翼文化运动的"左联""社联""教联"等进步组织。1936年6月解散的"社联"和"左联"成员，在13年后重聚于万寿山下，在和平年代传播马克思主义。

1948年，为加强哲学教学，艾思奇再次调入党校。1933年初，艾思奇在泉漳中学教书时参加了中国社会科学家联盟，这是其6年上海生活的第二年，他自己也认为是他参加革命的开始。[33] 在"社联"研究哲学，宣传马克思主义，曾担任研究部长，《大众哲学》是艾思奇最大的收获和贡献。1934年11月《读书生活》创刊，艾思奇是编辑之一，同时成立了读书出版社，李公朴被捕后，艾思奇担任总编辑，与总经理黄洛峰和郑易里支撑了读书出版社的生存。艾思奇1937年10月到达延安在中央马列学院任教。艾思奇1948年10月第二次进入中央马列学院任教，时年39岁，和郭大力重逢并共同执教于万寿山下的红色最高学府，距上海相逢时间已经过去了12年。1948年到校的艾思奇是最早到校的教员之一，比他更早调入到位任课的教员是杨献珍、何其芳、牟决鸣和寒枫。何其芳在中央马列学院任职共4年，1952年底任中国文学研究所副所长。

中央马列学院的"一代名师"中与20世纪30年代的"社联"有渊源的还有张如心。张如心同志1926年赴苏联莫斯科中山大学学习，1929年回国，1930年初参加"社联"，曾任研究部部长，1931年8月进入中央苏区瑞金。1952年10月从东北大学调入中央马列学院筹建党史教研室并任主任，1955年当选为中国科学院哲学社会科学部学部委员。

胡绳也是"一代名师"中曾参加"社联"的名师，出生于江苏苏州，1934

年考入北京大学哲学系，1935年赴上海参加文化活动和抗日救亡活动，加入"社联"，后到武汉和香港，任香港读书书店总编辑。1949年至1955年，任中宣部副秘书长、中央马列学院二部主任，中央马列学院一部负责马克思主义理论教学的师资培训。1955年当选为中国科学院哲学社会科学部学部委员。

名师之一的黄松龄教授，湖北石首县人，1924年赴日本留学，1926年回国，是当年在北平参加"北平教联"（北平教育劳动者联盟）的知名教授之一，参加大学组的成员之一，对教育界影响重大。1952年中央政府成立高教部任第一副部长。1955年当选中国科学院哲学社会科学部学部委员。1960年春任中共中央高级党校政治经济学教研室顾问。

吕振羽1900年出生于湖南邵阳，是李达的学生，夏明翰的同学，1926年从湖南大学毕业后，参加北伐战争，1927年赴日本，进入明治大学读经济学，1928年回国后从事教育和出版工作。1930年开始用马克思的《资本论》原理，分析中国资本主义经济发展的前途和命运。1933年与黄松龄共事于中国大学，对《资本论》和《剩余价值学说史》的传播做出贡献。1951年任东北人民大学校长兼书记，1959年受聘为中共中央党校兼职教授。

语文教研室"一代名师"中的文学家基本是"左联"文学家。王名衡，笔名为"天蓝"，1912年出生于江西南昌，1932年考入浙江大学哲学系和外文系，1935年转入北平燕京大学外文系学习，参加"左联""社联"和"剧联"的活动，1937底到了山西洪洞八路军总司令部任秘书、翻译及《前线》助理编辑。1952年任中央马列学院语文教研室主任。

进入中央马列学院的文学家中另一位重要的"左联"人物是周文，1933年加入中国共产党，"左联"组织部干事，他是鲁迅先生特别器重的年轻作家，在鲁迅葬礼上是15位扶灵柩的青年作家之一，参加过延安文艺座谈会。[34] 1949年秋，为加强中央马列学院学员的文化水平，8月调入著名的"左联"作家周文担任语文教员兼秘书长。照顾周文日常生活的工作人员刘成信回忆：周文与艾思奇、王学文、郭大力在中央马列学院居住在南院时常交谈来往，交往甚密。1951年8月周文曾带着女儿周文康回过上海寻找当年"左联"活动的旧址。[35]

在中央马列学院的另一位"左联"作家何家槐也是1948年被调入学院的，曾任语文教研室副主任、主任。1911年出生于浙江义乌，1932年加入中国左翼作家联盟，1948年由上海转香港进入解放区。1957年离开党校，在中国文学研究所任职，曾任文学组副组长、组长。1964年调至暨南大学。

1948年同为语文教员的还有杨思仲，广东南海人，曾在延安鲁迅艺术学院学习，1958年在中国文学研究所文学组组长的位置上被打成"右派"。杨思仲写作的笔名是陈涌，新中国成立后一直从事鲁迅的研究，为中国具有影响力的鲁迅作品研究者，改革开放后平反，到中共中央书记处研究室任文学组组长。

马克思《资本论》的传播途径之一是通过在上海中国共产党领导的左翼团体成员翻译推动，抗日战争爆发后进入五岭山区的战时各校园，通过经济学、西方经济学史教学进入课堂。这批进步教授在新中国成立前暂居香港，在中华人民共和国成立时进入北京。王亚南、郭大力等进步知识分子对《资本论》在中国传播起到重要的历史作用。

三、从战场到课堂的名师

中央马列学院中最早的学生——1948年入学1951年毕业留校的孙定国、范若愚、许振邦也加入"一代名师"之列。在1948年中央马列学院的总结报告中，报到时干部和学员共带来9匹马，骑着马来上学，学员带来手枪62支，学员从战场到课堂的历史画面独特。

1948年7月开始，中央马列学院筹办于河北李家沟口村，8月拟定试题"我所了解的马克思主义"和"我对中国社会各阶层的认识"，自拟一篇文章阐述。[36] 10月开始有学员报到，11月8日开学，学员对外称为"文工团"。

中央马列学院由刘少奇任院长，陈伯达为副院长，杨献珍为教育长，5个月后迁往北京的香山，后迁至现在中共中央党校南院。郭大力是直接到南院开始在红色最高学府任教，讲授《资本论》和马克思主义政治经济学课程，与王学文先生一起建立起中国关于马克思《资本论》传播的新高地。

1948年11月入学的第一期学员110人，1951年8月毕业时为96人。1950年7月录取第二期学员，共228人；1951年9月录取第三批学员，共190人。这些班级的课程中，均设有政治经济学课程，第一批学员政治经济学是王学文同志授课，第二期开始上政治经济学课程时是郭大力先生讲授，王学文同志休假。1949年9月

15日开始，第一期学员孙定国同志用4个半月的时间对《资本论》从头到尾通读一遍。[37] 随着《资本论》全套中译者的到来，第一期学员向郭大力请教或者听郭先生的讲座是自然的事。[38] 在第一期学员的学习中，《资本论》是最重要的读物和参考书。第一期学员李之钦在中央马列学院学习时，结合《资本论》，写了《剩余价值学说在马列主义经济学中的重要性》。[39]

1951年6月23日，在第一期学生即将毕业之际，中央发出关于中央马列学院秋季招生问题的指示，选送生的条件：一是有5年以上的工作历史；二是有3年以上的党龄；三是在地方工作中担任过县委书记和县长以上的职务，在军队工作中担任过团政委、团长和团政治处主任以上的职务者；四是身体健康，没有疾病，没有神经衰弱现象，能够长期胜任紧张学习者；五是自愿学习，有培养发展前途者；六是在高小或初中以上学校毕业或确实具有相等文化程度者；七是在学习期间不带家属住校。准备8月15日考试，学生应在这日期以前几天到京。与郭大力共事的同事和学员中，他们经历的特点颇鲜明，除了早年参加"左联"或者相应的社会学和经济学的进步团体"社联"的学者、参加革命的将领，第一批和第二批中央马列学院的毕业生留校培训后也成为教学主力。

在中央马列学院与郭大力共事的教员或者学员中有数位是将领，最为特殊的是红军将领陈昌浩。1952年，毛主席和刘少奇批准陈昌浩从苏联回国；1952年6月，陈昌浩担任中央马列学院教务处长；1953年1月，调到由中共中央俄文编译局和中共中央宣传部斯大林著作翻译室合并新成立的中共中央编译局任副局长。与陈昌浩同志一样有戎马生涯的是原华东野战军的团长、师政治委员张震寰同志，1938年加入中国共产党，1948年11月他带领30名山东同志为第一期学员进入中央马列学院学习，入学时34岁。张震寰同志1961年成为少将，20世纪60年代任国防科技委员会副主任，参与组织指挥第一颗原子弹爆炸试验工作，负责氢弹试验组织工作。从延安来的第一期学员有5位，由延安大学副校长李之钦带队从延安出发，9月底到校。[40] 第一期学员林浩1933年加入中国共产党，入学时33岁，为胶东区书记和军区政委，1955年授予少将，曾任解放军政治学院院长。

在1952年中央马列学院的管理教学师资中，1948年11月入学、1951年8月毕业的第一期中央马列学院的毕业生发挥重要作用。留校11名学员，分配到两个教研室任研究员，做好上课的前期训练。1954年的学院行政领导名单中，组织处副处长为刘子正、行政处处长为郝沛霖。

哲学教研室的孙定国和政治研究室的范若愚等均是1948年入学的学员，此班在1950年1月作了调整，延长一年至1951年7月完成教学计划，从这一历程讲应该均是属于郭大力先生的第一期学生。

刘子正1932年加入中国共产党，入学时35岁，为地委组织部长；郝沛霖1938年加入中国共产党，入学时38岁，为张家口市财政局局长；孙定国，1941年入党，入学时39岁，为鄂豫陕一分区司令；范若愚1933年加入中国共产党，入学时38岁，为专署秘书主任和中学校长。学员年龄从最年长46岁到最年轻20岁，均是具有丰富革命经验的干部，文化程度参差不齐，可见时年44岁的郭大力先生，面对这一特殊的学生群体，教学方式要适应多种需求。郝沛霖终身服务于中共中央党校，在学校离休。刘子正改革开放后任浙江省高级法院院长和浙江省人大副主任。孙定国、范若愚和同班学员许振邦成为中国著名的马克思主义理论家。刚毕业一年，1952年8月范若愚就编写了《〈共产党宣言〉名词解释》，1977年中共中央党校复办时，范若愚任副教育长。他们三位都被列入中共中央党校"一代名师"名录中。

同期学员许力以，广东遂溪人，1944年加入中国共产党，冀鲁豫报编辑，毕业后在中宣部工作，曾任国家出版局局长。同期学员李之钦毕业后曾在中宣部等单位工作，曾任西北师范学院院长和书记、甘肃工业学院书记。

1953年5月23日中共中央马列学院给党中央的报告中，提到设立8个教研室，分别是中国近代史、世界近代史、政治经济学、哲学、联共党史、中共党史、语文和俄文，政治经济学依然是核心教研室。1955年7月5日中共中央办公厅批准中央马列学院在8月后改为中共中央直属高级党校，在"情况介绍要点"中介绍了组织机构，在正、副校长领导下，有一位教务长、一个部、九个教研室、三个处、一个校刊编辑室、一个师资培训部。教研室包括中共党史、马列主义基础、哲学、政治经济学、党的建设、历史、新闻、党和国家政策。[41]政治经济学教研室一直独立为一个教研室保持着，1955年郭大力先生已经是政治经济学教研室主任。

1955年郭大力开始负责在培训省部级干部研究班系统讲授《资本论》，教学任务特别繁重。1956年在政治经济学教研室同事的协助下，郭大力先生为研究班讲授的讲稿以《关于马克思的〈资本论〉》为题，由学院出版社出版，为党校教材。1956年11月13日学校印发各教研室中共"八大"文件选题研究计划中，郭大力先生负责的政治经济研究室各选题负责人有张鱼、胡述英、黄宗汉、艾绍扬、肖公禹、张坚、宿景芳、蒋新生、吴振坤、吴志生、原有宗、贺政、黄惠容、张履冰、周勤淑、王珏、高讲易、洪经明、宋志兰和吴健。[42] 这些人中许多是郭

↻ 中共中央党校校史馆中"一代名师"展览上的郭大力等名师介绍（拍摄于中共中央党校校史馆）

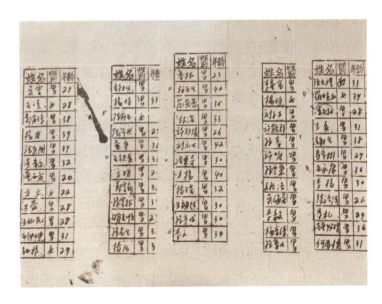

↻ 1948年入学的第一期学员孙定国、范若愚等学员名册（拍摄于中共中央党校校史馆）

大力先生的最早学生之一，一辈子在中共中央党校教学传播马克思主义理论的不少。王珏是1950年7月进入中央马列学院的第二期学员，辽宁省辽中县人，1945年11月加入中国共产党，在辽南地区打游击，入学前是临江县委书记，1953年留校，1954年开始教学，1956年在政治经济学教研室主任郭大力指导下，负责党的"八大"文件研究选题"国营工业的工资问题"。王珏以老师郭大力为榜样，终身研究《资本论》，1981年任中共中央党校政治经济学教研室主任，是中国《资本论》研究会副会长，全国党校系统《资本论》研究会会长。王珏教授是我国社会主义商品经济理论的早期倡导者之一，现在在中共中央党校校史馆"一代名师"展板下方陈列柜展出的1953年版《资本论》，就是王珏教授捐赠的。值得一提的是胡述英，在中共中央党校任政治经济学教授，1956年负责的研究选题是"我国由人民民主革命转变为社会主义革命的规律性"。1956年胡述英、王珏、洪经明、张鱼、吴健、张履冰、宿景芳、周勤淑和第一届留校的龚士奇，共同编写了《政治经济学教科书》，以分成若干讲座的形式分别由政治经济学教研室老师各独立负责每一讲座，是经典的政治经济学教材。胡述英教授在中共中央党校度过了百岁生日。

四、以"实事求是"为校训的学校

1941年底，时任中共中央党校副校长的彭真向毛泽东请示中共中央党校的校训是什么，毛泽东说："应是实事求是，不尚空谈。"[43]回首中共中央党校20世纪50年代规划与建设过程，"实事求是，不尚空谈"在中共中央党校的校园规划过程中得到充分体现。

习近平同志在福建工作时对历史文化遗产保护强调："评价一个制度、一种力量是进步还是反动，重要的一点是看它对待历史、文化的态度。要在我们的手里，把全市的文物保护、修复、利用搞好，不仅不能让它们受破坏，而且还要让它更加增辉添彩，传给后代。"[44]林则徐故居的保护修缮，是习仲勋同志、习近平同志一代接着一代努力的结果，到了中央工作后，在中共中央党校开学典礼，习近平同志常用林则徐"苟利国家生死以，岂因祸福避趋之"鼓励大家的爱国情怀。对郭大力在新中国成立后进行《资本论》学术教学活动的校园读解，重新回到"一代名师"所处的历史空间，将有助于理解郭大力同志等中共中央党校一代名师的学术生涯和奋斗精神。现在的中共中央党校教学行政主楼列入了北京市首批优秀历史建筑名录。理解中共中央党校历史建筑的价值，能更好地保护历史建筑文化遗产。

（一）选址比较和规模控制

1949年10月26日，利用清华大学农学院原校址，中共中央党校南院起步建设，是中国共产党历史上第一次有固定院址的党校。1951年5月中共中央党校给中央领导写信提出修建房屋问题。1951年6月3日刘少奇回信，同意开始增加修建房屋计划，并要求："以合卫生、不冷、能住人、便宜、迅速为合格，并准备在十年之后再建设近代校舍。请做出计划并取得陈云同意后，再来和我一谈。"[45]9月12日刘少奇同志又有批示："暂时可只准备六百学生的房子。以后要扩充时，再看情形而定。可能要八百学生，每年可毕业二百多人，图书馆同意修建。"11月23日刘少奇同志再有批示："为使明年能收四百学员，须再增建容二百人的房屋。"[46]

1951年中央同意在现中央党校南院旧址的北面征地建新校舍，1952年开始部分北面校舍的建设。1951年7月，为解决学员的住宿问题，快速地在北院建造了八排平房，同时设立北院办公室。[47]1951年8月，中央同意新建北院；同月，北京市政府同意在大有庄北面征地215亩。1952年在北面修建了少量配套设施，包括幼儿园、华北小学、学员楼和卫生科等。

1953年5月23日，杨献珍、侯维煜提交《关于马列学院的教学任务、教学方针、组织机构、组织领导及党务工作向毛主席并中央的报告》，报告提到乔木同志建议控制未来学员人数1500人，第一部500人，第二部1000人。中央政治局6月26日在毛泽东主持的政治局会下，研究马列学院报告，杨献珍、侯维煜两人参加会议。6月27日中央办公厅发出通知同意报告，并对新建校舍提出控制学员规模在1500人的要求。

此会议后开始选址，第一选址为圆明园旧址，那里墙基坚固，是糯米汁浇灌的，要用炸药才炸得开，不宜作新校舍，因场地处理难度大而放弃。杨献珍、侯维煜登上万寿山，从山上向北看山下，放眼望去，大有庄北面土地平整而且有一定规模，因此选择了颐和园北面大有庄为北院新址。[48]

1955年2月25日，形成《中央高级党校校舍建筑初步规划意见》，此计划经历了两年三次修改，报请中央和国务院得到批准。1955年4月12日，杨献珍任中央马列学院院长。1955年5月27日，上报的制订的中央马列学院北院建设计划批准确定，学员3000人，工作人员1600人，建筑面积15万平方米，按照精简节约原则分三年度完成建设。

杨献珍和侯维煜相差17岁，1948年杨献珍开始任中央马列学院教育长，因为刘少奇是兼任，日常工作主要由杨献珍负责。

1955年8月1日中央马列学院正式改名为中共中央直属高级党校。1956年，中共中央直属高级党校新校舍计划和预算报国务院，建筑面积为16万平方米，得到国务院批准后正式动工。1955年9月1日，举办中共中央直属高级党校开学典礼，参加者1700多人，实际上1956年学员已经超过2000人，其中新生1000多人。

选址经比较确定于颐和园西，红山口村东的一千亩地块。远景规划在现址北面再划定一千亩发展用地。在征地范围内大部分用地为大有庄、辛庄、佟家坟和三岔口的农民用地。北京城市规划管理局1955年2月26日出具同意函，1955年12月7日出具同意勘探的函件给海淀区人民委员会要求协助配合，并要求学校在勘探时避开村房屋、井、坟、电线杆等。

学校征用此用地涉及13户村民，共56人，有劳动力需要转业者3人，学校吸收两名进入学校工作。场地有灰土房26间，学院负责帮助迁建17间，坟墓50座迁往人民公墓，树木90棵。[49]中央马列学院土地征用的细致和为民着想在今天还可以成为教学范例。

（二）《一个社会科学学院的规划和设计》

中共中央党校的规划和建筑设计，是戴念慈先生具有里程碑意义的建筑实践范例，也是中共中央党校时任校长杨献珍、副校长侯维煜共同研究推动落实的结果，第一次能够按照中国共产党培养干部的理念进行规划设计。1957年戴念慈在《建筑学报》发表了《一个社会科学学院的规划和设计》，通过这篇文章可以客观地了解规划过程。

1. 集思广益不尚空谈

戴念慈先生在1957年出版的《建筑学报》第1期发表了《一个社会科学学院

的规划和设计》文章，详细介绍了自己对中共中央党校（中央马列学院）的设计构思。集思广益而不尚空谈的理念在文中有所体现。

文章中写道："1955年初，我们光荣地接受了这个设计任务。1955年内设计工作曾因其他原因中断过一个时期，修建单位的修建意图也作过几次较重大的更改。同时，从全苏建筑工作者会议以后，这两年来我们在建筑思想上正处在动荡和探索的阶段中，无论设计者和审查都在逐步改变他们的看法。"

1954年的全苏建筑工作者会议，提出克服铺张浮华，反浪费，倡导节约运动和工业化、现代主义建筑，批判复古主义，波及中国建筑业。1954年3月28日《人民日报》发表《反对建筑中的浪费现象》的社论，提及"北京地安门的宿舍、新北京饭店等都在不同程度上存在着严重的浪费。建筑学会两期建筑学报找不到关心建筑中经济问题的文章"。随之建筑业走向极端，严格指标控制片面的简化。

戴念慈因规划设计中共中央党校的理念而在设计院成为批判对象，还违心写了检讨书。杨献珍校长及时给予支持，并与戴念慈一起到周口店选材料。[50]

戴念慈先生思想开放且不尚空谈，此时的方案尚难以肯定是最终方案、最成熟的方案，他认为《建筑学报》是建筑师们进行讨论的园地，"不成熟的方案也像不成熟的意见一样，不妨在园地上多多发表。借此可以获得更广泛的讨论，使这样一个设计工作做得更加完善"。1956年中国建筑学会组织"关于高级党校主楼立面问题学术讨论会"。

戴念慈此文结尾写道："这篇文章在学报预告目录中定为某某设计的探讨。说到探讨，实在很使写文章的人为难。"他又谈到，"两年多来读了不少文章，虽然在立论还有待商洽，但读了长知识。但有一些文章仅仅拿出一堆帽子，却没有说出所以然，颇使人'越看越糊涂'。自己自谦说，为了避免看客"越看越糊涂"，此文不使用"探讨"，只是介绍设计实情。[51]

在设计中共中央党校之前，戴念慈先生刚完成北京饭店西楼的设计。戴念慈设计的"北京饭店新馆"被点名批评，所受到的压力可以想象，但他依然坚持实事求是，两年来热热闹闹和空空荡荡的"社会主义建筑风格"大讨论，除了领导发表文章，一帮"名家"也"凑热闹"写了一批鸿篇巨制。戴念慈先生用设计作品回答了"空谈"的讨论，需要勇气。对于民族风格，戴先生运用了中国传统院落变化无穷的空间特点，对于"大屋顶"浪费空间的风尚，戴先生理性地使用檐口、额枋、琉璃瓦、中国传统图案的方式替代；对于红色建筑的特征展显，戴先生使用红色概念的符号图形语言"点睛"的手法；中国传统艺术图形在建筑的运用采取简约的方式继承，如吉祥云的传统图案，意寓长远的回纹，中国传统菊花、莲花、花草纹饰均巧妙地运用在建筑中。下文引用戴先生原文处均用"戴"示之。

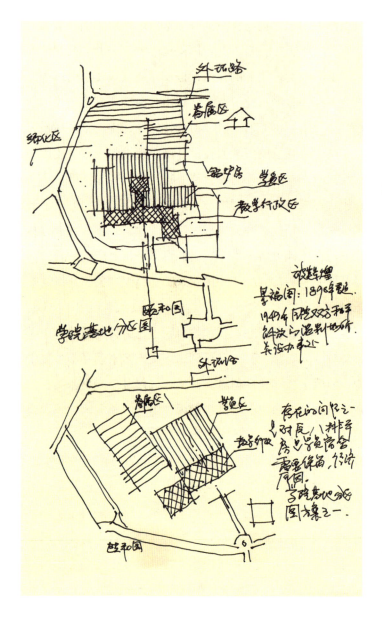

● 总图方案比较［适应党校教学行为模式，适应学员生活要求的规划布局，是规划最关注的。"学员以自学为主，以讲课为辅。讲课一般多采取讲大课和小组讨论的方式。""由于学员是自学为主，所以图书馆、陈列馆和各种资料的供应工作就在教学上起到特别重要的作用。"（戴）20世纪50年代戴念慈主持编制了北院新校舍的规划，部分建筑1956年动工］

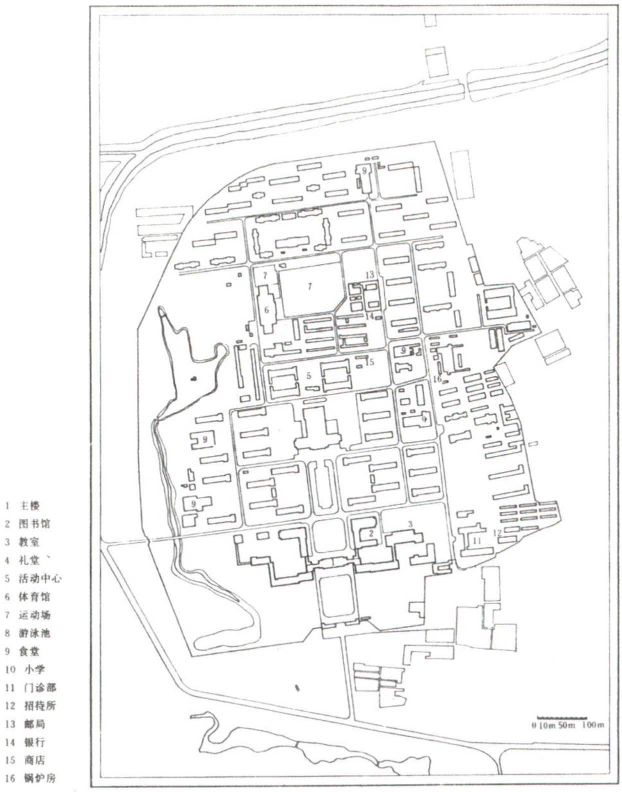
1 主楼
2 图书馆
3 教室
4 礼堂
5 活动中心
6 体育馆
7 运动场
8 游泳池
9 食堂
10 小学
11 门诊部
12 招待所
13 邮局
14 银行
15 商店
16 锅炉房
0 10m 50m 100m

戴念慈最终规划的校园规划［在北面可以看到保留的原临时“八排”旧楼。“学员区的主要建筑物是学员自习楼（供自学及居住之用），它紧靠在教学区后面。因为学员是教学区的主要服务对象。”“三十三栋南北向的自习楼，而仅有三栋是东西朝向。”（戴）在西面规划了湖面和小溪，家眷区处于最北端，保留小学、门诊部并设立招待所］

2. 单体建筑的建造

1956年4、5月间首先开工的是学员宿舍楼，1958年8幢完工交付使用；大礼堂于1959年国庆十周年献礼之际完成；主楼于1959年开工，1962年完工；图书馆于1957年开始建造，1962年完工。按藏书100万册和阅览座位290席规模设计，门厅相当于两层的高度。展览馆和图书馆均有过街楼与行政主楼连接。

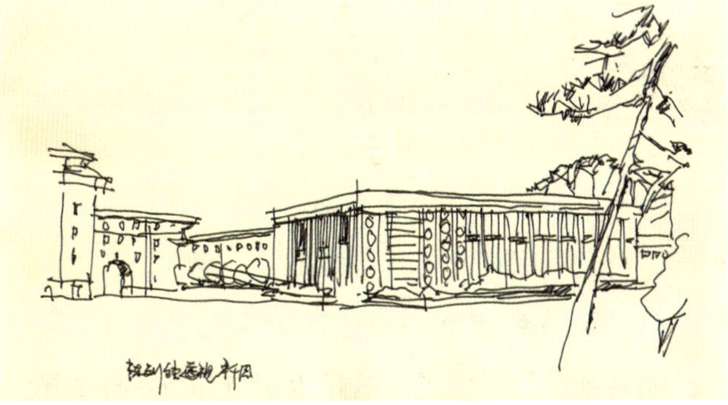

根据1957年文章插图中的展览馆透视图重绘（实际上在戴念慈先生发表文章的前一年，即1956年，单体设计方案已经基本完成，主楼施工图的图号显示是1955年，项目名称是“马列学院”，但主楼最后完成施工图设计的时间是1958年7月）

🡒 展览馆和学员楼一路之隔

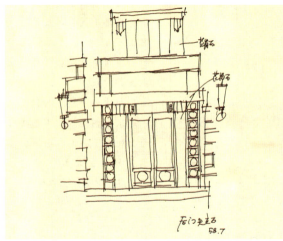

🡒 根据1958年施工图重绘的主楼后门（花岗岩使用于重点部位）

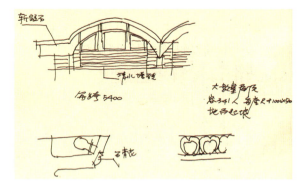

🡒 根据施工图绘制的行政教学楼联体的大教室屋顶（大教室可容341人上课，地面起坡。屋顶为薄壳拱结构，跨度5.4米，檐口的外立面为斩假石。下方为主楼门厅室内装饰）

（三）节约的规划与设计方式

1. 从规划到单体建筑平面设计的节约理念

分期建设，能用则留，在校园规划中予以体现，这是迈出节约技术性的第一步。1952年拟在南院增建部分校舍设施，但勘探后地质条件不理想，地下水位过高，遂移至北面扩建。

🔸 规划图与现状地形图叠加［1955年之前形成的"小北院"建有华北小学、学员楼、医务室等，在规划中为节省考虑，保留了部分设施继续使用。"这两群房屋虽然有的已很破旧，有的质量较差，在规划中准备拆除；但目前国家经济情况，还应保留一个相当时期。""学员自习楼完全采用了尽端入口的平面形式，这样使房屋入口直接开向大路，节省了很多分支小道。"（戴）］

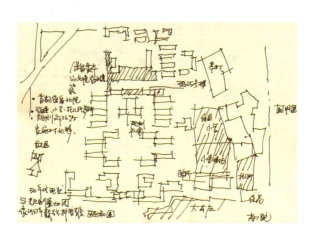

🔸 学员楼的一角（学员楼平面的长度是根据需要的房间数量和伸缩缝的最大间距决定的，楼梯均分设于两端。学员宿舍也称为自习室，分甲、乙、丙三种型制）

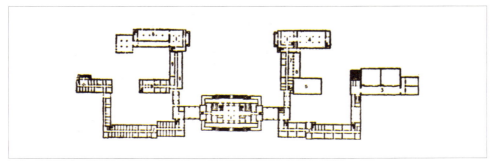

🔸 戴念慈先生在发表的文章中的插图（主楼、展览厅和图书馆平面图）

⤷ 文章中主楼的透视图（戴：我们终于放弃了坡顶的办法，最后的方案仅用琉璃檐子和额枋等重点装饰，同时，在中间框架结构部分适当表示了框架的外形）

⤷ 文章中的插图，大礼堂立面（1956年，中国建筑学会组织"关于高级党校主楼立面问题学术讨论会"，重要的决定是从计划使用混合结构转变为钢筋混凝土框架结构）

⤷ 根据插图表现的学员楼内院

◐ 根据文章插图表现的学员
楼西侧

2. 学员自习楼的建筑装饰：庭院的利用和点状装饰

◑ 学员楼中心庭院的花架（戴：最大可能地重复使用了设计图纸，从而简化了施工工作。有
人担心行列式的布置再加上房屋类型特别少，这样很容易造成布置形式的枯燥死板）

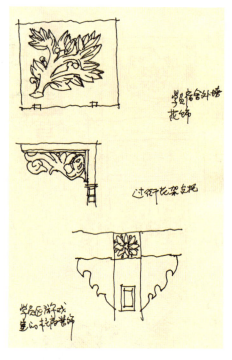

🔶 学员楼中间的游戏室与主楼联接的花架，学员楼入口形式（戴：设法用小游艺室等零星建筑、回廊、花架、亭子花园墙等物以及树木花草等庭园设施和各自习楼构成各种大小院落）

🔶 学员楼的山墙简约装饰，花架圆形门洞的托架，游戏室柱廊柱头的托架为传统"雀替"造型（山墙的点状植物装饰达到节约目的，又具有可识别性的艺术特征）

🔶 颐和园东宫门入口柱廊和"雀替"的传统营造法式

3. 建筑材料

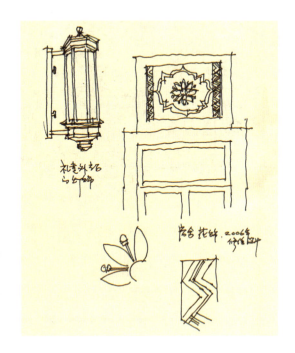

➲ 学员楼外墙的装饰（为节约成本将学员楼的水磨石地面改为水泥，洗手间不贴瓷片）

➲ 教学主楼后门入口及其上方额枋琉璃瓦装饰［教学主楼使用的是八分钱一块的沈阳面砖。檐口和柱头使用琉璃瓦，"质量要求高的永久性建筑物，适当使用一些较永久的材料，也许不能算过分吧！"（戴）］

⤷ 大课室的教学楼北面景观，采用薄壳拱结构

（四）校区历史建筑遗产的利用

1. 原址历史遗产的保护

中共中央党校南院为1950年中央马列学院旧址，部分历史建筑是颐和园辅助建筑的一部分。新建部分为清华农学院。南院90号楼约建于1943年，原为土木学校。抗战胜利后，1945年9月改为清华农学院。1949年9月30日担任华北高等教育委员会主任的董必武同志签署了将此房产移交给中央马列学院为校舍的移交决定，因为农学院已经合并至农业大学。1949年10月28日，中央马列学院由香山碧云寺迁入，迁移过程中，学院停课一个月。

⤷ 南院主楼90号楼

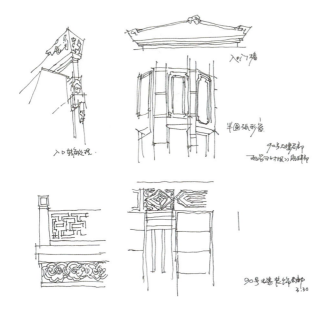

↪ 南院主楼90号楼的装饰

↪ 南院保护的升平署中式历史建筑（原址在清朝时称"自得园"，内1-6号院为"升平署"，与颐和园"大戏台"相望，是排戏、演戏及教习场所）

↪ 颐和园乐寿堂（建于1868年。戴：我们的传统建筑物按其单个房屋的形式来说，都是大同小异的，但实际上中国院落却真是丰富多彩，很有变化。这应当是我国传统建筑高明处。颐和园的很多建筑群就可以证明这一点）

○ 颐和园前宫门甲16号，旧民居仍然保持
院落的形式

○ 方介眉宅园遗址（校园保护留下清朝官僚方
介眉宅园，现仅存古柏。方介眉及弟方个眉均
为清朝进士）

○ 校园内狄盛宝之墓（在党校西南角，是清末外学总管狄
盛宝与同为太监的兄长狄文贵的合葬墓。碑额刻"兄友弟
恭""千古流芳"。碑文为"清皇室钦加四品衔，赏戴花
翎。宁奉宫、乾清宫、长春宫总管，讳文贵，号质彬，狄府
之墓。清室钦加六品衔，赏戴花翎，升平署总管，讳盛宝，
号俊峰，狄府之墓"）

2. 环境景观营造和文物异地保护

1957年，戴念慈写道："再
有，基地内的不宜建造的洼地也规
划在绿化区内，利用它引水作湖，
增加绿化区清秀灵活的气氛。"
校园景观掠燕湖源于60年代的人工
湖，1963年3月开始建造，从颐和园
后溪引水，10月基本形成规模。多
处利用传统的建筑与湖光山色结合
起来。

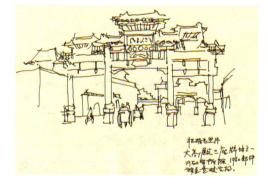

○ 拆除前在北京旧城的牌坊（根据历史照片
手绘）

◗ "弘佑天民"牌坊（1960
年景山前街原大高殿拆除后
与其他几个牌坊的若干构件
运至校园重新组合构建，分
别题有"太极仙林"和"弘
佑天民"）

◗ 牌坊的琉璃瓦屋顶和彩绘的　　◗ 掠燕湖所见的第一餐厅景观
局部

◗ 校园西面的湖面（20世
纪80年代修建水榭、泊岸）

● 西面水系的五步桥（中国传统建筑风格）

● 五步桥的横梁花饰大样和"龙头"排水口

↪ 秋观楼和桥（至此水面逐
步扩大）

↪ 校园西南面的六合亭（1960年将存放在中山公园被
拆除的北京隆福寺内的一座六角碑亭移至此，2000年改
名为六合亭）

↪ 20世纪50年代在丰益仓遗址建造学员楼时建造的景窗墙。校园西部原有1729年建造的丰益
仓，为清朝十余官仓之一，1956年中共中央党校在粮仓位置建造了15、17和19号楼，同时也建
了由垂花门、方亭、21种什锦花窗组合的锦花围墙，垂花门苏式彩画，其中以和平鸽和五角
星的组合富有新意，并体现党校的特征

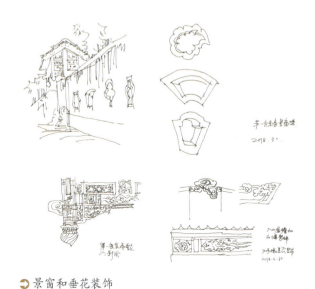

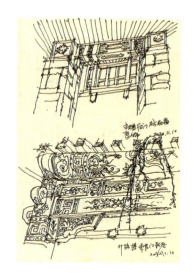

🔸 景窗和垂花装饰

🔸 主楼柱头和额枋的琉璃装饰，垂花门苏式彩绘

3. 对颐和园环境的尊重

景福阁联为"密荫千章，此地直疑黄岳近；祥雯五色，其光上与紫霄齐"，后厦联为"演迪洪畴维有九五福；绥康宝祚至于亿万年"。万寿山成为校园可借用的景色，山上的景福阁为50年代规划时产生轴线的起点。景福阁原为清漪园时的昙花阁，建筑毁于1860年英法联军，为19世纪末重建，是1949年1月北京和平解放时中国人民解放军与傅作义部队谈判所在地，并在此建立了联合办事处。

🔸 校园规划中轴线起点万寿山上的景福阁

1957的规划中，在教学区和学员区周边留出了大片绿化区。"基地内部地形平整，微向东北倾斜。树木很少，除现在有该校的临时性平房外，只有几栋很小的农舍"（戴），这是1955年的场地现状，植被很少，仅有树木90棵。在阐述规划时，戴先生非常有预见性地规划了绿化和湖面。"为了照顾城市的面貌，和从万寿山俯视学校的效果，可以使学员区教学区和校外嘈杂的马路保持一定的隔离，造成他们比较宁静的学习环境。"（戴）

⤵ 教学区西南面的园林

（五）中国传统建筑文化传承和党校红色装饰特征

中共中央党校最能够体现戴念慈先生创造性地、简约式地继承中国传统建筑装饰文化特色的做法，展示在大礼堂、行政大楼、大课室教学楼和主要学员楼若干节点和细部大样处理方式中。

1. 浮雕、象征红色符号艺术的结合

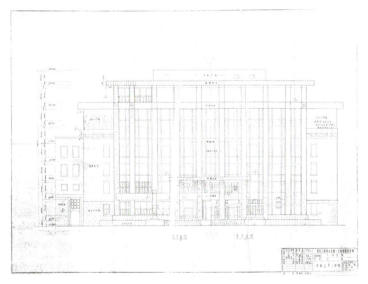

⤵ 主楼立面施工图（浮雕的位置注明分别是左面"斩假石浮雕"，右面是"由掌门人承担设计，与甲方和设计单位联系，要求四块内容各一"）

⮕ 主楼五层转角四大浮雕之一"各民族大团结"（原来设计为花岗岩，后为了节约成本，改为白水泥）

⮕ 主楼四大浮雕之二"工农兵建设新中国"

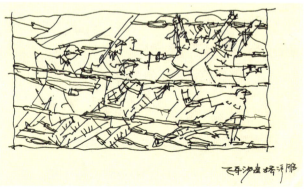

⮕ 主楼四大浮雕之三"飞夺泸定桥"

⮕ 主楼四大浮雕之四"百万雄师过大江"

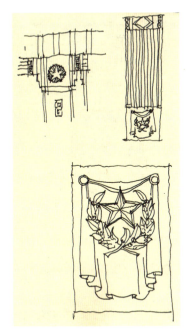

⟳ 浮雕"各民族大团结"
中两位人物造型

⟳ 主楼具有红色建筑的象征装
饰，柱头琉璃瓦装饰、七层假石
装饰大样（根据1958年6月施工
图手绘）

⟳ 大礼堂柱头花饰大样

⟳ 大礼堂（使用五个徽
章装饰，为了节约成本
由花岗岩改为白水泥）

2. 民族化的建筑装饰的提炼

受传统建筑的三座门和琉璃瓦门装饰元素尺度变化启发，突破平屋顶单调
的问题。"把屋顶的琉璃材料适当地垂挂在墙上，使屋顶和墙面连成一气。"
（戴）

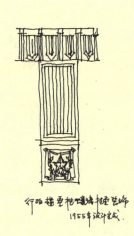

🔸 图①为根据戴念慈先生发表文章插图重绘的琉璃瓦的传统处理形式

🔸 图②为主楼平屋顶的檐口和琉璃瓦柱头、五角星徽章符号装饰（借鉴琉璃门或三座门的处理手法）

🔸 图③为行政主楼门前的灯柱、花岗岩门框"回纹"浮雕和室内平顶石膏装饰（根据1958年6月施工图手绘。从20世纪60年代在主楼面前的众多党校师生合影照可以看到背景有灯具的灯柱，过街楼上方有方格装饰，现在已经没有了）

🔸 图④为主楼巨幅祥云图案特色的花饰和边线花卉装饰

🔸 图⑤为主楼主入口和大礼堂正面大窗（内收的脚部借用传统中国园林庭院门洞的手法，花岗岩外门框点状装饰使用传统的"回纹"传统图案，以凸块石刻表现）

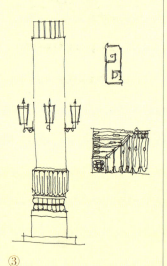

①

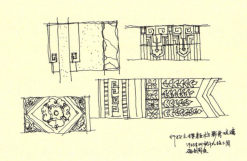

②

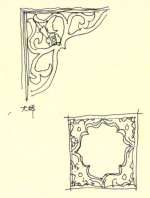

③

➲ 图①为主楼入口及横梁或额枋装饰（借用苏式彩画的"硬卡子"和"枋心式"彩色琉璃瓦，图案创新运用）

➲ 图②为屋檐琉璃瓦的装饰图案，额枋的琉璃瓦图案（借鉴传统苏式彩绘中的"软卡子"图案表现方式，"箍头"使用"回纹"图案，"卡子"是创新图案设计）

➲ 图③为根据1958年施工图重绘的主楼门上的铸铁花饰详图

➲ 图④为根据1958年施工图重绘的主楼壁灯详图（为北京饭店设计的图纸重复使用，另一节点大样是五层外墙浮雕下方花饰墙带详图）

➲ 图⑤为"五步桥"中国传统的花饰、"龙头"排水口和"五角星"红色符号的结合

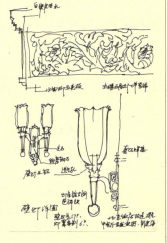

④

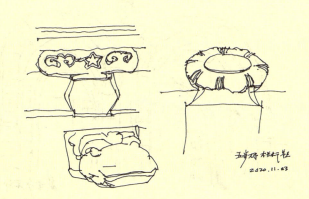

⑤

3. 建筑空间与风格的苏联模式影响

1954年10月14日杨献珍率领中共中央党校工作访问团到苏联访问，访问了莫斯科大学，12月24日回国。中央马列学院后来建筑风格也受苏联的现代建筑影响。

⤷ 莫斯科大学的过街楼和建筑装饰（使用古希腊、古罗马松果和花环的图形符号，欧洲共同的文明图形语言，是无论资本主义还是社会主义均使用的艺术语言，欧洲纹章学在东西欧均使用这类设计图形。采用过街楼的形式解决横向平面过长影响内外交通和防火的问题）

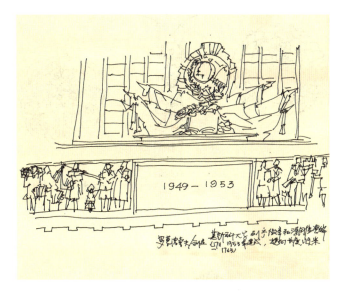

⮑ 莫斯科大学的主楼浮雕和
徽章设计，以列宁头像、书
本、橄榄枝和旗帜为徽章的
主题［莫斯科大学由罗蒙诺
索夫（1711—1765）创办，
1953年在莫斯科列宁山建成
新校舍，26层主楼，高188
米，横向长度119米］

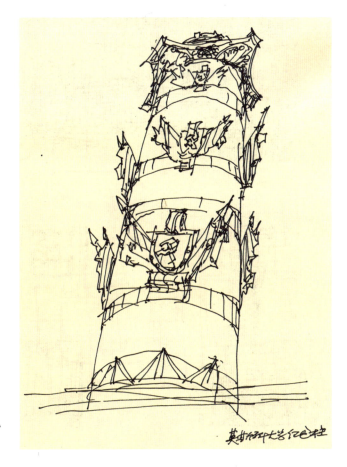

⮑ 莫斯科大学主楼广场的纪
念柱

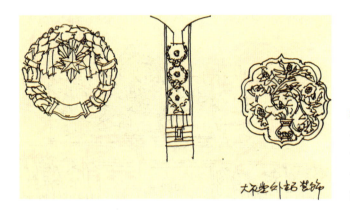

⤶ 大礼堂正立面的五角星与花环，具有纹章或者徽章符号象征的装饰，柱头花环装饰和侧墙中国传统菊花花卉装饰

⤶ 行政主楼景观（采用过街楼的方式联接教学楼并留出交通道路，解决横向平面展开过长的问题）

⤶ 行政主楼过街楼（在首层蘑菇石墙面一侧留有一块刻着"1962"主楼完工年份的石板）

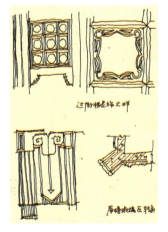

⤶ 过街楼上方的花饰大样和屋檐琉璃瓦转角大样（过街楼上方花饰大样建设时依图施工，后来损坏后没有重修，留下空洞）

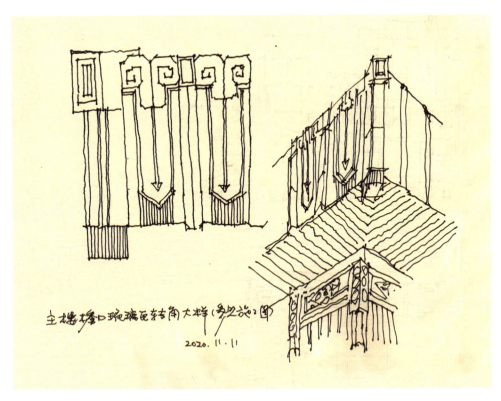

主楼檐口转角琉璃瓦转角大样（多处施工图）
2020.11.11

◐ 主楼檐口转角琉璃瓦转角大样和视觉效果

根据1958年7月施工图阶段的行政主楼的图纸签名，戴念慈为总负责人，设计小组组长为陶鲤庭，工种负责人王荣寿，主任张兆平，制图许介三、傅秀蓉、周炳裕，校对李锦秋，结构工程师崔树枫。1956年5月18日提交初步设计时的名单为：院长王惠慈，院总工程师金瓯卜，室主任杜洛，主任工程师戴念慈，设计总负责人戴念慈，小组长王汝雯，建筑负责人刘济华，结构负责人胡世平，采暖通风负责人骆伟忠，供排水负责人杜字勤，电器照明负责人袁有钧。

4. 精雕细琢的现场施工指导

戴念慈对细节抓得很紧，大多要经过足尺放样或小块试验，确定合适后才正式采用。屋顶钩头滴水的大小，石膏花纹以及外墙涂料的颜色都是经过试验才确定的。这种方法是建筑北京展览馆时原苏联专家所倡导的，戴念慈一直坚持这种做法，保证了建筑的艺术效果不出现偏差。[52]

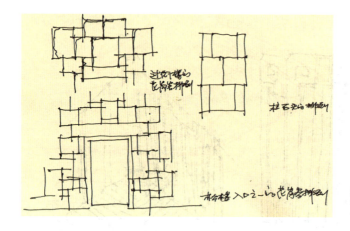

⤷ 教学行政楼办公楼和过街
楼的花岗岩墙面排列

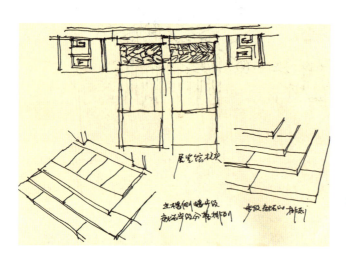

⤷ 展览馆柱头花饰和教学行
政楼侧楼入口地面步级麻石
排列

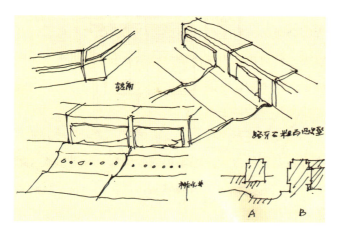

⤷ 早期校园建设时的路牙石
和排水沟细部，现保留为第
一餐厅东侧200米左右长的石
板路面

当时戴念慈已届古稀高龄，仍然亲自画施工图和大样图。他对事业的执着，即使在"文化大革命"中成了批斗对象以后也没有多少改变。他仍然很有信心，还买了画图工具，并对妻子说："以后还是会有用的。"[53]

戴念慈在《建筑学报》发表校园规划与设计文章时，为建筑工程部北京工业设计院副总工程师。戴先生1920年4月出生于无锡，毕业于中央大学建筑学系，毕业后，1948—1949年开办过建筑师事务所。1950年1月担任中共中央直属机关修建办事处设计室主任，此后历任中央财经委员会总建筑处设计公司主任，建筑工程部北京工业设计院主任工程师、副总工程师、总工程师，1971年国家建委建筑科学研究院总建筑师。完成中共中央党校的设计后，戴先生又设计了辽沈战役纪念碑、北京中国美术馆两大作品。1983—1986年为城乡建设环境保护部副部长，最后完成的建筑作品是山东曲阜阙里宾舍。戴先生是中国建筑学会理事长，日本、保加利亚授予他建筑师联盟荣誉会员称号，所写的《建筑学》《建筑设计》编入中国大百科全书。1991年11月，戴先生当选为中国科学院技术科学部学部委员，惜同月逝世。

五、王亚南和郭大力学术年谱（1938—1948）为主线的研究

结合广东省韶关市乐昌县坪石镇武阳司村国立中山大学法学院遗址和连县东陂广东省立文理学院遗址建立"华南教育历史研学基地"的内容展示需要，梳理王亚南和郭大力学术年谱，以王亚南先生为主，以资参考使用。

（一）王亚南的三份经济学专业杂志

选择1938—1948年这一特殊时间段，是因为1938年《资本论》完整中译本出版具有划时代意义的，而王亚南的著作《中国官僚政治研究》于1948年出版。

王亚南教学中最大的特点是办杂志提供"共学"的载体，他的学术生涯创办有三份重要的经济学专业杂志，分别是《经济科学》《社会科学》以及1959年在厦门大学经济研究所创办的《中国经济问题》，前两份专业杂志诞生于战时，通过研究前两份学术杂志，为研究提供可靠的依据。1942年，《经济科学》筹备完正式出版，在创刊号上王亚南发表了《经济科学论》作为"代发刊词"，国立中

山大学法学院经济学系调查处开展调查成果也发表于刊物上。《经济科学》征稿简约中，强调"不拘语体文言，但请求通俗"，编者为"国立中山大学法学院经济学系"，销售者为"坪石汇文供应社"，估计坪石老街有一家门店应称为"汇文供应社"，印刷者为"文汇印刷厂"，落款注有"坪石，武阳司"字样，王亚南先生多篇文章落款写着"坪石野马轩"，佐证王亚南先生写成的文章多是在"坪石野马轩"埋头苦耕的。

1944年底王亚南在福建永安筹备创办经济科学出版社，筹备改造《社会科学》季刊、《福建省研究院研究汇报》等杂志。[54]

1945年3月，《社会科学》出版第1卷创刊号，刊载王亚南《社会科学与自然科学》一文；郭大力发表的文章是《论国家在生产建设的位置》，文中开宗明义讲到"在社会主义生产建设上，国家的地位是明白没有的。生产手段应为国家所有，生产方向和比例要为国家规定"。1945年第4期编完后，出版社从永安迁至福州，1946年6月，《社会科学》出版至第5卷第1、2期合刊后停刊。

《中国经济问题》经济学杂志，是在社会主义时期传播研究《资本论》的重要学术杂志，在另一章专门讨论。

王亚南和郭大力在五岭山下的研究教学活动非常丰富，其著述对马克思主义中国化具有历史性的影响。惜可以找到的10年与两位马克思主义理论家相关的研究信息不多，广东省档案馆藏保存了较为完整的战时和战后国立中山大学原始档案，王亚南部分登记资料保存较多，郭大力的档案资料很少。

研究另一途径是研读与两位先生有交集的学生和同事的回忆录和纪念文集，学术年谱参考了1984年王增炳、余纲著的《王亚南治学之路》附录《王亚南著译系年目录》、1994年海峡文艺出版社出版的邱文生等编写的《永安抗战进步文化活动》中的《抗日战争时期永安进步文化活动大事记》以及2015年中国人民大学出版社出版的由夏明方、杨双利编的《中国近代思想家文库·王亚南卷》中的《王亚南年谱简编》，旁证两位学者的经历。

（二）郭大力1941年从坪石寄往东陂信函的解读

1940学年的秋季，郭大力在广东省立文理学院任教时，在著名的文史学家陈守实先生为系主任的文史系开设"政治经济学"等课程。陈守实先生1939年任文史系主任，课程设置没有按照当时民国教育部的规定，而是讲授《历史唯物论》。^[55]张栗原教授是教育系系主任，讲授"新哲学"传播马克思主义理论。

广东省档案馆馆藏有一封郭大力先生写于1941年7月9日的信札，郭大力先生在粤北遇劫，从这封当时给同事的信函中可以得到一些信息：

信写给谷神、叙功、寿宜、仲杰、栗原、竺同、士仁和守实诸先生，感谢谷神、叙功、寿宜先生他们给了电话慰问。当时有古道联系连县和乐昌，信中郭大力描述自己抵达星子镇后生病，但不是很重，因病雇用了轿夫，其中一人途中说病了，换人之后在离乳源县洛阳镇10里左右的地方出事。7月8日到了坪石住在友人处，二三日后很快就可动身回舍（就是东陂镇上的文理学院）。乳源县洛阳镇处于东陂镇和坪石镇的路程中间点，丢失的行李如果找到会存放于乳源县洛阳镇，因为他是在连县星子镇警署报案的。

7月15日，广东省立文理学院致函连县警区第三区促办郭大力的报案。函中写到郭大力7月9日由东陂墟启程赴坪石，这是学校给警区的函，时间有误，应以郭大力信函为准。

郭大力的信函回忆记录了7月5日遇劫所失衣物，黑色厚呢大衣、蓝色女呢大衣、黑色哔叽西装、灰色哔叽西装、蓝色哔叽旗袍、女孩红花棉衣、男孩棉大衣、蓝斜纹布学生装一套、女布旗袍三件或者四件，现款百余元，金戒指二只，铁锅一只。^[56]从行李中的衣服可以推测，当时连县和坪石都很冷，郭太太余女士比较喜欢蓝色，郭大力的衣服颜色是当时学者常见的黑色和灰色，随行有男女两小孩，女孩就是后来成为中共中央党校教授的郭宝璘。

1941年7月9日写给连县东陂广东省立文理学院同事的信^[57]，特别有历史研究价值，更正以往多篇研究文章在若干方面的错漏及与客观情况不符的叙述，并推测当时数位知名教授在东陂停留的时间。一是郭大力1941年7月尚在粤北坪石，准备到东陂，不是之前所说的提前"解聘"，他在广东省立文理学院执教时间是完整的一学年。二是1941年7月张栗原先生仍然在世。三是当时郭大力和太太及两小孩离开轿子有一段距离，劫匪是冲着轿子抢东西，"另两挑行李，二小孩，也无恙"，小孩和太太没有受到惊吓。四是学期结束仍然有多位教授留在东陂校内。五是郭大力一家曾经在王亚南先生坪石的肖家湾观音堂旁租住处住过。信件送达同事多位，可以理解为在广东省立文理学院郭大力交往较多的老师。

"栗原"就是张栗原，在广东省立文理学院任教，郭大力在东陂教学之余第二次重新翻译的《恩格斯传》译稿就是放在他家。张栗原1937年就开始在勷勤大学教育学院任教，经过学校名称变化和抗战多地迁徙全过程，与林砺儒共事足四年，与郭大力共事一年，1941年8月长眠于连县双喜山中。

"叙功"就是盛叙功，40岁，时任广东省立文理学院教授兼训导主任。当时已经出版《西洋地理学史》，中华人民共和国成立后是西南大学历史地理学科创始人。

"谷神"为潘祖彝，留日于日本岩仓铁道学校毕业，时任广东省立文理学院教务长，1943年7月受聘到管埠的国立中山大学师范学院任教授，是对中国易经有深入研究的名家，1945年病逝。

"竺同"是指陈竺同，浙江永嘉人，留学日本东京帝国大学研究院，专门研究印度哲学，为文史系教授，当时已经有著作《中国上古文学史》等。1943年到桂林师范学院，与林砺儒再次同事，著有《中国文化史略》专著。新中国成立后，在广西大学任教，1953年调入中山大学，惜1954年因病去世。

"士仁"是许杰教授的字，姓许名杰，字士仁，浙江天台人，1939年8月抵广东省立文理学院任教。许杰曾在中山大学预科教国文，两年后受聘安徽大学为教授，三年后，又受聘上海暨南大学任教授，1937年抗日战争爆发后离开，先回家乡天台，主持大公中学校务，后到粤北广东省立文理学院当教授两年，其后又转回闽北，应邀在建阳协助周宪文筹办建阳的暨南大学任注册科主任，当了中文系教授四年，兼任中文系主任和教务长等职务。

"守实"是指陈守实，江苏武进人，是广东省立文理学院历史系教授。陈守实在复旦大学培养的研究生王春瑜教授曾专门撰文《求真守实，抉奥探幽——陈守实传》纪念导师，该文章被收录到陈守实早年的学生姜义华教授主编的《史魂：上海十大史学家》（上海辞书出版社，2002）中，提供了较翔实的史料：陈守实1925年入清华研究院专攻明史，以梁启超为导师，写成《明史稿考证》专著。毕业后在南开中学任教，之后于1930年在上海大夏大学任教，1931年南下广州在国立中山大学任副教授，1933年在安徽大学继续执教，是《资本论》和《剩余价值学说史》最早的研究者之一，在广州通过何思敬先生接触马克思经典著作，在安徽大学精读《资本论》五遍，并运用于中国古代史研究。1934年重返广州勤勤大学任教，从此至1942年经历了勤勤大学至广东省立文理学院全过程，1939年任文史系主任，1942年下半年离开东陂返回浙江，在浙江金华停留了数月，与新四军有接触，数月后徒步到建阳暨南大学任教，开设明史研究、史学概论课。

1941年底，太平洋战争爆发后，上海租界二十多所公私立大专院校，只能再一次迁移，1941年底暨南大学先派商学院院长周宪文先生选择新迁校地点并开始建设。暨南大学在校长何炳松带领下，1942年迁至福建建阳，校方开始主动招揽师资。在粤北各大学任教的老师，多了一个可选择的去处，陈守实在这样的情形下，选择了建阳暨南大学。1944年8月，陈守实回到苏南，在一些中学临时授课。抗日战争胜利后返上海，在之江大学兼职教授，1946年8月重返南方羊城，在石牌国立中山大学文学院任教授，开设历史哲学、史记研究课程。1948年7月学期结束后回上海，1949年2月到复旦大学任教，为复旦大学中国古代史教研室主任，在复旦大学待了25年一直至1974年离世。任教期间对中国古代土地占有关系史的研究具有里程碑式的学术水准。为报答林砺儒在广东省立文理学院共同奋斗之情，陈守实曾在1950年到北师大上了一个半月的课。1984年，陈守实的遗稿《中国古代土地关系史稿》出版，该书从第一章《秦以前的土地问题》推演至第六章《明清土地问题》。[58]

陈守实在东陂任教时，家属随行到东陂，女儿陈次青，也称陈青，在东陂的文理学院附中粤秀中学就读，1942年父亲离开东陂时她留在学校继续上学。1944年11月在陈守实支持下，参加东江游击队，同行的有国立中山大学研究院院长崔载阳的女儿崔爱碧，也称崔碧。此批赴东江纵队抗日的青年学生有30多名，他们经过广州均没有回自己家，而是隐藏在一德路石室前一商行、中山四路谭家巷一商行等联络处，然后在交通员带领下经过东莞东江纵队控制区后转抵司令部。陈次青1945年8月4日为抗日战争最后的胜利而牺牲，时52岁的陈先生在建阳暨南大学获知痛失爱女的消息。[59]与陈次青同行参加东江纵队的崔碧年方17岁，新中国成立后她曾以军代表身份接管厦门华侨附小。崔碧女士一直热心公益，2005年抗日战争胜利60周年纪念时，80多岁高龄的她与战友何思铭共同向始兴的奇心洞小学赠书一批，此粤北山村是当年他们战斗过的地方。

王亚南别号渔邨，郭大力信中没有提到他，推测"坪石住友人处"就是指王亚南处。郭大力的信是从坪石寄往连县东陂的，应该是他和家人住在王亚南家中时写的。

（三）王亚南和郭大力学术年谱

1938年

• 1月

1月27日至3月16日，毛泽东在延安批读李达著《社会学大纲》一书。

• 2月

李达为好友白鹏飞校长之请，被聘为广西大学经济系主任，千家驹为经济系教授。[60]

王亚南著作《战时经济问题和经济政策》一书由汉口光明书局刊行。

王亚南经香港到武汉，在国民政府军事委员会政治部任设计委员会设计委员，组织抗日救亡工作，周恩来是军事委员会政治部副主任，郭沫若是第三厅厅长。此前王亚南担任中央训练团的教育委员和指导员。

• 4月

郭大力接到郑易里电报，希望他能够亲自来上海，以便随时商议并共同处理译稿的排校、出版等事宜。[61]1938年4月17日，郭大力从江西冒着战火出发，历时两周，从香港辗转至已经沦陷的上海，在上海读书出版社的两间房的社部里，与留守在上海的出版社负责人郑易里一起完成《资本论》第三卷最后的编校工作。

• 6月

王亚南在《战时文化》第1卷第2期发表《战时经济读物》。

• 9月

《资本论》第一卷于1938年8月31日出版，9月15日出版第二卷，9月30日出版第三卷，当时该书印刷3000套，其中2000套拟运往后方。[62]

• 10月

《在战斗中发展的〈资本论〉》发表于1939年《译报周刊》第一卷第12–13期，是《译报周刊》以"史贵"为笔名刊发的评论文章。该文章写于1938年10月20日，此时离最后一卷《资本论》出版的时间仅为20天，应该是梅益先生主编的《译报周刊》及时配合的。文章中写到："大力先生于民国廿一年译好第一卷，但全稿被当年'一·二八'的炮烧毁了。再接再厉，两位先生又于廿六年从头翻译；工作不到半年，'八一三'的炮声又响。武将们在战场上拼命，'文兵'们在书桌上出力，《资本论》终于在这炮火燎原时全部出版了！中文译本出版的时候最迟，出版上的各种条件也最艰难。"

10月下旬，武汉沦陷，王亚南从湖南经广西、贵州到达重庆。

毛泽东主席在1938年底认真阅读郭大力、王亚南翻译的《资本论》，并在书上做了批注，还纠正了原书的错字及不妥当的标点符号。现该书存于中南海。[63]

1939年

• 1月

李达赴重庆为冯玉祥主持研究室，讲授辩证逻辑，并代政治学和经济学课程。

• 3月

南昌失陷。

• 4月

郭大力翻译的马克思、恩格斯的《资本论通信集》，由上海读书生活出版社出版。

李达在重庆参与创办进步刊物，4月15日，沈志远主编的《理论与现实》季刊出版，千家驹、艾思奇、李达、沈志远等9人为刊物编辑委员会委员。李达在《读书月报》第1卷第4期发表《唯物辩证法三原则的关系》一文。

• 5月

郭大力把《〈资本论〉勘误》书稿寄往读书生活出版社印发。在跋中郭大力写道："自大战发生以来，我国国民经济上发生激变，可以说是我国历史上空前的。为求物力的节省，我们不能在这时，把全书重排。我们只用次一步的办法，做成这个极简单的勘误表。"

• 8月

王亚南与王搏今合译英国柯尔的《世界经济机构总体系》，由上海中华书局出版。

• 9月

李达离开重庆，拟回广西大学任教，但因校长已经换为马君武而未被聘用，失业。

郭大力9月18日在家乡校正完已出版的全译本《资本论》第一卷。

• 11月

在云南澄江的国立中山大学招考录取1940年度的法学院学生，包括经济学系的一年级新生从10月至11月陆陆续续入学。此时增加了转学借读的学生，包括岭南大学的学生，在香港考入迁移至香港的私立广东国民大学、私立广州大学的粤港澳学生，戴鐸隆就是在香港考入广州大学，后转学至国立中山大学经济学系一年级。

11月16日，郭大力在家乡校对完已经出版了的全译本《资本论》第二卷。

1940年

• 2月

1940年2月，王亚南在《中国青年》（重庆）第2卷第2期发表《生活与战争》一文。

2月21日，郭大力校对完已经出版的全译本《资本论》第三卷。春，郭大力开始了《剩余价值学说史》的翻译，在后来出版的120万字的译作中，郭大力在跋的第一句就写着"《剩余价值学说史》的翻译，是开始于1940年春"。

• 5月

郭大力将已经出版的全译本《资本论》"勘误表"寄给了上海读书出版社，共33页1700多处，以《〈资本论〉补遗勘误》为名由读书出版社出版。

• 6 月

国立中山大学代理校长许崇清于 6 月 30 日与王亚南先生签订 1940 年度法学院经济学系教授聘书。

夏，千家驹暑期为广西大学马君武解聘，接着，许崇清代理校长聘千家驹为国立中山大学经济学系主任，秋季因迁校未按时开课，但薪额照寄桂林千家驹处。[64]

• 8 月

8 月 21 日，许崇清代理校长致函千家驹先生，电函中表示"允就本校之聘并荐李达先生为经济系教授"，但本校法学院经济学系教授 6 人、副教授 1 人，人数满额，询问李达先生"暂在社会学系任课能否屈尊"。[65]

王亚南离开重庆，8 月赴粤北坪石国立中山大学报告，租住坪石肖家湾莲塘乡观音堂左边三间房，房东姓何。1943 年入学的学生陈其人回忆"在坪石时期，他住在坪石老街附近，极其普通的民房，同经济系所在地隔一条江，交通不便。他当时 40 多岁，到经济系参加种种活动来回都要过江，还要上下山岗，颇费时间和劳力。至今我还记得，为了答疑，一天晚上，他提着油灯来了，我们也带着油灯去。"[66]

胡体乾教授从 8 月至 11 月代理法学院院长。

• 9 月

王亚南也邀请郭大力到粤北教书，当时郭大力在家乡开始《剩余价值学说史》的翻译工作。日后他在回忆教书生活时告诉厦门大学的同事熊赖基先生："这倒不是有意装扮成隐士，实际上我也干不了别的，只打算终生翻译马克思的著作，尽我力所能及，能干多少就干多少，后来中山大学迁到坪石，亚南在那里，他邀我去，才教几年书。"[67]郭大力在粤北的连县东陂广东省立文理学院任教授，授课课程为经济学和经济学说史，讲授的内容是《资本论》和《剩余价值学说史》，[68]此时也一直在继续翻译工作。[69]

三年级学生罗克汀在张栗原、郭大力的指导下，在 1940 年用自然辩证法的观点写了《数学史的考察》，发表于重庆《群众》双月刊第 7 卷第 22 期。[70]

• 11 月

1940 年 11 月 15 日，在坪石三界庙前成立总务室并正式办公。

许崇清代理校长于11月17日聘请李达先生为1940年度法学院社会学系教授，月薪国币340元，从9月份计。

李达先生在1940年度法学院的教员名册中，授课的科目是经济学、社会经济学、社会哲学，薪额国币340元。李达哲学课程讲授的是辩证唯物主义和历史唯物主义的基本原理，经济学讲的是中国社会经济史。

教员名册上的1940年度应该是指学年，1941年4月17日造表，同表信息表明王亚南先生课程为经济学、高级经济学和经济思想史，注明专任教授兼任经济系主任，薪额也是国币340元。

1941年

• 1月

1月29日，代理校长许崇清签文"经济学系主任千家驹教授教职照准改聘王亚南教授当任"，[71]在1月20日已经电告在桂林李家花园的千家驹教授，学校聘王亚南代理经济学系主任，并"希为珍摄"。

• 2月

丁颖请求李达先生到国立中山大学农学院兼任经济学课程，为农学院二年级上课，函告胡体乾代理院长、丘琳办公室主任。[72]李达兼授农学院经济学课程至3月底。

张治中部长聘王亚南为国民政府军事委员会政治部设计委员会名誉委员。

• 3月

李达到农学院所在地栗源堡授课，讲授经济学课程。

经济学系增加了多名由其他学院或者法学院其他学系转至经济学专业的学生。

• 4月

许崇清代理校长4月30日请王亚南教授在法学院院长黄文山5月间不在院时代法学院院长职务。

• 5月

社会学系教授李达指导社会学系毕业生陈明、陈丽群的毕业论文，陈明的毕业论文题目是《战时粮食问题概论》，李达要求指导老师写为胡体乾教授，将自己的名字隐去以免引起关注。

李达在武阳司村的法学院大礼堂做了"中国社会迟滞原因"学术演讲，吸引学院内外许多学生参加。[73]

• 6月

文学院迁回靠近校部的铁岭。中大文学院初时在清洞村，居住条件艰苦，校方通过与广东省银行沟通，租借到当时坪石铁岭站，原为粤汉铁路局所建，后为广东省银行租用的房舍大小十栋，文学院教学条件才大为改观。学校与广东省银行于1941年订立合约，要求押金3个月，按月交租金，租期从1941年6月1日起共15个月，修理费用学校自理。

6月26日晚，法学院政治学会在武阳司村法学院大礼堂举行"苏德战争座谈会"，李达、黄文山、雷荣珂等教授和学生进行热烈讨论，近百人参加。

• 7月

李达先生离开中山大学回家乡湖南。

根据1941年7月的"国立中山大学教职员王亚南暨其直系亲属调查表"，王亚南在粤北乐昌坪石武阳司经济学系任教，住址是肖家湾观音堂，此时王亚南40岁，妻子李文泉22岁、儿子王洛林2岁。祖父王昌祉、继祖母吴氏、母亲范氏等亲人均在黄冈团镇。

7月8日中午郭大力从东陂抵达坪石。

• 8月

8月1号开学，1941学年开始，张云签署布告，法学院院址迁至车田坝。

章振乾先生到校任法学院副教授。章振乾为福建连江人，从国立中山大学毕业后任《新福建日报》编辑，1934年赴日本东京帝国大学研究院农村研究院读书，1937年回国，曾任福建银行董事会秘书。

8月11日王亚南向校方提出辞去系主任职务，专注教学。张云代理校长极力恳请他继续担任系主任职务，"慰留"盼"打消辞意"。

• 9月

李达所写的《中国社会发展迟滞的原因》在桂林的《文化杂志》第1卷第2号发表，应为其在坪石武阳司法学院教学之余所作。

9月29日，毛泽东和王稼祥致信中央研究组提议阅读李达翻译的《辩证法唯物论教程》第六章《唯物辩证法与形式论理学》。[74]

• 10月

1941年10月王亚南发表《政治经济学在中国——当作中国经济学研究的发端》，刊登于1941年《新建设》第2卷第10期。王亚南提出三点中国政治经济学研究作用的重点，一是由政治经济学的研究，确定我们对于一切社会科学的基础知识，和作为我们从事社会活动的实际指导。二是由政治经济学的研究彻底了解近代资本主义经济运动的法则，由是确定资本主义的必然趋势的演变过程中，所表露的破绽、矛盾、冲突以及拼命挣扎的诸般现象，加以合理解释和说明。三是由政治经济学的研究，扫除有碍于中国社会经济改造一切观念上的尘雾，那种尘雾，不仅是关于政治经济学本身的，同样是关于经济学以外的一切社会科学乃至自然科学方面的。此篇论文收录于1943年出版的《经济科学论丛》一书中。

10月19日，刘耀燊教授因王亚南请假代经济学系主任约三个月。

• 12月

王亚南推荐梅龚彬（1925年入党的秘密中共党员）来到坪石的国立中山大学法学院经济学系任教，梅先生11月底到了坪石。

1941年度法学院教员名册中，王亚南一栏注明授课内容：经济学、农业政策、高级经济学、经济思想史和毕业论文或研究报告，填写的时间是1941年11月29日。同一表已经填写有梅龚彬的名字，他任教授，授课科目为合作经济、工业政策、政党论、中国现代政治问题，到校时间空白。

造表时间是1942年7月的另一份1941年度法学院教员名册注明梅龚彬到校时间是1941年12月，薪额370元；王亚南薪额390元，到校时间1940年8月。

1942年

• 1月

代理校长张云于1月31日发函聘王亚南为经济调查处及中国经济史研究室主任、胡体乾为社会研究所主任、余群宗为民众法律顾问处主任。

1月10日王亚南在坪石完成《政治经济学及其应用》一文的写作。

王亚南在法学院经济学系任主任，创办了《经济科学》，提供了马克思主义政治经济学研究传播的平台，发表文章的作者，不仅有教师，也有高年级的学生。

• 3月

王亚南在《中山学报》发表《现代经济思想演变之迹象》。

黄文山辞去法学院院长职务，3月留英法学博士钱清廉教授代替黄文山任法学院院长。

• 4月

4月12日郭大力完成文章《我们农村的利息》刊登于《时代中国》"革新号"专号，文中分析了高利贷对农民造成的负担，对农业产品、农业生产资料的"典当"进行批评。

王亚南在《经济科学》第2期发表《政治经济学上的人——经济学笔记之一》。

• 5月

1942年"五一"节，梅龚彬与家人在坪石团聚，梅龚彬租住在坪石镇的上前街23号，房东姓陈，处于内进的三间房，房租每月需70元。

• 6月

王亚南在《时代中国》1942年第5卷第6期发表《哲学与经济学》。

金曾澄代理校长签署王亚南教授1942年8月至1943年7月的聘书。

• 7月

汪洪法教授任法学院院长。

王亚南的学生，经济学系廖建祥、罗湘林、王学文同学毕业后留校任助教。

• 9月

王亚南在重庆，旅途中完成文章《当前的经济问题与经济计划》。

• 10月

金曾澄代理校长签约聘王亚南兼任法学院中国经济史研究室主任，上一年度王亚南教授一直主持该研究室工作，张云代理校长也签署了聘书。

王亚南发表《歌》（散文）于《时代中国》第2卷第10期。

• 12月

王亚南在《广东省银行季刊》第2卷第4期发表《中国商业资本论》，后来收录入《中国经济原论》一书的附录中。

郭大力在家乡完成《恩格斯传》编译。

1943年

• 1月

王亚南在《广东省银行季刊》第8卷第1期发表《中国货币总论》。

1943年1月10日，新年出版的《民族青年》第2卷第1期。王亚南先生发表的《今年经济的展望》作为首篇，他寄语1943年是"经济改造年"。

• 2月

在1943年2月出版的第三、四期《经济科学》合刊上，首篇是王亚南先生的文章《当前的经济问题与经济计划》，文章落款的时间是1942年9月。

• 4月

《经济科学》第五期出版，此期为中国经济史特刊，王亚南先生发表文章《中国经济史研究的现阶段》，落款是"坪石野马轩"。罗致平同期发表的文章是《经济发展阶段之分析与批判》，留校的助教廖建祥发表的文章是《中国封建地主经济之建立与社会发展迟滞问题》，经济学系讲师陶大镛发表的文章是《中国青铜器时代生产技术研究发凡》，落款写着"1943年4月校正于坪石"。

• 5月

1943年5月15日，王亚南在《新建设》第4卷第3-4期发表《当前的物价与物价管制问题》。

同月在《文化杂志》第3卷4号发表了《政治经济学上的法则》。

经济学系经济调查处对学校所在地坪石进行了细致的经济调查，形成报告《五月来坪石主要日用品零售价格调查》。

• 6月

国立中山大学出版组编写的《国立中山大学现状》出版，书中介绍经济学系经济调查处和中国经济研究室建有一座独立房舍，树皮屋面竹纤批荡墙面，两厅四房，教学采用集中分组制。法学院一篇文章介绍经济学系教授6人，副教授4

人，讲师1人。他们是教授王亚南、梅龚彬、汪洪法、刘耀燊、梁晨、李肇义，副教授陈宣理、金根宪、朱荣羡、章振乾，讲师陶大镛，助教梁宏、罗湘林、郑启校、容璧、谭让、王义成。李肇义1936年毕业于法国第戎大学，博士论文是《中国古代经济思想的主要学派及其对重农学派学说形成的影响》，曾在云南大学任教；梅龚彬讲授社会发展史、工商业政策；陶大镛讲授货币与银行，在进入大学之前他在赣县中华正气出版社任编辑和股长；王义成1942年7月从经济学系毕业后留校。经济学系每周请本校教授和社会名流到校做报告。[75]

本月金曾澄代理校长与王亚南教授续签聘书从1943年8月至1945年7月，聘期为两年。

6月23日王亚南完成《经济科学论丛–序言》写作。[76]

6月30日，王亚南在《广东省银行季刊》第3卷第2期发表《中国资本总论》一文。

• 7月

王亚南在7月7日完成论文《中国经济史研究的现阶段》，落款为"坪石野马轩"。

• 8月

王亚南在《新建设》第4卷第7期发表《战时经济的重要性及中国战时经济政策》。

王亚南先生的学生张来仪毕业留校任助教。

• 9月

郭大力在《时代中国》第8卷第3期发表《掌握物资的理论》，提出限价政策的二支点，一是稳定货币价值，一是掌握物资。指出土地蕴藏着矿产，掌握物资首先要掌握的是土地。对战时经济提出自己的建议："在这种困难当前，我们可以把社会的生产分成两类。第一类是生产全社会所需的各种消费资料，第二类是为社会的全部生产，生产必要用人力去生产的生产手段的。要避免损害小生产者的利益，让不法商人发国难财。"

郭大力在1943年《新工商》第1卷第2期发表《战时商人的权利及其限界》，在战时物价浮动与商人的关系，囤积、政府收入和课税是此文讨论的主题。

•10月

王亚南著作《经济科学论丛》由江西赣县中华正气出版社出版。

序言落款是"1943年6月23日于坪石野马轩"，印刷时错印为"1934年"，王亚南写到：这里所集印的十篇经济理论的论文，其中，《经济科学论》《政治经济学上的人》曾刊于国立中山大学出版的《经济科学》；《政治经济学上的法则》曾刊于桂林《文化杂志》，《政治经济学在中国》曾刊载于第七战区编委会出版的《新建设》，而《政治经济学之历史发展的迹象》，原题为《现代经济思想演变的迹象》，曾刊于国立中山大学出版的《中山学报》，只有《政治经济学上的自然》，尚不曾发表，而最后一篇《中国经济学奥地利（原文译为奥大利，民国时期的译法）派经济学》则已在中山文化教育馆出版的《中山文化季刊》排印中。[77]

王亚南在序中讲到在写第一篇题目时已经谋划10篇的布局，强调经济学中"人"和"自然"是最难的两大主题，其中不少文章是对中国经济学不良倾向的批判。

•11月

王亚南的《中国经济学界的奥地利派经济学》发表于《中山文化季刊》第1卷第3期。

郭大力翻译《剩余价值学说史》，完成初稿。"11月17日译完初稿"，1948年春郭大力写给郑易里的信提到这一日期。1949年出版的《剩余价值学说史》写到："《剩余价值学说史》的翻译，是开始于1940年春，但在译稿的最后一页，我却写着这样字句：'1943年11月17日译完初稿。'从那时起，我不断为原稿的校订而努力。"

1944年

•2月

出版《中国经济论丛》一书，收录八篇文章是王亚南对于抗战后期中国经济问题的研究，由五十年代出版社出版。

•3月

3月15日，王亚南在《新建设》第5卷第3期发表《论东西文化与东西经济》。

3月18日，王亚南参加由朱谦之在坪石研究院主持的"中国经济学座谈会"，参会者还有董家遵、陈安仁、郑师许及研究院学生，内容包括中国经济学的物质、中西经济学说之比观、中国经济学说之哲学基础、中国经济制度等。

3月31日，郭大力在《广东省银行季刊》第4卷第1期刊载文章《论劳动的有效化》。同期王亚南发表《中国经济恐慌形态总论》。

1944年3月《经济科学》第6期出版，此期为"分科研究指导专号"，王亚南发表《关于经济科学分科研究指导》，廖建祥发表《怎样研究农业经济》，罗湘林发表《怎样研究财政学》，张来仪发表《研究会计学的诸问题》。[78]

• 4月

福建永安的改进出版社出版王亚南著的《中国经济思想评论》。

李约瑟拜访王亚南，在乐昌坪石一家旅店见面，临别时请王亚南先生从中国历史社会的角度解释近代中国工业文明的落后，王亚南答应研究后告知，此后，王亚南开始了一系列研究并形成文章，最后有了《中国官僚政治研究》著作。

• 5月

5月20日，王亚南参加朱谦之主持的"中国科学史社"座谈会，被推举为五位常委理事之一。

• 6月

豫湘桂战役延及湘北，粤北遇日军进犯的威胁，学校准备搬迁。

东吴大学在1944年6月接到广东教育厅疏散停课的命令，6月10日，师生不得不相互告辞离开曲江仙人庙，各奔东西。

• 7月

7月1日，朱谦之搭车赴连县的星子镇，第二天乘船抵连县，住连州中学，暂住几天后搭车往桂林，7月17日抵达梧州。

1944年下半年，粤北各大学的教授和学生开始疏散，方向不一。王亚南选择从坪石南下曲江，再到赣州，在赣南南康与郭大力会合，住郭大力所在的村中，停留一阵后，到了抗战时期福建临时省会永安。

在永安，王亚南受聘福建省研究院社会科学研究所任所长。

• 8月

8月31日，王亚南在"南康野马轩"写作《中国经济学的建立》，发表于

1944年《联合周报》第2卷第5期。

8月8日衡阳陷落，湘江航运中断。

留在坪石继续任教的还有部分老师，罗致平此时入法学院担任不分系德语教授。

经济学系毕业生涂西畴留校任助教，为王亚南代课，陈其人回忆：王亚南在中山大学时，最得意的门生就是涂先求（即涂西畴）。当时，王亚南发表的文章，相当多是由他的听讲笔记整理而成。他1940年入学，1944年毕业，留校任助教。1944年夏，王亚南一度离开中山大学到福建讲学。这样，在王亚南离开这段时间内，王亚南的衣钵并没有因此而失传，他的课程就由涂担任。[79]

•9月

9月30日，郭大力发表《论农村的不等价交换》一文于1944年《联合周报》第2卷第6期，分析战争后期农村农户破产的现状，强调生产力的发展；指出农村的交换只能有一方超过价值或者不足价值，是不等价的；展望战后农村生产。

•10月

10月12日，王亚南在"南康野马轩"写作《论技术在生产建设上的地位》。

王亚南的文章《研究社会科学应有的几个基本认识》刊载于《改进》第10卷第2期。这是王亚南离开坪石避战火后的第一篇文章，距离上一次发表文章已经有7个月之久。

10月中旬，在福建经济研究所的王亚南受在建阳的暨南大学经济学会、学林社和史地学会邀请，再一次进入国立暨南大学校园。在闽北战时山区的临时校园中的文庙大礼堂，何炳松校长举行欢迎会并致欢迎辞，王亚南致答词。10月28日王亚南讲"东西文化比较"，讲学持续约一个月。[80]

•11月

11月14日、15日、18日，王亚南发表《关于中国经济学建立之可能与必要的问题》于《东南日报》。

11月26日，王亚南完成《关于中国经济学之研究对象与研究方法的问题》写作。

1945年

• 1月

连县东陂沦陷。

1月17日，中山大学师生由粤汉铁路撤离至乐昌县城。

在永安的东南出版社接办《联合周报》，该报创刊于1944年2月，原由《东南日报》永安办事处编行。王亚南、郭大力、余志宏等均是主要撰稿人。

梅龚彬留在家乡湖南临武，与前几个月疏散回乡的家人团聚。

• 3月

《社会科学》出版第1卷创刊号，刊载王亚南《社会科学与自然科学》一文。

• 4月

4月30日，《福建省银行季刊》在永安创刊，王亚南、章振乾分别在创刊号发表文章《福建经济总论》和《三年来的福建社会经济》。此刊物1947年第2卷第4期后改为《银行季刊》，1948年1月停刊。

同月余志宏提议，闽西农村土地改革区有特点，可以进行调查。王亚南接受建议并从学术和财政上给予大力支持。由章振乾带队，余志宏、胡瑞梁和钟其生组成调查团，进行为期92天的实地调查。

4月8日吴大琨从长汀经过龙岩往永安，与章振乾、余志宏在龙岩相遇，考察团让其将第一周调查材料带回永安的研究所。[81]

• 5月

经济科学出版社创办，王亚南为名誉社长，出版《中国学术丛书》和《社会科学丛书》两种。

5月28日，章振乾、余志宏在调查途中，接到胡体乾和王亚南来信，胡体乾提出若需要中山大学法学院社会学系协助，将派人参加。同时告知法学院迁往广东蕉岭，盼章振乾回校完成授课任务。

• 6月

王亚南的《社会科学论纲》出版，该书四部四十五篇，对当时文化、战争、建设诸问题进行论述，由在永安的东南出版社出版。

6月22日由国立中山大学法学院代理院长胡体乾从蕉岭派出的经济学系助教

涂西畴和社会学系助教覃正光与调查团会合，参加闽西农村土地改革调查工作。

•7月

7月3日，调查团的任务基本完成，章振乾与涂西畴、覃正光一起结伴返蕉岭上课。

•8月

经济学系毕业生胡瑞梁任国立中山大学法学院经济学系助教。

8月15日日本宣布无条件投降。

8月20日福建省政府召开临时会议决定省会迁回福州。

•9月

在连县国立中山大学开始招生，梅龚彬负责法学院的招生。

王亚南在《社会科学》第1卷第2、3期发表《混合经济制度论批判》。同期章振乾发表文章《我们怎样调查闽西的土地改革区》，胡瑞梁发表文章《评早川二郎的中国古代社会论》。

•11月

永安举行欢送福建省政府回迁大会。

11月19日福建省研究院社会科学研究所全体同仁合影，推断应该是此时王亚南离开社会科学研究所，合影中有章振乾、余志宏、胡瑞梁、钟其生、郑书祥等12人。

以此推断王亚南离开研究所到长汀厦门大学执教，任经济系主任兼法学院院长是1945年底，选择这一时间应该是与国立中山大学第二期的聘期于1945年7月结束有关。

王亚南在《改进》杂志第11卷第2期、第5–6期，发表《论文化与经济》《抗战结束有感》。

王亚南在《联合周报》第3卷第6期发表《论社会科学研究的应用：上，自然科学、社会科学、新兴社会科学在应用上的比较观察》，第8期续登《论社会科学研究的应用》。

•12月

王亚南在《福建省研究院研究汇报》发表《中国公经济研究》，刊号为第1号创刊号。同期胡瑞梁发表文章《中国社会史论新发展的研究报告》。

王亚南在《社会科学》第1卷第4期发表《中国社会经济史上的法则问题》。[82] 同期，郭大力发表的文章是《论国家在生产建设的位置》。

1946年

• 1月

在福州的经济科学出版社出版了王亚南的《中国经济原论》，序言落款是"1946年元旦于长汀国立厦门大学内仓颉村野马轩"。

• 3月

卢嘉锡从美国留学返回中国，在厦门大学与王亚南第一次相遇。

王亚南参加1946年春季系主任指导选课。校长汪德耀和王亚南、卢嘉锡等系主任在鼓浪屿慈勤校舍前合影。

• 6月

根据广东省档案馆关于王亚南教授的资料，推断6月至7月间是王亚南第一次踏进真正的国立中山大学广州石牌校园，受到师生的热烈欢迎。6月26日法学院代理院长梅龚彬向校方报告王亚南教授已经回校。

中山大学校长王星拱6月再补充聘书，聘请王亚南先生为法学院经济学系教授，时间从4月1日至7月底止。王亚南先生返广州石牌国立中山大学经济学系授课[83]，主要内容为中国地主经济封建制度对中国社会制度影响，主要观点是中国进入地主经济封建制度后，在经济制度和思想上层建筑方面，最后都起了妨碍社会经济发展、维持现状的作用，这就使中国地主经济制度发展停滞，资本主义难产。[84]

郭大力在《警笛月刊》第1期发表文章《经济建设与民主问题》。

王亚南在《裕民》第8期，发表《论技术在生产建设上的地位》。

郭大力、王亚南的《〈资本论〉勘误》发表在《经济周报》第2卷第20期。

在《社会科学》第二卷第1–2期，王亚南发表《论技术在生产建设上的地位》，郭大力发表《论农业与生产建设》，张来仪发表《论福建工业建设》，余志宏发表《与江钦冰君论"社会治乱定律"》。

郭大力的学生罗克汀与侯外庐合著的传播马克思主义理论的《新哲学教程》

出版。

•8月

国立中山大学法学院代理院长梅龚彬向校方提交关于王亚南现已返校工作一事的笺函，证明本校呈部名册已有王亚南教授列入，离校期间已经请人对所担任课目代课，函请学校补发迁校补助并出具在校服务证明。王星拱校长于8月5日批准照同任职列册报请核发，给予证明书以资证明。[85]

1946年厦门大学迁回厦门，在汪德耀校长支持下，王亚南继续聘用郭大力、石兆棠为教授。[86]

郭大力受王亚南之邀到到厦门大学任教，讲授"世界经济学名著选读""货币学""评讲凯恩斯的《利息和货币通论》"。

比郭大力先到任的有熊德基先生，郭大力到校当天在海边遇到尚未认识的熊德基问路，在王亚南家中经过介绍成为好友。熊德基任历史系副主任，当时是秘密中共党员，与郭大力同住新建的单身教师宿舍"敬贤楼"，为邻居。[87]

1946年王亚南在《青年与妇女》第5期发表《研究社会科学应有的几个基本认识》。

•10月

王亚南在厦门大学经济系成立经济研究室。

•11月

王亚南在《每日论坛》发表《致中山大学经济学系同学的一封公开信》。

•12月

原由永安出版社出版的王亚南《社会科学论纲》改名为《社会科学新论》，增订多篇文章，由福建的经济科学出版社出版，收录有《论社会科学的应用》《政治经济学对现代战争的说明》《论战争和社会进步》三论、《中国工业建设论》《经济建设在工业化，政治建设在民主化》《建设上的两种科学》等文章。书中的文化篇讨论了三位文化人，钱穆、梁漱溟和朱谦之。

王亚南在《社会科学》第2卷第3-4期发表《我们是处在一个伟大的时代》。

1947年

•1月

1月1日的《江声报》，王亚南发表《展望民国三十六年的中国经济界与中国经济学界》一文。《江声报》是厦门历史悠久的报纸，孙中山先生为报纸题名，20世纪20年代就已经成为具有地区影响力的新闻媒体。

王亚南在《广东省银行月刊》第3卷第1期发表《金融论》。

郭大力在《经建季刊》第2期发表《论出口税》，文中指出出口税最终是落到消费者身上，明确指出在当时的经济形势下，出口税优惠政策仅是满足需要中国原材料的国家，对中国本土的工业化起到阻碍的作用。

郭大力所著的《生产建设论》由经济科学出版社出版，《经济周报》第4卷第20期做了评介。

•3月

3月25日，王亚南在《文汇报》发表《中国官僚资本之理论分析》。

•4月

王亚南在《时与文》第1卷第4期发表《中国官僚资本与国家资本》，此后数文连登。

王亚南在《现代经济文摘》第1卷第4期发表《我们应如何理解官僚资本》。

•5月

王亚南、熊德基等教授参加学生举行的"纪念五四"晚会并发表演讲。

《资本论》再版，由上海读书出版社出版。

王亚南在《时与文》第1卷第15期发表《论中国都市与农村的社会经济关系》。在《现代经济文摘》第6期发表《官僚资本是怎样形成的》。

•6月

《福建省研究院研究汇报》第2期，王亚南发表《政治经济学上的中国经济现象形态——略论有关中国经济形态的几种认识》，章振乾发表《闽西土地改革区公田经营方式研究》，这也是闽西土地调查的成果。

•7月

厦门大学法学院经济系1947级小组毕业，王亚南、郭大力、石兆棠和王守礼与毕业生合影。

• 8月

厦门大学校长汪德耀聘请了多位曾在粤北任教的教授到厦门大学任教，曾在粤北从事师范教育的教育家林砺儒受聘为教育学系教授，曾与王亚南共事于国立中山大学的洪深也受聘于厦门大学，还有在坪石与洪深、王亚南共事的罗志甫担任厦门大学历史系主任。

• 9月

王亚南在《时与文》第2卷第1期发表《论所谓官僚政治》；在第2卷第2期发表《官僚政治在世界各国》；在第2卷第3期发表《中国官僚政治的诸特殊表象》。

• 10月

王亚南在《时与文》第2卷第5、6期分别发表《官僚、官僚阶层内部利害关系及一般官制的精神》和《官僚政治与儒家思想》。

《中国经济原论》再版，由生活书店出版。

• 11月—12月

王亚南连续在《时与文》第2卷第10期、第11期、第14期、第15期，发表《官僚贵族化与门阀》《支持官僚政治高度发展的第一大杠杆——两税制》《支持官僚政治高度发展的第二大杠杆——科举制》《士宦的政治生活与经济生活》。在《时与文》第2卷第19期发表《官僚政治对于中国社会长期停滞的影响》，针对1941年李达提出的命题阐述了自己的观点，此为连载关于官僚政治的第12篇。

1948年

• 1月

1月10日，王亚南在《经济评论》第2卷第15期发表《中国经济之路》。

郭大力第三次翻译的《恩格斯传》由读书出版社出版，光华书店发行。

• 2月

王亚南在《新中华》第6卷第4期发表《论中国国家经济与国民经济的关系》。

•3月

王亚南在《社会科学》第4卷第1期发表《我们需要怎样一种新的经济学说体系》。同期发表了章振乾的文章《转型期租佃制度论》，张来仪的文章《中国手工业发展的特质》。

•5月

王亚南在《时与文》第3卷第7期发表《新官僚政治的成长》。

•6月

《社会科学》第4卷第2期刊发郭大力《论价值存在》、王亚南的《中国土地改革问题研究》。

王亚南在《新中华》第6卷第11期发表《论中国传统思想之取得存在与丧失存在的问题》。

王亚南在《时与文》第3卷第8期发表《中国官僚政治的前途》。

•7月

王亚南在《中国建设》发表《论中国的讲坛社会主义者》。

•8月

8月8—9日在《江声报》发表《中国经济研究之世界的展望：〈中国经济原论〉日译本序言》。

•9月

在《社会科学》第4卷第3期，王亚南发表了《中国土地改革问题再论》。

王亚南在《时与文》第3卷第23期发表《〈中国官僚政治研究〉序言》。

•10月

《中国官僚政治研究》由上海时代文化出版社出版。

•12月

王亚南在《社会科学》第4卷第4期发表《中国社会经济改造上的自然条件问题》，同期章振乾发表《中国土地改革本质论》。

1948年底郭大力校完并寄出《剩余价值学说史》最后一批清样，12月开始对《资本论》第一卷译文进行新的修改。

◑ 1944年王亚南与国立中山大学法学院经济社会研究社师友合影（中间浅色西装者为王亚南先生，他的左侧为梅龚彬先生，梅龚彬的左侧为章振乾先生，王亚南右侧为刘耀燊先生，引自《王亚南文集》）

◑ 摄于2019年10月的武阳司遗址［"三清三拆"运动与历史建筑竖牌并存（乐昌市委、市政府以科学对待历史的态度，采取了保护与华南教育历史有关系的历史建筑，为中国教育史做出历史性贡献）］

◑ 武阳司遗址未修缮的传统建筑

王亚南先生在坪石上课时走过的古道和居所所在地（广东省文物考古研究所提供）

王亚南先生上课时需要经过的渡口（广东省文物考古研究所提供）

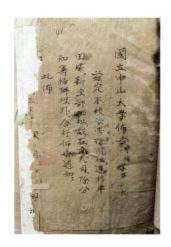

● 1941年8月国立中山大学布告，张云代理校长签署，决定本校法学院院址迁移车田坝，新生部地址设在武阳司（藏于广州市档案馆）

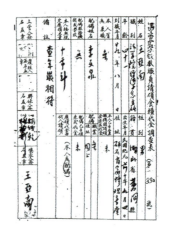

● 国立中山大学教职员请领食粮代金调查表（王亚南先生填写的信息显示住址是肖家湾村观音堂，到校时间是1940年8月，任法学院经济学系主任，联保人是梅龚彬和章振乾。另一档案是1946年王星拱校长签署聘请王亚南为法学院教授的聘书，藏于广东省档案馆）

● 1946年8月5日代校长王星拱先生签署的复函给法学院梅龚彬代理院长，为王亚南教授服务从1940年8月至1946年7月在经济学系任主任兼任教授的证明书，证明应该发给迁校补助费（此外，王星拱先生签署意见认为王亚南先生应该同在册人员对待。此函可理解王亚南先生在国立中山大学经济学系任教是从1940年8月至1946年7月，由此推断王亚南教授到石牌补课是1946年6月至7月间）

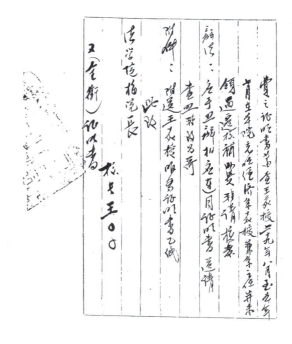

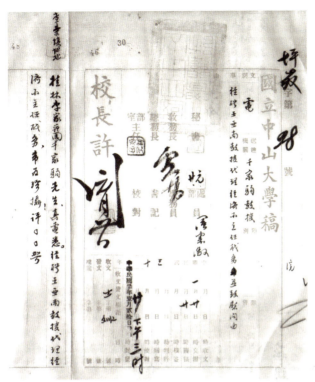

⤷ 许崇清代理校长1941年1月电
函千家驹先生，告知已经聘请王
亚南先生代经济学系主任（藏于
广东省档案馆）

⤷ 金曾澄代理校长6月签署的王
亚南教授1942年8月至1943年7月
的聘书

 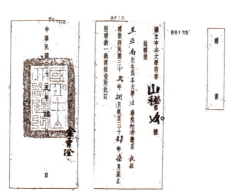 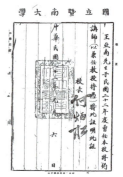

⬆ 张云代理校长请求王亚南先生继续担任经济学系主任的手函（藏于广东省档案馆）

⬆ 金曾澄代理校长与王亚南先生签署1943年至1945年7月任经济学系教授的聘书（藏于广东省档案馆）

⬆ 暨南大学提供的证明：1944年王亚南曾被聘为特约讲师，以兼任教授待遇（藏于广东省档案馆）

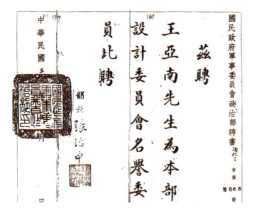 

⬆ 1941年2月张治中将军聘王亚南为国民政府军事委员会政治部名誉委员证书（藏于广东省档案馆）

⬆ 1942年10月30日金曾澄代理校长聘王亚南为法学院中国经济史研究室主任聘书（藏于广东省档案馆）

⬆ 1940年6月许崇清代理校长聘王亚南为法学院经济学系教授聘书（藏于广东省档案馆）

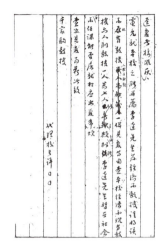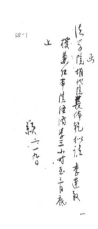

🔸 1940年8月21日许崇清代理校长拟聘李达为法学院社会学系教授的函（藏于广东省档案馆）

🔸 农学院院长丁颖教授给法学院胡体乾代理院长的信函，拟请李达教授为农学院授课，讲授"经济学"（藏于广东省档案馆）

🔸 许崇清代理校长1940年11月签署的李达先生的聘书（藏于广东省档案馆）

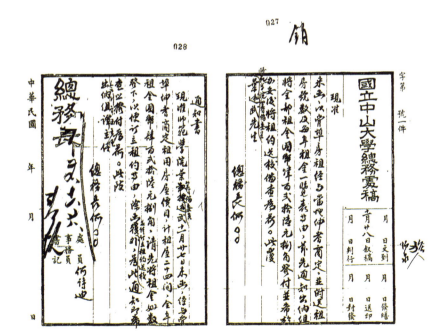

🔸 学校总务长何春帆函复叶述武先生关于师范学院管埠村租房事宜（藏于广东省档案馆）

⤷ 1946年6月26日代理法学院院长梅龚彬向校方报告王亚南教授已经回校，请求列入名册领取迁校员工补助费的信函

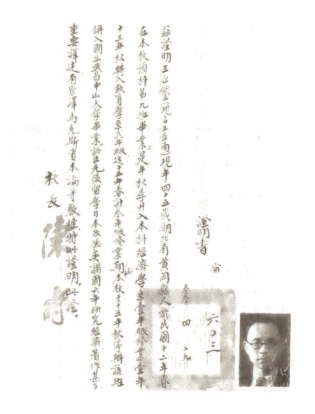

⤷ 1944年4月29日湖北武昌中华大学校长陈时为王亚南开具的证明（1923年春在本校预科毕业，秋天进入学校经济系，1924年转入教育学系二年级，1926年该班三年级并入武昌中山大学毕业。提及王亚南重要译著有原译马克思的《资本论》等数种著作。中华大学是由陈时的父亲陈宣恺创办于1912年，陈时是因1917年父亲去世继任校长，抗日战争爆发迁重庆。陈时是一位教育救国的实践者）

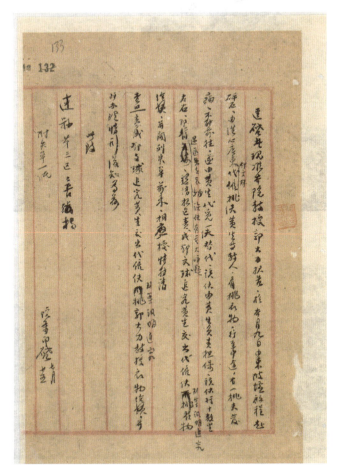

郭大力1941年7月9日写给在东陂任教的同事张栗原、许杰、陈守实等的信件（藏于广东省档案馆）

1941年7月15日广东省立文理学院为郭大力教授催促警署破案的函件（藏于广东省档案馆）

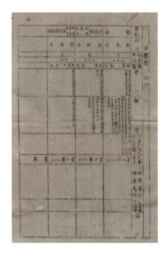

🔸 1944年新增加法学院不分系讲师罗致平、吴壮达、陈道明的教员名册。罗致平是法学院和工学院德语讲师，法学院名著选读时讲授恩格斯的著作《家庭、所有制和国家的起源》。吴壮达曾在1947年到台湾省立农学院任教，新中国成立后一直研究台湾问题，是华南师范大学历史地理学知名的地理学教授（藏于广东省档案馆）

🔸 王亚南、李文泉与孩子洛林、岱平在1947年的合影（引自《王亚南文集》）

🔸 1947年厦门大学法学院经济系毕业生合影（郭大力在第一排右边第四位，王亚南在第六位，引自《王亚南文集》）

🔵 王亚南在坪石肖家湾观音堂下侧租借的农屋景观复原，是经过乐昌华南研学专班求证该村年长者的意见推测的结果

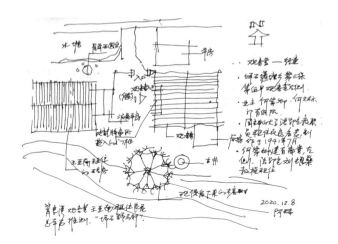

🔘 坪石肖家湾观音堂周边环境总平面图示意

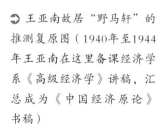

🔘 王亚南故居"野马轩"的推测复原图（1940年至1944年王亚南在这里备课经济学系《高级经济学》讲稿，汇总成为《中国经济原论》书稿）

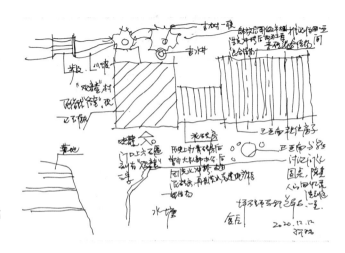

🔘 王亚南住地历史原平面图推测

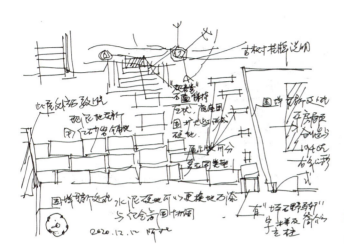

➲ 王亚南"坪石野马轩"遗址
展示构思之一

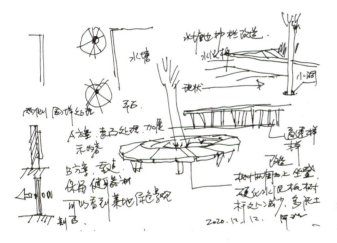

➲ 王亚南"坪石野马轩"遗址
展示构思之二

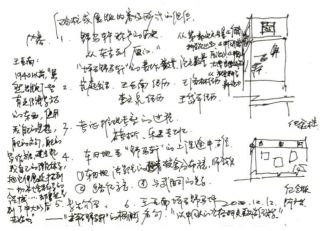

➲ 王亚南"坪石野马轩"遗址
展示构思之三

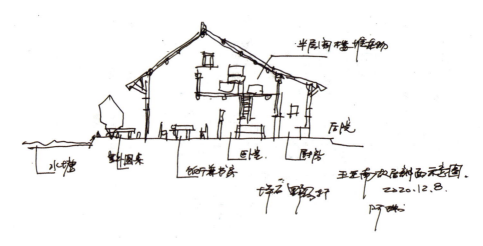

⮕ 王亚南租住农屋剖面示意

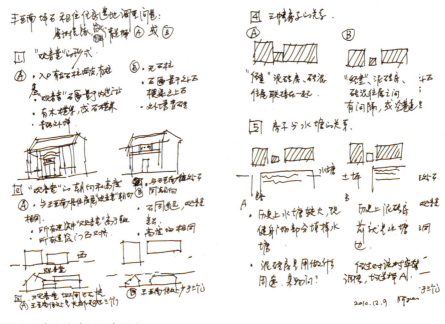

⮕ 王亚南住地遗址问卷调查

六、"闽西农村调查"和"寻乌调查"——15年后的回响

　　1929年，毛泽东、朱德率领红军第四军入闽，在长汀、龙岩、上杭等地取得胜利，创建了闽西革命根据地，同时进行土地革命。1928年1月，朱德率南昌起

义余部在坪石取得胜利，史称"坪石大捷"，接着朱德带领部队转战湖南，奔向井冈山，1928年4月28日，与毛泽东领导的工农革命军胜利会师，成立工农革命军第四军（后改称工农红军第四军）。1929年1月从井冈山出发，挥师入闽，7月建立了革命根据地，举行中共闽西第一次代表大会，领导农民开展土地革命，接着成立了县苏维埃政府。

事隔仅10余年，王亚南、章振乾在朱德同志战斗过的坪石传播马克思的《资本论》。毛泽东同志在1930年5月通过11人调查团作了《寻乌调查》，当红军在安远、寻乌、平远做群众工作稍为空歇的时间，写了《反对本本主义》，发出了"没有调查，就没有发言权"这一至今仍然意义深远的声音。他在文章中生动地写道："斗争的发展使我们离开山头跑向平地了，我们的身子早已下山了，但是我们的思想仍然还在山上。"[88]注释中提到，这里所说的山头指江西、湖南边界的井冈山地区，平地指江西南部、福建西部地区。15年后，王亚南、章振乾、余志宏等一批曾在坪石教学的经济学系师生，在当年红色政权曾经存在的"平地"上，进行"闽西农村经济调查"，其中调查重点就是土地问题。

（一）1945年的"闽西农村调查"

1944年冬，王亚南先生已经从坪石国立中山大学法学院到福建省研究院社会科学研究所任所长并开始正常社会经济研究工作。余志宏（中共秘密党员）提议，闽西农村土地改革区有特点，可以进行调查。王亚南接受建议并从学术和财政上给予大力支持。调查提纲关于"二五减租"是一个重要的课题，在坪石王亚南教学答疑时讲"北伐战争誓师时，国民党曾对农民许愿实行'二五减租'"，所谓"二五减租"就是在实行"耕者有其田"之前，先将现行地租率降低25%，它假定一般地租率为正产品50%，减去25%，即为正产品37.5%。北伐战争过程中，国共两党分裂，减租政策因有利于佃农，许多地方将施行"二五减租"者以共产党论处，故成为泡影。这是王亚南对他的学生陈其人在坪石车田坝村教室晚上的答疑。[89]在武平的调查提纲中，有一项就是针对"二五减租"调查，"武平实施'二五减租'期间，农民、地主两方面势力的消长情形。现在情况如何，是依旧维持呢，还是已经破坏？其原因以及过程均当留意。"这是章振乾离开往广东留下钟其生赴武平时的要求。

　　由章振乾带队，余志宏、胡瑞梁和钟其生组成调查团，进行为期92天的实地调查。调查团调查的时间是1945年4月至7月，与毛泽东的"寻乌调查"基本属于同一地区，在五岭周围的福建、江西和广东接攘的农村地区，时间相隔了15年。在毛泽东讲的"平地"，中国共产党红军进行了土地改革，1929年至1932年是闽西土地革命的时期，也是毛泽东进行寻乌调查的时间。章振乾等人调查这15年来的变化，具有特殊历史意义。

　　在永安，王亚南一面开列预算，向院、省两级申请授权，一面与负责的研究所经济组拟订提纲和前期的筹备，调查涉及十多个乡镇和90个村庄。[90]调查团结束于武平，离西面的寻乌仅隔着马战崇山，与广东平远形成三角关系。《最新广东省明细大全图》，制作于1931年，可以看到武平、平远和寻乌，分别有土路联接。毛泽东在《寻乌调查》中就提到寻乌与武平的陆路联系，"另有几条小路：一条从澄江……门岭。一条从县城……武平。一条从县城……往安远城"，调查的路线是永安至朋口，朋口至龙岩，龙岩是重点，包括白土镇、紫同乡、龙门镇，北上到宁洋县的罗溪乡和白砂乡，南下至适中，再折向西经过上杭县的方蛟乡，经过上杭的茶境乡在武平的十方乡结束。出发后的第一星期，章振乾、余志宏及时汇总资料，4月8日吴大琨从长汀经过龙岩往永安，与章振乾、余志宏在龙岩相遇，考察团让其将第一周调查材料带回永安的研究所给王亚南先生。[91]

　　5月经济科学出版社创办，王亚南为名誉社长，出版《中国学术丛书》和《新社会科学丛书》两种。1945年6月《社会科学论纲》出版，该书四部分共四十五篇，对当时文化、战争、建设诸问题进行论述，分别是"社会科学认识论""社会科学的文化论""社会科学的战争论"和"社会科学的建设论"，由在永安的东南出版社出版。该著作命题是在坪石国立中山大学法学院经济学系上课讨论的结果。

　　王亚南先生留在永安，主要是筹备经济科学出版社的工作，但在这次调查过程中，从出发到结束，王亚南一直保持与调查团的联系。章振乾4月3日的日记写道："调查团一行4人余志宏、胡瑞梁、钟其生和我从永安出发，上午6时50分车离永安，下午2时到连县朋口，住朋口中南旅社，打电话给何幼卿，谓吾人业已抵朋；函王亚南兄。"第一天到达目的地章振乾就给王亚南写信。章先生在7月1日的日记写道："7月1日早起，函周昌芸院长及王亚南兄，告以调查情形并提交余将赴蕉岭讲学，其生赴武平调查等事。"调查快结束了，让王亚南了解调查最后阶段的情况。

5月28日，章振乾、余志宏在调查途中，接到胡体乾和王亚南来信，胡体乾提出若需要中山大学法学院社会学系协助，将派人参加。同时告知法学院迁往广东蕉岭，盼章振乾回校完成授课任务。6月22日由国立中山大学法学院代理院长胡体乾从蕉岭派出的经济学系助教涂西畴和社会学系助教覃正光与调查团会合，参加调查工作。

6月王亚南得病无法工作，家人也病倒，将近一个多月。6月30日余志宏、章振乾接到王亚南来信，王亚南了解调查进展，并告知因病和交通仍然不便，尚未决定何时返回中山大学经济学系完成应授课的课时。[92]7月3日，调查团的任务基本完成，章振乾与涂西畴、覃正光一起结伴返蕉岭上课。章振乾在7月3日的日记写道："早晨5时半从上杭出发，同行者有涂先求、覃正光二君。钟其生回武平去，同路走了40里。11时许，过武平十方镇钟其生留下来，我们因要完成90里的路程，故稍作休息，便向岩前方向继续赶路，调查工作进行了92天，至此结束。"

调查团在调查过程中，依靠乡村的学生协助调查，开始工作前都进行培训，如在上杭举办调查人员讲习会，对象是参加调查的初中生，由章振乾讲"经济调查与乡村建设"，余志宏讲"我们的农村经济"，胡瑞梁讲"农村调查实务"。

在调查中发现红军的影响仍然深厚，红军分田是历史性的影响，十九路军进入闽西时，受到闽西民众的强力抵抗，最后只能学习红军，从土地入手，宣传实行"计口授田"土地政策，方能进入。

1945年8月15日，日本宣布无条件投降。8月20日福建省政府召开临时会议决定省会迁回福州。1945年9月，章振乾在《社会科学》第1卷第2、3期发表文章《我们怎样调查闽西的土地改革区》，对有关成果进行初步整理。

章振乾在深入总结调查成果后，又于1947年发表了《闽西土地改革区公田经营方式研究》一文于《福建省研究院研究汇报》第2期，因为《研究汇报》为中英文，英文使用的题目是"Different Forms of Farming in Western Fukien, a Critical Study of Some Theories Regarding Agrarian Reform in China"，与中文题目有些不同。文中提出土地改革之总的任务，一是在于把土地平均分配给农民，因为这样，便可以无条件的促使农业生产力发展；二是土地对于生产力的影响，是间接的，有条件的；三是土地改革对于生产力的影响，是表现在乡村建设成就上；四是土地改革之所以有助于农业生产的发展，是在于它排除封建的阻力，促进合理的经营。从调查中发现，闽西土地改革区经验可分成以下六种：一是分佃零耕准备耕地；二是从资本主义经营转向了的龙岩县农林场；三是从军垦，佃工经营而至结束的龙岩地政农场；四是利用囚犯劳力的白砂农场；五是徭役经营的茶境乡农场；六是集体垦种的白砂垦荒合作团农场。[93]

1945年9月代理校长兼研究院院长汪德耀任国立厦门大学校长，接着王亚南赴厦门大学任教，章振乾回福建接替王亚南任福建省研究院社会科学研究所所长。章振乾毕业于国立中山大学，曾任十九路军机关报《国光日报》总编辑，考进日本东京帝国大学研修农业经济，日军侵华时回国参加抗日救亡运动。在坪石武阳司村经济学系与王亚南共事后，章振乾一直追随王亚南先生，1950年又到厦门大学配合王亚南的教学工作。

"闽西农村调查"是王亚南先生指导，章振乾先生负责，以余志宏等坪石时期国立中山大学师生为学术力量主力，具有特殊历史价值的社会经济农村调查，这次调查某种意义上是经济学者"寻乌调查"的回响和红军实行土地改革的历史性结果总结，与毛泽东"寻乌调查"的历史意义与学术价值一脉相承。

王亚南著的《社会科学新论》一书出版，书中指出："现在，洋务运动被进步化为工业建设运动了，大家尽管都在倡言依据民生主义原则，而对构成民生主义之基本部分的土地改革要求，总以为无关紧要，或者以为可借工业化所造成的进步现象，逐渐设法改进。土地改革运动，至少已在大家观念上，安置在工业化运动后面了，这种颠倒因果程序的想法，一方面固然由于我们社会数十年来一直在内忧外患的动乱中，只要可能避免社会风波，大家就以为无妨迂回一点，在可能不破坏旧有的社会关系之下，去建设起新的社会关系来；但同时，还得从我们旧有的社会经济的特殊性上得到说明。"[94]这本书中的土地改革观点，是"闽西农村经济调查"的结果。

王亚南对民生主义与土地问题有认真思考，指出："民生主义的提出，并没有把改革的对象和主体交代明白，并不是根据唯物史观的科学论据，并不曾科学地就中国封建制度的特点，来讲明其所以必须解决土地问题，恰好是一个对照。"王亚南又提出："假如像《中国社会各阶级分析》以及《湖南农民运动考察报告》这类具体分析中国社会特质的科学论著，在大革命以后那段时间，有了较广泛传播，那就……"[95]

（二）《寻乌调查》的前前后后

毛泽东主席在寻乌调查报告完成之前，1929年召开了红四军第九次党代会，11月29日会议选举出11位前委委员，排在毛泽东、朱德、陈毅之后的是李任予。他1903年出生于新丰县丰城镇城东车田围，就读于韶关开明中学，毕业于广东工业专科学校，在苏兆征的引导下加入中国共产党，1929年为中央闽西特委主席。寻乌调查报告写作时，1929—1930年他是红四军政治部主任。1931年受中央委派赴河北发动城市斗争，1932年11月27日在河北被叛徒出卖，坚贞不屈，29岁被害。在古田会议纪念室挂着李任予的照片，尽管模糊，依然可以看到炯炯有神的目光。

红军英雄中有许多黄埔军校学生，他们的事迹有待挖掘。朱云卿是来自梅县的红军将领，曾在印度尼西亚打工，1924年黄埔军校三期，参加井冈山斗争时已经是第三十一团团长，指挥黄洋界保卫战，1930年8月任红一军参谋长，1931年在吉安不幸被特务刺杀牺牲。这位红军领袖1925年加入中国共产党，1926年在广州农民运动讲习所成为毛泽东的学生，参加毛泽东领导的秋收起义，1929年6月朱云卿任红四军参谋长，朱、毛军事思想的执行者。红四军序列表中写着军长为朱德，毛泽东为党代表，参谋长为朱云卿。

黄埔军校还有两名同期学生参与本次会议，古田会议纪念室挂着他们的照片，他们是毕业于黄埔军校的共产党军事代表人物林彪和伍中豪。

在古田会议之前，中共中央在莫斯科召开了中共六大。时间为1928年6月18日至7月11日。参加六大的工人代表居多，如广东工人阶层的代表黄敬之、张全、曹俊升、周秀珠、邝成志、唐明德、黎作东等，周秀珠是主席团成员。想当初，他们是冒着被砍头的风险出发的，有的代表还没有出境，在赴会的路上暴露了身份就被捕被杀。

1930年，博古从苏联莫斯科中山大学回国，此后成为中共中央的负责人，从上海来到中央苏区，就是在这四年中，他不切实际的决策，导致红军放弃中央苏区，开始长征。毛泽东接地气的寻乌调查报告，与从俄罗斯莫斯科贵族洋房走出来的高材生的俄文教科书相比，表现出更旺盛的生命力。

（三）《寻乌调查》的人文地理分析

毛泽东建立中华苏维埃共和国是基于扎实的调研之上的，既脚踏实地又放眼世界，在国徽图案中，体现了毛泽东这种天下情怀，即"全世界无产阶级和被压迫的民族联合起来"。

毛泽东同志在1930年5月所作的《寻乌调查》是通过11人调查团，利用红军在安远、寻乌、平远做群众工作稍为空歇的时间，开调查会获得材料写下的。对于寻乌的历史，毛泽东同志简约而明了地概述："明万历年前寻乌还未设县，万历以后才设县。没有设县时候，一部分属江西的安远县管辖，设置石溪堡，其地域是现在的澄江、三水、仁丰、县城等区；一部分属广东平远县管辖，其地域是现在的双桥、南八、兼三等区。"[96] 寻乌处于三省交汇处，部分属于平远地区。毛泽东同志这篇调查报告对南粤古驿道而言，是方法指南，更是直接可利用于古驿道红色之旅的独一无二的素材。

第二章《寻乌的交通》第二点对陆路交通路程长度和方向进行详细描述，为古驿道在粤境的确定提供明确的方向。调查报告以石排下为中心描述了陆路："一条经过吉潭（三十里）、澄江（六十里）、盘古隘、通筠门岭（一百一十里）……一条经过县城（三十里）、三标（六十里）、太阳关、通安远城（一百四十里），为信丰、安远通梅县的大路……一条经过车头（二十里）、留车（三十五里）、荒塘肚（六十里）到兴宁之罗浮……为寻乌下惠州的大路。""另有几条小路：一条从澄江……门岭。一条从县城……武平。一条从县城……往安远城。"这里对陆路的分级清楚，大路、小路如果在地图上重画一遍，粤赣两地区的古道网就明了了。

交通运输的描述更是体现驿道的特点："陆路交通运输工具大多数是活人肩胛，其次是骡马。县城通梅县大路骡马很多，……运输的骡马骡多马少……用马子驮的货物以盐豆为大宗。"

毛泽东主席的货物品种调研非常仔细，如盐就分成潮盐、惠盐；对酒的制作和消费用了许多文字描述，这一地区以糯米做的黄酒为主，又分"双酒""单酒"，单酒十铜板一壶，口渴了贫民买了当茶喝，双酒十八铜板一壶，请客才吃；对商人的背景了若指掌，如"百和堂"是第一家药材店，主人池某，潮州人。

梅县、五华、平远、兴宁、蕉岭等是毛泽东在报告中提到的广东地点，更远的包括惠州和潮州，因为调查报告有大篇幅描述贸易和货物的来源，它的分析不停留在寻乌境内，而是与之相关的贸易线路。

1928年，共产党在寻乌组织农民暴动，宣布成立寻乌革命委员会，属赣粤革命根据地之一。1931年合并蕉岭、平远和寻乌称为蕉平寻县，1933年至1934年中央苏维埃鼎盛时称为苏维埃粤赣省，这时中央苏区共有江西、福建、粤赣、赣南、闽赣五个省级苏维埃，至1934年也使用粤赣省这一称呼，寻乌调查中的内容与粤境的地理人文和历史是分不开的。

由于地缘关系，广东军事政治的变化对粤赣边区的影响是直接的。1932年11月7日广东"两广党委"主办的刊物《两广红旗》第13期刊登了《中共两广省委庆祝十月革命十五周年纪念和临时中央政府成立周年纪念宣言》一文，在文中号召广东各界支持红军和中国苏维埃临时中央政府："把你们的伟大力量团结起来，用你们的武器——罢工、罢课、罢操、罢岗，实行土地革命向帝国主义地主资产阶级国民党进攻。不替帝国主义国民党运一兵一卒，制一枪一弹去进攻苏联与苏维埃红军，不缴一文钱给帝国主义国民党做进攻苏联与苏维埃红军的军费。不打红军，实行革命兵变到红军中去，组织北上决死团到东北义勇军参加抗日民族革命战争去，到苏区红军去，冲破敌人对两广苏区红军的进攻，巩固发展两广苏区。驱逐破坏罢工的工贼进攻苏联的先锋队——白俄。"[97]

1929年8月13日，中共广东省委专门给朱德、毛泽东去信，报告广东的情况。国民党在广东是陈济棠、陈铭枢两军阀暗斗，东江由陈铭枢把控，西北两江及广州由陈济棠把控，在粤赣的信丰、南雄均有互相厮杀争地盘的情况。

广东为巩固东江苏区，还在非苏区用发动兵变、情报收集和罢工等手段，减轻削弱粤国民党军队对中央苏区围剿的军事力量，从侧面上给予中央苏区支持。这一历史阶段广东军阀的暗斗，军事政治状况、国民党"围剿"计划及各地工农斗争形势等情报，对毛泽东选择根据地的决策非常重要。

中央苏区的范围在粤赣之间常变化，1931年1月7日定都瑞金，1934年10月第五次"围剿"后开始放弃中央苏区。最高峰时，中央苏区范围有40余万平方公里，人口3000万。1933年8月16日，为对付粤桂国民党军队，并发展出入口贸易，专门设立粤赣省，于都、会昌、西江、寻乌、安远、门岭包含在此范围内。

毛泽东在调查报告中概括水路、陆路运输后，紧接着就是邮政的调查，报告中写道："县城是三等邮局。一路走吉潭，澄江通门岭。一路走牛头关通八尺，再由八尺通梅县；另一路八尺分一路通平远。"平远的"八尺"在交通贸易、邮政转换等方面对寻乌意义重大，是向南和向东的门户和交通重镇。

利用几张30年代的广东历史地图，分析一下寻乌调查报告发表时南粤与寻乌的历史区域地理关系，可以更好地理解寻乌调查报告。1925年制作的邮务分区图，可以印证毛泽东主席的调查结果，图中出现牛头关的地名，但要至平远需要在大拓进行转换，从邮线的保障而言，大拓更重要。走吉潭是往北向南昌方向。在图例中分地区管理局、一等邮局、二等邮局、三等邮局和代办处，代办处是圆圈，其他四类用大小实心圆表现。寻乌是最小实心圆，所以称为三等邮局，梅州、兴宁、镇平（蕉岭）、连平、始兴、南雄都是二等邮局，在寻乌许多镇仅设代办处。

由于瑞金、兴国、于吉等江西境内的货物交易集中在米、豆和茶油，寻乌作为中转站交通转运的市场功能不明显，"这一条路上的生意，大宗是鸡，次是牛，又次是猪"，农副产品从寻乌的西面和北面，通过寻乌，目的地是梅县腹地，"鸡贩子由唐江一带一直挑到梅县城或新铺（由寻乌走大拓去铁铺下船，直往松口，不经梅县）发卖"。毛泽东还分析了梅县鸡行卖给松口鸡行和直接走路挑贩至松口售卖的价差是3毛钱（而在寻乌每斤4毛），这里也说明松口商业贸易中心意义不亚于梅县，因潮汕的消费市场大。此外，寻乌设牛市，梅县、平远、蕉岭的人是买主。

税捐是调查报告的重要内容，对烟酒印花税、屠宰税、护商捐、牛捐、赌博捐等苛捐杂税做了详尽的分析。毛泽东在管理中央苏区社会经济事务时，对税收减免作出了许多有利于弱势群体的免税措施，如龙岗县枫边区财政部征收委员会对残疾人提供"免税证明书"。在苏区还发行货币以及信用合作社的股票，利用特殊的金融工具保持经济的发展。

广东重商的氛围再加上苏区人民和军队生存的需要，经济活动是要解决的首要问题。调查报告中反映，"五月县苏维埃大会采用赣西苏维埃颁布的累进提法"，毛泽东在调查报告中对税务制度分析透彻，全篇经济账算得非常小，将寻乌放在区域交通体系和市场服务体系中进行宏观的分析。在交通的分析上，注意水陆交通转换的成本估算调查，对水路在这地区的特点给予细致的描述，"寻乌水从桂岭山盘古隘一带山地发源，经澄江、吉潭、石排下，东头、留东、流入龙川，下惠州，故寻乌水乃是东江上游。船可通过澄江"。调查还指出从寻乌至大拓通新铺的通道，新铺是水路联接松口的码头之一。水路运输其实是历史上的水驿，也是南粤古驿道具有南方水系特点的一种类型。

　　梅县向江西输送的更多的是日用品和海货，它的货物腹地功能通过驿道，辐射至瑞金、石城、安远、信丰广大地区，"布匹（梅县的去的少，兴宁的去的多，均买了洋纱自己造的。兴宁织造很发达。兴宁一般生意也比梅县大）、洋纱（外国货）这五类"，其他指的是洋货、盐、洋油和海味。毛泽东还分析寻乌经济腹地市场的差异，又分析罗福嶂木从寻乌运到汕头市场和东江市场的价格差异，汕头市场价远高于东江地区。

　　在寻乌市场，毛泽东分析每一商户的原籍及谋生过程，来自梅州地区的占很大的比例。平远籍的韩祥林在此经营"潮楚"；韩祥盛来自八尺，本钱是700元，经营了十几年；杂货店10多家，多数为兴宁人，义成、潘月利、王润祥、潘登记、祥兴、永源、金志成共7家，主要经营布匹，这是调查报告前一部分提到的兴宁纺织业发达的缘故，而且杂货店多卖洋货，包括纸烟，烟有三处来源，其中就有梅县、兴宁。市场的老板多来自梅州地区。毛泽东主席特别研究了兴宁人陈志成、罗义成开的杂货店，他们都是小本起家，"顺昌兴记"、卢权利、汤尧阶均是来自梅州。

　　"去年夏季，南半县抗租得了胜利，冬季又分了田，农村中三十岁以下的青年人，十分之七以上都穿起胶底鞋来（这种鞋的底是从广州运到兴宁，兴宁做成鞋子，每双十毛左右）。"毛泽东将供给侧的问题也讲清楚了，而需求方还包括"新式衣""薄毛羽的夹褂子裤"。

　　寻乌接受广东影响广泛，甚至发型的流行也与粤有关，新式的理发工具来自梅县。"文装亦名西装，花旗装就是美国装，它的来源是从南洋传到梅县，由梅县传到寻乌。"打洋铁、修钟表的均仅有一家，分别来自兴宁、梅县。参加毛泽

东调查会的基本上是本地人，其中一位是下排村人钟步赢，毕业于梅县师范，23
岁，毛泽东在1931年2月2日写的说明中提到的11人名字就有他。

调查报告提到了三个年轻共产党员大学生，刘维锷在北大读两年，邝才诚在
北京师大读一年多，刘维炉在广州中山大学读了两学期。

毛泽东在报告中写道："过去电报局设在吉潭，民国十一年移到县城。电线
由吉潭通寻乌城，通筠门岭，通平远。"1931年的《广东省公路长途电话全图》
反映了这一情况。《广东省公路长途电话全图》，由书籍行远安堂1931年2月
（民国二十年二月）印行。电报、电话是20世纪30年代重要的新技术，无论是规
划还是实践，是城乡发展水平的标杆。此图四周边缘标有经纬度，附图例。图中
用红线绘出了广东省的公路长途电话路线。图上方附广州市新区域图；下方附电

广东省公路长途电话全图　1：900000/民国二十年二月新增初版/书籍行远安堂印行/彩印图/
图左上方附：广州市新区域图/图下方附：电报局地名表。　　　　　　　　　　（上海图书馆提供）

⤷《广东省公路长途电话全
图》，由书籍行远安堂印行，
1931年2月（民国二十年二
月）新增初版，彩印图，比例
1：900000，尺寸：66.5×100
厘米（收藏于上海图书馆）

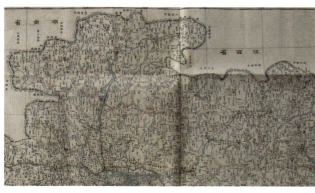

⤷《广东省公路长途电话全
图》粤东、粤北局部

报局地名表。从1931年《广东省公路长途电话全图》的粤东、粤北局部分析，电话线路在粤赣地区建设相当不足，反而河源县的出线较多，这里三江汇聚，水运在交通尚不发达的历史阶段，辐射作用明显，从邮路和电话线两张在20—30年代的分布图可以印证这一历史事实。

毛泽东的调查报告中写道："梅县至门岭不通车，货大部分是肩挑，盐通通用马子驮。"[98]从地图分析，在接近梅县的白渡才出现道路，图中没有出现牛斗光的地名，但在邮务历史地图中可以找到，可见毛泽东调查细致。

九连山是粤赣之间的山脉，东江水源地之一，地图上反映了寻乌被九连山所隔，与赣的联系不如与粤的联系方便。

这张历史地图正好制作于毛泽东进行寻乌调查时期，地名和实际历史地理场景比较接近。图例包括了道治、县治、要镇、村集、商埠、炮台和灯塔，界线分省界、道界、县界，还特别标明湛江割借地界；交通方面双线为大路，而单线为小路。从信丰至南雄村集有石塘、春坑和南大坊，重要的要镇是平田；寻乌与八尺、超石村、石正基本是直线连接，前两个是要镇，另两个是村集。

《最新广东省明细大全图》，制作于1931年。和平、龙川、五华、兴宁和梅县从图中分析集市村庄分布均匀，而寻乌至广东界线内基本上没有集市村庄。

平远、和平、龙川、五华、兴宁、梅县和蕉岭与寻乌20世纪30年代的地理关系，影响到之间的贸易往来，而人口分布更是地域经济活动的重要因素。20世纪30年代广东与中央苏区关联度高的城市城乡人口情况为：兴宁42.9547万，梅县50.5296万，五华20.8995万，平远9.519万人，蕉岭10.37221万，大埔30.4595万。[99]而在调查报告中此时寻乌城仅有2700人，往北交通受限制，寻乌对外贸易方向必然是向梅州、潮汕流动。

《广东全省公路路线图》反映了时代的基本特征，此图上北下南，左西右东，附有比例尺，附图例，详细绘制了全省的公路路线，特别用红色标注了有路面通车路线和土路通车路线，附有海南岛的公路路线图。这应该属于最早的广东公路规划图之一，非常可贵的是，广东省的公路规划突破行政区域，将周边省（湖南省、江西省、福建省）的交通联系综合考虑。1931—1936年正是林云陔先生担任国民党广东省政府主席的任期，他是善于市政建设的行政官，规划寻乌联接吉潭再联系平远，信丰县联接南雄的直接公路。

广东全省公路路线图

广东省建设厅公路处工务科制/石印本/1:1000000/民国二十六年十一月
(1937.11)/1幅;彩色;59.3×100厘米。　　　(国家图书馆提供)

⮌ 《广东全省公路路线
图》,由广东省建设厅公路
处工务科编制制作,时间为
1937年11月(民国二十六年
十一月),石印本,彩色,
比例:1:1000000,尺寸:
59.3×100厘米(收藏于国家
图书馆)

077

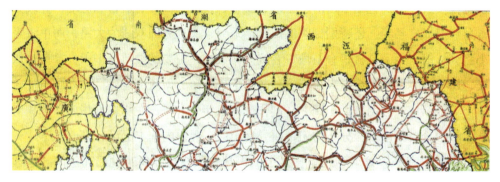

⮌《广东全省公路线路图》局部

　　韶关南雄梅关古道的乌迳古道,常被忽略。从历史上分析,这里聚集地发展
得最早,与江西信丰地理位置很近。信丰与南粤的地理关系非常紧密,贸易上也
是。分析安远到梅县的生意时,对于猪的贸易线路,毛泽东主席写道:"信丰来
的最多,安远次之,走两条路来,一条从安远城,经寻乌城,走牛斗光、八尺去
梅县。"新田村是乌迳的古村,建筑文化遗产丰富,在乌迳新田村出现传统红砂
岩石材为装饰的民居,是十分有特点的古民居。

　　红军撤退时,在西面首站就是乌迳,信丰是阮啸仙壮烈牺牲的地方,红色
历史文化遗产有待挖掘。红军第一军团长征中经历的地点和里程中,从赣穿越粤
北的起点地方为10月16日出发地铜锣湾,宿营地点为山王坝;17日经过锌山,宿
营下油;18日经过唐村,宿营地为新谢;21日经过掩相,宿营新田;22日经过石

背，宿营大坪；23日经过下山，宿营石材圩、老界子圩；26日经过乌迳，宿营三江口；27日经过小溪，宿营南村。[100] 红军分两路过信丰河后，东南古陂、新田粤军被击退，穿越南雄公路，突破了第一道封锁线。

目前广东省列入中央苏区范围的有11个县，包括梅州全境、韶关南雄、潮州饶平和河源龙川。目前，梅州现存有18条古驿道，总长65公里，其中西河镇茶米古道、中行镇盐米古驿道这些具有当年贸易特点的古道，与毛泽东寻乌调查中区域贸易关系密切。而福建闽西调查和江西寻乌调查的地区，也纳入了中央苏区范围。

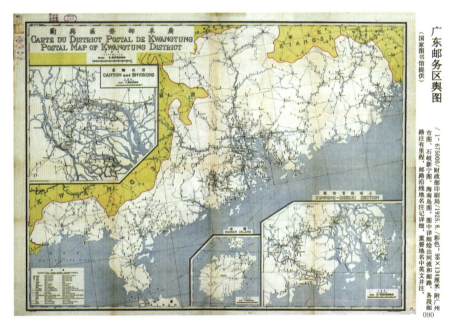

⤷ 《广东邮务区舆图》，并列图名：CARTE DU DISTRICT POSTAL DE KWANGTUNG POSTAL MAP OF KWANGTUNG DISTRICT，由国民党政府财政部印制局制作于1925年8月，彩色，比例：1∶675000，尺寸：98×134厘米（收藏于国家图书馆）

此图附有广州附图（1∶200000）、石岐新宁附图（1∶300000）、海南岛附图（1∶1200000）。图中详细绘出河流和邮路，各段邮路注有里程，邮路沿线地名注记详细，重要地名中英文并注。附有图例、邮局等级分类、路线以及海运线路。

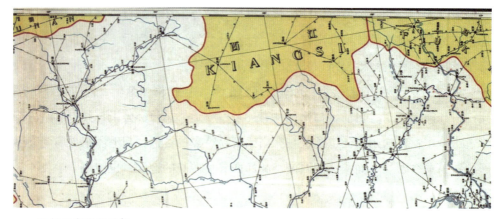

⤷ 邮政线路图局部

⤷ 《最新广东省明细大全图》，制作于1931年

⤷ 1931年历史地图局部

⤷ 寻乌与梅州地区的局部

《广东报话线路图》1940
年制

乌迳新田村民居红砂岩材
料的装饰

乌迳新田村民居入口门梁
的装饰

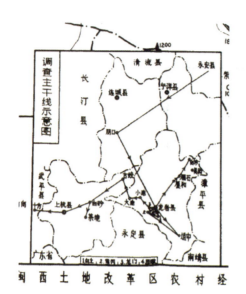

🔸 闽西农村调查路线局部，引
自章振乾《闽西农村调查日记
（1945年4—7月）》，福建政
协文史委员会编：《福建文史
资料》第35辑，1996年

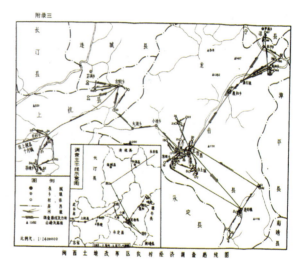

🔸 闽西农村调查路线全图

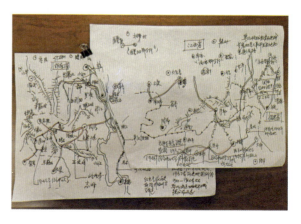

🔸 华南教育在五岭抗日战争发生重
大事件地点和线路分析图，以1931
年和1937年的广东历史地依据

七、王亚南和郭大力对中国政治经济学的贡献

王亚南作为经济学家为中国经济学开创马克思主义经济学中国化建立了系统的理论体系，他主张"共学"的教育思想，为中国马克思主义经济学说的传播培养了一批经济学人，包括陈其人（复旦大学教授）、袁镇岳（厦门大学经济学系主任、经济研究所所长）、张来仪（厦门大学经济学系教授、经济研究所所长）、余志宏（武汉大学哲学系主任）、胡瑞梁（中国社会科学院研究员）、涂西畴（湖南财经学院院长）、罗湘林（广东省统计局副局长）、廖建祥（广东省社会科学院院长）、戴镐隆（武汉大学法律系教授）等具有影响力的经济学家、教育学家。王亚南指导学生的每篇论文，从选题到大纲再到具体的撰写，都倾注着他的心血。

粤北抗日战争时期与他共事烽火育人的老师李达、林砺儒、朱谦之、郭大力、吴大琨、胡体乾、余群宗、章振乾、陶大镛、石兆棠、罗致平等成为创建新中国经济学等学科教育机构、运用马克思主义的理论指导中国经济学科的主力军。

陶大镛的讲坛生涯始于坪石，得益于王亚南的提携。1992年陶大镛自述："太平洋战争爆发后，我虎口余生，于1942年春，从香港历经艰辛混在梅县难民回乡队里，到达广东坪石镇。本来打算在老友处歇一歇脚，再去当时的'文化城'——桂林当一名新闻记者。通过他的介绍，我去拜访时任中山大学经济系主任的王亚南教授。说老实话，在学术的征途上，我当时还是一只'迷途的羔羊'。就这么一个偶然的机遇。后来在王先生的关怀下，把我留在了中山大学，这是我一生中的转折点，从此以后，就开始了教书生涯，至今整整半个世纪。"[101]1946—1949年陶大镛赴英留学，1954年被北京师范大学聘为政治经济学教研室主任并创办经济系，成为首任主任。新中国成立后，曾任《新建设》主编，1951年发表了《关于人民经济的几个范畴》，运用《资本论》分析新民主主义的中国经济。

"坪石先生"中的李达在新中国成立后为湖南大学和武汉大学校长，林砺儒为北京师范大学校长，朱谦之1952年后为北京大学哲学系主任，郭大力为中央马列学院政治经济学教研室副主任、主任，吴大琨为中国人民大学教授，胡体乾

为厦门大学统计系创始人，余群宗1953年为西南政法学院教授，章振乾为厦门大学教务长，石兆棠为广西大学副校长，罗致平为中央民族学院教授。在"学术年谱"整理中将这一批经济学家早期的研究方向与关键事件纳入其中，理解王亚南"共学"思想的硕果。

（一）王亚南与郭大力对马克思主义政治经济理论中国化的贡献

1. 新民主主义政治经济学理论讨论

王亚南、郭大力运用《资本论》等马克思主义政治经济学理论研究解答中国经济问题。

陈其人教授在2009年发表的纪念文章中指出，《中国官僚政治研究》和《中国经济原论》成为"研究旧中国经济基础和政治上层建筑的重要著作"。[102]除了《中国经济原论》《中国官僚政治研究》这两部划时代的《资本论》中国化的著作外，抗日战争时期王亚南的经济学论文着力于战时经济政策，包括《当前的经济问题与经济计划》《今年经济的展望》，此阶段的文章也结合教学需要讨论经济学科历史和分类。战后关注重建和生产，如《论技术在生产建设上的地位》；对中国官僚政治研究在战时教学讨论的基础上系统化编写，发表17篇论文并于1948年出书。从《资本论》中国化方面深入思考了土地问题，发表《中国土地改革问题研究》。在解放战争时期，王亚南发表《混合经济制度论批判》《中国社会经济问题改造》等多篇经济运行的文章。在新中国成立后在厦门大学任教时，发表了《贯彻在广义政治经济学中的诸基本原则》《广义政治经济学研究发凡》等有关社会主义条件下商品生产、价值规律作用的论著。1950年王亚南出版了《中国社会经济改造思想研究》，1954年王亚南的《中国地主经济封建制度论纲》出版，进一步阐明他的关于中国地主型封建制和亚细亚生产方式的理论体系。[103]

郭大力在战时开始关注农村经济问题，对战时经济提出独特见解，最重要的著作是1943年出版的《物价论》、1945年出版的《生产建设论》，其中1942年由中华正气出版社出版的著作《我们的农村生产》，为农民不平等的物质交换代言鸣不平，强调土地是一切需要掌握的物资之首。[104]战后关注重建、生产和物价飞涨，在刊物上发表了《战时商人的权利及其限界》《掌握物质的理论》《论农

村的不等价交换》《论资本主义与充分就业——凯恩斯经济理论之批评》《经济
建设与民生问题》《论货币的质与货币的量》。

1949年6月30日在《华中文汇》发表了《论产业家的积极性》，很有预见性
地认识到社会主义需要进步生产力，应解除产业资本家的误解，教育他们，发
挥他们的积极性。[105] 1949年5月郭大力翻译的《剩余价值学说史》由读书生活
出版社以实践出版社名义正式出版。在厦门大学任教时，郭大力将讲稿整理成
《西洋经济思想》和《凯恩斯批判》两著作，分别在1949年和1950年由中华书局
出版。王亚南和郭大力不仅是翻译家，同时也是经济学家、社会学家和教育家，
这对学术战友已经直接运用马克思的政治经济学观点对中国社会主义制度的可行
性进行了阐述，对于"新民主主义阶段"的经济分析透彻，建议的经济政策有的
放矢。

2. 在中国北京红色最高学府的《资本论》传播

郭大力1949年4月中旬离开厦门到香港，在香港停留半个月后与家人同赴北
京。当年5月郭大力、王亚南和林砺儒等人在中共中央安排下，从香港乘"湖南
号"货船到天津转抵北京。周恩来总理、林伯渠同志代表中共中央慰问和设宴欢
迎他们抵达北京。

郭大力1948年校正完《剩余价值学说史》最后清样，需要继续教学工作，
同时12月开始又一次的《资本论》校对、修订工作，到北京后仍然是将主要精
力放在《资本论》的修订上。1950年5月25日，《资本论》译稿第一卷修改工作
完成。

刚到北京时郭大力首先在"三联书店"任副总编辑，王亚南在清华大学任
教。1950年5月福建省委委托熊德基到北京郭大力家中拜访，希望他与王亚南一
起回厦门大学任教，但此时组织已经有安排。6月郭大力直接到南院开始在红色
最高学府任教，讲授《资本论》和马克思主义政治经济学课程，与王学文先生一
起建立起中国关于马克思《资本论》传播的新高地。1948年11月入学的第一期学
员110人，1951年8月毕业时为96人。1950年7月录取第二期学员，共228人；1951年
9月录取第三批学员，共190人。这些班级的课程中，均设有政治经济学课程，第
一批学员的政治经济学是王学文同志授课，第二期开始是郭大力先生讲授，王学
文同志休假。此后马列学院迅速扩大招生规模，郭大力承担着繁重的教学任务。

随着《资本论》全套中译者的到来，无论是第一期老学员还是刚入学的第二期新学员，向郭大力请教或者听郭先生的讲座是自然的事。[106]郭大力先生进入中央马列学院就需要同时给几个班次的学员讲授政治经济学和《资本论》课程，既有普通班干部学员，也有省部级研究班的高级干部学员。在第一期学员的学习中，《资本论》是最重要的读物和参考书，第一期学员李之钦在中央马列学院学习时，结合《资本论》，写了《剩余价值学说在马列主义经济学中的重要性》。[107]

1950年中央人民广播电台邀请郭大力讲解列宁的《帝国主义是资本主义的最高阶段》一书，深受听众喜爱，配合了抗美援朝的形势宣传。郭大力先生还受邀到清华大学、北京大学、辅仁大学和党政机关作学术讲座。

翻译工作一直没有停顿，经过五年的努力，新校对的《资本论》第二卷和第三卷修订全部完成，1953年经过郭大力修订的《资本论》出版，新华社刊登了此重要消息。第一、二卷共重印9次，第三卷共重印7次，每卷发行量均达16万册。

1963—1966年再一次出版郭大力和王亚南第二次修订的《资本论》，1963年王亚南在厦门大学修订《资本论》第三卷时已经患高血压，而1954年郭大力已经患有高血压，两位身体每况愈下的战友共同在病中完成神圣的使命。1966年郭大力在家人的陪同下，亲自乘车将校好的《资本论》第三卷清样交到人民出版社，这时他的身体已经更差了，从1958年得脑血栓，后遗症已经8年了更加严重，但他仍然开始《剩余价值学说史》的重译。[108]因为1960年苏联出版了《剩余价值理论》，郭大力1949年的译本有了新的参照物，此后无论是被"批斗"，还是"下干校"，郭大力都没有中断此书的翻译工作。1975年3月24日完成第二卷的第二遍修改，1975年人民出版社出版了《剩余价值学说史》第一卷重译本，离郭大力在广东省连县东陂镇广东省立文理学院边教学边翻译的艰苦岁月，已经过去了35年。

在1972年之前，中国采用的马克思《资本论》译著均使用郭大力和王亚南合作翻译的版本。在万寿山下的中共中央党校，郭大力和王亚南追求精准表达马克思原文原意的努力，为马克思主义中国化提供了可靠的基础。中央编译局成立后出版新的《资本论》第一卷的译本，也是以郭大力和王亚南译本为基础逐句对照，在许多译法上，多次征求郭大力教授的意见。尽管后来编译局出版了新《资本论》完整的三卷，但第二卷、第三卷仍然是以郭大力和王亚南的译本为基础而不是重译，每句校对再确定为最新译本。

1955年著名建筑师戴念慈开始设计规划南院对面大有庄的中央马列学院北院，1962年中共中央党校北院行政教学主楼落成，政治经济教研室在主楼的东面，在此寻找郭大力先生的足迹，却难找出哪间房间是郭大力曾经工作过的房间的明确答案。相信当年进入校门走到主楼，郭先生抬头一定见到四转角外墙五六层高的巨幅浮雕，反映了新中国的建设和革命历程；郭先生一定步行穿过那条具有特色的过街楼，看到主楼额枋和檐口有五角星红色符号琉璃瓦的闪亮。

3. 厦门大学《资本论》的教学和研究

1949年初王亚南以湖南大学讲学的名义，转移至香港，恰巧遇上当年在坪石法学院经济学系任系主任时推荐当讲师的陶大镛。陶大镛没有教学经历，有的教师有异议，在坪石法学院陶先生第一次走向讲坛。1943年，陶大镛在王亚南的鼓励下赴英国留学。后来在香港，原来的坪石同事共租一处住房，陶大镛一家住下一层，王亚南一家住上层。[109] 在香港王亚南到达德学院上课，与郭大力会合，5月从香港出发共赴北京。王亚南抵北京后在清华大学讲授政治经济学课程数月至1950年上半年，1950年7月回到厦门。王亚南在厦门大学为新中国建设培养了一批又一批大学生，同时继续从事《资本论》大众化的传播与论述，1950年8月创建经济研究所并兼任所长，开始政治经济学的研究生培养。1952年7月恢复《厦门大学学报》，并亲自担任学报哲学社会科学版主编，第1号学报首篇文章就是王亚南的《马克思主义政治经济学与资产阶级政治经济学》。同期发表的还有胡体乾的文章《论经济发展统计》，对比资本主义和社会主义经济统计学的差别，由量见质。袁镇岳发表的文章是《论平均增长系数》，张来仪发表的文章是《论新民主主义经济核算制度》。王亚南培养的第一期研究生邓子基同学发表文章《苏联预算制度的研究》、陈可焜同学发表的文章是《学习〈实践论〉与〈政治经济学〉的一点体会》。1950年王亚南在厦门大学开始带研究生，厦门大学共收三个专业的研究生10名，在王亚南写的《编辑后记》专门写到有两位作者是研究生。[110] 经济学研究生招收两届，学制两年，毕业生11人。1960年，王亚南招收了第三届《资本论》研究生，学制三年，毕业生4人。

《厦门大学学报》是新中国建立后大学的第一份学报[111]，接着增办《学术论坛》，1957年王亚南发表《论马克思列宁主义不是教条而是革命行动指南》

于《学术论坛》，其后将以经济学系师生调查报告和论文为内容的《经济调查研究集刊》作为基础，创办了《中国经济问题》期刊，是继战争年代坪石和永安创办的经济学期刊之后，和平年代最重要的第三份经济学学术期刊。1959年1月发刊，加强了经济学科的研究交流。王亚南在此期刊发表的经济学文章最多，1960年发表《大力开展经济科学研究工作加速社会主义建设》，1964年发表《当前政治经济学战线上的所谓生产价格派与价值派间的理论斗争》和《〈资本论〉第二卷学习提要及其问题》。经济系师生通过这份期刊发表了《资本论》最新研究成果，推动了《资本论》在社会主义时期的理论研究。

1963年8月王亚南与袁镇岳主编《〈资本论〉讲座》出版，第一册中王亚南写的序提及："《中国经济问题》1961年8月号起，就开始按照预定计划，陆续刊登我们学习研究成果，现在已经两年了。"《〈资本论〉讲座》第一册由上海人民出版社出版，此书为厦门大学经济研究所研究成果之一，王亚南在书中《写在〈资本论〉讲座前面》一文介绍："我们就我校经济研究所抽出几位同志，边学边写，共同学习研究。把学习研究成果，在《中国经济问题》刊物上陆续发表出来，主要的是希望由此得到各方面的帮助和指示。"[112]

新中国成立后，王亚南对从1943年在坪石开始的《中国官僚政治研究》这一命题一直延续深入研究，1951年、1954年、1958年王亚南多次修改出版《中国地主封建制度论纲》一书。

（二）新中国社会主义经济学教育体系创建者

政治经济学是新中国成立后经济学教育急需建立的学科，社会主义经济运转需要统计，计划经济需要新的经济理论体系。

1942年毕业的袁镇岳、1943年毕业的张来仪从学生到进入社会一直跟随王亚南先生，而且同王亚南合作撰写经济学著作，均担任过厦门大学经济研究所所长。新中国成立后，他们开始为新民主主义和社会主义阶段经济体系建立提供研究成果，1952年张来仪于《厦门大学学报》发表《论新民主主义经济核算制度》。1950年王亚南创办厦门大学经济研究所，开始招收政治经济学研究生，推动马克思主义政治经济学在中国经济实践的理论总结，形成具有社会主义特色的经济学系教学体系。胡体乾到厦门大学任统计学主任和经济研究所所长，开拓了社会主义统计学的新领域。1952年经过院系调整后，除任校长外，王亚南亲自担任马列主义研究室主任。

1955年4月，王亚南主持学术讨论会，对"我国过渡时期的经济法则问题"进行数天的研讨，在小结时王亚南讲到："总的来说，我个人的意见认为：社会主义基本经济法则在我国过渡时期基本上起着经济法则的作用。可以问一问五年来我国生产发展的目的和方向是什么？显然的，我们五年多来的生产发展过程贯彻有一定目的，并指向一定的方向，这体现在会上许多同志用生动的数字所显示的我国国民经济的根本变化方面：重工业的迅速增长，工业对农业比重加大，农业中的个体经济合作化，以及资本主义成分的国家资本主义等。一句话，非常明白的，我们五年多来的生产发展一直是指向社会主义，并且在各方面为实现社会主义准备条件。"[113]

（三）对特区经济制度和社会主义市场经济理论的贡献

1980年在特区成立之时，袁镇岳及时翻译了日本学者藤森英男编的《亚洲地区的出口加工区》一书，发表于1980年的《社联通讯》，第二年出版成书，为领导者对特区经济进行决策提供参考。袁镇岳在福建省价值规律问题讨论会发表了《利用价值规律的作用调动企业经营的积极性》一文，提出改革经济管理体制，充分调动企业领导者和职工的积极性。1988年张来仪主编《新编工业经济辞典》，从年轻时的学术方向一直保持在工业经济领域进行研究。

余志宏1943年毕业，但他是1937年就考入经济学系，再弃学参加抗日活动，后又回校读书，1947年离开与王亚南先生共事的福建省研究院社会科学研究所到湖南，为湖南长沙和平解放做出重要贡献，新中国成立后是李达先生在湖南大学、武汉大学的重要助手，湖南大学教务长和武汉大学教务长和哲学系主任。

王亚南的学生戴镌隆在大学时曾在《经济科学》第5期和第6期发表文章，论文题目是《论经济与法律》。戴镌隆新中国成立后任湖南大学法律系主任，在科研和教学岗位上继续《资本论》的传播。1980年戴镌隆进入武汉大学从事民法学的教学，1986年发表了《论合伙》于《法学研究》，提出在经济体制改革中，合伙是一种重要的法律形成，合伙财产是有化财产有别于法人公有化的法人财产。[114]从马克思主义政治经济理论为改革提供理论支撑。1987年又在《法学评论》发表了《论全民所有制企业所有权和经营权分离的性质和原则》，为深化改革增强大中型企业活力提供思路；同年主编《民事法律词典》出版，收入词目2193条，成为经济和法律经典用书。1993年为武汉大学法学院博士生导师的戴镇隆教授，指导博士生进行《中国商事法》的编写。

在武汉大学还有一位教授卢干东，为当年王亚南在坪石法学院的同事，也是戴镇隆的老师，战时在法学院是法律学系教授。1934年在法国里昂大学获得法学博士回国任教，1952年到了武汉大学，长期从事比较法学研究，1984年在《法国研究》第4期发表《〈拿破仑法典〉的制定及其基本原则——为该法典的制定一百八十周年而作》。坪石法学院的师生为中国今天《民法典》的诞生做出历史性贡献。

陈其人先生中学毕业于坪石的中山大学附中，1943年11月27日入学经济学系，是与王亚南教授非常亲近的学生。入学前就听过王亚南先生的"现代、现代人、现代国家和现代政治经济学"学术讲座，暗下决心报考王亚南任主任的经济学系，1943年随愿入学。[115]1946年王亚南回到石牌中山大学补课，他也在座，在石牌法学院教学楼再次得到王先生的教诲。1947年毕业后，到台湾、上海教书，后来考入复旦大学研究生，在复旦大学度过50多年。陈其人是一位值得纪念和尊重的马克思主义理论家，一生致力于《资本论》研究。入学于坪石，受教于王亚南先生，毕业于石牌校园，在学期间勤工俭学与同学在石牌开了一家"中山大学石牌书报供应社"，这位经济系的学生理所当然担任经理。陈其人教授有多篇研究王亚南经济思想的文章，在《东西方经济发展同中有异的历史哲学》一文中开篇写道："现在这个尝试，主要根据王亚南的以下著作：《中国社会经济史纲》（三联出版社1937年版）、《中国经济原论》（社会科学出版社1946年版）、《中国官僚政治研究》（时代文化出版社1948年版）、《中国地主经济封建制度论纲》（华东人民出版社1954年版）以及1946年我的听课笔记写成。"[116]对深圳特区建设，1990年陈其人专门撰写了《对等级观念和企业管理的思考》专文，文中引用了马克思的观点，随着商品生产的发展，人类平等的概念将成为国民牢固的成见，为深圳特区强调平等观念和企业效率提供理论支撑。

王亚南先生的学生涂先求（涂西畴）于1940年考入中山大学经济学系。涂西畴入学前曾是湖南辰溪民众抗日自卫队的领导人，毕业后留校曾为王亚南老师代课，1949年11月著有《产业革命》一书，为"大众文化丛书"之一，新中国成立后曾任湖南大学教务长，后任湖南财经学院院长、湖南省《资本论》研究会会长。改革开放后，仍然关注中国农村经济问题，1982年发表了《关于完善农业生产责任制问题初探》，对出现的反对声音进行反驳。同年又发表《关于银行在国民经济调整改革中如何发挥作用的几个问题》于《农村金融研究》杂志上。在1987年发表了《当前金融体制改革的几个问题》探索金融体制改革的中国之道。1985年涂教授还受聘为中国农村金融学会顾问。

与涂西畴同期于坪石的经济学系毕业的胡瑞梁，毕业后跟随王亚南在福建省研究院社会科学研究所从事经济学研究，后回校读研究生，又从香港到北京，1951年进入中国社会科学院。在改革开放后恢复中国社会科学院研究生院时，1983年他成为研究生班《资本论》的讲授者之一，后来是中国社会科学院经济研究所的研究员。改革开放后，为中国经济改革做出重要的理论贡献，在《社会主义生产的运动和资金的循环》一文提出资金循环的完整公式。[117] 1987—1989年胡瑞梁连续发表三篇文章《论社会主义劳动力商品》《论劳动力价值、按劳分配和劳动力商品化的历史意义》和《关于劳动、所有制和等价物交换的一些理论问题》，中心主题是涉及所有制关系时，在理论和实践上不能导致对社会主义公有制的误解；其次，涉及按劳分配时，在理论和实践上不能导致对社会主义商品经济的否定。[118] 1992年发表《如何看待社会主义商品生产——兼评商品经济中的形而上学和折衷倾向》，为"社会主义商品经济"具有中国特色的社会主义市场经济的前期探索鼓与呼。

廖建祥在改革开放的第一线，创办特区时，廖先生正好担任广东省社会科学院副院长、哲学社会科学研究所所长，1985年担任广东经济特区研究会副会长，发表了大量文章阐述社会主义市场经济的运作建议，《发展外向型经济的问题与对策》《世界经济形势与深圳特区发展战略抉择》均是针对深圳特区经济的发展建议。

2020年7月1日，在广东韶关乐昌坪石武阳司村，王亚南先生教学与写作的武水河畔，一座王亚南站在讲坛授课的雕像竖立起来，人们永远纪念烽火中"坪石先生"传播《资本论》真理光芒的艰苦岁月。在广东清远的东陂镇陈氏祠堂，郭大力首登大学讲坛传播《资本论》的教学成为展览的最重要内容，不久郭大力先生的胸像雕塑也将在秦汉古道边的东陂镇广东省立文理学院旧址，也是红军将领冯达飞故居旁竖立起来。

2020年，习近平总书记在经济特区成立40周年发表了重要讲话，近期又对中国的考古工作和文化遗产保护提出要求，这将是粤北华南教育历史研学基地缅怀王亚南、郭大力等先师文化遗产保护的工作遵循，活化利用好粤北这份红色文化遗产是迎接2021年中国共产党建党百年的献礼。

⟳ 1946年汪德耀校长与各系主任在鼓浪屿慈勤校舍合影（右三为王亚南先生，引自《汪德耀教授从事教学科研六十年纪念册》）

⟳ 就读湖北私立武昌中华大学时期的王亚南先生历史照片

感谢赵风珍老师，中共中央党校行政事务部苏主任、王处长协助提供有关早期戴念慈带领的设计组绘制的中央马列学院校舍施工图。中共中央党校的任课老师提供了许多有益的意见，王亚南先生的儿子王洛林先生、郭大力先生的外甥帮助佐证了一些史实。感谢广东省文物考古研究所曹劲、王欢、凡秀平、阿思瀚、张羽等调查者和韶关乐昌华南研学工作专班李启平、陈懿茜、何昆亮、白和琴等提供王亚南坪石故居调查报告。感谢中共中央党校图书馆、广东省档案馆、广东省立中山图书馆、广州市档案馆协助提供资料。

2020年11月12日初稿于北京大有庄，定稿于11月21日，返穗后再修改完善完成于12月11日。

注释：

［1］中共中央党校：《中共中央党校校史文献史料选编》上卷，中共中央党校出版社，2013，第284页。

［2］万千：《建筑师戴念慈》，天津科学技术出版社，2002，第23页。

［3］中央党校采访实录编辑室：《习近平的七年知青岁月》，中共中央党校出版社，2019，第44页。

［4］中央党校采访实录编辑室：《习近平在厦门》，中共中央党校出版社，2020，第190页。

［5］刘海藩、朱满良：《中共中央党校名师》第一卷，中共中央党校出版社，2002，第216页。

［6］厦门大学校史编委会：《厦门大学校史资料》第3辑，厦门大学出版社，1990，第9页。

［7］胡培兆、林圃：《〈资本论〉在中国的传播》，山东人民出版社，1985，第16页。

［8］熊德基：《忆郭大力同志》，《江西社会科学》1983年第1期，第100页。

［9］高畠素之：《地租思想史》，王亚南译，神州国光社，1931。

［10］克赖士：《经济学绪论》，王亚南译，上海民智书局，1933，第3页。

［11］依利：《经济学大纲》，郭大力译，世界书局，1933。

［12］严恩萱：《郭大力抗日战争时期二三事》，《赣南师范大学学报》1987年第1期，第99页。

［13］同上。

［14］夏明方、杨双利编：《中国近代思想家文库·王亚南卷》，中国人民大学出版社，2015，第484页。

［15］王亚南：《中国经济原论》，商务印书馆，2014，第5页。

［16］严恩萱：《郭大力抗日战争时期二三事》，《赣南师范大学学报》1987年第1期，第100页。

［17］张栗原：《教育生物学》，文化供应社，1944，第1页。

［18］黄家驹、何国华：《林砺儒教育思想研究》，广东高等教育出版社，

1991，第120页。

［19］《勤勤大学师范学院季刊》1934年第1期。

［20］严恩萱：《郭大力抗日战争时期二三事》，《赣南师范大学学报》1987年第1期，第101页。

［21］李广涛：《百年自述：一个合肥人的足迹》，安徽人民出版社，2013，第198页。

［22］刘海藩、朱满良：《中共中央党校名师》第1卷，中共中央党校出版社，2002，第206页。

［23］王增炳、余纲：《王亚南的治学之路》，福建人民出版社，1984，第126页。

［24］郭大力：《〈资本论〉学校辅导》，《中共中央党校"老讲稿"选编》，2010，第117页。

［25］王亚南：《经济科学论丛》序言，中华正气出版社，1943。

［26］周邦道：《近代教育先进传略·初集》，中国文化大学出版部，1981，第225页。李石岑先生不幸于1934年9月21日因病在上海逝世。

［27］《王亚南文集》编委会：《王亚南文集》第5卷，福建教育出版社，1989，第311页。

［28］蒋夷牧、王岱平：《生命的辙印》，海峡文艺出版社，1986，第29页。

［29］蒋夷牧：《我和〈小城春秋〉的缘分》，《永不磨灭的光辉：高云览纪念文集》，厦门大学出版社，2006，第191-194页。

［30］蒋夷牧、王岱平：《生命的辙印》，海峡文艺出版社，1986，第128页。

［31］王士志：《追思先父王礼锡》，《百年人物》，1999。

［32］王渔邨：《中国农业问题讲话》，《中国农村》1936年第12期，第56页。

［33］谢本书：《战士学者艾思奇》，贵州人民出版社，2000，第81页。

［34］上海鲁迅博物馆：《周文纪念集》，上海文艺出版社，2002，第208页。

［35］上海鲁迅博物馆：《周文纪念集》，上海文艺出版社，2002，第

76页。

［36］卞敏：《殚精竭虑求富国——刘少奇与新中国》，广西人民出版社，1999，第130页。

［37］樊子琚：《孙定国传》，中国文联出版社，1999，第124页。

［38］中共中央党校：《中共中央党校校史文献史料选编》上卷，中共中央党校出版社，2013，第283页。

［39］李道刚：《李之钦纪念文集》，甘肃人民出版社，1998，第17页。

［40］李道刚：《李之钦纪念文集》，甘肃人民出版社，1998，第15页。

［41］中共中央党校：《中共中央党校校史文献史料选编》上卷，中共中央党校出版社，2013，第284页。

［42］中共中央党校：《中共中央党校校史文献史料选编》上卷，中共中央党校出版社，2013，第445页。

［43］李松：《不能丢掉的优良传统：中国共产党永葆先进的六大法宝》，新华出版社，2016，第27页。

［44］中央党校采访实录编辑室：《习近平在福州》，中共中央党校出版社，2020，第47页。

［45］赵晓光：《中共中央党校校园建设史》，中共中央党校出版社，2007，第28页。

［46］刘少奇：《关于马列学院增建校舍等问题的信与批语》（1951年6月、9月、11月），《中共中央党校校史文献史料选编》上卷，中共中央党校出版社，2013，第328页。

［47］赵晓光：《中共中央党校校园建设史》，中共中央党校出版社，2007，第34页。

［48］孙春山：《无悔人生杨献珍》，山东画报出版社，1997，第90页。

［49］中共中央党校：《中共中央党校校史文献史料选编》上卷，中共中央党校出版社，2013，第328页。

［50］袁镜身：《城乡规划建筑纪实录》，中国建筑工业出版社，1996，第396页。

［51］《建筑学报》1957年第1期，第26页。

［52］万千：《建筑师戴念慈》，天津科学技术出版社，2002，第192页。

［53］同上。

［54］章振乾：《同事·战友·亲家——悼念谢怀丹同志》，《两岸故人集》，海峡文艺出版社，1994，第298-302页。

［55］王春瑜：《求真守实，抉奥探幽——陈守实传》，《史魂：上海十大史学家》，上海辞书出版社，2002，第182页。

［56］广东省档案馆藏档案，档号21-2-0029-0025-01。

［57］广东省档案馆藏档案，档号21-2-0029-0025-01。

［58］陈守实：《中国古代土地关系史稿》，上海人民出版社，1984。

［59］钟国祥：《沦陷时期在广州开辟交通线的情况》，《沦陷时期广州人民的抗日斗争（党史资料选编）》，1985，第92-104页。

［60］周可、汪信砚：《李达年谱》，人民出版社，2017，第103页。

［61］郭宝璘：《为翻译马克思经典著作竭尽心力——郭大力传略》，《中国当代经济学家传略》，辽宁人民出版社，1986，第323-324页。

［62］http://www.shtong.gov.cn/node2/n189571/n258802/n258811/index.html.

［63］高海萍、张云燕：《毛泽东的书单》，新华出版社，2014，第128页。

［64］王文政：《千家驹年谱》，香港文汇出版社，2010，第69页。

［65］广东省档案馆藏档案，档号020-002-150-025-026。

［66］陈其人：《王亚南在中山大学及其百科全书》，《中国经济问题》2009年第3期，第66页。2020年10月25日，为了完成本文，查阅了几份档案，确定住址"观音堂"位置。乐昌市政府和广东省考古所找到王亚南在坪石肖家湾村中"观音堂"遗址旁的旧居。

［67］熊德基：《忆郭大力同志》，《江西社会科学》1983年第1期，第99页。

［68］黄洪威：《文理学院和林砺儒在连县东陂》，《连州文史资料》第1辑，连县印刷厂，1985，第15页。该文根据林敬文、刘渭章、郑彦文、李士熊等的回忆录有关资料补充写成。

［69］刘海藩、朱满良：《中共中央党校名师》第一卷，中共中央党校出版社，2002，第189页。

［70］罗克汀：《罗克汀自传》，《中国现代社会科学家传略》，山西人民出版社，1983，第266页。

［71］广东省档案馆藏档案，档号020-003-101-030。

［72］广东省档案馆藏档案，档号020-002-150-039，档号020-003-101-035（1）-035（2）。

［73］陈明：《在坪石中大任教时期的李达同志》，《文史资料选辑》第32辑，1988年，第29页。

［74］周可、汪信砚：《李达年谱》，人民出版社，2017，第107页。

［75］国立中山大学出版组：《国立中山大学现状》，国立中山大学出版部，1943。

［76］叶世昌：《近代中国经济思想史》下册，上海财经大学出版社，2017，第124页。

［77］王亚南：《经济科学论丛》序言，中华正气出版社，1943。

［78］《经济科学》1944年第6期。

［79］陈其人：《王亚南在中山大学及其百科全书》，《中国经济问题》2009年第3期，第68页。

［80］房鑫亮：《何炳松年谱》，《何炳松论文集》，商务印书馆，1990，第574页。

［81］章振乾：《闽西农村调查日记（1945年4—7月）》，《福建文史资料》第35辑，1996年，第21页。

［82］章振乾：《闽西农村调查日记（1945年4—7月）》，《福建文史资料》第35辑，1996年，第174页。

［83］广东省档案馆藏档案，档号020-002-155-088-089。

［84］陈其人：《王亚南在中山大学及其百科全书》，《中国经济问题》2009年第3期，第72页。

［85］广东省档案馆藏档案，档号020-002-155-088-089。

［86］刘正坤：《厦门大学院系馆所简史》，厦门大学出版社，1990，第171页。

［87］熊德基：《忆郭大力同志》，《江西社会科学》1983年第1期，第97页。

［88］中共中央党校教务部：《毛泽东著作选编》，中共中央党校出版社，

2002，第33页。

［89］陈其人：《王亚南在中山大学及其百科全书》，《中国经济问题》2009年第3期。

［90］章振乾：《闽西农村调查日记（1945年4—7月）》，《福建文史资料》第35辑，1996年，第3页。

［91］章振乾：《闽西农村调查日记（1945年4—7月）》，《福建文史资料》第35辑，1996年，第21页。

［92］章振乾：《闽西农村调查日记（1945年4—7月）》，《福建文史资料》第35辑，1996年，第174页。

［93］章振乾：《闽西土地改革区公田经营方式研究》，《福建省研究院研究汇报》1947年第2期。

［94］王亚南：《社会科学新论》，经济科学出版社，1946，第208-209页。

［95］《王亚南文集》编委会：《王亚南文集》第3卷，福建教育出版社，1988，第64页。

［96］中共中央文献研究室：《毛泽东文集》第1卷，人民出版社，1993。

［97］《中共两广省委庆祝十月革命15周年纪念与中国苏维埃临时中央政府成立周年纪念宣言》，《广东党组织重要文件选编》中册，2011，第523页。

［98］中共中央文献研究室：《毛泽东文集》第1卷，人民出版社，1993。

［99］《广东政治经济等情况（1945年）》，《广东党组织重要文件选编》中册，2011，第986页。

［100］陈宇：《谁最早口述长征20世纪30年代红军长征史珍本解读》，解放军出版社，2006，第448页。

［101］《北京师范大学校报》2010年3月10日。

［102］陈其人：《王亚南在中山大学及其百科全书》，《中国经济问题》2009年第3期，第67页。

［103］刘正坤：《厦门大学院系馆所简史》，厦门大学出版社，1990，第180页。

［104］郭大力：《掌握物资的理论》，《时代中国》1943年第3期。

［105］郭大力：《论产业家的积极性》，《华中文汇》1949年第3—4期。

［106］中共中央党校：《中共中央党校校史文献史料选编》上卷，中共中央党校出版社，2013，第283页。

［107］李道刚：《李之钦纪念文集》，甘肃人民出版社，1998，第17页。

［108］熊诗平、徐边：《经济学家之路》第7辑，上海财经大学出版社，2008，第128页。

［109］蒋夷牧、王岱平：《生命的辙印》，海峡文艺出版社，1986，第104页。

［110］王亚南：《编辑后记》，《厦门大学学报》1952年第1期，第121页。

［111］马宇红：《中国大学学报发展简史》，甘肃科学技术出版社，2013，第184页。

［112］王亚南、袁镇岳：《〈资本论〉讲座》第一册，上海人民出版社，1963，第17页。

［113］王亚南：《社会主义基本经济法则在我国过渡时期的经济总运动过程中究竟是起的什么作用?》，《厦门大学学报》1955年第2期，第169-174页。

［114］戴錞隆、丁岩：《论合伙》，《法学研究》1986年第5期，第49-57页。

［115］陈其人：《世界经济发展研究》，上海人民出版社，2002，第3页。

［116］陈其人：《陈其人文集：经济学争鸣与拾遗卷》，复旦大学出版社，2005，第265页。

［117］胡瑞梁：《社会主义生产的运动和资金的循环》，《中国社会科学》1982年第5期，第91-105页。

［118］胡瑞梁：《论劳动力价值、按劳分配和劳动力商品化的历史意义》，《经济研究》1988年第23卷第1期，第51-60页。

五　大村岁月

曲江仙人庙站之大村中的冼子和丹耀

　　秦牧先生在纪念冼玉清的纪念文章中写道："西樵山颇出了一些著名人物，冼玉清就是其中之一。我们虽然不必推许冼玉清为什么'一代大家'，但说她是近百年岭南杰出诗人、国学学者、广东文献专家，却是恰如其分。我想不出有哪位妇女这方面的造诣超过了她。"[1]同辈的同事称冼玉清女士为冼子或冼姑，后来学生也是这样尊称老师。

　　澳门下环围一号是冼玉清女士的家，永久的家。1942年香港沦陷后，冼玉清回到澳门自己的家，她在《澳门小住》一文中写道："七月中旬，弟子李毓敏将李应林校长命来，谓岭南大学已决定在曲江仙人庙站之大村复课，邀予归队。毓弘曰：复校事易而师为难。粤北地方穷苦，道途遥远，恐有资望者不肯来。吾子一向生活优裕，人人所知。倘吾子肯来，则其他必望风而至。盖弱女子毅然先到，丈夫汉又何以为辞？此一举动，其影响甚大者。"冼玉清不顾朋友家人的劝阻，放弃"有住有食可以优游自得"的生活，毅然启程。从8月15日至9月15日历经30天到达仙人庙大村。

　　正因为这一程，留下了《流离百咏》七绝组诗，八章为归国途中杂诗、曲江诗草、连州诗草、湖南诗草、坪石诗草、黄坑诗草、仁化诗草、归舟杂咏。

　　李约瑟对中国文字语言的理解开始于他的三位中国留学生，因对李耳的尊重而取中国李姓，他还有一个中国名字"丹耀"。抗日战争时期访问韶关时，李约瑟访问考察了国立中山大学、私立岭南大学和私立东吴大学，在东吴大学陪同他的是后来在20世纪80年代香港特别行政区《基本法》起草委员会的委员，当时在仙人庙教书任副教授讲经济学的吴大琨。

🔸1945年的吴大琨

🔸一路陪同李约瑟的黄兴宗

吴大琨先生在2005年完成的回忆录中写道："教书一年后，喜闻东吴大学内迁至广东曲江（韶关）。校长沈体兰是知名爱国人士，他很同情我的处境，同意邀请我去东吴讲课，我们全家悄悄地搭乘邻居的运货卡车，匆匆离开了建阳，逃往广东曲江。""战乱后迁到曲江的东吴大学校舍设在近郊的仙人庙，周围树木苍翠，空气清新，环境比建阳好了许多。只是钰儿身体虚弱，啼哭声常吵扰左邻右舍，使我们不安。"[2]他在东吴大学教学时任副教授，那时28岁，晚年吴先生回忆中认为在曲江教学，初尝大学教书而感到兴趣，这与他终身任大学教授不无关系。在这里吴大琨第一次与李约瑟相遇，当李约瑟参观东吴大学时，校长沈体兰指派吴先生接待李约瑟，与李约瑟进行讨论并一起到书店买书。吴大琨于1945年从昆明飞重庆，一年多前"我们在广东私立东吴大学相识后，曾彼此结下过友谊。我试着给他打了电话，非常高兴，很快派车来把我接到有关大使馆""李约瑟博士送给我一本他不久前在英国伦敦出版的著作，书名是《时间——奔驰不息的河流》。这是一本他1932年至1942年期间的论文和演说集，其中包括了他一些对科学史的宝贵的见解。他还在这本著作

🔸李约瑟送给吴大琨的书和签名

的扉页上用中文工工整整地写上了这样的毛笔字：大琨仁兄指正丹耀敬赠李约瑟（印章）中华民国三十四年五月四日重庆。"[3]吴大琨在重庆由李约瑟引见认识了宋庆龄、史良等一批爱国进步人士。此外，通过共产党组织认识了李嘉人，由李嘉人回粤与东江纵队联系取得情报，主要是广州机场日本空军的发布，最后交给美军第十四航空队，对日军准确地轰炸取得战果。新中国成立后李嘉人担任中山大学校长和广东省副省长，病逝前批的文件是解决华工学生宿舍问题。

◑ 李约瑟拍下的中山大学医学院建筑

◑ 周总理接见李约瑟

附录：

中国东南部的科学与技术[4]

（1944年）

　　本文中讲述的两个省是广东省和福建省。两省的方言既不同于中国的任何其他地方，也相互大相径庭。在战时，两省也有着不同的命运。在1944年的战役中，沿粤汉铁路向南推进的日本人与从广州出发的日本人汇合了，占领了广东的临时省会曲江，并摧毁了曲江附近的科学机构。另一方面，福建省的内陆部分被山脉和森林环绕着，日本人只是断断续续地占领了主要港口，福州和厦门。福建似乎是一片阿瓦隆（Avalon）[5]乐土，其两所一流的大学未受到西面江西平原和广东方面战争的蹂躏。

　　对于一个参观者，1944年的曲江似乎是一座特别令人愉快的城市，它修建在北江与其一条主要支流汇合处的沙土上，拥有花木繁茂的花园，街道有南方风格的拱顶，遮蔽太阳。在北边，铁路沿着河流在宏伟的崇山峻岭与峡谷中行进。大约乘4小时火车就到达坪石，中山大学的所在地。其所属学院，特别是农学院，分散在栗源堡。岭南大学农学院就在坪石。中山大学医学院是在一个离曲江更近被称为乐昌的小镇。高沼地终止的地方叫仙人庙，离曲江很近，这里有两所大学，岭南大学和东吴大学。最后，在曲江还有岭南医学院。

在这些学校中，中山大学最大（代理校长是金曾澄），该校有着特别令人伤感的疏散历史。在广州最初陷落以前，它已迁去遥远的云南，但是在那里安顿下来以后，广东省政府又将其召回来。据估计，在往外迁与回迁的途中各损失了1/3的设备。尽管拥有一些著名学者，但中山大学已今非昔比了。学者中有朱谦之博士（欧亚文化交流史学家）、杨成志博士（中国民俗学刊编辑）、吴康博士（哲学家）、王亚南博士（经济史）、盛成博士［在蒙彼利埃（Montpellier）时是巴塔荣（Bataillon）的学生和帕特里克·热地（Patrick Geddes）的朋友］。

在理科方面值得注意的是，在所有的中国大学中，只有中山大学拥有天文台。在著名的女台长邹仪新博士的领导下，约有12个学生。教学工作仅依靠一具6英寸的赤道仪进行。为了通过星的方位来测定纬度和时间，一具经纬仪被改装成天顶仪，并已投入使用。

在生物实验室中，张作人博士［吉列蒙（Guilliermondi）的学生］正在研究在秋水仙碱影响下根须的细胞核。他对学生启发性的影响是显而易见的。尽管有很好的显微镜，但还是必须制作许多代用品，比如通过裂化樟脑油在本地生产汽油，以代替混合二甲苯。在从巴黎博物馆归来的任国荣研究员指导下，鸟的分类学研究很活跃。容启东领导着植物分类学研究。约40公里处栗源堡的农学院进行着规模更大的生物学研究，并且进展顺利。特别引人注目的是赵善欢博士和他的同事们［通过英国科学访华使团，他们与塔特斯菲尔德（Tattersfield）博士和其他人取得了联系］对天然生长的杀虫植物进行了积极的研究。鸡血藤（Millettia pachycarpa）被证明像鱼藤制剂一样可杀灭大量害虫，比如木虱、植物臭虫、蚜虫、叶甲虫、家蝇、白虱和臭虫等害虫。用雷公藤（Tripterygium exe sum）和芋豆（Pachyrrhizus erosus）作试验也获得了同样好的效果。整个这项研究还包括用当地的矿物批量生产含砷和含铜的喷雾剂等等。这是在非常困难的情况下积极开展创造性研究的一个典范。农学院的另一个强项是土壤学。在干练的院长邓植仪博士领导下，他们出色地组织了一个省立土壤调查所和一个土壤博物馆。另外一项研究也值得注意，温文光（植物生长激素）、冯子章（家畜性激素）、浦蛰龙博士与其夫人（蚕体病理）、蒋英博士（植物分类与木材解剖）和罗彤鉴（森林学）已经开始为中国空军栽种最轻的材木（Paulownia fortune）。总而言之，也许这是我在中国游历期间所见到的在研究和教学方面最大最好的一所学院。

乐昌的中山大学医学院（院长李雨生）拥有风格非常近代化的教学医院（尽管只是用当地的木、竹、砖和石灰浆等材料修建的）。在秩序和清洁方面，大多数医务人员明显地表现出所受德国训练的影响。这是典型的古老德国文化。这里很突出的是病理学家梁伯强博士，他在进行大量的研究，例如，血吸虫病、奇特的粟疹状腺脓疡（在粤北的军队中很流行）等，这可能是由回归热螺旋菌引起的；先天性肠内支囊、胎儿的软骨营养障碍，等等。这所医学院计划招收150名学生，但实际招收了300名。在解剖方面，由于极度缺乏防腐剂，杨简博士只好回到16世纪维萨里（Vesalius）时代，解剖都必须在一天或两天内完成。

岭南大学占有中国最漂亮的临时校园，离铁路有一定距离，坐落在一大片香樟树林中。木结构建筑物都有设计讲究的门廊和走廊。寄生虫学家陈心陶博士是这里的理学院院长，但从事物理或化学研究的人很少。医学院由林树模博士出任院长，他在爱丁堡时是埃格尔顿（Eggletons）的合作者，与他一起研究磷酸原和肌肽。回到中国以来，他几乎没有机会搞研究。

注释：

［1］秦牧：《关于岭南女诗人冼玉清》，《纪念冼玉清研究纪念文集》，广西师范大学出版社，2015，第333页。

［2］吴大琨：《白头惟有赤心存——风雨九十年琐忆》，中国人民大学出版社，2005，第74页。

［3］吴大琨：《白头惟有赤心存——风雨九十年琐忆》，中国人民大学出版社，2005，第90页。

［4］李约瑟：《中国东南部的科学与技术》，《李约瑟游记》，贵州人民出版社，1999，第228-235页。

［5］阿瓦隆是凯尔特人神话中的极乐世界或天国。

再见岭南在粤边

粤北华南教育历史研学基地是可以与粤港澳大湾区文化遗产游径系统在历史信息传递中结合起来的，冼玉清的故事就是粤港澳教育历史的最恰当的信息牌内容。陈香梅女士就读的中学和大学也与粤港澳有关：

> 高中我入了真光女中，其时真光中学已因广州陷日而自广州迁到香港，在香港的峡道凤辉台上课。真光是中国南方名校，水准甚高。我入学后即主编校刊，并代表校方参加全港中学论文和演讲比赛，都得冠军，算是为真光中学争光不少。
>
> 不久以前有些真光同学在我家聚会，大家再唱校歌，畅谈往事。我们仿佛又回到当年无忧无虑的少女时代，繁华事散，春梦阑珊，令人感慨不已。
>
> 真光学生多半住校，每逢周末，我在课室内拿出纸笔，替中文较差的同学代写情书，也改她们的作文，妙趣横生，如今回想起来也有点会心的微笑。
>
> 读大学是在岭南大学。岭大因香港沦陷内迁到广州的仙人庙。教中文的吴重翰教授对我可说另眼相看。他喜欢茶道，课余之暇，用小泥壶泡上好的铁观音，请我和三五同学到他的宿舍品诗谈词，其时四周清寂，只有松林的风声，一片茅屋，数卷好书，一杯清茶，此生复何求。
>
> ——摘自《陈香梅自传》一书中的"忆儿时"

陈香梅女士回忆逃亡过程与美好的校园生活形成强烈对比，但因为有对校园的向往而倍增勇气。从香港逃至澳门，是1942年5月；从澳门到达广州湾，没有收到父亲的钱，开始变卖母亲的首饰筹足路费再启程。"我们要走的路线是从广州湾到广西的玉林，从玉林再入桂林。到了桂林我们就可以打听到学校的消息，也可以设法和在旧金山的父亲通讯。伍耀伟是要到重庆。他劝我也到重庆，但我想回到岭南大学去，在当时岭南大学到底搬到哪儿去，我一无所知，到了桂林才知道岭大准备在广东曲江复课。"[1]从广州湾到玉林，因蚊虫传染发烧得痢疾，同行六人住店里的两张小板床，陈香梅女士对母校的热爱令人钦佩，求学之路在兵荒马乱中。陈香梅作诗《忆岭南》抒怀：

○ 18岁时的陈香梅

> 万树千山忆大村，烽烟劫火祸连绵。
>
> 抗日不忘勤学志，红灰儿女绿窗前。
>
> 再见岭南在粤边，不堪回首话当年。
>
> 亦师亦友吴重翰，伴读添香似昨天。
>
> 天涯游子梦魂萦，苦读八年炎难盈。
>
> 寻得荒山来建校，亦书亦剑岭南情。

陈香梅一直念念不忘的恩师吴重翰，是新会人，于1927年毕业于北京大学，自1920年开始在岭南大学任教，1938年任岭大副教授兼系主任，著有南强书局出版的《中国文学思潮》，在仙人庙任教时约40岁，在广州住于东华东路新南街十八号二楼，这是一处可以结合到各种有关粤港澳大湾区文化遗产游径教育历史主题的节点。

东吴大学迁曲江也是艰难之路，一路向南。

带领中山大学、东吴大学的师生奔向南方的领头人是需要勇气的，许崇清有担当，除了自己率领国立中山大学南迁，他的大儿子许锡辉也在1942年从上海穿越封锁线进入粤北曲江仙人庙就读，为"励社"的同学。

到了南方曲江时已是1943年了，代教务长潘慎明写道："七月中再约协和及会南女子学院代表从长商讨各校去留大计，但以各方对地方环境观感互异无法强同，结果认为各校应自由取决不必为原定联大计划所拘束。其时之江方面已决定仍回邵武，而本校则以选接桂省府及岭南大学函电欢迎……沈代校长则于八月底赴曲江，与岭大李校长洽商迁校问题，备蒙彼方之欢迎与鼓励。时岭大已在曲江县仙人庙得棚舍十余座，正积极筹备开学。本校全体内迁员生暨眷属约三十人于九月初抵达亦即决定留此复课。所有学生即寄宿于岭大东首棚舍，而教职员则暂时赁屋曲江市郊。十月初文学院先行招生开学，学生四十人，全部寄读于岭大。教员二人则分担两校若干课程。年底本校勘定仙人庙站东旁山地为临时校址。本年一月初鸠工开筑，第一批新校舍计十二座，二月底大部竣工，员工全体迁入。"

——摘引自《东吴校闻》曲江版创刊号，1943年代教务长潘慎明所写的《本校两度内迁记》

1943年出版的《东吴校闻》中代校长沈体兰的《校舍素描》写道："抵站后向东行一百步即到校门，西向入门后循甬道东行约一百公尺即有并列之教室三座，颜称林堂、孙堂、赉恩堂，所以沿苏州校舍之旧。"在1943年的报告中，沈校长又讲得更具体，东吴大学提供两位老师到岭大上课，东吴大学曲江仙人庙第一批学生共35人。老师住于离岭南大学约32千米的新安庙城。1944年10月的报告，前段振奋后段落寞。2400人要求入学，只录取了100人，老师中大部分为全日制，校园有20座校舍，女宿舍是广西校友捐赠。报告中专门讲到剑桥大学李约瑟的到访，惜6月不得不弃城而逃。

粤北华南教育历史研学基地，牵动的不仅是岭南教育，它牵系的还有中国众多高校的历史根脉，还在全世界反法西斯战场上展示了文明与教育的力量。对于

🔴 战时在曲江仙人庙帮助岭南大学修路的士兵

🔴 康乐园校园内许崇清故居前有些模糊的信息牌

这段在中国粤北的访问历史，李约瑟回忆：

> 我几乎走遍了整个中国，并曾到达遥远的东南。一个炎热的夜晚，在粤北坪石河旁的阳台上，我和王亚南（现任厦门大学校长）在烛光下谈到了中古时期中国封建官僚社会的实质。除此以外，还和吴大琨在曲江的书店和茶馆中讨论了其他社会学问题。后来，大战结束了，我在远方四年的漫游达到了高潮，终于有机会短期停留在富有传奇意味的北京城。在那里，在张子高、曾昭抡和李乔苹等人热情的带动下，化学史再次成为我们进行学术讨论的主题。此外，在这个中国文献出版中心，我有可能买到许多在以后工作中必不可少的珍本，如《太平御览》和许多丛书。[2]

注释:

[1] 陈香梅：《陈香梅自传》，山东人民出版社，2003，第53页。

[2] 李约瑟：《李约瑟文录》，李约瑟文献中心等译，浙江文艺出版社，2004，第84页。

（此文感谢倪俊明、曹劲协助收集资料）

被忘却的老樟树

　　抗战时期岭南大学在韶关浈江区大村的办学旧址被重新发现，对面的横岗山上还有另一所大学——东吴大学。司徒卫在回忆文章中提及："与本校同病相怜者有广州协和神学院和苏州东吴大学，皆一再播迁不遑宁处……东吴曾一度迁闽，是时又来粤境，本校也以横岗宅宇以相借用。更本同舟共济之谊，两校学生皆准来校搭课，两校教授也互任课程。兹第二学期开始，两校基础渐固，协和已陆续增间校舍，东吴则迁至本校西南另辟新宇。"[1] 1942年9月，东吴大学由沈体兰教授带队到达大村，得到岭南大学的欢迎。同行领军者有慎斐文和潘慎明。沈

⊙ 韶关《建国日报》于1943年刊登的东吴大学和岭南大学招生和取录新生通告

⊙ 岭大同学使用过的水井

⊙ 三级台阶教室或宿舍遗址

体兰在1949年参加新政协筹备工作，参加了开国大典。潘慎明在新中国成立后进行院系调整前任东吴大学副校长。

1943年8月22日，韶关《建国日报》刊登了私立岭南大学取录新生的通告，岭南大学要求的报名日期是8月22日至24日。同一页报纸上也刊登了私立东吴大学续招男女新生的消息，续招的专业有英文系、政治系、社会系、生物系和物理系等。

1944年5月底湘北激战，日本军队有向南往广东推进的可能。东吴大学在1944年接到广东教育厅疏散停课的命令，于6月10日师生不得不相互告辞，各奔东西。

1942年7月学校成立招生委员会，陈心陶为主席，负责韶关地区的招生主任，这一点上可以印证陈心陶到过大村校园。陈心陶于1931年获得美国哈佛大学哲学博士学位，同年回国后在岭南大学生物系从助教开始任教，很快在1933年任生物系副教授兼系主任，住在西区住宅8号（旧编号）。1936年被聘为教授，同年成为教授兼理科研究所所长。陈心陶先生任职登记表显示，他是在1943年转入医学院，被江西省中正医学院借聘。1942年，岭南大学在大村设有国文系、英文系、历史政治系、科学系和商学经济系。中华人民共和国成立后，陈心陶先生对血吸虫病的研究及其医治做出了历史性的贡献。

曾经在大村任教的另一位重要人物是容启东教授，岭南大学迁至香港时，

⟳ 陈心陶先生任职登记表（藏于广州市档案馆）

⟳ 大村的老樟树

邀请他到岭南大学任教。香港沦陷后，他也重返粤北在大村任教。1960年，容先生任香港崇基学院第三任院长，组建香港中文大学后担任副校长。

在大村村民的回忆中，少有人来过有老樟树的大山，但曾有一位香港人来此取走一座墓地里的骨灰。山上还有一座墓地，墓碑写着：惠来方河源1943年10月20日。有一村民年年上山为墓地主人扫墓。近80年过去了，村里几位老人仍然记得当年看"不讲话的电影"，山上的老樟树也默默无言，等待着昔日在树下乘凉的大师后辈们的到来。

⊃ 抗战时期曲江大村私立岭南大学操场和化学实验室（许瑞生/绘）

⊃ 抗战时期东吴大学曲江校舍（许瑞生/绘）

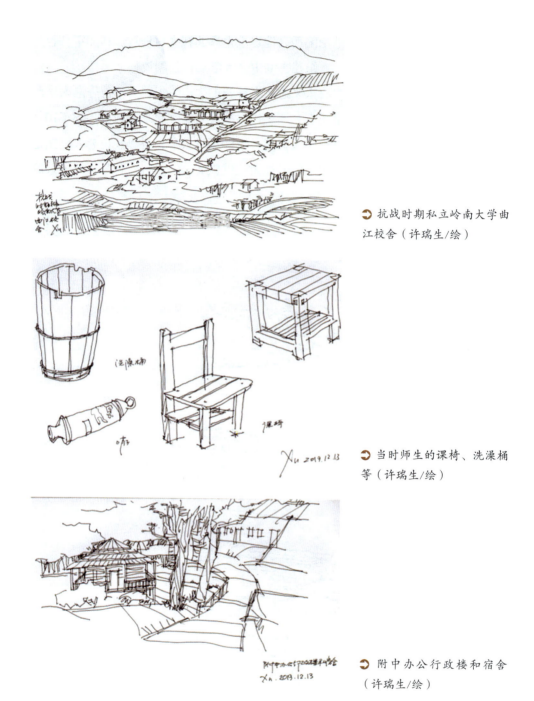

⊃ 抗战时期私立岭南大学曲
江校舍（许瑞生/绘）

⊃ 当时师生的课椅、洗澡桶
等（许瑞生/绘）

⊃ 附中办公行政楼和宿舍
（许瑞生/绘）

　　一位村民还珍藏着当年岭大老师离别时赠送给他爷爷的哨子。爷爷当年做校工，一份苦难而甜蜜的友情世代相传。

○ 当地村民祖辈传下来的当年岭大老师临别时赠予的哨子（许瑞生/摄）

 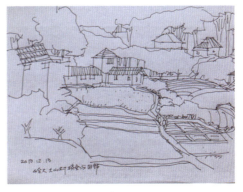

○ 20世纪三四十年代岭大校园的服装（许瑞 　○ 大村岭大校园内的村民菜地和稻田（许瑞
生参照历史照片手绘） 　生参照历史照片手绘）

　　时隔多年，1943年在大村就读的岭大学生、美心集团创始人伍沾德先生，德高望重爱国爱校，为中国改革开放和教育事业贡献良多。伍先生回忆校园生活，当时他被大家推选担任了膳食部主任，学会了一些管理技巧，某种意义而言，今日美心集团的成功，在大村樟林下已经孕育了。在大村的日子里，李玉珍小姐与伍先生同为"超社"同学，日后喜结良缘。

　　羊城百姓无人不知晓的张悦楷先生，话剧生涯也是在大村岭大土木系的学生时代开始的，他在怀士堂演过罗密欧，演过《日出》的角色。改革开放后在穗就读的高校大学生，午饭因听楷叔在广播中讲古而飘香。

　　一段历史，将再次活化在世人面前，稍等片刻，大村的老樟树将再次进入公众视野。

🔸 村前老榕村，曾经的"茶楼"就在附近

🔸 村中祠堂

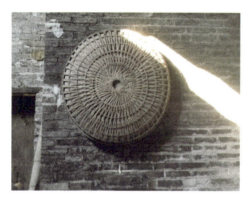

🔸 村中祠堂墙上精美的竹编农具

🔸 村中民居

🔸 大村的老祠堂

🔸 大村连接横岗东吴大学旧址古道上的古
　拱桥

⊃ 在原凉亭最高处远眺所见　　　　　　　⊃ 粤汉铁路仙人庙站旧址

注释：

　　［1］李瑞明：《岭南大学》，岭南（大学）筹募发展委员会，1997，第188页。

灵石坝下鲜红光滑的番茄

私立岭南大学农学院是抗日战争时期最早在坪石形成完整校区的学院之一，由于它的先导作用，为私立岭南大学在香港沦陷时迅速回撤粤境，重建私立岭南大学本部提供了强有力的支撑。私立岭南大学在粤汉铁路仙人庙站附近（现浈江区大村）建立岭南大学战时校区本部，冼玉清先生有《相会岭南在粤边》的诗篇。私立岭南大学农学院是现在华南农业大学最重要的根脉之一，岭大农学院坪石时期的记忆不能缺失，这样华南农大才是完整的百年名校。无论是利用宾夕法尼亚州立馆藏资料所写的"特别史"，还是该校的校史，对这段铸就百年老校的关键阶段，仍然有记述填补空间。

一、坪石时期农学院的开基创建

私立岭南大学农学院迁坪石一事于1940年4月开始谋划，5月实地考察，6月正式征地，11月9日开基典礼，高效运作。

开基仪式在下午3时结束，尽管风光宜人，有的嘉宾仍然对师生能否在艰苦环境条件下办学存疑。"到了坪石，就承岭南大学的李应林校长招待，邀赴车站附近的饭馆午膳，非常可口，我们大家吃得很饱。吃了饭就过江，往岭大农科新址聚集，参观他们的宿舍和教室，觉得设备过分简单，房屋也狭窄得很。岭大自退出广州后，就借香港大学的校舍上课，此次农科三、四年级迁到坪石来，将来或全部迁到后方来读书。我很怀疑这般从前过惯岭大和港大优裕的都市生活的男女学生，将来是否能过得惯这种简陋的乡村生活。这里的生活条件也实在太差了。"[1]李孤帆应中国银行马廷瑞先生约请一起参加开基仪式，1941年完成的《后方巡礼》一书有此感叹，但勇敢的岭大师生给予了肯定的回答。正如李应林在开基当天所志："深知我国内地需要高等教育，而热血青年多怀抱共赴国难之精神，更应给予机会，在此抗战大时代中，养成刻苦耐劳之人材。"

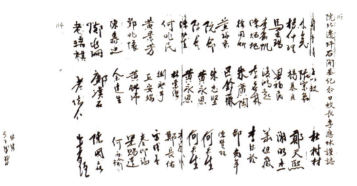

⤵ 参加开基典礼的嘉宾和老师名单，李孤帆和马廷瑞先生的名字签在一起，许崇清代理校长是第一个签名

⤵ 李应林校长所写的刊登在《岭南大学校报》的开基纪念文章（藏于广东省档案馆）

　　参加开基仪式的嘉宾主要是岭南大学校方负责人，农学院教师，农学院三、四年级学生，岭大校友，中大老师，中国银行高级职员，广州青年会曲江办事处和当地政府官员。岭大除李应林校长外，还有校方负责财务的总务长谢昭杰、医

学院内科教授和校医朱广陶、农学院昆虫学副教授郑天熙、园艺学教授李德铨、园艺学和农艺学副教授邵尧年、农艺学讲师徐国卿、畜牧学教授杜树材、畜牧学副教授萧祖徽、助教陈赞林等；张宗象、王以敦来自广州青年会曲江办事处；三、四年级学生签名的有徐用卿、阮命、区铃薇、何天生、余达生、朱志坚、何兆民、陈幼直、丘安瑞、梁赐达、邝兆珊、陈募迪、何丙榆、卫启宇、郑长佑、雷泽荃、麦仰端、邝汉硕、老瑞祺、黄锦沛、老瑞仁和林崇德等。

马廷瑞是中国银行的高级职员，也是私立岭南大学校友，与他同来的李孤帆也是中国银行的高级职员，曾任中国银行杂志总编，抗战胜利后任上海航政局局长。

1940年11月19日，杜树材先生作为在坪石时期的第一位农学院院长召开院务会议，研究讨论后决定主要的教学事项如下：1. 本院三、四年级本学期15日举行注册，计农艺园艺系学生19人，畜牧兽医系学生10人，共有学生29人。2. 本院三、四年级开设科目，农艺组九科，园艺组七科，畜牧兽医系七科，另选修三科，除个人卫生外，体育及暑假实习不设学点。3. 各科教授科目及时数分配：郑天熙二科八小时，朱广陶一科一小时，李德铨二科八小时，麦国珍三科九小时，黄菩荃三科九小时，徐国卿三科十一小时，杜树材三科九小时。

会议还研究请谢昭杰继续协调与各乡的土地关系后再返港；碑界丢失等林书洛回来后再勘定立桩；学生每人分半亩地或者四分之一亩地进行暑期实习，除挑水外不能雇工，否则取消成绩，所得收益院方收回一半为肥料种子供给费用；现有教室四座，一座设为图书馆，由梁恩赐负责；其他三座分别为农艺组、园艺组和畜牧兽医系使用；电话接坪石火车站护路警察所，有警及时通知；防空壕一条，稍闲时再多挖几条避难所需；为了赶回迁徙失去的时间，每堂课必须上足一小时，暑假和考试时间调整等。

参加会议的有黄菩荃、萧祖徽、李德铨、朱广陶、邵尧年、徐国卿和杨逸梅。（引自岭南大学校报）

为什么是林书洛协调定界？因为他是陪伴古桂芬院长从踏勘到建设全过程的助手。林书洛为海南琼山人，1930年考入岭大农科高中，毕业后留校在李德铨教授指导下工作。边当助教边修读，1944年获得园艺学学士学位。他既是坪石岭大的建设者，也是坪石农学院教师，还是坪石农学院学生。1955年林书洛在美国伊利诺伊大学获得博士学位，在普渡大学任教20年，是细胞和遗传学世界级的农学家。

农学院征用土地是最基础的问题，乳源县政府复函私立岭南大学董事会用地函提供了有用的信息，也包含了时间节点中非常有价值的史实。1940年6月9日，私立岭南大学董事会致函相关机构，表达拟征用坪石火车站对面坡地建设农学院和农场的意愿，7月25日在灵石坝现场踏勘，第三保谢保长参加，拟征地范围大致包括上羊牯冲、下羊牯冲等，还有双毫洞、板子埔等地块，范围内有朱、罗两姓墓地，虽然属于乳源县境内，但乐昌皈上乡领租了田地，涉及部分山地纠纷，场地内还有乳源县第三区朱文焕、朱俊卿田地一亩一分，8月21日乳源县刘德闻县长出具了证明公函。

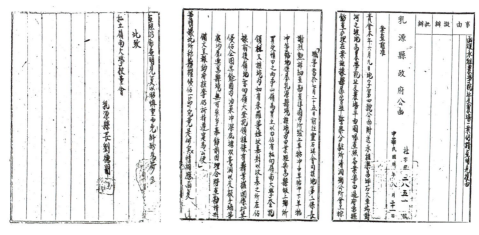

❶ 乳源县政府给私立岭南大学农学院董事会关于选址和买地的公函（藏于广东省档案馆）

1938年10月12日岭大在广州停课，一周后日本军队占领广州。李应林赶到香港，探讨在香港复学的可能性。1938年11月18日，农学院开始在香港新界淞园租用大房子和田地上课。当有向粤北搬迁的决定后，受李应林校长委托，一直是坪石农学院建设主导者的农学院院长古桂芬，与助教林书洛和李振威冒险数次来往香港与韶关之间。"把农学院迁到自由区是因为有人批评岭南基本是在香港殖民地开展工作。此外还计划找到适当的地方时也把大学其他单位搬到自由区。战争的态势使这些搬迁比预期要早。"[2]

　　私立岭南大学农学院是私立大学中最早进入韶关坪石立足的学校之一，这正是古桂芬先生努力的结果。岭南大学校报曾记录古桂芬先生1940年9月7日在坪石得病，仍"力疾从公"为私立岭南大学农学院在坪石的筹办操劳，9月16日在韶关河西医院去世。古先生毕业于美国加州大学，获得农学硕士学位，1929年入私立岭南大学任教，1931年任农学院副院长兼农艺系主任，1934年任农学院代理院长，1935年转为院长，同时任岭大校本部农场和中山县会同岭南实习农场场长。古桂芳在广州沦陷后岭南大学迁往香港，又回迁内地一事上，功不可没。数度回粤常要避开日军的监视坐小船，走山路进入粤北考察迁址地点。从秘鲁、澳门、广州、中山到韶关，古先生经历了各种生活磨炼，始终不渝努力通过中国农业教育发展为中国经济强盛而奋斗。古先生用自己不辞劳苦的行动将农学院首先搬到坪石，征地、建设事事亲力亲为，可惜在将看到劳作的果实成熟时，不幸病逝，此时距农学院开基仅差一个多月。岭大尤其是农学院师生缅怀之情在清明时节得到抒发，1944年，66名师生从坪石乘火车到韶关墓前，表达哀思。

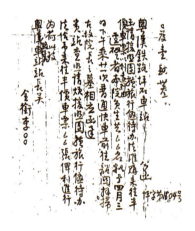

⟲ 李沛文院长1944年致函粤汉铁路坪石火车站吴站长，请求为66名本院员生4月3日往韶关为古先生扫墓提供半价优惠票

⟲ 根据历史照片和回忆录绘制的学院办公室和教员宿舍，这里是农学院院务会议举行的地方

　　根据1941年的招生简章，坪石的农学院有9栋建筑；李应林校长向附中学生介绍时为8栋建筑；根据1943年岭大附中司徒卫老师所绘制的农学院全景图，有14栋建筑，增加的应该是以宿舍为主。体量最大的建筑是图书馆。

二、战时农学院教学管理与强大的师资

1940年11月19日，杜树材院长主持第一次院务会议，刚增聘的专职教授黄菩荃教授参加了会议。杜树材岭大毕业后留美，于爱荷华州立大学获得农学硕士，1930年归国开始农学院教学，成为畜牧学副教授兼畜牧系主任，曾任工业部天津检验局农场检验组组长，1936年曾赴武汉大学农学院农艺系任教授兼代系主任。

黄菩荃先生是岭大农科毕业生，留学德国哈里大学获得博士学位后回国，曾任岭大农学院散任教员、国立中山大学教授。在坪石建立农学院，特别增加聘请黄菩荃为园艺学系专任教授，他同时被坪石的国立中山大学研究院聘为指导老师。

参加开基典礼的郑天熙副教授是1939年9月在美国俄亥俄大学获得农科博士，留校当研究员一段时间，1940年9月回国再加入粤北坪石农学院任副教授成为新生力量，1942年3月转为教授。1942年2月曾离开坪石赴福建协和大学农学院任教，1942年8月再返岭大坪石农学院任教授。[3]

麦国珍虽然没有参加开基典礼，但也及时到了坪石加盟农学院。1930年4月，岭南大学有25名学生代表参加民国在杭州举行的第一次全国运动会并取得优良成绩，学生包括司徒光、梁景平、伍舜德、高为铁、徐平、麦国珍、黄鼎勋等。10年后，在坪石建立农学院的关键时期，麦国珍先生留学菲律宾大学获得兽医学博士学位归来，成为坪石农学院增聘的畜牧兽医系副教授，从菲律宾到香港后加入农学院，进入内地坪石开始任教和研究。1942年，麦国珍完成的著作有《家禽传染病学》《马之人工交配》等。

在"1930年岭南大学布告43号"公布的农学院教师名册中，院长为美籍的高鲁教授（高鲁夫）。中国的教师李德铨是蔬菜栽培副教授，邵尧年是花卉副教授，古桂芬为农学副教授，陈心陶为生物学讲师，谭自昌为桑树讲师，萧祖徽为畜牧讲师，他们一直守住教学园地来到粤北继续农业教育事业。1930年10月私立岭南大学教员一览表显示，在康乐园邵尧年先生住爪哇堂二楼220A房，服务机构是农学院；古桂芬住西南住宅；李德铨住爪哇堂二楼2186房；杜树材住荣光堂二楼218房；谭自昌住蚕丝学院宿舍。

参加坪石农学院开基典礼的教授中，邵尧年教学资历最长、研究涉猎最广。邵教授为南海人，是中国著名农学家唐有恒主办的广东农林教员讲习所学生，是1912年4月毕业的第一期学员，以最优等生的成绩毕业。1921年就开始在岭大农学院（前身广东农林教员讲习所改

↻ 康乐园内的爪哇堂，20世纪30年代邵尧年先生和李德铨先生曾居住于此（许瑞生/摄）

名为广东公立农业专门学校）执教，在校长邓植仪领导下负责广东糖业调查。1928年对雷州特产蒲草的栽培进行研究并发表论文于《农事双月刊》七卷2号，"惟海遂两属人口共五十万人，其中靠种草编席、贩运蒲包以谋生存者达十万人，雷属一切教育费、警察费悉赖于此。""蒲席每年输出日本、台湾用作糖包者占三分之二，输出东三省作盐包占三分之一。"关于荔枝研究，岭南大学农学院是系统科学定量分析的开创者，原农学院创始人高鲁夫院长开创了荔枝分类研究。邵教授专门对荔枝与降水量的关系进行研究，分析了近20年各种气候变化，并对荔枝产量进行预测，1926年发表《广州荔枝干之焙烘事业》，1936年发表《二十年来荔枝生产丰凶与气候关系》于《岭南农刊》第1期。1925年在岭南农科大学《农事月刊》发表了《岭南农大改良番茄品种的经过》，回顾育种过程。1920年岭南大学从澳洲购买引进番茄种子，英文品种名为Tomato money-maker，多次试验，每年不断对比，选择适应广州气候条件的种子，最后邵教授主持番茄新品种培育取得进展，1925年成功培育第五代番茄，为单株产量1.4~2.7千克的新品种，"结果早而丰多，果形圆美光滑，并没裂痕"。[4]关于广东的木棉树、芭蕉、马蹄、香豆花、马铃薯等作物，邵先生都发表过研究成果。在坪石任教时已经55岁，担任农艺系主任，授课课程有稻作、特用作物和实习。坪石教学之余，邵先生于1942年发表了《华南降水量分配状况》等多项研究成果，《华南降

水量分配状况》一文发表在《农贷消息》半月刊1942年第11—12期。新中国成立后，邵先生继续在院系调整后的华南农学院任教，他一生经历广东农业教育历史变迁的全过程。在坪石，当李沛文经常往返于桂林与乐昌之间时，院长工作由邵尧年代行。[5]

在坪石农学院最重要的教授之一是李沛文先生，任院长时间最长。李沛文先生为广西苍梧人，美国康奈尔大学果林园艺科硕士，历任农学院教授、园艺系主任和植物生产系主任。1941年7月后，李沛文先生担任农学院院长，时年35岁，在担任学院行政职务的同时，仍担任果树园艺、气象学课程教学。在李先生的带领下，农学院各项工作取得成效，制定了战时学院规范性规章。在私立岭南大学需要依靠国立中山大学支持时，受李应林校长委托，与国立中山大学校方沟通，保证了岭大学生借读国立中山大学继续学业。在李先生领导下，农学院师资力量强大，学院教学制度完善。李先生在柑桔方面的研究学术贡献最大，1936年与王浩真合作在《岭南农刊》第2—4期发表了《柑桔贮藏试验》。在战事紧张时，带领农学院与在曲江仙人庙李应林校长领导的大村总部汇合，暂用私立东吴大学留下的简易校舍继续教学。曲江沦陷，他带领农学院师生与本部师生一起避于黄坑，再迁仁化，又离开粤境进入湖南汝城，1945年8月抗日战争胜利，乘舟沿武江南下，返回康乐园，保持农学院火种坚持到抗日战争胜利。

1941年招生简章提及的教师，包括1941年没有参加开基典礼的老师，其中有园艺学副教授黄昌贤，汕头人，1933年毕业于中山大学，在岭南大学研究院修业后赴美国留学，1938年成功培育无核西瓜（也称为"无籽西瓜"）。1940年获得美国密歇根州立大学博士学位，在抗战激烈之际回国，到达香港后赴汕头潮阳溪头乡岭大柑桔实验农场任主任；林孔湘是植病学副教授，福建闽侯人，福建协和大学毕业，1941年春在美国康奈尔大学毕业获得农科博士学位，抗日救亡关键时期回国加入岭大在坪石的农学院，1943年曾到四川大学等校任教，1945年重回岭大。他们两位均是海外留学后迅速投入另一条抗日战线教书育人，选择坪石为第一站。

1940年招生简章中陈华仁、李永禄和陈赞林三位为助教，均是岭大农科毕业生。黄公安为特约农业经济学讲师，毕业于德国哈勒大学获得博士学位，在20世纪30年代提出了中国农业保险的问题。

招生简章中还提到化学教授梁敬敦（C.N.Laird）和他的任英文教师的夫人，还有原农学院创始人、园艺学教授高鲁（或译为高鲁甫、葛鲁夫，G.W. Groff），但他们是否出现在坪石有待考证。高鲁1907年就来到广州，服务岭大农学院多年，1930年为农学院院长，1935年至1937年曾离开岭大，参加一个中美合作的植物研究项目，"历史悠久的中国在4000年耕种过程中发现了大量的植物，因而历史不长的美国可以从中获益。……以致在他于1954年去世时，宾州的生物学家仍然在编辑他那包括上万种植物的笔记。"[6]《岭南大学》一书中教职员名录列明西籍教职员服务岭大的时间，在高鲁名字后注明服务时间是1907—1941年。私立岭南大学农学院经历了1907年设立农场和开设农学课程、1917年成立农学部、1921年成立岭南农科大学和1927年合并到岭南大学成为农学院数个阶段，运营经费与别的学院不同，是地方政府参与投入和运作。列出高鲁名字应该是仅为招生使用，反映1940年度的历史，1941年高鲁应该没有来坪石，那时他因为疾病被命令回国，并在佛罗里达疗养。[7]

梁敬敦夫妇列明的服务时间是1905—1942年。梁敬敦曾任文理学院院长，1905年来华任教。梁敬敦夫人也称为施小姐（Mary Seles），出生于1876年，美国宾夕法尼亚州立大学医学院毕业，1909年来华，1911年与梁敬敦结婚。康乐园建于1916年，现在门牌为康乐园东北区318号的韦耶孝实屋（Weyerhaeuser Lodge）就是当年文理学院院长梁敬敦的居所。

1941年10月3日李沛文先生任院长时发出有关填写调查表的通知送达老师名单中有梁敬敦夫人，但没有梁敬敦。其他通知拟送达老师有谭自昌先生、朱广陶先生、谭杰先生、刘笙汉先生、李宝珊先生、杨光烈教官、李振威先生，填完表好拟送香港。

1941年10月3日填写调查表通知的教师名单中有梁敬敦夫人名字，但1941年9月13日第一次院务会议通知及名单中却没有，因为主要参与者是教授。1941年10月22日关于请香港方面订阅杂志、购买书籍通知，要求10月25日前报院长办公室，送达教师名单中有梁敬敦先生及其夫人名字，表明梁敬敦夫妇在坪石停留过，时间不长。

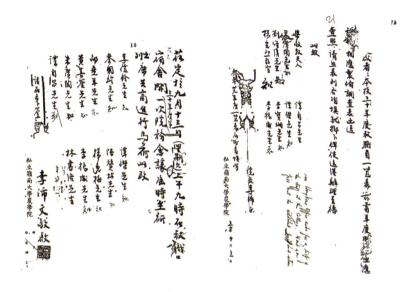

🔹 1941年10月3日的填写调查表通知

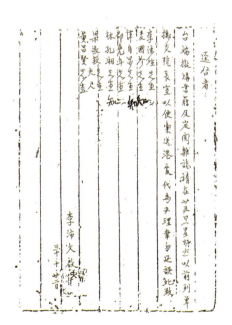

🔹 1941年10月22日关于订阅杂志购买书籍的通知（藏于广东省档案馆）

　　根据李瑞明1997年所编的《岭南大学》中关于抗日战争爆发和香港沦陷后外籍教师的去向记载，1938年广州沦陷时，梁敬敦夫人在沦为难民营的康乐园担任护士长，15个月内有200多位母亲在康乐园生下孩子。香港沦陷时梁敬敦夫妇被关在赤柱监狱，1941年回美休养后又重返战争中的粤北，准备在坪石教学，梁敬敦后得病回香港手术治疗，医疗休养期间，被日军抓进集中营，6个月后通过俘虏交换返美，旧病复发，1942年11月在美国病逝。

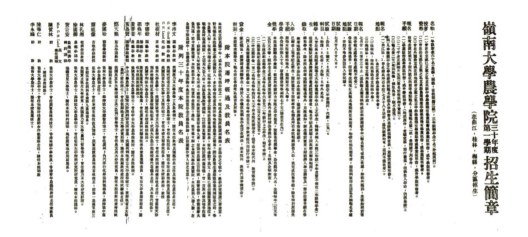

岭南大学农学院1941年的招生简章中的老师介绍（藏于广东省档案馆）

岭大坪石的农学院于1941年暑假在曲江、桂林和梅县分区招生，考试时间是7月28—29日，简章介绍坪石农学院已经有建筑9栋，农场500余亩，图书和仪器大量内运，于今更臻完备。拟招生一年级60名，三年级转学生10名。

1943年教师队伍明显壮大，从名单可以看出，部分理工学院、蚕丝学院的知名教授进入农学院。对比1941年招生简章的名单，增加了畜牧兽医学教授黄伟胜等人。黄伟胜，湖南临湘人，39岁，1943年8月到任，讲授养猪学、农业概论、家畜各论；李剑，台山人，52岁，讲授国文，1943年3月到校；霍葆强副教授，顺德人，34岁，讲授普通经济学、农业经济学等，1941年12月到校；李锦厚副教授，开平人，33岁，讲授遗传学、饲料作物、作物育种、纤维作物，1942年8月到校；钟文森，广东人，43岁，任办公厅主任兼政治学及国文教师，1943年8月到校；谭自昌副教授，乐昌人，43岁，讲授农具学，1941年8月到校；讲师兼总务主任卢子荟，33岁，讲授普通农艺学和农场实习，1942年6月到校；讲师范怀忠，惠阳人，30岁，讲授农林植物学和植物生理学，1941年2月到校。原理工学院容启东和孔宪保两位资深教授的加盟，更使农学院增色。

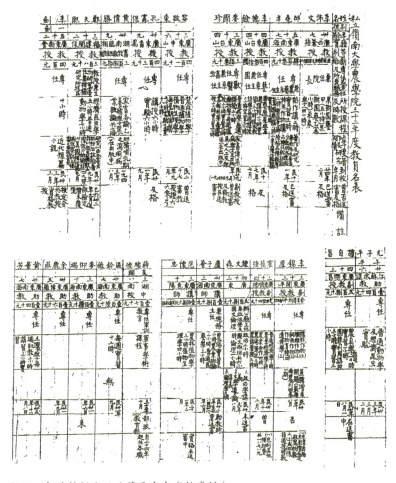

1943年的教师名册（藏于广东省档案馆）

　　香港沦陷，岭南大学全部撤出香港，坪石农学院方显基石作用。在曲江（现浈江区）大村建设新岭大村，新校舍建完，岭大的各专业师资到来，老师穿梭于坪石与曲江两地，对充实农学院教师力量起到实质性的提升作用。1942年12月10日在曲江大村举行第一次董事会，会议上报告此时农学院有学生132人，1941年度毕业的农学院学生32人，在战前（指香港沦陷前）运入坪石农学院的图书幸得保存。由于理工学院未能恢复，容启东和孔宪保两位资深教授成为农学院专任教授。

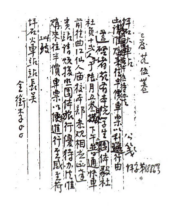

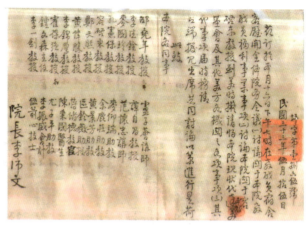

　　● 李沛文院长1944年出具函件，农学院学生12人乘车到校本部大村参观，希望坪石火车站给予优惠票价

　　● 当容启东教授赴美时院务会议通知送达的教授及教职员工名单（藏于广东省档案馆）

　　容启东教授曾经在大村和坪石之间穿梭任教。容启东1908年出生于香港，1935年赴美留学，1937年获得芝加哥大学植物学博士学位后回国。1938年岭南大学迁徙香港时，邀请他到岭南大学任教；香港沦陷后，他也重返粤北坪石任农学院专任教授，讲授普通植物学、植物生理学等课程，周末开讲座。容先生1951年任香港大学高级讲师兼植物学系主任，1960年任香港崇基学院第三任院长（1960—1975年），组建香港中文大学后担任副校长，1987年去世。

　　孔宪保，广东番禺人，曾任理工学院院长，美国加州大学化学哲学博士，1932年进入私立岭南大学任教，后任岭大理学院教授。在坪石农学院时期，孔宪保为农学院专任教授。

　　私立岭南大学校本部从大村迁往坪石的老师费用分配表记录了王肖朱、吴文修、冼玉

　　● 由校本部迁往坪石的老师费用分配（藏于广东省档案馆）

清、黄延毓、黄绍勤和吴亮如，理工学院孔宪保、容启东，医学院周锡康、林树模等教授名字。曲江战事吃紧，他们暂住灵石坝下，农学院曾留下这些老师的身影。

私立学校和公立学校的师资在粤北也是常流动的，特别可贵的是1943、1944年战事吃紧，仍然有不少仁人志士投奔坪石教学。

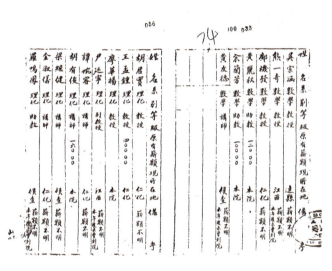

◆ 1945年国立中山大学师范学院名册，第三列是数学系邝矾法教授的名字

岭南大学迁至韶关时，数学系邝矾法教授被聘为岭南大学理工学院副教授并随迁。查阅广州市档案馆藏私立岭南大学教师调查表，邝先生1952年参与组建华南工学院数学系。邝先生为台山人，出生于1902年，1927年毕业于美国加州州立大学，1928年回国，在国立中山大学任教至1935年，1935年进入岭南大学任教，1938年被岭大理工学院聘为讲师，1941年被岭南大学聘为理工学院副教授，1944年8月被聘为中山大学师范学院数学系教授，1945年后又回岭南大学任教授。抗日战争前居住于东山培正新横街11号之一2楼。

三、在坪石的私立岭大农学院学生

1939年9月16日在香港大学举行第二十一次授予学位典礼，20名农学院毕业生获得学士学位。这应该是在香港农学院难得的成果，其他毕业生需要来到坪石才能开花结果。1941年度在坪石的农学院学生为32人，第二学期增加到93人。

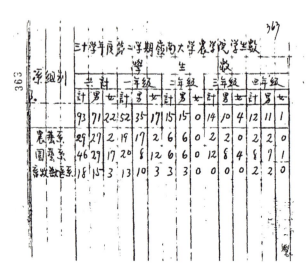

1941年第二学期岭南大学农学院的学生数统计表（藏于广东省档案馆）

　　1939年度农学院毕业生8人，1939年度第二学期学生总数513人，农学院在校生73人，文科和商科最多，分别为122人和102人，农学院和工学院学生数一样排第三。1939年度第二学期农学院教师10人。

岭大1938年度、1939年度的学生教师数量各学科分布情况（藏于广东省档案馆）

農學院畢業生領受農學學士學位者

李劉林郡甘何周鄧鄧趙是
翰廣炳應嫻伯成賀念
明康琦琪芳迟昌惠

容黃歐吉曾郭梅鄺盧
康华英朝偉永貴超敦
聯島珊珊棋仲仁葆耀

醫學院畢業生領受醫學學士學位者

黃梁劉楊蒲羅劉蒙李何
趙瑞共松炤發奋鵬幹娼
炳珠珍松柏賢濤受成芝

私立嶺南大學第二十一次授予學位典禮

時間：民國二十八年九月十六日下午三時
地點：香港大學禮堂
主席：校長介副主席金曼澄

🔸 1939年9月16日在香港大学举行第二十一次授予学位典礼，20名农学院毕业生获得学士学位，应该是1938年度的毕业生（藏于广东省档案馆）

1940年11月9日开基仪式农学院三、四年级学生参加者在签名册上签名的有徐用卿、阮命、区钤薇、何天生、余达生、朱志坚、何兆民、陈幼直、丘安瑞、梁赐达、邝兆珊、陈募迪、何丙榆、卫启宇、郑长佑、朱卓恒、雷泽荃、麦仰端、邝汉硕、老瑞祺、黄锦沛、老瑞仁和林崇德等，未在签名册上签名的三、四年级学生还有关褒惠、范怀忠、邓重煌、黄景芳、陈国琰等。

到坪石开始上课的是三、四年级农学院学生，分农艺园艺系和畜牧兽医系，农艺园艺又分农艺组和园艺组。这批学生肩负开拓者的重任，在老师带领下开创了坪石时代岭大农学院的辉煌局面，这应该记入从岭大农学院到华南农业大学的史册。

1942年2月毕业的范怀忠，惠阳人，留校继续在坪石开启了自己农业教育教学人生的第一步，1943年被聘为讲师，时为30岁，讲授植物生理学、农林植物学课程，1947年赴美国留学，1950年回国服务新中国建设，院系调整，范先生继续在华南农学院教书，为植物保护系系主任。范怀忠是中国著名的植物病理学专家，桃李满天下，2003年去世。同批毕业生留校任教的还有区钤薇、麦仰端、黄景芳等，均为广东南海人，前两位为1942年毕业留校，黄女士1943年留校，他们作为新的教师与农学院的学生继续抗战烽火下的农业教育事业。

　　岭大农学院畜牧兽医系成立了畜牧兽医学会，得到学院批准，该学会申请举办音乐会筹款办杂志，学校给予支持。尽管条件所限，但农学院师生的学术和文化生活仍然是丰富的。林孔湘教授、容启东教授带来了新空气，活跃了灵石坝下的校园文化生活。国立中山大学、培联中学齐聚武江边，人来人往，马思聪在坪石举行的音乐会，多年后农学院的师生仍然记忆犹新。

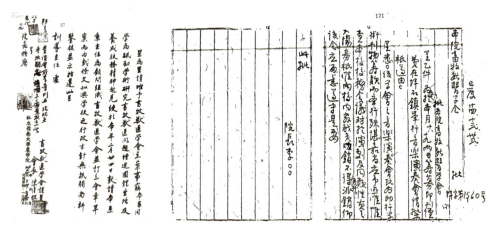

⇨ 1943年为成立畜牧兽医学会向院方的申请　　⇨ 李沛文院长同意畜牧兽医学会举办音乐会演出活动筹款办专业杂志的报告

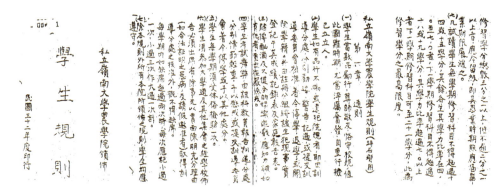

⇨ 岭南大学农学院在坪石颁布的《学生规则》（藏于广东省档案馆）

　　广东中学聚集于粤北与高校为邻，带来战时难得的投考便利。坪石培联中学、国立中山大学附属中学和私立岭南大学附属中学就是典型的案例。

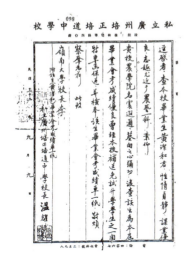

培联中学校长温耀斌推荐免试生黄洁和同学入读私立岭南大学农学院园艺专业的推荐函（藏于广东省档案馆）

1945年8月岭南大学出具的因为1944年下半年曲江疏散借读中大农学院的学生的历年成绩证明（藏于广东省档案馆）

四、危难时期中大农学院和岭大农学院的合作

周鸣铮在读中山大学土壤研究部研究生时，因战时药品和仪器不足支撑其毕业论文的研究，许崇清代理校长代为向岭大农学院求助。黄菩荃兼任中大研究院指导老师，直接请黄菩荃教授代为指导并提供帮助，周鸣铮先生后来成为中国土

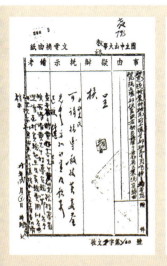

有关信函（藏于广东省档案馆）

壤学家，在浙江农科院任研究员，为中国农业工作做出了重大贡献。

1942年私立岭南大学农学院李沛文院长接受国立中山大学代理校长金曾澄先生邀请为国立中山大学农学院监考。

1943年1月11日，岭大农学院邀请国立中山大学邓植仪到学校出席纪念周并发表演讲，邓植仪先生正好接受本校法学院邀请到该院演讲，特致函李沛文表达歉意。

● 1942年私立岭南大学农学院李沛文院长接受国立中山大学代理校长金曾澄先生邀请为国立中山大学农学院监考的函件（藏于广东省档案馆）

● 1943年1月11日国立中山大学教务长邓植仪接受邀请到岭大农学院演讲，因事改期告知函（藏于广东省档案馆）

教师之中有不少兼顾国立中山大学和岭南大学农学院的授课，国立中山大学物理学系主任朱志涤受聘在私立岭大农学院兼课；私立岭大孔宪保教授受聘兼国立中山大学化学系教授；[8] 容启东教授兼任国立中山大学理学院生物学系教授，1943年8月19日从兼任教授改为特约教授，讲授的课程是植物形态学和下等形态植物分类学。[9]

五、港澳地区及其他侨生战时求学的出路

借读是沦陷后学子最重要的出路，在私立岭大的香港学生和大陆学生多返内

地就读，完成学业。岭大坪石农学院起到桥梁作用，李沛文院长受校长李应林委派，与国立中山大学协调文理工医三学院学生借读事项。

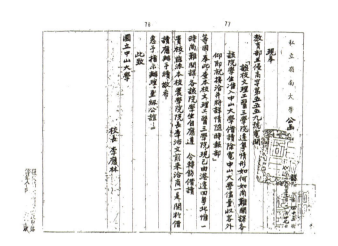

❶ 李应林校长派李沛文院长到国立中山大学商请借读事宜的信函

❶ 1942年3月岭南大学农学院侨生收领救济费清册。侨生包括一年级至四年级学生，四年级是1937年秋季入学的，他们来自香港、澳门、美国和南美等地区（藏于广东省档案馆）

太平洋战争爆发，香港沦陷，在内地已经有不少农学院港澳等地侨生陷入困境，典当农物维持生活。农学院院方与侨务委员会广东侨务处共同合作，使包括来自香港等地的37名侨生依规定及时得到不同级别的救济，学院与侨务处配合根据规定审核把关。这些侨生包括王惠贞、老瑞仁、老瑞祺、余群就、李群嫣、李智常、李举堂、林月眉、何缓如、彭国珍、梁本安、梁耀光、李树灿、陈国棵、陈瑞勃、陈绍津、陈慕迪、陆福桥、陆承基、萧秉谦、刘汝镇、关大璋、梅泽沛、凌汉彗、赵维友等。

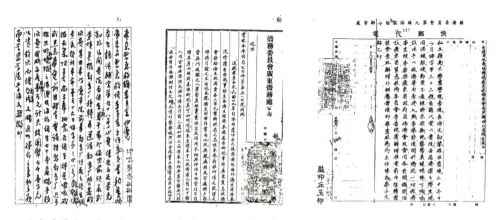

⤷ 侨务委员会广东侨务处致岭大农学院关于侨生救济的公函

六、岭南农学院实验农场成果和地方农业发展

根据李应林校长1940年在香港岭大附中演讲中对粤北坪石农学院的校区介绍，农学院在灵石坝占3个山岗，面积是480多亩，其中包括农场实习田地。杜树材举行第一次院务会议时，就明确了学生利用农地实习的原则，对有争议的田地暂时不分配给学生。现在灵石坝村靠近江边的坡地田地，部分田地、菜地属于当时的实习农场。

农场是农学院教学最具特色的教育场地，在广州的岭大本部所在地康乐园旁边就建立了实习农场。岭大的农场还拓展到广东各地，珠海会同村前历史的田地原为岭大中山会同农场，当时称为中山县会同岭南实习农场。

1862年开始的美国农学院教育系统中，1887年建立农业试验场，1914年产生了农业推广站的模式。在坪石农学院教学区，除了农学院校舍，古桂芬院长在征地时也将在附近建立实习农场计划在内。李沛文院长领导的农学院还继续柑桔实验农场的运转，研究病虫害的防治，1941年在坪石任助教的陈华仁、1940年刚从国外回来的林孔湘博士均曾任汕头柑桔产销合作社业务主任。

岭大农学院到来后，积极参与到粤北的乡村农业发展中，无论是对种子的供给，还是传统种子的收集、肥料的运用，均做出历史性贡献。岭南大学农学院为南雄县土壤研究提供意见，为蕉岭提供番茄种子并介绍种植方法，为广西第二区区农场赠送蔬菜种子。岭南大学农学院向蕉岭请求赠送畲禾、粘米、糯米种子供研究，岭大农学院还借用广东银行乐昌耕牛繁殖场场地扩大实习场地范围，为春季蔬菜育苗。

岭南大学农学院收到柑桔试验农场款项记账回单（藏于广东省档案馆）

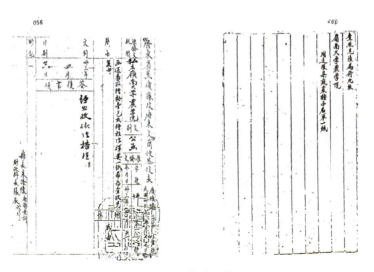

1944年5月蕉岭县向坪石岭大农学院请求番茄种子供应的公函

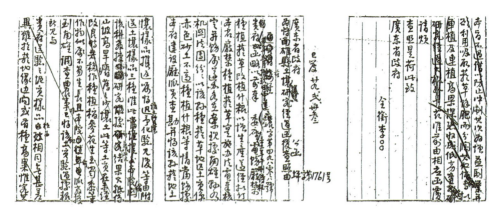

农学院为南雄县土壤研究提供意见

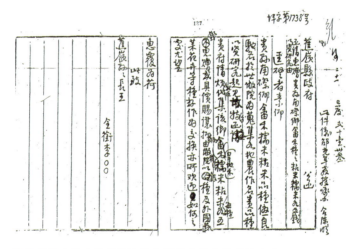

请求蕉岭帮助收集传统优良糯米和粘米种子的公函

　　抗日战争胜利后岭大农学院师生重返康乐园"十友楼"。在康乐园，当年在坪石的教授们继续成为邻居，根据广东省档案馆馆藏的《1951年10月岭南大学员工户口调查表》，邵尧年教授住旧门牌西南区75号，谭自昌教授住西南区65号，黄伟胜教授住西南区15号，林孔湘教授住东南区16号，孔宪保教授住在西南区旧门牌51号楼，邝矶法老师住旧门牌57号，陈心陶老师住东南区11号，李沛文老师住12号之三，林树模老师住东南区24号，卢子荟住西北区24号，范怀忠住东南区2号之二，可以说经历坪石和大村的教授都在康乐园成为邻居。根据1951年的填表统计，康乐园教职工及家属共1640人，分别编西南区、西北区、东南区和东北区。

学部委员、院士、中科院上海有机化学研究所所长黄维恒回忆，自己1947年的硕士导师就是孔宪保，孔先生去世后葬于现在康乐园墓园。作者带着这一问题来到中山大学，在康乐园西北区不起眼的边角地，找到了孔宪保先生的墓地，墓碑显示1952年孔先生去世。农学院迁移坪石的开拓者古桂芬先生也长眠于此。农学院创始人高鲁的儿子，5岁（1919年）病逝，墓地也在此墓园中。

1952年，经历了抗日战争坪石磨难的老师再一次转移，执教于石牌华南农学院。

2021年1月3日晨

注释：

［1］李孤帆：《后方巡礼》，华中图书公司，1945，第12页。

［2］李瑞明：《岭南大学》，岭南（大学）筹募发展委员会，1997，第104页。

［3］广东省档案馆藏档案，档号038-002-97-010。

［4］邵尧年：《岭南农大改良番茄品种之经过》，《农事月刊》1925年第6期。

［5］卢子荟：《抗战时期在广东省乐昌县坪石的岭南大学农学院办学的历程》，《岭南大学校长李应林诞辰一百周年纪念》，李应林教育基金会，1993，第32-36页。

［6］李瑞明：《岭南大学》，岭南（大学）筹募发展委员会，1997，第95页。

［7］《华南农业大学校史》（第2卷），广东科技出版社，2009，第313页。

［8］《国立中山大学现状》，国立中山大学出版部，1943，第73页。

［9］冯双：《中山大学生命科学学院（生物学系）编年史》（1924—2007），中山大学出版社，2011，第96页。

归　途

　　在岭南大学坚守的老师值得再梳理核实，有两份广东省档案馆馆藏的资料值得参考，一份是没有参加中央训练团的职员名单，一份是在坪石发放费用的名单。

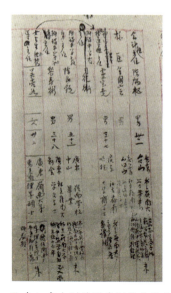

　　 未入中央训练团受训的重要职员名单（藏于广东省档案馆）

　　根据这份材料，抄录1943年大村时期私立岭南大学部分的主要负责人信息如下：

　　李应林，校长，48岁，广东南海人，岭南中学，美国奥柏林大学，历任副校长。

　　林树模，教务长，51岁，湖北鄂城人，上海圣约翰大学医学博士，美国宾夕法尼亚大学理学博士，曾担任北京协和医学院生理学系副教授，长期担任岭南大学医学院生理系主任、教授。

朱勉躬，训导长，42岁，广东新会人，法国南锡大学法学士，担任过广东国民大学教授兼法学院院长、国立中山大学教授。

谢昭杰，总务长，46岁，广东南海人，美国哥伦比亚大学教育学硕士。

孔宪保，理工学院院长，36岁，广东番禺人，美国加州大学化学、哲学博士，历任岭南大学理学院教授。

李沛文，农学院院长，37岁，广西苍梧人，美国康奈尔大学果林园艺科硕士，历任农学院教授、系主任。

司徒卫，附设中学校主任，曾任上海岭南中学、香港岭南中学校长。

钟香举，32岁，注册组主任，广东潮安人，岭南大学文学士，曾任英文学系讲师（后在华南师范学院任教）。

陈汝锐，附设中学校教务主任，52岁，广东中山人，岭南学校毕业，曾任佛山华英中学校长、岭南大学香港分校及上海分校校长。

黎寿彬，附设中学校训导长，38岁，广东新会人，岭南大学文学士，历任附中监学及自然科主任。

岭大附中的学生对黎寿彬称为彬叔，对黎老师的太太称为彬婶。挑水的工友称为亚般。[1]

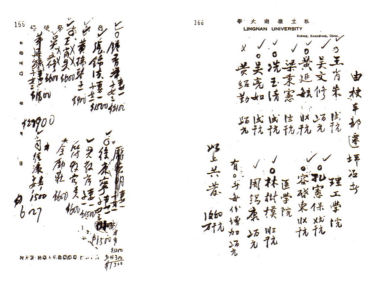

● 由校本部迁往坪石的老师费用分配（藏于广东省档案馆）

　　本部迁往坪石的老师费用分配表记录了王肖朱、吴文修、冼玉清、孔宪保、容启东、林树模等教授名字，老师们的归途如何呢？抗战胜利后重返康乐园，在名单上的孔宪保信息资料很少，他的归途如何？

　　在康乐园，当年的教授们继续成为邻居，根据省档案馆馆藏的《1951年10月岭南大学员工户口调查表》，孔宪保教授住在西南区旧门牌51号楼，邝矶法老师住旧门牌57号，容庚老师住旧门牌54号楼。陈心陶老师住东南区11号，李沛文老师住东南区12号之三，林树模老师住东南区24号，可以说经历大村的教授都成为了康乐园邻居。根据1951年的填表统计，康乐园教职工及家属共1640人，分别编西南区、西北区、东南区和东北区。黄本立院士特别怀念的老师冯秉铨住在东北区的6号。

⟳ 1992年墓园的管理通知（许瑞生/摄）

　　根据学部委员、院士、中科院上海有机化学研究所所长黄维恒的回忆，他1947年的硕士导师就是孔宪保，去世后葬于现在的康乐园墓园。

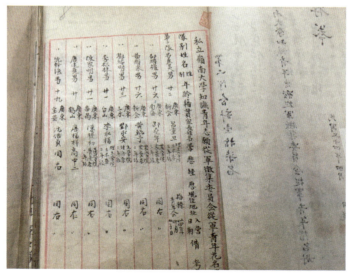

⟳ 1944年末从军花名册（藏于广东省档案馆）

　　岭南大学校友何威全在回忆文章中写到，在抗战末期，岭南大学有一二十人参加青年军，有五六人参加陈纳德美国十四航空队的谍报组织，后者几乎全部殉职，包括老师卢惠光、同学陈少慷和伍元明。[2]在大村从军者分为几批，最后一批已经是1944年末。

　　1944年末在大村岭南大学及附中学校学习期间部分志愿从军抗日的学生如下：

　　　　李松林，21岁，台山人，理工学院土木系二年级

　　　　吕惠炎，22岁，新会人，理工学院土木系三年级

　　　　邵耀权，26岁，南海人，农学院农艺系三年级

　　　　黄耀泉，26岁，新会人，农学院农艺学三年级

　　　　邓绍明，23岁，三水人，文学院经济系二年级

　　　　陈家明，21岁，番禺人，医学院普通系一年级

　　　　陈百康，21岁，高要人，文学院一年级

　　　　李启基，22岁，新会人，文学院二年级

　　　　唐述尧，20岁，鹤山人，高中二年级

　　　　沈干强，19岁，宝安人，高中二年级

　　　　何振华，19岁，顺德人，高中二年级

　　　　黄永雄，19岁，新会人，高中二年级

　　　　容应聪，18岁，中山人，高中二年级

　　　　马文铨，18岁，台山人，高中二年级

　　　　许国荣，18岁，中山人，高中二年级

　　　　潘肩万，18岁，东莞人，高中二年级

　　　　张国兴，19岁，梅县人，高中二年级

　　　　伍守仁，22岁，台山人。

　　在军营中，这些同学经常给李应林校长写信，汇报军中生活，李校长托人带信给他们以兹鼓励。这些学生大部分在抗战胜利后重新踏上回岭大的归程继续读书，学有所成贡献母校，最为杰出者是在大村读书的伍沾德，为中山大学贡献良多，这也是财富最好的归途。

↻ 在大村读书的岭大校友伍沾德捐赠的康乐园岭南学院行政楼（许瑞生/摄）

注释：

[1]《大村岁月——抗战时期岭南在粤北》，"大村岁月"出版组，1998，第42页。

[2]《大村岁月——抗战时期岭南在粤北》，"大村岁月"出版组，1998，第105页。

六　昔花今拾

广东省档案馆馆藏的若干份抗战时期广东教育文献的读解

广东省档案馆馆藏有不少抗日战争时期的文献档案，对今天粤北华南教育历史研学基地不忘初心、牢记使命的教育，对家国情怀的培养仍然具有现实意义。

一、未尝一日辍，以成就学生读书救国之宏愿

在馆藏的档案中有一份私立岭南大学全体同人致同学的公开信，开篇就写道："同学诸君公鉴：自'七七'变作，而全国揭开抗战之序幕；自敌机南袭，而广州顿补恐怖之氛围，我校一依按照政府公布时间上课，未尝一日辍。依至于今，同事回校服务者还有十之七八。"文中非常自豪地说岭南大学屹立"风波不摇"，抗战的胜利需要后方的支持，民族存亡之际，每个人都需要果决、勇毅的精神，加紧工作以后事于战后事业。这里道出教育坚守的意义。此文为1937年10月30日所启，并具历史性地写下"谨记　民族的敬礼"。

→ 私立岭南大学全体同人致同学的公开信（藏于广东省档案馆）

私立岭南大学在澳门设立澳门岭南中学。战时，从澳门岭南中学毕业的学生又考入岭南大学，这时，岭南大学已经迁往曲江仙人庙，澳门的学生穿过封锁线

⤴ 公开信之二（藏于广东省档案馆）

进入粤北，在大村有一批毕业于澳门岭南中学的青年人。

二、无私的守望相助

　　私立东吴大学文理学院两院迁址曲江仙人庙，得到私立岭南大学无私的帮助，迅速复学开课。该校代理校长沈体兰于1942年11月去函广东省立文理学院告知有关事宜。

⤴ 私立东吴大学代理校长沈体兰于1942年11月去函广东省立文理学院
　　告知迁址及印章之事（藏于广东省档案馆）

追忆东吴大学的历史，华南教育历史不仅关系广东、香港和澳门，还是苏州大学、台湾东吴大学的根脉所系，粤北等待苏州、台湾朋友的到来。

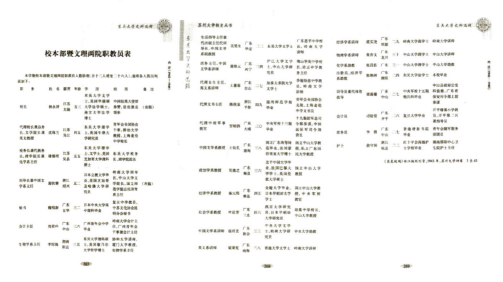

◐ 东吴大学校本部暨文理两院职教员表

香港与广东唇齿相依，抗战时，私立岭南大学本部从广州迁往香港时得到香港大学无私的帮助，农学院后来首迁粤北坪石，校长李应林发出入学通知需要兼顾两地。文中告知农学院三、四年级在1940年需要到坪石，一、二年级留港上学，请学生家长查照。

国立中山大学在坪石办学时，战时图书缺少是各校通病，各校资源共享是此时的风格展示。广东省档案馆馆藏存有一份国立中山大学工学院院长陈宗南给中山大学金校长的函。请求出具介绍信给在仙人庙的私立岭南大学，说明国立中山大学工学院土木系林主任将到岭南大学借用工程类的图书一事。

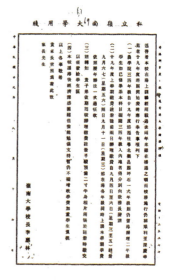

◐ 校长李应林发出入学通知，需要兼顾两地（藏于广东省档案馆）

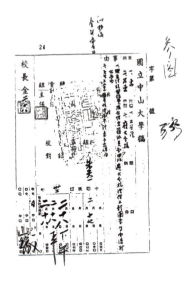 

🔸 国立中山大学工学院院长陈宗南向中
山大学金校长请求出具介绍信给在仙人庙
的岭南大学的函（藏于广东省档案馆）

🔸 金校长给陈院长的批复
（藏于广东省档案馆）

　　岭南大学在仙人庙的研究设备有限，尤其是理科，因此不少学生在国立中山
大学就读，具有代表性的学生是后来成为院士的黄翠芬。当年，她以岭南大学借
读生的身份在坪石塘口村借读，于国立中山大学理学院学习。岭南大学李应林致
函中山大学，请求文学院、理工学院、医学院三院学生到中山大学借读，如今还
留有函件。

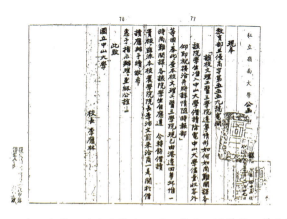

🔸 岭南大学李应林致函中山大学，请求文学院、理工学院、医学院三学院学生到中山大学借
读（藏于广东省档案馆）

三、体育的友谊

　　战前，培正中学、岭南大学附属的岭南中学和省立体育专科学校均是"同龄人"中的体育佼佼者，曾组织三角田径对抗赛。抗日战争期间，学生读书不忘体育锻炼，在大村山上不规则的斜坡路上，举行过学校运动会，包括接力跑。同学中，李小壁运动天赋表现突出，抗战胜利后，她参加全国运动会，并取得女子百米亚军。抗日战争胜利后，各学校马上继续"三角对抗赛"这一体育传统友谊，战时在粤北任教的赵善性和梁质若老师等人组织了比赛，他们后来都成为中大、华工、华农体育教研室的主任。私立培正中学致私立岭南中学的三角田径对抗赛邀请书，如今藏于广东省档案馆。

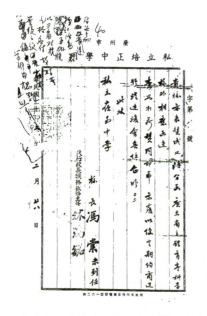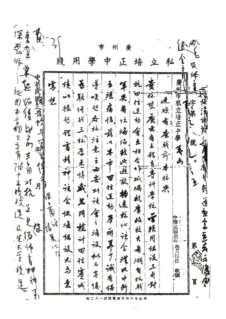

　🡒私立培正中学致私立岭南中学的邀请书（藏于广东省档案馆）

（感谢广东省档案馆的同事们协助提供文献）

翻开曾经被战火硝烟熏透的档案

院务会议是从勷勤大学师范学院至广东省立文理学院一直坚持的制度，组成人员是院长、各系主任、教务主任、事务主任、附中主任、附小主任和教授代表两名，两星期一次。从粤北会战、衡阳保卫战、连县沦陷等战争的炮火中保存的这批会议记录和文档，真实地反映烽火办学的过程。

一、"修己立人"的梧州之旅

尚仲衣教授在广州较早离开勷勤大学教育学系，1937年林砺儒院长代表院方推荐林仲达和聂西生顶替教职空缺，向校长申请签订聘书，时间是1937年2月1日—7月31日，这是林仲达先生在广州勷勤大学教育学院的第一份聘书。林先生曾任商务印书馆教育杂志编辑、安徽省立安徽大学和湖北省立教育学院教授。时年40岁，浙江瑞安人，东南大学教育学士，时任国立暨南大学教授兼图书馆馆长，受聘教授的课程是教育概论、社会教育学、英文教育名著，每周课时为12小时，待遇与尚仲衣相同。

1937年2月4日，刘炽章教授辞职，林砺儒为节省人事成本，利用本院师资调配补充，课程定量分析由王赞卿教授负责，课程工业化学

➔ 林砺儒院长致函校长，提出了化学教授刘炽章辞职后的解决办法（藏于广东省档案馆）

由杨葆昌担任。

1937年11月5日在梧州平桂镇百花街一号，林砺儒院长主持了1937年度第一次院务会议。会上报告了报到人数、注册人数、休学人数、未注册人数，确定了11月15日为教授讲师到院的期限。

勤勤大学师范学院在迁徙前，授课教授有所变化。1937年3月31日，在勤勤大学教育学院召开1936年度第十三次院务会议，确定各系毕业生考试科目并注明授课教授名字。聂西生教授讲授的课程是西洋近代史，冒广生先生上的课程是专经研究和专家诗研究。

1937年8月19日学院又致函校长，新学年开学在即，冒广生教授退聘，新聘任张西堂先生为教授补冒广生教授之缺。张西堂先生历任武汉大学、河南大学、河北大学、北平师范大学教授，受聘时间是从1937年8月1日至1938年7月31日。本院毕业生黄灼耀等数名同学同时新聘为助教，这批受聘的教授和专任老师，共患难踏上流亡教学之旅。

在梧州，稳定了师生居住和上课地点后，教学秩序和行政管理秩序恢复正常。1938年1月20日在复兴中学旧址召开1937年度第二次院务会议，研究成立战时乡村服务团，分七大队。1938年3月20日，番禺区由高觉敷领队，其他带队老师为林仲达、白玉衡、陈炳相、梁润生；南海区由陈达夫领队，其他带队老师有卢天裕；顺德区由王赞卿领队，其他带队老师有谢厚藩、王济仁、王鹤清、陈志雄、何翠嫦；新会区由张栗原领队，其他带队老师有李国基、黄灼耀；高州区由林仲达领队，其他带队老师有梁溥；合浦区由楼桐茂领队，其他带队老师有潘礼三；高要区由郑师许领队，其他带队老师有张西堂、廖根培、徐贤修、杨葆昌。南海区领队的团长陈达夫就是陈兼善教授。

从这里可以研判年轻留校的助教老师情况，1937年7月勤勤大学师范学院有了第一届毕业生，其中数名毕业生留校任教，何翠嫦就是其中之一。何翠嫦，广东顺德人，1933年9月入校就读数理化系，1937年7月毕业留校，时年23岁，1938年度又续聘为助教。数理化系留校的还有李国基，广东新会人，时年27岁；潘礼三，广西博白人，26岁。文史学系留校任助教的是黄灼耀，广东台山人，毕业时25岁。博物地理学系留校的是梁润生，广东番禺人，毕业时24岁；陈志雄，广东顺德人，毕业时24岁。

🔴 1937年第一届毕业生何翠嫦、陈志雄、梁润生、黄灼耀在1938年填写的教员表（藏于广东省档案馆）

第一届广东省立文理学院毕业生，也是前勷勤大学师范学院首届毕业生，根据1940年12月30日造表的文档，整理列出如下：

1．文史学系

朱廷材，广东云浮人，毕业时28岁；江兆明，广东番禺人，毕业时25岁；司徒梧，广东开平人，毕业时25岁；余卓英，广东台山人，毕业时26岁；李锦波，广东新会人，毕业时24岁；吴公治，广东郁南人，毕业时24岁；林道俭，广东文昌人，毕业时26岁；林振华，广东文昌人，毕业时26岁；容汉勋，广东新会人，毕业时26岁；姚中雄，湖南安化人，毕业时27岁；陈秀云，广东台山人，毕业时25岁；陈湖云，广东蕉岭人，毕业时25岁；黄书光，广西贵县人，毕业时26岁；黄承燊，广东番禺人，毕业时24岁；黄灼耀，广东台山人，毕业时25岁；黄达言，广西郁林人，毕业时23岁；秦紫葵，广东番禺人，毕业时25岁；张兰芳，广东梅县人，毕业时26岁；张李藩，广东东莞人，毕业时26岁；廖碧英，广东梅县人，毕业时24岁；廖文熙，广东顺德人，毕业时28岁；苏惠铿，广东惠阳人，毕业时27岁；苏铉，广西灵川人，毕业时24岁；郑瑞仁，广东恩平人，毕业时26岁；罗光汉，广东南海人，毕业时25岁；梁汉生，广东番禺人，毕业时26岁。

2. 数理化系

何翠嫦，广东顺德人，毕业时23岁；李国基，广东新会人，毕业时27岁；潘礼三，广西博白人，毕业时26岁；何志桓，广东中山人，毕业时23岁；梁辰，广东茂名人，毕业时27岁；刘傅明，广东化县人，毕业时29岁。

3. 博物地理学系

何捷回，广东顺德人，毕业时24岁；何朝枢，广东五华人，毕业时27岁；李复观，广西北流人，毕业时25岁；周仪顺，广东番禺人，毕业时24岁；周栽材，广东琼山人，毕业时24岁；莫就武，广西藤县人，毕业时30岁；曹慕芳，广东台山人，毕业时26岁；麦源铭，广东鹤山人，毕业时25岁；黄宗浩，广东曲江人，毕业时22岁；陈志晃，广东化县人，毕业时25岁；陈志雄，广东顺德人，毕业时24岁；梁润生，广东番禺人，毕业时24岁；苏晓山，广东南海人，毕业时27岁；苏诗集，广西郁林人，毕业时26岁；李翰琛，广东博罗人，毕业时24岁。

1938年3月29日，林砺儒主持"教生实习指导委员会"会议，研究实习参观的学校。参观的中学为梧州高级中学、梧州初级中学、梧州女子中学、私立培正中学、长州国民中学。实习的职业学校有妇女习艺所；中心学校有大中镇中心基础学校、平桂镇中心基础学校等10多所基础学校；幼儿园为私立培灵幼稚园。

会议讨论试教时间为四周，试教的评判标准，教案编制10%，言语和态度20%，教材准备及组织25%，管理能力10%，教学方法25%，观摩10%。试教前先开试教谈话会。

1938年1月29日、2月1日和6月22日分别召开课程修订委员会会议，讨论课程的变化和更新。

1938年5月15日、5月29日和6月24日召开三次毕业考试委员会会议。第一次考试委员会会议于5月15日在梧州九坊街97号本院第二宿舍举行，会议决定口试由校内委员主考，注重考问毕业论文内容。1938年5月29日第二次考试委员会会议在梧州南环路新亚餐厅举行，确定毕业论文在6月7日前提交，考试日期定为6月7—11日。毕业论文需要授课教授与系主任评定，再送校外委员复核，成绩口试占20%，论文占80%。三次考试委员会的会议在三处不同地方举行，第三次会议是6月24日在梧州云盖山本院驻梧州办事处举行。

1938年在梧州，第二届教育学院毕业生正常毕业，毕业生的论文选题用今天的眼光判断，仍然是热点题目。教育学院的教授在专业领域出类拔萃，战火中、动荡环境中培养的学生的毕业论文依然达到相当高的学术水准。文史学系，虞泽霖毕业论文题目是"说文部首订"，李荣平的毕业论文题目是"原子论概观"。博物地理学系，潘大显的毕业论文题目是"洋虫卵之结扎试验"，何天相的毕业论文题目是"广东木槿属植物之初步报告"，罗肇光的毕业论文题目是"嘉鱼之骨骼"，加上莫熙穆的论文，是博物地理学系得分前四名的毕业论文。苗文赞的论文题目是"世界主要矿产之分配未来之国际战争"，选题非常有前瞻性。

1938年7月31日，在梧州云盖山召开招生委员会第二次会议，决定8月3日前在香港《工商日报》、广州《中山日报》、上海《国华报》、梧州《梧州日报》刊登招生广告。分四考区，梅县区由何爵三先生负责，佛山区由陈达夫先生负责，长沙区由鲁寿炎先生负责，肇庆区由郑师许先生负责。

迁回粤境的设想在梧州的第二年就产生，1938年10月17日在梧州云盖山本院会议室，林砺儒主持会议，其中议题之一就是听取梁溥教授关于回迁粤境初步考察选址罗定罗镜墟，为必要时迁离梧州做准备，议决报广东省教育厅核示。[1]

1938年4月5日，钟鲁斋出席在梧州召开的第十次院务会议，证明钟鲁斋教授第一阶段参加了教育学院迁梧州的队伍。钟鲁斋教授，1930年于美国斯坦福大学获得教育学博士后回国，曾任教于沪江大学、清华大学、中山大学和厦门大学。离开教育学院后，在香港创办了南华学院。

1938年，李平心在梧州受聘为文史系历史教授，时年31岁。李平心1925年就读上海大学社会学系，1927年加入中国共产党。在上海加入社会学家的左翼文化组织"中国社会科学家联盟"，1930年翻译出版《社会主义辞典》，写作了《现代社会学理论大纲》，1931年创办《现实周刊》，1933年出版了《中国近代史》。1937年出版了以笔名李鼎声和张飞霞合编译的《世界伟人列传》，书中专辟两章编写马克思和恩格斯两位伟人的传记。李平心先生在上海为《文汇报》撰写了不少评论，1938年秋天《文汇报》被封。

在勤勤大学教育学院1938年6月20日的院务会议上，李平心教授任招生委员会委员，1938年度续聘名单中仍然有他，在往藤县之前，他离开了学院。1938年10月19日在上海举行的"鲁迅思想座谈会"是由他倡议的。[2]在1938年度教育学院的续聘教授名册中，仍然保留李平心教职聘用，学院在融县时曾电询李平心能否到任。

1945年李平心先生受邀任《文汇报》主笔，每周为《文汇报》写评论一至两篇。华东师范大学历史系成立后，李平心任历史系副主任。令人扼腕的是在政治运动中，李先生以悲剧结束自己波澜起伏的人生。

1937年举行的教育学院1936年度院务会议上，童致稜教授参加，为1938年度招生委员会委员。童先生1931年毕业于南京国立中央大学，曾任上海致用大学、上海同德医学院生物学副教授。

在1938年8月6日通知学生、家长和离校各教授的函件中，告知教育学院在梧州改名为广东省立教育学院，成为独立学院，林砺儒仍然聘为院长，梧州办事处继续运作。

二、藤县、融县的动荡日子

（一）藤县

1938年10月17日在梧州召开第三次院务会议，第四次院务会议是1938年11月18日在藤县禤州召开。1938年10月广东省立教育学院迁藤县，王鹤清代林砺儒主持院务会议决定通知已经注册新生12月15日返藤县上课，各教员要函促返校。

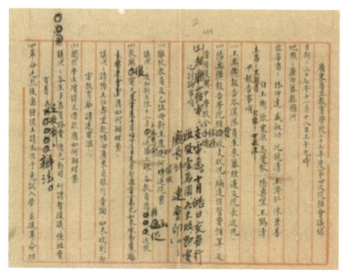

🔴 1938年11月18日王鹤清代林砺儒主持院务会议的记录（藏于广东省档案馆）

1938年11月28日在藤县褐州，杨寿宜代林砺儒主持院务会议，鉴于经费紧缺，召开院务会议决定成立学院经济委员会并决定人员构成。

尚未在藤县站稳，马上又要迁校。1938年12月6日林砺儒回院主持召开院务会议，通报教育厅建议迁校岑溪较佳，成立迁院委员会，委员为四系主任，教务主任和林仲达、盛叙功和王济仁三位教授。

1938年12月18日下午，在藤县褐州召开1938年度第七次会议，高觉敷主持院务会议，参加教授有林仲达、杨寿宜、白玉衡、陈兼善、郑师许、王济仁、阮镜清、王赞卿、王鹤清、陈炳相、陈守实等。尽管在藤县时间短，但教学依然有步骤进行。会议上，讨论了迁校计划，决定当晚召开师生谈话会。会议还讨论了学生贷金暂行办法和公费生学额暂行办法。

这时期可以看到郑师许先生一直参加藤县的教学。郑师许先生在教育学院一直任多门课，开设的课程有古文字概论、中国文化史、中西交通史、中国断代史研究、考古学，为讲授课程最多的教授。

（二）融县

一个月后，院务会议已经正常在融县召开，1939年1月17日学院在融县东廓乡第一村王氏宗祠召开院务会议。林院长通报了选择迁校融县的经过，会议对借用的祠堂进行安排，王氏宗祠为办事处，课室4间，教职员住宿12人；雷氏宗祠为学

⊃ 教育学院向勤勤大学校长推荐林仲达的公函（藏于广东省档案馆）

⊃ 1938年12月18日在藤县褐州举行第七次院务会议的会议记录上各教授的签到名字（藏于广东省档案馆）

生宿舍住40人，教职员宿舍8人；龙家宗祠为教室4间及储物室。伏波宫用途待定。

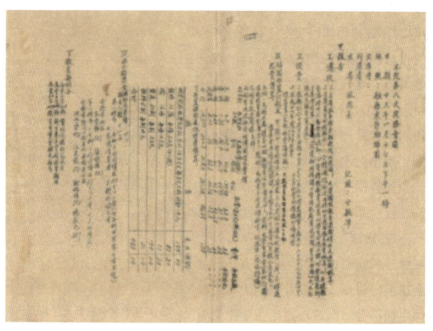

↪ 1939年1月17日学院在融县东廓乡第一村王氏宗祠召开会议的记录（藏于广东省档案馆）

1939年2月20日，学院各学系选科目及学分表，注明了教授者。1939年4月4日在融县召开院务会议，参加者有张栗原、陈炳相、吴三立、杨葆昌、赵咸云、盛叙功、陈兼善、白玉衡、王济仁、阮镜清、杨寿宜、王赞卿、王鹤清、林仲达、高觉敷。会议通报了回院上课学生的情况，仅有82人报到，借读生9人，借读他校13人，转学2人，未到95人，值得注意的是休学学生57人，占比不少。

1939年6月27日举行导师会第一次会议，参加者有陈兼善、王赞卿、王鹤清、王越、陈守实、林仲达、阮镜清、白玉衡、李冷凡，其中议题之一是为了纪念"七七事变"组织纪念活动，特邀请学生代表参加，学生代表是教育系四年级学生易唯，文史系四年级学生虞泽甫，博物地理系二年级学生陈康等。

1939年6月27日举行导师会第一次会议与会教授的签名（藏于广东省档案馆）

1939年7月18日，在融县榴园专门院务会议上，学院报告广东教育厅迁校回粤南雄的训令，研究返粤迁校的计划，提出迁校原则为：1. 奉令即决行迁移；2. 力求不误学生课业；3. 招生与迁校两事，力求其不相妨；4. 尽量减少交通上的困难；5. 教职员眷属随迁者予以便利；6. 员生由融县至南雄旅费学校供给。

院务会议决定若干招生事务，分三区招生，曲江、桂林和香港，曲江和桂林分别委托韶州师范学校和广西地方建设干部学校办理。招生委员会成员21人，包括吴三立、王越、林仲达、王鹤清、盛叙功、刘棠瑞、阮镜清、白玉衡、谢厚藩、王济仁、林祥萱、陈炳相、杨寿宜、张栗原、陈守实、王赞卿、甘毓津、梁溥、李秀芬等。

招生委员会的委员中出现了李秀芬和刘棠瑞两位老师。李秀芬，察哈尔宣化人，时年30岁，任讲师，毕业于北平师范大学，留美斯坦福大学获得教育学硕士学位，曾在金陵女子大学、上海女子大学任教授。刘棠瑞先生毕业于日本京都帝国大学植物学系，1939年到院任教，后来受聘为广东省立文理学院教授兼生物系主任。1945年陈兼善从重庆飞上海后乘军舰抵台北，接收台湾大学和台湾省立博物馆。1947年受陈兼善之邀请，刘棠瑞教授赴台湾省立博物馆任植物部研究员，后任台湾大学农学院森林学系教授兼系主任，后又成为农学院院长。森林学系后改系名称，2002年改为森林环境与资源学系。现在台湾红树林的分类体系就是刘棠瑞先生建立的。

1939年7月31日广东省立教育学院召开1939年度招生委员会会议，会议决定曲江、桂林两考区使用同一种试题，香港、茂名和梅县使用同一种试题。决定专门派员到香港办理招生。

当日上午在融县东廓乡榴园一号还召开了毕业考试委员会会议，审查各系毕业生成绩，教育学系有易唯志等17名，文史系有黄庆云等13名，数理化系有曾如阜等8名，博物地理系有朱寿鸿13名，共51名。

融县的毕业生不少成为中国学术界、教育界的领军人物。曾如阜是1935年9月入学，1939年7月毕业，学院定为第三届毕业生。曾如阜第一学年所修的课程有普通心理学、初等数学研究、高等三角、高等代数学、解析几何、普通物理、普通化学等；第二学年有教育心理学、教育概论、近世几何、微积分、力学、热学、定量分析等；第三学年所修课程有教学法、学校行政、电磁学、光学、无线电学实验、国际政治等；第四学年的课程有近代理论物理学、数学教学法、理化教学法、函数通论、社会学、近代代数等，并参加教学实习，毕业论文是全班最高分86分。

易唯志是教育系最高分学生，毕业论文为90分；黄庆云是文史系最高分学生，毕业论文90分；朱寿鸿为博物地理系最高分学生，毕业论文85分。

🔶 1939年广东省立文理学院第三届毕业生曾如阜的成绩表（藏于广东省档案馆）

1939年7月28日至7月31日在融县进行考试，上午6时30分至8时30分进行第一科目考试，8时30分至10时30分进行第二科目考试。下午考试时间是1时至2时50分。教育系一至三年级考试科目与授课老师分别是教学法授课教授王鹤清，教育史授课教授林砺儒，哲学概论授课教授为张栗原，教育心理学授课教授阮镜清，教育研究法讲授教授王鹤清，中国文化史教授李冷凡，中国史学史讲授教授陈守实，中国教育问题讲授教授王鹤清，中等教育讲授课程教授王鹤清，日文讲授教授白玉衡，英文讲授教授甘毓津。

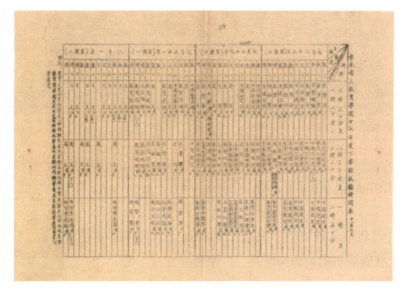

➲ 1939年7月28日至31日考试时间表（藏于广东省档案馆）

三、炮火警报声中的粤北教学岁月

在粤北东陂，1941年7月陈康在博物地理系毕业，为1940年度毕业生，尽管学院名字变化，为保持连续性仍然称为广东省立文理学院第五届毕业生，这是粤北岁月的第二批毕业生。陈康1937年9月入学，第一学年所修的课程有教育概论、普通动物学、植物分类学、地质学、地理学通论、新哲学、救亡理论等；第二学年所修的课程有中国地理总论、人文地理、外国地理、气候学、教育心理学、动物分类学等；第三学年所修的课程有普通教学法、普通植物学及实验、地形学、地史学、岩石学、美洲地理、聚落地学、矿物学等；第四学年所修的课程有地理教学法、亚洲地理、政治经济地理、制图学、古生物学、北极等，陈康的毕业论文获得全班最高分88分。

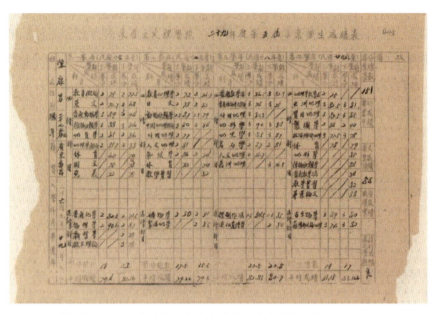

⤷ 1941年博物地理系毕业生陈康的成绩表（藏于广东省档案馆）

学院回到广东省境内，又经历两次迁徙，再一次改名，林砺儒仍然被聘为院长，广东省立文理学院这个校名使用了14年之久。根据《1940年上半年度校务行政计划与工作进度对照计划表》，广东省立文理学院在1月迁连县东陂后，着手调查当地民众生活实况，分村举办夜校，成立儿童歌咏队，学院教职员和学生担任教职位，教师28人、学生246人参加。同时，组织粤北秤架山森林调查队进行野外考察，采检植物标本。

广东省立文理学院博物地理系1943年毕业生潘炯华（1919—1997），兴宁宁塘村人，第七届毕业生，经历了四年四地、每年一处的学习生活，毕业后留校任教，后为华南师范大学校长。

⤷ 教育部聘请林砺儒任广东省立文理学院院长的聘书（藏于广东省档案馆）

胡适宜是从东莞到香港避难读完初中，香港沦陷，又辗转到粤北读完高中，经历了粤北的炮火，她在2014年接受《东莞时报》采访时回忆到："这人口稠密的小镇，天天遭日军空袭的威胁，居民一听到警报就往防空洞跑，每天都有死在炸弹和机关枪下的无辜者。那轰炸后一片房屋燃烧的景象，那一夜之间变为无家可归者的惨状，在我记忆中永远不会磨灭。"胡适宜18岁考入广东省立文理学院，被第一年普通生物学的课程吸引，立志以生物学为终身奋斗目标。[3]后韶关失守，她避难东莞，后来得知广东省立文理学院在罗定复学，她和其他6位同学步行3天抵达罗定，继续学业。

1947年，胡适宜在生物系毕业，时年22岁，全班最年轻。同班同学为郑慈英、区庆安、吴教东、王松元、周芬殿，原入校时有15名同学，毕业时仅为6名，两位女生就是周芬殿和胡适宜。在粤北经历残酷的战争动荡学习生活后，1946年度广东省立文理学院暑期毕业生就业志愿调查表中，胡适宜填写的志愿是"教育或有关本科的工作"。恩师刘棠瑞带领学生在大掌岭实习时，住在瑶胞家，抗日战争胜利回广州，带回了在粤北和湖南采集的标本。胡适宜毕业论文为《粤北瑶山植物》，刘棠瑞教授继续指导完善论文，师生合作联名用英文写成《广东瑶山的植物调查报告》（*Preliminary Report on the Flora of Yao-Shan, Kwangtung*）发表在《台湾

⊃ 1946年度广东省立文理学院暑期毕业生就业志愿调查表，胡适宜在表中填写的志愿是"教育或有关本科的工作"（藏于广州市档案馆）

⊃ 年轻时胡适宜的照片（引自《东莞时报》）

省立博物馆季刊》1948年第1期[4]。

胡适宜毕业留校任助教4年后到北京大学进修一年半，1953年回广州华南师范学院生物系任讲师，1955年调入北京大学，此后一直从事植物学教学和研究，成为中国植物学顶尖学术人物。2019年11月北京大学生命科学学院植物学与生物技术党支部15名师生，开展"不忘初心、牢记使命"主题教育活动，看望了93岁植物学家

⊃ 2019年北京大学生命科学学院植物生技党支部看望胡适宜教授[6]

胡适宜教授，先生语重心长地说："做科研，一定不要老去重复别人的工作，要在自己的领域有所建树，有所开创。"她还分享了在北京大学生物系执教、推动植物切片技术进步的经历。[5]

胡适宜教授的植物切片技术知识，得益于生物学系主任刘棠瑞的教导。刘棠瑞在1948年出版的《生物学的显微镜技术》一书的序中写道："子执鞭于东南各大学，教授生物学技术垂十年，深感生物学学子购买外文参考书之不易，即买得

⊃ 刘棠瑞教授从战火中保存书稿，1948年出版的《生物学显微镜技术》扉页

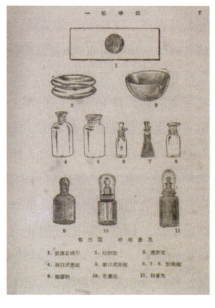

⊃ 《生物学的显微镜技术》中的插图

也以阅读为苦，而亟待有求取该科中文本参考之必要，抑尤为甚者。"1942年广东省教育厅与国立中山大学师范学院合办中学教师暑期讲习会，邀请刘棠瑞先生授课时，学员更强烈表达实验设备和实验技术的迫切需要，刘先生开始编写《生物学的显微镜技术》一书。刘先生书稿写及一半，衡阳保卫战掀起，广东省立文理学院迁西江之罗定，跨越了连县和贺县，战火中刘先生一直将书稿随身保护。抗日战争胜利后，返广州石榴岗校园，在教务长陈子明教授支持下，1947年元旦刘棠瑞于广州石榴岗广东省立文理学院学园写下序言，1948年7月书稿由正中书局出版。[7]

　　1940年度送部审广东省立文理学院的教授和专任教师名册显示在东陂大部分任课老师的情况，在送审名册中，报送教授资格的有：刘棠瑞，32岁；盛叙功，40岁；黄友谋，31岁；王鹤清，51岁；吴三立，39岁；赵咸云，35岁；何爵三，37岁；陈亮，41岁；徐锡龄，38岁；林仲达，45岁；黄金鳌，36岁；王赞卿，50岁。报审副教授资格的有：梁溥，32岁；阮镜清，35岁；张宗璜，28岁；甘毓津，31岁。报审讲师资格的有：孙以庄，26岁；王克珍，27岁。助教有：李国基，30岁；梁润生，28岁；黄灼耀，29岁；潘大显，30岁。这是在东陂广东省立文理学院任教的部分教师的名单。

　　在粤北抗日战争烽火下坚守园地的播种者中，燕京学人不少，最为杰出的燕京学人是坪石塘口村理学院的卢鹤绂教授。他每晚在点灯草做的油灯下备课，在1942年4月在油灯下完成《重原子核内之潜能及其利用》寄往重庆中国科学社，

➲ 1941年国立中山大学理学院教职员10月份请领食米清册，其中物理系教授卢鹤绂，时年29岁，领米八斗；柳金田，时年50岁，领米一石；古文捷，时年48岁，领米一石；朱志沂，时年38岁，领米一石。生物学系教授戴笠，时年40岁，领米一石；张作人，时年43岁，领米一石；任国荣，时年35岁，领米一石；于志臣，时年37岁，领米一石（藏于广州市档案馆）

《科学》杂志发表。卢先生1991年写道："因系抗战时期，不以为苦。"[8]

在东陂的广东省立文理学院数理化系，王赞卿是老燕京学人，毕业后赴美国俄亥俄州立大学留学，曾任燕京大学助教、北平协和医学院食物研究系研究员，1921年曾发表论文分析35种食物成分的结果，为中国发表营养学论文第一人。燕京大学毕业后在广东省立文理学院数理化系任教的还有张宗璜，江苏铜山人，曾在西南联大电讯专修科任助教，在东陂时28岁。

同为数理化系同事，兼任讲师孙以庄女士也是燕京学人，报送教育部部审教员名册列在最后一行，时年26岁，籍贯浙江嘉善，燕京大学研究员物理部肄业，曾任燕京大学物理系助教。在广东省立文理学院申请讲师资格的资料中为续聘，在表格下方注有1941年7月25日送，以此推断，孙以庄1939年度已经受聘，在1941—1942年仍然在东陂广东省立文理学院任助教。孙以庄的父亲孙文耀，浙江省嘉善人，在上海震旦大学预科毕业，1908年考取浙江省官费留欧资格，赴比利时鲁汶大学专攻土木工程，回国后曾在1922年由交通总长叶恭绰先生提请任交通部路政司技正兼考工科长。孙以庄的弟弟孙以亮，1940年正在燕京大学哲学系读

1940年广东省立文理学院为孙以庄助教报送教育部审查讲师资格的材料（藏于广东省档案馆）

孙以庄1940年登在《沙漠画报》第25期的照片

书，毕业后从事戏剧和电影，取艺名道临，临先生。

1941年11月12日教育部准许审查资格，1942年3月25日教育部发来审查孙以庄讲师资格训令，令中述明"任满规定年数请为升等之"，助教任教年限到期可以升为讲师。[9]审查送审需要8个月的时间。

甘毓津，1911年出生，信宜人，在清华大学外国语文学系读书时，为钱钟书同班同学，毕业后留学英国利兹大学，伴随勷勤大学教育学院到广东省立文理学院的成长，大部分会议记录均出自甘先生之手，在学院任助教后任讲师三年，讲授英文课程，

🔄 教育部关于孙以庄讲师资格审查的训令（藏于广东省档案馆）

1940年被聘为副教授。离开广东省立文理学院，到军医学校大学部，后又到国立中山大学任教。后离开教育行业，在香港怡和公司贸易部门任职，一直从商。

在抗日战争的炮声中，师范教育在粤北顽强地发展，毕业生迅速投身各类教育机构，战火中依然开花结果。广东省儿童教养院是粤北儿童收养教育机构，吴菊芳女士1941年从国立中山大学农学院毕业，从1938年开始就为救助难童倾注了大量心血，1939年儿童收养教育机构里需要上学的学生已经有3000多人，吴菊芳继续支持办实验中学为这些少年提供学习机会，后又改为力行中学。不少师范教育的毕业生投身到这一战争年代特殊教育行列中。1941年教养院共设立了7个分院，学生人数达7000多人，教职员工600余人，连县星子镇为广东儿童教养院第一分院，罗家渡为第七分院。国立中山大学教育研究所研究生何巧生，毕业后参加抗战，1940年任第三院院长。

在粤北，农艺院和工艺院均是儿童教养院的延伸，1943年8月，农艺院和工艺院合并后成立北区农业工业职业学校，杨寿宜被任命为校长，继续从事中等教育办学，教务主任就是从广东省立文理学院毕业、曾留校任助教和讲师的潘大显

先生。杨寿宜先生的侄子杨建墉，1940年从香港到了东陂广东省立文理学院附中读初中，初中毕业就被杨先生带到乐昌罗家渡北区农业工业职业学校边读书边协助学校总务。杨校长严格要求自己的亲人，杨建墉只能读自费生。[10]第二年学校迁往曲江桂头原广东省立文理学院旧址。杨建墉读完四年的北区农业工业职业学校，考入坪石的国立中山大学工学院，在学期间因参加缅甸战场的抗日战争而负伤，抗日战争胜利后在广州市市政厅负责公路建设。1947年杨建墉到了香港发展，成为香港建筑业的知名人士。

1941年11月，在曲江莲塘村成立北江简易师范学校，钟钲声担任校长。钟先生毕业于国立中山大学教育学系，曾在国立中山大学教育研究所任教。

新中国成立后华南师范学院延续广东省立文理学院根脉，广东省立文理学院毕业生黄灼耀先生任华南师范学院图书馆馆长。在图书馆中保存着部分战争年代辗转保护下来的书籍，无论是抗日战争时期保护下来的图书，还是学籍、成绩表、申请教授资格等组成的档案，面对这些泛黄的纸张，我们依然能嗅到硝烟的气息！

完稿于2021年3月28日广州暨南园

注释：

[1]广东省档案馆藏档案，档号21-1-0011-0001-0019。

[2]徐铸成：《忆畏友李平心兄》，《民主》1991年第5期。

[3]胡适宜：《战火压不垮植物生长的心》，《东莞时报》2014年7月20日版。

[4]徐祥浩、潘炯华、胡适宜：《怀念我们的老师刘棠瑞教授》，《华南师范大学学报》1996年第4期。

[5]《生命科学学院植物生技党支部看望植物学家胡适宜先生》，北京大学生命科学院网站，2019年11月6日"新闻纵横"栏目。

[6]同上。

[7]刘棠瑞：《生物学的显微镜技术》，正中书局，1948。

[8]卢鹤绂：《往事回忆》，《现代物理知识》第4—6期。

［9］广东省档案馆藏档案，档号21-2-0007-0009。

［10］李浈：《讲述历史：抗日难童的真实人生》，汕头大学出版社，2007，第97页。

（感谢广东省档案馆、广州市档案馆的支持和帮助）

对文献资料的读解和利用

对于韶关华南教育历史研学基地的规划和设计，是历史文献空间化的一次尝试。本人一直强调要读史料、了解现状，才能够有创新形式的出现。目前，现存的遗址仅能够靠历史文献和知识性吸引人，如果说重一点，就是内容决定形式，这点需要反复提醒建筑师、美术家。学生手册和教师手册是欧美大学必备的，现在我们的高校似乎忘了，所以需要重新从80多年前的学校学起。广东省立中山图书馆馆藏的1941年中山大学《学生手册》《教师手册》和《中大向导》，内容非常丰富，成为活化华南教育历史研学基地历史空间最重要的依据之一。

一、持续影响下一代的文献利用

《学生手册》中的"招生简章"反映了1941年中山大学秋季招生的情形。新生考试时间是8月12—14日，转学考试是10月6日在坪石举行。新生入学时间为10月1日，先修班的新生也一样，他们是"未被录取而成绩不过劣者"。转学二、三年级的考试题目，反映战时教育的特点，不少港澳学生、本校学生重新选择专业均是参加了此考试。中山大学6个学院均有招收转学生，有趣的是建筑工程系三年级的转学考试难度颇高，除了有一门是需要4小时的建筑图案设计考试外，还有素

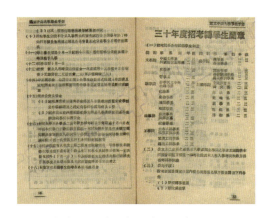

🔴 1941年中山大学招考转学生简章

描、应用力学、建筑构造、透视和建筑史。

文学院二年级入学考试科目是国文、通史和英文。三年级需要进行中国文学史的科目考试。理学院二年级数学专业考试的科目是微积分、物理和英文，三年级分数学组和天文组，考试科目更加专业。

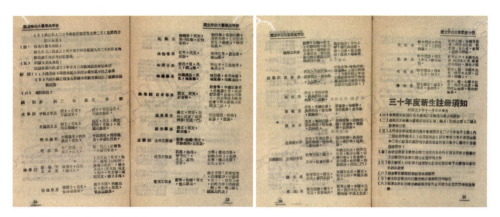

● 转学二、三年级的考试科目

《中大向导》中的"入学考试"题目，既有"高考"试题，又有二、三年级的专业试题，利用起来将成为与未来参观者、旅游者最有互动意义的部分，也是受欢迎的、印象深刻的文旅题材。

中大附中的资料难得，是吸引省实验中学和华师附中同学的题材，课程表是可表现出来的、可读性高的题材，无论是大学还是中学的课程表。

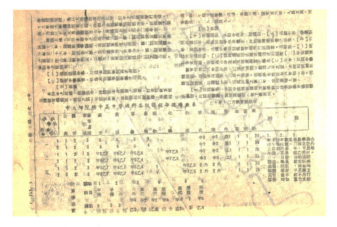

● 中大附中课程表

第十九届的毕业同学录收录了1945年全校的毕业生名单，他们经历了坪石学生时代的全过程，换言之他们是1941年首批考入国立中山大学的学生。时任校长是王星拱校长，由此推算通讯录是1945年12月后印成的。

首页几位重要的学校领导者中，总务长邝嵩龄是20世纪20年代中山大学农科系主任，1927年向民国政府提出西沙群岛的战略和资源的重要性，1928年中山大学农学院沈鹏飞带队16人到西沙群岛科研考察。邝嵩龄于1928年担任中山大学体育委员会主任。1945年罗雄才接替陈宗南成为工学院院长，梅龚彬成为法学院院长。1945年的记录反映的是中山大学从韶关坪石回到广州石牌办学约半年的情况，如果坪石三星坪需要图像资料来反映当时的天文台，这里的旧照片就可以使用。

⊃ 1944年国立中山大学毕业生通讯录上的法学院院长梅龚彬教授

通讯录工作委员合影上的毕业生是甘于奉献的热心人。邓启汉的名字旁写着"交际"，他为机电系毕业，担任过空中管制员，参加了"两航"起义，为新中国第一批劳动模范。冯仲杰为经济系毕业生，焦耀南是建工系毕业生。工学院的标志可以肯定是建筑系焦耀南的设计，其他图案推测也应该是他的设计，利用这些历史设计是一种图形记忆。1942年10月符罗飞到坪石任教，后来在多地举行个人画展，1943年暑假焦耀南等建工系学生在符罗飞的带领下在韶关一带写生，符罗飞的《北江放排》就是当时的作品。

⊃ 国立中山大学第十九届毕业同学录工作委员合照

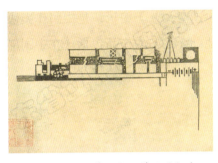 

通讯录上文理学院和工学院的标志

教师手册背面上使用的中山大学的标志，这有
着特殊的历史象征意义，是可以使用的历史符号。　　通讯录上法学院的标志

　　通讯录附页，也有数张广告，估计是为赞助了通讯录工作的企业或单位而编
辑印刷的。这些广告包括电话号码也是可以吸引访客的题材。

　　设计的源泉是来自对史实、地形全面的、透彻的了解，为此，建议在各院的
码头上岸处设立纪念柱，将这些信息用瓷片烧制的方式嵌于柱上。大家捐赠的善
款就用在这一系列柱子上。

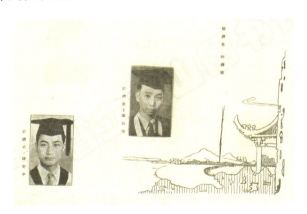

毕业生通讯录上的陈寿庚（中）

陈寿庚，1916年生，作家、翻译家，《湖南文艺》编辑，是中国作家协会的会员，有多部长、短篇小说。1987年，他翻译毛姆的作品包括《在中国屏风上》等。

⟳ 毕业生通讯录上的何寿仪

据推测，何寿仪是广州一中的数学老师，1958年在"大炼钢"中身亡。广州政协编辑的文史资料写到过这一惨剧。

1937年，中山大学农学院的师生在韶关乐昌大源镇细梨开辟林场，开拓者为侯过教授。1938年徐燕千作为学生参与种植，后来成为华南农学院的教授，此后多年上山观察林木生长，仍然可以辨认出当年的树木。1938年细梨演习场成为国立中山大学坪石校区的第一个办学点，三年后在此建了一处办公楼和一处宿舍，这些在1943年的《中山大学现状》中有记载。关于演习林场，书中写道："本校演习林有二，俱在乐昌。一名九峰燕居山或称沿溪山演习林，一名武水演习林，前者开办于民国二十五年，停办于民国二十七年。广州沦陷之后，后者开办于二十七年春季，旋因广州失守而停顿。民国三十九年本校迁回粤北，武水演习林因交通管理之便利遂恢复业务。而燕居山演习林，因为经费无着落，没有复业。武水演习林位于乐昌治之西北，即粤汉铁路永济桥，车站两岸之荒山。林地为莫家寮之杉木和细梨坑之桐杉木。演习林场办事处设立于细梨坑，建有办公楼和宿舍各一座，长驻林工十六人。"

🡒 1943年《中山大学现状》中关于大学演习场的记载　　🡒 1938年徐燕千教授种植的树木，现在依然茂盛

　　建工系主任虞炳烈于1941年留下来的坪石校区规划设计图纸是最难得的还原历史场景的资料，现在可以肯定建工系办事处就是新村唯一的遗址，虞教授的学生的学生施瑛老师进行历史地图与航拍图的叠加对比肯定了遗址的历史功能。当笔者拨开荆棘丛生的野草，走入这老师的老师办公的遗址时，对坪石先生们的艰苦办学精神十分敬佩。虞教授当时的学生充当助手，部分图纸的绘图者是学生杨卓成，他是中国台湾著名的建筑师、台北中正纪念堂的设计者。学生成为教师，又有了学生，代代相传。

🡒 施瑛老师利用历史地图与航拍图叠加形成的建工系及化学系所在新村的历史遗址分析图

二、历史文献使用多元化

（一）目前收集到的教师名册基本完整，但需要对不同年代的名册进行对比

1941年的《教师手册》《学生手册》中记录了可信度很高的教师在册名单，1943年出版的《中山大学现状》，可以成为两年后人事变迁的对照依据，可信度也不言而喻。《中山大学现状》是抗战之前出版的、介绍中山大学的情况资料，是重要的记事出版物，金曾澄校长于1943年6月22日所作的《序》讲明了这一点，"盖本书前辑不过至民国二十六年抗战前期止"。被聘的老师与学校多有渊源，"君子服务吾校，又多为昔日共数晨昏，同听风雨者也"。在本校组织大纲草案规定中有要求新聘教师为一年，续聘为一年，之后的续聘均为两年，这就是我们看到当年的任教者变化无穷的制度规章原因。其中有数位今天大众比较陌生的教授：任启珊教授著有《中国外交史纲要》《水经注异闻录》，曾任湖南国民日报社长；梁瓯第在教育学上贡献蛮多，著有《近代中国女子教育》《战时的大学》等书；法律系主任余群宗离开坪石后任四川大学教务长和代理校长；法学院社会学系主任胡体乾任厦门大学财经学院首任院长；罗来兴虽然当时留校仅为助教，但于1947年离开中大后在中央研究院、中国科学院工作，成为中国黄土地貌研究奠基人；医学院的罗潜退休后创建暨南大学医学院；1942年毕业于坪石的彭泽益，成为中国社会科学院研究员，是对中国近代经济学有重大贡献的历史经济

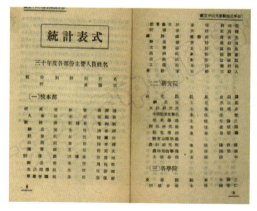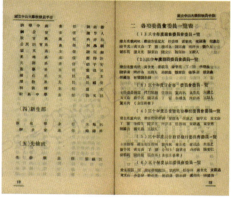

⟳《教师手册》上的各委员会名单和统计表

学家；董爽秋后来任湖南大学生物系主任，在中山大学时曾翻译《资本论》。部分学者过分渲染中山大学的历史争斗，完全是自己的论文哗众取宠的需要。所以，表述好坪石时代国立中山大学众多的中国教育界、科学界方方面面的奠基人，可以使坪石成为全国性的教育历史纪念地。

中山大学设立了多个委员会，有图书馆委员会、仪器委员会、贷金审查委员会、社会教育推行委员会和法规委员会等，分别由校长和教务长担任主席。会议分为行政会议和教务会议，行政会议参加者是校长、教务长和各院院长，教务会议参加者还包括各系主任，范围更大。

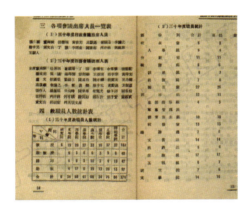

《教师手册》的统计表

教授总计188名，工学院37名为最多；副教授有42名，工学院9名为最多；讲师47名，师范学院13名为最多；助教97名，总计教师374名。

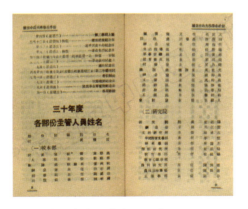

1941年度各部分负责人名单

1941年各部分负责人：

校长张云（1897—1958），1920年留学法国里昂大学，获得天文学博士学位；

校长室秘书黄际遇（1885—1845），1902年留学日本东京师范大学；

人事组主任梁瓯第（1914—1968），1936年毕业于中山大学研究院；

教务长董爽秋（1896—1980），1920年留学法国里昂大学，1927年获德国柏林大学博士学位；

图书馆主任杜定友（1898—1967），1921年在菲律宾大学获得三个学士学位；

研究院院长崔载阳（1902—？），留学法国里昂大学获得博士学位；

文学部主任杨成志（1902—1991），留学法国获得巴黎大学博士学位；

中国语言文学部李笠（1894—1962），1914年毕业于瑞安私立中学堂；

历史学部朱谦之（1899—1972），1920年毕业于北京大学，1929年日本研修2年；

农科研究所主任陈焕镛（1890—1971），1919年获得美国哈佛大学硕士学位；

土壤学部主任谢申（1898—1990），1937年留学美国威斯康星大学获得硕士学位。

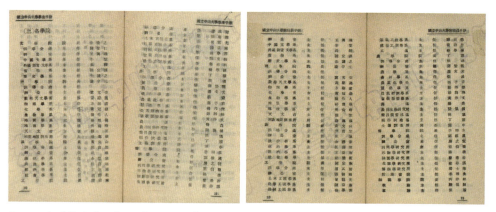

●1941年《学生手册》和《教师手册》上的教师任职名单

各学院负责人：

文学院院长朱谦之、中国文学系主任李笠、历史学系主任朱谦之、哲学系陈定谟、外国文学系洪深、理学院院长康辛元、数学天文系黄际遇、化学系主任黄冠岳（1943年萧锡山）、物理学主任方嗣櫆（1943年朱志涤）、生物学系主任张作人、地质学系主任杨遵仪（1943年何杰）、地理系主任吴尚时、天文台主任张云（1943年邹仪新）、两广地质调查所所长杨遵仪、法学院院长黄文山、法律系主任余群宗、政治系主任任启珊、经济系主任王亚南、社会学系主任胡体乾、工学院院长陈宗南、土木系主任崔龙光（1943年林鸿恩）、化学工程系主任陈宗南、机械工程系主任徐学瀚、建筑工程系主任卫梓松、电气工程系主任关东伯（1943年李子祥）、农学院院长丁颖、农学系主任温文光、森林学系主任侯过、农业化学系主任冯子章、蚕桑系主任杨邦杰、农业经济学系主任彭师勤（1940年8月张农）、农林植物所主任陈焕镛、乐昌演习场主任侯过、稻作试验场主任丁颖、医学院院长李雨生、病理学研究所主任梁伯强、药物学研究所主任罗潜、细菌学研究所主任黎希干、生理学研究所主任梁仲谋、解剖学研究所主任潘士华、附属医院主任李雨生、公民教育系主任何学骥、国文系主任陆侃如、史地系主任郑师许、英语系主任胡子安、数学系主任叶述武、理化系主任卢文、附属中学主任张文昌。

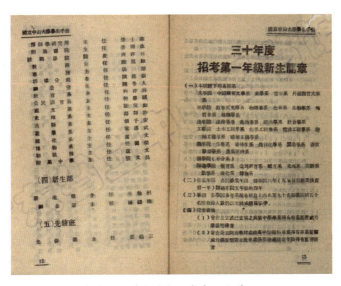

↪1941年中山大学各系各院负责人名单

引出叙述的故事性是目的，从名册找到有故事的师生，仍然有巨大的挖掘空间。

（二）在坪石基地室外的展示，尽量使用原件加说明的方式，填补目前遗址实物少的缺陷

各系教师名单尽量详尽，尊重历史，增加纪念意义，如除了王亚南，经济系的教授还有丘日庆、黄世光、朱勉躬、梅龚彬、叶元龙、孙熙存，副教授有刘耀燊、章导、章振乾、董宗适、张学竞、陈宣理、彭芳华、朱荣羡，讲师有卓炯、金鑫如，助教有梁宏、谢慧君、周焕樱、尹日滔。这是广东省档案馆藏的1942年的名单。师范学院1943年的博物学，教授是熊大仁、于景让、彭凤潭、胡笃敬，副教授是陈小泉，潘荣基、方瑞濂为讲师，麦鹤云、邝慎枋为助教。

1941年的《中大向导》的前言写得到位，精彩的是《学府人物》，书中写到毛泽东问朱谦之什么是新无政府主义；过去关于洪之琛等人说的是讲学，实际上大家都是被聘用的。这一章节特别珍贵，介绍人物时可以引用。虞炳烈名字在书中，他对坪石校舍规划和设计的图纸上显示是1941年1月。书中有"万里风度来前线"和"坪石是青年的世界"的提法，均是很好的句子，是坪石现在仍然可以使用的推广口号。

《教师手册》中的名单反映了卫梓松主任在虞炳烈主任离开后不仅担任系主任，还需要担任学校工程组主任、校舍建筑委员会委员，

➲ 1943年《中山大学现状》中的孙中山先生版画肖像

换言之是主持基建工作。教师和学生的数据准确，特别重要的是男女学生比例。学校管理框架需要认真研读。教师方面最大的疑问是龙庆忠的到校时间，他出现在1943年的教师名单上，而1944年的名单上却没有他。

（三）是在广场纪念园和纪念地展示，还是在步行径上展示，或者混合起来使用，请规划中考虑

特别有意义的还有到坪石入学的行程介绍，分为五条主要线路，包括从香港到坪石、从泰和到曲江至坪石、从梅州到坪石、从茂名到坪石和从长汀到坪石。香港到坪石需要15天，茂名到坪石需要11天，求学之路艰辛，利用1937年的地图可以还原历史。

广东全省公路路线图

广东省建设厅公路处工务科制/石印本/1：1000000/民国二十六年十一月（1937.11）/1幅；彩色；59.3×100厘米。　（国家图书馆提供）

⤵ 1937年广东全省公路路线图

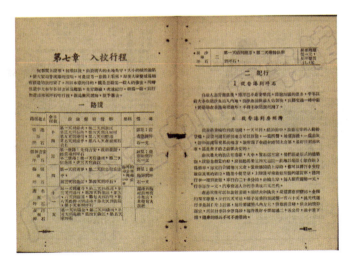

⤵ 入学行程介绍中，五条线图文并茂，教育意义深刻

（四）同时可以加入学术成果的表现

地质、地理、植物、林业、矿业、农学在粤北山区反而有条件进行野外考察，成果最为丰富。选择一些与中国各大学校创办有关系的人物，如辛树帜没有在坪石生活，但他创办了兰州大学；决心在坪石生活的语言学家岑麒祥与北京大学语言学系，黄际遇与山东大学、河南大学，胡体乾与厦门大学统计系的创办都有着莫大的关系。

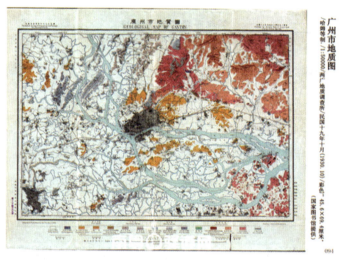

⤶ 1930年两广地质调查所的调查成果中的《广州市地质图》

⤶ 中山大学农学院成果中的《花县土壤图》和《广东增城县土壤图》

目前提到的人物有许崇清、黄际遇、吴尚时、卫梓松、卢鹤绂、虞炳烈、辛树帜、杨成志、黄翠芬、徐中玉、王亚南、梅龚彬、胡体乾、马思聪、黄友棣、杜定友、张宏达，邓植仪、浦蛰龙、刘鸿、冼玉清、李沛文、叶叔华、张云、崔载阳、梁稻韬、叶述武、邹仪新、丁颖、詹安泰、任国荣、朱谦之、黄本立、张作人、钟衍威、钟敬文、曾昭旋、何大彰、钟功甫、罗开富等，故事有待细述，如叶叔华与"北京时间"的确定有关系，叶述武与东方红一号卫星的运行轨道设计有关系，他们均有丰富的学术成果。经济系梅龚彬、王亚南与周恩来的关系等，均是引人入胜的红色故事。

（五）人物叙事可以多选择与香港澳门有关联的人物，延伸叙述港澳的教育历史

1945年学生的通信地址可以与现在的城市联系起来，很有故事性。古汉壁是培道中学毕业生，住址写着香港西洋菜街155号，社会系；李炜帮，机械工程系，住址是澳门三巴仔街7号；李伯良，建工系，住址是香港干诺道中80号天培公司。这些毕业生都是当年从香港沦陷区经历颠簸的海轮、陡坡弯曲的山路、拥挤的火车，还要躲避日军的枪火，经过15天跋涉到达坪石求学的。黄本立院士当时也是从此线路到达坪石念培联中学，给我的短信中说"很乐意和遵嘱和培养过我的坪石地区现在的青少年朋友谈心"。

习近平总书记要求干部力戒官僚主义、形式主义等"四风"，马克思主义经济学家王亚南的著作仍然是我们应读之书，具有现实意义。坪石是难得的理论原创基地，地理学、地质学、天文学、古典文学研究等领域在五年炮声中仍然硕果累累，为四年后新中国的学术研究做出了历史性的贡献。可以利用武水之滨水岸线防洪工程，沿岸利用堤坝形成一条步行读书径，有的古码头可以使用渡船等交通工具将分隔两岸的步行路线联系在一起，选择一批类似王亚南等"坪石先生"在此写作的著作，形成点状的读书亭，告慰先师，教育后人。

（六）文献材料用于坪石的实际工作中，其中有的涉及意识形态和历史敏感话题不宜扩散，等日后完成坪石展示再用于个人研究

三、历史建筑的信息牌

（一）信息牌的内容

利用上述文献对主要的历史建筑制作信息牌，以文学院、法学院为例，文学院信息牌内容展示可以为：

文学院院长朱谦之

中国文学系主任李笠　外国文学系主任洪深

哲学系主任陈定谟　历史学系主任朱谦之

文学院在坪石铁岭，该址原系粤汉铁路局所建。全院除一年级外共有一百五十四人，女生占三分之一。教授十八人，朱谦之是历史哲学专家，洪深是新戏剧专家，李笠是考据学家。至于设备方面，正在兴建中者，有缮堂礼堂、浴室，厕所，为第一期工程。

——摘录于1941年出版的《国立中山大学学生手册》和《中大向导》

在此任教的老师还包括陈安仁、詹安泰、黄际遇、吴康、岑麒祥、黄学勤等著名教授。朱谦之在1955年被选为中国科学院部务委员。目前，由广东省文化和旅游厅指导，广东省"三师"专业志愿者委员会策划，乐昌市政府实施的保护和修缮方案正在编制中。

法学院信息牌内容展示可以为：

法学院院长黄文山

法律系主任余群宗　政治学系主任任启珊

经济系主任王亚南　社会学系主任胡体乾

法学院在坪石东南十五里之遥，住户百余家的武阳司。一切建筑，无论式样怎么新颖，材料几乎就是铁钉，这种简单化经济化的作风，是抗战后的新型。只要抗战，只要把二十余年来，青年们牺牲奋斗争取到手的抗战坚持下去，只要把日本鬼子赶出去，这穷乡僻壤的山庄，这简陋的房舍，反比战前的高楼大厦舒服得多，痛快得多，青年们豪无怨色。全院六百余人，在这个数目中以经济系居多。

——摘录于1941年出版的《国立中山大学学生手册》和《中大向导》

在此任教的有梅龚彬、王亚南、胡体乾等著名教授，王亚南是《资本论》的翻译者，在经济系讲《资本论》。1943年英国现代生物化学家、科学技术史专家李约瑟在坪石与王亚南进行了两次长谈，促使王亚南写下了《中国官僚政治研究》一书。

（二）历史环境的描述与环境规划结合

1943年的《国立中山大学现状》非常珍贵，可以从中读到校园环境和人物变迁的故事。如体育场地，本校有十三所，三星坪附近有全校性的大运动场。农学院于1942年才通电话，在农学院与坪石之间每周班车两车次。校庆日连续三天有院际运动会。

1943年的资料对各学院均有校舍的记载。法学院建有篮球场两座，一座在山顶，一座在河边；师范学院在管埠租用民宅34处，用作办公室、图书馆、教职员住宅、医务室、工人宿舍等。租民田新开辟为球场，建筑新校舍，有课室15座、礼堂1座、图书馆1座。此年特别强调购买钢琴1架，用于音乐教学。管埠村原有30多户农户，两三间小店铺，日常用品缺乏，所以在师范学院建立生产消费合作社，并设立实验小学。运动方面非常活跃，教职员工与学生进行比赛。利用武江作为天然游泳池，配有数间男女更衣室。图书馆几无虚席，时见学生执卷吟诵。

四、李约瑟之问和连县校区

1954年李约瑟的著作《中国科学技术史》出版，其中"李约瑟之问"的答案与坪石武司村有历史关联。王亚南在1938年翻译出版《资本论》，并在武阳司村经济系所在的简陋校舍讲《资本论》。1943年，李约瑟来到坪石，专门拜访王亚南，与时任经济系主任的他作了两次长谈，分手时他向王亚南提出了中国官僚制度这个话题，要王亚南从历史与社会方面作答。[1]王亚南先生在出版此书的自序中，也谈到这一情节，是发生在坪石一个旅馆中，自己有时上中国经济史课程也需要研究这个问题。这个问题促使王亚南在坪石开始中国官僚政治的研究，完成了《中国官僚政治研究》一书，书中分析了官僚主义的作风和官僚主义的政治制度，并认为资产阶级民主政治并没有消灭官僚主义。王亚南先生三部代表作《中国经济原论》《中国半封建半殖民地经济形态研究》和此书，均源自武水河畔的深思和写作。他倡议建立中国经济学，"中国经济学"这个名词是他在1940年的《政治经济学在中国》中提出的。[2]1944年法学院教师登记表显示王亚南于1940年8月进入中山大学任教。

抗日战争后期坪石失守后，总务长何春帆带领部分师生撤往连县的三江镇，安定下来就找学生上课，到连县的教授包括梅龚彬、邓植仪、盛成、周郁文、叶述武、邹仪新、岑麒祥、张葆恒等，许崇清又被聘为教授，上两门课，分别是哲学概论和教育哲学。1945年8月9号许崇清接到电话，对方告知苏联对日宣战，红军打到东北。8月份在三江镇接到抗战胜利消息，沸腾的三江镇爆竹和枪声响成了一片。10月份，师生陆陆续续地回到广州。1951年，许崇清再任中山大学校长，于1962年为广东省人民政府副省长。令人惋惜的是当年作为分教处办公楼的图书馆早年被拆，现为三江镇中心小学。

○ 王亚南所著的《中国官僚政治研究》（2013年版）

连县是抗日战争胜利后踏上"回家之旅"的码头，尽管多数办学点只是维持了数月，但体现了师生坚定的信心和敬业精神。广东省立文理学院所在地的历史建筑保持完整，旁边是中国红军第一位飞行员冯达飞烈士的旧居，古道在村前，这里应该成为抗战时期华南教育历史研学基地连县校区，有关史料待各位专家学者，尤其是华南师范大学的师生做深入的挖掘。

1939年广东省立文理学院附中从乳源迁徙于此，借祠堂办学，师生分散居住于村民家中。在连县东陂的祠堂中，学子苦读，老师勤教，造就了不少英才，著名的哲学家罗克汀起步于此。1939年罗克汀考入省立文理学院在此读书，曾任《大公报》《文汇报》副刊主编，后在中大执教，1953年成为中大哲学教授和教

⤷ 广东省立文理学院在西塘村办学点

⤷ 黄尚书祠内部，是学院最大的教学空间

研室主任，是马克思主义哲学理论的
权威，为广东省哲学学会副会长。当
时在学院任教的郭大力、张栗原这批
教授，影响着一大批青年学生。这
里能够成为郭大力讲《资本论》的
讲台，得益于著名教育学家林砺儒
于1939年至1941年6月这段时间任院
长，创造了良好宽松的学术氛围。
1942年学院搬至曲江，曲江失守，
1945年重来东陂旧校舍。

⤷ 华师附中的前身之一——广东省立文理学
院附中连州办学点

⤷ 1938年冯达飞（左起第四人）与胡耀邦、罗
瑞卿等延安抗日军政大学高级干部合影

⤷ 连县东陂冯达飞旧居

广东省立文理学院抗战时期的所在地恰是冯达飞烈士故乡。1942年，冯达飞在皖南事变中被害，两年后一批在炮火中坚持读书的人来到他的故乡，他们在中国教育史写下了催人奋进的篇章。1951年刘颂豪先生毕业于广东省立文理学院物理系。

1939年9月，省立教育学院改名为省立文理学院，附中因而改名为省立文理学院附中。1942年2月，省立文理学院附中奉命改名为省立粤秀中学，脱离文理学院，独立办学。抗战胜利后，粤秀中学迁至惠州成为省立惠州师范学院，而在广州恢复广东省立文理学院附中。[3]

1939年广东省立文理学院搬迁到连县东陂，林砺儒仍任院长。《资本论》翻译者郭大力也被邀请到此任教，与在坪石任教的王亚南同处粤北。

注释：

[1]张兴国、张兴祥：《"李约瑟难题"与王亚南的中国官僚政治研究》，《广东社会科学》2003年第2期。

[2]陈光俭：《王亚南对创建中国经济学的历史性贡献及其启示》，《东南学术》2002年第1期，第93页。

[3]惠州学院校史编写组：《惠州学院校史》，暨南大学出版社，2011。

2019南粤古驿道历史文化遗产挖掘成果掠影

　　2019年南粤古驿道活化利用在本体保护利用外，对与古道关联的文化遗产抢救保护硕果累累，以图述之。

🔁 林砺儒先生任北京师范大学附中校长时校门。东陂省立文理学院抗战办学旧址的挖掘、乐昌坪石国立中山大学抗战旧址的抢救保护，使林砺儒先生、许崇清先生重返公众视线，也让人们重新认识粤北与国内众多高校深厚的历史渊源

🔁 藏于曲江图书馆的岭南大学旧藏书

🔁 岭大旧藏书之一

⤶ 岭大旧藏书之一

⤶ 大村岭大旧址

⤶ 从"三清三拆"中抢救回来的抗战时期师
生使用的木桶

⤶ 从废弃垃圾华丽转身为珍贵文物的木桶

⤶ 村民家中收藏的岭大上课桌椅

◗ 大村岭南大学旧址已经竖着与当年校园一样的宣传栏

◗ 当年许美勋在汕头办报"火焰社"的旧址

◗ 大村村民饶有趣味地依图回忆当年爷爷讲的故事

◗ "左联"文化人早期从事进步文学活动的旧址

◗ 潮汕铁路售票站遗址,当年潮汕铁路是中共中央秘密交通线线路之一,周恩来同志就是乘火车转水运走陆路进入苏区

◗ 潮汕铁路售票处遗址

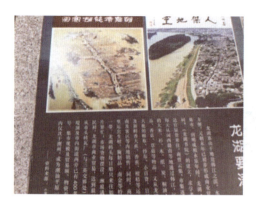

⤷ 韩江古水驿展示的韩江龙湖历史

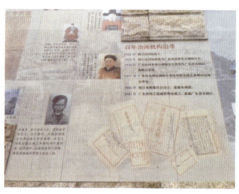

⤷ 韩江龙湖纪念地关于韩江的治水历史

⤷ 刚修缮完成的归湖溪口村戴平万故居

⤷ 刚修缮完的红砂村洪灵菲故居

⤷ 韩江红棉公园读书径左翼版画家罗清桢的
介绍

⤷ 韩江红棉公园读书径戴平万的介绍

韩江红棉公园读书径丘东平的介绍

韩江红棉公园读书径冯宪章的介绍

韩江红棉公园读书径之一，"左联"文化人冯铿、洪灵菲、蒲风三位革命烈士的介绍

戴平万故居前的纪念园

兴宁张瑾瑜烈士故居

张瑾瑜烈士故居室内布展

择　日

　　2020年，韩江流域"左联"青年红色之旅和粤北华南教育历史研学基地对丰富文化生活、记住广东文化历史等的作用日益彰显。选择有纪念意义的日子，如某位大师前辈的诞辰、某部名作发表的时间段，或者某个学校在抗日战争烽火中的开学日，"择日"举行各类纪念活动，找到"古道日历"使古道文化生活延绵不断，每次都是各专业史的研学机会。

⊃20世纪40年代梅益和夫人合影

⊃20世纪40年代梅益与周恩来、邓颖超等同志合影

　　梅益，潮州人，1914年1月9日生，2003年9月13日逝世。当他88岁时，由夫人尹女士笔录，梅益先生口述，写下了《八十年来家国》回忆文章："我于1914年1月9日出生在潮州市。我家祖籍本在江西，父亲陈彦早先是个农民，太平天国时期为了躲避战乱，从江西一路驾船经韩江逃到潮州，就在当地定居下来。"[1]

　　对"左联"文化人梅益的缅怀，永远与《钢铁是怎样炼成的》这部不朽之作不可分割，择日举行《钢铁是怎样炼成的》读书会，新老学子依然趣味无穷。梅益于1938年开始翻译《钢铁是怎样炼成的》，从英文版翻译为中文，1942年由新知出版社出版，这是梅益先生在回忆中提到的。广州鲁迅博物馆收藏最早的版本是胶东新华书店出版的，时间是1946年7月，另一个版本是大连中苏知识社出版的，时间是1946年6月30日。选择一个准确且具有意义的日子，韩江再展示"人最宝贵的东西是生命……"的英雄主义气概。

　　⤷1946年胶东新华书店出版的《钢铁是怎样炼成的》，梅益译作

　　⤷1946年大连中苏知识社出版的《钢铁是怎样炼成的》，梅益译作

梅益在1942—1944年期间，任新四军江淮大学党委书记。解放前，陕北台编辑部是新华总社的一个部；1949年1月31日北平解放，梅益随新华社、广播电台于同年2月进入北平。

梅益在回忆北京和上海的"左联"运动时写道：

> 我和徐懋庸合编《希望》半月刊是1935年4月前后的事。这份刊物办得不久，只出了三期或四期。在这期间，我结识了不少左翼文化人，如舒群、罗烽、徐步、丽尼、荒煤、张庚、戴平万、关露等。1935年夏天，我同周立波、田间被编在"左联"的同一个小组里，从这时候起，周扬开始找我。

> 1933—1934年，北方"左联"遭到国民党特务组织的严重破坏，许多同志先后被逮捕，其中包括潘漠华、洪灵菲、范文澜、刘尊棋等人。逃出北平西山，租了一间民房暂时住下。后乘火车从北平到上海。

> 一个星期以后，我写信给那时已经在日本东京的林林。当时他正与任白戈一起在东京出版《质文》月刊，请他设法把我的情况告知上海"左联"，并帮我同上海"左联"接上关系。不久，上海"左联"的负责人之一何家槐到真茹找到了我。此后，我更同何家槐、王叔明一起编辑出版上海"左联"的机关刊物《每周文学》，这是《时事新报》的副刊之一。

2004年6月7日，黄慕兰在回忆梅益的纪念文章中写道："当时聚集在上海的进步文化人也很多，除了孙冶方、顾准、梅益以外，党内还有王任叔、于伶、戴平万、林淡秋、姜椿芳、楼适夷等。"

黄慕兰在当时担任《每日译报》董事长。《每日译报》的前身为1937年梅益主编的《译报》。

由此看来，梅益在上海、北京分别与戴平万、洪灵菲有交集。

洪灵菲牺牲于1933年，但具体的日月需要研究；冯铿出生于1907年11月15日，[2]牺牲于1931年2月7日；戴平万出生于1903年12月18日，牺牲于1945年，但具体的日月未确定。

研究清楚"左联"人物出生和牺牲的日子，韩江古水驿有了"古道日历"，文化活动就更有意义。

抗日战争时期，私立岭南大学在大村是岭南中学夏令营先开课的，时间是1942年8月1日，而正式开课则是1942年9月7日。大村怀士堂落成典礼是在1942年6月21日举办的。东吴大学在1942年9月初到达大村。这些日子均具有引人之处，符合历史逻辑。

马思聪先生于1942年至1944年期间在坪石管埠国立中山大学师范学院任教，除了教学外，他还组织音乐会和音乐创作。1942年，他创作了《西藏音诗》；1944年，创作完成《牧歌》《F大调小提琴协奏曲》。韶关学院音乐学院有强大的音乐师资力量，如果在5月7日马思聪诞辰日，在管埠武水畔举行"马思聪粤北创作音乐"为主题的音乐会，此情此景此乐，意义不凡。1950年，马思聪与郭沫若先生合作，创作《中国少年儿童队队歌》，这是音乐研学的最佳素材。

冼玉清出生于1895年1月10日，逝世于1965年10月2日，冼先生的诗作篇篇雅致，她在大村岁月留下的诗篇，是研学极佳的题材。

梅龚彬先生出生于1901年8月12日，逝世于1975年8月1日。许多人都不知道梅氏为何方人士，包括民主党派。在乐昌坪石武阳司村、乐宜古道旁选择梅先生诞生的日子，能为中国共产党统一战线提供鲜活的教案。

中山大学岭南学院蔡辉甫先生纪念奖学金是为了奖励和资助品学兼优的二年级学生，家庭经济困难的学生可优先考虑。学院每年评出4名品学兼优的学生获得蔡辉甫先生纪念奖学金，每人奖励人民币1000元。2018年12月28日，岭南学院的领导致词说："蔡辉甫先生是岭南大学老前辈，对岭南教育的发展起到奠基性的作用，设立该奖学金也是为了纪念蔡辉甫先生对岭南教育事业发展所做出的贡献和牺牲。"[3]

⤴ 在中大墓园的蔡辉甫先生墓（许瑞生/摄）

　　1941年，蔡辉甫进入岭南中学任教。1947年7月，他因发生了"不该发生的事情"而去世，时任岭南中学教务长，其坚持原则、保持气节的情怀，依然对当前教育界有教育意义。尊师重教仍然是大、中、小学生应该谨记的基本道德。

　　在"古道日历"中"择日"，研学活动意蕴更深。

附录：

　　洪灵菲，作家、革命家，其出生日期有几种说法：1901年或1903年，而广东"左联"研究学者李伟江先生认为两种说法都不确，洪灵菲属虎，虎年虎月虎日生，即清光绪二十八年壬寅正月虎日（1902年2、3月间），因为壬寅正月有三个虎日：正月初五（2月22日）、正月十七（2月24日）、正月廿九（3月8日），所以不能确定具体日期。洪灵菲是被秘密处死的，不知牺牲具体时间，据他夫人秦静1979年的回忆文章推测，"时间大约一九三三年中秋节前后"。

　　戴平万，作家、革命家，出生于1903年12月18日。戴平万之死至今是一个悬案，戴平万夫人张惠君回忆是"1945年去世"，没有月和日；与戴平万同在苏中地区工作的同事吴强回忆是"1945年的一个清晨"，刘季平回忆"1945年夏季"；林淡秋夫人唐康回忆"第二年（1945年）的夏初"，都没有确切日期。

　　冯铿，作家、共产主义革命家，1907年11月15日生，1931年2月7日午夜就义。

　　丘东平，革命作家、诗人，1910年5月16日—1941年7月28日。

　　蒲风，革命诗人，1911年9月9日—1942年8月13日。

　　任均，革命作家，1909年（具体出生月日难考）—2003年3月23日。

　　温流，革命诗人，1912年—1937年1月13日。

　　碧野，现代作家、散文家，1916年2月—2008年5月30日。

　　梅益，中国新闻家、翻译家，1914年1月9日—2003年9月13日。

　　杜国庠，马克思主义哲学家、历史学家，1889年4月30日—1961年1月12日。

　　许涤新，经济学家，1906年10月25日—1988年2月8日。

　　杜埃，现代作家，1913年5月28日—1993年8月29日。

　　黄药眠，中国政治活动家、著名的文学家、诗人、文艺理论家、教育家、美学家，1903年1月14日—1987年9月3日。

杨邨人，革命文学家，1901年6月8日—1955年（具体日期待考）。

林砺儒，教育家，1889年7月18日—1977年1月20日。

马思聪，音乐家，1912年5月7日—1987年5月20日。

李沛文，教育家、农业科学家，1906年10月18日—1985年4月16日。

陈心陶，医学寄生虫学家，1904年5月4日—1977年10月29日。

邝矶法，数学家，出生于1902年7月5日，逝世时间待考。

冼玉清，文献学家、杰出女诗人，1895年1月10日—1965年10月2日。

梅龚彬，经济政治学家，1901年8月12日—1975年8月1日。

沈体兰，教育家、社会活动家，1899年1月28日—1976年6月24日。

注释：

［1］梅益：《八十年来家国》，《八十年来家国：梅益纪念文集》，社会科学文献出版社，2005。

［2］刘文菊：《冯铿简谱》，《海滨杂记——冯铿作品及研究》，花城出版社，2019。

［3］引自中山大学岭南学院2019年1月28日的报道。

缅怀的方式

　　无论是南粤古驿道的活化和利用，还是粤北华南教育历史研学基地的重构，目的除了助推现代研学及旅游外，其重要的目的之一还有缅怀。缅怀先师，感恩今天民族文化的延续和发展；缅怀先祖，体验历史艰难的旅程，可以使我们今天少走弯路、减少犯错的概率。缅怀的方式多种多样，清明纪念是其中的活动方式之一。而历史文化遗产的保护则更是为了缅怀，面对逐渐消逝的物质和人文遗产，缅怀的方式是对今天创造力、想象力的考验。张岚女士编译的《斯陶芬柱的故事》，为我们打开了一扇观看外面世界的窗户，德国艺术家马克斯坚守近20年，联合其他历史爱好者，以小见"远"地缅怀历史。德雷斯顿是差不多被炸平的城市，感谢俞军同学，提供了一系列现场照片，了解德雷斯顿的历史和文化遗产保护的方式，也是一种缅怀。

　　今介绍德雷斯顿若干缅怀的方式，望参与者有所启发。王亚南先生在80年前已经对只讲理论、不研究实现技术的学风进行了批评，今天我们仍常犯此毛病，缅怀王亚南，需要从我们如何实现缅怀做起。

一、德雷斯顿的壁画"行进的王子"

　　德雷斯顿是一座位于德国与捷克边界接近30千米的历史文化名城，它是神圣罗马帝国的边境要塞，建立于公元965年，在1270年成为迈森边疆伯爵国的首府，威汀家族在1319年成为统治者，1485年德雷斯顿成为萨克森王国的首都，后来也是萨克森选帝侯的首都。无论在德国统一前，还是统一后，它一直是德国乃至欧洲的文化、教育、经济和政治中心城市。战争使这里成为废墟，城市在二战后重建。圣母大教堂，原来是巴洛克风格的天主教堂，后来改为新教教堂，2004年，它的外立面才修缮完工。

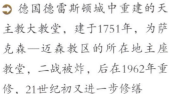

🔵 德国德雷斯顿城中重建的天主教大教堂，建于1751年，为萨克森—迈森教区的所在地主座教堂，二战被炸，后在1962年重修，21世纪初又进一步修缮

🔵 现代经修缮后，教堂立面上是奥古斯都三世的纹章，为视觉核心

🔵 德雷斯顿城中重建的圣母大教堂的纹章装饰，为18世纪神圣罗马帝国皇帝、波兰国王、立陶宛大公奥古斯都三世的纹章，在波兰—立陶宛联盟的纹章中间，小盾徽是萨克森选帝侯的纹章，在位时间为1734—1763年

　　壁画是1871—1876年庆祝威汀（Wettin）王朝统治800年时制作的。在1904年，为了保持耐久和历史价值的永存，用23000块迈森（Meissen）瓷片拼砌了

102米长的壁画。迈森是靠近德雷斯顿的历史瓷都，这一壁画不仅体现了35位边疆伯爵、公爵的统治历史，用各类纹章的艺术手段寓意统治者，还充分展示了迈森瓷都的制瓷工艺水准。壁画画面描绘的时间跨度为1127—1904年。

⟳ 德雷斯顿102米长的壁画"行进的王子"（Procession of Princes），人物从12世纪至20世纪，包含了此地区近千年的历史

通过纹章旗、底部装饰的纹章可以辨别出相关的历史人物。威汀王朝的家族起源于梅泽堡（Merseburg）旁的小镇，现在小镇还称为威汀市，第一位在壁画中出现的迈森边疆伯爵（Conrad，Margrave of Meissen，1097—1157），他在1123—1156年之间为迈森的边疆伯爵，是威汀家族的成员。

壁画的下沿纹饰总共有35个纹章，代表着不同历史时期的领地、统治者，呈现了德国制度变化轨迹。在榜首和榜尾分别注明1873年和1876年，是对原壁画的尊重。

⟳ 迈森边疆伯爵

⟳ 壁画下沿的纹章装饰，分别为第一个、第二个城市纹章和最后出现的德雷斯顿城市纹章

　　在壁画的纹章纹饰中，第一个是威汀家族的族徽，寓意物是吐着红色舌头的狮子，德雷斯顿的城徽在壁画中出现在最后的纹章装饰纹饰中，但双蓝带为寓意物出现在第二位。德雷斯顿的城徽首先在1309年出现在历史的印章上，寓意物是双黑带，曾经是蓝色的，还有吐着红色舌头的狮子，16世纪的城徽增加了盾边饰和头盔冠饰，20世纪初被简化。双蓝带也是兰兹贝格（Landsberg）市城徽的寓意物。双蓝带的纹章图形出现在中世纪，它是威汀家族的纹章寓意物，在该家族统治过的多个城市的城徽盾面上均采用这一图形，如德雷斯顿、莱比锡（Leipzig）、兰兹贝格、开姆尼茨（Chemnitz）等城市。

⤵ 德国莱比锡、兰兹贝格、开姆尼茨等城市的城徽

　　来自威汀城镇的这一家族，首先是在1030年成为神圣罗马帝国的萨克森东部要塞的统治者，逐步获得权力和领地，威汀家族后来还成为图林根地区和黑森地区的统治者。在神圣罗马帝国皇帝的支持下，家族的势力逐步壮大，图林根州、萨克森州等均在中世纪后期成为家族的领地。

⤵ 德国德雷斯顿使用的城徽

⤵ 中间出现图林根和黑森的红色条纹狮子纹章及萨克森王国的纹章

　　壁画中第十个纹章就是图林根和黑森的红色条纹狮子纹章，称为黑森狮子
（Lion of Hesse）。11世纪至13世纪，卢多温格（Ludovingians）是图林根和黑森
的统治家族，家族的纹章是红色的条纹狮子。1247年，该家族没有男性继承人，
在1263年为威汀家族所替代，但纹章的寓意物保留了下来。

➲ 原来萨克森地
区统治者阿卡尼亚
家族的纹章

➲ 萨克森纹章

➲ 制作于1459年历史纹章集中的图林根和黑森的纹章

　　壁画下沿纹饰的中间第十六个纹章出现了萨克森纹章，威汀家族的成员亨利
五世（Henry，V，1108—1139）继承了萨克森公爵的头衔，因为其母亲是萨克森
公爵的女儿。萨克森的纹章是一个有长久传统的纹章图形：盾面为金色，九条平
行黑色横杠，这是原来阿卡尼亚（Ascania）家族的纹章，因家族没有男性继承
人，由迈森伯爵继承，增加了以芸香构成的对角斜穿的绿色芸香冠饰。

　　第十七个纹章是在萨克森纹章旁边紧挨着的、寓意物为红色双剑交叉的纹
章。它成为选帝侯以此象征着萨克森领地执政官在神圣罗马帝国权威地位的标
志，它与原萨克森的芸香花（Green crancelin）条纹寓意物组合构成了萨克森王
国1356—1806年的纹章。迈森瓷器的标志也是来自这一王国的象征符号，成为世
界上最历史最古老的商标。现在，维腾贝格县（Wittenberg）和首府维腾贝格市
的纹章传承了这一象征历史图形，萨克森—安哈特州维腾贝格县行政范围处于历
史上萨克森选帝侯国的中心，维腾贝格市在1293年获得城市权利，1317年成立市

议会，城徽是14世纪上半叶获得的，在城门中包含萨克森公爵的盾徽，一直使用至今。

　　威汀王族统治范围包括现在的萨克森州和图林根州，是维持了900多年的德国豪族，家族发源地威汀市处于萨勒县的行政区内。"行进的王子"壁画作者威尔亨姆（Wilhelm Walther）在画面的最后，行进队伍的末位画上了自己的头像。

🔘 寓意物为红色双剑交叉的第17个纹章

🔘 萨克森王国双剑交叉的纹章

🔘 作者威尔亨姆在最末端画上的自己的头像

二、没有忘记中国瓷器的双剑迈森

　　14世纪，从中国制作的蓝白色调青花瓷通过中东地区开始进入欧洲社会。15世纪，意大利出现了一种称为"仿白釉陶器"（Maiolica）的装饰陶器，这名词和中世纪西班牙瓦伦西亚与意大利瓷器贸易航线的中转岛屿马略卡岛（Majorca）相关。"佛罗伦萨的作坊制造出一种被称为'仿白釉陶器'的锡釉陶器，它结合了中国的纹饰和西方的卷叶图案，采用了单一的蓝色调。"16世纪，葡萄牙直接从中国进口大量的青花瓷器，欧洲许多城市开始模仿中国瓷器的烧制。意大利的美第奇瓷器属于最早模仿中国瓷器的产物，16世纪末，美第奇瓷（Medicci Porcelain）在托斯卡纳大公法兰西斯美第奇（Francesco I de' Medici，1541—1587）的支持下烧制成功，并绘制美第奇家族纹章，经常成为美第奇家族的礼物，赠送给来往的国王和贵族。但因为数量有限，质量也达不到要求，而没有延续下来，目前仅存57件此类陶瓷。它仅是11世纪中东的制陶方式，在15世纪传入土耳其后再到意大利。在17世纪，荷兰的代尔夫克拉克瓷学习中国青花瓷的烧制方法，开始是从中国进口白瓷胎再着色，成为欧洲本土的来料加工，得以快速发展进入市场并成为产业。法国也在17世纪出现了模仿中国瓷器制作的纹章瓷作坊。

⊃ 1575—1587年烧制的美第奇瓷和法国1695—1700年在圣克卢市烧制的瓷器

⊃ 德国瓷器制作发明者波特格（左图）和德国数学家、物理学家、哲学家、瓷器制作发明者埃伦弗里德·瓦尔特·冯·切恩豪斯（右图）

德国自由萨克森州的迈森（Meissen）瓷器工厂是第一个通过实验掌握与中国相似硬瓷（Hard-Paste porcelain）制造方法的。萨克森国王奥古斯特二世（Augustas Ⅱ，1670—1733）热爱中国瓷器，邀请了当时是德国数学家、物理学家、哲学家的埃伦弗里德·瓦尔特·冯·切思豪斯（Ehrenfried Walther von Tschirnhaus，1651—1708）和波特格（Johann Fiedrich Bottger）进行研究，1708年已经研究成功其配方，同年切思豪斯去世，后人多将发明归功于波特格。1710年，皇家瓷器厂开始应用制瓷生产，迈森瓷器称为"Meissen China"。在欧洲第一个试验发明了在硬瓷上着色烧制瓷器，波特格继续其研究并应用于生产欧洲原硬质瓷。迈森（Meissen）公司应用了他的研究成果，称为"白色金子配方"。在这一历史时期，东方风情在欧洲是一种艺术时尚，迈森瓷器厂的瓷器上绘制的图像模仿东方的景物和中国画的风格，这种绘制方法既有功利的目的，也有艺术市场的需要。数百件模具保存至今。

法国神父Orry.S.J介绍了他在中国景德镇观察了解的中国瓷器烧制方法，1735年公开出版在耶稣会的年度报告中

迈森历史城堡模型

奥古斯特二世是萨克森王国的选帝侯，也是波兰—立陶宛联邦的大公，酷爱瓷器，1701年开始赞助瓷器的研制。

⤷ 迈森生产的波兰—立陶宛联邦和萨克森公国纹章的纹章瓷

"从1710年至今，迈森瓷器手工场的生产从未中断，交叉的蓝剑这个商标驰名世界。"德国迈森瓷器公司刚开始的标志是奥古斯特二世名字的文织字母AR，1720年开始使用萨克森国王纹章的双剑作为识别符号延续至今。

⤷ 迈森瓷器的"蓝剑"商标和展示厅关于商标的变化历程介绍

🔸 迈森博物馆前的瓷器人物笑佛，典范的意义是中国风格依然存在，表现的人物造型还是18—19世纪欧洲人眼中的中国人 　🔸 德国迈森瓷器博物馆的入口

三、"德雷斯顿至特普利采邮政之路"

里程碑也常常用纹章表现地点或者方向。德国历史上的萨克森选帝侯王国就形成了完整系统的有纹章装饰的里程碑，称为"萨克森邮政里程碑"（Saxon post milestone）。1695年，萨克森的邮政官员开始用木桩标记从莱比锡到德雷斯顿的

🔸 1736年建造的德国萨克森古本的邮政里程碑　🔸 巴特戈特洛伊巴—贝格斯许伯尔的邮政里程碑柱子上的纹章　🔸 德国与捷克边境捷克城市诺伊施塔特的邮政里程碑柱子

道路距离，18世纪建造的里程碑上标注着纹章和距离。距离用时间计算加以标注，1小时代表的距离约为4.53千米。1736年建造的德国古本（Guben）的邮政里程碑保留下来，碑上有选帝侯萨克森的纹章，古本与波兰的古宾（Gubin）是因边境而一分为二的姐妹城市。

萨克森王国历史上为选侯国，其纹章为威汀家族两个重要纹章组合而成。迈森属于萨克森选帝侯奥古斯特因热衷瓷器制作而建的瓷都，在迈森的城区广场上保留了这一里程碑纪念柱。

萨克森王国在1747年提供了里程碑邮政柱标准化的设计样式。以方尖碑的柱子为主，约4.5米高，有底座，柱身上半部分有萨克森选帝侯的纹章，后来加上波兰—立陶宛联邦的纹章，有的型制有邮政的号角纹章图形。这一系统的建设是在萨克森选帝侯、立陶宛大公和波兰国王奥古斯特二世统治时期，在萨克森纹章和波兰立陶宛联邦纹章之间加上他的文织字母A和R。

🔾 嵌缀萨克森选帝侯纹章的迈森的里程碑

这些里程碑柱一般都设立在路边，而进入城区后多数设立于市政厅前的广场，构成萨克森历史地区特殊的城市景观。现在，在德国萨克森州还留存大量的

🔾 萨克森王国在1747年提供了里程碑邮政柱标准化的设计样式

🔾 波兰—立陶宛联邦在里程碑上的纹章

里程碑柱。由于历史上的萨克森选帝侯国的领
地比现在萨克森州大，这一景观也出现在德国
图林根州以及波兰和捷克等国家的城乡间。

在德国和捷克之间的"德雷斯顿至特普利
采邮政之路"（Dresden to Teplitz Post Road）作
为历史遗产被保护了下来，成为一条富有历史
感的仿古邮政马车观光旅游路线。这段驿道上
萨克森王国的里程碑保持完整，古道保持历史

⤷ "德雷斯顿至特普利采邮政之
路"的标记邮戳

风貌，从德国德雷斯顿至捷克特普利采，需要穿越易北河谷及翻过一座山头。

⤷ 印有萨克森纹章的马车，是旅游的主要交通工具，颇有古风

缅怀是为了更好地前行，为此，我们需要研究和创新"缅怀的方式"。

后　记

　　抗战时期，国立中山大学、私立岭南大学、私立东吴大学、私立培正中学等 30 多所中高等学校先后辗转迁至粤北办学。粤北成为抗战时期华南教育的中心，也成为华南地区教育抗战的主阵地。日寇猖獗，硝烟弥漫，播迁到粤北办学的中高等学校克服种种困难，在烽火中"不停教""不停学"，延续了教育星火，保存了岭南文脉，为中华民族的教育、文化、科技复兴保存了重要的力量。扎根于粤北山区的华南教育规模大、水平高、历时长，为中国教育史写下了厚重的一笔，留下了丰富的历史文化遗产。

　　我校地处抗战时期华南教育历史发生地，又是华南教育历史研学学校联盟理事长单位。为落实广东省政府提出的"加快华南教育历史研学基地建设""推进南粤古驿道和华南教育历史研学基地建设"等工作部署，学校依托"粤北华南教育历史研究中心"和华南教育历史研究院，整合校内外资源，组建了一支高水平的专家团队，充分发掘和整理抗战时期华南教育历史文献资料，加强对华南教育历史相关课题的研究，编撰和出版了系列华南教育历史资料丛书和专著。

　　为进一步展现华南教育历史的研究成果，推动华南教育历史研学工作走深、走实，加强省社科基地"华南教育历史研究中心"的建设，学校面向全省征集主题鲜明突出、学术水平高、能够为华南教育历史研学工作的开展起到理论与史料支撑作用的优秀研究成果。

　　本书即是所征集到的优秀研究成果之一。作者做了大量的实地考察和调研工作，搜集整理了大批的一手资料。从2019年7月在南粤古驿道网刊登第一篇文章，到2020年4月共数十篇文章，9个月不间断地及时推出研究成果，目的是与时间赛跑，从挖土机下抢救出华南抗战教育历史残旧的砖瓦，让武阳司、三星坪、管埠等一批承载历史的泥瓦房得以幸存。这些文章，成为华南教育历史研学基地展览的基本内容。这部鸿篇巨制资料丰富，视野阔大；对抗战时期华南教育历史中众多的人物和事件十分熟悉，如数家珍，了如指掌；在撰写过程中述论结合，既尊重历史，还原事实，又表达了对这段历史深邃的思考和独到的解读。相信读者与我们有相同的感觉，即本书填补了抗战时期华南教育历史诸多方面的研究空白。

粤北华南教育历史研究中心

韶关学院华南教育历史研究院

2023年9月